杨翼骧先生（1918—2003）

2001 年杨翼骧先生在新开湖畔

第二节 编年史的著作

一. 薛应旂著宋元资治通鉴一百五十七卷

薛应旂，字仲常，明武进人，嘉靖进士，官至陕西按察司副使。此书志在陆子澄？，又皆于卷首揭举义例，而去成之后，窦不副名。其书孤陋寡闻，恒详道学宗派，沈见讥于来袭尊；而考谬陈漏之失，四库提要亦多所列举，仅列其书名于存目中。

张寿镛："……今将四库史立方正编年之作一人（杨资通鉴），……续来元新……王宗沐……俱气十分，编迁寡闻，连二李（连心传）书，并未寓目，更不如问及其他方之书。"

二. 王宗沐纂宋元资治通鉴六十四卷

王宗沐，字新甫，明临海人，嘉靖进士，官至刑部左侍郎。其书取资既少，为不及薛应旂之作，盖尤为学人鄙说。章学诚云："陈（桱）、王、薛三家续宋元事，乃于辽金正史束而不观，仅据宋人纪元之书略及辽金继世年月，其书芸陋，不待言矣。"（四代章沅与钱辛楣论读鉴书）

俄光所辑年表卷三："王新甫六十九（宗沐），生嘉靖二十？年末，卒万历十九年辛卯。"

杨翼骧先生手迹

南开百年史学名家文库

南开大学历史学科学术委员会　主编

杨翼骧文集

乔治忠　编

南开大学出版社

天　津

图书在版编目(CIP)数据

杨翼骧文集 / 乔治忠编. —天津：南开大学出版
社，2019.9
（南开百年史学名家文库）
ISBN 978-7-310-05849-5

Ⅰ.①杨… Ⅱ.①乔… Ⅲ.①史学史－中国－文集
Ⅳ.①K092－53

中国版本图书馆 CIP 数据核字(2019)第 162866 号

南开大学出版社出版发行
出版人：刘运峰
地址：天津市南开区卫津路 94 号　　邮政编码：300071
营销部电话：(022)23508339　23500755
营销部传真：(022)23508542　　邮购部电话：(022)23502200

*

河北鹏润印刷有限公司印刷
全国各地新华书店经销

*

2019 年 9 月第 1 版　　2019 年 9 月第 1 次印刷
240×170 毫米　16 开本　34.75 印张　6 插页　599 千字
定价：138.00 元

如遇图书印装质量问题,请与本社营销部联系调换,电话:(022)23507125

"南开百年史学名家文库"编委会名单

江　沛　　赵桂敏　　李治安　　陈志强

杨栋梁　　常建华　　王先明　　王利华

刘　毅　　赵学功　　李金铮　　余新忠

陈　絜　　付成双　　刘岳兵

总　序

　　为庆祝南开大学建校一百周年，南开大学统筹策划一系列庆典活动和工作。其中，借机整理人文社会科学学科百年历程，特别将各学科著名学者文集的编辑和出版列为代表性成果之一予以确定。2017年底，时任南开大学副校长朱光磊教授主持部署此项工作，将历史学科相关著名学者的选择及成果汇集工作交予了历史学院。

　　2018年11月，历史学科学术委员会集体商定入选原则后，确定1923年建系以来已去世的、具有代表性的十位著名学者入选"南开百年史学名家文库"，他们是：1923年历史系创系主任蒋廷黻，20世纪20年代在文学院任教的范文澜，明清史专家郑天挺，世界上古史专家雷海宗，先秦史专家王玉哲，亚洲史暨日本史专家吴廷璆，唐元史专家杨志玖，美国史专家杨生茂，史学史与史学理论专家杨翼骧，北洋史、方志学家暨图书文献学专家来新夏。

　　随即，历史学科学术委员会委托江沛教授主持此事，并邀请退休和在岗的十位学者（依主持各卷顺序为：邓丽兰、王凛然、孙卫国、江沛、朱彦民、杨栋梁与郑昭辉、王晓欣、杨令侠、乔治忠、焦静宜）参与此项工作，分别主持一卷。此后，各位编辑者按照统一要求展开编辑工作，克服重重困难，并于2019年1月提交了各卷全部稿件。南开大学出版社莫建来等编辑，精心编校，使"文库"得以在百年校庆前印刷问世，这是对南开史学九十六年风雨历程的一个小结，是对南开史学学科建设的一个有益贡献，更是对南开大学百年校庆奉上的厚重贺礼。

　　十位入选学人，均为中国史、世界史学科的著名学者，创系系主任蒋廷黻，是中国近代外交史领域和世界史学科的开拓者之一；范文澜是中国较早的马克思主义史学家；郑天挺、雷海宗先生是南开史学公认的奠基人，是学界公认的史学大家，其影响力无远弗届；王玉哲（先秦史）、吴廷璆（亚洲史暨日本史）、杨志玖（唐元史）、杨生茂（美国史）、杨翼骧（史学史）、来新夏（北洋史、方志学、图书文献学）在各自学术领域辛勤耕耘、学识深厚、育人精良，誉满海内外。他们几十年前的论著，至今读来仍不过时，仍具有启示意义；他们所开创的领域仍是南开史学最为重要的学术方向，他们的学术成就及言传身教，引领了南开史学的持续辉煌，他们是南开史学的标志性人物。

学术传承，一要承继，二要创新。九十六年来，在这些史学大家引导下，逐渐凝聚出南开史学的重要特征：惟真惟新、求通致用。近四十年，已发展出"中国社会史""王权主义学派"等具有重要引导作用的学术方向。在当今历史学国际化、跨学科、复合型的发展潮流中，南开史学更是迎难而上，把发展方向定位在服务国家战略及社会需求上，定位在文理交叉、多方融合上，承旧纳新，必将带来南开史学新的辉煌。

值此"南开百年史学名家文库"即将付梓之际，特做此文，以为说明。

魏晋嵇康有诗曰："人生寿促，天地长久。百年之期，孰云其寿？"衷心祝福母校在第二个百年发展顺利、迈进世界一流大学的行列，恭迎南开史学百年盛典！

南开大学历史学科学术委员会主任：江沛

2019 年 8 月 26 日

前 言

业师杨翼骧（1918—2003），字子昂，山东省金乡县人。1936 年考取北京大学史学系，毕业后曾任北京大学助教、讲师、副教授。1953 年调入天津南开大学历史系，历任副教授、教授，历史系副主任、古籍研究所所长。为九三学社南开大学支部主委，九三学社天津市委员会委员。主要从事中国古代史、中国史学史教学与研究，以一人学术声望及学力，为南开大学创建史学理论及史学史博士点，培养硕士生、博士生多名。发表多篇学术论文，著有《秦汉史纲要》《中国史学史资料编年》（多卷本）、《学忍堂文集》等等。

2002 年，本人受业师亲口指派，主持编纂了杨先生的文集，即作为"南开史学家论丛"之一的《学忍堂文集》，其中所收录的各篇文章，均经业师过目浏览，予以认可。今因准备迎接明年（2019 年）的南开大学建校百年大庆，南开历史学院领导委任我再编《杨翼骧文集》，于理于情，皆难推辞。此次新编业师文集，自然要收录原《学忍堂文集》内容，但务须有所增益与改进，于是重新搜集遗稿，重新细致校订，以期更全面体现先师教书育人、精诚治学的风貌。

本书内容采取分类编排，略分为五项：第一，"历史考论"，汇集作者在中国古代史方面的论文、撰述；第二，"史学史研讨"，收录中国史学史研究的论文，这是作者学术成果的最主要部分；第三，"教学讲谈"，为先师讲授专业知识与学习方法等问题的汇集，包括报刊发布的采访报道、访谈录在内，大多也涉及史学史研究的内容；第四，"书信集存"，收载现今所能寻找得到的先生书信，多少可以反映平生经历中的点点滴滴情况；第五"杂撰鸿爪"，其中内容不一，有书评，有书序，有文章，有谈话，有答问，有批语，虽称之为"杂"，但不乏精湛之作。

在本书编辑进程中，感到有些篇目、有些问题需要予以说明，以体现和承袭业师一贯强调的学术上认真负责与求真、求是的精神。

其一，先生之《裴松之与〈三国志注〉》一文，全方位剖析了研究对象的内容、特点，深刻评论了裴松之史学方法、史学贡献，既博大精深，又细致入微，堪称经典之作。发表之后，多种书籍转载，至今尚无同一题目研究者可与之比肩。但学术总是要发展，学界很长时期都认为裴氏之注，在篇幅字数上远超《三国志》本文，约在三倍之多，这是一个共识。先生此文，亦采取这种观点。至1990年崔曙庭发表《〈三国志〉本文确实多于裴注》（《华中师范大学学报》1990年第 2 期），通过较可靠的实际统计，结合他人成果，指出《三国志》本文稍多于裴注，约 36 万字对比 32 万字。这当然是个枝节问题，不大影响对裴注的分析评论。我们对先生的原文保存原貌，没有予以校改，但读者阅读之时务须了解此事。

其二，在信件以及有些谈话中，仅仅是反映了一时的情绪，不应看作先生真正的工作态度。例如先生往往提到编纂《中国历史大辞典·史学史卷》，很影响自己撰写著述，但实际工作中极其认真负责，既然接受组织性的任务，就尽力而为，任劳任怨，是基本的处事原则，并且常常以此原则开导晚学后辈。

其三，本书收录先生对自己研究生学位论文和学术成果的评语，其中褒奖之词，可当作是一种鼓励和鞭策而已。

其四，在"教学讲谈"部分，收录《中国史学史阅读书目》一篇，这是每届研究生入学时必然发给的攻读书目，历年补充修订，并非固化的文件。不仅如此，面交此文件后，先生要从头到底将之说明讲解，每篇文、每部书，内容如何，特点如何，何处论述精要，何处存在问题等等，娓娓道来，一举把学生引入专业门径。因此，本篇确为专业第一课的讲授纲要，可惜不曾记录或录音。

其五，在"杂撰鸿爪"部分，收有《〈清史研究初集〉评介》，是对吴相湘先生所撰一书的评论，刊出时间为 1943 年，应是杨先生现存最早的撰述。本文评析吴先生早期一部著述，兼指得失，理据充沛，论断中肯，显示出雄厚的学术功底。后来吴先生在海外已经成为著名的史学家，但对杨先生当年评介其书感激不尽，系于胸怀。时隔 55 年，1998 年南开大学教授郑克晟在美国遇到吴先生，他特意委托郑先生向杨先生转交新年贺卡，表达对杨先生当年评介其书的感谢。

关于"书信集成"的编辑，要特别感激郑克晟先生、仓修良先生、瞿林东先生、陈其泰先生，诸位先生得知编辑吾师文集，需要收录信函，即鼎力襄助，不顾年事已高、工作繁忙，尽力寻找，甚至翻箱倒柜，几度补充，拍照复印，专递邮寄。此中既展现了对子昂先生的深厚情谊，也饱含对晚学我的信任、爱护与支持。今文集内有致郑天挺先生书信五通，致仓修良先生史学二十四通，致瞿林东先生书信十八通，致陈启泰先生书信九通。倘无上述各位先生之赐，

"书信集存"部分将无从设置。

　　前已说明，此次编辑文集是历史学院领导的工作部署，院长江沛教授全盘策划，大力支持，体现了南开历史学科尊师的传统和继往开来、弘扬学术的精神。南开史学史专业已经毕业以及仍在学习阶段的硕士生、博士生，有多人响应并协助了搜集文件、文稿输入与文字校订等工作，这是专业学脉延续的凝聚力，可嘉可贺！因而本文集之成书，乃功在群体，功在业师学术精神的感召力。

乔治忠

2018 年 8 月 18 日

子昂先生小传

　　杨先生者，史学史专家，史界皆知也。先生讳翼骧，字子昂，戊午年（1918年）七月初九日（公历 8 月 15 日）生于山东济宁金乡县里居。其家书香门第，有清一代，宗族内有十位进士登科，远近称羡。至清室衰亡，民国初建，政治文化新旧纠结。读书之人，适逢神州动荡时代，多以舌耕笔耘为业，是则先生之长辈，若父亲、若伯父、若叔父，均为中学教师。

　　先生四岁初识文字，由祖父教习，继而读《三字经》《百家姓》，且背诵诗词佳句。年六岁，尊公正于济南第一师范学校任教，遂趁便入该校附属小学就读，此乃新式学堂，可谓省城之佳校也。不意日间在校学习过后，夜晚又被严父课以儒学"四书"、《左传》、《古文观止》之类，读讲背诵，负荷甚重，督查之下，常遭责打。少年感受，颇为委屈，然知识得以拓展，亦不待言焉。迨夫十五周岁，考取山东省立济南高级中学，住校学习，课余广览新文学名作，兴趣盎然，试作诗文投稿，居然多所见诸报章，不免惬意扬扬。却得同窗挚友诚之曰："欲成文学作家，其渺茫茫者乎？孰若朴实稳健之学软！"闻之黯然，随之然纳，是以高中毕业，慎思抉择，报考北京大学史学系而得中，终身事业，由此肇始，时丙子年（1936 年）夏秋之交也。

　　北平，文化名城；北大，学府前锋。置身于此，岂非佼佼者乎！然事有不测，先生求学一载，因故于暑假前夕返乡，日本军阀寻隙滋事，"七七事变"突发，时局窘迫，日军大举侵我华北，北平、天津之北京大学、清华大学、南开大学，按国府部署，结合南迁，于长沙组成临时联合大学。未几北平沦陷，山东危殆，先生得知学校讯息，为时甚迟，且路途阻隔，未能与众师生同行。转年方得独往长沙，其间交通中断，困厄重重，与集体行动相较，倍蓰艰难。孰料方抵武汉，闻知学校已迁移昆明，组成西南联合大学。嗟夫！通往西南之车船交通，早已断绝，战火纷飞，日寇逞凶，生民涂炭，盗匪丛生，孤身一人，何可西行？但先生锲而不舍，坚毅复学，决计南下迂回，绕路前往，数月内历长沙、衡阳、桂林、柳州、崇善等地。中间备尝贫病交加，战火惊险，困苦百端，却也体验世间温情，更有学业收获，其中广西崇善县所历，最为切要。

崇善治所，距南宁两百余里，设有湘桂铁路第三工程总段机构。戊寅（1938年）之冬，经友人保荐，先生于此铁路总段，谋得抄写员职位，工作轻松，薪水尚可，衣食之外小有节余。县立图书馆藏书颇富，借读方便。先生精读梁任公《中国历史研究法》以及《补编》，大受启迪，渐立研习史学史志向，于是广阅编年、纪传，经史百家，苦读数月，学识大进。是年暑期，大学之新学年即将临近，迫于日期，务须赶赴昆明，然则积攒路费仍然不足，正值筹措无方，工程总段段长翟君维泮，竟慷慨解囊，赠予五十元。于是乘列车抵达越南，再转道昆明，于西南联大复学。课业虽耽搁两年，终于赓续，目标意志，不为不坚，屡获善意资助，非唯偶然运会，亦孜孜向学精神感人之效也。

复学之后，用功益勤，悬史学史研究标的，志向已定，虽有若干同学良友，屡屡劝改，而信心未曾稍减。得姚从吾、郑天挺、向达等师长勉励，持之越发坚韧。何为史学史者？曰：对自古历史学之产生、发展及其社会运行机制，做系统描述，做大总结、大概括者也；描述、总结、概括之效，得历代史籍精华，摈其糟粕；窥百世史家治史方法，尽解其得失优劣；握历史学全局，知史学进展趋向。吾侪探研历史问题，虽孜孜不倦，若未晓史学史知识，终归狭浅其说；从事史学理论研究，谨精思苦想，倘不知史学史体系，总属无根之谈。史学史者，非历史学之关键乎？非历史学之枢机乎？先生择此为专攻，岂率然哉！

然而，史界承袭古来断代为史传统，积重难返，迄今诸断代史学，仍居大宗。研治文学者，极重文学史，研治史学者，则不以本身史学之史为意，思之言之，可诧异、可逗趣、可感慨，唯无从改变者也。先生大学卒业，未几为北大史学系教师，犹须首先讲授秦汉至南北朝史。然向达、郑天挺二位教授，对子昂先生研究史学史，颇为理解与支持，终得主讲中国史学史之任，且刊发专业论文数篇。北平解放，先生接受新社会、新史观，拟定中国史学史讲章，起自上古，下及当时，其近代史学之外，专设马克思主义史学一章，从李大钊讲起，随即于北京大学开课，是为全国首创。两年过后（1952 年），大学院系调整，郑老天挺，奉调天津南开大学，为历史系主任。先生亦分配于北京政法学院，以不失史学专业为怀，乃积极谋求转校，且得郑老通力办理，次年即加盟南开，于郑老麾下，得其所焉。

先生在南开，先是主讲秦汉史、魏晋南北朝史。至于中国史学史，则未列入全国教学必修课系统，但得郑老支持，择机即开选修课，此在全国大学，又为领先。且到数处高校开讲，因纲领系统、内容丰富，讲述精彩，广受欢迎，声名远播。于时虽波折多起，先生则专业精神不移，每受冲击，设法缓和，所在单位也尽力圆转。20 世纪 60 年代之初，史学史忽得上方重视，全国研讨，策划课程。于是先生意气风发，开课之外，撰写多篇学术论文，南开有杨先生为史学史专家，已然天下皆知矣。改革开放，百废俱兴，先生又做颇多业绩，前后学术成果，略分中国古代史与中国史学史两宗，谨择要条列：

以新历史观为指导，讲述秦汉史课程，有纲有领，扼要系统。爰出版《秦汉史纲要》，全国高校用为教材，至今仍获学界佳评。

秦末项羽，评论分歧，拨正异说，一举定议，论《为什么项羽是农民起义领袖》，不唯出身，考核实际。

汉代多奴，史界皆知，社会性质，疑问颇滋，撰《关于汉代奴隶的几个问题》，详查细论，释疑考实。

曹操翻案，凡事颂赞，言不顾实，偏颇立见，撰《曹操打乌桓是反侵略吗》，深加考析，否然论断。

旁征兼采，为史作注，不自成书，学识何如？撰《裴松之与〈三国志注〉》，条分缕析，疑义全除。

《史通》为书，议论深切，流传千古，史家圭臬，撰《刘知幾与〈史通〉》，综合剖析，全面评介。

《中国历史大辞典》，特立史学史分卷，主编古代部分，最先成书出版。词条成千上万，逐一亲作审断。一朝面世，学界齐赞。

《中国史学史资料编年》，积累构思几十年，出版凡三册，内涵蕴大千。称扬满世间，弟子续之全。

先生早年即有志愿，欲撰《中国史学史》专著一部。积年授课，本当得心应手。奈何评价标准嬗变，衍生时讳多端，改写维艰，故一再迁延。终未底成，唯存手稿一包，暮年秘遗弟子留存参考。迨至身后，乃得影印出版，字迹清正，见解珠玑，是亦传世之作也。

晚年委任弟子编辑文集，得见成书，颇为欣慰。自定书名曰《学忍堂文集》，且口述"忍"字深义。言"万事忍为先"，为人处世，必当"学忍"，否则难成大事，嘱令小子后生，谨记于心。其书《自序》，倡言为师者，教书育人，重于自撰著述。几十年来，躬行实践若此。先是本科授课，准备充沛，讲述明晰，板书工整，语速适中，凡曾听课者，众口皆碑。继而指导研究生，认真负责，讲谈开导，谆谆切切。审阅论文，精诚细致，大者篇章结构，小处语词标点，一切加以斟酌，施加批语。历届坚持，未曾松懈。指点研习，严而有序，迨面临毕业，则又多所护惜。遇此良师，门生额手者多矣。

今（2018 年）夏，值先生百年华诞，南开校内暨历史学界，忆念者众，皆言先生严于律己，品德高迈，坚持规则，淡泊名利，明哲守正，不生事端，谦虚谨慎，又洞察症结。畅谈学者必先做人，然后治学，而治学当高标独到，创树开新，于浮夸哗众之辈，虽其得逞，亦不羡不妒，不讥不刺，尤不屑也。先生富于行政能力，长期担任九三学社校级主委。又曾任南开历史系副主任。年过花甲，仍被校方委托创建古籍研究所，任职所长。前前后后，为南开学科建设，奉献綦多。然而最显要者，乃是以一人之力，为南开创建史学史博士点。大乎哉南开，似此独力开基者，有他人乎？未之闻也！其偌多博士专业，敢问孰可称之超越北京大学、复旦大学、南京大学、浙江大学等名校者？唯中国史学史耳，无他也。是具如此特色之学，我南开得子昂先生之力，非微薄矣。惜哉、惜哉！乏人识之。噫！轩冕诸公，切莫懭如懫如，罬罬如也已！

赞曰：史学悠远，贵在创新。谋划进展，仰赖子衿。

先生来此，立业传薪。讲授剀切，著述求真。

资料编年，构想精深。何人得惠？学子莘莘。

波折起落，学忍分神。及今怀念，泪雨纷纷。

（乔治忠，2018 年 8 月 15 日先师百年诞生日　笔于上思斋）

目　录

历史考论

史学史研讨

历史考论

漫谈历史的研究

一、研究历史的目的及功用

通常所谓历史，有两个意义：一指历史的本身，也就是过去的事实，如说"我国有悠久的历史"，"中华民国有三十多年的历史"；一指历史的记载，也就是过去事实的记载，如说"我们应当研究历史"，"我最喜欢读历史"。我们要从历史的记载中，获得正确的知识，明了历史的真相，知道过去的事实是如何如何，这便是研究历史的目的。然而，历史的记载不一定与历史的本身完全符合，我们不能说读过了历史的记载，就算获得了正确的历史知识，明了历史的真相了。如我国的历史记载——也就是历史书，并没有一部能完全正确地、具体地表现出过去事实的真相。我们要明了过去某一时期的真相如何，或某一事迹的真相如何，必须从多种历史的记载中，去参稽考校，去探索寻绎。所以一个研究历史的人，必须懂得研究历史的方法。

在明了了历史的真相后，我们可以直接感受或间接地悟到许多知识与启发，这便是研究历史的功用。研究历史的功用，简略地说，有以下数端：（一）研究历史可以明了过去的社会政治、经济、文化的真相，因而使我们认识了现在的社会政治、经济、文化。历史是继续不断地演变的，不知道过去的演变，便不能了解现在的实况。也就是说，历史是告诉我们现在的由来，帮助我们看清现在，了解现在的。（二）研究历史可以看到人类文化演进的大势，国家民族盛衰兴亡的情况，使人知所警惕与勉励，更进而激发爱国家、爱民族以至爱人类的意识思想。一个国民不明了本国的历史，是不会有深切的爱国心的。犹之乎我们不晓得某人的过去情形，便不会对某人发生深厚的感情。（三）研究历史可以发达人类的合群的思想，明了群体与个人的关系。个人是群体的分子，群体的利害荣枯，也就是个人的利害荣枯。每个人健全了，这个群体自然也就是健全了。历史上国家的盛衰，政治的良否，经济的荣枯，文化的进退，都常常显示出这个道理。（四）研究历史可以多识前言往行，放大个人的知识，并使人知道注重经验，利用经验。从历史的记载里，看到明了许多事业成功及失败的道理，知道多些前贤往哲为人治事的方法与态度，获得了若干年来知识与经验的结晶，对于一个人，或一个群体的进步与发展，是有莫大的裨益的。人类的文化，后代比前代进步，个人的知识，后人比前人丰富，就是这个道理。

二、阅读与研究

我国有悠久的历史，也有卷帙浩繁的史书。即以重要的来说，如二十五史、《通鉴》《续通鉴》《十通》，各种纪事本末，以及近代出版各代的历史著作，已经使一个初学的人望而生畏，不知从何读起了。然而。研究历史不能专靠天才，若没有尽到阅读的功夫，是不能空谈研究的。但怎样去阅读，才能得到正当的效果，而不致枉费精力与时间呢？

在原则上讲，一个初学历史的人，当然是要由浅入深，由简明渐趋于博奥。所以应先阅读几本近代出版的通史著作，如吕思勉的《白话本国史》，张荫麟的《中国史纲》，钱穆的《国史大纲》，邓之诚的《中华二千年史》等书，以便明了我国历史大概的轮廓与简要的事迹，再读各种纪事本末，如《通鉴纪事本末》《宋史纪事本末》《辽史纪事本末》《明史纪事本末》等。这些纪事本末体裁的书，以每代重要的事迹各成一篇，首尾连贯，每篇的文字也不太长，读起来可不致感觉艰深枯涩而厌倦。此后再去读《通鉴》《续通鉴》，及二十五史。《通鉴》是我国的历史名著，治史者必读的书。二十五史中，前四史——《史记》《汉书》《后汉书》《三国志》——是必须详读的书，而且连注文都要细阅，以培植史学的根基，增进史学的修养。好好地读过前四史后，再读以次的便轻快容易，势如破竹了。不过，前四史以次的暂且不必完全阅读，只将每书中重要的本纪、列传及志读过即可，等到专心研究某一时代或某一事迹时，再去详细阅读某一部分。"十通"——《通典》《通志》《文献通考》《续通典》《续通志》《续文献通考》《清通典》《清通志》《清文献通考》《清续文献通考》——除了《通志》中的本纪、列传外，都是记载政治、经济、军事、文化等方面的典章制度的，最初不必全读，只将重要的浏览，日后需要研究典章制度时再去查考。

读过主要的记载史实的书后，再进而阅读史学理论及批评的书，如《史通》《文史通义》《廿二史札记》等，与近代讨论史学方法的著作。不但要认识我国的历史，还要认识我国的历史学。

史料目录学的知识，也是一个治史者必须具备的。史料目录学告诉你"有些什么书""书的内容如何""价值如何""有哪些版本"等等，使你阅读与研究的时候，知道哪些书是应当阅读，应当参考的。因为一个人很难把所有的书都收为己有，把所有的书都先看过的，如果你具备了史料目录学的知识，便可以晓得哪些书需要找来应用，在研究某一问题的时候，晓得哪些书里有关于这方面的材料；你虽然没读过这本书，或没见过这本书，也可以晓得它的内容与价值如何。

读过了重要的史书，知道了研究历史的方法，具备了史料目录学的知识，便可进一步做研究工作了。在从事研究工作的时候，阅读的范围便不仅限于历史的记载，而须扩展到各方面的书籍。譬如研究宋朝的历史，除了阅读记载宋朝史事的全部史书外，还要博览那时代的文集、诗集，以及笔记小说之类的作品。要从广泛的记载里，研究探讨，才能求得历史的真相。一篇文章、一段笔记、一首诗，甚至一句话、几个字，有时都会成了研究历史的有力的资料。当你解决了疑难的问题，求得史事的真相后，不禁乐由心生，欢欣鼓舞，而感到研究学术最高的趣味了。

三、史料与著作

最简明地说，史料是片断的记载，著作是系统的叙述；史料是著作的资据，著作是史料的结晶。

研究历史的人，必须在史料上费深长的功力，如鉴别史料的真伪，评定史料的价值，会通史料的关系等等。对史料完全认识清楚了，才能明瞻历史的真相，才能从事历史的著作。

然而，鉴别史料，批评史料，整理史料，是很不容易的工作。如司马光修撰《通鉴》，集合数位专家的力量，费了十九年的工夫，而最艰巨最费时的还是在于史料的采择与剪裁。研究历史，从事历史的著作，主要的便是处理史料，处理史料得当，才能有良好的著作。

在著作之先，第一步的工作是搜集史料。搜集史料，要力求齐全完备，巨细不遗，凡是对于你的著作或研究范围有直接及间接关系的材料，都尽量搜集。第二步便是对于史料的审查工作。哪些是有问题的、待考证的，鉴别评定之后，再加以分类排比，会通整理。然后再去其重复，删其芜杂，做系统的贯通、条理的叙述，才成为著作。从前司马光作《通鉴》，便是先将史料整理为"长编"，再删定写成的。

对于史料与著作的看法，往往因时代的递变及历史学的进步而定。如司马迁采取《尚书》《春秋》《国语》《战国策》《楚国春秋》等书撰著《史记》，若《史记》为著作，《尚书》《春秋》等书是史料。班固作《汉书》，陈寿作《三国志》，范晔作《后汉书》，他们所根据的典籍是史料，《汉书》《三国志》《后汉书》则为著作。后来司马光作《通鉴》，根据《史记》《汉书》《后汉书》《三国志》的记载，于是《史记》等书又变成了史料。现在又把从前看作著作的书，如二十五史、《通鉴》、《通志》等，认为是史料了。

我们研究某部著作的价值，须先研究它所根据的史料。如果它所根据的史料就不可靠，或者著作人对于鉴别、整理史料没有精当的处置，那么这部著作也就没有什么价值了。如《晋书》好引芜言杂说，稍具史学修养的人便辨认出哪些史料是不可靠的，因而它的价值也比不上前四史，《宋史》在一年内仓促修成，其中重复、芜杂、错谬的地方很多，足见修《宋史》的人没有对史料好好的下过鉴别、整理功夫，所以不成为良好的著作。

四、考证与叙述

考证是求得历史真相的方法，是确定史料价值的手段。没有精密的考证，便不能真切地评定史料的价值与洞悉史事的真相，也就不能有正确的叙述。有些人认为考证是支离琐碎、没有意义的工作，是迂阔无聊的事，又有些人认为考证便是治史的目的。二者的观念都是错误的。

从事考证的工作，除了有精当的鉴别、批评史料的技术外，还需要"校勘"与"训诂"的能力。往往有人费了许多功夫，找了许多证据，为一段历史的记载作考证，求得了结论，辩解他的说法是对的。但后来经别人告诉他，或者他自己发现了他所根据的版本不好，文字上根本有了错误，或他根本把这段文字的意义弄错了。那么，不但他的考证没有一点价值，他所费的功力也完全冤枉了。

史料经过精密的考证后，才能有正确的叙述。历史的叙述，是治史的人将研究的结果忠实地写出来，让读者得到正确的历史知识。在叙述史事的时候，有几点应当注意的：（一）要尽忠于史事真相的叙述，勿过重于文学的描写。有些叙述历史的人，往往逞现他文学描写的技术，而忽略了事实的本身。固然，文学的描写，是历史家应备的技术，能将历史的事实叙述得亲切动人，自是可贵，然而，却不能让文学的描写掩没了史事的真相。（二）叙述史实的态度，应当是客观的，公正的，不要让主观的心理上的偏见，妨害了史实的原形。我国过去的史官，常有因为私人的好恶，在修史时对某人或某事加以修饰或贬抑，便是不忠实的历史叙述了。（三）要能融会贯通已鉴定的史料，另成一种新的著作，使其有系统，有条理，让史事的真相，活泼地具体地呈现在读者脑际，不要使读者感觉堆积破碎，芜杂矛盾，而得不到正确的认识。（四）须注意材料的支配，详略的得当。不要把无关重要的事多占篇幅，以免累赘烦浮。在叙述一件复杂的事实时，要提纲揭要，眉目清楚，予人以明晰的印象。（五）在叙述的本身以外，可将史料的来源与考证史料、选定史料的缘由，择要列举作为附注，以便读者参考明了。如司马光写成《通鉴》后，另作《通鉴考异》，以明剪裁去取的道理，近代的历史著作，更多加有附注。但这种附注不要太凌乱，不要把没有需要的都添上，使读者厌烦。像近年某先生写的一本历史著作，附注竟比正文还多，便难免招受讥笑了。

五、历史与文学

一般的看法，历史与文学的关系似乎是很密切的。如"文史"两个字常常用在一起，从前的人把《史记》《汉书》当作历史读，也当作文学来读，近代出版的文学史，多把司马迁、班固二人以专篇叙述，并称他们的著作为"史文"。然而，在本质上，历史与文学是绝不能相混的。历史注重在事实的叙述，文学注重在情感的发挥。文学可以凭个人的主观渗入丰富的想象，历史则须纯粹以客观的态度把握叙事的根据。

文学的修养，是历史家应备的条件，但不是唯一的条件。一个历史家，能运用文学描写的技术来叙述史实，当然更能使他的著作生色，如果能忠实地叙事，而没有巧妙的文学描写的技术，仍然不失为一部良好的历史。但若仅知注重文学的描写，而忽略了叙事的真实，便不成为历史了。所以文学描写的技术，只是历史叙述的手段而不是历史叙述的目的。不能因为某书的文学手腕高妙，就认为是优良的历史著作。

司马迁、班固、陈寿、范晔、沈约、欧阳修等，都是史书的作者，同时也是著名的文学家。不过，在读《史记》《汉书》《三国志》《后汉书》《宋书》《新五代史》的时候，就不能以文学的眼光来评判其著作的价值。他们的文学修养是一回事，他们的历史著作又是一回事。譬如说，我们读班固的《两都赋》及欧阳修的《秋声赋》，是用文学的读法，而读《汉书》及《新五代史》的时候，则必须是历史的读法，着重在他的叙事是否真实，不能为文章的笔调所迷惑。

六、史评与史观

史评有两种，一种是史书的批评，如刘知幾的《史通》，章学诚的《文史通义》（其中评论文学的部分除外），一种是史事的批评，如王夫之的《读通鉴论》及《宋论》。

《史通》及《文史通义》是我国最重要的两部史学批评的书，研究历史的人必须阅读。《史通》注重在讲史法，《文史通义》进而讨论史识与史意。二书都有真知灼见，实在是我国研究史学方法和理论的宝贵的作品。

王夫之《读通鉴论》及《宋论》，是依据《通鉴》与《宋史》中所叙述的事实，加以分析评论，往往有深远透辟的见解。对于历史事实的看法与感想，常常因人类知识的进步和时代环境的更换而有殊异。王夫之的评论，在现在看来，就不免有许多是不正确，或已不令我们感觉兴趣了。所以这两部书的价值及对于研究历史的需要，便不能与《史通》和《文史通义》相比，《史通》和《文史通义》我们非读不可，而《读通鉴论》和《宋论》则可以不读。

史观是对于历史的看法或观念，在欧洲，演进为历史哲学。我国旧日学者的历史观，大致都以鉴往知来、垂训后世为主，也可说是实用的历史观。如司马迁所说："夫《春秋》（其实即指历史而言）上明三王之道，下辨人事之纪，别嫌疑，明是非，定犹豫，善善恶恶，贤贤践不肖，存亡国，继绝世，补敝起废，王道之大者也。"司马光所说："鉴前世之兴衰，考当今之得失。嘉善矜恶，取是舍非。"至于欧洲近代的历史观，派别很多，其主要的有神权政治的历史观、人本主义的历史观、唯物的历史观、实证主义的历史观及表象主义的历史观等。

七、研究历史的基本工具

历史的范围是多方面的，研究历史所需要的知识也应是多方面的，所以，每个研究历史的人对于有关学科——如政治学、社会学、经济学、人类学、地理学等的常识都应该具备。不过，这些还可以等到历史知识充实了之后，再逐渐地培植。而研究历史最主要的基本工具还是语言文字。

历史的记载是一代一代留传下来的，没有语言文字上的修养，在你阅读史书的时候，就不会完全理解，因而无从谈到研究。现在有许多人虽然有志研究我国的历史，但在阅读史书时，首先遇到文字上的困难，尤其是那些没有标点没有注解的线装书，简直没法了解，只好望史籍而兴叹了。至如研究西洋的历史也是一样，如果不通欧洲各种重要的文字，如希腊文、拉丁文、英文、法文、德文、俄文等，就不能做精深的研究。即使不做精深的研究，只是获得历史的知识，也须通晓两国以上的文字，如英文、法文等，才能阅读重要的历史记载。所以要打算学习历史，研究历史，先要奠立语言文字的基础。这是对普通研究历史的人而言。若是专门对某一时代、国家、民族的历史做高深的研究，则又须了解其特别需要的文字，如研究元史应通晓蒙古文、土耳其文、波斯文，研究清史应通晓满文，研究印度史应通晓梵文。

（原载《山东日报·问学周刊》第 13 期，1948 年 1 月 16 日）

读史笔记

——西园八校尉

后汉灵帝中平五年（188），因为天下大乱，政府遂采取一个加强中央兵力以平御四方的办法，成立了西园军。以灵帝亲信的小黄门蹇硕为元帅，又委派了七个将领，这便是所谓的"西园八校尉"。在军制的改革上来说，应当是很重要的一件事。然而，在范晔的《后汉书》里，却没有详细正确的记载。《后汉书·灵帝纪》仅云："中平五年八月，初置西园八校尉。"没有八校尉的姓名和职位。《何进传》中虽叙述较详，但仍未将八校尉的姓名完全写出，《何进传》里说：

> 中平五年，天下滋乱，望气者以为京师当有大兵，两宫流血。大将军司马许凉、假司马伍宕说进曰："太公《六韬》有天子将兵事，可以威压四方。"进以为然，入言之于帝。于是乃诏进大发四方兵，讲武于平乐观。……列步兵、骑士数万人，结营为阵，天子亲出临军，……礼毕，帝躬擐甲介马，称无上将军，行阵三匝而还，诏使进悉领兵屯于观下。是时置西园八校尉，以小黄门蹇硕为上军校尉，虎贲中郎将袁绍为中军校尉，屯骑都尉鲍鸿为下军校尉，议郎曹操为典军校尉，赵融为助军校尉，淳于琼为佐军校尉，又有左右校尉。帝以蹇硕壮健而有武略，特亲任之，以为元帅，督司隶校尉以下，虽大将军亦领属焉。

这段记载，列举出蹇硕等六个校尉的姓名，而"屯骑都尉鲍鸿"的"都"字应当作"校"，因为汉朝并没有屯骑都尉的官名（见章怀太子注引刘攽语）。且在《袁绍传》中云："中平五年初置西园八校尉，以绍为佐军校尉。"又与《何进传》里所记的"中军校尉"不同。可见范晔对于西园八校尉的记述实在疏忽。

陈寿的《三国志》里，也略有关于西园八校尉的记载。《魏志·武帝纪》云："征太祖（曹操）为典军校尉。"《袁绍传》云："（绍）稍迁中校尉。"《张杨传》云："灵帝末，天下乱，帝以所宠小黄门蹇硕为西园上军校尉，军京都，欲以御四方，征天下豪杰以为偏裨，太祖及袁绍等皆为校尉，属之。"因为所记太简，裴松之便在《张杨传》中补注了下面一段：

> 《灵帝纪》曰："以虎贲中郎将袁绍为中军校尉，屯骑校尉鲍鸿为下军校尉，议郎曹操为典军校尉，赵融、冯芳为助军校尉，夏牟、淳于琼为左右校尉。"

骧案：此《灵帝纪》系刘艾所撰。《隋书·经籍志》史部杂史类著录刘艾《汉灵献二帝纪》三卷，《旧唐书·经籍志》史部编年类著录六卷。这段文字与《后汉书·何进传》所载相比较，多了冯芳和夏牟两人，而不同的是淳于琼的职任。淳于琼在《何进传》里是佐军校尉，在这里是右校尉。且赵融、冯芳二人同为助军校尉，也欠明确。所以西园八校尉的姓名虽然齐备了，但是他们的职位还没有弄清楚。

到了唐朝章怀太子为《后汉书》作注，才引用晋人乐资的记载，把西园八校尉的姓名职位详明地补入。章怀注西园八校尉，不避重复地引用了两次，一在《灵帝纪》，一在《袁绍传》。注文云：

> 乐资《山阳公载记》曰："小黄门蹇硕为上军校尉，虎贲中郎将袁绍为中军校尉，屯骑校尉鲍鸿为下军校尉，议郎曹操为典军校尉，赵融为助军左校尉，冯芳为助军右校尉，谏议大夫夏牟为左校尉，淳于琼为右校尉。凡八校尉，皆统于蹇硕。"（此系《灵帝纪》注文，《袁绍传》注文末二句作"凡八人，谓之西园军，皆统于硕"。）

至此，西园八校尉的姓名与职称便完全了然了，后来司马光作《资治通鉴》，叙述西园八校尉，即依据乐资《山阳公载记》的记载。范晔博采典籍，撰成《后汉书》，自诩为精心之作；然于在他以前著成的《山阳公载记》，似未注意，致有疏略，也可见著书之不易了。

西园就是上林苑，为汉朝畜兽行猎的地方。所谓"西园军"，大概因在这里操练和检阅军队而得名。但这种编制的存在并不太久，在中平六年四月灵帝死后，上军校尉蹇硕便为何进所杀，西园军的编制也随之废除，前后不过八个月而已。

（原载 1948 年 2 月 11 日北平《经世日报·读书周刊》第 78 期，原署名"骧"）

为什么项羽是农民起义领袖

关于项羽是否为农民起义领袖的问题，有些同志认为有研究一下的必要。怀疑项羽是农民起义领袖的理由，大约有以下三点：（一）项羽出身于旧楚国的贵族，他参加起义的动机，只是站在旧贵族的立场，对于秦朝的报复，不能代表农民阶级的利益。（二）项羽在章邯投降后，曾坑杀秦降卒二十万；进入关中后，又在咸阳烧杀掳掠，行为残暴，损害了人民的利益。（三）秦朝灭亡后，项羽分封了十八王，自称西楚霸王，想恢复战国时代的割据局面，完全代表着反动的势力，违背了人民要求统一的愿望及社会发展的趋势。这样，怎能称他为农民起义的领袖呢？

我认为项羽是秦末农民起义领袖之一。现在根据项羽的事迹[①]，把自己的一点体会写出来，敬请大家指教。

一、项羽响应了农民起义

公元前 209 年的秋天（秦二世元年七月），陈胜和吴广在蕲县（今安徽宿县）大泽乡揭起了反抗秦朝的旗帜，领导了中国历史上第一次的农民大起义。深受秦朝暴虐统治的痛苦的广大农民，久已怀抱着推翻秦朝的意志，这时在陈胜和吴广奋臂一呼之下，便争先恐后地参加了自己的武装队伍，与秦政权进行坚决的斗争。所以当起义军从蕲县进入陈县（今河南淮阳）境内的时候，已由原来的九百人很快地发展到数万人了。在占领陈县之后，其他各郡县的农民也相继杀掉当地的秦朝官吏，响应起义，展开了轰轰烈烈的伟大的农民革命战争。

在各地相继组成的起义军，大都拥有数千人，力量较大的有秦嘉、朱鸡石等在郯县（今山东郯城）领导的起义军，刘邦在沛县（今江苏沛县）领导的起义军，及项梁、项羽在长江以南的吴县（今江苏吴县）领导的起义军等。

---

① 本文所述项羽事迹，均据《史记·项羽本纪》及《史记》《汉书》中有关各篇，不另一一注出。

项梁和项羽叔侄二人，本出身于"世世为楚将"的旧贵族家庭。战国末年楚国的名将项燕，便是项梁的父亲、项羽的叔祖。他们原为下相（今江苏宿迁）人。楚国灭亡后，移居于秦朝会稽郡守所在地的吴县。在陈胜和吴广发动起义的两个月后，项梁和项羽杀掉会稽郡守殷通，集合了八千人的武装力量，响应起义，并号召会稽郡所属诸县的人民，参加反抗秦朝的斗争。

由于项羽是旧楚国贵族出身，所以有人说他响应起义的动机，不是为了农民阶级的利益，而是借着农民起义的力量，来实现其恢复旧楚国贵族势力的企图。因而否定他领导起义的作用。我们觉得这种看法是不妥当的。固然，项羽是旧贵族出身；但是，当时社会的主要矛盾是秦朝封建统治与广大农民之间的矛盾，推翻秦朝的暴虐统治，是广大农民共同的意志和要求。因之，只要是响应起义，与农民一致行动，参加反抗秦朝的斗争，便是增强了农民起义的力量，完全符合农民阶级的要求和利益。项羽既然在实际行动上参加了反抗秦朝的斗争，便代表了农民阶级的利益，不能因为他是贵族出身而否认其响应起义的作用。

二、项羽积极参加了农民革命战争

陈胜所派遣的进攻咸阳的起义军，由周文率领西进，沿途农民热烈参加，进入函谷关后，已达数十万人，直抵戏下（在今陕西临潼），迫近咸阳。秦二世闻知，在惊惶之中，使章邯率军应战。起义军因缺乏训练，又短少武器，被秦军战败，只得退出函谷关。又因在章邯紧迫之下，退到渑池（今河南渑池）后已不能再战，周文便壮烈地自杀了。

这时有一些原来参加起义的人，因受旧贵族官吏的包围，和本是从前六国的贵族或官吏，乘机利用农民起义的力量以实现其割据的企图的，都纷纷据地称王。如武臣率领着起义军到了黄河北岸后，因受张耳与陈余的诱劝，自称赵王，就不听陈胜的指挥，且坐观陈胜的失败以便扩充自己割据的势力；韩广率领起义军到了燕地，也受了当地旧贵族的怂恿，自称燕王；周市到了魏地，立旧魏国贵族魏咎为魏王；旧齐国贵族田儋也自称齐王。俨然恢复了战国时代的局面。他们都只顾割据一方，不参加反抗秦朝的斗争，使农民军变成他们扩充势力的工具。这就严重地破坏了农民军的合作，削弱了农民对秦朝政权进行斗争的力量。

正由于此，在周文进攻咸阳失败之后，陈胜虽屡次催促武臣率军西去攻秦，而武臣漠然不理，致使章邯率领的秦军乘虚直入，逼近陈县。陈胜虽然奋力督战，但因起义军大部已分别派往各地，留在陈县的很少，不能拒守，只得向东南退却，竟在下城父（今安徽蒙城西北）被叛徒庄贾杀死。于是，陈胜、吴广自从在大泽乡领导起义，总共不过六个月便归于失败了。

陈胜、吴广虽然失败，农民起义并没有停息，仍在继续开展着反抗秦封建统治的斗争。其中表现得最英勇坚决，起了主要作用的，便是项梁、项羽所率领的起义军。

项梁、项羽在陈胜失败之后，便从吴县率领着起义军八千人渡江北上，迎击秦军。这时在东阳（今安徽天长）由陈婴领导的一支起义军，已经发展到二万人，乃与项梁、项羽合作；渡过淮河后，又有领导起义军数千人曾经击败秦军的英布、吕臣、蒲将军（其名失传）等也来合作，统归项梁指挥。这充分表现了农民军在反秦斗争中的团结，力量也就日益增强，及至到达下邳（今江苏邳县）时，已经是一支拥有六七万人的强大的起义军了。

在郯县起义的秦嘉，本来就不愿听从陈胜的指挥，及闻知陈胜失败，遂立旧楚国的贵族景驹称楚王，占据彭城（今江苏徐州）以东的地区，只顾扩充自己的势力，割据一方，而不与其他起义军团结合作，并阻止项梁等北上。项梁为了除掉抗秦的障碍，遂攻打秦嘉，结果秦嘉战败而死，他所率领的农民军也归项梁等指挥。

项梁又率领着起义军由胡陵（今山东鱼台）到薛（今山东滕县东南），并立从前楚怀王的孙子名心的为楚怀王，都于盱台（今江苏盱眙）。时在公元前208年的夏天（秦二世二年六月）。

这里会有人问：项梁为什么也立一个旧贵族为楚怀王呢？还不是和秦嘉一样吗？我们知道，农民是"皇权主义者，他们反对地主，可是拥护'好皇帝'"。[①]在农民起义后，为了反对旧的政权，需要建立一个新的政权来作号召，但由于历史条件及阶级性的限制，他们是想不出新的方式来的，只有在旧的形式中去仿效。如陈胜在占领陈县后还不是称"张楚王"吗？关键在于是否以实际行动进行推翻旧政权的斗争。如果只是称王割据而不进行斗争，那就违反了农民起义的利益。而项梁之立楚怀王，并非割据自保，而是和陈胜一样，是为了建立新政权以资号召，便于进行反秦的斗争，自然与秦嘉不同了。

原在沛县起义的刘邦，曾在丰（今江苏丰县）、薛、亢父（今山东济宁）一带抗击秦军。于陈胜失败后，又转战于萧（今江苏萧县）、砀（今江苏砀山）一

---

① 见《学习杂志》五卷三期，《斯大林与德国作家路得维希的谈话》。

带。这时也与项梁、项羽合作。

项梁、项羽领导的起义军，自渡江后经过几度的发展，与陈婴、英布、吕臣、蒲将军、刘邦等率领的起义军集中在一起，成为继陈胜之后反秦的主力了。

秦将章邯不断地对农民军施行屠杀，占了陈县后，又率军往东北攻杀了田儋、周市，围攻田儋之弟田荣于东阿（今山东阳谷东北）。项梁闻知，即率起义军到东阿击败章邯，救出田荣。章邯西走，项梁紧追，至濮阳（今河南濮阳）之东大破秦军，随后又攻入定陶（今山东定陶）。同时，项羽和刘邦另率一支起义军攻下城阳（今山东濮县），又往西进攻，在雍丘（今河南杞县）大破秦军，并斩杀秦将李由。

就在项梁、项羽、刘邦等与秦军激战连获胜利的时候，那些只图满足其私欲的割据政权，如齐、赵、魏等，绝不参战，遇秦军进攻时就向他处求救，且自相争夺王位和地盘。如齐王田儋被章邯攻杀，故齐王建之弟田假乃自立为齐王，以田角为相，田间为将。田荣被项梁救出东阿后，并不与秦军作战，反去进攻田假。田假亡走楚地，田角、田间亡走赵地，田荣遂又立田儋之子田市为齐王。这时在黄河以北的赵，因武臣在内乱中被杀，又立旧赵国贵族赵歇为赵王，也只知据地自保，不参加反抗秦朝的斗争。项梁曾数次劝齐、赵发兵共击章邯，而田荣反要求楚杀田假，赵杀田角、田间，报了私仇方肯出兵。楚、赵不允，田荣也就不出兵。从具体的事实，很明显地看出只有项梁、项羽、刘邦等领导着起义军与秦朝进行坚决的斗争，代表着农民阶级的利益，与那些只知割据称王而且阻碍反秦斗争的齐、赵是完全不同的。所以说，在陈胜失败后，继续领导农民军以推翻秦朝统治的任务，是由项梁、项羽、刘邦等担负起来了。也就因为他们都在实际行动上代表了农民阶级的利益，有共同的斗争目标，才能够紧密地团结合作。

当秦将章邯在今江苏、山东、河南、河北一带残暴地镇压农民起义的时候，项梁、项羽、刘邦等领导着起义军连给秦军以严重的打击，获得很大的胜利。但秦朝的统治者是不甘心失败的，秦二世又继续增调军队，加强章邯对农民起义施行镇压的力量。同时，项梁因屡次击败秦军，不免骄傲自得，轻视了敌人的力量，防备松弛。结果在公元前208年的秋天，在定陶被章邯乘虚袭击，项梁战死，起义军受了很大的损失。

这时项羽、刘邦等正在外黄（今河南杞县）、陈留（今河南陈留）一带与秦军作战，闻项梁战死，起义军失利，为集中力量，免被秦军各个击破起见，遂把楚怀王自盱台迁居于彭城，使吕臣率军驻于彭城之东，项羽驻于彭城之西，刘邦驻于彭城西北的砀，以彭城为中心，暂时采取守势。

总括上述，在陈胜死后的半年之中，只有项梁、项羽、刘邦、英布、吕臣、蒲将军等团结合作，集中起义军的力量，领导了农民革命战争，予秦军以多次的打击。由此可见，项羽乃是反秦斗争中的积极参加者和领导者，他的行动完全与农民的要求一致。所以应当把项羽看作为领导农民起义的一个重要人物。

三、项羽击破了秦朝的主力军

项梁死后，秦将章邯以为黄河以南的这支起义军已无多大力量，遂渡过黄河以北去攻打赵地。只知割据的赵歇、张耳、陈余等，平时没有对秦朝作战的准备，当然一战即败。于是赵歇和张耳退人钜鹿（今河北平乡）城中自守，陈余领兵数万人驻于钜鹿之北。章邯使王离和涉间包围钜鹿，自己驻于钜鹿之南，以接济王离和涉间的军粮。

赵歇等被围，乃向楚怀王求救。楚怀王派宋义为"上将军"，而以项羽为"次将"，率军北上救赵。同时，又派刘邦率军往西方去进攻咸阳。自此以后，刘邦遂与项羽分别进行反抗秦朝的斗争。

宋义在反秦斗争中本来没有什么表现，只因曾在事先料到项梁必因骄傲致败，有人以为他有"知兵"之才，楚怀王便派他做统帅。但他率领着起义军到了安阳（在今山东曹县东）后，一连逗留了四十六天不往前进。项羽劝他赶快引兵渡河，"楚击其外，赵应其内"，内外夹攻，必可击破秦军。但宋义却自负有"坐运筹策"的本领，以为"今秦攻赵，战胜则兵疲，我承其敝；不胜，则我引兵鼓行而西，必举秦矣"。所以他主张先坐观秦赵战争的结果，再定主意。遂不听项羽的话，反而"置酒高会"。这时已是初冬，"天寒大雨，士卒冻饥"。项羽气急了，公开责备宋义说："将戮力而攻秦，久留不行。今岁饥民贫，士卒食芋菽，军无见粮，乃饮酒高会，不引兵渡河，因赵食，与赵并力击秦，乃曰'承其敝'。夫以秦之强，攻新造之赵，其势必举赵，赵举而秦强，何敝之承？"并把宋义杀死，派人告知楚怀王，楚怀王只得以项羽为上将军。

项羽杀了宋义后，先遣英布和蒲将军率领二万人渡黄河援救钜鹿。这时钜鹿城中"食尽兵少"，在秦将王离围攻之下，非常危急。英布和蒲将军的援军到后，情势始见好转。而陈余又请项羽增兵援助，项羽乃率领全部起义军渡河，破釜沉舟，表示不胜秦军绝不生还的决心。

项羽率军渡河后，即把王离包围，断绝其粮道，与秦军一连激战九次，起义军"无不一以当十，呼声动天地"，终于大破秦军。秦将王离被俘，苏角被杀，涉间自杀，章邯被迫撤退。这是秦末农民战争中最激烈的、具有决定性的一场大战。由于起义军的英勇战斗，遂打垮了秦朝政府的主力军，扭转了整个战争的局势，奠定了农民起义胜利的基础。

在钜鹿被围时，齐、燕等地的"诸侯军"也前来援助，以免秦军破赵后再去攻打他们。可是来了之后，都不敢与秦军交战。当项羽率领着起义军与秦军决殊死战的时候，这些"诸侯军"仅作"壁上观"。并且见了起义军奋力作战的英勇气概，在一旁看着都害怕了。起义军大破秦军后，项羽召见这些"诸侯军"的将领，他们一个个"膝行而前，莫敢仰视"，为了保全自己，遂推举项羽为"诸侯上将军"。

王离等被消灭后，章邯在钜鹿之南的棘原，不再敢和起义军交锋，只是逐渐退却。而秦朝政府的内部，由于赵高专横，政治极端黑暗腐败，再加上镇压起义的军队被打垮了，政权行将崩溃，已呈混乱状态。赵高又想借口战争失败，杀害章邯，以掩盖自己的罪恶。章邯得到消息，心中疑惧，想与项羽讲和，但又拿不定主意。项羽先使蒲将军击破秦军于漳水之南，随后又亲率全部起义军大破秦军于汙水（在今河南临漳县西）。章邯连遭溃败，不能再战，遂在洹水南的殷墟（即今河南安阳殷墟）向项羽正式投降。于是秦朝政府的主力军全被消灭了，反秦斗争基本上结束，农民起义已得到决定性的胜利了。时在公元前207年的秋天（秦二世三年七月），上距陈胜、吴广最初在大泽乡起义，整整两年。

至于刘邦所率领的一支起义军，于公元前208年秋天开始进发，从今江苏砀山、山东金乡一带转入河南，历经开封、滑县、中牟、禹县、孟津、洛阳、鲁山而至南阳，攻下南阳后，又引兵而西，攻入武关。历时几一年，其间虽然经过多次的战争，但因秦朝的主力军都集中在黄河以北，被项羽围击，所以刘邦并未遭逢多大困难，即进入武关。又经峣关（在今陕西蓝田东南），于蓝田附近攻破秦军，并于公元前207年冬天由蓝田进至咸阳附近的霸上（今陕西长安东）。

在刘邦进军霸上之前，面临灭亡的秦封建政权内部，发生极度的混乱：赵高逼秦二世自杀，另立子婴为秦王；子婴又将赵高杀掉。刘邦进军霸上之后，秦王子婴无力抗拒起义军，只得"素车白马，系颈以组"，捧着秦始皇传下来的印玺，向刘邦投降。秦朝的统治便在这时正式被推翻了。

项羽在领导农民起义军进行反抗秦朝的斗争中，始终表现了坚决不移的意志和勇敢直前的精神，屡次给予秦军以重大的打击。尤其在钜鹿一役，破釜沉舟，抱必胜之心，充分发挥了农民起义军的战斗力量，取得了决定性的胜利。接着又进攻章邯残余之军，连予重创，迫使章邯投降，取得了农民革命战争的最后胜利。而由于项羽击破了秦朝的主力军，刘邦也才得以率领起义军西进途中，没有遭受多大的困难，就可直入咸阳。所以说，项羽在秦朝末年农民起义的伟大运动中，确是有不可否认的功绩，起了主要的领导作用的。

四、推翻秦朝统治后的项羽

为陈胜、吴广倡始的，又经项羽、刘邦所继续领导的秦末农民大起义，已经完成了它的能够完成的历史任务——即推翻秦封建统治的任务。而在此以后，战争虽还继续着，但却转入另一个阶段，即怎样建立新的政权的阶段。

如前面所述，在陈胜、吴广领导农民起义后，六国贵族即乘机利用农民军的力量，以实现其复辟的企图，遂形成了齐、赵、燕、魏等割据的局面。推翻了秦朝的统治后，马上就面临着如何建立新的政权的问题。出身于旧贵族的项羽，本存在着旧意识，又在已经形成的贵族复辟局面的影响下，使他不能重建一个统一的中央集权的封建帝国，而只有以报复的心情屠烧咸阳之后，便分封了十八个王，他自己则以"霸王"的身份统驭天下。这种建立政权的办法，只是符合了旧贵族的利益，完全违反了历史发展的潮流和广大人民要求统一的愿望，实在是开倒车的行为；这个倒车，不但开回战国时代的割据局面，而且开回春秋时代霸主的旧墟中去了。

项羽这种反动的措施，便注定了他的必然失败。而且，即使在他所分封的十八个王之中，也有好些人不满意，存在着不可调和的矛盾。第一个不满项羽的就是刘邦。刘邦有先入咸阳降服子婴之功，当初楚怀王在彭城就与诸将约好："先入关者王之。"这时刘邦没有得到"关中王"，而只能僻处于汉中巴蜀，岂肯甘心？何况刘邦的志向还不仅"关中王"而已！其他还有在项羽分封之后，领地反而比以前更为缩小了的。如魏豹由魏王改为西魏王，赵歇由赵王改为代王，田市由齐王改为胶东王，韩广由燕王改为辽东王，当然也都不满意。至于未被分封于十八王之列的，如齐相田荣和赵将陈余，更是怨恨项羽"为天下宰，不平！"这些人虽然在农民起义时期只知割据自保，袖手旁观，可是这时还是要抢夺农民起义的胜利果实的。所以就在分封十八王内部矛盾之下，项羽恢复割据局面自为霸王的企图也不会安然实现的。果然，在他分封已毕回到彭城之后，田荣首先在齐地起兵反对，接着刘邦乘机进占关中，并率军东向，与项羽展开了争夺政权的斗争。

在"楚汉战争"中，由于项羽所代表的是贵族复辟的反动的势力，违反了广大人民的利益，自然就失掉了广大人民的支持，日益陷于孤立。而他的对手刘邦，则代表着新兴地主阶级的利益，要建立一个统一帝国的政权，也符合了广大人民的要求与利益，因而也就得到广大人民的支持。经过四年的斗争，项羽完全失败，自刎于乌江之滨；刘邦获得最后的胜利，建立了汉帝国的新政权，历史又进入一个新的阶段。

项羽于临死前不久，曾在东城（今安徽定远东南）作了一段自白，他说："吾起兵至今八岁矣，身七十余战，所当者破，所击者服，未尝败北，遂伯（霸）有天下。然今卒困于此，此天亡我，非战之罪也！"后来司马迁批评他道："身死东城，尚不觉寤，而不自责，过矣。①乃引天亡我，非用兵之罪也，岂不谬哉？"项羽所说的"天"，是指"天运"或"宿命"而言，实际上他的败亡是由于违反了广大人民的利益。至于他所说的"战"，那就要看是为谁而战。在秦末农民起义时期，他为农民起义而战，代表农民阶级的利益而战，终能完成农民起义的任务，推翻了秦朝的统治，而他也成为农民起义的领袖。但在推翻秦朝统治之后，他为旧贵族的利益而战，自然要受到广大人民的反对，而终归于败亡。为谁的利益而战，决定了项羽的成败，决定了项羽在历史上的地位。

所以说，在推翻秦朝的统治之前，项羽的实际行动是代表着农民阶级的利益，也就是农民起义的领袖。而在推翻秦朝的统治之后，他的实际行动违反了农民阶级的利益，也就作为一个反动势力的代表者而灭亡。项羽就在这两种不同的实际行动中，得到两种不同的评价。

五、结束语

综上所述，可得到以下几点结论：

（一）项羽自公元前209年秋天起，便在会稽郡吴县以实际行动响应了陈胜、吴广领导的农民起义。公元前208年春天渡江北上后，积极地领导着农民起义军进行反抗秦朝统治的斗争，连予秦军以重大的打击，成为续陈胜、吴广后领农民起义的领袖之一。在项梁死后，又成为农民起义军最主要的领袖，击破了章邯、王离等所率领导的秦朝的主力军，使继续了两年之久的农民战争得

---

① 此据《史记》。《汉书》卷三一，《项羽传》，作"不自责过失"。

到最后的胜利，推翻了秦朝的统治。所以在秦末农民大起义的过程中，项羽始终是代表着农民阶级的利益，领导着农民军进行坚决英勇的反秦斗争，而且起了主要的作用。我们可以肯定地说：项羽是秦末农民起义的领袖。

（二）有人以项羽出身于旧贵族，遂怀疑他参加农民起义的动机，并以在秦始皇游会稽时项羽曾说过"彼可取而代也"的话，便认为他不是代表农民阶级的利益。但这不能作为否认他是农民起义领袖的理由的。姑无论这句话的真实性如何，即使是真实的，也不能单凭一句话来判断一个人物的历史地位。刘邦不也在同样情形下说过"大丈夫当如此也"的同类的话吗？陈胜不也说过"苟富贵无相忘"吗？而且，我们是不能专以出身和动机来作为批判历史人物的标准的，如果这样，那就不会得到正确的结论了。马克思说："批判的范围，不限于拿事实和观念来比较对照，却是拿一个事实和别的事实来比较对照。"①又说："我们把一个人关于他自己想些什么和说些什么，与他实际是个怎样的人和做什么事，区别开来。"②恩格斯也说过："因为有识之士判断个人当然不是看他的声明，不是看他假装做怎样一个人，而是看他做些什么和实际是怎样一个人。"③

"实践是真理的标准"，④只有实际行动是最靠得住的，那么，我们在批判一个历史人物的时候，还能抛开他的实际行动而仅抱住出身、动机或一句话而不放吗？既然项羽在实际行动上参加并领导了农民起义，当然就是农民起义的领袖。

（三）我们知道，在秦朝末年，社会上的主要矛盾是秦政权与广大农民之间的矛盾。要解决这个矛盾，必须推翻秦朝的暴虐统治，必须站在农民一边对秦政权进行坚决的斗争，才符合农民阶级的利益，才算是进步的行动。列宁说："马克思的方法，首先就在于：要在特定的具体情况下，在规定的具体环境中，去估计历史过程的客观内容，要去先懂得什么阶级的运动乃是这个具体环境中的可能的过程之主要原动力。"⑤又说："马克思主义者决不应离开确切分析阶级关系的立场。……马克思主义者估计时局的时候，不应当根据可能的情形出发，而应当根据现实的情形出发。"⑥在秦朝末年，农民阶级反抗秦朝的革命运动乃是历史发展的"主要原动力"，项羽既然在"现实的情形"下投入这个"阶

---

① 马克思：《资本论》第一卷第二版《跋》，中译本，人民出版社 1953 版。
② 马克思：《拿破仑第三政变记》，中译本，解放社 1949 年版，第 56 页。
③ 恩格斯：《德国的革命与反革命》，中译本，解放社 1949 年版，第 212 页。
④ 《毛泽东选集》第一卷，《实践论》，人民出版社 1951 年版，第 292 页。
⑤ 《马恩列斯思想方法论》，解放社 1950 年版，第 73-74 页。
⑥ 列宁：《论马克思恩格斯及马克思主义》，中译本，莫斯科外国文书籍出版局 1950 年版，第 323 页。

级的运动"，并且积极领导了这一运动，当然是农民起义的领袖。

（四）至于项羽在章邯投降后，恐怕秦降卒入关后回发生变故，而坑杀秦降卒二十余万人于新安城南；又于到咸阳后，"烧秦宫室，火三月不灭，收其货宝，略妇女而东"。这种行为确是损害了人民的利益的，我们若为项羽辩护是不对的。但是若与项羽领导农民起义、击破秦朝的主力军、推翻秦朝统治的主要作用比起来，那终是"较小的恶事"。[①]不能因此而抹煞项羽在秦末的农民大起义中所起的主要作用，而否定了他的农民起义领袖的地位。

（五）项羽在推翻秦朝的统治后，走向反动的道路上去了，完全违背了广大人民的利益了，这是事实，当然必须承认。但是我们也必须知道，批判一个历史人物，评定他的进步作用或反动作用，是要依据他所活动的历史阶段分别予以正确的评价的。不能把两个不同阶段中的行动混淆起来。也就是说，既不能因承认他前一阶段是农民起义的领袖，而否认他以后的违反农民阶级利益的事实；也不能因为他以后的行动，而否认他以前是农民起义领袖。如刘邦后来做了皇帝，成为地主阶级的代表人物，成为汉封建帝国的最高统治者，但在秦末农民起义的时期中，仍然是农民起义领袖之一。

朱元璋是明封建帝国的第一个专制皇帝，但在元末农民起义中仍然是一个农民起义领袖。所以说，推翻秦朝统治后的项羽，虽然是代表着反动的势力，但绝不能因此而否认他是秦朝末年的农民起义领袖。

毛主席在《中国革命和中国共产党》中讲到中国历史上的农民起义时说："地主阶级对于农民的残酷的经济剥削和政治压迫，迫使农民多次地举行起义，以反抗地主阶级的统治。从秦朝的陈胜、吴广、项羽、刘邦……直至清朝的太平天国，总计大小数百次的起义，都是农民的反抗运动，都是农民的革命战争。"[②]对于陈胜、吴广的领导起义，当然都无疑问；对于刘邦之为农民起义领袖，也还未闻有异词；唯独对于项羽，因为他是旧贵族出身，后来在楚汉之争中代表着旧势力，所以怀疑他是否为农民起义领袖的很多，而且有的同志在写文章谈到秦末农民起义的领袖时，把项羽去掉了。我个人觉得，根据具体的历史事实，是应当肯定项羽为秦末农民起义的领袖的。但因理论水平太低，错误自不能免，希望同志们指正。

（原载《历史教学》1954 年 5 月号）

---

① 《马恩列斯思想方法论》，第 358 页。

② 毛泽东：《中国革命与中国共产党》，解放社 1949 年版，第 3 页。

关于汉代奴隶的几个问题

汉代存在着奴隶，是大家公认的事实。但是，对于有关汉代奴隶的各种问题的解释，即有很多的差异，因而在论断汉朝的社会性质时便产生了不同的意见，有人认为是奴隶社会，有人认为是封建社会，在二十几年前即已进行过争辩。近几年来，随着中国古史分期问题讨论的开展，对这个问题的讨论也日益热烈。当然，要解决这样重大的问题，必须依靠大家共同努力，对于生产力、生产关系以及上层建筑各方面进行全面的研究，才能得出科学的结论。同时，我也确信，经过大家的共同研究与讨论，必然能够得到科学的结论。

我对于这个问题刚刚开始学习，本文不过是在学习中的几段笔记，仅就其中有关汉代奴隶的几个问题，拉杂地谈一些粗浅的认识。

一、奴隶的名称

在汉代的史料中，哪些是奴隶的名称？这是应当首先解决的问题。否则，在讨论到有关奴隶的其他问题时也会纠缠不清。

奴婢、僮（或童）、苍头等名称指的是奴隶，一般没有什么异议，无庸谈论。但还有一些名称，如徒、赘子、赘婿、家人、白衣等，则有人认为是奴隶，有人认为不是，尚无完全一致的意见。

我认为，徒、赘子、赘婿、家人、白衣等都不是奴隶。

先说徒。

徒是刑徒。王充《论衡·四讳》篇说："夫徒，善人也，被刑谓之徒。"这些刑徒被罚充各种劳役，有一定的期限，如髡钳城旦春为五岁刑，完城旦春为四岁刑，鬼薪、白粲为三岁刑，司寇作为二岁刑，罚作、复作为一岁刑。[1] 又由于被派遣到官府各部门中去担任劳役，遂有三辅徒、太常徒、中都官徒、铁

---

[1] 详见程树德：《九朝律考》卷二，《汉律考·刑名考》，上海商务印书馆 1934 年版。

官徒等名称。①他们在刑期已满之后，便恢复原来的自由身份。这种人当然是与奴隶不同的。徐天麟著《西汉会要》及《东汉会要》，即把奴隶与徒分开，奴婢列入民政，徒列入刑法，是合乎事实的。

过去很多人认为徒是奴隶，只是根据《周礼》及郑康成的注。《周礼》的《秋官》《司厉》说："其奴，男子入于罪隶，女子入于春槁。"郑司农注："谓坐为盗贼而为奴者，输于罪隶、春人、槁人之官也。由是观之，今之为奴婢，古之罪人也。"但这并不能说明汉代的徒即是奴隶。在汉代，通常是把罪人的家属没入为奴婢，如《吕氏春秋》卷二一《开春论》高诱注："律：坐父兄没入为奴。"又如《三国志·魏志》卷一二《毛玠传》载钟繇所说的："汉律：罪人妻子没为奴婢，黥面。"间或也有罪人本身被没入为官奴婢的，如《后汉书》卷五《安帝纪》永初四年（110）："诏自建初以来，诸袄言它过坐徙边者，各归本郡；其没入官为奴婢者，免为庶人。"可见在汉朝处置罪人的许多种办法中，没入为奴婢仅系其中的一种，并不是所有的罪人都成了奴婢。所谓"今之为奴婢，古之罪人也"，并不是说奴婢就是罪人或罪人就一定是奴婢。徒虽然也是犯罪的人，可是在一定的刑期届满之后即依法恢复自由；而没入为奴婢的则非遇特别赦免的机会不能恢复自由，这两种人在身份上是不同的。且在汉代以后，历代都有刑徒，但并没有人认为是奴隶。在汉代的史料中，对于徒和奴隶的记载也都是显然有区别的。所以，不考察汉代的刑徒的实际性质，只简单地按《周礼》及郑注的文句来断定徒即是奴隶，是不符合事实的。

有人因把徒当作奴隶，所以认为汉成帝时的铁官徒起义就是奴隶起义。可是，在当时人的心目中并不把铁官徒当作奴隶的。《汉书》卷六七《梅福传》载梅福给成帝上书中说："方今布衣乃窃国家之隙，见间而起者，蜀郡是也。（注："孟康曰：成帝鸿嘉中，广汉男子郑躬等反是也。"）及山阳亡徒苏令之群，蹈藉名都大郡，求党与，索随和，而亡逃匿之意。此皆轻量大臣，亡所畏忌，国家之权轻，故匹夫欲与上争衡也。"这里所说的郑躬、苏令等都是徒②，都被称为"布衣""匹夫"，显然不是汉代人对奴隶的称呼。

二十几年前，吴景超先生在《西汉奴隶制度》③一文中，已指出徒不是奴隶；近年来，陈恒力先生在《两汉官私奴婢研究》④一文及杨伟立、魏君弟两

① 分见《汉书》卷八《宣帝纪》、卷六九《赵充国传》、卷一〇《成帝纪》、卷二五下《郊祀志》下。
② 见《汉书》卷一〇《成帝纪》、卷二七上《五行志》上，商务印书馆 1936 年百衲本。
③ 载《食货》半月刊第二卷第六期。
④ 载《新建设》1955 年 9 月号。

先生在《汉代是奴隶社会还是封建社会？》①一文中，也都说出徒不是奴隶的理由。不过，都还忽略了徒与奴隶不同的重要的一点，即徒是不能买卖的。可以买卖是奴隶的特征，在汉代史料中，不仅私奴隶被买卖的例子随处可见，官奴隶被买卖的例子也有②。但是，买卖刑徒的记载却是绝对没有的。

其次说赘子。

《汉书》卷六四上《严助传》云："间者数年岁比不登，民待卖爵赘子以接衣食。"注："如淳曰：淮南俗：卖子与人作奴婢，名为赘子；三年不能赎，遂为奴婢。"于是有人根据如淳的话遂认为赘子就是奴隶。实际上，在做赘子期间还是可以随时赎回的，不能算是奴隶的身份。只有到了三年期满不赎之后，才转变为奴隶。如淳所说的前一句"为奴婢"，不过是指的做奴婢的工作或过奴婢的生活；后一句"为奴婢"，才真正是指的奴隶的身份。因为在做赘子期间，只许由原来的人家赎回，而不能任意出卖；等到三年不赎之后，才可以任意买卖了。清代学者钱大昕说："赘子犹今之典身立有年限取赎者，去奴婢仅一间耳。"③就因为相差这"一间"，赘子便不等于奴隶，只能说赘子是奴隶的一种来源而已。

还有人把赘婿与赘子看作一样，因而也认为是奴隶的。

《汉书》卷四八《贾谊传》云："秦人家富子壮则出分，家贫子壮则出赘。"注："应劭曰：'出作赘婿也。'师古曰：'谓之赘婿者，言其不当出在妻家，亦犹人身体之有疣赘，非应所有也。一说：赘，质也，家贫无有聘材，以身为质也。'"又卷六四上《严助传》注云："师古曰：赘，质也。一说云：赘子者，谓令人出就妇家为赘婿耳。"钱大昕说："秦人子壮出赘，谓其父子不相顾，惟利是嗜，捐弃骨肉，降为奴婢而不耻也。其赘而不赎，主家以女匹之，则谓之赘婿，故当时贱之。师古谓家贫无有聘材以身为质者，非也。今人以就婿为赘婿，亦失之。"④综上诸说，赘婿不外两种解释：一是出就妇家为赘婿；一是本来为赘子，而在三年不赎之后却成为赘婿了。但无论哪一种解释，都可以看出与奴隶并无相同之处。而且由后一种解释还可以看出赘子不一定转变为奴婢，因而更足以证明赘子不是奴隶了。

---

① 载《历史研究》1956年第2期。

②《汉书》卷七七，《毋将隆传》："傅太后使谒者买诸官婢，贱取之；复取执金吾官婢八人。隆奏言贾贱，请更平直。"是官奴隶可以买卖之证。

③ 钱大昕：《潜研堂文集》卷一二，《答问》九，上海涵芬楼影印《四部丛刊》本。

④ 钱大昕：《潜研堂文集》卷一二，《答问》九。

再说家人。

认为家人是奴隶的说法，大概是根据《汉书》卷八八《辕固传》颜师古的注。《辕固传》云："窦太后好老子书，召问固，固曰：此家人言耳。"注："师古曰：家人，言僮隶之属。"颜师古的这个注文是错误的，因为辕固所说"家人"的原意并不是指的奴隶，而且把老子当作奴隶也不合乎事实。"家人"二字在《汉书》中出现很多，颜师古也多次加以注释，但除此一处，都没有把家人解释为奴隶，如卷二《惠帝纪》注："家人，言庶人之家。"卷三七《栾布传》注："家人，犹言编户之人也。"卷五〇《冯唐传》注："家人子，谓庶人之家子也。"卷九三《董贤传》注："家人，犹言庶人也。"卷九七上《外戚传序》注："家人子者，言采择良家子以入宫，未有职号，但称家人子也。"又卷九七上《孝昭上官皇后传》注："家人，言凡庶匹夫。"都认为家人就是庶人的意思，当然不是奴隶。杨树达先生说："家人谓庶民，汉人常语。"又说："《史记·魏豹传》云：'秦灭魏，迁咎为家人。'家人，《汉书》作庶人，尤家人即庶人之明证。"[1]可见以家人为奴隶的说法是错误的。

再说白衣。

《汉书》卷七二《王贡两龚鲍传》云："闻之白衣，戒君勿言也。"注："师古曰：白衣，给官府驰走贱人。"于是有人根据颜师古的注文，把白衣当作奴隶，如徐天麟著《西汉会要》即把白衣附于奴婢一类[2]；更有人不但把白衣认为是奴隶，而且加以解释说："白衣是僮仆所穿的衣服，后以其衣服而指其人之阶级地位。"[3]显然是错误的。白衣不是奴隶，早已有人指出了。沈钦韩《汉书疏证》云："白衣谓庶人耳，何必以官府给使为白衣？"王先谦《汉书补注》也引其语。杨树达先生说："《后汉书·酷吏董宣传》云：'文叔为白衣时，臧亡匿死……今为天子，威不能行一令乎？帝笑曰：天子不与白衣同。'此白衣为庶人之证，沈说是也。"[4]可见白衣也不是奴隶的名称。

二、俘虏与奴隶的关系

在讨论汉代的社会性质问题时，往往有人认为汉代总是把对外战争的俘虏

---

① 杨树达：《汉书窥管》，科学出版社 1955 年版，第 23-24 页。

② 见《西汉会要》卷四九，商务印书馆 1935 年《国学基本丛书》本。

③ 马乘风：《中国经济史》第二册第三章，商务印书馆 1937 年版。

④ 杨树达：《汉书窥管》，科学出版社 1955 年版，第 445 页。

充作奴隶的，甚而认为汉代对外战争的目的即在于夺取奴隶。但事实是否如此呢？还是需要研究的。

两汉时代，曾进行过多次而且规模很大的对外战争，俘虏的数目是很不少的。举几个例子来看，如：在对匈奴的战争中，西汉武帝元朔二年（前127），卫青与李息"出云中，至高阙，送西至符离，获首虏数千级"①；元朔五年，卫青"将六将军兵十余万人，出朔方、高阙，获首虏万五千级"②；宣帝本始三年（前71），常惠率领乌孙兵入匈奴右地，"获单于父行及嫂居次名王骑以下三万九千人"③。在对西羌的战争中，东汉章帝章和元年（87），张纡在临羌县击破羌兵，"得生口二千余人"；和帝永元五年（93），贯友遣兵出金城塞。"攻迷唐于大小榆谷，获首虏八百余人"；安帝永宁元年（120），马贤在张掖"获生口千余人"；顺帝永和四年，马贤在金城"获首虏千二百级"；④而自桓帝延熹二年至八年之间，段颎率军作战，共"获生口数万人"。⑤在对西南夷的战争中，东汉光武帝建武二十一年（35），刘尚在永昌郡不韦县击破蚕栋，共"得生口五千七百人"；安帝元初六年（119），杨竦在永昌郡楪榆县击破封离，"获生口千五百人"。⑥在对鲜卑的战争中，东汉安帝元初六年，邓遵、马续等"出塞追击鲜卑，大破之，获生口及牛羊财物甚众"；顺帝永建二年（127），耿晔在辽东击破鲜卑，"大获其生口、牛羊财物"。⑦由上可见，汉代在对外战争中获得了不少的俘虏是事实。

但是，汉朝政府对于这些俘虏是如何处置的呢？是否把他们当作奴隶使用呢？却是没有记载的。《后汉书》卷一一七《西羌传》里有一条记载说，在和帝永元十四年，"安定降羌烧何种，胁诸羌数百人反叛，郡兵击灭之，悉没入弱口为奴婢。"然而这条记载并不能说明汉代是以俘虏为奴隶的。因为这里所说的战争对象虽是外族，却是降而复叛的，与一般的对外战争不同；而没入为奴婢的只是"弱口"，这大概与没入罪犯的家属为奴婢一样，而与一般的俘虏不同。

有人以为生口就是奴隶，因为认为史籍中有获生口若干人的记载，即是以俘虏为奴隶的证据。实际上，生口是俘虏而不是奴隶。如《汉书》卷七《昭帝

---

① 《汉书》卷六，《武帝纪》。
② 《汉书》卷六，《武帝纪》。
③ 《汉书》卷八〇，《常惠传》。
④ 以上均见《后汉书》卷八七，《西羌传》，商务印书馆1936年影印本。
⑤ 《后汉书》卷六五，《段颎传》。
⑥ 以上见《后汉书》卷八六，《西南夷传》。
⑦ 见《后汉书》卷九〇，《鲜卑传》。

纪》元凤四年（前 77）褒奖度辽将军范明友的诏令中有"今破乌桓斩虏获生有功"之语，颜师古注："既斩反虏，又获生口也。俘取曰获。"又如《汉书》卷五四《苏武传》有"缑王等皆死，虞常生得"之语，颜师古注释"生得"的意义说："被执获也。"在《后汉书》中用"获生口"的字样尤多，都是生获敌人的意思，而不是说获得了若干奴隶。

还有人据《三国志·魏志》卷二七《王昶传》注引《任嘏别传》中载有任嘏"与人共买生口"之语，以为生口既然可以买卖，当然就是奴隶了。殊不知这里所说的生口就是作牲口（即牲畜）解释，我们细看原文便知。原文说："（任嘏）遂遇荒乱，家贫买鱼，会官税鱼，嘏取直如常。又与人共买生口，各雇八匹，后生口家来赎时价直六十匹，共买者欲随时价取赎，嘏自取本价八匹，共买者惭，亦还取本价。"生口一词本有两种解释，一是作俘虏解，一是作牲口（即牲畜）解。我们要注意这里所说的生口是按匹来计数的，而对奴隶的计数则都是称为若干人，从无用匹的例子；一般按匹来计数的是马，所以这里说的生口应是马或马一类的牲口，而不是奴隶。

从汉代史籍的记载中，还可以看出当时对于俘虏是不重视的，因为对于在对外战争中斩首与俘虏的叙述很不明确，"或曰斩，或曰获，或言捷，或言斩首捕虏若干，叙次参差，无一定义例。"[1]我们举《史记》及《汉书》各篇中对于同一次战争的记载为例，如武帝元光六年（前 129），卫青在龙城与匈奴交战的结果：

> 得胡首虏七百人。（《史记·匈奴传》）
> 斩首虏数百。（《史记·卫将军骠骑传》）
> 获首虏七百级。（《汉书·武帝纪》）
> 获首虏数百骑。（《汉书·卫青霍去病传》）
> 得胡首虏七百人。（《汉书·匈奴传》）

武帝元朔元年（前 128），卫青出雁门、李息出代与匈奴交战的结果：

> 得首虏数千人。（《史记·匈奴传》）
> 斩首虏数千人。（《史记·卫将军骠骑传》）
> 获首虏数千人。（《汉书·武帝纪》）
> 斩首虏数千。（《汉书·卫青霍去病传》）

---

[1] 见王先谦《汉书补注·卫青霍去病传》补注，商务印书馆 1936 年《万有文库》本。

得首虏数千。(《汉书·匈奴传》)

武帝元朔六年，卫青两次出定襄与匈奴交战的结果：

得首虏前后凡万九千余级。(《史记·匈奴传》)
斩首虏千余级而还。……斩首虏万余人。(《史记·卫将军骠骑传》)
斩首虏万九千级。(《汉书·武帝纪》)
斩首数千级而还。……斩首虏万余人。(《汉书·卫青霍去病传》)
得首虏前后万九千余级。(《汉书·匈奴传》)

武帝元狩二年（前121），霍去病出陇西两次与匈奴交战的结果：

得首虏骑万八千余级。……得胡首虏三万余人。(《史记·匈奴传》)
首虏八千余级。……斩首虏三万二百级。(《史记·卫将军骠骑传》)
斩首八千级……斩首虏三万余级。(《汉书·武帝纪》)
捷首虏八千九百六十级。……捷首虏三万二百。①

(《汉书·卫青霍去病传》)

得胡虏八千余级。……得胡首虏三万级。(《汉书·匈奴传》)

由上可见，对于同一次对外战争的记载，不但《史记》与《汉书》互不相同，即同在《史记》或同在《汉书》中的各篇也互不相同。

还有斩首与俘虏混合记载的例子，如：《汉书·武帝纪》记载元狩四年霍去病出代郡与匈奴左贤王战，"斩获首虏七万余级"；同书《匈奴传》记载昭帝元凤元年（前80），"匈奴发左右部二万骑马四队，并入边为寇，汉兵追之，斩首获虏九千人"；又记载宣帝本始三年（前71）遣五将军兵出塞击匈奴，度辽将军范明友"斩首捕虏七百余级"，虎牙将军田顺"斩首捕虏千九百余级"；又《昭帝纪》记载始元五年（前82）"大鸿泸（田）广明、军正王平击益州，斩首捕虏三万余人"。这样，我们就不知道其中斩首与俘虏的数目各有多少了。

如果在汉代是把俘虏充当奴隶，或是对外战争的目的在于取得奴隶。那么，对于俘虏必然非常重视，每次战争的俘虏数目也会有明白的记载；而司马迁与班固又都是汉代人，也不会在他们的著作中有那样互不相同的及混淆不清的叙

---

① 王先谦《汉书补注·卫青霍去病传》补注："捷，犹斩也。下文捷首虏三万二百，史记捷作斩。"按：这样注释未必恰当，因为与《史记·卫将军骠骑传》对照固然是"捷"作"斩"，但与《汉书·匈奴传》对照即是"捷"作"得"。

述了。

综上所述，可知在汉代史料中找不出把俘虏作为奴隶的事实，所以认为汉代总是以俘虏为奴隶的重要来源的说法是没有根据的。

三、奴隶在社会生产中的地位

汉代的奴隶是否为社会上主要的生产劳动者？这是论断汉代社会性质的最重要的问题。

农业是汉代的主要生产部门，所以，奴隶是否为农业部门中主要的生产劳动者，又是首先应当弄清楚的。

以汉代史料中，能具体地说明奴隶直接参加农业生产的记载是很少的，如：

《史记》卷一〇〇《季布传》："季布者，楚人也，为气任侠，有名于楚。项籍使将兵，数窘汉王。及项羽灭，高祖购求布千金，敢有舍匿，罪及三族。季布匿濮阳周氏，周氏曰：'汉购将军急，迹且至臣家，将军能听臣，臣敢献计；即不能，愿先自刭。'季布许之。乃髡钳季布，衣褐衣，置广柳车中，并与其家僮数十人之鲁朱家所卖之。朱家心知是季布，乃买而置之田。诫其子曰：'田事听此奴，必与同食。'"①

《后汉书》卷六二《樊宏传》："樊宏……父重，字君云。世善农稼，好货殖。……其营理产业，物无所弃，课役童隶，各得其宜，故能上下勠力，财利岁倍，至乃开广田土三百余顷。"

《太平御览》卷四七二引《风俗通》："河南平阴庞俭，本魏郡邺人。……流传客居庐里中，凿井得钱千余万，遂富。俭作府吏，躬亲家事。行求老苍头谨信属任者，年六十余，直二万钱，使主牛马耕种。"②

这几条记载，仅仅可作为在农业部门中有奴隶参加生产的例证，而不能说明奴隶是汉代农业部门中主要的生产劳动者，因为从这里不能表示出整个社会上的普遍现象。

有的文章里曾引用贾谊《过秦论》中"陈涉瓮牖绳枢之子，氓隶之人"一语，来断定陈涉是耕种奴隶。③其实，贾谊所说的"氓隶之人"的"隶"字，

---

① 《汉书》卷三七《季布传》载此事与《史记》不同："乃买而置之田"作"买置田舍"；无"诫子曰：'田事听此奴，必与同食。'"数语。

② 此事亦见《太平御览》卷一八九、卷五〇〇及《艺文类聚》卷三五所引。

③ 见《历史研究》1956 年第 9 期。

不过是形容陈涉出身的"微贱",如司马迁在《报任安书》中自言"为扫除之隶"以形容其地位"微贱"一样,并不能认为真是奴隶。若把《史记·陈涉世家》中"与人佣耕"的记载避而不谈,单单是凭信贾谊的一篇议论文章中的词句,当然是不能令人赞同的。如果认为陈涉"与人佣耕"的记载不足凭信,那就应当说明其理由。

要解决奴隶是否为汉代农业部门中主要生产劳动者的问题,其关键还是在于对史料中田地与奴隶相提并论的记载的解释。这种记载相当多。但是,并不能一看到田地与奴隶相提并论,就认为奴隶一定是这些田地上从事耕种的劳动者,从而判断奴隶是农业部门中的主要生产劳动者;必须根据他所包含的实际内容,结合整个社会情况去考察。如:

《史记》卷三〇《平准书》:"贾人有市籍者及其家属,皆无得籍名田,以便农。敢犯令,没入田僮。"[①]《索隐》:"若贾人更占田,则没其田及僮仆皆入之于官也。"

这里所说的田、奴隶,是指的商人的田地和奴隶。但商人拥有奴隶,不一定用之于耕田;或使其经营商业,或即为被买卖的"货物"。田、僮二字虽然相连,不过是指商人的财富而言,并不能确切说明商人的奴隶一定是田地上的劳动者。又如:

《史记·平准书》:"杨可告缗遍天下,中家以上大抵皆遇告。杜周治之,狱少反成。乃分遣御史、廷尉、正监分曹往即治郡国缗钱,得民财物以亿计;奴婢以千万数;田,大县数百顷,小县百余顷;宅亦如之。于是商贾中家以上大率破。"

这里虽然是把奴隶与田地相提并论,但是只能说明当时的商人占有相当多的田地,也拥有相当多的奴隶,并不能证明这些奴隶就都是这些田地上的生产劳动者。即使这些奴隶是这些田地上的生产劳动者,也不能从而断定整个农业部门的主要生产劳动者就是奴隶;因为商人虽然占有田地,但并不是占有了社会上大部分的田地,而且这里所说的只是"中家以上"的商人,更不能用以概括整个社会上的农业生产情况。况且,根据汉朝政府没收了这些奴隶以后分配使用的情况来看,这些奴隶也不是与这些田地有直接连带的关系的。《史记·平准书》说:"乃分缗钱诸官,而水衡、少府、大农、太仆各置农官,往往即郡县

---

① "没入田僮"句,《汉书》卷二四下《食货志》下作"没入田货"。

比没入田田之。其没入奴婢，分诸苑养狗马禽兽，及与诸官。诸官益杂置多①，徙②奴婢众而下河漕度四百万石。"可见没收的奴隶大部分是被分配去养狗马禽兽及运粮了。若是这些奴隶原来是田地上进行耕种的劳动者，当然就可以由农官监管着照旧生产，而不必去做其他的工作了，关于这点，已有人做过比较详细的论述③，此处不必多说。

在田地与奴隶相提并论的记载中，比较有重大的意义的，便是哀帝即位时限田限奴的诏令：

《汉书》卷一一《哀帝纪》："诏曰：'……制节谨度，以防奢淫，为政所先，百王不易之道也。诸侯王、列侯、公主、吏二千石及豪富民，多畜奴婢，田宅亡限，与民争利；百姓失职，重困不足，其议限例。'有司条奏：'诸王列侯得名田国中，列侯在长安及公主名田县道，关内侯、吏、民名田，皆无得过三十顷。诸侯王奴婢二百人，列侯、公主百人，关内侯、吏、民三十人。年六十以上、十岁以下，不在数中。贾人皆不得名田为吏，犯者以律论。诸名田畜奴婢过品，皆没入县官。'"

又《汉书》卷二四上《食货志》上："哀帝即位，师丹辅政，建言：'古之圣王，莫不设井田，然后治乃可平。孝文皇帝承亡周乱秦兵革之后，天下空虚，故务劝农桑，帅以节俭，民始充实，未有并兼之害，故不为民田及奴婢为限。今累世承平，豪富吏民赀数巨万，而贫弱俞困。盖君子为政，贵因循而重改作，然所以有改者，将以救急也，亦未可详，宜略为限。'天子下其议。丞相孔光、大司空何武奏请：'诸侯王列侯皆得名田国中，列侯在长安，公主名田县道，及关内侯、吏民三十人。期尽三年，犯者没入官。'时田宅奴婢贾为减贱。丁、傅用事，董贤隆贵，皆不便也，诏书且须后，遂寝不行。"

这次诏令所规定的限田奴的对象，是王、侯、公主等贵族，二千石以上的高级官吏及"赀数巨万"的豪富地主和商人；其目的在于"制节谨度，以防奢淫"，而"将以救急"。为什么要采取这样的办法呢？是由于自文、景以来逐渐扩大的"并兼之害"已达到非常严重的程度，农民失去土地后受着极残酷的剥

---

① 泷川资言《史记会注考证》："《汉志》无'诸'字。张文虎曰'杂'，从北宋本，与《食货志》合，各本讹'新'。颜师古曰：谓杂置官员分掌众事耳，非农官也。中井积德曰：'杂置多'。承上文'置农官'，而曰'益'，可知不特农官也。"

② 泷川资言《史记会注考证》："梁玉绳曰：他本，'徙'，与《汉志》合，此讹。愚按：梁说非也，'徙奴婢'谓没入奴婢自郡国徙者。"

③ 参看《新建设》1955 年 9 月号，陈恒力：《两汉官私奴婢研究》；《历史研究》1956 年第 2 期，杨伟立、魏君弟：《汉代是奴隶社会还是封建社会？》。

削，"菜食不厌，衣又穿空，父子夫妇不能相保。"①或卖身鬻子沦为奴婢，或挺起聚集组织暴动，当时的官吏已看到："民有七亡而无一得，欲望国安诚难！民有七死而无一生，欲望刑措诚难！"②这种情况说明汉朝的统治已经发生动摇了，所以辅政的大臣为"救急"乃提出限田限奴的方案，想和缓一下因贵族、官僚及大地主、大商人兼并土地，农民失去土地而沦为奴婢等严重的社会阶级矛盾所引起的动荡不安的现象。所以这里虽然是田地与奴婢并举，但并不是说奴婢就是在田地上进行耕种的生产劳动者；恰恰相反，这些奴婢正是被抛开田地而脱离生产的人。其所以要限田限奴，正是要使生产劳动者能以在田地上进行生产，而限制贵族、官僚、大地主、大商人的"奢淫"行为，遂按王、侯、公主、吏民的等级来规定许杨脱离生产的奴婢的人数。假若这些奴婢是与田地正相适应的生产劳动者，那么为什么规定限田的数额都是三十顷，而限奴的数额是二百人、百人、三十人的差别呢？

在农业部门中的主要生产劳动者是什么人呢？我们根据汉朝政府全部关于农业生产所下的普及全国的诏令③来看，应当是如贡禹所说的"已奉谷租，又出槁税"④及鲍宣所说的"县官重责更赋租税"⑤的农民，而不是奴隶。当然，在史籍中还有一些田地与奴隶相提并论的记载，但那些奴隶是从事耕种的呢，还是脱离生产的"无用之口"⑥呢？由于没有明文可据，就很难判断了。即使推想其中必有一部分用于农业生产，仍然不能以之掩盖农民在农业生产中居于主要地位的普遍事实。

至于在手工业部门中，固然有奴隶参加生产的，如窦广国幼时为人略卖为奴，曾在宜阳为其主人"入山作炭"⑦；大司农曾置工巧奴"为作田器"⑧；张安世"家童七百人，皆有手技作事"⑨；郭况"家僮四百余人，以黄金为器，工冶之声，震于都鄙"⑩。但这能不能证明在整个手工业部门中，奴隶就是主

---

① 《汉书》卷七二，《鲍宣传》。

② 《汉书》卷七二，《鲍宣传》。

③ 请参看《西汉会要》卷五〇《假民公用》《勤农桑》，卷五一《田租》《赐民租赋》诸条，及《东汉会要》卷二八"勤农桑""假民田苑"，卷二九"荒政"上，卷三下"荒政"下诸条，因文字繁多，不具引。

④ 《汉书》卷七二，《贡禹传》。

⑤ 《汉书》卷七二，《鲍宣传》。

⑥ 见《后汉书》卷四二，《济南安王康传》。

⑦ 见《史记》卷四九《外戚世家》及《汉书》卷九七上《外戚传》上。

⑧ 见《汉书》卷二四上，《食货志》上。

⑨ 《汉书》卷五九，《张安世传》。

⑩ （晋）王嘉（子年）：《拾遗记》卷六，载《汉魏丛书·子籍》，商务印书馆 1925 年影印本。

要的生产劳动者呢？还是不能的。请看在煮盐、冶铁两大手工业中的情况吧：《盐铁论·禁耕篇》说："故盐冶之处，大傲皆依山川，近铁炭，其势咸远而作剧，郡中卒践更者多不勘，责取庸代。"又《复古篇》说："往者豪强大家，得管山海之利，采铁石鼓铸，煮海为盐，一家聚众或至千余人，大抵尽收放流人民也。"这两段材料，一指官营盐铁业，一指私营盐铁业，所说都是比较普遍的现象，然而都没有指出奴隶是盐铁工业中的主要生产劳动者。一般常以"用铁冶富"的蜀卓氏"富至僮千人"①及刁间使桀黠奴"逐渔盐商贾之利"②为例，作为冶铁、煮盐工业生产中使作奴隶的证明。但细究史文，蜀卓氏的"僮千人"只是指称财富，所以下面紧接着说他"田池射猎之乐，拟于人君"，并没有说这些奴隶就是从事冶铁生产的劳动者；而刁间的奴隶则主要是从事于经营商业，也并不见得担任煮盐的工作。

四、奴隶在法律上的地位

按汉代的法律，奴隶是不能被任意屠杀的。这种例证很多，如赵缪王刘元"以刃贼杀奴婢子男、杀谒者，为刺史所举奏"③；京兆尹赵广汉因怀疑丞相魏相的夫人妒杀傅婢，"即上书告丞相罪"，并"自将吏卒突入丞相府，召其夫人跪庭下受辞……责以杀婢事"④；王莽的儿子王获杀奴，"莽切责获，令自杀"⑤；光武帝建武十二年的诏令中，不仅说"天地之性人为贵，其杀奴婢不得减罪"；而且连"敢炙灼奴婢"也要"论如律"。⑥

固然，我们不能单独根据奴隶是否可以被任意屠杀来判断其是奴隶社会或封建社会，因为在奴隶社会中也有不准任意杀害奴隶的事例，如董楚平先生在《从生产关系的基础看奴隶与农奴最根本的区别》一文中所说："罗马后期的立法不承认奴隶有生产资料的所有权，而对他们的生命却有了些微的保障。哈德良与安托奈那斯的法令禁止主人任意杀害奴隶。这种事例甚至存在于奴隶制的全盛时期，例如在古典时代的希腊。"⑦但是，一般说来，奴隶可以被任意屠杀

①《史记》卷一二九《货殖列传》。《汉书》卷九一《货殖列传》作"富至童八百人"。
②《史记》卷一二九及《汉书》卷九一《货殖列传》，商务印书馆六册本，1938年版。
③《汉书》卷五三，《景十三王传》。
④《汉书》卷七六，《赵广汉传》。
⑤《汉书》卷九九上，《王莽传》上。
⑥《后汉书》卷一下，《光武帝纪》下。
⑦ 见《历史研究》1956年第8期。

是奴隶社会中的特征；汉代的奴隶既有法律的保障而不能被任意屠杀，应该作为汉代不是奴隶社会的理由之一。

有的文章中引《汉书·食货志》上所载董仲舒建议的"去奴婢，除专杀之威"为例，作为汉代是可以任意屠杀奴隶的证据。因为对于这个例子的解释，过去都是根据服虔的注文："不得专杀奴婢也"。近来杨伟立、魏君弟两先生在《汉代是奴隶社会还是封建社会？》一文中指出服虔的话是不对的，"去奴婢"与"除专杀之威"应为两件事。①我觉得这个说法是有道理的。同时，还想补充两点，第一点是，从文句上看，"去奴婢"与"除专杀之威"两句话若是指的一件事，那就要在意义上发生矛盾，难以讲通。因为"去奴婢"是指的解放奴婢，恢复其自由身份。既然建议"去奴婢"了，当然就无须再建议"除专杀（奴婢）之威"了。若系仅是建议"不得专杀奴婢"，当然还是承认奴婢的存在（即不解放奴婢）。那么，"去奴婢"三字便不好讲。如果"去奴婢"与"除专杀之威"是指的两件事，则其意义容易了解。第二点是，"除专杀之威"一句，应该是与原文前面所说的"重以贪暴之吏，刑戮妄加"相对照的。杨、魏两先生在他们的文章中没有把董仲舒所说的原文全部录出。照原文看来，在"汉兴，循而未改"一句以前的话是叙述自商鞅变法至秦统一时的现象，以后的话是针对秦时的现象加以改变的建议；而所谓"除专杀之威"正是针对"贪暴之吏，刑戮妄加"的情况而发的建议。如果这样的解释合乎原意，"专杀"就不是指奴婢而言，也就不能作为汉代可以任意屠杀奴隶的证据了。

五、奴隶的数量

汉代有不少的奴隶，是不可否认的事实，首先，从奴隶的来源上可以看出来。汉代奴隶的来源约有以下几种：1. 罪人的家属，如《三国志·魏志》卷一二《毛玠传》载钟繇所说的："汉律：罪人妻子没为奴婢。"2. 为生活所逼迫而卖身的，如《汉书》卷一下《高帝纪》下所载"民以饥饿自卖为人奴婢者"及卷二四《食货志》上载晁错所说的"鬻子孙以偿债者"。3. 被掠卖的，如《汉书》卷三七《栾布传》载："布为人所掠卖，为奴于燕。"4. 被抢取的，如《后汉书》卷六四《梁冀传》载梁冀"取良人悉为奴婢，至数千人"。5. 外族贡献的，如《后汉书》卷九〇《乌桓传》载："辽西乌桓大人郝旦等九百二十二人，

---

① 见《历史研究》1956 年第 2 期。

率众向化，诣阙朝贡，献奴婢……" 6. 自外族买来的，如《汉书》卷九五《西南夷传》载："巴蜀民或窃出商贾，取其……僰僮……" 7. 赘子逾期不赎的，如《汉书》卷六四上《严助传》注引如淳所说的赘子"三年不赎，遂为奴婢"。8. 奴隶所生的子女，如《汉书》卷三一《陈胜传》所载的"奴产子"①。由于有这样多的来源，社会上的奴隶自然是不少。再者，在史籍中也记载着很多的奴婢数目，其中最大的一个数字是贡禹所说的"官奴婢十万余人"②，其次是景帝时在北边西边诸苑养马的"官奴婢三万人"③及武帝时因算缗钱而没入的"奴婢以千、万数"④。私人奴隶的数目在一千以上的，如窦融家"奴婢以千数"⑤，马防兄弟有"奴婢各千人已上"⑥，刘康有"奴婢至千四百人"⑦；达七、八百人的，如张安世有"家童七百人"⑧，折国有"家僮八百人"⑨；其他拥有奴隶五百人、三百人、二百人、百人等等的记载还有很多。

近来在地下也出现了新的有关汉代奴隶的材料，如 1956 年 5 月在内蒙古自治区托克托县发掘的汉墓壁画中，即在"闵氏从奴""闵氏从婢""闵氏□一匹奴一人乘""驻马一匹奴一人牵""闵氏婢"等题字，据罗福颐先生说，这个姓闵的墓主，"可能是一个未曾进入仕途的地主身份的人物"，但是在壁画上已"夸张他奴隶之盛"了。⑩可见在汉代，一般的地主家庭中也有一定数量的奴隶。

但是，汉代奴隶的数量究竟有多少呢？曾不少人做过估计，最高的估计达三千万⑪，最低的估计是二十万⑫，其他还有数百万、数十万等说法；并且根据估计的数目，进而推断奴隶在全国人口总数中所占的比例，以作为汉代是否为奴隶社会的论证。我们知道。据史籍所载，汉代的人口总数，西汉时最多为五

---

① 以上所说的奴隶的来源，是综括官奴隶与私奴隶而言。在汉代还有由私奴隶转为官奴隶（如由于输奴婢以赎罪、买爵、买复；或被没收）及由官奴隶转为私奴隶（如由于赏赐、出卖）的情形，但这并不影响整个社会上的奴隶数量，所以不列为奴隶的来源。

② 见《汉书》卷七二，《贡禹传》。

③ 见《汉书》卷五，《景帝纪》注。

④ 见《史记》卷三〇，《平准书》及《汉书》卷二四下《食货志》下。

⑤ 《后汉书》卷二三，《窦融传》。

⑥ 《后汉书》卷二四，《马防传》。

⑦ 《后汉书》卷四二，《济南安王康传》。

⑧ 《汉书》卷五九，《张安世传》。

⑨ 《后汉书》卷八二上，《折像传》。

⑩ 见《文物参考资料》1956 年第 9 期，罗福颐：《内蒙古自治区托克托县新发现的汉墓壁画》。

⑪ 见《食货》半月刊第一卷七期，武伯纶：《西汉奴隶考》。

⑫ 见《食货》半月刊第二卷第六期，吴景超：《西汉奴隶制度》。《历史语言研究所集刊》第五本第一分册，劳干：《汉代奴隶制度辑略》一文中虽也有估计，但仅限于官奴婢，说"至少有三十万"。

千九百五十九万四千九百七十八口[①]，东汉时最多为五千三百八十六万九千五百八十八口[②]，但是在这些统计数字中的人口，只是纳赋服役列于名籍的"编户之民"，奴隶是否包括在内呢？还是很成问题的。而且，对于奴隶数目的估计，并没有具体可靠的根据，仅凭片面的材料加以引申和猜想，就很难合乎事实。过去许多文章中的估计数目，也都不足令人相信。按现有的材料来看，若要解决汉代奴隶的数量问题，是非常困难的。

然而，这并不是研究汉代社会性质问题的关键所在。关键还在于汉代奴隶是否为社会上主要的生产劳动者，亦即奴隶劳动是不是社会生产的基础。

（原载《南开大学学报》1956 年第 2 期）

---

① 见《汉书》卷二八，《地理志》下。
② 见《后汉书·续汉志·郡国志》刘昭注引应劭《汉官仪》。

曹操打乌桓是反侵略吗

一、问题的提出

在近两三月来开展的曹操评价的讨论中，在许多问题上都有不同的意见，但对于曹操打乌桓一事，却几乎一致地肯定了它的作用。如郭沫若同志说"曹操的平定乌桓是反侵略性的战争"[①]，并认为"曹操对于民族的贡献是应该作高度评价的，他应该被称为一位民族英雄"[②]。戎笙同志说曹操"远征三郡乌桓和进击代郡、上谷乌桓与鲜卑的联军，都是反侵略性质的战争"，"应该算是曹操的一项大功绩"[③]。谭其骧同志说"曹操对乌丸（即乌桓）所进行的战争，显然是正义的，反侵略的"，并把它列为曹操的四大功之一。[④]郑天挺同志说："曹操平定乌桓，消弭了外患。……这种捍卫边境安宁，抵御外来奴役者的贡献，是值得给以较高评价的。"[⑤]其他如刘亦冰同志虽然不同意郭沫若同志称曹操为民族英雄，但也承认曹操"抵御乌桓入侵的功绩"[⑥]。式毅同志虽然不同意郭沫若同志在匈奴问题上"过分突出曹操的作用"，但在乌桓问题上也认为"当时乌桓、鲜卑等族的侵略势力，是被他（曹操）带兵打败的，这对保卫和开发我国边疆是有贡献的"。[⑦]杨柄同志虽然不同意郭沫若同志对于曹操打乌桓的某些看法，但仍然认为曹操打乌桓"在客观上毕竟消除了一个外患，这是曹操做的一件好事"，只是"其意义不能夸大"[⑧]而已。如此看来，好像曹操打乌桓无疑是反侵略的战争，是对民族有功绩的事了。然而，我们若仔细加以研究，便知

---

① 郭沫若：《替曹操翻案》，《人民日报》1959 年 3 月 23 日。
② 郭沫若：《谈蔡文姬的〈胡笳十八拍〉》，《光明日报》1959 年 1 月 25 日。
③ 戎笙：《谈〈蔡文姬〉中曹操形象的真实性》，《光明日报》1959 年 3 月 6 日。
④ 谭其骧：《论曹操》，《文汇报》1959 年 3 月 31 日。
⑤ 郑天挺：《关于曹操》，《文汇报》1959 年 4 月 22 日。
⑥ 刘亦冰：《应该给曹操一个正确的评价》，《光明日报》1959 年 3 月 5 日。
⑦ 式毅：《关于曹操的功过同题》，《光明日报》1959 年 4 月 2 日。
⑧ 杨柄：《曹操应当被肯定吗？》，《人民日报》1959 年 4 月 22 日。

道这样的说法是很成问题的。

在我国封建社会的历史上，汉族与周边外族及境内少数族的关系，并不是简单的，常常随着时间、地点、条件的不同而有变化。有时和平往来，有时发生战争；有时是汉族统治者侵略外族，有时是外族统治者侵略汉族；有时是汉族统治者压迫境内少数族，有时是少数族统治者危害汉族；有的是少数族反抗汉族统治者压迫的正义战争，有的是少数族统治者发动的破坏性的非正义战争；有些本来是外族，可是后来逐渐变成为中国境内的少数族，他们与汉族之间的关系也就发生了变化，在研究如此等等的问题时，必须注意到时间、地点和条件的变化，必须根据当时的具体情况做具体的分析，才能得出正确的结论。如果笼统地对待，或者片面地凭信史籍上不切实的记载，就难免得出与历史实际不符合甚至相反的结论。我国历史上汉族和其他各族的关系，过去的说法有许多是值得重新考虑的，曹操打乌桓的问题就是其中的一个。

二、在曹操打乌桓的前四十年中，乌桓没有进行侵略

要论断曹操打乌桓是不是反侵略性的战争，就先要考察乌桓在东汉时期与中国的关系。

乌桓在东汉初年，汉光武帝建武十年（34）的时候，曾与匈奴连兵侵略中国[①]，但自建武二十五年（49）"乌桓大人郝旦等九百二十二人率众向化，诣阙朝贡"后，即和平往来，且"岁时互市"，经历汉明帝、章帝、和帝时期，"皆保塞无事"。[②]直到汉安帝永初三年（109）以前，有六十年的时间与东汉保持和好的关系。此后又屡次侵略中国北边，计在安帝永初三年到恒帝延熹九年（116）的五十多年间，共有六次。

自汉桓帝延熹九年以后，乌桓与东汉的关系又发生了变化。大部分乌桓人移居中国境内，虽然保持着各自的部落组织，但与东汉的统属关系日益密切，逐渐成为境内的少数族了。汉灵帝时，在幽州境内的乌桓人最多，《三国志·魏志·乌丸传》载："辽西乌丸大人丘力居众五千余落，上谷乌丸大人难楼众九千余落，各称王；而辽东属国乌丸大人苏仆延众千余落，自称峭王；右北平乌丸大人乌延众八百八落，自称汗鲁王。"这就是所谓"三郡乌桓"。此外，在幽州的代郡和并州的上郡，也住着一部分乌桓人。在黄巾大起义（184）以前，东北

---

① 参看《后汉纪》卷六《光武帝纪》及《后汉书·乌桓传》。
② 《后汉书》卷九〇，《乌桓传》。据商务印书馆 1936 年百衲本《二十四史》，后同。

边境平安无事，史称"自鲜卑、乌桓、夫余、秽貊之辈，皆随时朝贡，无敢扰边者，百姓歌悦之"。①

黄巾大起义后，东汉政府的统治由于农民革命军的冲击而逐渐瓦解，统治阶级内部的战争也日益展开。汉灵帝中平二年（185），东汉车骑将军张温到凉州去打边章、韩遂的时候，曾征发幽州"三郡乌桓"的精锐骑兵三千人参战。但因东汉将领克扣军粮，引起乌桓人的反抗，都在中途逃回原土，而乌桓与东汉的关系也因此破裂了。

从东汉政府征发乌桓骑兵参加内战这件事，就可以知道当时的乌桓已是受东汉统治的少数族。乌桓骑兵中途逃回，是反抗东汉封建压迫的表现。饿着肚子从东北跑到遥远的西北去打仗，怎能受得了？

这个事件发生后，统治阶级中有两个政治野心家张纯和张举，想利用乌桓人对东汉的反抗来扩张自己的势力，以实现其夺取政权的企图，遂于中平四年（187）联结乌桓大人丘力居、苏仆延等起兵。张举称天子，张纯称弥天将军、安定王，聚众达十余万人，攻杀了东汉的右北平太守刘政、辽东太守杨终、护乌桓校尉箕稠等，在幽州境内展开激战。这种统治阶级内部的争夺政权的战争，当然是对人民有害的。但战争的发动者和组织者是张纯和张举，乌桓只是为了反抗东汉政府的压迫而被利用。《后汉纪》卷二五《灵帝纪》云：

> 初，发幽州乌桓以讨凉州，故中山相张纯请将之，不听，使涿令公孙瓒。纯忿不得将，因说故太山太守张举曰："乌桓数被征发，死亡略尽，今不堪命，皆愿作乱。国家作事如此，汉祚衰亡之徵，天下反复，率竖子故。若英雄起则莫能御，吾今欲率乌桓奉子为君，何如？"举曰："汉祚终讫，故当有待之者，吾安可以若是？"纯曰："王者网漏鹿走，则智多者得之，子勿忧也。"遂共率乌桓作乱。故人喜悦，归纯者十余万。

从这段记载可以知道乌桓人被东汉政府征发当兵已不止一次了，因不能忍受才来反抗；而且参加这次战争的兵众也不仅是乌桓人，还有张纯和张举旧日的部下。所以，战争的主要责任是在张纯和张举身上。

张纯等发动战争后，东汉政府派公孙瓒率军往击，战争愈益激烈，逐渐扩大到幽、冀、青、徐四州之地。中平五年（188），东汉的幽州牧刘虞一面用"恩信招降"的办法，派人与乌桓大人谈判，"告以利害"；一面悬赏捉拿张纯和张

---

① 《后汉书》卷七三，《刘虞传》。

举。乌桓大人因与公孙瓒作战失利，损失很重，便听从刘虞的话，不再助战，又与东汉和好。张纯和张举既失掉乌桓的援助，又恐被乌桓所杀，乃逃奔塞外。次年张纯被其部下刺杀后，这一战争便完全结束，乌桓与东汉又恢复了和平往来，并互相进行贸易。[①]

不久，辽西乌桓大人丘力居死，其子年小，由其侄蹋顿代立，当时三部乌桓的势力已衰弱，因蹋顿"有武略"，所以各部都拥戴他，服从他的号令。于是，蹋顿便成为"总摄三王部众"的乌桓首领了。

自董卓之乱以来，北方陷入了军阀混战的局面。汉献帝初平二年（191）袁绍取得冀州后，公孙瓒过去曾屡次打败乌桓，而且想把乌桓消灭，所以乌桓人很怕他。当汉献帝建安元年（196）以后，袁绍与公孙瓒相持不决的时候，乌桓唯恐公孙瓒得胜，将来对自己不利，便遣使联结袁绍，愿出兵助击公孙瓒，袁绍自然乐于接受。到了建安四年（199），袁绍把公孙瓒消灭，便假托东汉皇室的名义封三郡乌桓大人为单于。于是乌桓与袁绍连好，北边相安无事。

袁绍自官渡之战被曹操打败，势力衰落。建安七年（202）袁绍死后，其子袁尚、袁谭、袁熙等也先后被曹操击破。建安十年（205），袁谭被曹操攻杀；袁尚和袁熙逃入三郡乌桓地区，准备利用乌桓的兵力反攻曹操。曹操为了彻底消灭袁氏势力，防其东山再起，便于建安十二年（207）进击乌桓。结果乌桓大败，蹋顿被杀。袁尚、袁熙和另外几个乌桓大人逃入辽东，又为辽东太守公孙康所杀。至此，袁氏势力最后消灭了，三郡乌桓也完全被征服了。

从以上的历史事实，我们知道，乌桓自汉桓帝延熹九年（166）以后，直到汉献帝建安十二年（207）曹操打乌桓之前，四十年间，只是反抗过东汉封建统治的压迫，参加过统治阶级的内战，并没有进行过侵略。那么，曹操打乌桓自然也说不上是反侵略的战争了。

三、认为曹操打乌桓是反侵略的理由不能成立

然而，为什么同志们认为那时的乌桓是侵略者，曹操打乌桓是反侵略的战争呢？这大概不外两个原因。

第一个原因是：由于乌桓曾经侵略过中国，而且数次同匈奴、鲜卑一块侵略过；尤其自东汉中叶到汉桓帝时期，鲜卑逐渐强大，成为北边极严重的外患，

---

① 参看《后汉书·刘虞传》《后汉书·公孙瓒传》及《三国志·公孙瓒传》。

而乌桓与鲜卑同出于东胡族，在史籍上时常相提并论，于是往往被笼统地认为乌桓与鲜卑始终都是侵略中国的外族，并没有注意到历史的具体情况的变化和发展。

例如，郭沫若同志在《替曹操翻案》一文中说："乌桓和鲜卑，这些游牧性的种族，在汉末突然兴盛了起来；他们的社会性质，据史籍所载，还是在奴隶制的初期。他们在汉末经常为患于中国的北边，鲜卑人占领了北匈奴的旧地，乌桓人占领了南匈奴的旧地。当时的北匈奴又经西迁，南匈奴已经内附，故在中国历史上自殷周以来的北方的强敌猃狁或者匈奴，在汉末已经换成为鲜卑、乌桓了。"谭其骧同志在《论曹操》一文中说："自东汉晚期以来，北边塞上乌丸和鲜卑这两种部族，经常侵扰缘边诸部。……那时的乌丸，等于是西汉初东汉初的匈奴，唐初的突厥，而袁尚、袁熙兄弟，等于是西汉初的韩王信、东汉初的卢芳、唐初的刘武周、梁师都这一班国贼汉奸。所以曹操对乌丸所进行的战争，显然是正义的，反侵略的。"[①]

郭、谭两文都说乌桓与鲜卑自"汉末"或"东汉晚期"开始侵略中国，但据史籍所载，乌桓与鲜卑都是从东汉初期就开始与匈奴连兵侵略中国了。在汉光武帝建武二十四年（48）匈奴分为南北两部后，由于南匈奴单于"遣使诣阙贡献，奉蕃称臣"并"遣子入侍"，乌桓大人也"率众内属，请诣朝贡"；过了几年，鲜卑大人也"诣阙朝贺，慕义内属"。在汉明帝、章帝时，鲜卑与乌桓都是"保塞无事"。到了东汉中叶，鲜卑自汉和帝时起，乌桓自汉安帝时起，又先后开始进行侵略，而鲜卑侵略愈甚。可是，到了"汉末"或"东汉晚期"，乌桓自汉桓帝延熹九年（166）后即未再侵略中国（已见上述）；而鲜卑自其大人檀石槐于汉灵帝光和（178—183）年间死后，因内部分裂离散，势力衰弱，也不成为中国的边患了。所以实际情况并不像郭、谭两文中所说的自"汉末"或"东汉晚期"乌桓与鲜卑才开始侵略，经常为患于中国，而是到了"汉末"或"东汉晚期"，乌桓已经没有再侵略过中国，鲜卑也已经不足为患了。

至于袁尚、袁熙兄弟是不是如谭其骧同志所说的"国贼汉奸"呢？这里的问题是：与那时的乌桓结好是否就算国贼汉奸？刘虞、袁绍都曾与乌桓结好，并没有人认为他们是国贼汉奸；而且谭文的另一段在驳郭沫若同志时说："即以三郡乌丸而言，他们能为张纯、袁绍所用，为什么不能为曹操所用？"可见即使像张纯那样利用乌桓企图夺取东汉政权的人，谭同志也并未视为国贼汉奸，

---

① 郭沫若：《替曹操翻案》，《人民日报》1959 年 3 月 23 日；谭其骧：《论曹操》，《文汇报》1959 年 3 月 31 日。

为什么把袁尚、袁熙视为国贼汉奸呢？况且，曹操后来也是利用三郡乌桓来进行内战的，谭文既说三郡乌桓"能为张纯、袁绍所用，为什么不能为曹操所用"，可见认为张纯、袁绍、曹操之利用三郡乌桓都是一样的，那么，我们要反问：三郡乌桓既然能为张纯、袁绍所用，也能为曹操所用，为什么不能为袁尚、袁熙所用？张纯、袁绍、曹操都利用乌桓来进行内战，都不是国贼汉奸，为什么袁尚、袁熙利用乌桓进行内战就是国贼汉奸呢？

认为曹操打乌桓是反侵略战争的第二个原因是：由于在史籍上有几段文字似乎可以作为乌桓侵略中国的证据，但未仔细考察历史事件的内容，便轻易凭信，做出论断。

在同志们发表的文章中，主要是根据下列两段文字来断定乌桓的侵略。

（1）《三国志·魏志·乌丸传》："中山太守张纯叛入丘力居众中，自号称天安定王，为三郡乌丸元帅，寇略青、徐、幽、冀四州，杀略吏民。灵帝末，以刘虞为幽州牧，募胡斩纯首，北州乃定。"（《后汉书·乌桓传》与此略同，唯少"杀略吏民"四字。）

（2）《三国志·魏志·武帝纪》："三郡乌丸承天下乱，破幽州，略有汉民合十余万户。袁绍皆立其酋豪为单于，以家人子为己女妻焉。辽西单于蹋顿尤强，为绍所厚，故尚兄弟归之，数入塞为害。公（曹操）将征之。"

在第一段文字中所说的"寇略青、徐、幽、冀四州"，是指的张纯利用乌桓进行的内战，参加这次战争的不仅是乌桓人，还有张纯、张举的部下；而且乌桓之所以参加，还有反抗东汉封建压迫的意义。其详情已见上述，不再多赘。再就下文所说"募胡斩纯首，北州乃定"来看，便知"寇略青、徐、幽、冀四州"的主要责任是在张纯而不在乌桓了。我们还可以引一段文字来说明这一点，《后汉书·灵帝纪》云："渔阳人张纯与同郡张举举兵反叛，攻杀右北平太守刘政、辽东太守杨终、护乌桓校尉公綦稠（《刘虞传》作"箕稠"）等，举自称天子，寇幽、冀二州。"这里没有提到乌桓起兵，只说张纯、张举，还是把"寇幽、冀二州"写上了，岂不很明白吗？可是有的同志的文章中单单把"寇略青、徐、幽、冀四州"的行动完全算在乌桓的账上，那就与事实不符了。

在第二段文字中所说的"三郡乌丸承天下乱，破幽州"。当然是指乌桓参加张纯等所发动的内战而言，其非侵略已不必再辩。问题在于"略有汉民合十余万户"。在所有关于这次战争的记载中，并没有虏略汉民户口的统计数字。如果乌桓真的"略有汉民合十余万户"的话，确是非常严重的事件，在《后汉书·乌桓传》和《三国志·乌丸传》里一定会大书特书的。那么，这个数字是从哪里来的呢？我们检查一下，倒是有线索的。《后汉书·乌桓传》云："及（袁）绍子尚败奔蹋顿时，幽、冀吏人奔乌桓十万余户。"这里有了十万余户，再加上在这以前因躲避战乱陆续逃入乌桓的人，所谓"十万余户"就有着落了。但是，这些人并不是乌桓"略"去的，而是自己"奔"去的。封建统治阶级的历史家为了给曹操打乌桓多找借口，便把这些"奔"去的人算作乌桓"略有"的了。而且，把后来的账一并算在前面去了。

至于说蹋顿"数入塞为害"，也是不符合事实的。因为自从蹋顿立为乌桓首领后，除了帮助袁绍打公孙瓒之外，并没有进行过战争，史籍更没有蹋顿发动侵略的记载。所谓"数入塞为害"，也不过是模糊影响之辞，为"公将征之"多找一个借口而已。

由于上述的两个原因，再加上有些同志想尽力抬高曹操的身价的主观愿望，于是曹操打乌桓便成为反侵略的战争，而且进入"民族英雄"之列了。

四、曹操打乌桓的目的及性质

曹操打乌桓既然不是反侵略的战争，其真正目的何在呢？《后汉书·乌桓传》云："及（袁）绍子尚败奔蹋顿时，幽、冀吏人奔乌桓者十万余户。尚欲凭其兵力，复图中国（即中原）。"《三国志·魏志·乌丸传》云："袁尚败奔蹋顿，凭其势复图冀州。"这说明袁尚在逃奔乌桓后并不死心，想重整旗鼓，恢复故土。而且，袁尚在这时也确有可以凭借的力量。三郡乌桓自从帮助袁尚打败公孙瓒以来，与袁氏的关系一直是很好的，再来帮助袁尚是可能的；还有那奔入三郡乌桓的十万余户"幽、冀吏人"，都是袁氏旧日的属下，他们也自然想重返故土，拥护袁尚。如果这两支力量组织起来，对曹操来个反攻，是很够曹操应付一阵的。所以曹操不能不在袁尚做好反攻的准备之前，远途跋涉，并冒着别人抄袭老巢的危险，来个先下手为强，把袁尚和乌桓的势力彻底消灭。这在《三国志·魏志》里有两段很明白的记载：

《武帝纪》："将北征三郡乌丸，诸将皆曰：'袁尚，亡虏耳。夷狄贪而无亲，岂能为尚用？今深入征之，刘备必说刘表以袭许，万一为变，事不可悔。'惟郭嘉策表必不能任备，劝公（曹操）行。"

《郭嘉传》："太祖（曹操）将征袁尚及三郡乌丸，诸下多惧刘表使刘备袭许以讨太祖。嘉曰：'公虽威震天下，胡恃其远，必不设备。因其无备，卒（猝）然击之，可破灭也。且袁绍有恩于民夷，而尚兄弟生存；今四州之民，徒以威附，德施未加。舍而南征，尚因乌丸之资，招其死主之臣，胡人一动，民夷俱应，以生蹋顿之心，成觊觎之计，恐青、冀非己之有也。表，坐谈客耳，自知才不足以御备，重任之则恐不能制，轻任之则备不为用，虽虚国远征，公无忧矣。'太祖遂行。"

可见曹操进军三郡乌桓的目的，主要是消灭袁氏势力，巩固已经取得的地盘。也可知道三郡乌桓在当时虽有被袁尚利用的可能，但还未见诸行动，所以郭嘉劝曹操"因其无备"而"击之"，到了后来也是"出其不意，一战而定之"[1]，当然更谈不到乌桓进行侵略。这又足以证明前述的"数入塞为害"不是"公将征之"的原因，曹操打乌桓不是反侵略的战争，只是他"消灭群雄"的内战的一部分。

五、曹操打乌桓的后果

曹操打乌桓的性质是如此，我们再来谈谈它的客观效果吧。在许多同志们的文章中，都对曹操打乌桓的客观效果给予高度的称赞。如说"消灭了边患，救回了被奴役的汉民"；"保障了边境的安宁"；"使边地人民免除了乌桓、鲜卑的骚扰，使生产劳动的进行有了保障"；"捍卫边境安宁，抵御外来奴役者"；等等。好像幽州的边疆在以前一直不得安宁，而且不得安宁的原因只是乌桓的存在，只有到曹操打乌桓之后才得到了安宁。这是否合乎实际情况呢？还是需要研究的。

根据前述的历史事实，自汉桓帝延熹九年（166）以后，到曹操打乌桓（207）以前，四十年中，除了张纯等利用三郡乌桓进行内战的时期外，三郡乌桓都是在和平居处，没有使边境不宁。张纯等进行内战的时间有多久呢？是从汉灵帝中平四年六月到中平六年三月，共一年零九个月，在这四十年中还不到二十分之一的时间。固然，三郡乌桓还曾帮助袁绍打过公孙瓒，但那只是在袁绍和公孙瓒打了几年之后才参加的，而且只是助击公孙瓒的军队，并没有骚扰边境；假若边境不宁的话，那是由于公孙瓒和袁绍互相攻打所造成的，三郡乌桓并没有责任。即使算不安宁吧，那么，自汉献帝建安四年（199）三月，袁绍消灭公孙瓒之后，到曹操打乌桓之前，八年多的时间一直是安宁的。何需等到曹操打乌桓才得安宁呢？若要论起"保障了边境的安宁"的功绩来，那就得先归功于

---

[1]《三国志》卷三〇，《魏志·乌丸传》。

刘虞和袁绍了。

郭沫若同志在《替曹操翻案》一文中认为"特别值得强调的事"曹操平定三郡乌桓后"救回了被俘虏去做奴隶的汉民十余万户",并说:"这样多的人沿途是要粮食吃的,连出于敌对意识、由吴人写成的《曹瞒传》,都说他曾经'杀马数千匹以为粮',可见他是重人不重马的。我们如果体贴一下那被解救的十几万户人的心理,他们对于曹操是会衷心感激的。要说他们把曹操当成重生父母,恐怕不会是过分的吧?"

如果真像郭沫若同志所说的那样,那真是曹操的一大功德。可惜与事实不符。那十余万户的汉民是自己投奔去的,不是被俘虏去的,已见上述。这且不管,可是,怎么知道他们是被"救回了"呢?郭沫若同志的根据是《三国志·魏志·武帝纪》及裴松之注引《曹瞒传》,但《武帝纪》里只说"胡汉降者二十余万口",并没有说那些投降的都被"救回了",也没有说投降的是"汉民十余万户"。投降的是否一定要被带回来呢?恐怕没有这样的必然性吧。况且《武帝纪》又明明写着"公引兵自柳城还"。在这一句下面的注里引《曹瞒传》的文字是:"时寒且旱,二百里无复水,军又乏食,杀马数千匹以为粮。"跟着曹操回来的,明明是他的军队,哪里有"汉民十余万户"的影子呢?在二百里内无水无粮的情况下,若是不让人(兵)马俱死,当然是要杀马以活人(兵)了,这是极容易理解的事。再说,如果曹操"救回了"所谓"汉民十余万户",在《武帝纪》里还有不大书特书的吗?为什么一字不提呢?既然没有带回那些"汉民"来,我们当然也无从"体贴"他们的"心理"是什么状态了。

郭沫若同志在《替曹操翻案》一文中又说:"关于曹操的东征乌桓,还有最值得注意的后果是:他把三郡乌桓平定了,而乌桓的其他部落的侯王大人们却对他心悦诚服,服从他的指挥。乌桓的骑兵,在曹操麾下成为'天下名骑'。在种族之间发生了战争,能够收到这样的效果,是很不容易的事。"并且认为"他打了乌桓,而乌桓人民服从他",是"最值得惊异"的事。

我们想想,三郡乌桓被平定了,连那乌桓首领中最"有武略"的蹋顿都被杀了,其他部落的侯王大人们还敢不服从吗?若不服从,他们还不是像蹋顿一样被杀吗?同样,曹操打败了乌桓,乌桓人民也就不敢不服从他。历史上时常有"征服"的事,又有什么"值得惊异"的呢?若说乌桓的侯王大人们对曹操"心悦诚服",恐怕也没有根据吧。

至于说"乌桓的骑兵，在曹操麾下成为天下名骑"①，也是过分夸大曹操的才能了。其实，乌桓的骑兵早已著名了。张温就因为看中了乌桓的"名骑"②，才征发他们去打边章、韩遂；袁绍在"抚有三郡乌丸"后，"宠其名王而收其精骑"。③乌桓的骑兵并不是到了曹操手里才成为"名骑"的。

曹操打乌桓，乌桓人民所得到的后果是什么呢？首先，在柳城一战，"死者被野"，其中大多数当然是乌桓人；接着，"悉徙其族居中国，帅从其侯王大人种众与征伐"④，就是强迫所有的三郡乌桓人民都离开原土，并驱使他们当兵打仗。于是，三郡乌桓人民都被迫诀别了居住过几十年的地区，脱离了生产，脱离了和平生活；只有听从曹操的驱使，在战场上东奔西走，最后以"天下名骑"的尾声在历史上消逝了。

这就是三郡乌桓人民的后果。曹操没有"救回了被奴役的汉民"，而被奴役的却正是三郡乌桓人。

六、结语

根据以上所说，我的意见可以简结如下：

（一）乌桓在东汉时代虽然曾经是侵略国中国的外族，但自汉桓帝延熹九年（166）以后，即未再进行侵略，而且大部分移居幽州境内，受东汉封建政权的统治，成为中国境内的少数族。

（二）三郡乌桓在被曹操攻打之前的四十年中，反抗过东汉封建统治者的压迫，参加过东汉统治阶级的内战，但没有进行侵略，不是侵略中国的外患，因而，曹操打乌桓并不是反侵略性的战争。

（三）曹操打乌桓是为了消灭他的劲敌袁氏的势力，是他所进行的统治阶级内战的一部分。

（四）曹操打乌桓的客观作用并不是消除了外患、保卫了边境的安宁，而只是由于消灭了袁氏势力，巩固了他在幽、冀、青、并四州的统治，促进了他的统一北方事业的完成。

（五）曹操打乌桓之后，强迫乌桓人民迁离原住的土地，脱离了生产，仅仅

---

① 这是根据《三国志》卷三〇，《魏志·乌丸传》："由是三郡乌丸为天下名骑"。
② 参见《后汉书·刘孙虞》《后汉书·公孙瓒传》。
③《三国志》卷三〇，《魏志·乌丸传》。
④《三国志》卷三〇，《魏志·乌丸传》。

供驱使于战争之中,对于作为中国境内少数族的乌桓人民的经济与文化的发展,是非常有害的, 乌桓人民因此遭受了严重的摧残。

（原载《天津日报·学术专刊》，1959 年 5 月 11 日，原署名：木羽。曾收载于《曹操论集》，三联书店 1960 年 1 月出版）

蔡珪卒年辨

蔡珪是金朝著名的古器物学家、古文字学家、史学家、文学家，博学多识，被誉为"国朝文宗"，"其辨博为天下第一"①，在学术界有崇高的地位。他著作丰富，有《古器类编》三十卷、《燕王墓辨》一卷、《续欧阳文忠公集录金石遗文》六十卷、《续金石遗文跋尾》十卷、《补南北史志书》六十卷、《补正水经》四十卷、《晋阳志》十二卷、文集五十五卷②，共计八种二百六十八卷，洵称大观，可惜都已亡佚了。

蔡珪的生平事迹，见于《中州集》卷一《蔡太常珪》《大金国志》卷二八《蔡珪传》，及《金史》卷一二五《文艺》上《蔡松年附子珪传》。《中州集》记载颇简略，仅二百九十五字。《大金国志》抄袭《中州集》之文，又多所删削，更简略，仅一百四十八字。《金史》记载较为详细，有五百五十七字。

对于蔡珪之卒，《中州集》记云："大定十四年，由礼部郎中出守潍州，道卒。"《大金国志》同。这个记载虽极简单，但因标明了年代，后人不加考察，便都依从其说，直到近十多年来陆续出版的一些辞典和年表，如上海辞书出版社 1979 年出版的《辞海》，黑龙江人民出版社 1981 年 3 月出版的《中国历史人物生卒年表》，上海辞书出版社 1983 年 12 月出版的《中国历史大辞典·史学史卷》、1986 年 6 月出版的《中国历史大辞典·辽夏金元史卷》、1990 年 11 月出版的《中国文化史年表》等，均记载蔡珪卒于金世宗大定十四年，即公元 1174 年③，似乎已成定论。然而，如果将《金史·蔡珪传》的详细记载考察一下，便会发现《中州集》所记是不符合事实的。

《金史·蔡珪传》云："珪已得风疾，失音不能言，乃除潍州刺史，同辈已奏谢，珪独不能入见。世宗以让右丞唐括安礼、参政王蔚曰：'卿等阅书史，亦有不能言之人可以从政者乎？'又谓中丞刘仲诲曰：'蔡珪风疾不能奏谢，卿等

---

① 元好问《中州集》卷一，《蔡丞相松年》《蔡太常珪》。
② 参据《中州集》卷一，《蔡太常珪》；《金史》卷一二五，《蔡珪传》。
③ 《中国历史大辞典·史学史卷》的古代部分是笔者担任主编的，审稿时对蔡珪的卒年也未加考察。

何不纠之？人言卿等相为党蔽，今果然耶！'珪乃致仕，寻卒。"一个患风疾而不会说话的人，当然是不能做官的，但竟被任命为一州的长官，实在是太荒唐了！所以金世宗发觉后，便向对此事负有直接责任的尚书右丞唐括安礼、参知政事王蔚、御史中丞刘仲诲，当面进行严厉的责斥。蔡珪也就不能赴任，遂致仕居家，不久即卒。由此可见，《中州集》所记"出守潍州，道卒"是不符合事实的。至于所记"大定十四年"是否正确呢？答案也是否定的。

《金史·蔡珪传》记载任命蔡珪为潍州刺史被金世宗发觉的事，虽未标明年代，但因此事是发生在唐括安礼、王蔚、刘仲诲三人同时分任尚书右丞、参知政事、御史中丞期间，我们仍可从《金史》的其他记载中考知。据《金史》卷七《世宗本纪》，唐括安礼任尚书右丞是在大定十三年至十七年[①]，刘仲诲任御史中丞是在大定十四年至十八年[②]，这都与蔡珪卒于大定十四年之说还没有什么矛盾。问题在于王蔚任参知政事的时间。据《金史》卷九五《王蔚传》，王蔚于大定十五年"拜参知政事"；又据《金史·世宗本纪》，大定十六年"十一月壬寅朔，参知政事王蔚罢"。可知王蔚参知政事是在大定十五年至十六年，金世宗对他们三人的责斥不能早于大定十五年，而蔡珪之卒当在大定十五年或十六年，不可能在大定十四年，《中州集》的记载是不准确的。

《金史》的史料来源，主要是《金实录》。《金实录》是金朝历史的原始资料，《金史·蔡珪传》所载蔡珪因患风疾失音不能言而未能奏谢，以及金世宗对唐括安礼等三人的责斥之语，一定是当时史官的记录，原见于《金世宗实录》的，自属实情，遗憾的是传文中缺载其年代了。

《金实录》原藏之于金朝的史馆，被蒙古将领张柔于金哀宗天兴二年（蒙古太宗五年）攻占金汴京时取走[③]，藏之于家。元好问在金亡后搜集金朝史料时曾向张柔求借，但未能得到。《金史》卷一二六《元好问传》云："晚年尤以著作自任，以金源氏有天下，典章法度几及汉、唐，国亡史作，己所当任。时金国实录在顺天张万户（张柔）家，乃言于张，愿为撰述，既而为乐夔所沮而止。"由于元好问未能见到《金实录》，所以他在撰写《中州集》中的蔡珪小传时有失实之处。后来，张柔于元世祖中统二年（1261）"以《金实录》献诸朝"[④]，

①《金史·世宗本纪》：大定十三年十月"丙子，以前南京留守唐括安礼为尚书右丞"。大定十七年十二月"壬申，以尚书右丞唐括安礼为左丞"。

②《金史·世宗本纪》：大定十四年十一月"丙申，御史中丞刘仲诲等为贺宋正旦使"。十八年十月"甲午，御史中丞刘仲诲……削官一阶"。

③《元史》卷一四七《张柔传》："柔于金帛一无所取，独入史馆，取《金实录》并秘府图书。"

④《元史》卷一四七《张柔传》。

成为元朝史官撰修《金史》的主要依据。

总之，蔡珪的卒年，不是现在流行的一些辞典和年表中所记载的金世宗大定十四年（1174），而应是大定十五年或十六年。至于更确切的时间，尚待再仔细查考。

（原载《南开学报》1993 年第 1 期）

史学史研讨

司马迁记事求真的方法与精神

研究历史的目的，在于求得史事的真相。一部历史书，应当是史事的真实记载。我们对于一部史书的评价，必须依据它记事的真实程度如何而定。虽然完美的历史著作还需要其他的条件，如文辞的优美、叙事的生动、体例的精当等，但这只是写作的技巧，而不是唯一的基本原则。如果记事真实，而写作的技巧稍差，仍不失为良好的历史书；反之，若仅注重写作的技巧，而忽略了记事真实的原则，那只能算是历史小说或文学作品，不是历史。所以一个从事历史著作的人，必须具有求真的精神，讲求求真的方法。

司马迁是我国第一个历史家，他所作的《史记》一向被推崇着，称颂着，在我国史学史上占着最高的地位。不过有许多人仅注意于他的写作技巧，而忽略了他记史求真的方法与精神，如班彪称他"善述序事理，辨而不华，质而不俚，文质相称"[①]。苏辙说他的文章"疏宕有奇气"。固然，司马迁文章的优美，叙事的生动，为后来的史家所不及；但是我们站在史学的立场来读《史记》，应当首先注意研究他求真的方法与精神。

司马迁以卓越的才学，深邃的功力，写出了一部贯通三千年包括五十余万言的史书，他的记事求真的方法与精神，实在值得我们深切地研究。不过，若是详细地寻绎出来加以阐述，又非一篇短文所能办到，所以本文只能举出重要的几点，来大略的说一说。

一、努力于材料的搜集

从事一部史书的著作，必先广搜史料，因为写作历史，不能凭空臆说，须有切实的根据。为了求得史事的真相，自然要博览广征，慎重史料的整理与采择。司马迁自言"绌史记石室金匮之书"，"网罗天下放失旧闻"，而且身为史官，

---

① 《后汉书》卷四〇上，《班彪传》，商务印书馆 1936 年影印本。

有阅览典籍的便利，对于材料的搜集，当然是不遗余力的。但是班彪、班固父子论到《史记》的撰修，仅说他"据《左氏》《国语》，采《世本》《战国策》，述《楚汉春秋》。"郑樵的《通志》总序里也仅说他"会《诗》《书》《左传》《国语》《世本》《战国策》《楚汉春秋》之言"，并说："亘三千年之史籍，而局蹐于七八种书，所可为迁恨者，博不足也。"[①]我们细读《史记》之后，便知道司马迁所根据的典籍绝不止此。班氏父子的话太笼统，郑樵的话太武断，未免厚诬前贤了。

在《史记》一书里，司马迁常常提到他所根据的典籍，我们可以举出一些例子，如："余以颂次契之事，自成汤以来，采于《诗》《书》"；"吾读《秦记》……"；"余读牒记……稽其历谱牒"；"余每读《虞书》……"；"余读春秋古文，知中国之虞，与荆蛮句吴乃兄弟也"；"余读孔氏书，想见其为人"；"吾读管氏《牧民》《山高》《乘马》《轻重》《九府》，及《晏子春秋》，详哉其言之也。既见其著书，欲观其行事，故次其传"；"余读《司马兵法》。闳廓深远，虽三代征伐，未能竟其义，如其文也"；"余以弟子名姓文字，悉取《论语》弟子问并次为篇，疑者阙焉"；"余尝读商君《开塞》《耕战》书"；"余读孟子书"；"余读《离骚》《天问》《招魂》《哀郢》，悲其志"；"余读陆生《新语》书十二篇，固当世之辩士"；"余读功令……"[②]；等等；然而这些不过是他顺便提及的话，已可证明他的作史不仅根据少数的几部书籍，是广搜博采的。班氏父子的话虽然笼统，只举出几部主要的书，但仍承认他"采获古今，贯穿经传，至广博也"，至于郑樵武断地说他只"局蹐于七八种书"，则是无的放矢了。

总之，司马迁除了《诗经》《尚书》《春秋》《左传》《世本》《国语》《战国策》《楚汉春秋》而外，博采诸子百家之书，当世学者之文，以及一切公文法令、章程、礼仪。也就是说，凡是当时所有的史料，他都尽最大的努力去搜集采用了。

二、实地的考察

《史记·太史公自序》里有一段说："迁生龙门，耕牧河山之阳。……二十而南游江、淮，上会稽，采禹穴，窥九疑，浮于沅、湘；北涉汶、泗，讲业齐、鲁之都，观孔子之遗风，乡射邹、峄，厄困鄱、薛、彭城，过梁、楚以归。于

---

① 郑樵：《通志》卷首，《总序》，商务印书馆 1935 年版。
② 以上分见《史记》之《殷本纪》《秦始皇本纪》《三代世表》《乐书》《吴太伯世家》《孔子世家》《管晏列传》《司马穰苴列传》《仲尼弟子列传》《商君列传》《孟子荀卿列传》《屈原贾生列传》《郦生陆贾列传》《儒林列传》各篇序及"太史公曰"。

是迁仕为郎中，秦使西征巴、蜀以南，南略邛、筰、昆明，还报命。"二十几岁的司马迁，已经历尽名山大川，足迹遍于四方了。综计《史记》里他的游历行踪的记述，我们知道他到过现在的陕西、山西、河南、河北、山东、江苏、浙江、江西、湖南、甘肃、四川、云南、贵州等十余省，中国本部游历殆遍。并且每到一处，都留心史事，以实际的情形与典籍的记载相对证，来考察史事的真相。这种实地的考察，是最可贵的求真的方法。

在《史记》里常常记述到这种实地考察的结果，如"余尝西至空峒，北过涿鹿，东渐于海，南浮江、淮矣。至长老皆各往往称黄帝、尧舜之处，风教固殊焉"[①]；"余从巡祭天地诸神名山川而封禅焉，入寿宫，侍祠神语，究观方士祠官之意，于是退而伦次"[②]；"余南登庐山，观禹疏九江，遂至于会稽太湟，上姑苏，望五湖；东窥洛汭、大邳，迎河，行淮、泗，济漯、洛渠；西瞻蜀之岷山及离碓；北自龙门至于朔方。曰：甚哉，水之为利害也"[③]；"吾适齐，自泰山属之琅邪，北被于海，膏壤二千里，其民阔达多匿知，其天性也"[④]；"余读孔氏书，想见其为人。适鲁，观仲尼庙堂车服礼器，诸生以时习礼其家。余祗迴留之，不能去云"[⑤]；"余登箕山，其上盖有许由冢云"[⑥]；"吾适楚，观春申君故城宫室，盛矣哉"[⑦]；"余读《离骚》《天问》《招魂》《哀郢》，悲其志。适长沙，观屈原所自沈渊，未尝不垂涕，想见其为人"[⑧]；"吾适北边，自直道归，行观蒙恬所为秦筑长城亭障，堑山湮谷，通直道，固轻百姓力矣"[⑨]。这些例子，都是由实地考察的情况与典籍的记载相印证。司马迁叙事生动，不但靠着他的文采，还要借赖真实的记述。因为只有真实的记述，才能亲切动人，尤其他叙述秦汉之际的史事，有声有色，非经过实地的考察，不能那么真切生动。所以顾炎武说："秦汉之际，兵所出入之途，曲折变化，唯太史公序之如指掌。盖自古史书兵事地形之详，未有过此者。太史公胸中固有一天下大势，非后代书生之所能几也。"[⑩] 司马迁实地考察以求得史事真相的精神，确乎没有

①《史记》卷一，《五帝本纪》，商务印书馆六册本，1938年版。

②《史记》卷二八，《封禅书》。

③《史记》卷二九，《河渠书》。

④《史记》卷三二，《齐太公世家》。

⑤《史记》卷四七，《孔子世家》。

⑥《史记》卷六一，《伯夷列传》。

⑦《史记》卷七八，《春申君列传》。

⑧《史记》卷八四，《屈原贾生列传》。

⑨《史记》卷八八，《蒙恬列传》。

⑩ 顾炎武：《日知录》卷二六，"《史记》《通鉴兵事》"条。清乾隆刻本。

人足以比拟，是最值得治史的人注意与研究的。

三、亲身访问

司马迁因为留心史事，极意求真，每到一处，除了实地考察历史的遗迹，还要从事于轶闻遗事的访问。实地考察是所谓"亲见"，亲身访问是要"亲闻"，亲见亲闻，才能得到最直接最真实的史料，在《史记》里，我们也可以找到许多这种例子。如："吾适故大梁之墟，墟中人曰：秦之破梁，引河沟而灌大梁，三月城坏，王请降，遂灭魏"[①]；"吾尝过薛，其俗闾里率多暴桀子弟，与邹、鲁殊。问其故，曰：孟尝君招致天下任侠奸人入薛中，盖六万余家矣。世之传孟尝君好客自喜，名不虚矣"[②]；"吾过大梁之墟，求问其所谓夷门。夷门者，城之东门也"[③]；"吾如淮阴，淮阴人为余言：韩信虽为布衣时，其志与众异。其母死，贫无以葬，然乃行营高敞地，令其旁可置万家。余视其母冢，良然"[④]；"吾适丰沛，问其遗老，观故萧、曹、樊哙、滕公之家，及其素，异哉所闻！方其鼓刀屠狗卖缯之时，岂自知附骥之尾，垂名汉廷，德流子孙哉？余与他广通，为言高祖功臣之兴时若此云"[⑤]。司马贞《史记索隐》在这一段下面说："案：他广，樊哙之孙，后失封，盖尝讶太史公序萧、曹、樊、滕之功委具，则从他广而得其事，故备也。"[⑥]这些都是司马迁亲身访问后，再做文字的记载的例子。尤以叙述汉初的事迹，由于亲身访问得来的史料最多。像《高祖本纪》里关于高祖的故事，《项羽本纪》里鸿门宴的情形，《萧相国世家》《淮阴侯列传》及《留侯世家》里萧何、韩信、张良的故事，以及《曹相国世家》《游侠列传》《滑稽列传》等篇里描写人物的个性，都非常详细生动，多半是得自"亲闻"的材料。

四、专心锐志完成著作

司马迁在撰著《史记》尚未完成的时候，突然因李陵的案件连累，被负罪下狱，并且受了残酷的宫刑。这实在是人生最痛苦的遭遇，最大的打击。然而，

---

① 《史记》卷四四，《魏世家》。
② 《史记》卷七五，《孟尝君列传》。
③ 《史记》卷七七，《信陵君列传》。
④ 《史记》卷九二，《淮阴侯列传》。
⑤ 《史记》卷九五，《樊郦滕灌列传》。
⑥ 《史记》卷九五，《樊郦滕灌列传》，唐司马贞"索隐"。

他为了使几千年的史业不致泯灭，他一生所费的精力心血不致付诸东流，仍然含痛忍辱，来完成伟大的著作，他在《报任少卿书》里曾叙述自己的苦心高志说：

> 所以隐忍苟活，幽于粪土之中而不辞者，恨私心有所不尽，鄙陋没世，而文彩不表于后世也。古者，富贵而名摩灭，不可胜记，唯倜傥非常之人称焉。盖文王拘而演《周易》；仲尼厄而作《春秋》；屈原放逐，乃赋《离骚》；左丘失明，厥有《国语》；孙子膑脚，兵法修列；不韦迁蜀，世传《吕览》；韩非囚秦，《说难》《孤愤》；《诗》三百篇，大抵圣贤发愤之所为作也。此人皆意有郁结，不得通其道，故述往事，思来者。乃如左丘无目，孙子断足，终不可用，退而论书策，以舒其愤，思垂空文以自见。仆窃不逊，近自托于无能之辞，网罗天下放失旧闻，略考其行事，综其终始，稽其成败兴坏之纪，上计轩辕，下至于兹，为十表，本纪十二，书八章，世家三十，列传七十，凡百三十篇。亦欲以究天人之际，通古今之变，成一家之言。草创未就，会遭此祸。惜其不成，是以就极刑而无愠色。仆诚以著此书，藏诸名山，传之其人，通邑大都，则仆偿前辱之责，虽万被戮，岂有悔哉！然此可为智者道，难为俗人言也。①

我们读了这一段衷心的倾诉，就知道冤屈与极刑的痛辱，不但不能挫折他修史记事的心志，反而使他更加积极坚强地期求著作的完成，一个伟大的史家，为了忠于记述史事的职务，是不顾任何的艰苦，不惜任何的牺牲的。"忍隐苟活"，"就极刑而无愠色"，便是为了实现修史的宏愿，完成未竟的著作。这与以前董狐及南史氏不畏死、不惧势、直笔记事的精神，同样地值得钦佩！值得赞叹！

以上所述，不过是大略的指出司马迁最重要的记事求真的方法与精神。至于其他细微的地方，只要细读《史记》，潜心研究，便可渐渐地领略得到，本文不能一一详述了。

（原载北平《经世日报·读书周刊》第 59 期，1947 年 10 月 1 日）

---

① 《汉书》卷六二，《司马迁传》引《报任少卿书》，商务印书馆 1936 年百衲本。

班固的史才

在我国史学史上，班固是常常与司马迁并称的。班固的史才虽然不及司马迁，但他学养很深，又富于综合的能力，所以他所著的《汉书》，组织完密，叙事详备，足以比美《史记》。范晔《后汉书·班固传》论里说：

> 司马迁、班固父子，其言史官载籍之作，大义粲然，著矣。议者咸称二子有良史之才。迁文直而事核，固文赡而事详。若固之序事，不激诡，不抑抗，赡而不秽，详而有体，使读之者亹亹而不厌，信哉其能成名也。

而且班固作史的动机，也与司马迁相似，那便是所谓"世业"或"家学"。他的父亲班彪，是一个潜心史籍、有志撰述的人。因为司马迁的《史记》"自太初以后，阙而不录"，其后虽有刘歆、冯商、扬雄等相继撰述，而"其言鄙俗，不足以踵前史"。班彪遂博览典籍，旁采旧闻遗事，作《后传》六十五篇，以接续《史记》。班彪死了之后，班固觉得他父亲的著作不够详备，便立志改作。后来又以为汉朝的史事应当有专书记载，不应"编于百王之末，厕于秦项之列"，于是改变接续前史的计划，重新从汉高祖起王莽止，写成一部包举一代、首尾完备的《汉书》。

司马迁作《史记》，开创了纪传史书的体例；班固作《汉书》，建立了断代修史的法式。后来一些作史的人，遵循着这种纪传体、断代式的成规，而形成了所谓"正史"的系统。刘知幾对于班固断代为书的办法，深加称许。《史通·六家篇》里说：

> 历观自古，史之所载也，《尚书》记周事，终秦穆；《春秋》述鲁史，止哀公；《纪年》不逮于魏亡；《史记》唯论于汉始。如《汉书》者，究西都之首末，穷刘氏之废兴，包举一代，撰成一书，言皆精练，事甚该密。故学者寻讨，易为其功，自而迄今，无改斯道。

这并不是刘知幾的偏见，事实上，断代为书的办法确有其独特的方便与长处。其后每一朝代的灭亡后，便有专记此一朝代的史书出现。而我国的史籍得以继续衔接，没有间断，不能不说是班固的功绩，所以班固对我国史学的贡献与影响，实在是至深至大，不容忽视的。

但是到了南宋时代，郑樵因为提倡通史，便对这位"断代之祖"的班固痛加诋毁，甚至骂他为浮华之士，全无学术。郑樵《通志·总序》里说：

> 自《春秋》之后，惟《史记》擅制作之规模，不幸班固非其人，遂失会通之旨，司马氏之门户，自此衰矣！班固者，浮华之士也，全无学术，专事剽窃。肃宗问以制礼作乐之事，固对以在京诸儒必能知之。倘臣邻皆如此，则顾问何取焉？及诸儒各有所陈，固惟窃叔孙通十二笃之仪以塞白而已。倘臣邻皆如此，则奏议何取焉？肃宗知其浅陋，故语窦宪曰：公爱班固而忽崔骃，此叶公之好龙也。固于当时，已有定价，如此人才，将何著述？《史记》一书，功在十表，犹衣裳之有冠冕，木水之有本原。班固不通旁行斜上，以古今人物强立差等。且谓汉绍尧运，自当继尧；非迁作《史记》，厕于秦、项，此则无稽之谈也。由其断汉为书，是致周、秦不相因，古今成间隔。自高祖至武帝，凡六世之前，尽窃迁书，不以为惭；自昭帝至平帝，凡六世，资于贾逵、刘歆，复不以为耻；况又有曹大家终篇，则固之自为书也几希。往往出固之胸中者，《古今人表》耳，他人无此谬也。后世众手修书，道傍筑室，掠人之文，窃钟掩耳，皆固之作俑也。

这一篇话，可说是尽诋毁之能事。在郑樵自己觉得是大泄积忿，非常得意了。然而客观的看来，实在是意气用事，厚诬古人。刘知幾虽然赞成班固断代为书的法式，但对于司马迁的长处仍加表扬；章学诚也是主张通史的，但并不任情地讥斥班固。因为对于体例方面的批评，各人的见解虽有不同，而其"潜精积思二十年"，撰成一部巨大的史书，在史学上的功绩是不可抹煞的。更不能因其著作的体例不合己意，就连他的为人与学力也一概骂为一文不值了。所以郑樵这篇议论，确乎失掉了史学批评家的公正态度与客观精神，是不能令人赞同的。

郑樵出来骂班固破坏通史的体例以外，还骂他剽窃因袭司马迁等人的著作，这一点也是未加深思，因为历史的著述必须取资于已往的记载，不能自行杜撰或凭空臆造的。郑樵推崇司马迁的通史制作，而《史记》还不是因袭《春秋》《国语》《战国策》等书吗？郑樵自己撰作的《通志》，除了《二十略》以外，不更是完全抄袭以前的史书吗？怎能以"不以为惭""复不以为耻"的话来责骂班固呢？！所以章学诚虽然赞成郑樵修史的主张，了解他的旨意，为他申解辩护，而对于他这段骂班固的话则毫不同情，并且严加驳斥，《文史通义·言公上》篇里说：

> 世之讥史迁者，责其裁裂《尚书》《左氏》《国语》《国策》之文，以谓割裂而无当。（原注：出苏明允史论。）世之讥班固者，责其孝武以前之袭迁书，以谓盗袭而无耻。（原注：出郑渔仲《通志》。）此则全不通乎文理之论也！迁史断始五帝，沿及三代、周、秦，使舍《尚书》《左》《国》，岂将为凭虚、亡是之作赋乎？必谓《左》《国》而下，为迁所自撰，则陆贾之《楚汉春秋》，高祖、孝文之传，皆迁之所采摭。其书后世不传，而徒以所见之《尚书》《左》《国》，怪其割裂焉，可谓知一十，而不知二五者矣，固书断自西京一代，使孝武以前不用迁史，岂将为经生决科之同题异文乎？必谓孝武以后，为固之自撰，则冯商、扬雄之纪，刘歆、贾护之书，皆固之所原本。其书后人不见，而徒以所见之迁史，怪其盗窃焉，可谓知白出而不知黑入者矣！

章氏这段话说得很切要明白。因为历史是可以"述而不作"的，即如司马迁的史才，自己也说："余所谓述故事，整齐其世传，非所谓作也。"郑樵只顾以诋班固为快而忘其言之不能成理了。

班固虽然仿效《史记》的体例，取资《史记》的材料，但并非一味因袭而不知变通改革的。如改《书》为《志》，取消《世家》，增加《刑法》《地理》《艺文》诸志；叙述汉朝武帝以前的史事，也重新费过排比、整理、增补、删节的工夫，比《史记》的原文详细正确。赵翼《廿二史札记》有"《汉书》移置《史记》文""《汉书》多载有用之文""《汉书》增传""《汉书》增事迹"诸条，举出许多实例，以见他虽依据旧史，而能别具剪裁之才，固然，"无所因而特创者难为功，有所本而求精者易为力"，班固因循《史记》的规模而有所改进，并不是他的史才高于司马迁，并不足以特别值得赞美炫耀；但他确有深厚的功力，独到的才能，绝不像郑樵所说的那么低能，是不待烦言的。

《汉书》以详赡完备见称，所以卷帙繁富，但竟有人以为这是弱点。晋朝的张辅曾说："司马迁叙三千年事，唯五十万言；班固叙二百年事，乃八十万言。烦省不同，固不如迁。"[①]殊不知《史记》叙事虽然历时三千年，至秦汉以前的

---

① 《晋书》卷六〇，《张辅传》，商务印书馆 1936 年百衲本。

史料缺乏，记述简略，仅占全书十分之二三的篇幅。秦汉以下不过一百年，已占全书大半的文字。《汉书》记载前汉一代的事迹，因为史料丰富，叙述详备，卷帙自然增多。并非因为二人修史的才能有差，才有烦简的区别。况且史才的优劣，也绝不能以文字的多寡来决判。所以张辅的见解实在浅陋，不明了记事的原则。刘知幾在《史通·烦省篇》里已驳正他的错误，详述史文烦省的意义，并且一再地说："论史之烦省者，但当求其事有妄载，言有阙害，斯则可矣。必重世事之厚薄，限篇第以多少，理则不然。"《杂说篇》里又说："若使马迁易地而处，撰成《汉书》，将恐多言费辞，有愈班氏，安得以此而定其优劣耶？"王鸣盛《十七史商榷》"《史》《汉》烦简"条，也指摘张辅所说的不当，以为班固的史才虽逊于司马迁，但不能以烦简定其高下，并讥以"强作解事"之语。

撰著史书固然不能有闻必录，需要对史加以鉴别整理，行文叙事要避免重复累赘；但采择去取之际，须以史料的真实价值定。有史料价值的，不厌其烦；史料缺乏或者没有价值的，宁欲其简。并不能事先着有必烦必简的成见。所谓叙事的烦简，要从史文的内容来看，不能只从篇卷字数的多寡上评其得失。赵翼《廿二史札记》有"《史》《汉》互有得失"条，便是从《史记》与《汉书》记载同一事迹的不同，来比较其略，而评论其得失。这才是正当的批评方法。

班固自幼就有文才，长大后更是当时的博学名儒。范晔《后汉书·班固传》里说他"年九岁，能属文，诵诗赋。及长，遂博贯载籍，九流百家之言，无不穷究"。谢承《后汉书》又有这样一段记载："固年十三，王充见之，拊其背谓彪曰：此儿必记汉事。"[1]如果谢承的记载是真实的，则班固在十几岁的时候，已被王充看出他有修史的才能了。后来又奉汉明帝的命令，与陈宗、尹敏、孟异等共同撰成了《世祖本纪》；又采集"功臣、平林、新市、公孙述事"，作列传、载记二十八篇。他自己撰著《汉书》，共费了将近二十年的功夫。而且他又是当时最著名的文学家。《汉书》文辞的优美，能使读者"亹亹而不厌"，赵翼曾称赞他的文笔无愧于司马迁，《廿二史札记》"《汉书》增传条"里说：

> 《史记》无《苏武传》，盖迁在时，武尚未归也。《汉书》为立传，叙述精采，千载下犹有生气，合之《李陵传》，慷慨悲凉，使迁为之，恐亦不能过也。魏禧谓固密于体，而以工文专属之迁，不知固之工于文，盖亦不减子长耳。

---

①范晔《后汉书》卷四〇上，《班彪传》李贤注引，商务印书馆 1936 年影印本。

总之，班固的创作天才虽然不及司马迁，而以综合整理的能力见长，再加以高博的学养，优美的文辞与深厚的功力，所以他所著的《汉书》能与《史记》并传并重，而他在史学史上的地位，也与司马迁相提并论了。

（原载北平《经世日报·读书周刊》第 70 期，1947 年 12 月 17 日）

三国时代的史学

自从司马迁的《史记》与班固的《汉书》问世，好像给我国的史学开辟了一条光明大道，提起了后代治史的兴趣。东汉一代的政府，对于修史的工作已很注意，如从安帝至灵帝六十余年之间，由刘珍、伏无忌、边韶、崔寔、马日磾、蔡邕等人连续撰作的《东观汉记》，献帝时荀悦改编《汉书》而成的《汉纪》，便是重要的作品。到了三国时代，虽是割据鼎峙的局面，但修史的工作并没有中断，而且在史学的发展上具有特殊贡献，在史学上占着重要的地位。在这时期写成的史书，后来虽然都已失传，但依据现存的记载，仍可考见当时史学发展的概况。本文归纳零碎的材料，先将魏、吴、蜀三国的史官制度、修史经过及主要的史家与史书，分别加以叙述，然后再作一综合的评论：

一、史官的建置

东汉前期，国家藏书的地方叫作兰台，奉命修史的人，便在那里从事撰述。如汉明帝以班固为兰台令史，与陈宗、尹敏、孟异等共修《世祖本纪》。章帝、和帝以后，典籍又聚于东观，常选派名儒硕学去撰述国史，称为"著作东观"。所以刘珍等连续写成的东汉诸朝的历史，后人称为《东观汉记》。但当时所谓著作东观的人，都是以其他的官职来兼任，虽然负荷着修史的任务，并没有专任史官的职位。到了曹魏称帝，在明帝太和年间，才正式设置了专门掌管修史的官员，叫作"著作郎"，属于中书省。中书省的长官是中书令。中书令下面有秘书监，总管国家的典籍。因为修史的工作是离不开典籍的，所以秘书监就是著作郎的顶头上司。从此以后，著作郎便成了史官的专称，经过两晋、南北朝、隋唐一直到宋代，都被沿用着。

吴国也有专任的史官，担当修史的工作，称作"左国史"和"右国史"。从陈寿的《三国志》里，我们知道薛莹和韦曜曾充任左国史，华覈曾以东观令兼领右国史；刘知幾的《史通》里，又有周处自左国史迁为东观令的记载。大概孙吴藏书的地方，也沿用东汉的名称，叫作东观；东观令相当于曹魏的秘书监。左国史和右国史同样隶属于东观令之下，在班秩上并没有高低之分，只是仿效从前"左史记言，右史记事"的意义，而各有记述的专责而已。

至于蜀国有没有史官，陈寿《三国志·后主传·评》里说："国不置史，注记无官，是以行事多遗，灾异靡书。诸葛亮虽达于为政，凡此之类，犹有未周焉。"但刘知幾不以为然，在《史通·曲笔篇》里说："陈氏《国志·刘后主传》云：蜀无史职，故灾祥靡闻。案黄气见于秭归，群鸟袭于江水，成都言有景星出，益州言无宰相气，若史官不置，此事从何而书？"又在《史官建置》篇里说："案《蜀志》称王崇补东观，许盖掌礼仪，又郤正为秘书郎，广求益部书籍，斯则典校无阙，属辞有所矣。而陈寿评云蜀不置史官者，得非厚诬诸葛乎！"刘知幾强调说蜀国也有史官的设置，批驳陈寿的话，认为是对诸葛亮有意的诬谤。然而我们仔细地考察，陈寿的话是不错的。因为陈寿本是蜀人，又在蜀国做过官，对于蜀国的情形身经目睹，当然知道得确实。他以蜀国的人来撰著《三国志》，而蜀事的记载反不如魏、吴两国的详备，这就因蜀国没有专门记注的史官，以致史料缺乏，使后来写史的人无所取实，所以他对于诸葛亮不置史官很抱遗憾。至于刘知幾的说法，并不能驳倒陈寿。所谓灾祥的记载，仅是星历之官的职掌，并不是撰修国史的史官所负的任务。若以为有这等记载就是有史官的例证，那是把观测星象、记录灾祥与撰修国史混为一谈了。刘氏又言《蜀志》有"王崇补东观，许盖掌礼仪"的记载，但陈寿的《蜀志》里并没有提及，只有常璩的《华阳国志》里记载王崇曾在蜀为东观郎，当是刘氏误记。但即使王崇、郤正曾做过掌管典籍的官，并不能证明蜀国也设置了专门记事修史的史官，因为管理图书和撰修国史也不是一回事。所以我们仍然相信陈寿的话，蜀国没有和魏、吴两国一样地设置史官。大概因为蜀国的规模较小，诸葛亮又忙于整军经武，志在平灭曹魏，兴复汉室，未暇顾及修史的工作，诸葛亮死后，蒋琬、费祎只能墨守成规；琬、祎以后，内政日见衰败，所以始终没有正式设置修史记事的史官。

二、官修国史的经过

魏文帝（曹丕）黄初末年，曾令卫顗与缪袭等人修勒本国的史事，撰作本纪及列传。但经过数载，到了明帝（曹叡）太和年间还未写成。明帝之后，又命韦诞、应璩、王沉、荀顗、阮籍、孙该、傅玄等共同修撰，这些人虽都是当时的文士大儒，可是也未修成。大概因为人手众多，意见不能一致；又多半是以其他的高官来兼任此事，不能专心尽力，遂拖延而无结果，最后还是由王沉独自负责，撰成了一部四十四卷的《魏书》，这便是曹魏修史的概况。

吴大帝（孙权）的末年，曾命太史令丁孚与郎中项峻撰集本国的历史。但是这两人都非修史之才，写出的文字不足以留存观览。少帝（孙亮）时候，诸葛恪辅政，又使韦曜与周昭、薛莹、梁广、华覈等五人访求遗闻旧事，撰述吴国的史书，大概的规模已经具备。到了孙皓时代，因为周昭、梁广已先死去；韦曜得罪废黜；薛莹被派出到武昌治军，又负罪流徙广州。这几个负有修史之才的学者既然星散，修史的工作也随之中止。当时只有华覈在朝，以东观令兼领右国史，深怕多年来集数人之功力所撰修的吴史从此委弃，遂又恳切地表请孙皓把薛莹召回，恢复韦曜的官职，以便继续完成修史的大业。幸好孙皓听从他的建议，重令薛莹、韦曜担任史官的职务。后来这部吴国的史书算是大致修成了，以韦曜的功力居多，便题名韦曜《吴书》，共有五十卷。孙吴修史的情形，大概如此。蜀国没有正式设立史官，也没有修国史的事。刘知幾虽然称蜀也有史官，而且"典校无阙，属辞有所"，但是《史通·古今正史》里无一字叙及刘蜀修史的情形，可见蜀国是没有做过修史工作的。

三、史家与史书述略

三国时代除了官修的史书外，还有私家撰著的史书。在干戈纷扰的短短几十年中，居然有人潜心治史，足见当时史学的风气确已相当的长盛。所可惜的是这些著作已经亡佚，不能对那时史学的成绩做一详细的研究，仅能归纳零散的记载，将这一时代重要的史家与史书（包括官修的与私撰的）大略的说一说。

（一）王沉与《魏书》

王沉，字处道，太原晋阳人。魏明帝末年，在大将军曹爽属下做官，渐升为中书黄门侍郎。齐王（曹芳）嘉平元年（249）曹爽被诛，他因是曹爽的部下，也被免官。但不久又起用为治书侍御史、秘书监。高贵乡公（曹髦）正元年间，升散骑常侍。侍中，并兼掌著作的职务，和荀顗、阮籍等共同撰修魏书。甘露三年（260），曹髦密议诛除司马昭，因他是曹爽的旧人，遂将计划告诉他，希望他从中相助。不料他不但不帮助曹髦，反把消息传给司马昭，结果曹髦竟被杀害。当时的舆论对他这种不忠于皇室的行为很是不满，但他却因为有功于司马氏，官运日渐亨通。魏亡后，他便成了晋朝的佐命元勋，为朝中的显要权贵。晋武帝泰始二年（266）去世，因生年不详，不能推知他的年龄。

《魏书》是一部纪传体的史书，由卫颛、应璩等多人连续撰著，而王沉所最后修勒成功的。《宋书·五行志》序说："王沉《魏书》，志篇阙，凡厥灾异，但编帝纪而已。"《律志》又说："自杨伟改创景初，而《魏书》阙志。"似乎《魏书》只有《本纪》与《列传》，而没有《志》。但据章宗源的《隋书经籍志考证》，在《水经·颍水注》里，有标明引自《魏书郡国志》的原文，那么《魏书》并非无志，只是不完备，或仅缺少五行志和律志而已。

王沉《魏书》所得的批评不佳，《晋书》本传里说他"多为时讳，未若陈寿之实录。"《太平御览》卷二三三引王隐《晋书》云："王沉著《魏书》，多为时讳，而善叙事。"因为王沉既依附于司马氏权势之下，对于司马懿父子在魏国的行事，必然曲为护饰，以取好求功，所谓多为时讳，便是叙述有关司马氏事迹的地方，都讳其过恶而增饰其美善。裴松之在《三国志注》里已指摘他记事不真实，刘知幾在《史通》里也多次评其秽滥失体。所以，一个撰修历史的人，尤其是本国的历史，必须站在客观的地位，忠实地记载事实，否则，因个人的私意而加以讳饰，当然要遭受后人的讥斥，而减低其著作的价值的。

（二）鱼豢与《魏略》

王沉的《魏书》是奉命修撰的，那时还有一部私家撰作的魏国史书，就是鱼豢的《魏略》。

鱼豢是魏国京兆人，曾做过郎中，因为陈寿《三国志》里既没有他的传，也没有一字提到他，所以事迹不详，仅在裴松之《三国志注》所引《魏略》的原文里，知道他曾与隗禧、韦诞、董遇、贾洪、乐详等人有过往来。他什么时候开始写《魏略》，什么时候写成的，都不能确知。但他以一个"身非史官"的人，能够搜集资料，撰作史书，在当时确是不容易的事。

鱼豢的《魏略》虽已失传，但从现存的记载里，可以考知他的书有本纪、列传及志，是一部纪传体的史书。列传之中，又有分类的标目，如《佞幸传》《游说传》《纯固传》《儒宗传》《清介传》《苛吏传》《勇侠传》《知足传》等，志有《五行志》《中外官志》《礼志》等。《史通·古今正史》篇说《魏略》记事到魏明帝为止，然而在裴松之《三国志·魏志》卷四注所引《魏略》的原文里，有记载齐王芳嘉平六年九月废立的事；而且其他的引文里，有"司马宣王""司马景王"的称呼，景王司马师死于高贵乡公正元二年，又有记载陈留王奂景元四年司马文王（昭）西征的事，已是魏国末叶，那么，《魏略》记事不但不止于明帝，且到了魏亡的前一二年，而这仅限于裴松之所引，我们由此推想，《魏略》记事或迄于魏亡，它的写成，当在晋朝开国之后了。

裴松之《三国志注》，引用《魏略》的原文很多，颇能作陈寿叙事的参考与补正。其他如《世说新语注》《后汉书注》《文选李注》《艺文类聚》《北堂书钞》《初学记》《通典》《太平御览》《太平寰宇记》、高似孙《史略》，及萧常《续后汉书》等书里，也都有征引，虽然是零鳞片爪，而足能为史实的资证。

鱼豢以个人的功力，撰著一代的历史，难免有资料不全、考订未周、传闻失实的地方，裴松之和刘知几都曾指摘他记述芜杂乖谬之处。然而他能勤于搜访，有志撰述，保存了许多史料，对于史学的贡献，实在不可忽视，如《魏略·西戎传》详记当时外国异族的风俗习尚、地理物产及与中国往来的关系，今日视之，诚为珍贵的史料。其他纪、传、志中所载，当亦为后来著史者取资不少。比较王沉《魏书》的价值，实有过之无不及。

鱼豢除撰作《魏略》外，又著《典略》，后人每以二书混为一谈。如《隋书·经籍志》杂史类著录鱼豢《典略》八十九卷，而无《魏略》；《新唐书·艺文志·杂史类》有《魏略》五十卷，而无《典略》；《太平御览》书目有鱼豢《魏典略》。只有《旧唐书·经籍志》里分别著录了两书，《正史》类有《魏略》三十八卷，《杂史》类有《典略》五十卷，杭世骏的《诸史然疑》里说："《新唐书·艺文志》称鱼豢《魏略》有五十卷，并不言有《典略》《隋志》则并《魏略》亦无。《三国志注》引《魏略》，又引《典略》，即一书也，《太平御览》直称《魏典略》焉。"杭氏未加深究，遂即认为《魏略》《典略》是一书，杭氏之后，侯康也陷于这种错误，在侯氏所作的《补三国艺文志》里，仅载《魏略》八十九卷，把《典略》的卷数合并在内了。此后章宗源作《隋书经籍志考证》，姚振宗作《补三国艺文志》，才加以辨正，以为《魏略》是专记曹魏一代的正史，而《典略》则是记述自古以来的杂史，体例及内容显然不同，自是二书；且裴松之奉诏注书，慎重其事，必不会在注文内有一书两称的错误。但是民国以后，陕西张鹏一氏作《魏略》辑本，仍然蹈袭杭世骏与侯康的错误，认为二者为一，于是把《魏略》及《典略》的佚文全辑录在一起，以致芜杂混乱，真是劳而少功了。

鱼豢著书已略如上述，至于他死于何时，则不能确知：由《魏略》叙事到曹魏末叶来推测，大概在晋朝受禅后。张鹏一认为其卒年"在泰康（晋武帝年号）以后，上距泰始禅让之初，星逾二纪"。但并未注明根据何书，恐怕也只是臆测之辞而已。

（三）韦曜与《吴书》

韦曜，实名昭，字宏嗣，吴郡云阳人。在孙权时代，曾为尚书郎、太子中庶子、黄门侍郎等官。孙亮时，为太史令，与薛莹、华覈、周昭、梁广等共修《吴书》。孙休时，又为中书郎、博士祭酒，校定国家的典籍。孙皓时，受封为高陵亭侯，又以侍中兼领左国史，秉掌撰修国史的工作，孙皓想为他父亲孙和（孙权时曾为太子，后被废）在《吴书》里立"本纪"，但韦曜以孙和未登帝位，只能作传，坚持不从，因此孙皓深为忿恨，在凤凰二年（273）借故将他下狱治罪，这时他已是七十岁的老翁，华覈极力援救，请求赦免其罪，然而孙皓不听，竟将这位修史有功的老臣杀死。

韦曜是吴国的博学大儒，又做过很久的史官，撰修《吴书》的功力也最多，不过在他临死的时候，《吴书》并没有完全修成，所以当他下狱时，华覈怜惜他的史才，请求孙皓使他继续著书。华覈的奏表里说："曜自少勤学，虽老不倦，探综坟典，温故知新，识古今行事，外吏之中，少过曜者。昔李陵为汉将，军败不还而降匈奴，司马迁不加疾恶，为陵游说；汉武帝以迁有良史之才，欲使毕成所撰，忍不加诛，书卒成立，垂之无穷。今曜在吴，亦汉之史迁也。……《吴书》虽已有头角，叙赞未述。昔班固作《汉书》，文辞典雅。……今《吴书》当垂千载，编次诸史，……非得良才如曜者，实不可使阙不朽之书，如臣顽蔽，诚非其人。曜年已七十，余数无几，乞赦其一等之罪，为终身徒，使成书业，永足传示，垂之百世。"[1]可惜孙皓不能采纳，以致《吴书》没有成为首尾完备的著作。

《吴书》是纪传体，本为五十五卷，后来渐渐散亡。裴松之注《三国志》，引用《吴书》的原文很多。韦曜又作《洞纪》三卷，自叙云："昔见世间有无历注，其所记载，既多虚古，在书籍者，亦复错谬。因寻按传记，考合异同，采摭耳目所及，以作《洞纪》，起于庖羲，至于秦汉，凡为三卷。"[2]刘知幾《史通·表历》篇说《洞纪》系史表之类的作品，《隋书·经籍志》列于杂史类。

（四）谢承与《后汉书》

谢承，字伟平，会稽山阴人，是吴主孙权谢夫人的弟弟，官至武陵太守。他以个人的功力，著成《后汉书》一百三十卷，为私撰的后汉史中最早的一部。

---

[1]《三国志·吴书二十》，《韦曜传》，商务印书馆 1936 年百衲本。
[2]《三国志·吴书二十》，《韦曜传》。

《隋书·经籍志》正史类著录谢承《后汉书》，注云："无帝纪"，不知是否本来没有，抑或后来散佚。但据裴松之《三国志注》《文选注》《初学记》《北堂书钞》及《太平御览》等书所引，此书之文有列传、志、论赞（称曰"诠"）及叙传，显是仿效班固《汉书》的体例，不应缺少帝纪的。而且刘知幾《史通》详论众书，也无述及谢书缺少帝纪的话，《隋志》所云恐有讹误。

谢承的《后汉书》，以取材繁博著称。清代姚之骃曾说："谢伟平之书，东汉第一良史也。凡所载忠义、名卿及通贤、逸士，其芳言懿距，半为范书所遗。"①大概他的长处虽在能以广采史料，而剪裁去取之间容有未当，以致失之于芜杂，所以范晔著《后汉书》时，对于谢书中的材料多所删削。但谢承以一个偏处东南的人，研治东汉一代的史事，能有如此的成就，也足见其读书之多、功力之勤与治史兴趣的浓厚了。

（五）薛莹与《后汉记》

薛莹，字道言，沛郡竹邑人。孙休时代，曾为散骑中常侍。孙皓时代，为左执法，选曹尚书，太子少傅。后来因故出任武昌左都督，又被罪流徙广州。但不久复被召回，为左国史，迁光录勋。他曾与韦曜、华覈等共修《吴书》，前面已经说过。此外，他个人又著成《后汉记》一百卷，《隋志》及旧、新唐书《志》都列入正史类，但是《三国志》本传里却没有关于他著《后汉记》的记载，大概他的《后汉记》在他死后很久才流传于世，陈寿撰作《三国志》的时候还不知道。

薛莹在吴国的学术地位很高，撰修《吴书》的功绩很大，华覈称赞他说："莹涉学既博，文章尤妙，同僚之中，莹为冠首。今者见吏虽多经学，记述之才如莹者少。"吴国于晋武帝太康元年（280）灭亡后，他又仕晋为散骑常侍，但在太康二年（281）即死。隋唐《志》里录其《后汉记》，都称"晋散骑常侍薛莹撰"，实际上他的著书，应当在吴亡之前完成。因为他入晋后两年即死，绝不会在这短短的期间写就一部百卷的史书的。

（六）谯周与《古史考》

蜀国的政府虽然未曾设立史官从事撰修国史工作，但并不是没有研究史学的人。谯周所作的《古史考》，探讨司马迁《史记》中材料的来源，而纠正其错

---

① 见（清）姚振宗：《隋书经籍志考证》卷一一，史部正史类，"谢承《后汉书》"条引。《二十五史补编》本，开明书局 1937 年版。

误，对于史学的贡献很大。《晋书·司马彪传》中说："初，谯周以司马迁书周、秦以上，或采俗语百家之言，不专据正经。周于是作《古史考》二十五篇，皆凭旧典以纠迁之谬误。"《史通·古今正史》篇也有这样的叙述。《隋书·经籍志》列之于正史类，《旧唐书·经籍志》及《新唐书·艺文志》都列入杂史类。以《古史考》的内容来说，并不是系统的叙述史事，而是片断的辨究史料与考校史实，自以列于杂史类较为适宜。

谯周字允南，巴西西充国人，为蜀国的学术权威。当时有志向学的青年多入其门下，著名的史家陈寿便是他的得意弟子。除了《古史考》外，他还有著作《蜀本纪》及《益州志》等书，也是史部之作。蜀亡之后，晋朝虽委以官职，但他并未就任。死于晋武帝泰始六年（270），七十岁。隋唐《志》著录《古史考》，都题称"晋散骑常侍谯周撰"，其实他在晋年数既短，又未就散骑常侍之职，自应是三国时代的史家。

四、总论

三国时代虽然为期不长，政治局面也没有统一，但在史学的发展上却有特殊的表现与重要的意义，我们现在大概的说一说。

（一）著作郎的设置。《晋书·职官志》里说："著作郎，周左史之任也，汉东京图籍在东观，故使名儒著作东观，有其名，尚未有官，魏明帝太和中，诏置著作郎，于此始有其官。"晋朝统一后，沿袭此种官制，专掌修史的任务；唯以需人众多，又设佐著作郎八人，在著作郎之下佐理修史的工作。刘宋以后，改佐著作郎为著作佐郎，而著作郎的名称仍旧。经过南北朝、隋唐、五代直到赵宋，都以著作郎为史官的专称（仅北周时一度改称著作郎为著作上士，著作佐郎为著作中士）。

（二）私家撰史的风气转盛。东汉以前著史的人多是凭借身为史官，有博览典籍的便利，或是奉政府的命令从事撰述，如司马迁作《史记》，班固作《汉书》，刘珍等作《汉记》，荀悦作《汉纪》，都是此例。到了三国时期，史料流传渐广，私人的力量也可以搜集纂述，具有史才的学者，遂思著书传世。如鱼豢的《魏略》，谢承的《后汉书》，薛莹的《后汉记》，便是私家治史的成绩。此后两晋南北朝时期，私家修史的风气盛极一时，推本溯源，实为三国时期开其端绪。

（三）传记的著作渐见众多。东汉末年，一般文人名士，互相标榜，品评人物的兴趣非常浓厚。三国时期，此风浸盛，对于高德、俊才、卓识、异行之士，都乐于表彰称扬，于是传记的著作亦多，如魏明帝时候无名氏所作《海内先贤传》，周斐的《汝南先贤传》，苏林的《陈留耆旧传》，吴人所作的《曹瞒传》，谢承的《会稽先贤传》，徐整的《豫章烈士传》，陆凯的《吴国先贤传》，还有专为某一家某一人而作的"家传""别传"。从此以后，传记的著作有如雨后春笋，到了两晋南北朝时期，产量极多，蔚为大观。

（四）总而言之，我国的史学，在两汉时期已奠定了基础；经过三国时期的发展，更有了新的建树，倡导了治史的风气，遂而造成后来两晋南北朝时期高度兴盛的景象。

（原载北平《经世日报·读书周刊》第 73、74 期，1948 年 1 月 7 日、14 日）

我国史学的起源与奴隶社会的史学

一、史学的起源

探究我国史学的起源，应当从文字出现的时候谈起。因为有了文字才能有历史记载，有了历史记载才能编纂成为史书，在记录史实和编纂史书的过程中才产生了史学。

就社会发展的一般规律来说，文字是阶级社会的产物。恩格斯在为《共产党宣言》所加的注文中指出：阶级斗争的历史，"即有文字可考的全部历史"。斯大林在《马克思主义与语言学问题》中说："生产往前发展，出现了阶级，出现了文字，出现了国家的萌芽，国家进行管理工作需要比较有条理的文书"。在我国古书的记载里，也可看出这种情况，如《易·系辞下》说："上古结绳而治，后世圣人易之以书契，百官以治，万民以察。"就反映了文字对于国家管理工作的作用。

我国的文字是从什么时候开始出现的呢？若按照古书上的记载，是很难得到确实的解答的。在春秋时代以前的著作里，还没有指出什么时候才有文字。到战国时代的一些著作里，都说文字是仓颉创造的，如《荀子·解蔽篇》说："好书者众矣，而仓颉独传者，壹也。"《韩非子·五蠹篇》说："古者仓颉之作书也，自环者谓之私，背私者谓之公。"《吕氏春秋·君守篇》说："仓颉造书。"也有说文字是沮诵和仓颉两个人制造的，如《世本·作篇》说："沮诵、仓颉作书。"（据雷学淇校辑本）但是，这些记载都没有说出仓颉是什么时代的人。到了东汉，许慎在《说文解字序》里才指出仓颉是黄帝时代的人，他说："黄帝之史仓颉，见鸟兽蹄迒之迹，知分理之可相别异也，初造书契，百工以乂，万品以察。"宋衷作《世本注》也说："黄帝之世，始立史官，沮诵、仓颉居其职。"[1]可是在东汉、魏、晋间人对于仓颉所处的时代，又有许多不同的说法，如"崔

---

[1] （唐）徐坚：《初学记》卷二一，文部"史传第二"引。江左书林 1918 年石印本。

瑗，曹植、蔡邕、索靖皆云：古之王也。徐整云：在神农、黄帝之间。谯周云：在炎帝之世。卫氏云：在庖牺、黄帝之间。"①此后，又有人说文字是伏（或庖）羲氏创造的，如晋朝人伪作的《尚书孔安国传序》里说："古者伏羲氏之王天下也，始画八卦，造书契，以代结绳之政，由是文籍生焉。"唐朝人司马贞补作的《史记·三皇本纪》里说："庖牺氏……造书契，以代结绳之政。"综上所引，真可谓众说纷纭，莫衷一是。然而，我们现在知道，所谓伏羲、黄帝等都是传说中的原始社会的人物；仓颉造字的说法虽然到后来最为流行，但仓颉究竟有无其人？他所造的字是什么形状？却都没有确实的证明。而且，文字不是某一个人所能创造出来的，作为人们交流思想的手段和积累知识的工具，它是经过长期的、许多人的辛勤努力才产生的。我国的文字决不是仓颉一个人创造的。所以，上述那些说法，都不过是揣测附会之辞，不能令我们相信的。

根据地下考古的材料，现在所发现的最古的文字，是在殷墟出土的甲骨文。甲骨文是殷代武丁到帝辛（纣）时期的文字，我们由此确实知道殷代已有文字了。

然而，甲骨文是不是我国的原始文字呢？不是。因为至少有两个理由可以推想在这以前还有更古的文字。其一，从甲骨文的形体结构和当时人运用文字的水平来看，虽然还处在文字发展的低级阶段，但并不是原始文字，而是经历了相当长期的发展过程才形成的。原始文字应当是图画式的繁复的象形字，字汇少，文字的组织和运用也极简单。而甲骨文则不仅有已简化了的象形字，还有会意字和形声字；在已经发现的甲骨文里，已有三千个以上的字汇，其中有名词、代名词、动词、助动词、形容词等，而且还有长达一百七八十字的记事文，这显然不是在初创文字时所能达到的水平，在殷代的甲骨文以前应有更古的文字。其二，甲骨文发现以后，经过专家们的研究，已证明《史记·殷本纪》中所记殷王的世系和事迹基本上是真实的②，可见司马迁记述殷代史事是有可靠的文字根据的。由此可以推测《史记·夏本纪》所记夏王的世系和事迹也应当有可靠的文字根据，那么，在夏代可能已有了文字。至于《史记·五帝本纪》中的记述就不同了，显然是采用口头的传说，而司马迁也连连发出缺乏可靠资料的慨叹，说："学者多称五帝，尚矣！""荐绅先生难言之！""书缺有间矣！"可见在夏代以前，还没有文字的记录，我国文字的出现可能开始于夏代，唯由于没有确实的材料可资证明，我们还不敢断言，只有期望于将来考古的新发现了。

---

① 见（唐）孔颖达：《尚书注疏》卷首，《〈尚书序〉疏》，清嘉庆二十年南昌府学刊本。

② 参见王国维著《殷卜辞中所见先公先王考》及《续考》《古史新证》；郭沫若著《卜辞通纂》。

我国什么时候开始出现文字虽不能断言，但殷代确实已有文字了，所以谈到我国史学的起源，应当从殷代开始。

从在殷墟发现的甲骨文里，我们已可了解殷代社会经济、政治和文化等方面的概况，并且据以知道那时已经进入奴隶社会了。但甲骨文不过是刻在龟甲和牛骨上的殷朝王室的占卜之辞，只是殷朝文字记录的一部分，在这以外，还应有更多的文字记录。《尚书·多士篇》说："惟殷先人有册有典。"据《说文解字》及段玉裁注，册是由许多片竹简编成，典是把许多的册放在架子上保藏起来。可见殷代除了甲骨文之外，还有用竹简写下的文字记载，只是没有留传下来或尚未被发现而已。

在殷代的奴隶制国家机构里，有一些记录时事、起草公文、掌管文书的官吏。甲骨文中的"作册""史""尹"等字，就是这种官吏的职称。这些职称，到西周初期仍然沿用。在西周的金文里，有"作册""内史""作册内史""作册尹""内史尹"等。据王国维考证，"作册"和"内史"是同样的官职，有时称"作册"，有时称"内史"，也有时称"作册内史"，其长官则称为"尹"，因而有"作册尹"，"内史尹"的职称，并且从《尚书》和《逸周书》的记载里可以得到证明。[①]这些官职，就是那时的史官。

为什么这些官职被称为史官呢？《说文解字》说："史（㕜），记事者也，从又持中。中，正也。"后人对于"中，正也"这个解释多不同意，因为又（彐）是右手，而"中正"为抽象的、无形的品德，是不能用手来持的。那么，"中"是指的什么呢？清代学者江永说："凡官府簿书谓之中，故诸官言'治中''受中'，小司寇断庶民讼狱之'中'，皆谓簿书，犹今之案卷也。此中字之本义。故掌文书者谓之史，其字从又从中，又者右手，以手持簿书也。"[②]吴大澂也说：史（㕜）字"象手执简形"。[③]由此可知，史字的原义是指的用文字记事的人，因而在殷、周的国家机构里，凡是记录时事、起草公文、掌管文书的官吏都称为史官。

西周初期以后，随着阶级统治的加强、国家机构的扩大和官府文书的繁多，史官的职务也逐渐增加，并且有了更多的分工。据《周礼》的记载，在西周有许多称为"史"的官吏，其中职权最高的是王室的大史、小史、内史、外史、御史。这五种史官的职务很多，而主要的是掌管国家的各种文书以推行政令。

---

① 参见王国维《观堂集林》卷一《洛诰解》及卷六《释史》，中华书局 1959 年版。
② 江永：《周礼疑义举要》卷五，《秋官》，商务印书馆《丛书集成初编》本，1935 年版，第 58 页。
③ 吴大澂：《说文古籀补》第三，"史"字，商务印书馆《万有文库》本，1936 年版。

如大史"掌建邦之六典以逆邦国之治,掌法以逆官府之治,掌则以逆都鄙之治",又"正岁年以序事,颁之于官府及都鄙,颁告朔于邦国"。小史"掌邦国之志,奠系世,辨昭穆。若有事,则诏王之忌讳"。内史"掌王之八枋之法,以诏王治",又"掌叙事之法,受纳访,以诏王听治。凡命诸侯及孤卿大夫,则策命之。凡四方之事书,内史读之。王制禄,则赞为之,以方出之;赏赐亦如之"。又"掌书王命,遂贰之"。外史"掌书外令,掌四方之志,掌三皇五帝之书,掌达书名于四方。若以书使于四方,则书其令"。御史"掌邦国都鄙及万民之治令,以赞冢宰,凡治者受法令焉。掌赞书,凡数从政者。"①据此可知,这五种史官是掌管着最高官府的各种文书,执行各项政令,以推动周朝王室对全国的统治,也就是所谓"史掌官书以赞治"②,足见史官在西周统治机构中的地位是如何重要了。

西周的大史、小史、内史、外史、御史,由于职权的广泛和地位的重要,已成为国家的高级行政官,因而有的学者认为他们虽名为史官,但并不担任记载历史的职务。如朱希祖说:"周官之五史,大抵皆为掌管册籍起文书草之人,无为历史官者。惟五史如后世之秘书及秘书长,为高等之书记;府史之史,则为下级书记耳。"③其实,五史虽然担负着许多行政职务,但都以记录时事、起草公文、掌管文书为中心,而记载历史的工作就在他们的职务范围之内。《礼记·玉藻篇》说:"天子……玄端而居,动则左史书之,言则右史书之。"又《汉书·艺文志》说:"古之王者,世有史官,君举必书,所以慎言行,昭法式也。左史记言,右史记事,事为《春秋》,言为《尚书》,帝王靡不同之。"可见左史和右史是掌管记载历史的官,而且把他们所记载的材料编成史书。但是,左史和右史的名称为什么不见于《周礼》?而且《礼记·玉藻篇》与《汉书·艺文志》所载左史和右史的职掌互有不同呢?黄以周《礼书通故》卷三四说:"《大戴礼·盛德篇》:'内史、大史,左右手也。'谓内史居左,大史居右。《觐礼》曰:'大史是右。'是其证也。古官尊左,内史中大夫,尊,故内史左,大史右。《玉藻》:'动则左史书之,言则右史书之。'左右字今互讹。"据此,左史即指内史,右史即指大史,而记言、记事则是他们的分工。不过,所谓记言、记事的分工并非有绝对严格的界限,只是一以记言为主,一以记事为主而已。

在周朝不仅王室有史官,各诸侯国也设置史官,以记录时事。春秋时,随

---

① 以上均见《周礼》卷六,《春官宗伯》,商务印书馆《丛书集成初编》本,1936年版。
② 《周礼》卷一,《天官冢宰》,商务印书馆《丛书集成初编》本,1936年版。
③ 朱希祖:《中国史学通论》,独立出版社1947年12月再版,第7页。

着诸侯国势力的强大，史官的设置愈加普遍。根据现存的典籍，各诸侯国史官可考见的，如鲁国有大史（见《左传》文公十八年、昭公二年、哀公十一年，《国语·鲁语》）、外史（见《左传》襄公二十三年），齐国有大史、南史（见《左传》襄公二十五年），晋国有大史（见《左传》宣公二年、《吕氏春秋·先识览》）、左史（见《左传》襄公十四年）、史（见《左传》僖公十五年、襄公三十年、昭公八年及二十九年、哀公九年，《国语·晋语》一、四），郑国有大史（见《左传》襄公三十年、昭公元年），卫国有大史（见《礼记·檀弓篇》，《左传》闵公二年），楚国有左史（见《左传》昭公十二年，《国语·楚语》）、史（见《左传》定公四年），秦国于秦文公十三年（公元前 753 年）"初有史以纪事"（《史记·秦本纪》）。这些史官在记录时事、保存史料的工作上，都有一定的贡献。后人编纂史书时，主要依据他们当时的记载。

总之，自殷代起，在殷、周奴隶制国家机构中便有史官担任记录时事、起草公文和掌管文书的工作，他们当时的记载就是日后的历史资料，这些资料经过一定时期的积累，又加以整理、编纂而成为史书。就在记录史事和编纂史书的过程中，逐渐形成了记言、记事的观点和方法与编纂史书的体例，产生了初期的史学。当然，这些史官的记载和编纂的史书都是为奴隶主阶级的政治服务的，所谓"由赞治而有官书，由官书而有国史"。[①] 其内容也就局限于奴隶主阶级的活动范围之内，至于劳动人民的生产及生活状况，只能从中得到一些反映，极少有直接的具体记载。

二、奴隶社会的史书

据《尚书·多士篇》所说"惟殷先人有册有典"，我们知道殷代已编纂了不少的书籍，其中必有一些史书。如《墨子·明鬼篇》所说的《尚书》《夏书》。《史通·六家篇》引《汲冢琐语》所说的《夏殷春秋》，很可能是在殷代编成的，但因没有其他资料可以证明，我们就不敢断定了。

在西周、春秋时代，确实已有不少的史书。如周朝王室有《周书》（见《吕氏春秋》之《始览》《听言》篇）、《周志》（见《左传》文公二年）、《周春秋》（见《墨子·明鬼》），郑国有《郑志》（见《左传》隐公元年、昭公十六年）、《郑书》（见《左传》襄公三十年、昭公二十八年），楚国有《楚书》（见《小戴礼记·大

学》)、《梼杌》(见《孟子·离娄下》),晋国有《乘》(见《孟子·离娄下》)、《春
秋》(见《国语·晋语》《史通·六家》引《汲冢琐语》),鲁国有《春秋》(见《左
传》昭公二年),燕国、宋国、齐国也都有《春秋》(见《墨子·明鬼》)。《隋书·李
德林传》及《史通·六家》引《墨子》佚文说:"吾见百国《春秋》。"又《春秋
公羊传疏》引闵因说:"昔孔子受端门之命,制春秋之义,使子夏等十四人求周
史记,得百二十国宝书。"(黄叔琳《史通训故补》及皮锡瑞《经学通论》,都说
百国《春秋》即百二十国宝书)这些史书都是由史官编纂的。

在西周、春秋时代所编纂的史书虽然不少,但绝大部分都已亡佚,其得以
流传到现在的,只有《尚书》《周书》《春秋》三种了,而且其中还有一部分文
字是由后人羼入的。兹将这三种史书分别介绍如下:

1.《尚书》

《尚书》也称《书》,是我国现存最古的一部史书,据说是孔子采取过去的
历史资料编次而成的。如《史记·孔子世家》说:

> 孔子之时,周室微而礼、乐废,诗、书缺。追迹三代之礼,序书传,
> 上纪唐、虞之际,下至秦穆,编次其事。

《汉书·艺文志》说:

> 《书》之所起远矣,至孔子纂焉。上断于尧,下迄于秦,凡百篇,而
> 为之序,言其作意。"

《隋书·经籍志》说:

> 《书》之所兴,盖与文字俱起。孔子观书周室,得虞、夏、商、周四
> 代之典,删其善者,上自虞,下至周,为百篇,编而序之。

这三种记载都说《尚书》是由孔子编定的,唯《史记》未言其篇数,《汉书》
与《隋书》则都明言为百篇。但是,孔子所编的《尚书》在秦朝以后一度失传,
到了汉文帝时,才由儒者伏生传授出来。《史记·儒林传》说:

> 伏生者,济南人也,故为秦博士。孝文帝时,欲求能治《尚书》者,
> 天下无有。乃闻伏生能治,欲召之。是时伏生年九十余,老不能行,于是
> 乃诏太常使掌故晁错往受之。秦时焚书,伏生壁藏之。其后兵大起,流亡。

汉定，伏生求其书，亡数十篇，独得二十九篇，即以教于齐、鲁之间。学者由是颇能言《尚书》，诸山东大师无不涉《尚书》以教矣。

伏生所传的《尚书》，实为二十八篇，所谓二十九篇乃后人增益。《论衡·正说篇》说：

> 至孝宣皇帝之时（案：据刘向《别录》，应为武帝末年），河内女子发老屋，得逸《易》《礼》《尚书》各一篇，奏之。宣帝下示博士，然后《易》《礼》《尚书》各益一篇，而《尚书》二十九篇始定矣。

又《隋书·经籍志》说：

> 至汉惟伏生口传二十八篇，又河内女子得《泰誓》一篇献之。

康有为《新学伪经考·史记经说足证伪经考》说：

> 云"二十九篇"者，盖《泰誓》后得，后人忘其本原，轻改《史记》"八"字为"九"字，必非史迁原文。

而且据康氏考证，伏生所传的二十八篇亦即孔子原来编定的篇数，所谓"百篇"之说乃后人附会伪托。

伏生传授的《尚书》行世数十年之后，据说又发现了一种《古文尚书》，由孔子的后裔献出。《汉书·艺文志》说：

> 《古文尚书》者，出孔子壁中。武帝末（案：应据《论衡·正说篇》为景帝时），鲁恭王坏孔子宅，欲以广其宫，而得《古文尚书》及《礼记》《论语》《孝经》凡数十篇，皆古字也。

荀悦《汉纪》卷二五《成帝纪》说：

> 鲁恭王坏孔子宅以广其宫，得《古文尚书》多十六篇及《论语》《孝经》。武帝时，孔安国家献之。

所谓古文，是指秦以前的字体。自《古文尚书》出现后，世人以伏生传授的《尚书》是用汉代通行的隶字抄写的，遂称为《今文尚书》。于是，《尚书》便有了今文与古文两种不同的本子。

《古文尚书》流传到东汉末年以后就亡佚了，到东晋元帝时，豫章内史梅赜却又献了出来，并有孔安国所作的《书传》。从此以后，《古文尚书》与《今文尚书》都为学者传诵。

到了南宋初年，吴棫著《书稗传》十三卷，开始怀疑《古文尚书》是伪作。他说："安国所增多之书，今篇目具在，皆文从字顺，非若伏生之书佶屈聱牙，至有不可读者。"接着朱熹也怀疑《古文尚书》及《书序》是后人伪作。其后学者从事考辨《古文尚书》之伪者渐多，如元代的吴澄著《书纂言》，明代的梅鷟著《尚书考异》等。到了清朝，阎若璩费了三十年的功力精心研究这个问题，著成《古文尚书疏证》一书，列举了一百二十八条证据，证明东晋时梅赜所献出的《古文尚书》及《孔安国书传》确是伪作；惠栋又著《古文尚书考》加以补充，于是世间流传的《古文尚书》之为伪书乃成定案了。清朝末年，康有为著《新学伪经考》，又列举证据辨明西汉时在孔壁发现的《古文尚书》及《书序》也都是伪作。总之，《尚书》的流传经过虽然复杂，但只有伏生所传的二十八篇是真的，其余全是后人伪造的。

伏生所传的《尚书》二十八篇，其篇目是：《虞书》二篇：《尧典》《皋陶谟》；《夏书》二篇：《禹贡》《甘誓》；《商书》五篇：《汤誓》《盘庚》，《高宗肜日》《西伯戡黎》《微子》；《周书》十九篇：《牧誓》《洪范》《金縢》《大诰》《康诰》《酒诰》《梓材》《召诰》《洛诰》《多士》《无逸》《君奭》《多方》《立政》《顾命》《费誓》《吕刑》《文侯之命》《秦誓》。但是，就在伏生所传的二十八篇中，也并非全是春秋时代以前的作品，现代学者郭沫若、顾颉刚、张西堂等都曾作过精心的考证。张西堂又参考各家之说加以己见，做出结论，认为《尧典》《皋陶谟》《禹贡》三篇是战国、秦汉间的作品，《甘誓》《汤誓》《牧誓》《洪范》《金縢》五篇是战国初期、中期的作品，只有其余的二十篇才是西周和春秋时的作品。[①]古代典籍经过若干年的流传，其中难免有后人羼入或窜改之处，但从大体上来看，《尚书》是我国奴隶社会的史书则无疑义。

《尚书》是以记言为主的史书，从现存的二十八篇可以看出，除了后人追撰的《尧典》和《禹贡》外，绝大部分都是历史人物的语言。《史通·六家篇》说："盖《书》之所主，本于号令，所以宣王道之正义，发话言于臣下。故其所载，皆典、谟、训、诰、誓、命之文。"这些记载的最大缺点，就是没有完全标明时间的顺序，使后来研究历史的人感到很多不便，如《史记·三代世表》所说："至于序《尚书》，则略无年月；或颇有，然多阙，不可录。"但是，它的内容确

---

① 参阅张西堂著《尚书引论》，陕西人民出版社 1958 年版，第 170-203 页。

为研究我国奴隶社会历史的重要资料，尤其因为是现存最古的史书，也就具有非常宝贵的价值。

2.《周书》

《周书》，又称《逸周书》或《汲冢周书》，也是现存最古的史书之一。

《汉书·艺文志》著录"《周书》七十一篇"，班固原注说"周史记"。颜师古注引刘向说："周时诰誓号令也，盖孔子所论百篇之余也。"[1]由于刘向说"盖孔子所论百篇之余"，所以东汉许慎著《说文解字》时开始称为《逸周书》。又由于西晋武帝时在汲郡魏冢中出土的竹书中有《周书》，所以唐朝修《隋书·经籍志》时开始称为《汲冢周书》。其实，《周书》并不是"孔子所论百篇之余"，不应称为"逸"书；也不是在西晋汲郡魏冢中的竹书出土后才行于世的，不应称为"汲冢"书，仍以称《周书》为是。

《周书》是以记言为主的史书，其内容包括西周、春秋时代约六百年间的事迹。《史通·六家篇》说："《周书》者，与《尚书》相类，即孔氏刊约百篇之外，凡为七十一章。上自文、武，下终灵、景。甚有明允笃诚、典雅高义，时亦有浅末恒说，滓秽相参，殆似后之好事者所增益也。至若《职方》之言与《周官》无异，《时训》之说比《月令》多同，斯百王之正书，五经之别录者也。"此书在晋代尚为全本，有五经博士孔晁为之作注，然其后即渐亡佚，到了唐初颜师古作《汉书注》时说："今之存者四十五篇矣。"是后又亡佚三篇，仅余四十二篇。但是，流传到现在的《周书》却有六十篇（包括《序》一篇），这是什么缘故呢？据朱希祖《汲冢书考·汲冢书篇目考》说：

> 晋时《周书》盖有二本，一为汉以来所传今隶本，一为汲冢所出古文本，当无疑义。《隋书·经籍志》仅载《汲冢周书》十卷，不载孔晁注本；《唐书·经籍志》仅载孔晁注《周书》八卷，不载《汲冢周书》十卷，盖皆互有遗漏。惟《唐书·艺文志》既载《汲冢周书》十卷，又载孔晁注《周书》八卷，盖汲冢十卷为无注本，孔晁注本唐时已有阙篇，故并载焉。颜师古《汉书·艺文志·周书注》云"今存者四十五篇"，盖指孔晁注本言也。刘知幾《史通·六家》篇云"又有《周书》者，凡为七十一章，上自文、武，下终灵、景"，不言有阙，盖所见为汲冢十卷本，是唐时尚二本并传也。汲冢本无注而有十卷，孔晁本有注卷数反少，而仅有八卷，知八卷本即师

---

[1]《汉书》卷三〇，《艺文志》经部，《周书》条颜师古注，商务印书馆1936年百衲本，后同。

古所见之孔注四十五篇也。师古以后，孔注又亡三篇。自宋以来，盖以汲冢本补孔晁注本，而去其重复，故孔注仅有四十二篇，而无注者十七篇及《序》一篇，合成今本六十篇。……其所亡十一篇，汲冢原本或有或无已不可知。

关于《周书》的流传问题颇为复杂，过去学者曾有许多不同意见，朱氏的说法虽然未必完全符实，但大体明通，可以解释今本六十篇的来历了。

至于《周书》的著作时代，历代学者也多有疑问。如上引《史通·六家篇》即以其中有"后之好事者所增益"，后来又有不少人认为是战国甚至秦汉以后所作。根据现存的内容看来，其中虽有战国以后的手笔，但基本上是西周、春秋时代的著作。如《四库全书总目提要》说：

> 其书载有太子晋事，则当成于灵王以后。所云文王受命称王，武王、周公私计东伐，俘馘殷遗，暴殄原兽，辇括宝玉，动至亿万，三发下车，悬纣首太白，又用之南郊，皆古人必无之事。陈振孙以为战国后人所为，似非无见。然《左传》引《周志》"勇则害上，不登于明堂"，又引《书》"慎始而敬终，终乃不困"，又引《书》"居安思危"，又称"周作九刑"，其文皆在今书中。则春秋时已有之，特战国以后，又辗转附益，故其言驳杂耳。究厥本始，终为三代之遗文，不可废也。

这段结论大体上是对的。但其中所说的"皆古人必无之事"，我们现在倒是认为必有的事。因为封建时代的历史家受儒家思想的影响，总是把周武王和周公看成仁义备至的圣人，根本不承认他们会有残暴的行为。实际上，周武王和周公都是用暴力夺取政权的大奴隶主，其野蛮残暴的程度一定更甚于后来的封建帝王，《周书》中的记述正符合当时的事实。过去学者认为"夸诞不雅训"而指为伪的，今日看来反而是真。

朱右曾在《周书集训校释序》中肯定《周书》是春秋时代以前的著作，他说：

> 愚观此书虽未必果出文、武、周、召之手，要亦非战国、秦、汉人所能伪托。何者？庄生有言，圣人之法"以参为验，以稽为决，一二三四是也"。周室之初，箕子陈畴，周官分职，皆以数纪，大致与此书相似，其证一也。《克殷》篇所叙，非亲见者不能；《商誓》《度邑》《皇门》《芮良夫》诸篇，大似今文《尚书》，非伪古文所能仿佛，其证二也。称引是书者荀息、

狼瞫、魏绛，皆在孔子前，其证三也。

郭沫若在《中国古代社会研究》附录《追论及补遗》中确认《周书》的《世俘》篇、《克殷》篇、《商誓》篇为西周初年的文字，尤其是《世俘》篇最为可信，"除文字体例当属于周初以外，其中所记社会情形与习尚，多与卜辞及吉金中所载者相合。"足见《周书》实为现存最古的史书之一，与《尚书》有同等的价值，我们不能因为其中有后人羼入了一部分文字而否定全书的著作时代。

3.《春秋》

在奴隶社会有许多名为《春秋》的史书，但大都早已失传，流传到现在的只有一部孔子编写的《春秋》了。

孔子编写的这部《春秋》，是以鲁国为主的春秋时期的编年史，记载了从鲁隐公元年（周平王四十九年，公元前 722 年）到鲁哀公十四年（周敬王三十九年，公元前 481 年）共二百四十二年的事迹。它的内容主要是统治阶级的政治事件和人物活动，如诸侯国之间的访聘、会盟、战争等；也有一些自然现象的记录，如日食、地震、山崩，大水、大旱等；至于有关经济和文化方面的记载就很少了。

《春秋》的一个最显著的优点是有明确的时间顺序。一般的记事都具备年、时、月、日，如"隐公元年夏五月辛西，公会齐侯盟于艾"。日子不明的则有年、时、月，如"桓公二年秋七月，杞侯来朝"；至少也有年和时，如"庄公十有六年夏，宋人、齐人、卫人伐郑"。即使没有事迹可记的时候，也标出年、时、月，如"僖公二十有四年秋七月"。可见《春秋》不愧是一部认真"编年"的史书，所以《史记·三代世表》说"孔子因史文，次《春秋》，纪元年，正时日月，盖其详哉！"

然而，《春秋》也有很显著的缺点，就是记事太简单。每条的文字很少，最少的仅有一个字，如"雨"（僖公三年夏六月）、"螽"（宣公六年秋八月）等；也有二三个字的，如"城郓"（成公四年冬）、"宋灾"（襄公九年春）、"狄伐晋"（僖公八年夏）、"公如齐"（宣公五年春）等。一般不过十个字左右，最多的也只有四十五字，如"公会刘子、晋侯、宋公、蔡侯、卫侯、陈子、郑伯、许男、曹伯，莒子、邾子、顿子、胡子、滕子、薛伯、杞伯、小邾子、齐国夏于召陵，侵楚。"（定公四年春三月）对于这样简单的记载，后来很多人都不满意，有的说为"断烂朝报"，有的说是"记账式"的历史，有的认为只是写下了一些"标题"，因为它不能说明历史事件发生的原因、经过和结果，不能给人以具体的历史知识。

然而，由于儒家的学者把经过孔子整理和编写的书籍都奉为经典，便极力推崇孔子作《春秋》的政治目的和它所起的政治作用。如《孟子·滕文公下》说：

> 世衰道微，邪说暴行有作，臣弑其君者有之，子弑其父者有之。孔子惧，作《春秋》。《春秋》，天子之事也。是故孔子曰："知我者其惟《春秋》乎！罪我者其惟《春秋》乎！"
> 孔子成《春秋》而乱臣贼子惧！

《史记·太史公自序》说：

> 上大夫壶遂曰："昔者孔子何为而作《春秋》哉？"太史公曰："余闻董生曰：周道衰微，孔子为司寇，诸侯害之，大夫壅之，孔子知言之不用，道之不行也，是非二百四十二年之中，以为天下仪表，贬天子，退诸侯，讨大夫，以达王事而已矣。"

《史记·孔子世家》说：

> 子曰："弗乎！弗乎！君子病殁世而名不称焉。吾道不行矣！吾何自见于后世哉？"乃因史记，作《春秋》，上至隐公，下讫哀公十四年，十二公。据鲁、亲周、故殷，运之三代，约其文辞而指博。故吴、楚之君自称王，而《春秋》贬之曰"子"；践土之会，实召周天子，而《春秋》讳之曰"天王狩于河阳"。推此类以绳当世贬损之义，后有王者举而开之，《春秋》之义行，则天下乱臣贼子惧焉。

如此说来，孔子所作的《春秋》不仅是一部历史书，而是能以指导当时、启示后世的政治经典，并且已经起到使"乱臣贼子惧"的巨大政治作用了。但是，《春秋》的记载是那样简单，一部包括二百四十二年历史的著作，总共才有一万八千多字，在叙述历史事件的时候，只有标题而无详细的内容，怎能起到实际的政治作用呢？所谓"一字之褒贬"，就能使"乱臣贼子惧"吗？这显然是儒家推崇孔子的夸张之辞！这个道理在过去已有人指出了，如清朝人纪昀在《四库全书总目提要·史部总叙》中说："苟不知其事迹，虽以圣人读《春秋》，不知所以褒贬。儒者好为大言，动曰舍传以求经，此其说必不通。"实际上，孔子是根据鲁国和周王室以及其他诸侯国的史官的记载，加以修改，编写成一部简单的近现代史书，作为向学生讲授的课本，以进行辨别是非、劝善戒恶的历史教育。周王室及各诸侯国的史官，在记事时都有一定的书法，所谓"君举必书，书而不法，后嗣何观？"①褒善贬恶亦即书法之一。当然，孔子在编写《春秋》时，必定会表达他自己对于历史事件和历史人物的看法，以判明是非善恶，书中也就出现了褒贬的字句。但这种褒贬，并没有也不可能像孟子所鼓吹的那样起过使"乱臣贼子惧"的作用，而且其中一些字句不过是沿用以前史官的书法，并非孔子的创造。

孔子不是史官，本来是不能掌握历史资料的。但由于他在鲁国做过高官，又是当时著名的学术家和教育家，在社会上有相当的声望，他的一些学生也在统治阶级中有一定的地位，与官府有较密切的往来，所以能够阅览鲁国和周王室以及其他诸侯国的历史记载，逐渐积累资料，从事编写《春秋》的工作。在编写过程中，材料的取舍及文字的修订完全由孔子一个人决断，所谓"笔则笔，削则削，子夏之徒不能赞一辞"②。所以，《春秋》虽然记事太简单，不能满足读史者的要求，但它是我国最早由私人写成的历史著作，在史学史上有很重要的意义。

三、奴隶社会的史学成就

在殷、西周、春秋时代，是我国史学的起源和初步发展的阶段，史学水平还很低。可是，自盘庚迁殷以后到春秋末年约近千年的历史过程中，随着社会经济、政治和文化的逐渐发展，史学也日益进步，取得了相当的成就。概括说来，约有以下数端。

其一，记载了许多史实，编纂了不少史书，反映了我国奴隶社会的基本状况。

我们从甲骨文，金文和《尚书》《周书》《春秋》的记载中，获得了许多重要的历史知识，了解到我国奴隶社会的阶级关系、生产水平及有关经济、政治、文化等方面的一些具体情况。当然，这些记载的内容还远不能满足我们的要求。但我们知道，已经发现的甲骨文和金文，只是原有的文字记载的一小部分；现存的《尚书》《周书》《春秋》也只是原有的史书的一小部分。就以甲骨文来说，是从公元1899年（清光绪二十五年）才被发现的，但实际上甲骨文早已在这以

---

① 《左传·庄公二十三年》。杨伯峻《春秋左传注》第 226 页，中华书局 1959 年版。
② 《史记》卷四七，《孔子世家》，商务印书馆 1936 年百衲本，后同。

前出土了，只因人们还不认识它，都被遗弃或当作药材用掉了，不知毁灭了多少珍贵的史料！随着考古事业的发展，将来如果能够发现更多的奴隶社会的历史记载，必会使人们更清楚地了解奴隶社会的状况。

其二，确定了按年、时、月、日的顺序记事的方法，出现了时间分明的编年史。

时间的顺序是历史记载的必要条件，若没有明确的时间观念，便失掉或减低了历史记载的意义和作用。在殷代的甲骨文和西周的金文里，已经有标明年、月、日的记事方法了，但那时对于时间顺序的排列还不得当，一般是以日、月在前，以年在后。王国维说："书法先日次月次年者，乃殷、周间记事之体，殷人卜文及庚申父丁角、戊辰彝皆然；周初之器，或先月后日，然年皆在文末，知此为殷、周间文辞通例矣。"①在《尚书》中西周时代的作品里，有先日后月而最后纪年的，有只纪月、日而不纪年的，也有只纪年、只纪月或只纪日的。到了春秋时代，时间顺序的排列才完全适当，确定了按年、时、月、日的顺序记事的方法。那时有很多编年史都名为《春秋》，孔子所作的《春秋》便是其中之一。编年史为什么称《春秋》呢？据杜预《春秋经传集解序》的解释："记事者以事系日，以日系月，以月系时，以时系年，所以纪远近、别同异也。故史之所记，必表年以首事，年有四时，故错举以为所记之名也。"过去大都沿用这个说法。近来于省吾著《岁时起源初考》又有新解说，甲骨文中只有春秋而无冬夏，《今文尚书》二十八篇中，西周的作品也无冬夏之名，殷和西周一年只有春秋二时，所以古人也称年为春秋，编年史就名为《春秋》。"四时的划分萌芽于西周末叶。""《春秋》一书的名称虽然出现在既有四时制以后，但为期很近，它是保持着旧日称一周年为春秋的习惯传统作风，而不是像古人所说的由四时中错举二时。"②孔子的《春秋》是依据鲁国、周王室及其他诸侯国的编年史写成的，一般都按年、时、月、日的顺序排列，可见那时已普遍出现了时间分明的编年史。

其三，在记录史实和编纂史书时，有记言、记事的分工。

《礼记·玉藻篇》说："动则左史书之，言则右史书之。"《汉书·艺文志》说："左史记言，右史记事，事为《春秋》，言为《尚书》。"指出西周、春秋的史官在记录史实和编纂史书时，有记言、记事的分工，我们认为基本上是符合实际情况的。但对于这种说法，过去和现在都有人不同意。如章学诚在《文史

---

① 王国维：《观堂集林》卷一，《洛诰解》，中华书局1961年版，第40页。

② 于省吾：《岁时起源初考》，《历史研究》1961年第4期。

通义·书教上篇》说：

> 《记》曰："左史记言，右史记动。"其职不见于《周官》，其书不传于后世，殆礼家之怨文软？后儒不察，而以《尚书》分属记言，《春秋》分属记事，则失之甚也。夫《春秋》不能舍传而空存其事目，则左氏所记之言，不啻千万矣。《尚书》典谟之篇，记事而言亦具焉；训诰之篇，记言而事亦见焉。古人事见于言，言以为事，未尝分事言为二物也。

章氏所谓"其职不见于《周官》"，实则左史、右史即内史、大史的异名，说已见前。所谓"其书不传于后世"，是不符合实情的，因为《尚书》和《周书》都是根据记言的资料来编成的，其中少量记事的文字是由后人羼入的；以后的《国语》和《战国策》也都是记言的史书，这是不可否认的事实。至于把"左氏所记之言"作为《春秋》的内容，更是牵强无理，因为《春秋》与《左传》明是二书，不能混为一谈。当然，言与事是不能绝对分开的，只是如前面说过的，一以言为主，一以事为主而已。不过，记言、记事的分工，还是史学处于低级阶段的表现。后来史书编纂方法进步，言事合一，单独记言的史书就逐渐没落了。

其四，认识到历史记载对于了解过去、鉴往知来及垂训鉴戒的作用，因而树立了尊重历史记载的观念。

历史记载是了解过去的根据，有了足够的、真实的历史记载，才能使后世的人正确地了解过去。在奴隶社会时代，已经认识到这个道理了。如孔子说："夏礼吾能言之，杞不足征也；殷礼吾能言之，宋不足征。文献不足故也！足则吾能征之矣。"[1]所谓文献，就是历史记载。这几句话的意思是说，历史记载的足或不足，是能否正确了解过去的关键。对于历史记载所起的鉴往知来的作用，孔子也认识到了，所以他说："殷因于夏礼，所损益可知也；周因于殷礼，所损益可知也；其或继周者，虽百世可知也。"[2]

历史记载不但传播历史知识，而且还起着垂训鉴戒的作用。

在奴隶社会后期，统治阶级的一些人已认识到这种作用，如申叔时对楚庄王谈到教育太子的方法，说："教之《春秋》，而为之耸善抑恶焉，以戒劝其心。"[3]晋悼公也因"羊舌肸习于《春秋》"，而"使傅太子彪"。[4]有的史官还利

---

① 《论语·八佾》。

② 《论语·为政》

③ 《国语》卷一七，《楚语上》。

④ 《国语》卷一三，《晋语七》。

用历史记载来为当时的政治服务，如《左传·宣公二年》所述晋国史官的一段故事：

> 赵穿攻灵公于桃园，宣子未出山而复。大史书曰："赵盾弑其君。"以示于朝。宣子曰："不然！""对曰：子为正卿，亡不越境，反不讨贼，非子而谁？"宣子曰："呜呼！我之怀矣，自诒伊戚。其我之谓矣！"孔子曰："董狐，古之良史也，书法不隐。赵宣子，古之良大夫也，为法受恶。"

史官董狐之所以做出这样的书法，孔子之所以称赞他，都是由于重视历史所起的垂训鉴戒作用。

在奴隶社会，记录史事的职权虽然掌握在史官手里，但史官记事往往受到权贵势力的干扰和破坏，不能如实地记录史事。可是，有些史官却坚决反对这种阻力，忠实地执行任务，甚至不顾生命的危险，记录了历史的真相。如《左传·襄公二十五年》记述齐国史官的一段故事：

> 大史书曰："崔杼弑其君。"崔氏杀之。其弟嗣书，而死者二人。其弟又书，乃舍之。南史氏闻大史尽死，执简以往。闻既书矣，乃还。

这种忠实于史官的职权，据事直书，冒死以赴的行动，深受后世的称赞。他们之所以能够如此，是由于深刻地认识到历史记载必须真实，才能起到垂训鉴戒的作用。

其五，史学由官府控制之下，逐渐推广到为统治阶级的一般知识分子所掌握。

在殷、西周及春秋前期，只有史官能以掌握历史资料并据以编集史书，史学完全由官府控制。到了春秋后期，随着社会政治变动的剧烈，官府对于史学的控制也逐渐松弛，统治阶级的一般知识分子也能看到官府所藏的历史记载，并能搜集资料以从事史书的编纂了。孔子编《尚书》和修《春秋》，便是显著的例证。

孔子不是史官，但他不仅掌握近现代史的资料，编写了一部《春秋》，而且阅读过许多古代的历史文献。《中庸》里说："仲尼祖述尧、舜，宪章文、武"，"哀公问政，子曰：'文武之道，布在方策。'"那时除了史官之外，能以见到历史文献的绝不止孔子一人，可见官府所藏的文字记载和史书已经流传于外了。

孔子博览典籍，掌握丰富的文化知识，开私人讲学之业，先后跟他求学的多达三千人，历史就是他教学的主要科目之一。那时的史学既已摆脱官府的控制，又经孔子编书讲授，传布益广，也就得到进一步的发展。

（原载《天津日报·学术专刊》1961 年 12 月 6 日；又载于《中国史学史论集》，上海人民出版社 1980 年 1 月出版）

裴松之和范晔

　　裴松之（字世期），南朝宋人，他为《三国志》作注，受到历来学者的器重，认为他的《三国志注》的价值在于内容丰富、史料精确。但是，也受到了刘知幾、陈振孙等学者的指责。其实，过去历史学家没有对裴氏史学作进一步的研究，也没有在史学上给予应有的地位，因此对裴松之须重新研究和评价。

　　我认为裴松之对史学贡献很大，首先，开创了史注新法。《三国志注》以前，一般史注只限于解释字句和典故，内容比较简单，而裴松之却参阅了二百一十种书籍，在短短的一年里，写出了内容丰富、独树一帜的《三国志注》。在注中，概括起来可分八类：一、注音义、典故、地理；二、补简略；三、补缺漏；四、补考证史料；五、补各家对史料的见解；六、补各家对历史事实的评价（其中包括作者的评论）；七、对《三国志》作者陈寿处理史料和评论史实的意见；八、对其他史学家的批评。裴注不但比较完整地引用了各家的说法和群书的材料，而且还一一注出了材料的出处，对于某些自己没有搞清楚的事，注有"未详""未达"等语，这在古人著作中是极为罕见因而也是很可贵的。因此，裴注不仅弥补了《三国志》的不足，成为研究三国历史的重要著作，而且还在客观上开创了史注新法。此外，由于裴氏当时所引用的诸书后来多相继失散，仅能于裴注中得见鳞爪，窥其崖略，所以，《三国志注》使后世学者仍能从中有所取材。

　　其次，裴氏以第一手材料为主，从不轻信，认真鉴别史料，从不同方面考证史料，开创了史料比较法和发展了史料考证学。这是裴松之的第二个史学贡献。

　　第三，裴松之是中国史学批评史上第一个有成就的史学家。裴氏以前，虽然有班彪等人开始了史学批评，但是还比较简单。而裴松之不仅根据事实指出了《三国志》记载不妥和评论不当之处，还对当时享有一定声誉的史学家习凿齿、孙盛等人进行了尖锐的批评。这对于开展史学批评，活跃史学研究，都起了一定促进作用。

　　因此，裴松之虽没有写成一部独立的史书，其贡献与陈寿实在难分上下。

范晔（字蔚宗），南朝宋人，《后汉书》的作者。

《后汉书》历来都受到学者的称赞，被认为是第一流的著作，因而，它的作者范晔便分外受到推崇。古今学者一直把他与司马迁、班固、陈寿三大史学家相提并论，而长期无人质疑。

如果我们仔细对《后汉书》以及范晔的历史观点、史学思想进行分析，就可以看出，一方面《后汉书》的内容比较丰富，叙事比较审正，文笔也很优美，同时作者还在一定程度上揭露了东汉社会政治的黑暗，表彰了"独行""逸民"和"列女"。另一方面，范晔写这部书，在材料上并没有下多大功夫。因为这部书是在以前十余家后汉史著作的基础上，尤其是在华峤的《后汉书》的基础上，通过文学的加工、润色和材料排比、编纂而贯穿了自己的某些观点，如果我们把范书和华峤的《后汉书》的佚文仔细对照来看，就可以发现不论叙事和论述，有很多是雷同的，尤其是"论"，有的一篇中只改动了几个字或稍加删润，范氏自己并没有多少独到的见解。

本来，范晔只是文学家和音乐家。他之所以要写《后汉书》，是因为他在政治上被贬，满腔义愤，无以寄托，只好借史学发抒。历代学者那样推崇范晔，实际上是把以前各家后汉史，尤其是华峤著作的成绩算在范晔身上了。基于这一点，今后应该从范书与其主要蓝本的比较入手，重新研究和评价范晔。

（原载《光明日报》1962 年 7 月 14 日）

裴松之与《三国志注》

裴松之是我国封建时代杰出的史学家之一，所撰《三国志注》，内容宏富，独具特色，有非常宝贵的价值。但过去的学者大多以其注解之文为附庸之作，抱着轻视的态度。如唐朝人刘知幾以裴氏乃"好事之子，思广异闻"，系"才短力微不能自达，庶凭骥尾千里绝群"之流①；清朝人章学诚说裴氏"依光于陈寿"，属"非缘附骥，其力不足自存"②之类。这些看法都是不允当的。因为对一部著作的评价，不应仅从其形式上着眼，而应根据其内容来探讨。现在，我们为了更好地继承古代的史学遗产，应当对裴氏的著作重新研究，以申明他对于史学的贡献。

一、裴松之的生平及著作

裴松之，字世期，其先世原为河东郡闻喜县（今山西省闻喜县）人，自西晋末年以后移居江南。他生于东晋简文帝咸安二年（372），卒于宋文帝元嘉二十八年（451），享寿八十岁。

裴松之出身于世代官僚家庭，自幼读书，八岁时已学通《论语》和《毛诗》，后来博读典籍，学识益进。二十岁开始为官，在东晋孝武帝时历任殿中将军、员外散骑侍郎，晋安帝时历任吴兴郡故鄣县令、尚书祠部郎。

当他任尚书祠部郎时，因鉴于官僚地主之家"世立私碑，有乖事实"，遂上表建议严加限制，云：

> 碑铭之作，以明示后昆，自非殊功异德，无以允应兹典。……俗敝伪兴，华烦已久。是以孔悝之铭，行是人非；蔡邕制文，每有愧色。而自时厥后，其流弥多，预有臣吏，必为建立。勒铭寡取信之实，刊石成虚伪之

---

① 刘知幾：《史通》卷五，《补注》，世界书局 1935 年《史通通释》本。

② 章学诚：《文史通义》卷四，《言公中》，中华书局 1956 年版。

常。真假相蒙，殆使合美者不贵，但论其功费，又不可称。不加禁裁，其敝无已。以为诸欲立碑者，宜悉令言上，为朝议所许，然后听之。庶可以防遏无征，显彰茂实。①

他虽然出身于世代官僚的家庭，但能识破自东汉以来官僚地主虚自标榜的恶习，予以揭露，并请求禁裁，可谓具有卓见。

晋安帝义熙十二年（416），太尉刘裕兼领司州刺史，率军北伐，以松之为州主簿，转治中从事史。晋军攻占洛阳后，松之即在洛阳任职。不久，又被召回江南，历任世子洗马、零陵内史、国子博士等职。

晋恭帝元熙二年（420），刘裕代晋称帝，建立宋朝，这时松之已四十九岁。

宋文帝于元嘉三年（426）派遣十六人为大使，分巡各州。松之被派赴湘州。自湘州巡行归来后，又任中书侍郎、司冀二州大中正，并被封为西乡侯。宋文帝以陈寿所著《三国志》记载过于简略，乃令松之为之补注。松之广搜资料，精心撰作，于元嘉六年（429）七月写成《三国志注》。宋文帝看过后称赞说："此为不朽矣！"②这时他已五十八岁了。

在《三国志注》撰成后，松之历任永嘉太守、通直散骑常侍、南琅邪太守。元嘉十四年（437）致仕，又历为中散大夫、太中大夫，并兼领国子博士。

元嘉二十八年（451），松之已八十岁，奉命继续何承天撰述本朝的历史，但未及动笔就去世了。

裴松之的儿子裴骃，博采典籍，撰《史记集解》；曾孙裴子野，剪裁刘宋一代史料，撰编年史《宋略》（已佚），皆为史部名著，对史学有重要的贡献。

裴松之一生的著作，除了《三国志注》外，尚有以下五种：

《晋纪》——《宋书》本传载松之著有《晋纪》，但《隋书·经籍志》朱著录。按《玉海》卷四六引唐太守贞观二十年闰三月《修晋书诏》有云："干、陆、曹、邓，略记帝王；鸾、盛、广、松，才编载记。其文既野，其事罕有。"（干，指干宝，著《晋纪》；陆，指陆机，著《晋纪》；曹，指曹嘉之，著《晋纪》；邓，指邓粲，著《晋元明纪》；鸾，指檀道鸾，著《续晋阳秋》；盛，指孙盛，著《晋阳秋》；广，指徐广，著《晋纪》）松，即指裴松之。又《北堂书钞·设官部》引裴松之《晋纪》云："江彪三为选官，少有荐举。"据此，松之确实著有《晋纪》，而《隋书·经籍志》失载了。

---

① 《宋书》卷六四，《裴松之传》，商务印书馆1936年百衲本。
② 《宋书》卷六四，《裴松之传》。《南史·裴松之传》作："裴世期为不朽矣！"

《宋元嘉起居注》——《文苑英华》卷七五四载裴子野《宋略·总论》云："子野曾祖宋中大夫西乡侯，以文帝之十二年受诏撰《元嘉起居注》。"《隋书·经籍志》史部起居注类，著录《宋元嘉起居注》五十五卷，原注云："梁六十卷。"唯未题撰者姓名。盖此书系经数人先后撰成，而松之于元嘉十二年奉命撰著，于元嘉二十八年去世，所撰仅其中一部分而已。

《裴氏家传》——《隋书·经籍志》史部杂传类："《裴氏家传》四卷，裴松之撰。"

《集注丧服经传》——《隋书·经籍志》经部礼类："《集注丧服经传》一卷，宋太中大夫裴松之撰。"

《裴松之集》——《隋书·经籍志》集部别集类："宋太中大夫裴松之集十三卷。"原注云："梁二十一卷。"

但是，裴松之的这五部著作，都早已亡佚。我们研究他的史学，只有依靠现存的《三国志注》了。

二、《三国志注》的内容

裴松之在《上三国志注表》中，曾将《三国志注》的内容作了概括的叙述。他说："其寿所不载，事宜存录者，则罔不毕取，以补其阙；或同说一事而辞有乖杂，或出事本异疑不能判，并皆抄内，以备异闻；若乃纰缪显然，言不附理，则随违矫正，以惩其妄；其时事当否及寿之小失，颇以愚意有所论辩。"[①]简言之，即补阙、备异、矫妄、论辩四类。后来清朝人撰《四库全书总目》，述及《三国志注》的内容时又说："综其大致，约有六端：一曰引诸家之论以辨是非；一曰参诸书之说以核讹异；一曰传所有之事详其委曲；一曰传所无之事补其阙佚；一曰传所有之人详其生平；一曰传所无之人附以同类。"[②]实际上是将裴氏自述的次序加以变换外，又将"补阙"分而为四，"矫妄"与"论辩"合而为一。我们现在重新研究《三国志注》的内容，认为可以分如下八类：

---

① 裴松之《上三国志注表》，载《三国志》卷末附录，中华书局 1959 年版，第 1471 页。
② 《四库全书总目》卷四五，史部正史类《三国志》提要，商务印书馆《万有文库》本，1935 年版第十册第 17 页。

（一）关于文字上的解释，即字音、文义、校勘、名物、地理、典故等方面的注文

注明字音的，如《魏书·武帝纪注》："眭，申随反。""沤音孤。"《吴书·刘繇传注》："筰音壮力反。"《吴书·朱然传注》："《襄阳记》曰：柤，音如租税之租。"等等。也有对注文中的字加以注音的，如《蜀书·庞统传注》中引蒋济《万机论》之文后注云："胲音改。"

解释文义的，如《魏书·文帝纪》"款塞内附"，《注》："应劭《汉书注》曰：款，叩也，皆叩塞门来服从。"《蜀书·秦宓传注》："簿，手版也。"《吴书·孙权传》"鄱阳言白虎仁"《注》："《瑞应图》曰：白虎仁者，王者不暴虐则仁虎不害也"；等等。

校勘文字的，如《魏书·徐晃传》"今假臣精兵"，《注》："案晃于时未应称臣，传写者误也。"《蜀书·向朗传》"自去长史，优游无事垂三十年"，《注》："案朗坐马谡免长史，则建兴六年中也；朗致延熙十年卒，整二十年耳。此云三十，字之误也。"《吴书·薛综传》"横目苟身"，《注》："松之见诸书本'苟身'或作'句身'，以为既云'横目'，则宜曰'句身'"；等等。

注解名物的，如《魏书·齐王芳纪注》引《异物志》《傅子》《搜神记》《神异经》之文以解释"火浣布"；《蜀书·诸葛亮传注》引《魏氏春秋》之文以解释"连弩"，又引《诸葛亮集》之文以解释"木牛"及"流马"；《吴书·孙皓传注》引《太康三年地记》及《吴历》之文以解释"显明宫"；等等。

注释地理的，如《魏书·王朗传注》："御儿，吴界边戍之地名。"《魏书·任城王彰传注》："桑乾县属代郡，今北虏居之，号为索干之部。"《蜀书·后主传注》："湔，县名也，属蜀郡。"《吴书·孙权传注》："《吴录》曰罗阳，今固安县"；等等。

注释典故的，如在《魏书·武帝纪注》中引《公羊传》及何休《注》以释"缀旒"，引《尚书·盘庚》及郑玄《注》以释"稽人昏作"，在《蜀书·后主传注》中引《礼记》及郑玄《注》以释"行一物而三善皆得"；在《吴书·孙权传注》中引《国语》以释"埋而掘之，古人之所耻"；等等。

以上这一类是一般注书的内容，在裴氏以前，如东汉人应劭的《汉书集解音义》、三国人韦昭的《国语解》、东晋人徐广的《史记音义》等，都系此类。这一类的文字在裴注中有相当多的数量，但《上三国志注表》中并未叙及，这是什么缘故呢？《四库全书总目提要》云："其初意似亦欲如应劭之注《汉书》，

考究训诂，引证故实。……盖欲为之而未竟，又惜所已成，不欲删弃，故或详或略，或有或无，亦颇为例不纯。"①这个揣测是否符合事实，已无法证明。但是裴氏自言"奉诏使采三国异同，以注陈寿国志"②，可知作注的目的主要是增广事实，而这一类的注解不过是附带的工作，诚如侯康所说："至于笺注名物，训释文义，裴注间有之而不详，盖非其宗旨所存。"③因而也就不在上表中叙及了。

（二）补充记载简略处

陈寿《三国志》记载简略，对许多重要史事的过程和人物的事迹都叙述不明。裴氏广征博引，悉心增补，使读者得知比较详细的具体事实。这一类的注文最多，也是最主要的部分。随便举几个例，如《魏书·武帝纪注》引王沉《魏书》之文，以补充建安元年曹操在许昌开始实行屯田事；《蜀书·诸葛亮传注》引习凿齿《汉晋春秋》之文，以补充建兴九年诸葛亮复出祁山与魏军交战经过；《吴书·孙权传注》引虞溥《江表传》所载建安十三年赤壁战前曹操与孙权书。而且还有时说明其补充材料的理由，如《魏书·王粲传附吴质传注》于引录建安二十三年曹丕《与吴质书》之后，云："松之以本传虽略载太子此书，美辞多被删落，今故悉取《魏略》所述以备其文。"④又如《傅嘏传注》于引录司马彪《战略》所载傅嘏对答伐吴的意见之辞以前，云："司马彪《战略》载嘏此对，详于本传，今悉载之，以尽其意。"⑤

（三）补充记载遗漏处

陈寿《三国志》不但记载简略，而且往往将许多重要史实和人物传记完全遗漏。裴氏搜集资料予以补充，使读者得到比较完备的历史知识。如《魏书·武帝纪注》引王沉《魏书》补充了曹操建安二十二年八月令；《魏书·明帝纪注》引《魏略》补充了孔桂的传记；《魏书·王朗传附王肃传注》引《魏略》补充了贾洪等六人的传记；《魏书·杜夔传注》引傅玄之文补充了马钧的生平事迹；等等。又《蜀书·杨戏传》末尾引《益部耆旧杂记》所载王嗣、常播、卫继三人

---

① 《四库全书总目》卷四五，史部正史类《三国志》提要，商务印书馆《万有文库》本，1935年版第十册第18页。

② 裴松之《上三国志注表》，载《三国志》卷末附录，中华书局1959年版，第1471页。

③ （清）侯康：《三国志补注续》卷首，《自叙》，商务印书馆《丛书集成初编》本，1937年版。

④ 《三国志》卷二一，《魏书·王粲传附吴质传》裴松之注，中华书局1959年版，第609页。

⑤ 《三国志》卷二一，《魏书·傅嘏传》裴松之注，中华书局1959年版，第625页。

的传记，在现存各种版本中都列为《三国志》的正文，经清代学者钱大昕指出，也系裴氏所补充的这一类的注文。①

（四）考辨记载的讹误

裴氏不但补充了大量的历史材料，而且对记载也做了考辨讹误的工作，这一类的注文可分为两种。

一种是对陈寿记载的考辨。如《魏书·武帝纪》记载建安五年官渡之战以前曹操"兵不满万"，裴氏在注文中列举数条证据以辨曹兵"未应如此之少"，复在《荀彧传注》中据荀彧所说"十万之众"，更进而辨明"官渡之役不得云'兵不满万'也"。又如《魏书·明帝纪》记载魏明帝死时年三十六，裴氏在注文中细加考证云："魏武以建安九年八月定邺，文帝始纳甄后，明帝应以十年生，计至此年正月，整三十四年耳；时改正朔，以故年十二月为今年正月，可强名三十五年，不得三十六也。"也有引用其他史家的考证以辨明陈寿记载的错误的，如《吴书·朱然传》记载朱然于赤乌五年战败魏将蒲忠与胡质之事，裴氏则在注中引孙盛《异同评》的考证以辨明"陈寿误以吴嘉禾六年为赤乌五年耳"。

一种是对其他史家记载的考辨。如《蜀书·诸葛亮传注》所引鱼豢《魏略》记载诸葛亮与刘备初次相见之事，系诸葛亮先去求见刘备；裴氏则根据诸葛亮《出师表》中自述"先帝不以臣卑鄙，猥自枉屈，三顾臣于草庐之中，谘臣以当世之事"之语，以辨明"非亮先诣备。"又如《吴书·孙匡传注》所引虞溥《江表传》载孙匡事，裴氏考证认为"此盖权别生弟朗，《江表传》误以为匡也"。

（五）对于各家不同的记载的意见

三国时代的历史事迹，各家记载往往不同，裴氏对于这些不同的记载，经过比较研究之后，写出自己的意见。这一类的注文可以分为三种：

一种是陈寿记载正确，而其他记载错误的。如《魏书·文昭甄皇后传注》录王沉《魏书》载甄后事迹，与陈寿所记不同，裴氏认为王沉的记载乃"崇饰虚文"，并说："推此而言，其称卞、甄诸后言行之善，皆难以实论。陈氏删落，良有以也。"又如《魏书·常林传注》引《魏略》记常林与司马懿之事，云："案《魏略》此语与本传反。臣松之以为林之为人，不畏权贵者也。论其然否，本传为是。"又如《蜀书·魏延传注》录鱼豢《魏略》所载诸葛亮临死前嘱魏延之语

---

① 见钱大昕：《十驾斋养新录》卷六，"三国志注误入正文"条，商务印书馆1937年版，第129页。

及诸葛亮死后杨仪与魏延相攻之事，与陈寿所记不同，裴氏认为鱼豢所记"盖敌国传闻之言，不得与本传争审"。也有引录其他史家对于不同的记载的意见的，如《魏书·武帝纪》建安十三年注，所录乐资《山阳公载记》的记载，与陈寿《吴书》所记不同，乃引孙盛《异同评》云："案《吴书》，刘备先破公（曹操）军，然后权攻合肥；而此《记》云权先攻合肥，后有赤壁之事。二者不同，《吴书》为是。"

　　一种是陈寿记载错误，而其他记载正确的。如《吴书·孙策传注》引张勃《吴录》所记孙策上表中有"臣年十七，丧失所怙"之语，裴氏以《吴书·孙坚传》《孙策传》与张璠《后汉纪》及胡冲《吴历》相对照，知陈寿在《孙坚传》中所记有误，遂云："案本传云孙坚以初平三年卒，策以建安五年卒，策死时年二十六。计坚之亡，策应十八，而此表云十七，则为不符，张璠《汉记》（应作《后汉纪》）及《吴历》并以坚初平二年死，此为是，而本传误也。"又如《吴书·楼玄传注》引虞溥《江表传》所载楼玄自杀之事，与陈寿所记比较，裴氏认为"《江表传》所言，于理为长"。也有引录其他史家的意见的，如《吴书·诸葛恪传注》引胡冲《吴历》所载诸葛恪入宫前与滕胤问答之辞，与陈寿所记不同，乃引用孙盛的论断说："《吴历》为长。"

　　一种是各家记载虽不同，但不能判断孰是孰非的。裴氏对于这种情况，常分别加以"未详""未详孰是""未知何者为误"等案语，如《魏书·武帝纪注》于引郭颁《世语》载魏讽事迹后，云："王昶《家诫》曰'济阴魏讽'，而此云沛人，未详。"《魏书·张邈传注》于引《献帝春秋》所载张邈对袁术之语后，云："案本传邈诣术，未至而死，而此云谏称尊号，未详孰是。"《吴书·孙策传注》云："案《江表传》《搜神记》于吉事不同，未详孰是。"《魏书·高柔传》载高幹为高柔从兄，《注》云："案《陈留耆旧传》及谢承《书》（《后汉书》），幹应为柔从父，非从兄也，未知何者为误。"或仅分别注以"与……不同""与……违""与……反"等语，而不再加以论断，如《魏书·袁术传》载袁术"杀扬州刺史陈温"，裴氏于引录《英雄记》的记载后，云："则温不为术所杀，与本传不同。"《吴书·孙皓传注》引《华阳国志》所记吴将氾璜与晋将杨稷、毛炅攻战事后，云："此与《汉晋春秋》所说不同。"《魏书·袁绍传注》引《献帝传》所载沮授与郭图等对袁绍迎汉献帝都邺的不同意见后，注云："案此书称郭图之计则与本传违也。"《魏书·文聘传注》引《魏略》所载文聘与孙权交战事后，云："《魏略》此语，与本传反。"《魏书·郭嘉传注》引《魏书》与《傅子》所载郭嘉与曹操论刘备之语后，云："《魏书》所云，与《傅子》正反也。"等。

（六）对于史事及人物的评论

裴氏在注文中不但补充事实，而且常有对于史事及人物的评论。这一类的注文可分为两种，一种是裴氏自己的评论，一种是引录其他史家的评论。

裴氏自己的评论，如《魏书·贾诩传注》对于贾诩劝李傕攻打长安的评论，《蜀书·关羽传注》对于曹操听任关羽投奔刘备而不去追赶的评论，《吴书·张昭传注》对于张昭劝迎曹操的评论等等。

裴氏引录其他史家的评论，如《魏书·武帝纪注》引王沉对于曹操的评论；《魏书·王朗传附王肃传注》引鱼豢对于董遇、贾洪、邯郸淳等人的评论；《蜀书·诸葛瞻传注》引干宝对于诸葛瞻的评论；《吴书·孙权传》太元元年注引孙盛对于孙权的评论；《蜀书·马良传附马谡传注》引习凿齿对诸葛亮斩马谡的评论等等。其中以引录孙盛及习凿齿二人的较多。

这一类的注文，表露了裴氏及其他史家对于历史事件和历史人物的看法，可以启发读者的兴趣，并供后来研究历史的人参考。

（七）对于陈寿的批评

裴松之对于陈寿《三国志》一书，在《上三国志注表》中作了总的评价，指出它的优点是："铨叙可观，事多审正，诚游览之苑囿，近世之嘉史。"缺点是："失在于略，时有所脱漏。"在注文中，裴氏对于《三国志》的具体内容时常有所评论，《魏书·文昭甄皇后注》曾指出陈寿的记载优于其他史家之处，如言"陈氏删落，良有以也"，《魏书·常林传注》指出"本传为是"，《蜀书·魏延传注》曰"不得与本传争审"等；而对陈寿著作中的缺点，更悉心指出，予以批评。裴氏对于陈氏缺点的批评，可分为三种：一是记事的不当，一是编纂的不当，一是评论的不当。

批评陈寿记事不当的，如在《魏书·武帝纪注》中，列举证据指出其记载官渡之战以前曹操"兵不满万"为不符事实后说："将记述者欲以少见奇，非其实录也。"[①]在《魏书·张郃传注》中指出《张郃传》所记张郃投降事，与《武帝纪》《袁绍传》所记乃"为参错不同"。在《吴书·鲁肃传注》中指出，据《鲁肃传》所载，刘备与孙权并力共拒曹操，"皆肃之本谋"；而据《蜀书·诸葛亮传》所载，则又"如似此计始出于亮"。裴氏遂提出批评说："若二国史官各记

---

①《三国志》卷一，《魏书·武帝纪》裴松之注，中华书局 1959 年版，第 20 页。

所闻，竞欲称扬本国容美，各取其功。今此二书同出一人，而舛互若此，非载述之体也。"①

批评陈寿编纂不当的，如在《魏书·荀彧荀攸贾诩传注》中认为不应将贾诩与二荀同编，云："松之以为列传之体，以事类相从。……魏氏如贾诩之俦，其比幸多，诩不编程郭之篇，而与二荀并列，失其类矣。"②在《蜀书·董允传注》中认为董允应附于其父董和之传，云："松之以为陈群子泰、陆逊子抗传，皆以子系父，不别载姓；及王肃、杜恕、张承、顾劭之流，莫不皆然。惟董允独否，未详其意。当以允名位优重，事迹逾父故邪？"③又在《吴书·诸葛瑾传注》中认为将诸葛瑾与刘备笺"载之于篇，寔为辞章之费"④等。

批评陈寿评论不当的，如《魏书·袁术传评》谓"袁术奢淫放肆，荣不终己，自取之也"。裴氏以为："袁术无毫芒之功，纤介之善，而猖狂于时，妄自尊立，固义夫之所扼腕，人鬼之所同疾；虽复恭俭节用，而犹必复亡不暇。而《评》但云奢淫不终，未足见其大恶。"⑤又如《蜀书·蒋琬费祎传评》谓蒋、费"未尽治小之宜，居静之理"。裴氏以为："蒋、费为相，克遵画一，未尝徇功妄动，有所亏丧。外却骆谷之师，内保宁缉之实。治小之宜，居静之理，何以过于此哉？今议其未尽，而不著其事，故使览者不知所谓也。"⑥除批评陈寿的论点不当外，对于陈氏的用字遣词也有所指责，如《魏书·董卓传评》谓"董卓狼戾贼忍，暴虐不仁"。裴氏以为此评"既曰贼忍，又云不仁。贼忍、不仁，于辞为重"。⑦又如《魏书·袁涣等传评》谓"袁涣、邴原、张范，躬履清蹈，进退以道"。裴氏评之云："蹈犹履也。躬履清蹈，近非言乎？"⑧

（八）对于其他史家的批评

裴氏在征引三国两晋时代诸史家的著作时，对他们常有所批评。这一类的注文，约可分为三种：一种是对其著作的总评，一种是对某些记载的批评，一种是对某些议论的批评。

---

① 《三国志》卷五四，《吴书·鲁肃传》裴松之注，中华书局 1959 年版，第 1269 页。
② 《三国志》卷一〇，《魏书·荀彧荀攸贾诩传》裴松之注，中华书局 1959 年版，第 332 页。
③ 《三国志》卷三九，《蜀书·董允传》裴松之注，中华书局 1959 年版，第 987-988 页。
④ 《三国志》卷五二，《吴书·诸葛瑾传》裴松之注，中华书局 1959 年版，第 1223 页。
⑤ 《三国志》卷六，《魏书·董卓袁绍袁术刘表传》裴松之注，中华书局 1959 年版，第 217 页。
⑥ 《三国志》卷四四，《蜀书·蒋琬费祎姜维传》裴松之注，中华书局 1959 年版，第 1069 页。
⑦ 《三国志》卷六，《魏书·董卓袁绍袁术刘表传》裴松之注，中华书局 1959 年版，第 217 页。
⑧ 《三国志》卷一一，《魏书·袁涣等传评》裴松之注，中华书局 1959 年版，第 366 页。

属于总评的，如《魏书·高贵乡公纪注》云："张璠、虞溥、郭颁，皆晋之令史。……璠撰《后汉纪》，虽似未成，辞藻可观。溥著《江表传》，亦粗有条贯。惟颁撰《魏晋世语》，蹇乏全无宫商，最为鄙劣。"①又如《魏书·王粲传注》评张骘《文士传》云："凡骘虚伪妄作，不可复疏，如此类者不可胜记。"又如《蜀书·马超传注》云："袁暐、乐资等诸所记载，秽杂虚谬，若此之类，殆不可胜言也。"

属于对某些记载的批评的，如《魏书·崔琰传附孔融传注》云："如孙盛之言，诚所未譬。……盖由好奇情多，而不知言之伤理。"《魏书·王粲传附嵇康传注》云："此又干宝之疏谬，自相违伐也。"《蜀书·先主传注》云："如胡冲所云，何乖僻之甚乎！"

属于对某些议论的批评的，如《魏书·高柔传注》评孙盛论高柔上疏谏杀公孙晃之言，云："松之以为辨章事理，贵得当时之宜，无为虚唱大言，而终归无用。浮诞之论，不切于实。犹若画魑魅之象，而踬于犬马之形也。……其为迂阔，亦已甚矣。"②又如《蜀书·庞统传注》评习凿齿论刘备袭取成都之言，云："习氏所论虽大旨无乖，然推演之辞，近为流宕也。"裴氏所引其他史家的议论很多，凡为裴氏同意的便不加案语，但也有特加案语的，如《蜀书·费诗传注》云："松之以为凿齿论议，惟此议最善。"

《三国志注》的内容，可归纳为以上八类，由此可见其包罗之宏富。晁公武《郡斋读书志》（正史类卷二上）谓松之"博采群说，分入书中，其多过本书数倍"。殿本《三国志》李龙官等校刊识语云："裴松之注更三倍于正文。"我们现在统计，陈寿本文约二十万字左右，而裴氏注文约五十四万字左右。以将及三倍的篇幅为《三国志》作注，可以说基本上弥补了陈寿记载简略的缺陷了。

《三国志注》所征引的材料是非常广博的，而且都注明了出处（只有《蜀书·法正传评》后所注"先主与曹公争势……"一条未注明出处，或系抄写脱漏）。清人钱大昕、赵翼等曾对裴氏所引书目做过统计，钱氏谓"凡百四十余种，其与史家无涉者不在数内"。③赵氏谓凡一百五十余种。④近人沈家本编《三国志注所引书目》，并"依《隋书·经籍志》之例分为四部：计经部廿二家，史部

---

① 《三国志》卷四，《魏书·高贵乡公纪》裴松之注，中华书局 1959 年版，第 133 页。
② 《三国志》卷二四，《魏书·高柔传》裴松之注，中华书局 1959 年版，第 688 页。
③ 钱大昕：《廿二史考异》卷一五，"《三国志》一"条，清广雅书局丛书本。
④ 赵翼：《廿二史札记》，卷六，"裴松之《三国志注》"条，中华书局 1936 年《四库备要》本。按：原文为"凡五十余种"。柳诒征先生云："赵书付梓时，手民误脱'五十余种'上之'一百'二字，校者疏舛，固未更正；传印是书者，如湖北刻本，亦沿其误之不察也。"见氏撰《三国志裴注义例》。

一百四十二家，子部廿三家，集部廿三家，凡二百十家"(《沈寄簃先生遗书乙种·三国志注所引书目序》)。今人王祖彝又编《三国志裴注引用书目》(《三国志人名录·附录》)，谓除"诸家评论与裴氏自注傅子、袁子、孙盛、习凿齿等论注以及引古书为铨释者不计"外，"裴注征引之书凡百五十六种"(《三国志人名录·凡例》九)。诸氏的统计虽互有参差，亦均有遗漏或重复，但总数相差不多。以裴氏所引书目全部而言，为二百一十余种；若除去关于铨释文字及评论方面的，则为一百五十余种。由此不但可知裴氏之博览穷通，他作《注》时所费的辛勤劳动也可以想见了。

三、《三国志注》的价值

过去的学者对于裴松之《三国志注》的评论，大概有三种意见：一种是贬责的，如刘知幾说："少期（黄叔琳《史通训故补》云："裴松之字世期，此云少期，避太宗讳也。"）集注国志，以广承祚所遗，而喜聚异同，不加刊定，恣其击难，坐长烦芜。观其书成表献，自比蜜蜂兼采，但甘苦不分，难以味同萍实者矣。"[1]陈振孙说："松之在元嘉时承诏为之注，鸠集传记，增广异文。大抵本书固率略，而注又繁芜。"[2]一类是褒誉的，如胡应麟说："裴松之之注《三国》也，刘孝标之注《世说》也，偏记杂谈，旁收博采，迨今借以传焉。非直有功二氏，亦大有造诸家乎！若其综核精严，缴驳平允，允哉史之忠臣、古之益友也。"[3]侯康说："陈承祚《三国志》，世称良史，裴《注》尤博赡可观。"[4]一类是褒贬相兼的，如《四库全书总目提要》的作者说："宋元嘉中，裴松之受诏为注，所注杂引诸书，亦时下己意。……其中往往嗜奇爱博，颇伤芜杂，……凿空语怪凡十余处，悉与本事无关，而深于史法有碍，殊为瑕颣。……然网罗繁富，凡六朝旧籍今所不传者，尚一一见其厓略；又多首尾完具，不似郦道元《水经注》、李善《文选注》皆剪裁割裂之文，故考证之家取材不竭，转相引据者，反多于陈寿本书焉。"[5]杨文荪说："盖承祚之书，简质有法，实良史也。逮裴世期受诏作注，复为增广异闻，捃摭繁富，于是讲求史学者，订讹考异，

① 刘知幾：《史通》卷五，《补注》，世界书局 1935 年《史通通释》本。
② 陈振孙：《直斋书录解题》卷四，正史类"《三国志》六十五卷"条，清武英殿聚珍版。
③ 胡应麟：《少室山房笔丛》卷一三，《史书占毕一》，中华书局 1958 年版，第 175 页。
④ （清）侯康：《三国志补注续》卷首，《自叙》，商务印书馆《丛书集成初编》本，1937 年版。
⑤ 《四库全书总目提要》卷四五，史部正史类《三国志》提要，商务印书馆《万有文库》本，1935 年版第十册，第 18 页。

益究心焉。惟承祚之书，间有抵牾，而世期注征引太博，亦不免芜杂之病。"①

我们现在看来，裴《注》的成绩是巨大的，虽然也有缺点，但不能因而抹煞其价值，它的最主要的价值，在于广辑资料，提供了大量的具体事实，使后人获得比较丰富的历史知识，在进行三国时代历史的研究时得到很大的便利。

裴氏在《上三国志注表》中说他"奉旨寻详，务在周悉。上搜旧闻，傍摭遗逸"。又说："窃惟缀事以众色成文，蜜蜂以兼采为味，故能使绚素有章，甘逾本质。"②在这个宗旨之下，他作《注》时尽可能地博引记载三国时代历史著作。由于那些著作到后来都陆续亡佚，而陈寿的《三国志》又太简略，所以后人只有依靠裴氏的《三国志注》，才对历史事件的发展过程和历史人物的生平事迹知道得更加详备了，对历史现象的认识愈为清楚了。我们可以分别举几个例子来说明。

在重大的历史事件方面，如关于曹操于建安元年（196）在许昌实行屯田事，陈寿在《魏书·武帝纪》中仅用了"是岁用枣祗、韩浩等议，始兴屯田"这十三个字来叙述，读者当然不能了解其底蕴；在《魏书·任峻传》中虽又用了"是时岁饥旱，军食不足，羽林监颍川枣祗建置屯田，太祖以峻为典农中郎将。数年中，所在积粟，仓廪皆满"四十一字，也太简单。而裴氏在《武帝纪注》中引用王沉《魏书》的记载，补充了一百四十七字；在《任峻传注》中引《魏武故事》所载曹操令以补充枣祗事迹，其中关于屯田的有一百八十二字。经过裴氏的补充，把曹操实行屯田的原因、目的、措施及效果都明白叙述出来，使后人解决了有关屯田的重大问题。如果不是裴氏补充这些史料，我们现在研究屯田问题不知耗费多少心思去猜测揣摩了。

在重要的历史人物方面，如关于著名哲学家王弼的生平事迹，陈寿在《魏书·钟会传附王弼传》中记载："弼好论儒道，辞才逸辩，注《易》及《老子》，为尚书郎，年二十余卒。"仅用了寥寥二十三字，至为疏略。而裴氏则引何劭《王弼传》补充其生平事迹及思想学说，其有七百五十余字，比陈寿所记大为详备，为后人研究王弼提供了宝贵的资料。若非裴氏作《注》，则后人对王弼不知其详，在学术研究上当然很受损失。又如著名科学家马钧，陈寿在书中只字未提，而裴氏除在《魏书·明帝纪注》引《魏略》述其制作外，又在《杜夔传注》中引傅玄所述马钧的生平事迹及其创造发明，共一千二百余字，因而表彰了他的科学成就。若非裴氏作注，这一代大科学家将埋没无闻于后世，岂不大为遗憾！

① （清）杨文荪：《三国志旁证序》，见梁章钜：《三国志旁证》卷首，清道光刻本。
② 裴松之《上三国志注表》，载《三国志》卷末附录，中华书局 1959 年版，第 1471 页。

在边疆各族及外国方面，如关于西北及西方各族各国的情况，陈寿仅在《魏书》之《乌丸传》《鲜卑传》《东夷传》中轻轻带过，未作专篇叙述；而裴氏则引《魏略·西戎传》之文，对氐、匈奴、羌、西域诸国、大秦及大秦属国作了重要的补充，尤其对大秦的记载，颇为详细地叙述了地理、交通、风俗、习惯、物产等情况，都是非常珍贵的资料。这不能不使后人感激裴氏博采勤录之功。

裴氏除了征引典籍外，还记述了他亲身见闻的资料。如《魏书·齐王纪注》引《搜神记》载魏明帝"诏三公曰：先帝昔著《典论》，不朽之格言，其刊石于庙门之外及太学，与石经并，以永示来世"。裴氏即据自己所见所闻以证其不实，云："松之昔从征西至洛阳，历观旧物，见《典论》石在太学尚存，而庙门外无之，问诸长老，云：'晋初受禅，即用魏庙，移此石于太学，非两处立也。'"又如《蜀书·李恢传注》解释"庲降都督"云："松之讯之蜀人云：庲降，地名，去蜀二千余里。时未有宁州，号为南中，立此职以总摄之。晋泰始中，始分为宁州。"又如《吴书·孙权传注》云："松之闻：孙怡者，东州人，非权之宗也。"裴氏用自己搜访得来的材料，以纠正典籍记载的错误，更为可贵，由此也可见他平时对史事的细心研核了。

过去学者指责裴《注》的缺点，往往以"芜杂"讥之。实际上，裴氏在征引材料时是经过精心选择的，有其体例和法度。近人对此已有辨说，如沈家本《三国志注所引书目序》云："今观其征引繁富之中，时寓矜慎之意，并非蔓引滥登；且所引事迹首尾完具。不似他书之割裂剪裁。"柳诒征云："裴注有详有略，非专骛繁博也。……故读裴注宜先注意其所未注不注之例，以见其审慎之意。……其剪裁诵述，皆有用意，时自发例，明其特载之故。……参伍观之，始知裴之精心撰注，非漫为捃摭掇拾者比也。"[1]柳氏所谓"未注不注之例"，为"事显不书"（见《魏书·钟繇传注》及《陈思王植传注》）、"文多不载"（见《吴书·孙权传注》）、"文多不悉载"（见《吴书·孙皓传注》）（此据百衲本。殿本脱"载"字，柳文亦无"载"字。）"余语略同者删"（见《魏书·公孙瓒传注》及《荀彧传注》）等；所谓"明其特载之故"，为"异于余书者载"（见《魏书·袁绍传注》）、"本传不称者载"（见《魏书·荀彧传注》）、"分别先后"（见《魏书·高贵乡公纪注》）等。可以看出，《注》文的剪裁去取，确实是煞费苦心的。

以上所说，是裴《注》最主要的价值。其次，在《注》中还订正了一些记载的错误和歧异，这也有助于后人了解史事的真相。

---

[1] 柳诒征：《三国志裴注义例》，《国立中央大学文史哲季刊》，1944 年，第 2 卷第 1 期。

由于三国时代是分裂割据的政治局面，时有战争发生，又上与东汉、下与西晋相交错，情况复杂，以致当时各国官方记载既竞自宣扬，诬蔑敌国；而私家撰录又以交通阻隔，闻见不同。因此，各种历史著作的记载常有错误和歧异之处，如裴氏在《上三国志注表》中所说："三国虽历年不远，而事关汉晋，首尾所涉，出入百载。注记纷错，每多舛互。"于是，对于这些记载，若不考校其异同，辨别其真伪，读者就会对史事认识错乱。裴氏在《注》中订正了不少记载的错误，辨明了史事的真相，有益于读者很大。对有疑问而不能解决的歧异之处，也都列举指出，分别加以"不同""未详""未详孰是""未知何者为误"等案语，以启发读者的注意，留待后人的研究。而且这种"知之为知之，不知为不知"的诚实治学态度，也是值得后人学习的。

再者，在《注》中也保存了三国两晋时代的学者对于三国历史的研究成果，反映了当时的史学水平。

在三国两晋时代，从事于三国历史的研究和著作的很多，如专述魏国历史的有鱼豢著《魏略》、王沉著《魏书》、阴澹著《魏纪》、孙盛著《魏氏春秋》及《魏世谱》等；专述吴国历史的有韦曜著《吴书》、胡冲著《吴历》、环济著《吴纪》、张勃著《吴录》等；专述蜀国历史的有王隐著《蜀记》、孙盛著《蜀世谱》等；总述三国历史的除陈寿著《三国志》外，尚有习凿齿著《汉晋春秋》（其中包括三国历史）等；此外还有专门评论史料及史事的著作如孙盛《异同杂语》、徐众《三国评》等；至于著东汉或西晋史书而涉及三国史事的更不胜列举。总的说来，可谓蔚然大观，成果累累。他们不但各自搜集材料、考证事实以编纂史书，并对三国的事件和人物加以评论，还对他人的记载和评论予以批评，发表了各种不同的意见，宣扬了他们的治史方法、历史观点和史学思想。这都是研究三国两晋时代发展的具体材料，足以了解当时的史学水平。可惜的是他们的著作大都久已亡佚了，我们现在不能窥其全貌。但是，由于裴氏在《注》中较多地引录他们的著作，我们便可以大概了解其研究成果和史学水平，在史学史的研究上得到不少有益的资料。

当然，裴《注》也是有缺点的。如在补充事迹方面，确实不免有芜杂之处，如《四库全书总目提要》（史部正史类《三国志》提要）所指出的，"《袁绍传》中之胡母班，本因为董卓使绍而见，乃注曰：'班尝见太山府君及河伯，事在《搜神记》，语多不载。'斯已赘矣；《钟繇传》中乃引陆氏《异林》一条，载繇与鬼妇狎昵事；《蒋济传》中引《列异传》一条，载济子死为泰山伍伯，迎孙阿为泰山令事"等。在考辨事实方面，裴氏也有错误之处，如在《魏书·张鲁传注》

中引《典略》所记东汉末年太平道与五斗米道情况中有"汉中有张脩"之语，裴氏注云："张脩应是张衡，非《典略》之失，则传写之误。"实则原文不误。清人钱大昭已辨之，云："按张鲁本传，鲁即张衡之子。又云益州牧刘焉以鲁为督义司马，与别部司马张脩将兵击汉中太守苏固。《典略》所云汉中张脩，即刘焉之别部司马，亦为五斗米道，《后汉书·灵帝纪》所谓巴郡妖巫是也。安得以张鲁之父当之？裴说非是。"①不过，这种缺点是很少的。而且，就在比较芜杂的注文中，仍然有可以反映当时社会情况的地方，也并非完全没有资料价值。

裴注虽然以博详著称，但仍不免有遗漏之处。如清人赵翼云："裴松之注三国，号称详核。……然钟繇书法妙绝古今，本传不载，注中自应补入，而裴注不及一字；华歆从逆奸臣，管幼安视之殆犹粪土，则其先割席捉金之事，亦应附载，以见两人品识之相悬，本传既遗，而注亦并不及，则世期之脱漏亦多矣。"②而且，裴氏对《三国志》每篇并非都有注文。案《三国志》有纪、传三百二十，附传一百四十八，共四百六十八篇，裴氏虽然绝大部分都作了《注》，但还有六十一篇是通篇无《注》的。计《魏书》中有三十四篇，为《乐进传》《许褚传》《典韦传》《阎温传》《武文世王公传》中《丰愍王昂传》等二十二人《传》《孙礼传》《王观传》《朱建平传》《周宣传》《高句丽传》《挹娄传》《辰韩传》《弁辰传》（《魏书》卷三〇有两《弁辰传》，前者应为"弁韩"，见殿本《三国志·考证》；此指后者）；《蜀书》中有十六篇，为《后主敬哀皇后传》《刘永传》《刘理传》《黄忠传》《伊籍传》《陈震传》《吕乂传》《刘琰传》《王连传》《杜微传》《杜琼传》《李譔传》《蒋琬传》《蒋斌传》《蒋显传》《刘敏传》；《吴书》中有十一篇，为《吴主权王夫人（南阳人）传》《孙瑜传》《孙皎传》《顾承传》《潘璋传》《丁奉传》《朱绩传》《吕据传》《孙霸传》《刘惇传》《华覈传》。这些列传之所以无《注》，或系没有另外的材料可以补充，或系裴氏搜采尚有未周之处，但如魏之乐进、许褚、典韦，蜀之黄忠、蒋琬，吴之潘璋、丁奉等都是在政治、军事上比较重要的人物，其事迹当不止陈寿所记，而裴氏竟只字未注，终不免使后世读者感到遗憾了。

四、裴松之在史学史上的贡献

裴松之的著作不仅对三国历史的研究有其不朽的价值，而且，从整个中国

---

① 钱大昭：《三国志辨疑》卷一，商务印书馆《丛书集成初编》本，1937年版第12页。
② 赵翼：《陔余丛考》卷六，"三国志"条，商务印书馆1957年版，第112-113页。

史学的发展上看，也有重要的贡献。因限于篇幅，本文不能详论，仅略述其要端如下。

（一）开创了史注新法

在裴氏以前，为史书作注的已有很多，如马融、郑玄注《尚书》，贾逵、服虔、杜预注《左传》，贾逵、韦昭注《国语》，高诱注《战国策》，徐广注《史记》，服虔、应劭、韦昭、晋灼、蔡谟注《汉书》等，但都不外音义、名物、地理及典故的解释。到了裴氏注《三国志》，除包有前人作注的内容外，又补充事实、列举异同、考辨真伪、发表评论，实为前所未有的开创之作。

这样注史，应当说是过去最好的方法，在清代学者的著述中已曾指出，如《四库全书总目提要》云："昔陈寿作《三国志》，裴松之注之，详引诸书错互之文，折衷以归一是，其例最善。"[①]李慈铭《越缦堂日记》（咸丰己未二月初三日）云："裴松之《注》博采异闻，而多所折衷，在诸史注中为最善，注家亦绝少此体。"而尤以钱大昭在《三国志辨疑·自序》中所论为精辟，云"注史与注经不同。……注史以达事为主。事不明，训诂虽精无益也。尝怪服虔、应劭之于《汉书》，裴骃、徐广之于《史记》，其时去古未远，稗官载记碑刻尚多，不能汇而通之，考异质疑，在而徒戈戈于训诂，岂若世期之博引载籍，增广异闻，是是非非，使天下后世读者昭然共见乎!"然而，像裴氏这样作注，并非容易的事。因为，作者除对原书有透彻的了解之外，必须掌握其他的大量史料，并加以综合、分析和考核，还要对历史事件和历史人物有自己的研究与见解。这就不是一般所能做到的了。

自从裴氏开创了这种史注新法，后人颇有仿效的，如宋人王皞的《唐余录》、陶岳的《五代史补》、清人彭元瑞的《五代史记注》、吴士鉴的《晋书斠注》等，其成就虽不及裴氏，但因在搜集资料和考辨讹异方面都费了辛勤的功力，也都对历史的研究有相当的贡献。

（二）提出了审查史料的意见

前人的记载，后人即视为史料。但那些史料是否符合事实，读者必须注意审查，不能笼统地认为都是可信的，所谓"尽信书不如无书"。裴氏对待史料的态度是非常慎重的，绝不轻信。他根据自己的研究，对一些不可靠的史料提出

---

① 《四库全书总目提要》卷四七，史部编年类，《通鉴考异》提要，商务印书馆《万有文库》本，1935年版第十册，第62页。

了审查的意见，约可归纳为以下几项：

碑铭及家传不可轻信：裴氏认为私家对其祖先的记载，多系虚自标榜之作，难以取信。如前所述，当他在东晋任尚书祠部郎的时候，就曾上表建议禁立私碑，说："勒铭寡取信之实，刊石成虚伪之常。"并引过去"孔悝之铭，行是人非；蔡邕制文，每有愧色"①的事例为证。在《魏书·刘放传附孙资传注》中又指："（孙）资之别传，出自其家，欲以是言掩其大失。然恐负国之玷，终莫能磨也。"②

作者妄加修饰之言不符事实：史家在从事著作时，往往在文字上刻意模仿古人，或擅自改易辞句，以致不符事实。如《魏书·武帝纪》建安五年注引孙盛《魏氏春秋》有云："（曹操）答诸将曰：'刘备，人杰也，将生忧寡人。'"裴氏借此提出意见，云："史之记言，既多润色，故前载所述有非实者矣；后之作者又生意改之，于失实也，不亦弥远乎！凡孙盛制书，多用左氏以易旧文，如此者非一。嗟乎！后之学者将何取信哉？"③又在《魏书·陈群传附陈泰传注》引孙盛《魏氏春秋》记陈泰对司马昭之语后，评云："孙盛改易泰言，虽为小胜；然检盛言，诸所改易皆非别有异闻，率更自以意制，多不如旧。凡记言之体，当使若出其口，辞胜而违实，固君子所不取；况复不胜，而徒长虚妄哉！"④

自相歧异的记载必有讹误：在同一作者的著作中，往往对一桩史事而有不同的记载，则其中必有讹误。如裴氏在《魏书·张郃传注》中指出，陈寿所记张郃投降曹操事，《张郃传》与《武帝纪》《袁绍传》"为参错不同"；又在《吴书·鲁肃传注》中指出，陈寿所记刘备与孙权并力共拒曹操的计谋，与《蜀书·诸葛亮传》所记不同，云："今此二书同出一人，在而舛互若此，非载述之体也。"又在《蜀书·董允传注》有引习凿齿《襄阳记》载董恢教费祎之语，裴氏指出："《汉晋春秋》亦载此语，不云董恢所教，辞亦小异。此二书俱出习氏，而不同若此！"⑤

孤立的记载不足置信：有的记载在叙述某一史事时，与其他记载都不相同，则不足置信。如《魏书·王凌传注》引习凿齿《汉晋春秋》所载王广对王凌之言，裴氏评云："如此言之类，皆前史所不载，而独出习氏；且制言法体不似于

①《宋书》卷六四，《裴松之传》，商务印书馆 1936 年百衲本。

②《三国志》卷一四，《魏书·刘放传附孙资传》裴松之注，中华书局 1959 年版，第 461 页。

③《三国志》卷一，《魏书·武帝纪》裴松之注，中华书局 1959 年版，第 19 页。

④《三国志》卷二二，《魏书·陈群传附陈泰传》裴松之注，中华书局 1959 年版，第 642 页。

⑤《三国志》卷三九，《蜀书·董允传》裴松之注，中华书局 1959 年版，第 987 页。

昔，疑悉习凿齿所自造也。"①又如《蜀书·诸葛亮传注》中评郭冲所述诸葛亮五事云："孙盛、习凿齿搜求异同，罔有所遗，而并不多载冲言，知其乖刺多矣。"②

敌国传闻之言不可轻信：在分裂割据的政治局面中，各国成敌对状态，以致有些记载或系虚自夸大，或因传闻失实，都不可轻信。如《蜀书·诸葛亮传注》引王沉《魏书》记载诸葛亮"粮尽势穷，忧虑呕血"云云，裴氏认为："亮在渭滨，魏人蹑迹，胜负之形未可测量，而云呕血，盖因亮自亡而自夸大也。夫以孔明之略，岂为仲达呕血乎？"③又如在《蜀书·魏延传注》中评鱼豢《魏略》所记魏延与杨仪之事，云："此盖敌国传闻之言，不得与本传争审。"

裴氏所提出的这些审查史料的意见，基本上都是正确的，对于后人治史有重要的启发，从而丰富了史料学的内容。

（三）发展了历史考证学

历史家在从事著作时，对于有疑问的材料，必须经过考证才能决定取舍。如司马迁、班固、陈寿等，都一定下过不少考证功夫，但是他们却没有把考证的经过和取舍的理由写出来。在裴氏以前，关于考证的专门著作还不多，较早的要算三国蜀人谯周的《古史考》及西晋人司马彪对《古史考》的考辨。《晋书·司马彪传》云："初，谯周以司马迁《史记》书周秦以上，或采俗语百家之言，不专据正经。周于是作《古史考》二十五篇，皆凭旧典以纠迁之谬误。彪复以周为未尽善也，条《古史考》中凡百二十二事为不当，多据《汲冢纪年》之义。"④后来东晋人孙盛著《异同杂语》（亦称《异同评》，见章宗源《隋书经籍志考证》及沈家本《三国志注所引书目》），其中也有一部分是对于史事的考证。裴氏对三国史料进行过全面的研究，下过很大的考证功夫，所以在《三国志注》里有许多关于考证的文字，叙述了他的考证方法和结果。如他根据有关事实及人情事理，辨明乐资《山阳公载记》所载关羽和张飞欲杀马超之事的错误（见《蜀书·马超传注》），即至为确当；而尤以引用多方面的材料和理由，以辨明郭冲所述诸葛亮五事之不足信（见《蜀书·诸葛亮传注》），精细严密，令人倾服。裴氏在考证上的高深造诣与卓越成绩，实为历史考证学的一大发展。

---

① 《三国志》卷二八，《魏书·王凌传》裴松之注，中华书局 1959 年版，第 759 页。
② 《三国志》卷三五，《蜀书·诸葛亮传》裴松之注，中华书局 1959 年版，第 926 页。
③ 《三国志》卷三五，《蜀书·诸葛亮传》裴松之注，中华书局 1959 年版，第 926-927 页。
④ 《晋书》卷八二，《晋司马彪传》，商务印书馆 1936 年百衲本。

（四）开展了史学批评

史学批评是促进史学发展的重要因素。在裴氏以前，已有人致力于史学批评，如东汉人班彪"斟酌前史而讥正得失"（《后汉书·班彪传》），东晋人干宝"历诋诸家而独归美《左传》"（《史通·烦省》）等，及裴氏作《三国志注》，又对三国两晋时代的史家广泛地开展了史学批评。

裴氏进行批评的概况，已见前述；而其主要矛头，是对不符合事实的记载，如鱼豢的"妄说"（《蜀书·后主传注》），谢承的"妄记"（《魏书·董卓传注》），王隐的"虚说"（《魏书·庞德传注》），干宝的"疏谬"（《魏书·王粲传附嵇康传注》），张骘的"虚伪妄作"（《魏书·王粲传注》）等；而尤以对乐资、袁暐二人的批评为最尖锐、最严厉，如在《魏书·袁绍传注》中云："不知资、暐之徒，竟为何人，未能识别然否，而轻弄翰墨，妄生异端，以行其书。如此之类，正足以诬罔视听，疑误后生矣！实史籍之罪人，达学之所不取者也！"[①]

三国两晋时代的史家，大多遭受了裴氏的批评。这些批评固然有的未免过分，但由此可见裴氏维护史实的高度热情与嫉恨虚妄的斗争精神，这种精神也是值得珍视的。

[原载《历史教学》1963 年第 2 期，《中国史学史论集》（一）（上海人民出版社 1980 年出版）转载，《中国史学家评传》（中州古籍出版社 1985 年出版）以《裴松之》为题再转载]

---

① 《三国志》卷六，《魏书·袁绍传》裴松之注，中华书局 1959 年版，第 206 页。

刘知幾与《史通》

一、刘知幾的生平及著作

刘知幾，字子玄，唐朝徐州彭城（今江苏徐州）人，生于唐高宗龙朔元年（661），卒于唐玄宗开元九年（721），享年六十一岁，是我国封建时代杰出的史学家之一。

刘知幾出身于世代官僚并以文辞知名的家庭，自幼即对历史发生了兴趣，十七岁时已把《左传》《史记》《汉书》等基本的史籍读完。但他这时因准备科举考试，还不能专心研究历史。

他在二十岁时考中了进士，被任为获嘉（今河南获嘉）县主簿。从这时起，他才对历史进行广博的阅读与深入的研究。据他自述："洎年登弱冠，射策登朝，于是思有余闲，获遂本愿。旅游京洛，颇积岁年，公私借书，恣情披阅。至如一代之史分为数家，其间杂记小书又竞为异说，莫不钻研穿凿，尽其利害。"可见他对史学兴趣之浓厚与用功之精勤了。

他在读书时一向善于独立思考，时常有精到的心得与卓越的见解，如他自述："自小观书，喜谈名理，其所悟者皆得之襟腑，非由染习。故始在总角，读班、谢两汉，便怪前书不应有《古今人表》，后书宜为更始立纪。当时闻者共责，以为'童子何知，而敢轻议前哲？'于是赧然自失，无辞以对。其后见张衡、范晔集，果以二史为非。其有暗合于古人者，盖不胜纪。始知流俗之士难与之言，凡有异同，蓄诸方寸。及年过而立，言悟日多。"①从二十岁到三十九岁，他一直在刻苦读书。县主簿是一个九品小官，他在这个职位上一连十九年没有升迁，但在学术研究上却因这一个长时期的不断钻研而有了很大的进展。

他在任获嘉县主簿期间，虽然努力钻研史学，但对当时的政治还是很关心的。他曾于武则天天授二年（691）及证圣元年（695）两次上书，提出四项政

---

① 以上见刘知幾：《史通》卷一〇，《自叙》，世界书局 1935 年《史通通释》本。

治改革的建议：一是裁撤冗滥的官吏①；一是刺史应当久任，非三年以上不可调换②；一是不要轻易颁下赦令③；一是不要对官吏滥授阶勋④。他的这些建议，都切中时弊。但武则天看了他的上书，却只是"嘉其直"而"不能用"。《旧唐书》本传云："是时官爵僭滥，而法网严密，士类竞为趋进，而多陷刑戮。知幾乃著《思慎赋》以刺时，且以见意。"他在《思慎赋》的序文里说要"慎言语，节饮食，知止足，避嫌疑"，"全父母之发肤，保先人之邱墓"。⑤可见他对当时的政治既怀不满，又怕被卷入统治阶级内部斗争的旋涡，遂即抱着明哲保身的态度以求免祸了。

他在三十九岁时（武则天圣历二年，公元 699 年），由获嘉县调到京城长安任定王府仓曹。仓曹本是掌管一般事务的官，但他却被派去参加《三教珠英》的编纂工作。《三教珠英》是一部关于儒、佛、道三教典故的类书，从这年开始编纂，由麟台监张昌宗领衔，实际担任编纂工作的有李峤、徐彦伯、张说、刘知幾等二十六人，经过两年的时间，于长安元年（701）成书一千三百卷。

在《三教珠英》编成后，刘知幾于长安二年（702）开始担任史官。这时他四十二岁，已有三十年的史学修养，可谓史官的佳选了。他先任著作佐郎，兼修国史。不久又迁为左史，撰起居注。次年，奉命与李峤、朱敬则、徐彦伯、徐坚、吴兢等撰修唐史，成《唐书》八十卷。

长安四年（704），他因改任凤阁舍人⑥，暂停史职。这时他又从事本家族历史的研究，撰成《刘氏家史》十五卷及《刘氏谱考》三卷⑦。次年，武则天死、唐中宗即位之后，又任著作郎、太子中允、率更令等官，并兼修国史。在中宗神龙二年（706），他与徐坚、吴兢等修成了《则天实录》三十卷。景龙二年（708），又被任命专掌修史之事，并升官为秘书少监。可是不久，他竟然请求辞职。

刘知幾为什么要辞职呢？因为那时的史馆是在当权大臣的控制之下的，他们往往以"监修国史"的头衔来干预修史的工作，刘知幾虽然身任史官，却不

---

① 原文见《唐会要》卷六七，《试及邪滥官》，中华书局 1957 年版。

② 原文见《唐会要》卷六八，《刺史上》。

③ 原文见《唐会要》卷一四〇，《论赦宥》。

④ 原文见《唐会要》卷八〇，《阶》。

⑤ 载《文苑英华》卷九二《人事》三，又见《全唐文》卷二七四。

⑥ 即中书舍人，武则天时改称凤阁舍人。

⑦ 据《唐会要》卷三六，《氏族》。《旧唐书》及《新唐书》本传中叙次均有误，可参阅傅振伦：《刘知幾年谱》长安四年条，商务印书馆 1935 年版，第 83 页。

能按照自己的见解进行撰著，时常由于与他们的意见不合、自己的主张不能实现而深怀不满。如《新唐书》本传所云："始，子玄修武后实录，在所改正，而武三思等不听。自以为见用于时而志不遂。"在这种情况下，他感觉"小人道长，纲纪日坏，仕于其间，忽忽不乐"①，遂日渐消极，终于写信给监修国史、中书侍郎萧至忠等，请求辞去史官的职务。辞去史职之后，他被调为太子中舍人，旋又被任命为修文馆学士。

当刘知幾担任史官感到抑郁不得意的时候，便发愤从事于个人的著作——《史通》。他说："长安中，会奉诏预修唐史，及今上（中宗）即位，又敕撰则天大圣皇后实录。凡所著述，尝欲行其旧议，而当时同作诸士及监修贵臣，每与其凿枘相违，龃龉难入。故其所载削，皆与俗浮沉，虽自谓依违苟从，然犹大为史官所嫉。嗟乎！虽任其当职而吾道不行，见用于时而美志不遂。郁怏孤愤，无以寄怀。必寝而不言，嘿而无述，又恐殁世之后，谁知予者？故退而私撰《史通》，以见其志。"②及至辞去史职之后，更集中精力来进行撰写并加以整理。到了景龙四年（710）正当他五十岁的时候，《史通》的著作完成了。这部书汇集了他数十年研究史学的心得，发表了许多精辟卓越的见解，他也颇为自负，说："若《史通》之为书也，盖伤当时载笔之士，其义不纯，思欲辨其指归，殚其体统。夫其书虽以史为主，而余波所及，上穷王道，下掞人伦，总括万殊，包吞千有。自《法言》已降，迄于《文心》而往，固以纳诸胸中，曾不蒂芥者矣。夫其为义也，有与夺焉，有褒贬焉，有鉴诫焉，有讽刺焉。其为贯穿者深矣。其为网罗者密矣，其所商略者远矣，其所发明者多矣。"③他的友人徐坚看过后也非常推崇，说："据史职者，宜置此书于座右。"④同时，由于他在书中"讥评今古"，也遭到别人的不满和指责，如他所说："余著《史通》，见者亦互言其短。""盖谈经者恶闻服、杜之嗤，论史者憎言班、马之失，而此书多讥往哲，喜述前非，获罪其时，固其宜矣。"⑤

在《史通》著成后，他迁官为太子左庶子兼崇文馆学士，加银青光禄大夫，并又担任修史的工作。唐睿宗太极元年（712），他奉命与柳冲、徐坚等撰《姓族系录》，于次年成书二百卷。唐玄宗开元三年（715），他又迁官为散骑常侍，

---

① 刘知幾：《史通》卷二〇，《忤时》。
② 刘知幾：《史通》卷一〇，《自叙》。
③ 刘知幾：《史通》卷一〇，《自叙》。
④ 《旧唐书》卷一〇二，《刘子玄传》，商务印书馆 1936 年百衲本。
⑤ 刘知幾：《史通》卷一〇，《自叙》。

乃任修史之事。次年，与吴兢共同删定《则天实录》三十卷、撰修《中宗实录》二十卷及《睿宗实录》二十卷。其后，又与吴兢续修《高宗实录》三十卷，并自撰《睿宗实录》十卷。

开元九年（721），刘知幾六十一岁。这年他的庄子刘贶任太乐令，因犯罪被流放边城。他上诉辩理，竟触唐玄宗之怒，被贬为安州都督府别驾。他怀着愤懑抑郁的心情，经过长途跋涉，到了安州（今湖北安陆）之后，不久就死去了。

刘知幾有六个儿子，其中三人也擅长史学。长子刘贶曾任起居郎、修国史，著《六经外传》三十七卷、《续说苑》十卷等书。次子刘餗曾任右补阙集贤殿学士、修国史，著《史例》三卷、《传记》三卷、《国朝旧事》四十卷、《隋唐嘉话》一卷等书。四子刘秩曾任国子祭酒，著《政典》三十五卷，为我国最早的一部典章制度通史。后来杜佑著《通典》，即系根据刘秩的《政典》增加条目、扩充内容而成。

综观刘知幾的一生，致力于历史的学习与研究有五十年，担任史官从事修史的工作近二十年①，可谓与史学有深厚密切的关系。他的著作，除上面已述及者外，尚有《刘子玄集》三十卷，当系后人编集其诗、赋、文章而成。但其著作已大多亡佚，我们现在所能看到的，除《史通》一书外，只有几篇文章、三篇赋和一首诗了，兹分列于下②：

论时政得失的表文——即《旧唐书》本传所称"知幾上表陈四事"。分别载于《唐会要》卷四〇、卷六七、卷六八及卷八一，又载《全唐文》卷二七四。

《思慎赋（并序）》《韦弦赋》《京兆试慎所好赋》——这三篇赋均载《文苑英华》卷九二《人事门》三、《全唐文》卷二七四。

《衣冠乘马议》——载《旧唐书》本传，又载《唐文粹》卷四〇（名《朝服乘车议》）、《文苑英华》卷七六六、《全唐文》卷二七四。

《昭成皇太后哀册文》——《文苑英华》卷八三七、《全唐文》卷二七四。

《孝经老子注易传议》——载《唐会要》卷七七、《文苑英华》卷七六六、《全唐文》卷二七四。

《重论孝经老子注议》——载《全唐文》卷二七四。

---

① 刘知幾自四十二岁起为史官，到六十一岁逝世，担任史职不过二十年。而《旧唐书》本传云："子玄掌知国史首尾二十余年。"《新唐书》本传云："子玄领国史且三十年。"均虚益年数，不符事实。

② 《旧唐书》本传及《唐会要》卷六三载有刘氏答礼部尚书郑惟忠所问关于"史才"之语，《全唐文》卷二七四曾收录之，今以系口头回答，不应目为著作，故不包括在内。又刘氏致中书侍郎萧至忠等请求辞职的信，因已具录于《史通·忤时》篇中，亦不另列。

《仪坤庙乐章》——载《全唐诗》卷九四。

二、《史通》的内容

《史通》二十卷为刘知幾的代表作，分内篇、外篇两部分，各十卷。前有《序录》，为刘氏撰成全书时写的小序。内篇有三十九篇，外篇有十三篇，共五十二篇。但内篇中有《体统》《纰谬》《弛张》三篇早已亡佚，流传下来的只有四十九篇①。在这四十九篇中，所包括的内容颇为丰富。而且其间相互牵涉关联之处很多，难以清晰地划分各篇所论述的范围，仅能大体上分类介绍其主要论点如下：

（一）叙述历代史书的著作情况并分析其源流、体例、类别的，有《古今正史》《六家》《二体》《杂述》四篇。

刘氏将唐代以前的历史著作分为正史与杂史两大类。在正史中，按其著作的源流分为六家——尚书家、春秋家、左传家、国语家、史记家、汉书家；按其主要的体例分为二体——编年体、纪传体。在杂史中，按其内容分为十种，即偏记、小录、逸事、琐言、郡书、家史、别传、杂记、地里书、都邑簿。

刘氏对史书分类的方法，与封建时代一般的典籍分类方法比较起来，有几个重要的特点：（1）对于《尚书》《春秋》《左传》三书，除《汉书·艺文志》中以《春秋》《左传》与其他史书同列为"春秋家"外，一般都列为经部；而刘氏则将三书纳入史部。（2）对于纪传史与编年史，除刘氏以前的阮孝绪《七录》以二者并列为"国史部"、以后的《明史·艺文志》以二者并列为"正史类"外，一般都专以纪传史列为"正史类"，将编年史另列一类（称"编年类"或"古史类"）；而刘氏则以二者均为正史。（3）对于起居注、职官、仪注、刑法等类典籍，一般都列入史部；而刘氏则未列为历史著作，盖仅视为资料而已。

（二）论述历代史官建置的沿革、史官的才具及人选、官修史的弊病的，有《史官建置》《核才》《辨职》《忤时》四篇。

刘氏从封建史家的立场出发，肯定了设官修史的重要，他说："苟史官不绝，竹帛长存，……用使后之学者坐披囊箧而神交万古，不出户庭而穷览千载，见

---

① 《新唐书》本传云："著《史通》内外四十九篇。"知三篇在北宋修《新唐书》时即已失传。

贤而思齐，见不贤而内自省。若乃《春秋》成而逆子惧，南史至而贼臣书，其记事载言也则如彼，其劝善惩恶也又如此。由斯而言，则史之为用，其利甚博，乃生人之急务，为国家之要道。有国有家者，其可缺之哉！"①至于史官的作用，刘氏认为可以分为三种："彰善贬恶，不避强御，若晋之董狐、齐之南史，此其上也；编次勒成，郁为不朽，若鲁之丘明、汉之子长，此其次也；高才博学，名重一时，若周之史佚、楚之倚相，此其下也。"②史官既然担负着如此巨大的任务，对其人选自当异常慎重，"苟非其才，则不可叨居史任"。③然而，刘氏看来，历来的史官能以称职胜任者却不多，尤其自汉魏以降，史官"多窃虚号，有声无实"④。"或当官卒岁，竟无刊述"；"或辄不自揆，轻弄笔端"；以致史馆成为"素餐之窟宅，尸禄之渊薮"⑤，这就完全乖违设官修史的意义了。

刘氏长期担任史官的职务，对于唐代官修史的弊病更是洞识深晓。在《忤时》篇里具录了他于景龙二年（708）请求辞职的信，信里揭露了官修史的五个主要弊病：一是史官众多，互相观望。他说："人自以为苟、袁，家自称为政、骏，每欲记一事，载一言，皆阁笔相视，含毫不断。故头白可期，汗青无日。"二是史料缺乏，难以编撰。他说："前汉郡国计书，先上太史，副上丞相；后汉公卿所撰，始集公府，乃上兰台。由是史官所修，载事为博。爰自近古，此道不行，史官编录，唯自询采。而左右二史，阙注起居，衣冠百家，罕通行状。求风俗于州郡，视听不该；讨沿革于台阁，簿籍难见。"三是权贵干涉，不敢直书。他说："今馆中作者，多试如林，皆愿长喙，无闻谠舌。倘有五始初成，一字加贬，言未绝口而朝野具知，笔未栖毫而缙绅咸诵。夫孙盛实录，取嫉权门；王劭直书，见仇贵族。人之情也，能无畏乎？"四是监修牵掣，无从下笔。他说："史官注记，多取禀监修，杨令公则云'必须直词'，宗尚书则云'宜多隐恶'。十羊九牧，其令难行；一国三公，适从何在？"五是缺乏制度，职责不明。他说："如创纪编年，则年有断限；草传叙事，则事有丰约。或可略而不略，或应书而不书，此刊削之失例也；属词比事，劳逸宜均，挥铅奋墨，勤惰须等，某帙某篇，付之此职；某纪某传，归之彼官，此铨配之理也。斯并宜明立科条，审定区域。倘人思自勉，则书可立成。今监之者既不指授，修之者又无遵奉，

---

① 刘知幾：《史通》卷一一，《史官建置》。
② 刘知幾：《史通》卷一〇，《辨职》。
③ 刘知幾：《史通》卷九，《核才》。
④ 刘知幾：《史通》卷一一，《史官建置》。
⑤ 刘知幾：《史通》卷一〇，《辨职》。

用使争学苟且，务相推避，坐变炎凉，徒延岁月。"①在这些弊病之下，怎能完成修史的任务？又怎能不使像刘氏这样忠于史学的人义愤填膺呢？

（三）评论纪传史与编年史的体例、内容及编纂方法的，有《本纪》《世家》《列传》《表历》《书志》《论赞》《序传》《序例》《断限》《编次》《题目》《称谓》《载言》《载文》《书事》《烦省》十六篇。

这一类在全书中占最大的篇幅，而在这十六篇中，又以论纪传史的居多。刘氏的评论牵涉很广，意见繁多，而且体例、内容及编纂方法三方面又互相联系，不易区分，故难以一一叙述，仅能撮其要略而已。

在体例方面，刘氏认为体例必须严谨，并与内容名实相符。以编年体与纪传体比较来说，纪传体更须特别注意。因为纪传体包括几个部分，每一部分有其各自的要求，如不遵守体例的规定，很容易参差混乱。如他在评论本纪与列传的区别时说："纪者，既以编年为主，唯叙天子一人，有大事可书者则见之年月，其书事委曲付之列传，此其义也。如近代述者魏著作（魏彦渊）、李安平（李百药）之徒，其撰魏（《后魏书》）、齐（《北齐书》）二史，于诸帝篇或杂载臣下、或兼言他事，巨细毕书，洪纤备录，全为传体，有异纪文，迷而不悟，无乃太甚！"②以通史与断代史比较来说，断代史更须特别注意。因为断代史与前后相连，如不明其上下时限，也容易参错混乱。如他在评论陈寿《三国志》的断限问题时说："当魏武乘时拨乱，电扫群雄，锋镝之所交，网罗之所及者，盖唯二袁、刘、吕而已。若进鸩行弒，燃脐就戮，总关王室，不涉霸图，而陈寿《国志》引居传首。夫汉之董卓，犹秦之赵高，昔车令之诛既不列于汉史，何太师之毙遂刊于魏书乎？兼复臧洪、陶谦、刘虞。孙瓒生于季末，自相吞噬，其于曹氏也，非唯理异犬牙，固亦事同风马。汉典所具而魏册仍编，岂非流宕忘归，迷而不悟者也！"③

在内容方面，刘氏认为史书并不是记载社会历史的一切现象，而只应记载重要的、有用的事迹。其范围如何规定呢？他主张应根据《汉纪》作者荀悦所说的"五志"，再加上他说补充的"三科"。《书事》篇说："昔荀悦有云：立典有五志焉，一曰达道义，二曰彰法式，三曰通古今，四曰著功勋，五曰表贤能。干宝之释五志也：体国经野之言则书之，用兵征伐之权则书之，忠臣烈士孝子

---

① 刘知幾：《史通》卷二〇，《忤时》。
② 刘知幾：《史通》卷二，《本纪》。
③ 刘知幾：《史通》卷四，《断限》。

贞妇之节则书之，文诰专对之辞则书之，才力技艺殊异则书之。于是采二家之所议，征五志之所取，……更广以三科，用增前目：一曰叙沿革，二曰明罪恶，三曰旌怪异。何者？礼仪用舍、节文升降则书之，君臣邪僻、国家丧乱则书之，幽明感应、祸福萌兆则书之。于是以此三科，参诸五志，则史氏所载，庶几无阙。"①史书的内容若是越出"五志""三科"的范围，那就是他所时常讥讽的烦芜之作了。此外，他对于纪传体史书的内容还有一些具体的意见，如认为天文星象常是千古不变的，无须代代撰《天文志》；断代史中的《艺文志》只应著录当代的典籍，不必仰包前代，以免重复；一些无关人事的所谓灾异祥瑞现象，不应载入《五行志》；又如主张增加《都邑志》，以记载京城的地理形势、建筑规模、宫阙制度、朝廷轨仪等；增加《方物志》，以记载中国内外各方的特产异物；增加《氏族志》，以记载历代帝王公卿及世家大族的宗支世系。

在编纂方法方面，刘氏认为首先要叙次明晰严整，不能驳杂凌乱。就这一点来讲，纪传体往往是不如编年体的。他说："昔《尚书》记言，《春秋》记事，以日月为远近，年世为前后，用使阅之者雁行鱼贯，皎然可寻。至马迁始错综成篇，区分类聚。班固踵武，仍加祖述于其间，则有统体不一，名目相违，朱紫以之混淆，冠履于焉颠倒，盖可得而言者矣。"②再者，取材要烦省适当，详略得宜，他认为一部历史著作的价值高低，不决定于文字分量的多少，而在于内容质量是否合乎客观的要求。不能说写得越多越详细就好，也不能说写得越少越简略就好。必须要烦、省和详、略处理得当才好。所以他说："夫论史之烦省者，但当要其事有妄载，苦于榛芜；言有阙书，伤于简略，斯则可矣。必量世事之厚薄，限篇第以多少，理则不然！"③又说："夫记事之体，欲简而且详，疏而不漏。若烦则尽取，省则多捐，此乃忘折中之宜，失均平之理，惟夫博雅君子，知其利害者焉。"④

（四）论史料的搜集与选择的，有《采撰》一篇。

从事历史编纂工作之前，必须广博地搜集史料，在这个基础上，才能写出有价值的作品。刘氏在《采撰》篇中首先明确肯定了这一点，说："盖珍裘以众腋成温，广厦以群材合构。自古探穴藏山之士，怀铅握椠之客，何尝不征求异

---

① 刘知幾：《史通》卷八，《书事》。
② 刘知幾：《史通》卷四，《编次》。
③ 刘知幾：《史通》卷九，《烦省》
④ 刘知幾：《史通》卷八，《书事》。

说，采摭群言，然后能成一家，传诸不朽！观夫丘明受经立传，广包诸国，盖当时有《周志》《晋乘》《郑书》《楚杌》等篇，遂乃聚而编之，混成一录。向使专凭鲁策，独询孔氏，何以能殚见洽闻若斯之博也？"然而，广博地搜集了史料，并没有完成史料工作的任务，更重要的还在于对所搜集的史料进行慎重的选择，细致的鉴别。所以刘氏在《采撰》篇中又指出史料的性质和来源不一，如"或诙谐小辩，或神鬼怪物"；或"务欲矜其州里，夸其氏族"；或"得之于行路，传之于众口"，往往是"讹言难信，传闻多失"。对于类似这样的材料，"苟不别加研核，何以详其是非？"如果"务多为美，聚博为功，虽取说（悦）于小人，终见嗤于君子矣"。①不过，这个道理虽然容易理解，但这种鉴别与选择的能力并非人人都能掌握的，如他的《杂说中》篇里所说："夫学未该博，鉴非详正，凡所修撰，多聚异闻，其中蹖驳，难以觉悟。"②因此，一个从事历史著作的人，不断加深自己的学识修养，提高鉴别与选择史料的能力，就是非常必要的了。

（五）评论叙述方法和写作技巧的，有《叙事》《浮词》《模拟》《言语》《因习上》（一作《因习》）、《因习下》（一作《邑里》）六篇。

在这一类的文章里，刘氏所论非常细致，有些问题谈得也相当深刻，其中最重要的论点有以下几个：

1. 要讲求叙事的方法和技巧。

刘氏认为叙事是撰写历史的主要任务，在《叙事》篇里详细谈论了有关这方面的问题。他主张叙事以简要为尚，说："夫国史之美者，以叙事为工；而叙事之工者，以简要为主。简之时义大矣哉！"什么是简要呢？就是以最少的文字叙述最多的事实，所谓"文约而事丰，此述作之尤美者也"。不但简练文字，还要进一步提高叙事的技巧，这种技巧他称为"用晦"。他解释说："章句之言，有显有晦。显也者，繁词缛说，理尽于篇中；晦也者，省字约文，事溢于句外。然而晦之将显，优劣不同，较可知矣。夫能略小存大，举重明轻，一言而巨细咸该，片语而洪纤靡漏，此皆用晦之道也。"③

2. 不要妄事雕饰文采而掩没史实。

自魏晋以来，有些作者由于受了文学中骈体文的影响，刻意讲究辞藻的雕

---

① 以上见刘知幾：《史通》卷五，《采撰》。
② 刘知幾：《史通》卷一七，《杂说中》。
③ 刘知幾：《史通》卷六，《叙事》。

饰，甚而掩没了史实的叙述。刘氏在《叙事》篇中指责这种作风说："作者芜音累句，云蒸泉涌。其为文也，大抵编字不只，捶句皆双，修短取均，奇偶相配。故应以一言以蔽之者辄足为二言，应以三句成文者必分为四句，弥漫重沓，不知所裁。""或虚加练饰，轻事雕彩；或体兼赋颂，词类俳优。文非文，史非史。"①这种作风也就必然违反了叙事简要的原则，而陷入烦芜累赘，如刘氏在《浮词》篇中所说："夫人有一言，而史辞再三，良以好发芜音，不求说理，而言之反复，观者惑焉！"②这对于历史著作的质量有严重的损害。即在今天我们仍是应当引以为戒的。

3. 不要只在形式上机械地模拟古人的笔法。

历史著作有其发展的传统，后人修史往往模拟前代的名著，这也是容易理解的事，如刘氏所说："夫述者相效，自古而然。……况史臣注记，其言浩博，若不仰范前哲，何以贻厥将来？"③然而，模拟古人的笔法旨在吸取其优点而提高自己著作的质量，不能为模拟而模拟。在《模拟》篇里详细讨论了这个问题。根据刘氏的归纳，模拟古人笔法的可分为两种：一曰貌同而心异，一曰貌异而心同。前者是机械地模拟古人而不能吸取其长处。刘氏对此提出批评说："世之述者锐志于奇，喜编次古文，撰叙今事，而巍然自谓五经再生，三史重出，多见其无识者矣！"后者是善于吸取古人的长处运用于自己的著作。刘氏称许说："其所拟者非如图画之写真，镕铸之象物，以此而似彼；其所以为似者，取其道术相会，义理玄同，若斯而已。"④

4. 记述言语要用当时的口语和方言。

撰写历史不免记述人物的言语，但如何用文字来表达言语呢？在刘氏以前，刘宋人裴松之曾提出意见说："凡记言之体，当使若出其口。辞胜而违实，固君子所不取；况复不胜，而徒长虚妄哉？"⑤刘氏在《言语》篇中又根据裴氏的意见进一步详细讨论了这个问题。他也主张"记其当世口语"应当"从实而书"，使"方言世语，由此毕彰"。这不但能反映历史的实际情况，而且也可从历代言语的变化中，"足以验氓俗之递改，知岁时之不同"。然而，有些作者却喜欢袭用古人的词句来记述后世的言语，"妄益文采，虚加风物；援引诗书，宪章史汉"。

---

① 刘知幾：《史通》卷六，《叙事》。
② 刘知幾：《史通》卷六，《浮词》。
③ 刘知幾：《史通》卷八，《模拟》。
④ 刘知幾：《史通》卷八，《模拟》。
⑤《三国志》卷二二，《魏书·陈群传附陈泰传》裴松之注，中华书局 1959 年版，第 642 页。

他责备这些作者"通无远识"，若都像这样来撰写历史，那就必然抹煞了从人物言语中所表现的历史的变化和发展，使读者产生古今如一的错误感觉，所以他又说："夫天长地久，风俗无恒，后之视今，亦犹今之视昔，而作者皆怯书今语，勇效昔言，不其惑乎！苟记言则约附五经，载语则依凭三史，是春秋之俗、战国之风，亘两仪而并存，经千载其如一，奚以今来古往，质文之屡变者哉？"①

（六）论对历史人物的记载和品评的，有《人物》《品藻》二篇。

在史书中一定要记载人物，但历史人物繁多，不能而且无须尽载，必须有所选择。那么，什么样的人物可写而什么样的不可写呢？刘氏在《人物》篇中谈论了这个问题。他认为，记载人物应以其是否在社会历史上起了重要作用为准则，而重要作用又包括善与恶两方面，凡是"其恶可以诫世，其善可以示后"的人物，都"不可阙书"。至于在社会历史上没有起什么作用与作用很微小的善人和恶人，"阙之不足为少，书之唯益其累"，就毋庸记载了。

刘氏又谈到历史家不仅应该善于记载人物，还应善于品评人物，指出他们在历史上的地位与作用，以便于后世读者的了解。《品藻》篇里说："夫能申藻镜，区别流品，使小人、君子臭味得朋，上智、中庸等差有叙，则惩恶劝善，永肃将来，激浊扬清，郁为不朽者矣。"但是，有些作者虽然记载了人物，却不能区分善恶。予以品评，"用使兰艾相杂，朱紫不分"；也有些作者虽然品评而不得其当，甚至"是非瞀乱，善恶纷挐"。刘氏认为这都没有尽到撰写历史的责任。

（七）论历史家的品质及著作态度的，有《直书》《曲笔》二篇。

刘氏认为撰写历史是关系于千古后世的庄严任务，"记功司过，彰善瘅恶，得失一朝，荣辱千载"②。历史家应认真求实地记载史事。在过去的历史家中，有的能够忠实于自己的任务，写出了"实录"；但更多的是抹煞、歪曲或捏造了事实。刘氏对这两种不同的情况做了深入的分析与严正的评论。

在《直书》篇里，刘氏特别赞扬了那些为了记载真实的历史而不惜牺牲自己生命的人，"若齐史之书崔弑，马迁之述汉非，韦昭仗正于吴朝，崔浩犯讳于魏国"，"或身膏斧钺"，"或书填坑窖"。他们为什么会有这样强烈不屈的表现呢？刘氏认为是由于他们的品质高尚，态度正直。"盖烈士徇名，壮夫重气，宁为兰摧玉折，不作瓦砾长存。"所以敢于"仗气直书，不避强御"，能以"肆情奋笔，

---

① 刘知幾：《史通》卷六，《言语》。
② 刘知幾：《史通》卷七，《曲笔》。

无所阿容"。他们虽然遭受了统治者的残酷迫害，但其"遗芳余烈"，终博得后世的景仰与钦敬，成为良史实录的典型。若与"王沉《魏书》，假回邪以窃位；董统《燕史》，持谄媚以偷荣"之类的相比，真不啻霄壤之别了。

在《曲笔》篇里，刘氏特别批评了任意歪曲事实、颠倒是非的人，说他们"舞词弄札，饰非文过"，或"高自标举""曲加排抑"，或"曲笔阿时""谀言媚主"，于是"用舍由乎臆说，威福行乎笔端"。这样品质恶劣、态度邪曲的作者表现的"丑行"，实"人伦所同疾"。至于对那些尤为恶劣的，如"或假人之美，藉为私惠；或诬人之恶，持报己仇"，刘氏更以无比的愤怒声讨痛斥说："此又记言之奸贼，载笔之凶人，虽肆诸市朝，投畀豺虎可也！"

（八）论史书的注文的，有《补注》一篇。

刘氏将过去史书的注文分为两大类：一类是解释文字的；一类是补充事迹的。而补充事迹的又可分为两种：一种是在自己著作中所加的"细书"或"子注"；一种是对前人著作的补注。但刘氏对于这些注文是不重视的，他认为："大抵撰史加注者，或因人成事，或自我作故，记录无限，规检不存，难以成一家之格言、千载之楷则。"就是说，为史书作注，不能成为自具体例的著作。若以这两类的注文相比，刘氏则较推许解释文字的注，认为这一类"以训诂为主"，能"开导后学，发明先义"，是注家的正体。对于补充事迹的注，刘氏几乎完全否定，认为注自己的著作是"虽志存该博，而才阙伦叙。除烦则意有所吝，毕载则言有所妨，遂乃定彼榛楛，列为子注"，往往失之于"烦杂"和"鄙碎"。注前人的著作是"好事之子，思广异闻，而才短力微不能自达，庶凭骥尾千里绝群，遂乃掇众史之异辞，补前书之所阙"。其结果或是"喜聚异同，不加刊定，恣其击难，坐长烦芜"；或是将零言片语"采摘成注，标为异说，有昏耳目，难为披览"；或是捃拾前人所捐弃的材料，"言尽非要，事皆不急"；或是"留情于委巷小说，锐思于流俗短书，可谓劳而无功，费而无当"。刘氏的这种论点，是由于把史注与其他历史著作一样看待，要求它也有一定的体例和系统的内容；而忽略了它本身的特点，及其增广史料以留益后人的作用。这种看法自然是很片面的。

（九）论评论史书时应注意的问题的，有《鉴识》《探赜》二篇。

刘氏在许多篇中都屡次阐明，只有丰富的知识而没有鉴别是非善恶、批判利害得失的能力，是没有多大用处的。如何提高鉴别、批判的能力，从而得出正确的结论呢？在《鉴识》《探赜》二篇里讨论了这个问题。

《鉴识》篇说："夫人识有通塞，神有晦明，毁誉以之不同，爱憎由之各异。盖三王之受谤也，值鲁连而获申；五霸之擅名也，逢孔宣而见诋。斯则物有恒准，而鉴无定识，欲求铨核得中，其唯千载一遇乎？况史传为文，渊浩广博，学者苟不能探赜索隐，致远钩深，乌足以辨其利害，明其善恶？"①在这里，刘氏认为，辨识事物本有一定的准则，而每人对事物的看法往往不同；若要求对事物的看法合适，必须对事物有精到的研究，并不是轻而易举的事。至于评论史书更是如此。因为史书的内容丰富，事理复杂，若不精研深思，就很难予以正确的评价。

刘氏又进一步指出，对前人著作在精研深思的时候，必须注意不要歪曲作者的原意，切忌以主观片面的想法妄加推断。《探赜》篇说："夫前哲所作，后来是观，苟失其指归，则难以传授。而或有妄生穿凿，轻究本源，是乖作者之深旨，误生人之后学，其为谬也不亦甚乎！"他列举了许多例子，证明有人在评论史书的时候，"或出自胸怀，枉申探赜；或妄加向背，辄有异同"。结果歪曲了古人的意旨，得出了错误的结论，因为不能切实地判断其得失。然而一些没有鉴别、批判能力的人却认为其说新奇，随声附和，以致讹误相传，那就为害非浅了。

（十）专论某些著作的优劣并杂评某些具体记载的得失的，有《疑古》《惑经》《申左》《杂说上》《杂说中》《杂说下》《暗惑》《汉书五行志错误》《五行志杂驳》九篇。

这一类的文章中，最重要的是在《疑古》《惑经》二篇指责了孔子著作中的错误和缺点。孔子在封建社会中为统治阶级极力推崇，占有至高无上的学术地位，他的著作被奉为经典，一般人是不敢有所怀疑，更不敢提出批评的。而刘氏则在《疑古》篇对《尚书》《论语》二书的记述提出十条批评，在《惑经》篇对《春秋》一书的记载提出二十条批评，其中最尖锐的如说："《春秋》记他国之事，必凭来者之辞，而来者所言，多非其实。……遂使真伪莫分，是非相乱。"并在批评孔子之后，又指责了左丘明、孟子、司马迁、班固对于孔子的"虚美"五处，也是一般人所不敢发的评论。

在《申左》篇中，评论所谓"《春秋》三传"的优劣，刘氏认为"左氏之义

---

① 刘知幾：《史通》卷七，《鉴识》。

有三长，而二传之义有五短"。其主要意旨在于表扬《左传》而贬抑《公羊传》和《谷梁传》。

在《杂说》上、中、下三篇及《暗惑》篇里，杂评诸书中某些具体记载的得失若干条，并附带发表了许多关于史书的体例、内容、编纂方法以及读史、评史等方面的意见。

《汉书五行志错误》篇专评班固所著《汉书·五行志》的缺点，分为四"科"（类），共包括二十"流"（目）。《五行志杂驳》篇专评关于春秋时代五行的记载的得失。

（十一）删改某些史书中的烦文的，有《点烦》一篇。

这一篇本系于具录各书原文之后，用朱粉雌黄等色笔点去烦文或加以侧注的，篇首云"钞自古史传文有烦者，皆以笔点其上（原注："其点用朱粉雌黄并得"）。凡字经点者，尽宜去之；如其间有文句亏缺者，细书侧注于其右（原注："其侧书亦用朱粉雌黄等。如正行用粉，则侧注者用朱黄，以此为别"），或回易数字，或加足片言。"但因刊版时将所点、注者脱失，后人已不能见其本来面目了。[1]

（十二）自述学习和研究历史的经过及撰著《史通》的动机、意旨和感想的，有《自叙》一篇。

这一篇不仅使我们知道刘氏治学及著作的情况，而且还了解到他的为人和抱负。他有高深的史学修养与精辟独到的识见，但在当时却落落寡合，知己不多；他本来有一个伟大的计划，想把过去的纪传体史书重加修改，但因恐怕"致惊愚俗，取咎时人，徒有其劳而莫之见赏"，以致未能实现；他想把本朝的历史写好，但因受到监修大臣的干阻而不能如意。在这些因素之下，他发愤写出了《史通》，阐明撰著历史的准则，以供后世的取法。但是，他又唯恐此书不得流传，以致"与粪土同捐，烟烬俱灭，后之识者无得而观"，因而"抚卷涟洏，泪尽而继之以血"[2]。可见他对于史学史如何忠心热情，而在当时封建统治下又是如何不能充分发挥其才能与作用了。

---

[1] 吕思勉著《史通评》，曾试以己意揣测刘氏原作，为之点烦，可以参阅。

[2] 刘知幾：《史通》卷一〇，《自叙》。

三、《史通》在撰著上的几个特点

《史通》是一部评论史学的专著,所评论的中心在于历史编纂学。刘知幾撰为此书,在史学史上可说是独树一帜的创作,对后来的研究和编纂工作大有裨益。直到现在,这部在一千二百五十多年前写成的《史通》仍为我们所重视,认为是我国宝贵的史学遗产。其所以如此,大概由于在撰著上具有以下几个比较突出的方面。

一是评论有据。

《史通》在评论任何有关史学的问题时,都举出具体事例作为其论点的根据,而不是徒托空言。随便举两个例,如在《因习上》篇里评论因袭前人著作而不知变通的弊病时说:"《史记·陈涉世家》称其子孙'至今血食',《汉书》复有《涉传》,乃具载迁文。案迁之言'今',实孝武之世也;固之言'今',当孝明之世也。事出百年,语同一理。即如是,岂陈氏苗裔祚流东京者乎?斯必不然。《汉书》又云'严君平既卒,蜀人至今称之。'皇甫谧全录斯语载于《高士传》。夫孟坚、士安,年代悬隔,'至今'之说,岂可同云?夫班之习马,其非既如彼;谧之承固,其失又如此。迷而不悟,奚其甚乎!"①又如在《模拟》篇里评论只在形式上机械地模拟古人著作弊病时说:"当春秋之世,列国甚多,每书他邦,皆显其号;至于鲁国,直云'我'而已。如金行握纪,海内大同,君靡客主之殊,臣无彼此之异,而干宝撰《晋纪》,至天子之葬,必云葬'我'某皇帝。且无二君,何'我'之有?以此而拟《春秋》,又所谓貌同而心异也。"这样的评论,就能使读者感到切实生动,很有说服力。虽然在所举的事例中,有些是不恰当或错误的,如把李延寿的《南史》和《北史》列为通史一类的著作,以《科录》为元晖业所撰等②,但为数不多,不足为全书之累。

二是兼指得失。

《史通》一书中对于历代史籍与史家的评论,能以比较客观的态度,既指出其优点,也指出其缺点,不凭主观的爱憎任意褒贬。如对于史籍的体例及内容的评论,在《二体》篇中将编年史与纪传史的长处与短处都分别说明,并加以

---

① 刘知幾:《史通》卷五,《因习》。
② 参见刘知幾:《史通》卷一,《六家》。

"考兹胜负，互有得失"的结语；在《杂述》篇中将偏记、小录等十余种杂史的优点与缺点都分别说明，并加以"得失纷糅，善恶相兼"的结语。对于史家及其著作的评论，都分别指出其得失利病。如对孔子的《春秋》，在《六家》篇中至为推崇，但在《惑经》篇中则指出其缺点十二条。又如对左丘明的《左传》，在许多篇中都对之倍加赞扬，但在《杂说上》篇中则数次予以批评。至于对司马迁的《史记》、班固的《汉书》、陈寿的《三国志》、范晔的《后汉书》以及其他的著作，在《史通》一书中也都根据实际情况分别评论其优劣，兼指其得失，没有怀抱成见和感情用事而作片面的赞扬或贬抑。

过去往往有人鉴于在《六家》篇中论"史记家"时仅言其缺点，而论"汉书家"时则仅言其优点，遂认为刘知幾故意"尊班而抑马"①，或"诃马迁而没其长"②。这都是误解。因为此处所论，主要在于比较二家（即纪传体的通史与断代史）著作的难易，它的原意是认为通史所包括的"疆域辽阔，年月遐长"，难以写得好，故云"劳而无功，述者所宜深诫也"。而断代史"包举一代，撰成一书"，容易写得好，故云"学者寻讨，易为其功"。并非对司马迁、班固二人的总评价。实际上，在《史通》中虽然指责了司马迁不少的缺点，但并没有"抑"而"没其长"，他的地位还是在班固之上的。如《二体》篇云："既而丘明传《春秋》，子长著《史记》，载笔之体于斯备矣。……盖荀悦、张璠、丘明之党也。班固、华峤、子长之流也。"《杂说下》篇云："盖左丘明、司马迁，君子之史也。"在《辨职》篇也以"鲁之丘明、汉之子长"为史家"编次勒成，郁为不朽"的典型。大家都知道刘知幾是最推崇左丘明的，而屡次以司马迁与左丘明相提并论，岂有贬抑之意？何况在《二体》篇里还驳斥了干宝"盛誉丘明而深抑子长"的错误呢？至于班固，虽然在《史通》中受到了不少的赞扬，但被指责的缺点却比司马迁更多，除散见于各篇（如《载言》《表历》《书志》《论赞》《题目》《断限》《编次》《因习上》《浮词》《叙事》《品藻》《曲笔》《人物》《序传》《杂说上》《杂说下》）者外，且有《汉书五行志错误》专论其谬，可见刘知幾也绝非偏袒班固。又何况在《曲笔》篇里更据"班固受金而始书"的传闻，而责其"假人之美，借为私惠"，甚至痛斥为"记言之奸贼、载笔之凶人"呢？

在刘知幾以前，一般人对于宋孝王的《关东风俗录》与王劭的《齐志》是

① 见郑樵：《通志总序》，载氏撰《通志》卷首，商务印书馆 1949 年版。
② （明）郭延年：《史通评释序》，载《史通通释》卷首，《别本序三首》之一。

不重视的，而且王劭的著作曾深受唐朝史臣的讥斥。[①]但是，在《史通》中则对宋、王二人的优点屡加表彰。如《言语》篇称二人"抗词正笔，务存直道。方言世语，由此毕彰"。《直书》篇称二人"叙述当时，亦务在审实。案于时河朔王公，箕裘未陨；邺城将相，薪构仍存。而二子书其所讳，曾无惮色。刚亦不吐，其斯人欤"！而对于王劭更为赞扬，见于《论赞》《载文》《叙事》《曲笔》《模拟》《杂说中》《杂说下》《忤时》等篇，尤以在《杂说中》篇，不但称许其叙事可与《左传》比美，并且极力赞叹说："劭之所录，其为弘益多矣！足以开后进之蒙蔽，广来者之耳目，微君懋，吾几面墙于近事矣！"[②]因此，后人仍认为刘知幾感情用事，偏爱宋、王，讥以"爱王劭而忘其佞"。[③]实际上，在《史通》里仍然是指责其缺点的，如《杂说下》篇云："宋孝王、王劭之徒，其所记也，喜论人帷簿不修，言貌鄙事，讦以为直，吾无取焉。"在《补注》篇又责其所撰的子注失之于"鄙碎"，系"言殊拣金，事比鸡肋"之类。可见刘氏对于宋孝王与王劭也是就事实立论，而不是任意翻案，故作片面的褒奖。

刘知幾曾经指出，史家记人载事应当"爱而知其丑，憎而知其善。善恶必书，斯为实录"。[④]他也把这个原则运用于对史家与史籍的论述，进行比较全面的分析，兼指其得失长短，因而也就能有助于读者增进对历史著作的了解。

三是批评尖锐。

在《史通》一书中，对前人著作进行了不但是广泛的而且是尖锐的批评，封建时代已有很多学者谈到，如宋祁说他"工诃古人"[⑤]；黄叔琳称其"舌长而笔辣"。[⑥]我们现在读它的时候，也很容易发现这一点。

《史通》尖锐的批评，不但施之于一般的作者，即使被尊奉为"圣人"的孔子，被称誉为"良史"的司马迁、班固、陈寿、范晔，以及其他著名的史家，也都不能逃免。如在《疑古》篇批评孔子"刊书""定礼""删诗""论语"的错误时说："斯验圣人之饰智矜愚。爱憎由己者多矣！"在《惑经》篇批评孔子所修《春秋》记载他国事迹的错误时，一则说"用使巨细不均，繁省失中"，再则说"遂使真伪莫分，是非相乱"。像这样对孔子的批评，在封建时代所谓正统派

---

① 见《隋书》卷六九，《王劭传》，商务印书馆 1936 年百衲本。
② 刘知幾：《史通》卷一七，《杂说中》。
③（明）郭延年：《史通评释序》，载《史通通释》卷首，《别本序三首》之一。
④ 刘知幾：《史通》卷一四，《惑经》。
⑤《新唐书》卷一三二，《刘子玄传赞》，商务印书馆 1936 年百衲本。
⑥（清）黄叔琳：《史通训故补序》，载《史通通释》卷首，《别本序三首》之三。

的儒者看来，简直是"非圣无法，大逆不道"了，所以清朝官撰的《四库全书总目》说："《疑古》《惑经》诸篇，世所共诟，不待言矣。"①又如在《本纪》与《世家》两篇中批评司马迁自乱体例，说他虽然创立了纪传体，"但区域既定而疆理不分"，"自我作故而名实无准"。在《品藻》篇批评班固《汉书·古今人表》品评人物不当，说他"是非督乱，善恶纷拏"。在《论赞》篇批评班固、陈寿、范晔、魏收四人"与夺乖宜，是非失中"。在《杂说中》篇批评臧荣绪《晋书》记述错误，说："夫识事未精而轻为著述，此其不知量也！"在《杂说下》篇批评沈约，说："夫故立异端，喜造奇说，汉有刘向，晋有葛洪，近者沈约又其甚也！"在《浮词》篇批评魏收、牛弘、李百药、令狐德棻，说："鉴裁非远，智识不周，而轻弄笔端，肆情高下。"而且，除了个人著作之外，即对于唐初官修的《晋书》，刘氏也一样予以严厉的责斥，并不因本朝大臣之作而有所忌惮，如在《杂说中》篇说："以此书事，奚其厚颜！""为传如此，复何所取者哉？"

刘氏最痛恨的，是那些故意歪曲事实的作者，因为对他们的批评也最尖锐。在《曲笔》篇里有一段话说："其有舞词弄札，饰非文过，若王隐、虞预，毁辱相凌；子野（裴子野）、休文（沈约），释纷相谢。用舍由乎臆说，威福行乎笔端，斯乃作者之丑行，人伦所同疾也。亦有事每凭虚，词多乌有，或假人之美借为私惠，或诬人之恶持报己仇。若王沉魏录，滥述贬甄之诏；陆机晋史，虚张拒葛之锋；班固受金而始书，陈寿借米而方传。此又记言之奸贼，载笔之凶人，虽肆诸市朝，投畀豺虎可也！"这些被批评的都是著名的史家，足见刘氏的笔锋是对任何人的过失也绝不宽恕的。

《史通》对前人著作的尖锐批评，虽然有的不见得恰当，在文辞上也不少过激之处，但主要是表现了对史家的严格要求，无情地揭发了著作中的不良现象，对于提高后世著作质量、促进史学的发展有积极的作用。

四是主张明确。

刘知幾不仅在《史通》中批评了别人的著作，还提出了自己的主张。他所提出的许多主张都表达得非常明确，而不是依违莫定，因此，也使读者感到印象深刻。如在《载文》篇指出魏晋以来史书载录文章的五个缺点及比较得失之后，结尾说："凡今之史而载文也，苟能拨浮华、采真实，亦可使夫雕虫小技者，闻义而知徙矣。此乃禁淫之堤防，持雅之管辖，凡为载削者，可不务乎？"在

①《四库全书总目》卷四七，史部史评类《史通》提要，商务印书馆《万有文库》本，1935年版第十七册第73页。

《史官建置》篇提出他对于史料与著作的关系的看法，说："夫为史之道，其流有二，何者？书事记言，出自当时之简；勒成删定，归于后来之笔。然则当时草创者，资乎博闻实录，若董狐、南史是也；后来经始者，贵乎俊识通才，若班固、陈寿是也。必论其事业，前后不同；然相须而成，其归一揆。"在《杂说上》篇中，论到历代政权成败兴亡的原因是天命还是人事的问题，说："夫论成败者，固当以人事为主，必推命而言，则其理悖矣。盖晋之获也，由夷吾之愎谏；秦之灭也，由胡亥之无道；周之季也，由幽王之惑褒姒；鲁之逐也，由稠父之违子家。……夫国之将亡也若斯，则其将兴也亦然。……夫推命而论兴灭，委运而忘褒贬，以之垂诫，不其惑矣？"如此种种，不胜举证，都明确地发表了他的主张。

但是，由于全书所论述的范围很广，其中许多方面都有互相牵涉关联之处；而在各篇中触及某一方面时，往往是从不同的角度出发，或者是所讨论的对象与意旨不同，因而其主张也不免令人初读时感到莫衷一是或自相矛盾的地方，而必须仔细探索才能了解的。最明显的例子是关于纪传史的表的问题。在《表历》篇说："夫以表为文，用述时事，施彼谱牒，容或可取，载诸史传，未见其宜。……观马迁《史记》则不然矣，天子有本纪，诸侯有世家，公卿以下有列传，至于祖孙昭穆、年月职官，各在其篇，具有其说，用相考核，居然可知。而重列之以表，成其烦费，岂非谬乎！且表次在篇第，编诸卷轴，得之不为益，失之不为损，用使读者莫不先看本纪，越至世家，表在其间，缄而不视，语其无用，可胜道哉！既而班、东二史（指《汉书》与《东观汉记》），各相祖述，迷而不悟，无异逐狂！必曲为铨择，强加引进，则列国年表或可存焉。"这里是基本上反对在纪传史中作表的；必不得已，只有分裂割据时代的列国年表，还可因需要核比其年世而制作。然而，在《杂说上》篇却又说："观太史公之创表也，于帝王则叙其子孙，于公侯则纪其年月，列行萦纡以相属，编字戢而相排。虽燕越万里，而于径寸之内犬牙可接；虽昭穆九代，而于方寸之中雁行有叙。使读者阅文便睹，举目可详，此其所以为快也。"这样说来，表又是很有用处了，好像与《表历》篇所述完全抵牾。于是，过去及现代的学者大都以此指责刘氏自相矛盾；虽有立意为刘氏解释的，也只是说："大抵因内外篇非出一时，互有未定之说。两存参取，折衷用之，不为无助。"①实际上，既非自相矛盾，也非未定之说，而是两篇中所讨论的对象与意旨不同。在《表历》篇中，所讨

---

① 刘知幾著、浦起龙通释：《史通通释》卷三，《表历》通释评语。

论的纪传史应不应当有表的问题，由于刘氏以纪传史中既有本纪、世家和列传，而表的内容往往与之重复，所以认为无用。在《杂说上》篇所云，则是对比于《史记》诸表来评论班固《汉书·古今人表》的内容，系小标题"诸汉史十条"中的一条。他指出"如班氏之《古今人表》者，唯以品藻贤愚、激扬善恶为务尔。既非国家递袭，禄位相承，而亦复界重行，狭书细字，比于他表，殆非其类欤？"可以看出，《表历》篇所讨论的是纪传史应不应当有表的问题，而《杂说上》篇所讨论的是纪传史中已有的表的优劣问题，两处并不是一个论题，因而不能说是自相矛盾。

其他如在《载文》篇说："文之将史，其流一焉。"而在《核才》篇则说："文之与史，皎然异辙。"又如在《探赜》篇说司马迁《史记》以伯夷、叔齐为列传之首，"斯则理之常也，乌可怪乎？"而在《人物》篇则说："而断以夷、齐居首，何龃龉之甚乎？"也很容易使人感到两处的主张抵牾。但细加研究，则知《载文》篇所说是指文与史的内容都应当"不虚美、不隐恶"；而《核才》篇所说的是指一般的文士写不好历史，一般的史家又写不好文章。《探赜》篇所说，旨在反驳葛洪的"伯夷居列传之首，以为善而无报也"的论点；而《人物》篇所说，旨在批评司马迁没有编纂伯夷以前的重要历史人物事迹写出列传。所以这也是由于从不同的角度出发，或者是所讨论的问题不同，而不是自相矛盾。

《史通》除上述几个特点外，还有一个文字形式上的特点，就是基本上是用骈体文写成的。在这以前，南朝梁人刘勰用骈体文写了一部评论文学的专书——《文心雕龙》，因二书都是关于学术评论的著作，在学术史上的意义与价值也类似，又都是用骈体文写的，所以后人常以二书相匹。更有人认为《文心雕龙》用骈体文写来还较容易，因为它所发挥的道理多，便于雕琢辞藻；而《史通》每一篇都有许多具体的人名、书名及历史事实，难以写得工美，正如《文心雕龙·神思》所谓"意翻空而易奇，言征实而难巧也。"[1]但刘知幾本来是很有文学修养的，他自己曾说："余初好文笔，颇获誉于当时。"[2]虽然以骈体文撰著评论史学的书，还是写得流畅自然，没有晦涩生硬的弊病。然而，终因文字对偶的限制，不得不"修短取均，奇偶相配"，以致变司马迁为"马迁"、诸葛亮为"葛亮"、《后汉书》为《汉书》、《三国志》为《国志》；又不得不"编字不只，捶句皆双"，以致"应以一言蔽之者，辄足为二言；应以三句成文者，必分为四

---

① 刘勰：《文心雕龙》卷六，《神思》。《四部丛刊初编·集部》本，第31页。
② 刘知幾：《史通》卷一〇，《自叙》。

句"①。他在《叙事》篇里批评前人的这些话，反而套在自己身上了。

四、刘知幾对于史学的贡献

刘知幾对于史学有重要的贡献，历来是大家所公认的。封建时代的学者议论他的著作时，除个别故意诬贬者外，虽然曾经有不少人指责了其中的一些缺点，但对他的总评价还是很高的。如黄叔琳《史通训故补序》云："观其议论，如老吏断狱，难更平反；……间有过执己见以裁量往古，泥定体而少变通，如谓《尚书》为例不纯，史论淡薄无味之类。然其荟萃搜择，钩钗排击，上下数千年，贯穿数万卷，心细而眼明，舌长而笔辣，虽马、班亦有不能自解免者，何况其余？书在文史类中，允与刘彦和之《雕龙》相匹。徐坚谓史氏宜置座右，信也。"②又如《四库全书总目》史部史评类《史通》提要，列举了他的若干缺点，并责以"诋诃太甚""亦殊谬妄""偏驳殊甚""琐屑支离""小小疏漏更所不免"等语，而在总的方面则认为"其贯穿今古，洞悉利病，实非后人之所及"。"其缕析条分，如别黑白，一经抉摘，虽马迁、班固，几无词以自解免，亦可云载笔之法家，著书之监史矣"。③近代资产阶级学者对于刘知幾的评论，除刘咸炘《史学述林》一书屡言其非，并且其中专有《史通驳议》一篇予以指责外，一般也是多所赞扬。如梁启超在《中国历史研究法》第二章云："刘氏事理缜密，识力锐敏。其勇于怀疑，勤于综核，王充以来，一人而已。其书中《疑古》《惑经》诸篇，虽于孔子亦不曲徇，可谓最严正的批评态度也。章（学诚）氏谓其所议仅及馆局纂修，斯固然也。然鉴别史料之法，刘氏言之最精，非郑（樵）、章（学诚）所能逮也。"④封建学者和资产阶级学者的论断，虽然也有其中肯之处，但都不过只重视刘氏在批评前人著作方面的成就，而未能从史学发展上全面阐述其贡献。我们现在认为，刘氏对于史学的贡献，约可分为以下几项来说。

（一）第一次为中国史学做了比较全面而详细的总结。

在刘知幾以前，曾经有两个人为史学写过总结性的文章，先是东汉初年的

---

① 刘知幾：《史通》卷六，《叙事》。

②（清）黄叔琳：《史通训故补序》，载《史通通释》卷首，《别本序三首》之三。

③《四库全书总目》卷四七，史部史评类《史通》提要，商务印书馆《万有文库》本，1935 年版第十七册第 73 页。

④ 梁启超：《中国历史研究法》第二章，《过去之中国史学界》，商务印书馆 1935 年版，第 37 页。

班彪，曾将过去的重要史籍作了一篇论述，见于《后汉书·班彪传》。但这篇文章只有五百七十字，除评论司马迁《史记》的文字较多外，对《史记》以前的著作仅简单叙述其沿革而未有评论。再是南朝梁人刘勰，在他所著《文心雕龙》一书里有《史传》一篇，叙述了历史记载及著作的沿革，评论了自孔子以来到东晋时代的史家，并探讨了史籍的体例、内容及编纂方法。但这篇文章也只有一千三百七十字，所论述的既不全面又太简单，如对于史家及其著作的评论，多者不过数语，少者仅有二字。所以，这两篇文章只能说是史学总结的雏形。

到了刘知幾写出《史通》一书，才有了比较全面而详细的史学总结。如在《六家》《杂述》《二体》等篇总结了历史著作的类别、源流和体例；在《史官建置》《核才》《辨职》《忤时》等篇总结了设置史官及官修史书的经验及教训；在《本纪》《世家》《列传》《表历》《书志》《断限》《编次》《载言》《载文》《书事》《烦省》等篇总结了纪传史与编年史的体例、内容及编纂方法；在《叙事》《浮词》《模拟》《言语》《因习上》《因习下》（《邑里》）等篇总结了历史的叙述方法和写作技巧；在《人物》《品藻》等篇总结了记载和品评历史人物的标准；在《直书》《曲笔》等篇总结了历史家的品质及著作态度；在《补注》篇总结了史书的注文；等等。在这些有关史家各方面的总结中，都分别论述其情况，指出其得失利害，以供后人阅读和研究历史及从事历史著作的参考取资，对于促进史学的发展确实具有重要的意义与作用。

刘氏所以能够写出这样内容比较丰富的总结，除了他自己的努力外，还由于客观的历史条件。我国史学自商周以来虽然日益发展，但在西汉以前，史学水平终究不高，所写出的历史著作不仅数量有限，而且大都内容简略；又由于种种原因，许多著作陆续散佚，得以流传世上的史书是很少的。班固《汉书·艺文志》著录从上古到西汉末年的历史记载与著作，列为"春秋家"，其总数不过"二十三家，九百四十八篇"（《尚书》与《周书》列入"书家"，不在其内）。后来经过东汉、三国、两晋、南北朝、隋诸代六百年左右的发展，有关历史的记载与著作才有显著的增多而蔚为大观。唐初官修的《隋书·经籍志》史部分十三类，共著录八百一十七部，一万三千二百六十四卷（通计亡书，合八百七十四部，一万六千五百五十八卷。又《尚书》《春秋》《左传》均列入经部，不在史部数内）。随着历史记载与著作的增多，历史编纂学日益发展，对史学有研究兴趣的人逐渐提出了各方面的许多问题，并发表了不同的意见。于是，刘氏在前人著作与研究的基础上，通过自己的刻苦钻研与辛勤劳动，才能写出内容比较丰富的总结。

当然，我们现在看来，刘氏的总结还远不够全面和深刻，但就那时的历史条件和史学水平而论，这个总结已非常难得，不愧为有创造性的贡献了。

（二）提倡"直书""实录"，揭发并斥责了历史的歪曲者和捏造者。

在封建社会中，如果有人能够比较真实地记录一事或撰写一书，就会被视为难能可贵而受到后人的赞扬。如《左传·宣公二年》云："孔子曰：董狐，古之良史也，书法不隐。"《汉书·司马迁传赞》云："自刘向、扬雄博极群书，皆称迁有良史之材，服其善叙事理，辨而不华，质而不俚。其文直，其事核，不虚美，不隐恶，故谓之实录。"于是，董狐被认为史官记事的好榜样，司马迁被认为史家著作的好典型。不过，能以这样"直书""实录"的人毕竟是很少的。尤其在三国两晋南北朝时期，由于长期处于分列割据、多次改换朝代的政治局面之下，历史家往往各为其所依附的政权服务，对本朝则饰善讳恶，对敌国则诬蔑诋詈，甚至有些史官认为任意歪曲、捏造是他的特权。这种恶风邪气到了隋唐统一时代仍然继续存在。刘知幾为了维护历史记载的真实性，遂大声疾呼，提倡"直书""实录"，并无情揭发和严厉责斥了歪曲、捏造历史的人。

刘氏不仅在《直书》和《曲笔》两篇里集中地表扬了比较正直的史家，痛斥了邪曲的丑行，在其他各篇也随时发挥了这方面的言论，他这种"彰善嫉恶"的精神可以说贯穿在全书之中。

尤其值得注意的是，刘氏对于那些歪曲或捏造事实的记载，曾细心探索其原因，并作了深入的分析。因为"良史""实录"能以受到后世的称赞，是人所共知的，历史家谁不愿意写出"实录"，博得"良史"的美名呢？但是，为什么又会有人歪曲或捏造事实呢？综观刘氏在《史通》一书中所论，主要有以下几种原因：

一是由于统治者的威胁。他说："邪正有别，曲直不同。若邪曲者，人之所贱，而小人之道也；正直者，人之所贵，而君子之德也。然世多趋邪而弃正，不践君子之迹，而行由小人者，何哉？语曰：'直如弦，死道边；曲如钩，反封侯。'故宁顺从以保吉，不违忤以受害也。"当然，在统治者的威胁下，若要求一般人都不顾生命的危险而忠于史实的记载，也是非常困难的，所以他发出慨叹说："至若齐史之书崔弑，马迁之述汉非，韦昭杖正于吴朝，崔浩犯讳于魏国。或身膏斧钺，取笑当时，或书填坑窖，无闻后代。夫世事如此，而责史臣不能申其强项之风，励其匪躬之节，盖亦难矣！"①这里虽然在文字上对曲笔的人有所原谅，而实际的意思还在于揭发统治者的罪恶。

一是由于史官对统治者的阿谀奉承。有些史官为了自己的荣华富贵，借着修史的机会向统治者阿谀奉承，遂不惜歪曲或捏造事实。如刘氏举例所说："案《后汉书·更始（刘玄）传》称其懦弱也：'其初即位，南面立朝群臣，羞愧流汗，刮席不敢视。'夫以圣公身在微贱，已能结客报仇，避难绿林，名为豪杰。安有贵为人主，而反至于斯者乎？将作者曲笔阿时，独成光武之美；谀言媚主，用雪伯升之怨也。且中兴之史，出自东观，或明皇所定，或马后攸刊，而炎祚灵长，简书莫改，遂使他姓追撰，空传伪录者矣。"②这种情况，到了三国两晋南北朝时期更多，如"王沉《魏书》，假回邪以窃位；董统《燕史》，持诡媚以偷荣"③，魏收"谄齐则轻抑关右，党魏则深诬江外"④等等，就不胜枚举了。

一是由于史官的政治偏见。史官在记述改朝易代之际的事迹时，因本朝政权系前朝夺取而来，往往有所隐讳和歪曲。如前朝的忠臣，在他们看来往往成了叛逆，"若汉末之董承、耿纪，晋初之诸葛、毋丘，齐兴而有刘秉、袁粲，周灭而有王谦、尉迥，斯皆破家殉国，视死犹生，而历代诸史皆书之曰逆"。而在分裂割据的时期，史官又往往标榜本朝而诬蔑他国，如"魏收以元氏出于边裔，见侮诸华，遂高自标举，比桑干于姬汉之国；曲加排抑，同建邺于蛮貊之邦"。可是，本朝的统治者是喜欢这样记载的。如刘氏所说："但古来唯闻以直笔见诛，不闻以曲词获罪。是以隐侯《宋书》多妄，萧武知而勿尤；伯起《魏史》不平，齐宣览而无谴。故令史臣得爱憎由己，高下在心，进不惮于公宪，退无愧于私室，欲求实录，不亦难乎！"⑤

一是由于作者故立异端，喜造奇说。在某些历史著作里，往往有一些怪诞不经的记载，连作者自己也并不相信，可是他们或为了耸人听闻，而"苟出异端，虚益新事"⑥，"全构虚辞，用惊愚俗"⑦；或为了追求谐趣，"使读之者为之解颐，闻之者为之抚掌"⑧，遂予采录。甚至又辗转相抄，以广流传，如"沈

① 以上见刘知幾：《史通》卷七，《直书》。

② 刘知幾：《史通》卷七，《曲笔》。

③ 刘知幾：《史通》卷七，《直书》。

④ 刘知幾：《史通》卷四，《称谓》。

⑤ 以上见刘知幾：《史通》卷七，《曲笔》。

⑥ 刘知幾：《史通》卷五，《采撰》。

⑦ 刘知幾：《史通》卷五，《杂述》。

⑧ 刘知幾：《史通》卷八，《书事》。

约《晋书》，喜造奇说，称元帝牛金之子，以应牛继马后之徵。……而魏收深嫉南国。幸书其短，著《司马睿传》遂具录休文所言"。像这样的做法，刘氏认为是史家最严重的罪过，责以"向声背实，舍真从伪。知而故为，罪之甚者！"①并进一步评论说："广陈虚事，多构伪辞，非其识不周而才不足，盖以世人多可欺故也。呜呼！后生可畏，何代无人？而辄轻忽若斯者哉！夫传闻失真，书事失实，盖事有不获已，人所不能免也。至于故为异说，以惑后来，则过之尤甚者矣！"②

刘氏指出这些原因，揭露了歪曲和捏造历史的人的真面目，既可以警诫将来的史官和史家，又为后世的读者提供了审查历史著作是否"直书""实录"的线索和方法，是有重要意义与作用的。当然，刘氏所提倡的"直书""实录"，只不过是以封建伦理为标准而对封建统治阶级学者的要求，并不能完全写出历史的真实情况。

（三）批判了盲目崇拜古代、迷信"圣人"的观念。

自从汉武帝时期儒家思想在封建社会占据了统治地位后，一般人因受儒家学者宣传的影响，大都盲目地崇拜古代和迷信"圣人"，这不仅不能真实地了解古代情况，还阻碍了史学的进步和发展。刘知幾对此作了具体的分析和严正的批判。

刘氏指出，上古的史书都是"轻事重言"的，"加以古文载事，其词简约，推者难详，缺漏无补。遂令后来学者莫究其源，蒙然靡察，有如聋瞽"。就孔子所删定的《尚书》来说，"上起唐尧，下终秦穆，其书所录，唯有百篇。而书之所载，以言为主，至于废兴行事，万不记一。语其缺略，可胜道哉？"且其中又有不少虚言不实之处，如《尚书》谓尧禅位于舜，而刘氏根据《汲冢琐语》与《山海经》等记载，证明舜系先废尧而立其子丹朱，继又废丹朱而夺取帝位的。又如《尚书》谓夏桀、殷纣都是罪大恶极的人，而刘氏则认为是不合实情的，说："何者？称周之盛也，则云三分有二，商纣为独夫；语殷之败也，又云纣有臣亿万人，其亡流血漂杵。斯则是非无准，向背不同者焉。又案武王为《泰誓》数纣过失，亦犹近代之有吕相为晋绝秦、陈琳为袁檄魏，欲加之罪，能无辞乎？而后来诸子，竞列纣罪，有倍五经。故子贡曰：'桀、纣之恶不至是，君子恶居下流。'班生亦云：'安有据妇人临朝？'刘向又曰：'世人有弑父害君，

---

① 刘知幾：《史通》卷一七，《杂说中》。
② 刘知幾：《史通》卷一八，《杂说下》。

桀、纣不至是，而天下恶者必以桀、纣为先。'此其自古言辛、癸之罪，将非厚诬者乎？"刘氏总的意见是，根据《尚书》的记载以及其他上古史籍的内容来看，绝对不能认为古代的著作都是好的，其所记载都是对的，而且实际上并不如后代的史书有价值。他说："夫远古之书与近古之史，非唯繁约不类，固亦向背皆殊。何者？近古之史也，言唯详备，事罕甄择，使夫学者睹一邦之政则善恶相参，观一主之才而贤愚殆半。至于远古则不然，夫其所录也，略举纲维，务存褒讳，寻其终始，隐没者多。尝试言之，向使汉、魏、晋、宋之君生于上代，尧、舜、禹、汤之主出于中叶，俾史官易地而书，各叙时事，校其得失，固未可量。若乃轮扁称其糟粕，孔子述其传疑，孟子曰'尽信《书》不如无《书》，《武成》篇吾取其二三简'。推此而言，则远古之书，其妄甚矣！"①刘氏这种论调，我们现在看来是很容易理解的，但在当时盲目崇拜古代的空气弥漫之下，实为非常大胆的呼声，有振聩启蒙的作用。

孔子是儒家所尊奉的"至圣先师"，在一般儒者的心目中，只能无条件地信仰，不容有任何怀疑而对之进行批判。刘知幾虽然也非常推崇孔子，但认为孔子并非没有缺点，不是无可批判之处，说："昔孔宣父以大圣之德，应运而生，生人已来未有之也，故使三千弟子、七十门人，钻仰不及，请益无倦。然则尺有所短，寸有所长，其间切磋酬对，颇亦互闻得失。"②所以他对于孔子的学术工作和言论，都有所指责，如说："观夫子之刊《书》也，夏桀让汤，武王斩纣，其事甚著，而芟夷不存；观夫子之定礼也，隐闵非命，恶视不终，而奋笔昌言，云鲁无篡弑；观夫子之删《诗》也，凡诸《国风》，皆有怨刺，在于鲁国，独无其章；观夫子之《论语》也，君娶于吴，是谓同姓，而司败发问，对以知礼。斯验世人之饰智矜愚、爱憎由己者，多矣！"③对孔子自己撰著的史书《春秋》，提出了更多的质疑和批评，除《惑经》篇集中地列举十二条"未谕"，并谓"凡所未谕，其类犹多"外，在其他篇里也间有陈述。

刘知幾不但批评了孔子的《春秋》，而且对那些不加思考、一味赞扬《春秋》的著名学者孟子、左丘明、司马迁、班固等，也予以批评，责之曰"虚美"，并说："世人以夫子固天攸纵，将圣多能，便谓所著《春秋》善无不备。而审形者少，随声者多，相与雷同，莫知指实。""征其本源，良由达者相承，儒教传授，既欲神其事，故谈过其实。"这在封建时代确为非常高明的见解。

---

① 以上见刘知幾：《史通》卷一三，《疑古》。
② 刘知幾：《史通》卷一四，《惑经》。
③ 刘知幾：《史通》卷一三，《疑古》。

刘氏能够摆脱儒家传统思想的束缚，对历来盲目崇拜古代、迷信"圣人"的观念进行勇敢的批判，表现了他的历史进化的观点和实事求是的态度。他在这方面的贡献，是中国古代唯物论思想在史学领域内的重大发展。正如他自己所说："昔王充设论，有《问孔》之篇，虽《论语》群言多见指摘，而《春秋》杂义曾未发明。是用广彼旧疑，增其新觉。将来学者，幸为详之。"[①]他不仅吸取了王充的进步思想，在史学上建立了新观点，还希望将来史家注意研究，继续推进史学的发展。

（四）对历史编纂学提出了许多重要的建议。

刘知幾在《史通》一书里，不仅对过去的历史著作进行了详细的评论，而且对以后的历史编纂学提出了许多重要的建议。这些建议大部分都是有益于史学的发展的，可概括为几大端来谈。

在史料工作方面，刘氏主张既要广搜博采，又要细心鉴别真伪，慎重取舍。如《采撰》篇所讲的，在从事著作时，若不"征求异说，采摭群言"，则内容贫乏，难以"能成一家，传诸不朽"。但是，若只"务多为美，聚博为功"，而不"别加研核"，以"练其得失，明其真伪"，又难以"与五经方驾，三志竞爽"。也就是说，史料不但要丰富，而且要真实。但就实际情况来看，鉴别真伪以决定取舍，要比广搜博采更为重要，因而又是史家应当特别注意的。在其他各篇里，有很多地方也都谈到这一类的问题；而在《暗惑》篇末尾，还作了一段总结性的论述，说："盖精五经者，讨群儒之别义；练三史者，征诸子之异闻；加以探赜索隐，然后辨其纰缪。如向之著史所载则不然。何者？其叙事也，唯记一途，直论一理，而矛盾自显，表里相乖；非复抵牾，直成狂惑者尔！寻兹失所起，良由作者多忽略，识惟愚滞，或采彼流言，不加诠择；或传诸缪说，即从编次。用使真伪混淆，是非参错。……夫书彼竹帛，事非容易，凡为国史，可不慎诸？"他在这里给编纂史书的人提出了最基本的要求：必须严肃认真对待史料工作。否则，就不能写出有价值的史书，甚至不成其为史书。这对于促进后来历史著作内容的充实与质量的提高，是有裨益的。

在史书的体例方面，刘氏不仅指出编年与纪传为两种主要的体例，并予以深入细致的分析评论，使后人对于体例的认识大为明确；同时，还提出了许多有关体例问题的建议，分别见于《载言》《本纪》《世家》《列传》《表历》《书志》

---

① 以上刘知幾：《史通》卷一四，《惑经》。

《论赞》《序例》《题目》《断限》《称谓》等篇。在这些建议中贯穿着一条基本的原则，即体例必须谨严而合理。虽然各篇里对每一问题的主张并不完全得当，且有过于拘泥或支离之处，而他所提出的基本原则是正确的。因为一部历史著作如果没有谨严而合理的体例，既减低了本身的价值，又会使读者感到混乱而妨碍对史事的了解。刘氏在这方面的许多建议，都是根据实际情况经过细心研究的，很值得后来修史的人参考。

在史书的内容方面，刘氏主张应当记载对社会、国家有用的事迹，不要滥录烦芜无用的现象。关于这方面的许多具体建议，除《书事》篇有些比较集中的说明外，在其他篇里也屡加阐述。什么是有用的呢？他认为史书的内容能以具有"纪功书过，彰善瘅恶"的意义才算有用。什么是无用的呢？凡"阙之不足为少，书之唯益其累"①的材料就是无用。当然，他所谓有用与无用，都是以封建的政治观点来判分的，我们现在看来是远不足为法的。不过，就封建时代的史家认识所及的范围而论，若能根据他的建议来撰写史书，也确能减少很多冗滥浮费的文字，增加一些即使在我们现在看来也还有用的材料。

在文与史的关系方面，刘氏强调文与史的区别，主张绝不能容许文学的辞藻损害了历史记载的真实。记载史事需要用文字来表达，也需要一定的文学技巧，所谓"史之为务，必借于文"②。然而却不能文史不分，更不能使文学在史学领域中喧宾夺主。在上古时期文与史也许难以划分，可是，随着社会文化的发展，文与史的区别就愈益明显了。刘氏说："昔尼父有言：'文胜质则史'。盖史者，当时之文也。然朴散淳销，时移世易，文之与史，皎然异辙。"但自南北朝以来，"世重文藻，词宗丽淫，于是沮诵失路，灵均当轴"③，史职多由长于文采而缺少史才的文士担任。在文士执掌史笔之下，立意修饰辞藻，抹杀了史事的叙述，甚至口语也以骈体文来雕琢润色，弄得完全不合实情。刘氏针对这种反常的现象，予以严正的指斥，说："自梁室云季，雕虫道长，平头上尾，尤忌于时；对语丽辞，盛行于俗。始自江外，被于洛中。而史之载言，亦同于此。假有辨如郦叟，吃若周昌，子羽修饰而言，仲由率尔而对，莫不拘以文禁，一概而书。必求实录，多见其妄矣！……故知喉舌翰墨，其辞本异。而近世作者，撰彼口语，同诸笔文，斯皆以元瑜、孔璋之才，而处丘明、子长之任。文

① 刘知幾：《史通》卷八，《人物》。
② 刘知幾：《史通》卷六，《叙事》。
③ 刘知幾：《史通》卷九，《核才》。

之与史，何相乱之甚乎！"①所谓文史相乱，就是在记叙上单纯玩弄文辞，无视史事实际，从而使历史著作不成其为历史著作了。这种雕饰辞藻、追求华丽的骈体文风格，不但妨碍了史学的发展，即在文学本身也是不健康的现象，所以后来韩愈提倡古文，被誉为有"文起八代之衰"的功绩。殊不知早在韩愈一百多年以前，刘知幾在史学方面积极进行"起八代之衰"的工作了。

总之，刘氏所提出的许多建议，都丰富了封建时代历史编纂学的内容，并能以起到革除积弊、推动史学进步的作用，这是对史学的重要贡献。

（五）指出了历史家必须具备的条件。

刘知幾曾说："夫史才之难，其难甚矣！"②可见他认为要做一个历史家，是事非寻常的。但是，究竟难到什么程度呢？在《史通》一书里却并没有明确的解释，而是他在和别人的问答中发表了对这个问题的意见。

《旧唐书·刘子玄传》云："礼部尚书郑惟忠尝问子玄曰：'自古以来，文士多而史才少，何也？'对曰：'史才须有三长，世无其人，故史才少也。三长谓才也、学也、识也。夫有学而无才，亦犹有良田百顷、黄金满籝，而使愚者营生，终不能致于货殖者矣。如有才而无学，亦犹斯兼匠石，巧若公输，而家无楩柟斧斤，终不果成其宫室者矣。犹须好是正直，善恶必书，使骄主贼臣所以知惧。此则为虎傅翼，善无可加，所向无敌者矣。脱苟非其才，不可叨居史任。自敻古以来，能应斯目者，罕见其人。'时人以为知言。"又见《唐会要》卷六三及《全唐文》卷二七四。《新唐书·刘子玄传》虽载此论，然多所删节，不足为据。

刘氏认为必须具备史才、史学、史识三个条件，才足以称为真正的历史家。可是他对于这三个条件的含义并没有正面的具体说明，只打了一些比喻，因而又引起了后人的揣测。大概史才是指的搜集、鉴别和组织史料的能力，叙述事实、记载言语和撰写文章的能力，以及运用体例、编次内容的能力，都是属于历史编纂学范围的才具。史学是指的掌握丰富的史料、历史知识及与历史有关的各种知识。至于史识呢？过去和现在都有很多人认为是指的见解和观点，但若根据刘氏的原话来看，恐怕不止于此。因为他说除了有才有学之外，"犹须好是正直，善恶必书，使骄主贼臣所以知惧"。这就是说，还要有秉笔直书、忠于史实的高尚品质和勇敢精神。而在他看来，最难得的是史识，其次是史才，再

---

① 刘知幾：《史通》卷一八，《杂说下》。
② 刘知幾：《史通》卷九，《核才》。

则是史学。他的这个见解在《史通》全书各篇中都可以体会出来，特别是在《辨职》篇里表达得最明白。说："史之为务，厥途有三焉。何则？彰善贬恶，不避强御，若晋之董狐、齐之南史，此其上也；编次勒成，郁为不朽，若鲁之丘明、汉之子长，此其次也；高才博学，名重一时，若周之史佚、楚之倚相，此其下也。苟三者并阙，复何为者哉？"应当附带说明的是，这段话的主旨只在于阐述"史之为务，厥途有三"，其中虽有几位史家的名字，不过是就他们的特长而为"三途"所举的例，并非对这几位史家总评价的等第。

刘氏所指出的历史家必须具备的三个条件，可谓得到后世的公认。虽然清朝人章学诚曾为之补充了一个"史德"，但"史德"实际上是包括在刘氏所说的史识之内的。近几年来，有人将刘氏所说的三个条件，尤其是史识，根据我们现在的认识和要求，赋以新的内容，但这又是另外的问题，就不在此多谈了。

综上所述，我们肯定了刘知幾是古代的杰出的史学家，《史通》是一部不可多得的有价值的著作。然而，还必须指出，刘氏终究是封建主义史学家，是以地主阶级的立场和观点研究历史、评论史学的。他在谈到农民起义领袖时，时常加以诬蔑，如说："陈胜起自群盗"[①]，"寇贼则黄巾、赤眉"[②]；而对于帝王将相则深为崇拜，如说"帝王苗裔，公侯子孙，余庆所钟，百世无绝"。[③]他认为史书内容所应包括的"五志"（达道义、彰法式、通古今、著功勋、表贤能）和"三科"（叙沿革、明罪恶、旌怪异），也都是为封建政治服务的。他虽有许多论点能摆脱儒家传统思想的束缚，但终不能完全冲出封建名教观念的窠臼，以致在某些进步主张中还存在着严重的缺陷。如他说"史氏有事涉君亲，必言隐讳，虽直道不足，而名教存焉"[④]，"夫臣子所书，君父是党，虽事乖正直，而理合名教。"[⑤]这就表现了他的封建史学的阶级本质，而他所提倡的"直书""实录"更因而减色。所以，他对史学虽有重要的贡献，但由于他的理论与方法根本上是为封建统治阶级服务的，当然不可避免地带有很大的局限性。

[原载《历史教学》1963 年第 7、8 期。《中国史学论集》（二）（上海人民出版社 1980 年 1 月出版）转载]

---

① 刘知幾：《史通》卷二，《世家》。

② 刘知幾：《史通》卷四，《称谓》。

③ 刘知幾：《史通》卷三，《书志》。

④ 刘知幾：《史通》卷七，《曲笔》。

⑤ 刘知幾：《史通》卷一四，《惑经》。

先秦史学史编年

例　言

一、本篇编载先秦时期史学事迹，因公元前841年为中国有确切纪年之始，故列为首条。

二、下延于秦始皇"焚书坑儒"之公元前213年，已越出先秦年限，乃为了标示先秦史学所受之莫大浩劫。

三、首列公元纪年，次列帝王纪年。周赧王之前，以周王纪年为先，次列本年史学事迹有关系政权之纪年。为简明起见，其他与本年事迹无关之政权一概从略。

四、史家生平事迹，只列主要经历及关乎史学者，其他政治、军事、文学、哲学等方面事迹，一般不录。

五、引录资料不能表明其年代者，加案语说明编于某年的理由；仅知某朝、某政权之事而不能考定年代，则附于某朝之末、某政权灭亡之年。

六、史书、史学事迹不能考订年代，但知其人卒年者，则编于该年。

七、史家除贡献重大者外，一般仅列卒年，不列生年。

公元前841　周共和元年

自本年起，中国历史始有确实年代可考。

前771　周幽王十一年

西周亡。西周时王室史官有大史、小史、内史、外史、御史。

《周礼》卷一《天官冢宰》："史，掌官书以赞治。"

《周礼》卷六《春官宗伯下》："大史：掌建邦之六典，以逆邦国之治；掌法，以逆官府之治；掌则，以逆都鄙之治。凡辨法者考焉，不信者刑之。凡邦国都鄙及万民之有约剂者藏焉，以式六官。六官之所登，若约剂乱则辟法，不信者刑之。正岁年以序事，颁之于官府及都鄙，颁告朔于邦国。闰月，诏王居门终月。大祭祀，与执事卜日。戒及宿之日，与群执事读礼书而协事。祭之日，执书以次位常，辨事者考焉，不信者诛之。大会同朝觐，以书协礼事，及将币之日，执书以诏王。大师，抱天时，与大师同车。大迁国，抱法以前。大丧，执法以莅劝防，遣之日，读诔，凡丧事考焉。小丧，赐谥。凡谢事，饰中舍算，执其礼事。小史：掌邦国之志，奠系世，辨昭穆，若有事则诏王之忌讳。大祭祀，读礼法，史以书叙昭穆之俎簋。大丧、大宾客、大会同、大军旅，佐大史。凡国事之用礼法者，掌其小事。卿大夫之丧，赐谥读诔。……内史：掌王之八枋之法，以诏王治，一曰爵，二曰禄，三曰废，四曰置，五曰杀，六曰生，七曰予，八曰夺。执国法及国令之式，以考政事，以逆会计。掌叙事之法，受纳访，以诏王听治。凡命诸侯及孤卿大夫，则策命之。凡四方之事书，内史读之。王制禄，则赞为之，以方出之。赏赐亦如之。内史掌书王命，遂式之。外史：掌书外令，掌四方之志，掌三皇五帝之书，掌达书名于四方。若以书使于四方，则书其令。御史：掌邦国都鄙及万民之治令，以赞冢宰，凡治者受法令焉。掌赞书，凡数从政者。"

前753　周平王十八年　秦文公十三年
秦国初有史官记事。

《史记》卷五《秦本纪》："（秦文公）十三年，初有史以纪事。"

《史记》卷一五《六国表序》："太史公读《秦记》。"《索隐》："即秦国之史记也。"

前607　周匡王六年　鲁宣公二年　晋灵公十四年
晋史官董狐记"赵盾弑其君"。

《春秋》宣公二年："秋九月乙丑，晋赵盾弑其君夷皋。"

《左传》宣公二年："赵穿攻（晋）灵公于桃园，宣子（案：即赵盾）未出山而复。太史书曰：'赵盾弑其君。'以示于朝。宣子曰：'不然。'对曰：'子为正卿，亡不越竟，反不讨贼，非子而谁？'宣子曰：'呜呼！我之怀矣，自诒伊戚，其我之谓矣！'孔子曰：'董狐，古之良史也，书法不隐。赵宣子，古之良大夫也，为法受恶。'"

《谷梁传》宣公二年："（晋）灵公朝诸大夫而暴弹之，观其辟丸也。赵盾入谏，不听，出亡至于郊，赵穿弑公而后反赵盾，史狐书贼曰：'赵盾弑公。'盾曰：'天乎天乎！予无罪，孰为盾而忍弑其君乎？'史狐曰：'子为正卿，入谏不听，出亡不远，君弑反不讨贼，则志同，志同则书重，非子而谁？'故书之曰晋赵盾弑其君夷皋者，过在下也。"

前551　周灵王二十一年　鲁襄公二十二年
孔丘生。

《史记》卷一四《十二诸侯年表》：周灵王二十一年、鲁襄公二十二年，"孔子生"。

《史记》卷四七《孔子世家》："孔子生鲁昌平乡陬邑。……鲁襄王二十二年而孔子生。生而首上圩顶，故因名曰丘云。字仲尼。"

前548　周灵王二十四年　鲁襄公二十五年　齐庄公六年
齐史官记"崔杼弑其君"。

《春秋》襄公二十五年："夏五月，乙亥，齐崔杼弑其君光。"

《左传》襄公二十五年："夏五月……公（齐庄公）问崔子，……侍人贾举止众从者而入闭门。甲兴，公登台而请，弗许。……公逾墙，又射之，中股，反队（坠），遂弑之。……大史书曰：'崔杼弑其君。'崔子杀之。其弟嗣书而死者二人，其弟又书，乃舍之。南史氏闻大史尽死，执简以往，闻既书矣，乃还。"

前540　周景王五年　鲁昭公二年
晋韩起在鲁，见《鲁春秋》。

《春秋》昭公二年："春，晋侯使韩宣子来聘。"

《左传》昭公二年："春，晋侯使韩宣子来聘。且告为政，而来见，礼也。观书于大史氏，见《易》《象》与《鲁春秋》，曰：'周礼尽在鲁矣！吾乃今知周公之德与周之所以王也。'"

《孟子·离娄下》："孟子曰：'王者之迹息而《诗》亡，《诗》亡然后《春秋》作。晋之《乘》，楚之《梼杌》，鲁之《春秋》，一也。其事则齐桓、晋文，其文则史。'孔子曰：'其义则丘窃取之矣。'"

前530　周景王十五年　楚灵王十一年　鲁昭公十二年
楚灵王称赞倚相为良史。

《左传》昭公十二年："（楚）王出，复语。左史倚相趋过，王曰：'是良史也，子善视之！是能读《三坟》《五典》《八索》《九邱》。'"

前 505　周敬王十五年　楚昭王十一年　晋定公七年
楚王孙圉称述倚相对楚国之贡献。

《国语·楚语下》：“王孙圉聘于晋，定公飨之。……（王孙圉）曰：‘……楚之所宝者，……又有左史倚相，能道训典以叙百物，以朝夕献善败于寡君，使寡君无忘先王之业。……’”

案：王孙圉聘晋不详何年，姑编于此，待考。

前 484　周敬王三十六年　鲁哀公十一年
孔丘自本年后开始整理古代文献，删订《尚书》等史籍。

《史记》卷一四《十二诸侯年表》：“周敬王三十六年，鲁哀公十一年，齐伐我。冉有言，故迎孔子，孔子归。”

《史记》卷四七《孔子世家》：“孔子归鲁。孔子之去鲁，凡十四岁而反乎鲁。……然鲁终不能用孔子，孔子亦不求仕。孔子之时，周室微，而礼、乐废，《诗》《书》缺，追迹三代之礼，序书、传，上纪唐虞之际，下至秦穆，编次其事。曰：‘夏礼吾能言之，杞不足征也。殷礼吾能言之，宋不足征也。足，则吾能征之矣。’观殷、夏所损益，曰：‘后虽百世可知也，以一文一质，周监二代，郁郁乎文哉！吾从周。’故书、传、礼、记自孔氏。……孔子以《诗》《书》《礼》《乐》教，弟子盖三千焉，身通六艺者七十二人。”

《史记》卷一二一《儒林列传》：“太史公曰：……夫周室衰而《关雎》作，幽、厉微而礼、乐坏，诸侯恣行，政由强国。故孔子闵王路废而邪道兴，于是论次《诗》《书》，修起礼、乐，适齐闻《韶》，三月不知肉味，自卫返鲁，然后乐正，《雅》《颂》各得其所。世以混浊莫能用，是以仲尼干七十余君无所遇。”

《论语·八佾》：“子曰：‘夏礼吾能言之，杞不足征也；殷礼吾能言之，宋不足征也。文献不足故也，足，则吾能征之矣。’”

《汉书》卷三〇《艺文志》：“《易》曰：‘河出图，雒出书，圣人则之。’故《书》之所起远矣。至孔子纂焉，上断于尧，下讫于秦，凡百篇，而为之序，言其作意。”在孔子所删《尚书》之外，又有《周书》，后世称为《逸周书》。

《汉书》卷三〇《艺文志》：“《周书》七十一篇。”原注：《周史记》。注：“师古曰：刘向云，周时诰誓号令也。盖孔子所论百篇之余也。”

《汉书》卷三九《萧何传》注：“师古曰：《周书》者，本与《尚书》同类，盖孔子所删百篇之外。刘向所奏有七十一篇。”

《史通》卷一《六家》："又有《周书》者，与《尚书》相类，即孔子刊约百篇之外，凡为七十一章，上自文、武，下终灵、景，甚有明允笃诚，典雅高义，时亦有浅末恒说，滓秽相参，殆似后之好事者所增益也。至若《职方》之言，与《周官》无异；《时训》之说，比《月令》多同。斯百王之正书，五经之别录者也。"

前 481　周敬王三十九年　鲁哀公十四年
孔丘修《春秋》。

《孟子·滕文公下》："世衰道微，邪说暴行有作，臣弑其君者有之，子弑其父者有之。孔子惧，作《春秋》。《春秋》，天子之事也。是故孔子曰：知我者其惟《春秋》乎！罪我者其惟《春秋》乎！"又："昔者禹抑洪水而天下平，周公兼夷狄驱猛兽而天下宁，孔子成《春秋》而乱臣贼子惧。"

《史记》卷四七《孔子世家》："鲁哀公十四年……及西狩见麟，曰：'吾道穷矣！'喟然叹曰：'莫知我夫！'……子曰：'弗乎弗乎！君子病没世而名不称焉，吾道不行矣，吾何以自见于后世哉？'乃因史记，作《春秋》，上至隐公，下讫哀公十四年，十二公。据鲁，亲周，故殷，运之三代，约其文辞而指博。故吴、楚之君自称王，而《春秋》贬之曰'子'；践土之会实召周天子，而《春秋》讳之曰'天王狩于河阳'。推此类以绳当世贬损之义，后有王者举而开之。《春秋》之义行，则天下乱臣贼子惧焉。孔子在位听讼，文辞有可与人共者，弗独有也。至于为《春秋》，笔则笔，削则削，子夏之徒不能赞一辞。弟子受《春秋》，孔子曰：'后世知丘者以《春秋》，而罪丘者亦以《春秋》。'"

《史记》卷一四《十二诸侯年表序》："孔子明王道，干七十余君莫能用，故西观周室，论史记旧闻，兴于鲁而次《春秋》。上记隐，下至哀之获麟，约其辞文，去其烦重，以制义法。王道备，人事浃。"

前 479　周敬王四十一年　鲁哀公十六年
孔丘卒。

《左传》哀公十六年："夏四月己丑，孔丘卒。"

《史记》卷一四《十二诸侯年表》："周敬王四十一年、鲁哀公十六年，孔子卒。"

《史记》卷四七《孔子世家》："孔子年七十三，以鲁哀公十六年四月己丑卒。"

前 453　周贞定王十六年　晋出公二十二年

晋知伯被灭，韩、赵、魏三家分晋，晋亡。晋国史书有《晋乘》《晋春秋》。

《孟子·离娄下》："晋之《乘》，楚之《梼杌》，鲁之《春秋》，一也。"

《国语·晋语七》："（司马侯）对（悼公）曰：'羊舌肸习于《春秋》。'"韦昭注：'肸，叔向之名。《春秋》纪人事之善恶，而目以天时，谓之《春秋》，周史之法也。"

《史通》卷一《六家》："《琐语》又有《晋春秋》，记献公十七年事。"《国语》约著成于本年之后。

《史记》卷一三〇《太史公自序》："左丘失明，厥有国语。"

《汉书》卷三〇《艺文志》："《国语》二十一篇。"原注："左丘明著。"

《后汉书》卷四〇上《班彪传》："定、哀之间，鲁君子左丘明论集其文，作《左氏传》三十篇；又撰异同，号曰《国语》，二十篇。"

韦昭《国语解序》："昔孔子发愤于旧史，垂法于素王。左丘明因圣言以摅意，托王义以流藻，其渊原深大，沈懿雅丽，可谓命世之才，博物善作者也。其明识高远，雅思未尽，故复采录前世穆王以来，下讫鲁悼，智伯之诛，邦国成败，嘉言善语，阴阳律吕，天时人事逆顺之数，以为《国语》。其文不主于经，故号曰《外传》。"

《史记集解序》："司马迁据《左氏》《国语》。"《索隐》："《国语》亦丘明所撰，上起周穆王，下讫敬王；其诸侯之事，起鲁庄公，迄春秋末，凡二十一篇。"

《史通》卷一《六家》："《国语》家者，其先亦出于左丘明，既为《春秋内传》，又稽其逸文，纂其别说，分周、鲁、齐、晋、郑、楚、吴、越八国，事起自周穆王，终于鲁悼公，别为《春秋外传国语》，合为二十一篇。其文以方《内传》，或重出而小异。然自古名儒贾逵、王肃、虞翻、韦曜之徒，并申以注释，治其章句。此亦六经之流，三传之亚也。"又卷一二《古今正史》："左丘明既配经立传，又撰诸异同，号曰《外传国语》二十一篇，斯盖采书志等文，非唯鲁之史记而已。"

案：《国语》成书年代不可确知，因其记事止于本年晋知伯被灭，则其著成当在本年以后也。

前 403 周威烈王二十三年

《左传》约著成于本年之后。

《史记》卷一四《十二诸侯年表序》："孔子明王道，干七十余君莫能用，故西观周室，论史记旧闻，兴于鲁而次《春秋》。……七十子之徒口受其传指，为有所刺讥褒讳挹损之文辞不可以书见也。鲁君子左丘明惧弟子人人异端，各安其意，失其真，故因孔子史记具论其语，成《左氏春秋》。"

《汉书》卷三〇《艺文志》："《左氏传》三十卷。"原注："左丘明，鲁太史。"又："周室既微，载籍残缺。仲尼思存前圣之业，……以鲁周公之国，礼文备物，史官有法，故与左丘明观其史记，据行事，仍人道，因兴以立功，败以成罚，假日月以定历数，藉朝聘以正礼乐。有所褒讳贬损，不可书见，口授弟子。弟子退而异言。丘明恐弟子各安其意，以失其真，故论本事而作传，明夫子不以空言说经也。《春秋》所贬损大人、当世君臣，有威权势力，其事实皆形于传，是以隐其书而不宣，所以免时难也。"

《论语·公冶长》："子曰：'巧言令色，足恭，左丘明耻之，丘亦耻之。匿怨而友其人，左丘明耻之，丘亦耻之。'"

《汉书》卷三六《楚元王传附刘歆传》："歆以为左丘明好恶与圣人同，亲见孔子。"

杜预《春秋左氏经传集解序》："左丘明受经于仲尼，以为经者不刊之书也，故传或先经以始事，或后经以终义，或依经以辩理，或错经以合异，随义而发其例之所重，旧史遗文，略不尽举，非圣人所修之要故也。身为国史，躬览载籍，必广记而备言之。其文缓，其旨远。将令学者原始要终，寻其枝叶，究其所穷，优而柔之，使自求之；厌而饫之，使自趋之。若江海之浸，膏泽之润，涣然冰释，怡然理顺，然后为得也。"

孔颖达《春秋左氏经传集解序疏》："沈氏云：《严氏春秋》引《观周篇》云：'孔子将修《春秋》，与左丘明乘如周，观书于周史。归而修《春秋》之经，丘明为之传，共为表里。'"

案：《左传》成书年代，说者不一。今据杨伯峻《春秋左传注·前言》之说，其成书年代当在本年之后，故编于此。

前 392　周安王十年

墨翟约卒于本年。墨翟曾见周、燕、宋、齐及各国《春秋》。

《史记》卷七四《孟子荀卿列传》："盖墨翟，宋之大夫。善守御，为节用。或曰并孔子时，或曰在其后。"

《墨子·明鬼下》："子墨子曰：'……著在周之《春秋》。……著在燕之《春秋》。……著在宋之《春秋》。……著在齐之《春秋》。'"

《隋书》卷四二《李德林传》李德林答魏收曰："墨子又云：'吾见百国《春秋》。'"

前 338　周显王三十一年　秦孝公二十四年

商鞅约卒于本年。商鞅曾阐述关于历史发展之见解。

《史记》卷六八《商君列传》："商君者，卫之诸庶孽公子也，名鞅，姓公孙氏。……鞅少好刑名之学，事魏相公叔座，为中庶子。……公叔既死，公孙鞅闻秦孝公下令国中求贤者，……乃遂西入秦。……孝公既用卫鞅，……以卫鞅为左庶长，卒定变法之令。……行之十年，秦民大悦。……于是以鞅为大良造。……居五年，秦人富强，天子致胙于孝公，诸侯毕贺。……秦封之于商十五邑，号为商君。商君相秦十年，宗室贵戚多怨望者。……秦孝公卒，太子立，公子虔之徒告商君欲反，发吏捕商君。商君亡至关下，……走商邑，……秦发兵攻商君，杀之于郑渑池，秦惠王车裂商君以徇。"

《商君书·画策》："昔者昊英之世，以伐木杀兽，人民少而木兽多。黄帝之世，不靡不卵，官无供备之民，不得用椁。事不同，皆王者，时异也。神农之世，男耕而食，妇织而衣，刑政不用而治，甲兵不起而王。神农既没，以强胜弱，以众暴寡，故黄帝作为君臣上下之义，父子兄弟之礼，夫妇妃匹之合；内行刀锯，外用甲兵。故时变也。"又："圣人知必然之理，必为之时势，故为必治之政，战必勇之民，行必听之令。是以兵出而无敌，令行而天下服从。……圣人见本然之政，知必然之理，故其制民也，如以高下制水，如以燥湿制火。"

《商君书·开塞》："天地设而民生之，当此之时也，民知其母而不知其父，其道亲亲而爱私。……当此时也，民务胜而力征，务胜则争，力征则讼，讼而无正，则莫得其性也。故贤者立中正，设无私，而民说（悦）仁。当此时也，亲亲废，上贤立矣。凡仁者以爱利为务，而贤者以相出为道。民众而无制，久而相出为道，则有乱。故圣人承之，作为土地货财男女之分。分定而无制，不可，故立禁。禁立而莫之司，不可，故立官。官设而莫之一，不可，故立君。既立君，则上贤废而贵贵立矣。然则，上世亲亲而爱私，中世上贤而说（悦）仁，下世贵贵而尊官。上贤者以道相出也，而立君者使贤无用也，亲亲者以私为道也，而中正者使私无行也。此三者非事相反也，民道弊而所重易也，世事变而行道异也。"

《商君书·君臣》："古者未有君臣上下之时，民乱而不治。是以圣人列贵贱，制爵位，立名号，以别君臣上下之义。地广，民众，万物多，故分五官而守之。民众而奸邪生，故立法制、为度量以禁之。是故有君臣之义，五官之分，法制之禁。不可不慎也。"

《商君书·更法》："前世不同教，何古之法？帝王不相复，何礼之循？伏羲、神农教而不诛，黄帝、尧、舜诛而不怒，及至文、武，各当时而立法，因事而制礼。礼法以时而定，制令各顺其宜，兵甲器备各便其用。臣故曰：治世不一道，便国不必法古。汤、武之王也，不循古而兴；殷、夏之灭也，不易礼而亡。然则反古者未必可非，循礼者未足多是也。"

前 320　周慎靓王元年　楚怀王九年
《铎氏微》作者铎椒约卒于本年。

《史记》卷一四《十二诸侯年表序》："铎椒为楚威王傅，为王不能尽观《春秋》，采取成败，卒四十章，为《铎氏微》。"《索隐》："铎椒所撰名《铎氏微》者，《春秋》有微婉之词故也。"

《汉书》卷三〇《艺文志》："《铎氏微》三篇，楚太傅铎椒撰。"

孔颖达《春秋左氏经传集解序疏》引刘向《别录》："左丘明授曾申，申授吴起，起授其子期，期授楚人铎椒，铎椒作《抄撮》八卷。"

案：铎椒卒年，史无明文，今据钱穆《先秦诸子系年考辨》，编于本年。

前 298　周赧王十七年　魏襄王二十一年
《竹书纪年》约著成于本年。

杜预《春秋左氏经传集解后序》："太康元年三月，吴寇始平，余自江陵还襄阳，解甲休兵，乃伸抒旧意，修成《春秋释例》及《经传集解》始讫。会汲郡汲县有发其界内旧冢者，大得古书，皆简编蝌蚪文字。发冢者不以为意，往往散乱。蝌蚪书久废，推寻不能尽通。始者藏在秘府，余晚得见之，所记大凡七十五卷，多杂碎怪妄，不可训知，《周易》及《纪年》最为分了。……其《纪年》篇，起自夏、殷、周，皆三代王事，无诸国别也。唯特记晋国，起自殇叔，次文侯、昭侯，以至曲沃、庄伯。庄伯之十一年十一月，鲁隐公之元年正月也。皆用夏正建寅之月为岁首，编年相次。晋国灭，独记魏事，下至魏哀王（案：即魏襄王）之二十年，盖魏国之史记也。推校哀王二十年太岁在壬戌，是周赧王之十六年、秦昭王之八年、韩襄王之十三年、赵武灵王之二十七年、楚怀王之三十年、燕昭王之十三年、齐湣王之二十五年也。上去孔丘卒百八十一岁，下去今太康三年五百八十一岁。……哀王二十三年乃卒，故特不称谥，谓之今王。其著书文意大似《春秋经》，推此足见古者国史策书之常也。"

《晋书》卷五一《束晳传》："《纪年》十三篇，记夏以来至周幽王为犬戎所灭，以事接之，三家分，仍述魏事，至安釐王（案：应为襄王）之二十年，盖魏国之史书，大略与《春秋》皆多相应。其中经传大异，则云夏年多殷；益干启位，启杀之；太甲杀伊尹；文丁杀季历；自周受命至穆王百年，非穆王寿百岁也；幽（案：应作厉）王既亡，有共伯和者摄行天子事，非二相共和也。"

案：《竹书纪年》记事止于魏襄王二十年，称今王而不称谥。魏襄王卒于二十三年，则《竹书纪年》当著成于本年或次年。

前289 周赧王二十六年

孟轲约卒于本年。孟轲曾阐述"一治一乱""五百年必有王者兴"之历史观。

《史记》卷七四《孟子荀卿列传》："孟轲，邹人也。受业子思之门人。道既通，游事齐宣王，宣王不能用。适梁，梁惠王不果所言，则见以为迂远而阔于事情。当是之时，……天下方务于合从连衡，以攻伐为贤。而孟轲乃述唐虞三代之德，是以所如者不合，退而与万章之徒序《诗》《书》，述仲尼之意，作《孟子》七篇。"

《孟子·滕文公下》："孟子曰：'天下之生久矣，一治一乱。当尧之时，水逆行，氾滥于中国，蛇龙居之，民无所定，……使禹治之。禹掘地而注之海，驱蛇龙而放之菹，水由地中行，江、淮、河、汉是也。险阻既远，鸟兽之害人者消，然后人得平土而居之。尧、舜既没，圣人之道衰，暴君代作，坏宫室以为污池，民无所安息；弃田以为园囿，使民不得衣食，邪说暴行又作，园囿污池沛泽多而禽兽至。及纣之身，天下又大乱。周公相武王，诛纣伐奄，三年讨其君，驱飞廉于海隅而戮之，灭国者五十，驱虎豹犀象而远之，天下大悦。……世衰道微，邪说暴行有作，臣弑其君者有之，子弑其父者有之。'"

《孟子·公孙丑下》："孟子……曰：……五百年必有王者兴，其间必有名世者。由周而来，七百有余岁矣，以其数则过矣，以其时考之则可矣。"

《孟子·尽心下》："孟子曰：由尧、舜至于汤，五百有余岁，……若禹、皋陶则见而知之，若汤则闻而知之。由文王至于孔子，五百有余岁，若伊尹、莱朱则见而知之，若文王则闻而知之。由孔子而来至于今，百有余岁，去圣人之世，若此其未远也；近圣人之居，若此其甚也。然而无有乎尔！则亦无有乎尔！"

前240　齐王建二十五年　秦王政七年
邹衍约卒于本年。邹衍曾阐述"五德终始说"之历史观。

《史记》卷七四《孟子荀卿列传》："邹衍睹有国者益淫侈，不能尚德，若《大雅》整之于身，施及黎庶矣。乃深观阴阳消息而作怪迁之变，《终始》《大圣》之篇十余万言。……称引天地剖判以来，五德转移，治各有宜，而符应若兹。……邹子重于齐。适梁，梁惠王郊迎，执宾主之礼。适赵，平原君侧行襒席。如燕，昭王拥彗先驱，请列弟子之座而受业，筑碣石宫，身亲往师之。作《主运》。其游诸侯见尊礼如此。"《索隐》："刘向《别录》云：'邹子书有《主运篇》。'"

《史记》卷二八《封禅书》："自齐威、宣之时，邹子之徒论著终始五德之运。（《集解》："如淳曰：'今其书有《五德终始》。五德各以所胜为行，秦谓周为火德，灭火者水，故自谓水德。'"）及秦帝而齐人奏之，故始皇采用之。……邹衍以阴阳《主运》，（《集解》："如淳曰：'今其书有《主运》，五行相次转用事，随方面为服。'"《索隐》："《主运》是邹子之书篇名。"）显于诸侯。"

《史记》卷二六《历书》："是时独有邹衍明于五德之传，（《正义》："五德，五行也。"）而散消息之分，以显诸侯。而亦因秦灭六国，兵戎极烦，又升至尊之日浅，未暇遑也。而亦颇推五胜，（《集解》："骃案《汉书音义》曰：'五行相胜。秦以周为火，用水胜之也。'"）而自以为获水德之瑞。"

《文选·左思魏都赋》注引《七略》："邹子有《终始五德》，从所不胜，土德后木德继之，金德次之，火德次之，水德次之。"

《文选·沈休文故安陆昭王碑》注引《邹子》："五德从所不胜，虞土、夏木、殷金、周火。"

前235　赵王迁元年　秦王政十二年
《虞氏春秋》作者虞卿约卒于本年。

《史记》卷七六《虞卿列传》："虞卿者，游说之士也。……说赵孝成王，……为赵上卿，故号为虞卿。……不得意，乃著书，上采春秋，下观近世，曰《节义》《称号》《揣摩》《政谋》凡八篇，以刺讥国家得失，世传之曰《虞氏春秋》。"

《史记》卷一四《十二诸侯年表序》："虞卿上采春秋，下观近世，亦著八篇，为《虞氏春秋》。"

《汉书》卷三〇《艺文志》："《虞氏春秋》十五篇。"原注："虞卿也。"又"《虞氏微传》二篇"。原注："赵相虞卿。"

孔颖达《春秋左氏经传集解序疏》引刘向《别录》："虞卿作《抄撮》九卷。"

案：虞卿卒年，史无明文，今据钱穆《先秦诸子系年考辨》，编于本年。

前 233　秦王政十四年　韩王安六年
韩非卒。韩非曾阐述关于历史发展之见解。

《史记》卷六三《老庄申韩列传》："韩非者，韩之诸公子也。喜刑名法术之学，而其归本于黄老。……与李斯俱事荀卿。……非见韩之削弱，数以书谏韩王，韩王不能用。于是韩非疾治国不务修明其法制，……悲廉直不容于邪枉之臣，观往者得失之变，故作《孤愤》《五蠹》《内外储》《说林》《说难》十余万言。……人或传其书至秦，秦王见《孤愤》《五蠹》之书曰：'嗟乎！寡人得见此人，与之游，死不恨矣。'李斯曰：'此韩非之所著书也。'秦因急攻韩。韩王始不用非，及急，乃遣非使秦。秦王悦之，未信用。李斯、姚贾害之，毁之曰：'……非终为韩不为秦，……今王不用，久留而归之，此自遗患也，不如以过法诛之。'秦王以为然，下吏治非。李斯使人遗非药，使自杀。韩非欲自陈，不得见。秦王后悔之，使人赦之，非已死矣。"

《韩非子·五蠹》："上古之世，人民少而禽兽众，人民不胜禽兽虫蛇，有圣人作，构木为巢以避群害，而民悦之，使王天下，号曰有巢氏。民食果蓏蚌蛤，腥臊恶臭而伤害腹胃，民多疾病，有圣人作，钻木取火以化腥臊，而民悦之，使王天下，号之曰燧人氏。中古之世，天下大水，而鲧、禹决渎。近古之世，桀、纣暴乱，而汤、武征伐。今有构木钻燧于夏后之世者，必为鲧、禹笑矣。有决渎于殷、周之世者，必为汤、武笑矣。然则今有美尧、舜、禹、汤、武之道于当今之世者，必为新圣笑矣。是以圣人不期修古，不法常可，论世之事，因为之备。宋人有耕田者，田中有株，兔走触株，折颈而死，因释其耒而守株，冀复得兔，兔不可复得，而身为宋国笑。今欲以先王之政，治当世之民，皆守株之类也。古者丈夫不耕，草木之实足食也；妇人不织，禽兽之皮足衣也。不事力而养足，人民少而财有余，故民不争。是以厚赏不行，重罚不用，而民自治。今人有五子不为多，子又有五子，大父未死而有二十五孙，是以人民众而货财寡，事力劳而供养薄，故民争，虽倍赏累罚而不免于乱。尧之王天下也，茅茨不翦，采椽不斫，粝粢之食，藜藿之羹，冬日麑裘，夏日葛衣，虽监门之服养，不亏于此矣。禹之王天下也，身执耒臿以为民先，股无胈，胫不生毛，虽臣虏之劳不苦于此矣。以是言之，夫古之让天子者，是去监门之养而离臣虏之劳也，故传天下而不足多也。今之县令，一日身死，子孙累世絜驾，故人重之；是以人之于让也。轻辞古之天子，难去今之县令者，薄厚之实异也。……故圣人议多少、论薄厚为之政，故罚薄不为慈，诛严不为戾，称俗而行也。故事因于世，而备适于事。古者文王处丰、镐之间，地方百里，行仁义而怀西戎，遂王天下。徐偃王处汉东，地方五百里，行仁义，割地而朝者三十有六国，荆文王恐其害己也，举兵伐徐，遂灭之。故文王行仁义而王天下，偃王行仁义而丧其国，是仁义用于古而不用于今也。故曰：世异则事异。当舜之时，有苗不服，禹将伐之，舜曰：'不可。上德不厚而行武，非道也。'乃修教三年，执干戚舞，有苗乃服。共工之战，铁铦短者及乎敌，铠甲不坚者伤乎体，是干戚用于古不用于今也。故曰：事异则备变。上古竞于道德，中世逐于智谋，当今争于气力。齐将攻鲁，鲁使子贡说之，齐人曰：'子非言不辩也，吾所欲者土地也，非斯言所谓也。'遂举兵伐鲁，去门十里以为界。故偃王仁义而徐亡，子贡辩智而鲁削。以是言之，夫仁义辩智，非所以持国也。去偃王之仁，息子贡之智，循徐、鲁之力使敌万乘，则齐、荆之欲不得行于二国矣。"

前228　秦王政十九年　赵王迁八年

《世本》著成本年之前。

《汉书》卷三〇《艺文志》："《世本》十五篇。"原注："古史官记黄帝以来讫春秋时诸侯大夫。"

《汉书》卷六二《司马迁传赞》："又有《世本》，录黄帝以来至春秋帝王公侯卿大夫祖世所出。"

《后汉书》卷四〇《班彪传》："又有记录黄帝以来至春秋时帝王公侯卿大夫，号曰《世本》，一十五篇。"

《史记集解序》："司马迁……采《世本》……。"《索隐》："刘向云：《世本》，古史官明于古事者之所记也，录黄帝已来帝王诸侯及卿大夫系谥名号，凡十五篇也。"

案：《世本》成书不详何年，据书中称赵王迁为"今王"，而赵王迁共八年，则其成书当在本年之前。

前 223　楚王负刍五年　秦王政二十四年
楚亡。楚国史书有《春秋》《梼杌》《楚书》。

（申）叔时曰："教之《春秋》而为之耸善而抑恶焉，以戒劝其心……教之故《志》，使知废兴者而戒惧焉，教之《训典》使知族类，行比义焉。"

《孟子·离娄下》："晋之《乘》，楚之《梼杌》，鲁之《春秋》，一也。"

《小戴礼记·大学》："《楚书》曰：'惟善以为宝。'"注："楚昭王时书。"

《韩诗外传》："孙叔敖治楚，三年而国霸，楚史援笔而书之策。"

前 221　秦始皇二十六年
秦置太史令。

《汉书》卷一九《百官公卿表》："奉常，秦官，……属官有太乐、太祝、太宰、太史、太卜、太医六令丞。"

《汉书》卷三〇《艺文志》："《博学》七章者，（秦）太史令胡母敬所作。"

《史通》卷一一《史官建置》："至秦有天下，太史令胡母敬作《博学章》。"

前 213　秦始皇三十四年
秦始皇准李斯议，下令焚书，战国时诸侯史记尽毁。

《史记》卷六，《秦始皇本纪》：三十四年……丞相李斯曰：五帝不相复，三代不相袭，各以治，非其相反。时变异也。今陛下创大业，建万世之功，固非愚儒所知。且越言乃三代之事，何足法也！异时诸侯并争，厚招游学，今天下已定，法令出一，百姓当家则力农工，士则学习法令辟禁。今诸生不师今而学古，以非当世，惑乱黔首，丞相臣斯昧死言：古者天下散乱，莫之能一，是以诸侯并作，语皆道古以害今，饰虚言以乱实，人善其所私学，以非上之所建立。今皇帝并有天下，别黑白而定一尊，私学而相与非法教，人闻令下，则各以其学议之，入则心非，出则巷议，夸主以为名，异取以为高，率群下以造谤。如此弗禁，则主势降乎上，党与成乎下，禁之便。臣请史官非秦记皆烧之，非博士官所职，天下敢有藏《诗》、《书》、百家语者，悉诣守、尉杂烧之，有敢偶语《诗》、《书》者弃市，以古非今者族，吏见知不举者与同罪。令下三十日不烧，黥为城旦。所不去者，医药卜筮种树之书，若欲有学法令，以吏为师。制曰：可。

《史记》卷一五，《六国表》：秦既得意，烧天下《诗》、《书》，诸侯史记尤甚，为其有所刺讥也。《诗》、《书》所以复见者，多藏人家，而史记独藏周室，以故灭。惜哉！惜哉！独有《秦记》，又不载日月，其文略不具。

前 207　秦二世三年

秦亡。秦时有大臣奏议等遗存，至汉代编辑为《奏事》。

《汉书》卷三〇，《艺文志》：《奏事》二十篇。秦时大臣奏事及刻石名山文也。

（原载杨翼骧《学忍堂文集》，中华书局 2002 年出版）

三国两晋史学编年

例　言

一、本篇编载公元 220 年东汉灭亡至公元 420 年东晋灭亡的史学事迹。

二、政权分裂时期，仅列于本年史学事迹有关政权的帝王年号，无关者不列。

三、地方志除有特殊价值者外，一般概不具录。

四、引录文字，力求以原始资料和最早资料为主，后人论述除对于考证其事确有必要者外，一般不录。

五、其他体式，一如前篇《先秦史学编年》。

公元 220　汉献帝建安二十五年东汉亡。

221　魏文帝黄初二年

郑默约于本年后著《中经簿》。

《初学记》卷二三引王隐《晋书》："郑默，字思元，为秘书郎，删省旧文，除其浮秽，著魏《中经簿》。中书令虞松谓默曰：'而今而后，朱紫别矣。'"

《广弘明集》卷三阮孝绪《七录序》："魏晋之世，文籍逾广，皆藏在秘书中外三阁。魏秘书郎郑默删定旧文，时之论者谓为朱紫有别。"

《隋书》卷三二《经籍志一》："董卓之乱，献帝西迁，图书缣帛，军人皆取为帷囊。所收而西，犹七十余载。两京大乱，扫地皆尽。魏氏代汉，采掇遗亡，藏在秘书中外三阁，魏秘书郎郑默始制《中经》。"

案：郑默著《中经簿》不详何年，据上引诸文，当在本年以后，故编于此。

222　吴王（孙权）黄武元年
谢承约于本年前后著《后汉书》。

《三国志》卷五〇《吴主权谢夫人传》："吴主权谢夫人，会稽山阴人也。父煚，汉尚书郎、徐令。权母吴为权聘以为妃，爱幸有宠。后权纳姑孙徐氏，欲令谢下之，谢不肯，由是失志，早卒。后十余年，弟承拜五官郎中，稍迁长沙东部都尉、武陵太守。撰《后汉书》百余卷。"注："《会稽典录》曰：承字伟平，博学洽闻，尝所知见，终身不忘。"

《隋书》卷三三《经籍志二》："《后汉书》一百三十卷，无帝纪，吴武陵太守谢承撰。"又："《会稽先贤传》七卷，谢承撰。"

案：谢承著《后汉书》之年代，史无明文。据《三国志·谢夫人传》所云，谢承任五官郎中等职系谢夫人卒后十余年之事，而谢夫人之卒在孙权娶徐夫人以后。《三国志》卷五〇《徐夫人传》云："权为讨虏将军，在吴聘以为妃。"考《三国志》卷四七《孙权传》，孙权为讨虏将军在公元200年（汉献帝建安五年），则谢夫人之卒最早不过此年，可知谢承开始为五官郎中约在公元215年（建安二十年）前后。又据《谢夫人传》及《隋书·经籍志》之文，谢承著成《后汉书》当在其为武陵太守之时。考武陵本属蜀，自公元219年（建安二十四年）吕蒙攻杀关羽后始属吴，则谢承为武陵太守及其著成《后汉书》最早约在此后数年中。故编于此。

227　魏明帝太和元年
魏明帝即位后，开始设置专掌修史之官，称为著作郎。

《晋书》卷二四《职官志》："著作郎，周左史之任也。汉东京图籍在东观，故使名儒著作东观，有其名尚未有官。魏明帝太和中，诏置著作郎，于是始有其官，隶中书省。"

232　魏明帝太和六年
卫觊、缪袭于本年前撰著魏史。

《史通》卷一二《古今正史》："魏史：黄初、太和中始命尚书卫觊、缪袭草创纪传。累载不成。"

《三国志》卷二一《卫觊传》："卫觊字伯儒，河东安邑人也。……文帝践阼，复为尚书，封阳吉亭侯。明帝即位，进封阌乡侯。……受诏典著作。又为《魏官仪》。凡所撰述十篇。"

《三国志》卷二一《刘勋传附缪袭传》："东海缪袭亦有才学，多所述叙，官至尚书光禄勋。"注："《文章志》曰：袭字熙伯，辟御史大夫府，历事魏四世，正始六年年六十卒。"

案：据《史通》所述，卫觊与缪袭撰著魏史系在魏文帝黄初（220—226）及魏明帝太和（227—232）十余年间，当在本年以前，故编于此。

233　蜀后主建兴十一年
《三国志》作者陈寿生。

据《晋书》卷八二《陈寿传》，陈寿卒于晋惠帝元康七年（297），六十五岁。逆推之，知生于本年。

251　吴大帝太元元年
吴大帝（孙权）始命丁孚与项峻撰著《吴书》。

《三国志》卷五三《薛综传附薛莹传》："右国史华覈上疏曰：'……大吴受命，建国南土。大皇帝末年，命太史令丁孚、郎中项峻始撰《吴书》。孚、峻俱非史才，其所撰作，不足纪录。'"

252　吴少帝建兴元年
韦曜与华覈、薛莹、周昭、梁广等共撰《吴书》。

《三国志》卷六五《韦曜传》："韦曜，字弘嗣，吴郡云阳人也。（注：本名昭，史为晋讳改之。）……孙亮（少帝）即位，诸葛恪辅政，表曜为太史令，撰《吴书》。华覈、薛莹等皆与参同。"

《三国志》卷五三《薛综传附薛莹传》："右国史华覈上疏曰：'……至少帝时，更差韦曜、周昭、薛莹、梁广及臣五人访求往事，所共撰立，备有本末。'"

《三国志》卷五二《步骘传》："周昭者，字恭远，与韦曜、周昭、华覈并述《吴书》。"

《史通》卷一二《古今正史》："（吴）少帝时，更敕韦曜、周昭、薛莹、梁广、华覈访求往事，相与记述。并作之中，曜、莹为首。"

255 魏高贵乡公正元二年

在本年前后，王沉与荀顗、应璩、阮籍、孙该、傅玄等均曾奉命撰著魏史，最后由王沉著成《魏书》。

《晋书》卷三九《王沉传》："王沉，字处道，太原晋阳人也。……（齐王曹芳时）转秘书监。正元中，迁散骑常侍、侍中，典著作。与荀顗、阮籍共撰《魏书》，多为时讳，未若陈寿之实录也。"

《史通》卷一二《古今正史》："魏史：黄初、太和中，始命尚书卫顗、缪袭草创纪传，累载不成。又命侍中韦诞、应璩，秘书监王沉，大将军从事中郎阮籍，司徒右长史孙该，司隶校尉傅玄等复共撰定。其后王沉独就其业，勒成《魏书》四十四卷。其书多为时讳，殊非实录。"

《太平御览》卷二三三引王隐《晋书》："王沉为秘书监，著《魏书》，多为时讳，而善序事。"

《宋书·五行志序》："王沉《魏书》，志篇缺，凡厥灾异，但编帝纪而已。"

《三国志》卷二一《王粲传附应璩传》注引《文章叙录》："（应）璩，字休琏，……齐王即位，稍迁侍中、大将军长史。……复为侍中，典著作。嘉平四年卒。"

《晋书》卷四九《阮籍传》："阮籍，字嗣宗，陈留尉氏人也。……宣帝（司马懿）为太傅，命籍为从事中郎。及帝崩，复为景帝（司马师）大司马从事中郎。……高贵乡公即位，封关内侯，徙散骑常侍。……及文帝（司马昭）辅政，……引为大将军从事中郎。……景元四年冬卒，时年五十四。"

《三国志》卷二一《刘劭传》注引《文章叙录》："（孙）该，字公达，强志好学。年二十，上计掾，召为郎中，著《魏书》。迁博士、司徒右长史，复还入著作。景元二年卒官。"

《晋书》卷四七《傅玄传》："傅玄，字休奕，北地泥阳人也。……（魏时）除郎中，与东海缪施俱以时誉选入著作，撰集《魏书》。"

案：王沉最后著成《魏书》之年代已不能确考。

263 蜀后主炎兴元年

蜀亡。王崇于本年后著《蜀书》。

《华阳国志》卷一一《王化传》："（王）崇，字幼远，学业渊博，雅性洪粹。蜀时东观郎。大同后，梁州辟别驾，别举秀才，尚书郎。与寿良、李宓、陈寿、李骧、杜烈同入京洛，为二州标隽。……著《蜀书》及诗赋之属数十篇，其书与陈寿颇不同。"

案：王崇著《蜀书》不详何年，据《华阳国志》所述，当在蜀亡之后。

265　魏陈留王咸熙二年　晋武帝泰始元年
魏亡。鱼豢约在本年前后著《魏略》及《典略》。

《史通》卷一二《古今正史》："魏时京兆鱼豢，私撰《魏略》，事止明帝。"

《隋书》卷三三《经籍志二》："《典略》八十九卷，魏郎中鱼豢撰。"

《旧唐书》卷四六《经籍志上》："《魏略》三十八卷，鱼豢注（案："注"应作"撰"。）"又："《典略》五十卷，鱼豢撰。"

《新唐书》卷五八《艺文志二》："鱼豢《魏略》五十卷。"

案：鱼豢生平及其著书年代均不详。张鹏一《魏略辑本》有云："考《魏略》有司马宣王、景王之称，而懿卒于齐王嘉平二年，师卒于高贵乡公正元二年。又记赵王干卒、司马文王西征，事当陈留王景元二年（案：司马昭西征在景元四年）。其书非止明帝，《史通》有误。"今检《三国志》卷四注引《魏略》之文，亦有记齐王曹芳于嘉平六年被废事，则《魏略》记事实不止于明帝也。又鱼豢卒年亦不可考，而张氏补作《鱼豢传》云："豢卒在泰康以后，上距泰始禅让之初，星逾二纪，而未委质新朝，故名位止此也。"但未注明出处，不知何据？

又案：鱼豢所著书，《隋书·经籍志》仅著录《典略》，《新唐书·艺文志》仅著录《魏略》，唯《旧唐书·经籍志》兼载《魏略》及《典略》，故前人有以二者为一书者（如杭世骏《诸史然疑》及侯康《补三国艺文志》），亦有以为二书者（如章宗源《隋书经籍志考证》及姚振宗《补三国艺文志》）。

266　晋武帝泰始二年
《魏书》作者王沉卒。

《晋书》卷三九《王沉传》："泰始二年薨。"

270　晋武帝泰始六年
晋武帝命撰录晋朝建立以后之大事。

《晋书》卷三《武帝纪》："泰始六年……诏曰：'自泰始以来大事皆撰录，秘书写副；后有其事，辄宜缀集，以为常。'"

《古史考》《蜀本纪》作者谯周卒。

《三国志》卷四二《谯周传》：“谯周，字允南，巴西西充国人也。……（泰始）六年秋，为散骑常侍，病笃不拜，至冬卒。凡所著述撰定《法训》《五经论》《古史考》书之属百余篇。”

《晋书》卷八二《司马彪传》：“初，谯周以司马迁《史记》书周秦以上，或采俗语百家之言，不专据正经。周于是作《古史考》二十五篇，皆凭旧典以纠迁之谬误。”

《三国志》卷三八《秦宓传》注：“谯周《蜀本纪》曰……”

《隋书》卷三三《经籍志二》：“《古史考》二十五卷，晋义阳亭侯谯周撰。”章宗源《隋书经籍志考证》：“愚按《文选》王元长《曲水诗》注引公孙述窃位、蜀人任永托目盲一事，其书兼及东京，不徒纠迁史之谬。”

案：据《续汉书注》及《宋书·礼志》所引，谯周尚著有《天文志》《灾异志》《礼仪志》《祭志》等。

273　吴归命侯凤凰二年　晋武帝泰始九年

华覈上书荐薛莹继续撰著吴史。

《三国志》卷五三《薛综传附薛莹传》：“（薛）莹，字道言。……建衡三年……何定建议凿圣溪以通江、淮，（孙）皓令莹督万人往，遂以多磐石、难施功，罢还。出为武昌左部督。后定被诛，皓追圣溪事，下莹狱，徙广州。右国史华覈疏曰：‘臣闻五帝三王皆立史官，叙录功美，垂之无穷。汉时司马迁、班固咸命世大才，所撰精妙，与六经俱传。大吴受命，建国南土。大皇帝末年，命太史令丁孚、郎中项峻始撰《吴书》。孚、峻俱非史才，其所撰作，不足纪录。至少帝时，更差韦曜、周昭、薛莹、梁广及臣五人访求往事，所共撰立，备有本末。昭、广先亡；曜负恩蹈罪；莹出为将，复以过徙。其书遂委滞，迄今未撰奏。臣愚浅才劣，适可为莹等记注而已，若使撰合，必袭孚、峻之迹，惧坠大皇帝之无功，损当世之盛美。莹涉学既博，文章尤妙，同僚之中，莹为冠首。今者见吏虽多经学，记述之才如莹者少，是以慅慅为国惜之，实欲使卒垂成之功，编于前史之末，奏上之后，退填沟壑，无所复恨。’皓遂召莹还为左国史。”

《三国志》卷六五《华覈传》：“华覈，字永先，吴郡武进人也。……孙皓即位，封徐陵亭侯。……后迁东观令，领右国史。”

《史通》卷一一《史官建置》：“吴归命侯时，有左右二国史之职，薛莹为其左，华覈为其右。又周处自左国史迁东观令。"

《晋书》卷五八《周处传》："周处，字子隐，义兴阳羡人也。……著《默语》三十篇及《风土记》，并撰集《吴书》。"

案：据《三国志·薛莹传》所载，华覈上疏荐薛莹撰史系在何定被诛之后，韦曜获罪系狱之时。考《三国志》卷四八《孙皓传》，何定被诛在凤凰元年；又卷六五《韦曜传》，韦曜下狱在凤凰二年，故编于此。

《吴书》《洞纪》《国语解》等作者韦曜卒。

《三国志》卷六五《韦曜传》："孙皓即位，封高陵亭侯，迁中书仆射，职省为侍中，常领左国史。时所在承指，数言瑞应，皓以问曜，曜答曰：'此人家筐篚中物耳。'又皓欲为父和作纪，曜执以和不登帝位，宜名为传。如是者非一，渐见责怒。……皓以为不承用诏命，意不尽忠，遂积前后嫌忿，收曜付狱，是岁凤凰二年也。曜因狱吏上辞曰：'……囚昔见世间有古历注，其所记载既多虚无，在书籍者亦复错谬。囚寻按传记，考核异同，采摭耳目所及，以作《洞纪》，起自庖牺，至于秦汉，凡为三卷。当起黄武以来别作一卷，事尚未成。又见刘熙所作《释名》，信多佳者；然物类众多，难得详究，故时有得失，而爵位之事又有非是。愚以官爵今之所急，不宜乖误。囚自忘至微，又作《官职训》及《辨释名》各一卷，欲表上之。新写始毕，会以无状幽囚待命，泯没之日，恨上不闻。'……华覈连上疏救曜曰：'……臣懔懔见曜自少勤学，虽老不倦；探综坟典，温故识新。……昔李陵为汉将，军败不还而降匈奴，司马迁不加疾恶，为陵游说；汉武帝以迁有良史之才，欲使毕成所撰，忍不加诛，书卒成立，垂之无穷。今曜在吴，亦汉之史迁也。……又《吴书》虽已有头角，叙赞未述。昔班固作《汉书》，文辞典雅；后刘珍、刘毅等作《汉记》，远不及固，叙传尤劣。今《吴书》当垂千载，编次诸史；后之才士论次善恶，非得良才如曜者，实不可使阙不朽之书。……曜年已七十。余数无几。乞赦其一等之罪为终身徒，使成书业，永足传示，垂之百世。谨通进表叩头百下。'皓不许，遂诛曜。"

《史通》卷一二《古今正史》："当归命侯（孙皓）时，昭（周昭）、广（梁广）先亡，曜（韦曜）、莹（薛莹）徙黜，史官久阙，书遂无闻。覈（华覈）表请召曜、莹续成前史。其后曜独终其书（《吴书》），定为五十五卷。"

《隋书》卷三三《经籍志二》："《吴书》二十五卷，韦昭撰，本五十五卷。梁有，今残缺。"又："《洞纪》四卷，韦昭撰，记庖牺以来至汉建安二十七年。"姚振宗《隋书经籍志考证》（《洞纪》）："按建安尽于二十五年，引称二十七年者，以接吴黄武改元之岁也。是岁于魏为黄初三年，于蜀则章武二年，吴未改元之前仍称建安之号，故是书止于二十七年。"

韦昭《国语解·叙》："昔孔子发愤于旧史，垂法于素王；左丘明因圣言以摅意，托王义以流藻。其渊源深大，沉懿雅丽，可谓命世之才，博物善作者也。其明识高远，雅思未尽，故复采录前世穆王以来，下讫鲁悼智伯之诛，邦国成败，嘉言善语，阴阳律吕，天时人事，逆顺之数，以为《国语》。其文不主于经，故号曰《外传》。所以包罗天地，探测祸福，发起幽微，章表善恶者，昭然甚明，实与经艺并陈，非特诸子之伦也。遭秦之乱，幽而复光，贾生、史迁颇综述焉。及刘光禄，于汉成世始更考校，是正疑谬。至于章帝，郑大司农为之训注，解疑释滞，昭晰可观；至于细碎有阙略，侍中贾君敷而衍之，其所发明，大义略举，为已憭矣，然于文间时有遗忘。建安、黄武之间，故侍御史会稽虞君、尚书仆射丹阳唐君，皆英才硕儒，洽闻之士也，采摭所见，因贾为主而损益之。观其辞义，信多善者，然所理释，犹有异同。昭以末学，浅暗寡闻，阶数君之成训，思事义之是非，愚心颇有所觉。今诸家并行，是非相贸，虽聪明疏达识机之士，知所去就，然浅闻初学，犹或未能祛过。切不自料，复为之解。因贾君之精实，采虞、唐之信善，亦以所觉，增润补缀，参之以五经，检之以《内传》，以《世本》考其流，以《尔雅》齐其训，去非要，存事实，凡所发正三百七事。又诸家纷错，载述为烦，是以时有所见，庶几颇近事情，裁有补益，犹恐人之多言，未详其故，欲世览者必察之也。"

《隋书》卷三三《经籍志二》："《春秋外传国语》二十二卷，韦昭注。"

274 晋武帝泰始十年
司马彪于本年前著成《九州春秋》。又于本年前后开始著作《续汉书》。

《晋书》卷八二《司马彪传》："司马彪，字绍统。……泰始中为秘书郎，转丞。注《庄子》；作《九州春秋》。以为先王立史官以书时事，载善恶以为沮劝，撮教世之要也。是以《春秋》不修则仲尼理之，《关雎》既乱而师挚修之，前哲岂好烦哉？盖不得已故也。汉氏中兴，讫于建安，忠臣义士，亦以昭著，而时无良史，记述烦杂。谯周虽已删除，然犹未尽；安、顺以下，亡缺者多。彪乃讨论众书，缀其所闻，起于世祖，终于孝献，编年二百，录世十二，通综上下，旁贯庶事，为纪、志、传凡八十篇，号曰《续汉书》。"

《隋书》卷三三《经籍志二》："《续汉书》八十三卷，晋秘书监司马彪撰。"又："《九州春秋》十卷，司马彪撰，记汉末事。"

《史通》卷一《六家》："当汉氏失驭，英雄角力，司马彪又录其行事，因为《九州春秋》，州为一篇，合为九卷。寻其体统，亦近代之《国语》也。"

《直斋书录解题》卷五："《九州春秋》九卷，晋司马彪绍统撰。汉末州郡之乱，冀、徐、兖、青、荆、扬、梁、益、幽，凡盗贼僭叛皆纪之。"

案：司马彪著史之确实年代，史无明文。据《晋书》本传所云，当于泰始中著成《九州春秋》之后，又著《续汉书》。因泰始共十年，故编于此。

陈寿约在本年前后著成《益部耆旧传》。

《华阳国志》卷一一《陈寿传》："陈寿，字承祚，巴西安汉人也。……（蜀时）东观秘书郎，散骑黄门侍郎。大同后，察孝廉，为丁郡中正。益部自建武后，蜀郡郑伯邑、太尉赵彦信及汉中陈申伯、祝元灵、广汉王文表皆以博学洽闻，作巴蜀耆旧传。寿以为不足经远，乃并巴汉撰为《益部耆旧传》十篇。散骑常侍文立表呈其传，武帝善之。"

《华阳国志》卷一二《序志》："陈君承祚，别为耆旧，始汉及魏，焕乎可观。"

案：陈寿著成《益部耆旧传》不详何年，据《华阳国志》本传所云，当在文立为散骑常侍之时或之前。考《华阳国志》卷一一《文立传》，文立为散骑常侍始于泰始十年，则陈寿之著成是书大约在本年前后，故编于此。

279 晋武帝咸宁五年
在汲郡发现《竹书纪年》等书。

《晋书》卷三《武帝纪》："（咸宁五年）冬十月……汲郡人不准掘魏襄王冢，得竹简小篆古书十余万言，藏于秘府。"

杜预《春秋左氏经传集解后序》："太康元年三月，吴寇始平，余自江陵还襄阳，解甲休兵。……会汲郡汲县有发其界内旧冢者，大得古书，皆简编蝌蚪文字。发冢者不以为意，往往散乱。……所记大凡七十五卷，多杂碎怪妄，不可训知。《周易》及《纪年》最为分了。……其《纪年》篇，起自夏、殷、周，皆三代王事，无诸国别也。唯特记晋国，起自殇叔，次文侯、昭侯，以至曲沃、庄伯。庄伯之十一年十一月，鲁隐公之元年正月也，皆用夏正建寅之月为岁首，编年相次。晋国灭，独记魏事，下至魏哀王之二十年，盖魏国之史记也。……其著书文意大似《春秋》经，推此足见古者国史策书之常也。……诸所记多与《左传》符同，异于《公羊》《谷梁》，知此二书近世穿凿，非《春秋》本意审矣。虽不皆与《史记》《尚书》同，然参而求之，可以端正学者。……《纪年》又称殷仲壬即位，居亳，其卿士伊尹；仲壬崩，伊尹放太甲于桐，乃自立也；伊尹即位，放太甲，七年，太甲潜出自桐，杀伊尹，乃立其子伊涉、伊奋，命复其父之田宅而中分之。《左氏传》伊尹放太甲而相之，卒无怨色。然则太甲虽见放，还杀伊尹，而犹以其子为相也。此为大与《尚书》叙说太甲事乖异，不知老叟之伏生或致昏忘将此古书，亦当时杂记未足以取审也。……"

孔颖达《春秋左氏经传集解后序正义》引王隐《晋书·束皙传》："太康元年，汲郡民盗发魏安釐王冢，得竹书漆字蝌蚪之文。蝌蚪之文者，周时古文也。其字头粗尾细，似蝌蚪之蛊，故俗名之也。大凡七十五卷，……其六十八卷皆有名题，其七卷折简碎杂，不可名题。有《周易》上下经二卷；《纪年》十二卷；《琐语》十一卷；《周王游行》五卷，说周穆王游行天下之事，今谓之《穆天子传》。此四部差为整顿。汲郡初得此书，表藏秘府，诏荀勖、和峤以隶字写之。"

《晋书》卷五一《束皙传》："太康二年，汲郡人不准盗发魏襄王墓，或言安釐王冢，得竹书数十车。其《纪年》十三篇，记夏以来至周幽王为戎所灭，以（晋）事接之。三家分，仍述魏事，至安釐王之二十年，盖魏国之史书。大略与《春秋》皆多相应。其中经传大异，则云夏年多殷；益干启位，启杀之；太甲杀伊尹；文丁杀季历；自周受命穆王百年，非穆王寿百年岁也；幽（案：应作厉）王既亡，有共伯和者摄行天子事，非二相共和也。其《易经》二篇，与《周易》上下经同。《易繇阴阳卦》二篇，与《周易》略同，《繇辞》则异。《卦下易经》一篇，似《说卦》而异。《公孙段》二篇，公孙段与邵陟论《易》。《国语》三篇，言楚、晋事。《名》三篇，似《礼记》，又似《尔雅》《论语》。《师春》一篇，书《左传》诸卜筮，师春似是造书者姓名也。《琐语》十一篇，诸国卜梦妖怪相书也。《梁丘藏》一篇，先叙魏之世数，次言丘藏金玉事。《缴书》二篇，论弋射法。《生封》一篇，帝王所封。《大历》二篇，邹子谈天类也。《穆天子传》五篇，言周穆王游行四海，见帝台、西王母。《图诗》一篇，画赞之属也。又杂书十九篇，《周食田法》《周书》《论楚事》《周穆王美人盛姬死事》，大凡七十五篇。七篇简书折坏，不识名题。……初，发冢者烧策照取宝物，及官收之，多烬简断札。文既残缺，不复诠次，武帝以其书付秘书较缀次第，寻考指归，而以今文写之。"

《晋书》卷三六《卫瓘传附卫恒传》："……太康元年，县人盗发魏襄王冢，得策书十余万言。……古书亦有数种，其一卷《论楚事》者，最为工妙。"

案：汲冢竹书发现之年代，记载不一，有咸宁五年（279）、太康元年（280）、太康二年（281）三说。唐修《晋书》屡记此事而纪传互异，尤失考核。雷学淇

《竹书纪年考证》云："竹书发于咸宁五年十月，明年三月吴平遂上之。《帝纪》之说，录其实也。余就官收以后上于帝京时言，故言太康元年。《束皙传》云二年，或命官校理之岁也。"朱希祖《汲冢书来历考》云："雷说是也。惟云'吴平遂上之'，恐尚嫌过久。盖出土在咸宁五年十月，当时地方官吏即表闻于朝，至洛京虽隔黄河，相去不过二三日程，及帝命藏于秘府，至迟必在太康元年正月。……当收藏秘府之时，正大举伐吴之际，军事孔亟，未遑文事。及三月吴平，论功行赏，吴土战乱，尚未全定，故至太康二年春始命官校理也。"今从雷、朱之说，编于本年。

280　晋武帝太康元年　吴归命侯天纪四年
吴亡。陈寿自本年后开始著作《三国志》。

《华阳国志》卷一一《陈寿传》："吴平后，寿乃鸠合三国史，撰魏、吴、蜀三书六十五篇，号《三国志》。"

281　晋武帝太康二年
荀勖著《中经新簿》，分甲、乙、丙、丁四部，以史书为丙部。

《晋书》卷三九《荀勖传》："荀勖，字公曾，颍川颍阴人。……拜中书监，加侍中，领著作。……俄领秘书监，与中书令张华依刘向《别录》整理记籍。……及得汲郡冢中古文竹书，诏勖撰次之，以为《中经》，列在秘书。"

《广弘明集》卷三阮孝绪《七录序》："晋领秘书监荀勖，因魏《中经》，更著《新簿》。虽分为十有余卷，而总以四部别之。"又："晋《中经簿》四部书一千八百八十五部，二万九百三十五卷。"

《隋书》卷三二《经籍志一》："秘书监荀勖又因《中经》更著新簿，分为四部，总括群书：一曰甲部，纪六艺及小学等书；二曰乙部，有古诸子家、近世子家、兵书、兵家、术数；三曰丙部，有史记、旧事、皇览簿、杂事；四曰丁部，有诗赋、图赞、汲冢书。大凡四部，合二万九千九百四十五卷。但录题及言，盛以缥囊，书用湘素。至于作者之意，无所论辩。"又卷三三《经籍志二》："《晋中经》十四卷，荀勖撰。"

案：荀勖著《中经新簿》不详何年，今据《晋书》本传所言，当在汲冢竹书发现之后，故编于此。

282 晋武帝太康三年
《帝王世纪》《年历》《高士传》等作者皇甫谧卒。

《晋书》卷五一《皇甫谧传》："皇甫谧，字士安，……安定朝那人。……太康三年卒，时年六十八。……谧所著诗赋诔颂论难甚多，又撰《帝王世纪》《年历》《高士》《逸士》《列女》等传，《玄晏春秋》，并重于世。"

《隋书》卷三三《经籍志二》："《帝王世纪》十卷，皇甫谧撰，起三皇，尽汉魏。"又："《高士传》六卷，皇甫谧撰。《逸士传》一卷，皇甫谧撰。……《玄晏春秋》三卷，皇甫谧撰。……《列女传》六卷，皇甫谧撰。"

《旧唐书》卷四六《经籍志上》："《年历》六卷，皇甫谧撰。"

《郡斋读书后志·传记类》："《高士传》十卷，晋皇甫谧撰。纂自陶唐至魏八代，二千四百余载世士高节者。其或以身徇名，虽如夷、齐、两龚皆不录。凡九十六人，而东汉之士居三之一，自古名节之盛，议者独推焉，观此尤信。"

《玉海》卷四七引《中兴书目》："《帝王世纪》，晋正始初安定皇甫谧撰。以《汉记》残缺，始博案经传，旁观百家，著《帝王世纪》并《年历》合十二篇，起太昊帝，讫汉献帝。"姚振宗《隋书经籍志考证》："按正始为魏齐王芳年号，此称晋正始者，犹《汉书叙例》称魏建安也，或是泰始之误。其谓《汉记》残缺者，指《东观汉记》也。"薛莹卒。

薛莹除参撰吴史外，又著《后汉记》。

《三国志》卷五三《薛综传附薛莹传》："薛宝……（吴亡后仕晋）为散骑常侍，……太康三年卒。"

《隋书》卷三三《经籍志二》："《后汉记》六十五卷，本一百卷，梁有，今残缺。晋散骑常侍薛莹撰。"

284 晋武帝太康五年
《春秋左氏经传集解》《春秋释例》《春秋长历》等作者杜预卒。

《晋书》卷三四《杜预传》："杜预，字元凯，京兆杜陵人也。……既立功之后，从容无事，乃耽思经籍，为《春秋左氏经传集解》；又参考众家谱第，谓之《释例》；又作《盟会图》《春秋长历》。备成一家之学，比老乃成。又撰《女记赞》，当时论者谓预文义质直，世人未之重，唯秘书监挚虞赏之曰：'左丘明本为《春秋》作传，而《左传》遂自孤行：《释例》本为传设，而所发明何但《左传》？故亦孤行。'……其后征为司隶校尉，加位特进，行次邓县而卒，时年六十三。"

《晋书》卷三《武帝纪》：太康五年，"镇南大将军当阳侯杜预卒。"

《三国志》卷一六《杜畿传》注："王隐《晋书》称（杜）预智谋渊博，明于理乱，常称德者非所以企及，立功立言所庶几也。大观群典，谓公羊、谷梁诡辩之言；又非先儒说左氏未究丘明意，而横以二传乱之，乃错综微言，著《春秋左氏经传集解》；又参考众家，谓之《释例》；又作《盟会图》《春秋长历》。备成一家之学，至老乃成。"

杜预《春秋左氏经传集解序》："古今言《左氏春秋》者多矣，今其遗文可见者十数家，大体转相祖述，进不成为错综经文以尽其变，退不守丘明之传，于丘明之传有所不通，皆没而不说，而更肤引《公羊》《谷梁》，适足自乱。预今所以为异，专修丘明之传以释经，经之条贯必出于传，传之义例总归诸凡，推变例以正褒贬，简二传而去异端，盖丘明之志也。其有疑错，则备论而阙之，以俟后贤。然刘子骏创通大义，贾景伯父子、许惠卿皆先儒之美者也，末有颖子严者，虽浅近亦复名家。故特举刘、贾、许、颖之违以见同异，分经之年与传之年相附，比其义类，各随而解之，名曰《经传集解》。又别集诸例及地名、谱第、历数，相与为部，凡四十部，十五卷，皆显其异同，从而释之，名曰《释例》，特令学者观其所聚异同之说，释例详之也。"

《史通》卷一八《杂说下》："杜元凯撰《列女记》，博采经籍前史，显录古老明言，而事有可疑犹阙而不载，斯岂非理存雅正，心嫉邪僻者乎！"

《隋书》卷三二《经籍志一》："《春秋左氏经传集解》三十卷，杜预撰。"又"《春秋释例》十五卷，杜预撰。《春秋左氏传评》二卷，杜预撰。"又卷三三《经籍志二》："《女记》十卷，杜预撰。"

285 晋武帝太康六年
陈寿约于本年或稍后著成《三国志》。

《晋书》卷八二《陈寿传》："撰魏、吴、蜀三国志凡六十五篇，时人称其善叙事，有良史之才。夏侯湛时著《魏书》，见寿所作，便坏己书而罢。张华深善之，谓寿曰：'当以《晋书》相付耳。'其为时所重如此。"

案：陈寿著成《三国志》之年，史无明文。考《三国志》卷四八《孙皓传》云："皓举家西迁，以太康元年三月集于京邑。五年，皓死于洛阳。"此为《三国志》中记事最晚之一条，则陈寿著成全书必在太康五年孙皓死后，故编于本年。

287 晋武帝太康八年
王范著成《交广二州春秋》。

《三国志》卷四六《孙策传》注："臣松之案：太康八年，广州大中正王范上《交广二州春秋》。"

290 晋惠帝永熙元年
晋朝议定以泰始元年为晋史之起元。

《晋书》卷四〇《贾充传附贾谧传》："朝廷议立《晋书》限断，中书监荀勖谓宜以魏正始起年，著作郎王瓒欲引嘉平以下朝臣尽入晋史，于时依违未有所决。惠帝立，更使议之。谧上议请从泰始为断，于是事下三府。司徒王戎、司空张华、领军将军王衍、侍中乐广、黄门侍郎嵇绍、国子博士谢衡，皆从谧议；骑都尉济北侯荀畯、侍中荀藩、黄门侍郎华混，以为宜用正始开元；博士荀熙、刁协谓宜嘉平起年。谧重执奏戎、华之议，事遂施行。"

案：晋朝议定晋史限断事，史文未明言在何年，但据"惠帝立，更使议之"一语观之，当在惠帝初即位后，故编于本年。

292 晋惠帝元康二年
著作郎原属中书省，自本年改属秘书省，并增置佐著作郎。

《晋书》卷二四《职官志》："及晋受命，武帝以缪徵为中书著作郎。元康二年，诏曰：'著作旧属中书，而秘书既典文籍，今改中书著作为秘书著作。'于是改隶秘书省。后别自置省，而犹隶秘书。著作郎一人，谓之大著作郎，专掌史任。又置佐著作郎八人。著作郎始到职，必撰名臣传一人。"

《史通》卷一一《史官建置》："旧事：佐郎职知博采，正郎资以草传，如正、佐有失，则秘监职思其忧。其有才堪撰述，学综文史，虽居他官或兼领著作；亦有虽为秘书监而仍领著作郎者。……又案晋令：著作郎掌起居集注，撰录诸言行勋伐旧载史籍者。"

293 晋惠帝元康三年
《汉后书》作者华峤卒。华峤卒时，《汉后书》尚未全部完成，复由其子华彻、华畅继续完成之。

《晋书》卷四四《华表传附华峤传》："峤字叔骏。……泰始初，赐爵关内侯，迁太子中庶子。……更拜散骑常侍，典中书著作，领国子博士，迁侍中。……
元康初，……迁尚书。后以峤博闻多识，属书典实，有良史之志，转秘书监，
加散骑常侍，班同中书。寺为内台，中书、散骑、著作及治礼音律，天文，数
术，南省文章，门下撰集，皆典统之。初，峤以《汉记》烦秽，慨然有改作之
意。会为台郎典官制事，由是得遍观秘籍，遂就其绪。起于光武，终于孝献，
一百九十五年，为帝纪十二卷，皇后纪二卷，十典十卷，传七十卷，及三谱、
序传、目录，凡九十七卷。峤以皇后配天作合，前史作外戚传以继末编，非其
义也，故易为皇后纪以次帝纪；又改志为典，以有《尧典》故也；而改名《汉
后书》，奏之。诏朝臣会议。时中书监荀勖、令和峤、太常张华、侍中王济，咸
以峤文质事核，有迁、固之规，实录之风。藏之秘府。……元康三年卒。……
所撰书十典未成而终。秘书监何劭奏峤中子彻为著作郎，使踵成之，未竟而卒；
后监缪徵又奏峤少子畅为佐著作郎，克成十典，并草魏晋纪传，与著作郎张载
等俱在史官。永嘉丧乱，经籍遗没，峤书存者五十余卷。"

279 晋惠帝元康七年
陈寿卒。晋廷遣吏至其家抄写《三国志》。

《晋书》卷八二《陈寿传》："元康七年病卒，时年六十五。梁州大中正尚书
郎范頵等上表曰：'昔汉武帝诏曰：司马相如病甚，可遣悉取其书。使者得其遗
书，言封禅事，天子异焉。臣等案故治书侍御史陈寿作《三国志》，辞多劝诫，
明乎得失，有益风化；虽文艳不若相如，而质直过之。愿垂采录。'于是诏下河
南尹、洛阳令就家写其书。寿又撰《古国志》五十篇，《益部耆旧传》十篇，余
文章传于世。"

《北堂书钞》卷一〇四引王隐《晋书》："诏河南尹华澹下洛阳令张泓遣吏赍
纸笔就（陈）寿门下写取《三国志》。"

300 晋惠帝永康元年
《晋书帝纪》《十志》《三魏人士传》等作者束皙约卒于本年或以后数年中。

《晋书》卷五一《束皙传》："束皙，字广微，阳平元城人。……皙博学多闻，……
转佐著作郎，撰《晋书帝纪》《十志》。迁转博士，著作如故。……皙在著作，
得观竹书，随疑分释，皆有义证。迁尚书郎。……赵王伦为相国，请为记室，
皙辞疾罢归，教授门徒。年四十卒。……皙才学博通，所著《三魏人士传》《七
代通记》《晋书》纪、志，遇乱亡失。"

《太平御览》卷二三四:"《文士传》曰:束皙晚应司空辟入府,六日除佐著作郎,著作西观,撰《晋书》,草创三帝纪及十志。"

案:束皙卒年史无明文,据《晋书》本传所述,当在赵王伦为相国之后。考《晋书》卷四《惠帝纪》,赵王伦为相国在永康元年,则束皙之卒最早在本年,故编于此。

303 晋惠帝太安二年
《晋纪》作者陆机卒。

《晋书》卷五四《陆机传》:"陆机,字士衡,吴郡人也。……年二十而吴灭。……至太康末,与弟云俱入洛。……累迁太子洗马、著作郎。……遇害于军中,时年四十三。"

《文心雕龙·史传》:"晋代之书,陆机肇始而未备。"

《史通》卷一二《古今正史》:"晋史:洛京时,著作郎陆机始撰《三祖纪》。"又卷二《本纪》:"陆机《晋书》,列纪三祖,直叙其事,竟不编年。年既不编,何纪之有?"

《隋书》卷三三《经籍志二》:"《晋纪》四卷,陆机撰。"

《初学记》卷二一引陆机《晋书》限断议:"三祖实终为臣,故书为臣事,不可不如传,此实录之谓也;而名同帝王,故自帝王之籍,不可不称纪,则追王之义。"

《太平御览》卷二三四引王隐《晋书》:"陆士衡以文学秘书监虞濬所请为著作郎。议《晋书》限断。"

案:《晋书》本传虽未明言陆机卒于何年,但由吴亡时(280)机年二十,卒年四十三推之,知卒于本年。

305 晋惠帝永兴二年
张辅卒。张辅曾评论司马迁与班固之史学。

《晋书》卷六〇《张辅传》:"张辅,字世伟,南阳西鄂人。……(河间王颙)以辅代(皇甫)重为秦州刺史。……陇西太守韩稚……收兵伐辅,辅与稚战于遮多谷口,辅军败绩,为天水故帐下督富整所杀。初,辅尝著论云……又论班固司马迁云:'迁之著述,辞约而事举,叙三千年事唯五十万言,班固叙二百年事乃八十万言,烦省不同,不如迁一也;良史述事,善足以奖劝,恶足以监诫,人道之常、中流小事,亦无取焉,而班皆书之,不如二也;毁贬晁错,伤忠臣之道，不如三也；迁既造创，固又因循，难易益不同矣；又迁为苏秦、张仪、范雎、蔡泽作传，逞辞流离，亦足以明其大才，故述辩士则辞藻华靡，叙实录则隐核名检。此所以迁称良史也。"

《晋书》卷四《惠帝纪》永兴二年六月："陇西太守韩稚攻秦州刺史张辅，杀之。"

306 晋惠帝光熙元年

司马彪卒。司马彪除著《续汉书》与《九州春秋》外，又曾据《竹书纪年》以纠正谯周《古史考》之错误。

《晋书》卷八二《司马彪传》："惠帝末年卒，时年六十余。初，谯周以司马迁《史记》书周秦以上，或采俗语百家之言，不专据正经，周于是作《古史考》二十五篇，皆凭旧典以纠迁之谬误。彪复以周为未尽善也，条《古史考》中凡百二十二事为不当，多据汲冢《纪年》之义，亦行于世。"

案：《晋书》本传未确言司马彪卒于何年，今据"惠帝末年卒"之语编于本年。

310 晋怀帝永嘉四年

《江表传》作者虞溥约卒于本年。

《晋书》卷八二《虞溥传》："虞溥，字允源，高平昌邑人也。……专心坟籍。……郡察孝廉，除郎中，补尚书都令史。……稍迁公车司马令，除鄱阳内史。……注《春秋》经传，撰《江表传》及文章诗赋数十篇。卒于洛，时年六十二。子勃过江上《江表传》于元帝，诏藏于秘书。"

《三国志》卷四《高贵乡公纪》注："（虞）溥著《江表传》，亦粗有条贯。"

《旧唐书》卷四六《经籍志上》："《江表传》五卷，虞溥撰。"

章宗源《隋书经籍志考证》："愚按此书（《江表传》）逸篇，裴松之征引最多，皆述魏、蜀、吴事，而吴事尤详。"

案：虞溥卒年史无明文，据本传所述，当在永嘉五年洛阳被攻陷之前，故编于本年。

311 晋怀帝永嘉五年 汉刘聪嘉平元年

荀绰于本年前著成《晋后书》（亦称《晋后略记》或《晋后略》）。

《晋书》卷三九《荀勖传》："（荀）绰，字彦舒，博学有才能，撰《晋后书》

十五篇传于世。永嘉末，为司空从事中郎，没于石勒，为勒参军。"

《隋书》卷三三《经籍志二》："《晋后略记》五卷，晋下邳太守荀绰撰。"

《新唐书》卷五五《艺文志二》："荀绰《晋后略》五卷。"

案：荀绰著成《晋后书》不详何年，据《晋书》所述及《隋书·经籍志》所题职衔，当在永嘉末年没于石勒之前。

刘聪命公师彧修史。

《史通》卷一一《史官建置》："伪汉嘉平初，公师彧以太中大夫领左国史，撰其国君臣纪传。"

《史通》卷一二《古今正史》："前赵刘聪时，领左国史公师，彧撰高祖本纪及功臣传二十人，甚得良史之体。凌修谮其讪谤先帝，聪怒而诛之。"

315 晋愍帝建兴三年
在本年前，王铨曾撰著晋史，未成而卒。本年祖纳举荐王铨之子王隐为史官，未果。

《晋书》卷八二《王隐传》："王隐，字处叔，陈郡陈人也，世寒素。父铨，历阳令，少好学，有著述之志，每私录晋事及臣行状，未就而卒。隐以儒素自守，不交势援，博学多闻，受父遗业，西都旧事多所谙究。建兴中过江，丞相军谘祭酒涿郡祖纳雅相知重。纳好博弈，每谏止之，纳曰：'聊用忘忧耳。'隐曰：'……当今晋未有书，天下大乱，旧事荡灭，非凡才所能立。君少长王都，游宦四方，华夷成败皆在耳目，何不述而裁之？应仲远作《风俗通》，崔子真作《政论》，蔡伯喈作《劝学篇》，史游作《急就章》，犹行于世，便为没而不朽。当其同时，人岂少哉？而了无闻，皆由无所述作也。故君子疾没世而无闻，《易》称自强不息，况国史明乎得失之迹，何必博弈而后忘忧哉？'纳喟然叹曰：'非不悦子之道，力不足也！'乃上疏荐隐。元帝以草创务殷，未遑史官，遂寝不报。"

316 晋愍帝建兴四年
西晋亡。西晋时较重要之史学事迹，其年代不详者，尚有：乐资著《春秋后传》及《山阳公载记》。

《史通》卷一《六家》："晋著作郎鲁国乐资，乃追采二史（案：指《战国策》与《史记》），撰为《春秋后传》。其书始以周贞王续前传鲁哀公后，至王赧入秦；又以秦文王之继周，终于二世之灭，合成三十卷。"

《隋书》卷三三《经籍志二》："《春秋后传》三十一卷，晋著作郎乐资撰。"又："《山阳公载记》十卷，乐资撰。"

袁晔著《献帝春秋》。

《三国志》卷五七《陆瑁传》注："（袁）迪孙晔，字思光，作《献帝春秋》。"

《隋书》卷三三《经籍志二》："《献帝春秋》十卷，袁晔撰。"

《旧唐书》卷四六《经籍志上》："《汉献帝春秋》十卷，袁晔撰。"

案：裴松之《三国志注》屡引《献帝春秋》之文，但作者则题为袁暐，未知"晔""暐"二字孰是。

阴澹著《魏纪》。

《三国志》卷一九《陈思王植传》注："阴澹《魏纪》载（曹）植赋曰：……"

《隋书》卷三三《经籍志二》："《魏纪》十二卷，（晋）左将军阴澹撰。"

案：《晋书》卷八六《张轨传》载张轨于永宁（晋惠帝年号）初为凉州刺史时，以阴澹为股肱谋主之一。又卷九四《索袭传》载阴澹于张茂时为敦煌太守，时当西晋及东晋初年。则阴澹之著《魏纪》，大约在西晋时。

环济著《吴纪》及《帝王要略》。

《隋书》卷三三《经籍志二》："《吴纪》九卷，晋太学博士环济撰。"又："《帝王要略》十二卷，环济撰。纪帝王及天官、地理、丧服。"

张勃著《吴录》。

《隋书》卷三三《经籍志二》："晋有张勃《吴录》三十卷，亡。"

《史记》卷六六《伍子胥传索隐》："张勃，晋人，吴鸿胪俨之子，作《吴录》。"

曹嘉之著《晋纪》。

《隋书》卷三三《经籍志二》："《晋纪》十卷，晋前军谘议曹嘉之撰。"

《三国志》卷二〇《楚王彪传》："正元元年诏曰：'……其封彪世子嘉为常山真定王。'景元元年增邑，并前二千五百户。"注："臣松之案：嘉入晋封高邑公，元康中与石崇俱为国子博士，嘉后为东莞太守。……王隐《晋书》载吏部郎李重启云：魏氏宗室屈滞，每圣恩所存。东莞太守曹嘉，才干学义不及志翕，而良素修洁，性业逾之。"

章宗源《隋书经籍志考证》："《魏志·楚王彪传》注：王隐《晋书》曰吏部郎中李重启东莞太守曹嘉。无'之'字。《北堂书钞·设官部》亦引此事，作'曹嘉之'。"

郭颁著《魏晋世语》。

《隋书》卷三三《经籍志二》："《魏晋世语》十卷，晋襄阳令郭颁撰。"

《三国志》卷四《高贵乡公纪》注："案：张璠、虞溥、郭颁皆晋之令史，璠、颁出为官长，溥璠阳内史。……惟颁撰《魏晋世语》，蹇乏全无宫商，最为鄙劣；以时有异事，故颇行于世。干宝、孙盛等多采其言以为晋书。"

《世说新语·方正篇》注："按：郭颁，西晋人，世相近，为《魏晋世语》，事多详核。孙盛之徒，皆采以著书。"

张璠著《后汉纪》。

《隋书》卷三三《经籍志二》："《后汉记》三十卷，张璠撰。"

《三国志》卷四《高贵乡公纪》注："案：张璠、虞溥、郭颁皆晋之令史，璠、颁出为官长，溥璠阳内史。璠撰《后汉记》，虽似未成，辞藻可观。"

袁宏《后汉纪·自序》："始见张璠所撰书，其言汉末之事差详。"

317 晋元帝建武元年
东晋初置史官，以干宝掌修国史。

《晋书》卷六《元帝纪》："建武元年……置史官。"

《晋书》卷六五《王导传》："王导，字茂弘。……及帝（晋元帝）登尊号，……进骠骑大将军、仪同三司，……进位侍中、司空、假节、录尚书、领中书监。……时中兴草创，未置史官，导始启立，于是典籍颇具。"

《晋书》卷八二《干宝传》："干宝，字令升，新蔡人也。宝少勤学，博览书记，以才器召为著作郎。……中兴草创，未置史官。中书监王导上书曰：'夫帝王之迹莫不以书，著为令典，垂之无穷。宣皇帝廓定四海，武皇帝受禅于魏，至德大勋，等纵上圣；而纪传不存于王府，德音未被乎管弦。陛下圣明，当中兴之盛，宜建立国史，撰集帝纪，上敷祖宗之烈，下纪佐命之勋；务以实录为后代之准，厌率土之望，悦人神之心，斯诚雍熙之至美，王者之弘基也。宜备史官，敕佐著作郎干宝等渐就撰集。'元帝纳焉。宝于是始领国史。"

318 晋元帝太兴元年
王隐与郭璞为著作郎，撰著晋史。

《晋书》卷八二《王隐传》："太兴初，典章稍备，乃召隐及郭璞俱为著作郎，令撰晋史。"

319 后赵石勒元年 晋元帝太兴二年
石勒命其官吏修史。

《晋书》卷一〇五《石勒载记下》："太兴二年，勒伪称赵王。……任播、崔濬为史学祭酒。……命记室佐明楷、程机撰《上党国记》，中大夫傅彪、贾蒲、江轨撰《大将军起居注》，参军石泰、石同、石谦、孔隆撰《大单于志》。"

320 晋元帝太兴三年
《汉尚书》《汉春秋》《春秋时国语》等作者孔衍卒。

《晋书》卷九一《孔衍传》："孔衍，字舒元，鲁国人。……中兴初，与庾亮俱补中书郎。明帝之在东宫，领太子中庶子。于时庶事草创，衍经学深博，又练识旧典，朝仪轨制多取正焉。由是元、明二帝并亲爱之。王敦专权，衍私于太子曰：'殿下宜博延朝彦，搜扬才俊，询谋时政，以广圣聪。'敦闻而恶之，乃启出衍为广陵郡。……以太兴三年卒于官，年五十三。"

《史通》卷一《六家》："晋广陵相鲁国孔衍，以为国史所以表言行、昭法式，至于人理常事，不足备列。乃删汉魏诸史，取其美词典言足为龟镜者，定以篇第，纂成一家，由是有《汉尚书》《后汉尚书》《魏尚书》，凡为二十六卷。……至孔衍又以《战国策》所书，未为尽善。乃引太史公所记，参其异同，删彼二家（案：指《战国策》与《史记》），聚为一录，号为《春秋后语》。除二周及宋、卫、中山，其所留者七国而已。始自秦孝公，终于楚汉之际，比于《春秋》，亦尽二百三十余年行事。始，衍撰《春秋时国语》，复撰《春秋后语》，勒成二书，各为十卷。今行于世者，唯《后语》存焉。案其书序云：'虽左氏莫能加。'世人皆尤其不量力，不度德。寻衍之此义，自比于丘明者，当谓《国语》，非《春秋传》也。"

《隋书》卷三三《经籍志二》："《汉魏春秋》九卷，孔舒元撰。"又："《魏尚书》八卷，孔衍撰。"

《旧唐书》卷四六《经籍志上》著录孔衍所撰《汉春秋》十卷，《后汉春秋》

六卷，《后魏春秋》九卷，《春秋国语》十卷，《汉尚书》十卷，《后汉尚书》六卷，《国志历》五卷。

《新唐书》卷五八《艺文志二》著录孔衍所撰《春秋时国语》十卷，《春秋后国语》十卷，《汉尚书》十卷，《汉春秋》十卷，《后汉尚书》六卷，《后汉春秋》六卷，《后魏尚书》十四卷，《后魏春秋》九卷，《国志历》五卷。

322　晋元帝永昌元年
《蜀后志》等作者常宽卒于本年或以后数年中。

《华阳国志》卷一一《常宽传》："常宽，字泰恭。……撰《蜀后志》及《后贤传》，续陈寿《耆旧》作《梁益篇》。元帝践祚，……拜武平太守，……在官三年去职。寻梁硕作乱，得免难，卒于交州。……汉嘉太守蜀郡杜袭、敬修亦著《蜀后志》，及志赵廞、李特叛乱之事。"又卷八《大同志》："族祖武平府君、汉嘉杜府君，并作《蜀后志》，书其大同，及其丧乱。"

《隋书》卷三三《经籍志二》："《蜀志》一卷，东京武平太守常宽撰。"丁国钧《补晋书艺文志》卷二："《隋志》有《蜀志》一卷，云东京武平太守常宽著，即此书（案：指《蜀后志》）。宽为蜀郡江源人，卒于晋元帝时，《隋志》'东京'二字似误。"

《隋书》卷三三《经籍志二》："《续益部耆旧传》二卷。"丁国钧《补晋书艺文志》卷二："《续益部耆旧传》二卷，旧脱撰人名。谨案《华阳国志》言常宽续陈寿《耆旧传》作《梁益篇》，即此书，今为补名列入。《新唐志》有《益州耆旧杂传记》二卷，亦此书也。"

案：常宽卒年史无明文，据《华阳国志》本传所述，当在"梁硕作乱"之后。考《晋书》卷六《元帝纪》，"新昌太守梁硕起兵反"在永昌元年，故编于此。

323　晋明帝太守元年
李充著《晋元帝书目》，分甲、乙、丙、丁四部，以史书为乙部。

《晋书》卷九二《李充传》："李充，字弘度，江夏人。……辟丞相王导掾，转记室参军。……征北将军褚裒又引为参军。充以家贫苦求外出，……乃除剡县令。遭母忧，服阕，为大著作郎。于时典籍混乱，充删除烦重，以类相从，分作四部，甚有条贯，秘阁以为永制。"

《广弘明集》卷三阮孝绪《七录序》："魏晋之世，文籍逾广，皆藏在秘书中外三阁。……惠、怀之乱，其书略尽。江左草创，十不一存。后虽鸠集，淆乱已甚。及著作佐郎李充，始加删正，因荀勖旧簿四部之法，而换其乙丙之书，没略众篇之名，总以甲乙为次。自时厥后，世相祖述。"又："《晋元帝书目》四部三百五帙，三千一十四卷。"

《隋书》卷三二《经籍志一》："惠、怀之乱，京华荡覆，渠阁文籍，靡有孑遗。东晋之初，渐更鸠聚。著作郎李充以（荀）勖旧簿校之，其见存者但有三千一十四卷。充遂总没众篇之名，但以甲乙为次。自尔因循，无所变革。"

案：李充著《晋元帝书目》未详何年，但以书名测之，当在晋元帝死后，故编于此。

干宝约在本年后著《晋纪》。

《晋纪》卷八二《干宝传》："王导请为司徒右长史，迁散骑常侍。著《晋纪》，自宣帝迄于愍帝，五十三年，凡二十卷。奏之。其书简略，直而能婉，咸称良史。……宝又为《春秋左氏义外传》，注《周易》《周官》，凡数十篇。"

《隋书》卷三三《经籍志二》："《晋纪》二十三卷，干宝撰，迄愍帝。"

案：干宝著《晋纪》未详在何时，据《晋书》本传所述，当在被王导荐为司徒右长史之后。考《晋书》卷六《明帝纪》、卷七《成帝纪》及卷六五《王导传》，王导为司徒始于明帝太宁元年，则干宝为司徒右长史最早在是年，其著《晋纪》最早亦当在是年以后。故编于此，容待详考。

328　前赵刘曜光初十一年　晋成帝咸和三年
和苞于本年前著《汉赵记》。

《史通》卷一二《古今正史》："刘曜时，平舆子和苞撰《汉赵记》十篇，事止当年，不终曜灭。"

《隋书》卷三三《经籍志二》："《汉赵记》十卷，和苞撰。"

《后汉纪》作者袁宏生。

据《晋书》卷九二《袁宏传》，袁宏卒于晋孝武帝太元元年（376），四十九岁。逆推之，知生于本年。

329　晋成帝咸和四年
虞预约于本年后著《晋书》《会稽典录》。

《晋书》卷八二《虞预传》："预，字叔宁。会稽余姚人……除佐著作郎，……

迁秘书丞、著作郎。……苏峻作乱，预先假归家，太守王舒请为谘议参军。峻平，进爵平康县侯，迁散骑侍郎，著作如故。除散骑常侍，仍领著作。以年老归，卒于家，预雅好经史，……著《晋书》四十余卷，《会稽典录》二十篇，《诸虞传》十二篇，皆行于世。"

《晋书》卷八二《王隐传》："著作郎虞预私撰《晋书》，而生长东南，不知中朝事，数访于隐，并借隐所著书窃写之，所闻渐广。"

《隋书》卷三三《经籍志二》："《晋书》二十六卷，本四十四卷，讫明帝，今残缺，晋散骑常侍虞预撰。"又："《会稽典录》二十四卷，虞预撰。"

案：虞预著史不详何时，据《晋书》及《隋志》所述，约当苏峻乱平以前，考《晋书》卷七《成帝纪》及卷一〇〇《苏峻传》，苏峻乱平在咸和四年，故暂编于此，容待详考。

330　晋成帝咸和五年　后赵石勒建平元年
《晋诸公赞》《晋公卿礼秩故事》作者傅畅卒。

《晋书》卷四七《傅玄传附傅畅传》："（傅）畅，字世道。……年未弱冠，甚有重名。以选入侍讲东宫，为秘书丞。寻没于石勒，勒以为大将军右司马。谙知朝仪，恒居机密，勒甚重之。作《晋诸公赞叙》二十二卷，又为《公卿故事》九卷。咸和五年卒。"

《三国志》卷二一《傅嘏传》注："（傅）畅，字世道，秘书丞，没在胡中。著《晋诸公赞》及《晋公卿礼秩故事》。"

《隋书》卷三三《经籍志三》："《晋诸公赞》二十一卷，晋秘书监傅畅撰。"又："《晋公卿礼秩故事》九卷，傅畅撰。"

332　后赵石勒建平三年　晋成帝咸和七年
石勒置史官撰述时事。

《晋书》卷一〇五《石勒载记下》："于是擢拜太学生五人为佐著作郎，录述时事。"

案：《晋书·石勒载记》叙次此事于晋将桓宣战败石勒部将郭敬、攻破樊城并取得襄阳之下，考《晋书》卷七《成帝纪》，桓宣破樊城、取襄阳在咸和七年七月，故编于此。

333　后赵石勒建平四年　蜀（成）李雄玉衡二十三年　晋成帝咸和八年

后赵石勒卒。在此以前，石勒曾命徐光、王兰等相继修史。

《史通》卷一二《古今正史》："后赵石勒，命其臣徐光、宗历、傅畅、郑愔等撰《上党国记》《起居注》《赵书》。其后又令王兰、陈宴、程阴、徐机等相次撰述。至石虎，并令刊削，使勒功业不传。"

案：《史通》所述徐光等修史，系自石勒建国以来十余年间之事，已不可分考其年次，故编于此。

蜀（成）李雄卒。李友在蜀曾建史官。

《晋书》卷一二一《李雄载记》："咸和八年，雄生疡于头，六日死，时年六十一，在位三十年。……时海内大乱，而蜀独无事，故归之者相寻，雄乃兴学校，置史官。"《史通》卷一一《史官建置》："蜀李……记事委之门下。"

案：《案书》卷七《成帝纪》云李雄卒于咸和九年，今从《载记》。

339　前凉张骏太元十五年　晋成帝咸康五年

索绥著《凉国春秋》。刘庆约在此时开始撰修凉史。

《史通》卷一二《古今正史》："前凉张骏十五年，命其西曹边浏集内外事以付秀才索绥，作《凉国春秋》五十卷。"

《太平御览》卷一二四引崔鸿《十六国春秋·前凉录》：前凉张骏太元十五年，"命西曹掾集阁内外事付索绥，以著《凉春秋》。"

《史通》卷一一《史官建置》："前凉张骏时，刘庆任儒林郎、中常侍，在东苑撰其国书。"

杨方于本年前著《吴越春秋削繁》。

《晋书》卷六八《杨方传》："杨方，字公回。……司徒王导辟为掾，转东安太守，迁司徒参军事。……不愿久留京华，求补远郡，欲闲居著述。导从之，上补高梁太守。在郡积年，著《五经钩沉》，更撰《吴越春秋》。以年老弃郡归。导将进之台阁，固辞。还乡里，终于家。"

《隋书》卷三三《经籍志二》："《吴越春秋削繁》五卷，杨方撰。"

案：杨方著《吴越春秋削繁》不详在何年，据《晋书》本传所述，必在王导之卒以前。考《晋书》卷六五《王导传》，导卒于咸康五年。故编于此。

340　晋成帝咸康六年
王隐著成《晋书》。

《晋书》卷八二《王隐传》："（王隐）豫平王敦功，赐爵平陵乡侯。时著作郎虞预私撰《晋书》，而生长东南，不知中朝事，数访于隐，并借隐所著书窃写之，所闻见广；是后更疾隐，形于言色。预既豪族，交结权贵，共为朋党以斥。隐竟以谤免，黜归于家，贫无资用，书遂不就，乃依征西将军庾亮于武昌。亮供其纸笔，书乃得成，诣阙上之，隐虽好著述，而文辞鄙拙，芜舛不伦。其书次第可观者，皆其父所撰；文体混漫，义不可解者，隐之作也。年七十余，卒于家。"

《史通》卷一二《古今正史》："先是，历阳令陈郡王铨有著述才，每私录晋事及功臣行状，未就而卒。子隐，博学多闻，受父遗业，西都事迹多所详究。过江为著作郎，受诏撰晋史，为其同僚虞预所诉，坐事免官。家贫无资，书遂未就，乃依征西将军庾亮于武昌镇。亮给其纸墨，由是获成，凡为《晋书》八十九卷。咸康六年，始诣阙奏上。隐虽好述作而辞拙才钝，其书编次有序者皆铨所修，章句混漫者必隐所作。"

《隋书》卷三三《经籍志二》："《晋书》八十九卷，本九十三卷。今残缺，晋著作郎王隐撰。"

王隐除著《晋书》外，又著《蜀记》。

《史通》卷一二《古今正史》："王隐撰《蜀记》。"

《旧唐书》卷四六《经籍志上》："《删补蜀记》七卷，王隐撰。"丁国钧《补晋书艺文志》卷二："此云删补，疑后人有增益，非隐之原来也。"

案：王隐《蜀记》，裴松之《三国志注》屡引之，唯不详何时所著，暂附编于此。

345　晋穆帝永和元年
《后汉书》《晋书》作者谢沉约卒于本年。

《晋书》卷八二《谢沉传》："谢沉，字行思，会稽山阴人也。……博学多识，明练经史。……康帝即位，朝议疑七庙迭毁，乃以太学博士征，以质疑滞。以母忧去职。服阕，除尚书度支郎。何充、庾冰并称沉有史才，迁著作郎，撰《晋书》三十余卷。会卒，时年五十二。沉先著《后汉书》百卷，及《毛诗》《汉书外传》，所著述及诗赋文论皆行于世。其才学在虞预之右云。"

《隋书》卷三三《经籍志二》："《后汉书》八十五卷，本一百二十二卷，晋祠部郎谢沉撰。"

《旧唐书》卷四六《经籍志上》："《后汉书》一百二卷，谢沉撰。《后汉书外传》十卷，谢沉撰。"

案：谢沉卒年史无明文，据《晋书》本传所述，当在康帝时何充、庾冰荐为著作郎后不久。考康帝在位不过三年（342—344），而庾冰卒于康帝建元二年（344），何充卒于穆帝永和二年（346）；再参照《谢沉传》之文，谢沉于母丧服阕后迁著作郎，当系康帝建元二年庾冰卒（庾冰卒于十一月）前之事，则谢沉之卒约在穆帝永和元年也。

347　蜀李势嘉宁二年　晋穆帝永和三年

蜀亡。常璩在本年以前著《汉之书》。

《史通》卷一二《古今正史》："蜀初号曰成，后改汉。李势散骑常侍常璩撰《汉书》十卷，后入晋秘阁改为《蜀李书》。"

《颜氏家训·书证篇》："《蜀李书》一名《汉之书》。"

《隋书》卷三三《经籍志二》："《汉之书》十卷，常璩撰。"

常璩于本年后著成《华阳国志》。

《华阳国志》卷一二《序志》："巴蜀厥初开国，载在书籍，或因文玮，或见史记，久远隐没，实多疏略。及周之世，侯伯擅威，虽与牧野之师，希同盟要之会，而秦资其富，用兼天下。汉祖阶之，奄有四海。梁、益及晋，分益为宁。司马相如、严君平、杨子云、阳成子玄、郑伯邑、尹彭城、谯常侍、任给事等，各集传记，以作本纪，略举其隅。其次圣称贤，仁人志士，言为世范，行为表则者，名注史录。而陈君承祚，别为《耆旧》，始汉及魏，焕乎可观。……李氏据蜀，兵连战结，三州倾坠，生民歼尽。……丘城芜邑，莫有名者。嗟乎三州，近为荒裔，桑梓之域，旷为长野。反侧惟之，心若焚灼。惧益遽弃，城陴靡闻。乃考诸旧记、先宿所传，并《南裔志》，验以《汉书》，取其近是，及自所闻，以著斯篇；又略言公孙述蜀书咸熙以来丧乱之事，约取耆旧士女英彦；又肇自开辟，终乎永和三年，凡十篇，号曰《华阳国志》。夫书契有五善：达道义，章法戒，通古今，表功勋，而后旌贤能。恨璩才缩，少无远及，不早援翰执素，广访博咨，流离困瘵，方资腐帛于颠墙之下，求余光于灰尘之中，劘灭者多，故虽所阙，犹愈于遗忘焉。……"

《史通》卷一二《古今正史》："（常）璩又撰《华阳国志》。"

《隋书》卷三三《经籍志二》："《华阳国志》十二卷，常璩撰。"

案：常璩著《华阳国志》之年代无考，唯其书记事终于晋穆帝永和三年，则著成必在此以后也。

349　后赵石虎建宁元年　晋穆帝永和五年
田融、王度于本年后著后赵史书。

《史通》卷一二《古今正史》："其后，燕太傅长史田融，……北中郎参军王度，追撰二石事，集为《邺都记》《赵记》等书。"

《隋书》卷三三《经籍志二》："《赵书》十卷，一曰《二石集》，记石勒事，伪燕太傅长史田融撰。《二石传》二卷，晋北中郎参军王度撰。《二石伪治时事》二卷，王度撰。"

案：田融、王度著后赵史书不详何时，据《史通》所云"追撰二石事"，当在石虎卒后。考石虎卒于本年，故编于此。

356　晋穆帝永和十二年
《汉书集解》作者蔡谟卒。

《晋书》卷七七《蔡谟传》："蔡谟，字道明，陈留考城人也。……（永和）十二年卒，时年七十六。……谟博学。于礼仪宗庙制度多所议定，文笔论议有集行于世。总应劭以来注班固《汉书》者为之集解。"

362　晋哀帝隆和元年
桓温建议官修晋史。

《晋书》卷九八《桓温传》："桓温，字元子。……隆和初，……（温）又上疏陈便宜七事；'……其七：宜选建史官，以成《晋书》。'有司皆奏行之。"

370　前燕慕容暐建熙十一年
前燕亡。在本年以前，崔逞著《燕记》，杜辅全著《燕纪》。

《魏书》卷三二《崔逞传》："崔逞，字叔祖，清河东武志人也。……逞少好学，有文才。遭乱，孤贫，躬耕于野，而讲诵不废。慕容暐时，郡举上计掾，补著作郎，撰《燕记》。"

《史通》卷一二《古今正史》："前燕有起居注，杜辅全录以为《燕纪》。"

372　晋简文帝咸安二年
《三国志注》作者裴松之生。

案：据《宋书》卷六四《裴松之传》，裴松之卒于宋文帝元嘉二十八年（451），时年八十。逆推之，知生于本年。

373　晋孝武帝宁康元年
《魏氏春秋》《晋阳秋》作者孙盛卒。

《晋书》卷八二《孙盛传》："孙盛，字安国，太原中都人。……盛年十岁，避难渡江。……起家佐著作郎。……累迁秘书监，加给事中。年七十二卒。盛笃学不倦，自少至老，手不释卷。著《魏氏春秋》《晋阳秋》。……《晋阳秋》词直而理正，咸称良史焉。既而桓温见之，怒谓盛子曰：'枋头诚为失利，何至乃如尊君所说？若此史遂行，自是关君门户事！'其子遽拜谢，谓请删改之。时盛年老还家，性方严，有轨宪，虽子孙班白而庭训愈峻。至此，诸子乃共号泣稽颡，请为百口切计。盛大怒。诸子遂尔改之。盛写两定本，寄于慕容儁。太元中，孝武帝博求异闻，始于辽东得之。以相考校，多有不同，书遂两存。"

案：钱大昕《廿二史考异》卷二二云："枋头之役在慕容暐时，儁已先死久矣。《晋书》所记有误。"

《隋书》卷三三《经籍志二》："《魏氏春秋》二十卷，孙盛撰。"又："《晋阳秋》三十二卷，讫哀帝，孙盛撰。"

案：孙盛卒年史无明文，唯《晋书》本传云"盛年十岁，避难渡江"。又云"年七十二卒"。考孙盛避难渡江应在晋怀帝永嘉五年（311），洛阳沦隐之时，其年十岁，则至七十二岁应为本年也。

376　晋孝武帝太元元年　前张天锡太清十四年
《后汉纪》作者袁宏卒。

《晋书》卷九二《袁宏传》："袁宏，字彦伯。（陈郡阳夏人）……太元初，卒于东阳，时年四十九。撰《后汉纪》三十卷及《竹林名士传》三卷，诗赋诔表等杂文凡三百首，传于世。"

袁宏《后汉纪·自序》："予尝读《后汉书》，烦秽杂乱，睡而不能竟也。聊以暇日撰集为《后汉纪》。其所缀会《汉记》、谢承书、司马彪书、华峤书、谢沉书、《汉山阳公记》《汉灵献起居注》《汉名臣奏》，旁及诸郡耆旧先贤传，凡数百卷。前史阙略，多不次叙，错谬同异，谁使正之？经营八年，疲而不能定。颇有传者，始见张璠所撰书，其言汉末之事差详，故复探而益之。夫史传之兴，所以通古今而笃名教也。丘明之作，广大悉备。史迁剖判六家，建立十书，非徒记事而已，信足扶明义教，网罗治体，然未尽之。班固源流周赡，近乎通人之作，然因藉史迁，无所甄明。荀悦才智经纶，足为嘉史，所述当世，大得治功已矣；然名教之本，帝王高义，韫而未叙。今因前代遗事，略举义教所归，庶以弘敷王道前史之阙。古者方今不同，其流亦异，言行趣舍各以类书，故观其名迹想见其人。丘明所以斟酌抑扬，寄其高怀；末吏区区，注疏而已。其所称美，止于事义；疏外之意，殁而不传，其遗风余趣蔑如也。今之史书或非古之人心，恐千载之外所诬者多，所以怅怏踌躇，操笔恨然者也。"

《隋书》卷三三《经籍志二》："《后汉纪》三十卷，袁彦伯撰。"

《新唐书》卷五八《艺文志二》："袁宏《名士传》三卷。"

《世说新语·文学篇》："袁彦伯作《名士传》。"刘孝标注："宏以夏侯太初、何平叔、王辅嗣为正始名士；阮嗣宗、嵇叔夜、山巨源、向子期、刘伯伦、阮仲容、王濬冲为竹林名士；裴叔则、乐彦辅、王夷甫、庚子嵩、王安期、阮千里、卫叔宝、谢幼舆为中朝名士。"

前凉亡。在本年前后，刘庆著《凉记》，索晖著《凉书》，刘昞著《凉书》及《敦煌实录》。

《史通》卷一二《古今正史》："张重华护军刘参军庆，在东苑专修国史二十余年，著《凉记》十二卷。建康太守索晖、从事中郎刘昞，又各著《凉书》。"

《魏书》卷五二《刘昞传》："刘昞，字延明，敦煌人也。……昞以三史文繁，著《略记》百三十篇、八十四卷；《凉书》十卷；《敦煌实录》二十卷。"

《隋书》卷三三《经籍志二》："《凉书》十卷，记张轨事，伪凉大将军从事中郎刘景撰。"又："《敦煌实录》十卷，刘景撰。"（注：刘景即刘昞，唐避讳改昞为景。）

381 前秦苻坚建元十七年
在本年以前，前秦史官赵渊等撰著国史，苻坚于本年焚毁之。

《晋书》卷一一三《苻坚载记上》："初，坚母少寡，将军李威有辟阳之宠，史官载之。至是，坚收起居注及著作所录而观之，见其事，惭怒，乃焚其书；而大检史官将加其罪，著作郎赵泉（注：本名赵渊，唐避讳改）、车敬等已死，乃止。"

《史通》卷一二《古今正史》："前秦史官初有赵渊、车敬、梁熙、韦谭相继著述，符坚尝取而观之，见苟太后幸李威事，怒而焚灭其本。后著作郎董谊追录旧语，十不一存。"

《魏书》卷九五《临渭氐传》："（符坚）遣其子长乐公丕攻克襄阳。坚观其史书，见母苟氏通李威之事，惭怒，乃焚其书。"

案：《晋书·符坚载记》叙次符坚焚书事于东西六十二国向前秦朝贡之时，即本年也。时当晋孝武帝太元六年。

384　晋孝武帝太元九年
《汉晋春秋》等作者习凿齿约卒于本年。

《晋书》卷八二《习凿齿传》："习凿齿，字彦威，襄阳人也。……荆州刺史桓温辟为从事。江夏相袁乔深器之，数称其才于温。转西曹主簿，亲遇隆密。……累迁别驾。……出凿齿为荥阳太守。……凿齿既罢郡，……是时温觊觎非望，凿齿在郡著《汉晋春秋》以裁正之。起汉光武，终于晋愍帝。于三国之时，蜀以宗室为正；魏武虽受汉禅晋，尚为篡逆，至文帝平蜀，乃为汉亡，而晋始兴焉。引世祖讳炎兴而为禅受，明天心不可以势力强也，凡五十四卷。后以脚疾废于里巷。及襄阳陷于符坚，坚素闻其名，与道安俱舆而致焉。……俄以疾归襄阳。寻而襄、邓反正，朝廷欲征凿齿使典国史，会卒不果。临终上疏曰：'臣每谓皇晋宜越魏继汉，不应以魏后为三恪。而身微官卑，无由上达，怀抱遇情三十余年。今沉沦重疾，性命难保，遂尝怀此，当与之朽烂。区区之情，切所悼惜，谨力疾著论一篇，写上如左。愿陛下考寻古义，求经常之表，超然远览，不以臣微贱废其所言。'论曰：……（文长不录）"

《隋书》卷三三《经籍志二》："《汉晋春秋》四十七卷，讫愍帝，晋荥阳太守习凿齿撰。"又："《襄阳耆旧记》五卷，习凿齿撰。"

《旧唐书》卷四六《经籍志三》："《汉晋阳（案：阳字宜衍）春秋》五十四卷，习凿齿撰。"又："《襄阳耆旧传》五卷，习凿齿撰。"又："《逸人高士传》八卷，习凿齿撰。"

《郡斋读书后志·传记类》："《襄阳耆旧记》五卷，晋习凿齿撰。前载襄汉人物，中载其山川城邑，后载其牧守。《隋经籍志》曰《耆旧记》，《唐艺文志》曰《载旧传》，观其书记录丛脞，非传体也，名当从《经籍志》云。"

案：习凿齿卒年史无明文，据《晋书》本传所述，系在淝水战后"襄、邓反正"后不久。考《晋书》卷九《孝武帝纪》，襄阳复归晋有在太元九年四月，则习凿齿之卒大约即在本年也。

《晋元明纪》作者邓粲约卒于本年前后。

《晋书》卷八二《邓粲传》："邓粲，长沙人。少以高洁著名。……荆州刺史桓冲卑辞厚礼请粲为别驾，粲嘉其好贤，乃起应召。……后患足疾，不能朝拜，求去职；不听，令卧视事。后以病笃乞骸骨，许之。粲以父骞有忠信言而世无知者，乃著《元明纪》十篇。注《老子》，并行于世。"

《文心雕龙·史传》："按春秋经传，举例发凡；自史汉以下，莫有准的。至邓粲《晋纪》，始立条例，又撮略汉魏，宪章殷周。虽湘州曲学，亦有心典谟。及安国（孙盛）立例，乃邓氏之规焉。"

《隋书》卷三三《经籍志二》："《晋纪》十一卷，讫明帝，晋荆州别驾邓粲撰。"章宗源《隋书经籍志考证》："《世说》注引粲《纪》二十余事，……《赏誉篇》注：'咸和中，贵游子弟慕王平子、谢幼舆为达，卞壶欲奏治之。'按咸和成帝年号，是粲所纪不止讫于明帝。"

案：邓粲卒年史无明文，据《晋书》本传所述，当在桓冲为荆州刺史时或稍后。考《晋书》卷九《孝武帝纪》及卷七四《桓冲传》，桓冲于太元二年至九年为荆州刺史，且于太元九年卒于荆州任内；则邓粲之卒大约在本年前后，故编于此。

386　后燕慕容垂建兴元年
董统著《后燕书》。其后申秀、范亨又各著前燕与后燕之史书。

《史通》卷一二《古今正史》："后燕建兴元年，董统受诏草创《后书》，著本纪并佐命功臣王公列传，合三十卷。慕容垂称其叙事富赡，足成一家之言。但褒述过美，有惭董史之直。其后申秀、范亨各取前后二燕合成一史。"

《隋书》卷三三《经籍志二》："《燕书》二十卷，记慕容儁事，伪燕尚书范亨撰。"

390　晋孝武帝太元十五年
孙潜奏上其父孙盛所著《晋阳秋》。

《晋书》卷八二《孙盛传》："太元中，孝武帝博求异闻，始于辽东得之。"（案：指《晋阳秋》。孙盛著《晋阳秋》事见373年条。）

吴士鉴《晋书斠注》："《释藏给三集古今佛道论衡实录一》曰：'孙盛子潜以晋太元十五年上之（案：指《晋阳秋》），诏曰：得上故秘书监所著书，省以慨然。远模前典，宪章在昔。一代之事，辄敕纳之秘阁，以贻于后。'案本传但言孝武求书，不言其子潜上之，盖有阙略。此诏即作于上书之后也。"

387　南凉秃发乌孤太初元年
南凉以郭韶为史官，撰录时事。

《史通》卷一一《史官建置》："南凉主乌孤初定霸基，欲造国纪，以其参军郭韶为国纪祭酒，使撰录时事。"

398　晋安帝隆安二年　魏道武帝天兴元年
《后汉书》作者范晔生。

据《宋书》卷六九《范晔传》，范晔卒于宋文帝元嘉二十二年（445），四十八岁。逆推之，知生于本年。

北魏自本年置史官撰修国史。

《史通》卷一一《史官建置》："元魏初称制即有史臣，杂取他官，不恒厥职。故如崔浩、高闾之徒，唯知著述而未列名号。其后始于秘书置著作局，正郎二人，佐郎四人，其佐参史者不过一二而已。"

《魏书》卷二四《邓渊传》："郑渊，字彦海，安定人也。……太祖定中原，擢为著作郎。……太祖诏渊撰《国纪》。渊造十余卷，惟次年月起居行事而已，未有体例。"

400　西凉李暠庚子元年
西凉于本年建国后置史官纪事。

《晋书》卷八七《凉武昭王（李暠）传》："群下……请史官记其事，玄盛（案：李暠字）从之。"

《史通》卷一一《史官建置》："西凉……记事委之门下。"

401　晋安帝隆安五年
《后汉书》作者袁山松卒。

《晋书》卷八三《袁瓖传附袁山松传》："山松少有才名，博学有文章。著《后汉书》百篇。……山松历显位，为吴郡太守。孙恩作乱，山松守沪渎城，城陷被害。"

《晋书》卷一〇《安帝纪》："隆安五年……夏五月，孙恩寇吴国，内史袁山松死之。"

《隋书》卷三三《经籍志二》："《后汉书》九十五卷，本一百卷，晋秘书监袁山松撰。"

《史通》卷八《模拟》："袁山松云：'书之为难也有五：烦而不整，一难也；俗而不典，二难也；书不实录，三难也，赏罚不中，四难也；文不胜质，五难也。'"

403　后凉吕隆神鼎三年
后凉亡。在本年以后，后凉史官段龟龙著《凉记》。

《隋书》卷三三《经籍志二》："《凉记》十卷，记吕光事，伪凉著作佐郎段龟龙撰。"

《史通》卷一二《古今正史》："段龟龙记吕氏。"

406　晋安帝义熙二年
徐广始著《晋纪》。

《宋书》卷五五《徐广传》："徐广，字野民，东莞姑幕人也。……（义熙）二年，尚书奏曰：'臣闻左史述言，右官书事；《乘》《志》显于晋、郑，《阳秋》著乎鲁史。自皇代有造，中兴晋祀，道风帝典，焕乎史策。而太和以降，世历三朝，玄风圣迹，倏为畴古。臣等参详，宜敕著作郎徐广撰成国史。'诏曰：'先朝至德光被，未著方策，宜流风缅代，永贻将来者也。'便敕撰集。"

410　南燕慕容超太上六年
南燕亡。在本年前后，王景晖与张诠各著《南燕录》。

《史通》卷一二《古今正史》："南燕有赵郡王景晖，尝有德、超，撰二主起居注。超亡，仕于冯氏，官至中书令，仍撰《南燕录》六卷。"

《隋书》卷三三《经籍志二》："《南燕录》五卷，记慕容德事，伪燕尚书郎张诠撰。"又"《南燕录》六卷，记慕容备事，伪燕中书郎王景晖撰。"

414　南凉秃发傉檀嘉平七年
南凉亡。南凉有史书，作者不详。

《史通》卷一二《古今正史》："失名记秃发氏。"

《隋书》卷三三《经籍志二》："《托跋凉录》十卷。"

案：阙作者名。《旧唐书·经籍志》及《新唐书·艺文志》亦然。

415　晋安帝义熙十一年
《晋书》作者臧荣绪生。

据《南齐书》卷五四《臧荣绪传》，臧荣绪卒于齐武帝永明六年（488），七十四岁，逆推之，知生于本年。

416　晋安帝义熙十二年
徐广著成《晋纪》。

《宋书》卷五五《徐广传》："（义熙）十二年，《晋纪》成，凡四十六卷，表上之。"

《隋书》卷三三《经籍志二》："《晋纪》四十五卷，宋中散大夫徐广撰。"

417　后秦姚泓永和二年　魏明元帝泰常二年
后秦亡。在本年前后，马僧虔、卫隆景、姚和都皆著后秦史书。

《史通》卷一二《古今正史》："后秦扶风马僧虔、河东卫隆景，并著秦史。及姚氏之灭，残缺者多。（姚）泓从弟和都，仕魏为左民尚书，又追撰《秦纪》十卷。"

《隋书》卷三三《经籍志二》："《秦纪》十卷，记姚苌事，魏左民尚书姚和都撰。"

《燕书》作者封懿卒。

《魏书》卷三二《封懿传》："封懿，字处德，渤海蓨人也。……仕慕容宝，位至中书令、民部尚书。宝败，归阙，除给事黄门侍郎、都坐大官、宁朔将军、章安子。太祖数引见，问以慕容旧事；懿应对疏慢，废还家。太宗初，复征拜都坐大官，进爵为侯。泰常二年卒。懿撰《燕书》，颇行于世。"

418　晋安帝义熙十四年

王韶之约于本年前著成《晋安帝阳秋》。

《宋书》卷六〇《王韶之传》："王韶之，字休泰，琅邪临沂人也。……父伟之。……伟之少有志尚，当世诏命表奏辄自书写；泰元、隆安时事，大小悉撰录之。韶之因此私撰《晋安帝阳秋》。既成，时人谓宜居史职，即除著作佐郎。使续后事，讫义熙九年。善叙事，辞论可观，为后代佳史。"

《隋书》卷三三《经籍志二》："《晋纪》十卷，宋吴兴太守王韶之撰。"章宗源《隋书经籍志考证》："愚按《世说》注、《初学记》所引，并题韶之《晋安帝纪》。……今以《初学记》……合他书征引，大抵皆安帝事，故题《晋安帝纪》。"

案：《宋书》本传叙次王韶之著成《晋安帝阳秋》于宋武帝受禅之前，故编于本年。又《晋纪》及《晋安帝纪》当即《晋安帝阳秋》之异名，实为一书也。

荀伯子与王韶之同为著作佐郎，助撰晋史。

《宋书》卷六〇《荀伯子传》："荀伯子，颍川颍阴人也。……著作郎徐度（案：殿本《宋书考证》云："徐度当作徐广。"《南史》卷三三《荀伯子传》作"徐广"。）重其才学，举伯子及王韶之并为佐郎，助撰晋史，及著桓玄等传。"

420　晋恭帝元熙二年　宋武帝永初元年

东晋亡。东晋时较重要之史学事迹，其年代不详者尚有：

朱凤著《晋书》。

《隋书》卷三三《经籍志二》："《晋书》十卷，未成，本十四卷，今残阙。晋中郎朱凤撰，讫元帝。"

《晋书》卷五二《华谭传》："华谭，字令思，广陵人也。……建武初，授秘书监，固让不拜。太兴初，拜前军，以疾复转秘书监。……时晋陵朱凤、吴郡吴震并学行清修，老而未调，谭皆荐为著作佐郎。"

《太平御览》卷二三四引《晋中兴书》："华谭为秘书监时，晋陵朱凤、吴郡吴震等以单寒有史才，白首衡门，谭荐二人擢补著作佐郎，并皆称职。"

王涛著《三国志序评》。

《隋书》卷三三《经籍志二》："梁有《三国志序评》三卷，晋著作郎王涛撰，亡。"

《新唐书》卷五八《艺文志二》："王涛《三国志序评》三卷。"

《晋书》卷七一《王鉴传》："王鉴，字茂高，堂邑人也。……中兴建，拜驸马都尉、奉朝请。弟涛，……字茂略，历著作郎、无锡令。"

徐众著《三国志评》。

《隋书》卷三三《经籍志二》："《三国志评》三卷，徐爰撰。"章宗源《隋书经籍志考证》："裴松之注……并引徐众《三国评》，……爰疑众字之讹。"

《旧唐书》卷四六《经籍志上》："《三国评》三卷，徐众撰。"

严可均辑《全晋文》卷一三一："徐众，咸康（东晋成帝年号）中为黄门郎，建元（东晋康帝年号）初进侍中。有《三国志评》三卷。"

何琦著《三国评论》。

《晋书》卷八八《何琦传》："何琦，字万伦，……司空陆玩、太尉桓温并辟命，皆不就。诏征博士，又不起。简文帝时为抚军，钦其名行，召为参军，固辞以疾。公车再征通直散骑侍郎、散骑常侍，不行。……恒以述作为事，著《三国评论》。凡所撰录百许篇，皆行于世。年八十二卒。"

《隋书》卷三三《经籍志二》："《论三国志》九卷，何常侍撰。"

孟仪著《周载》。

《隋书》卷三三《经籍志二》："《周载》八卷，东晋临贺太守孟仪撰。略记前代下至秦，本三十卷，亡。"

喻归著《西河记》。

《隋书》卷三三《经籍志二》："《西河记》二卷，记张重华事，晋侍御史喻归撰。"章宗源《隋书经籍志考证》："《元和姓纂》曰：'东晋有喻归撰《西河纪》三卷。'"

李轨撰起居注数种。

《隋书》卷三三《经籍志二》："《晋泰始起居注》二十卷，李轨撰。《晋咸宁起居注》十卷，李轨撰。《晋泰康起居注》二十一卷，李轨撰。……《晋咸和起居注》十六卷，李轨撰。"

（原载《南开大学学报》1957 年第 4 期，收入本书时有所修改）

南北朝史学编年

例　言

一、本篇系将南北朝时期（420—589）的史学事迹按年编列，以作为了解当时史学状况的参考。

二、引证的文字以原始资料或现存最早记载为主。后人的论述，除对于考证这时期的史学事迹确有必要外，都不编录。

三、史书作者的事迹，除有关史学及能以参证其生卒年代与著作年代者外，其余如在政治、军事、文学、哲学等方面的事迹都不具载。

四、有些著作在过去的目录书中虽然曾列入史部，但现在看来不应属于史学范围的，如地理、刑法、神仙鬼怪传记等，都不编录。

五、所标年代以公元纪年为主，附列各朝帝王的年号及年代。唯在南北朝时期同时并存的政权至少有两个，为简明起见，在公元纪年之后，仅列与本年事迹有关的王朝的年号及年代，无关者从略。

六、所列事迹的年代，如征引的资料中没有明文记载，都加案语以说明编于某年的理由。有些比较重要的事迹，仅知在某朝，而不能考定其确实年代或大约年代的，则编录于某朝灭亡之年。

七、有些史书，虽不能考定其著作年代，但知其作者的卒年，则编录于作者卒年之下。

八、史书作者的生卒年代都可考知的，除对史学有重要贡献者外，一般只列卒年，不列生年，以免烦赘。在本篇中编列其生年者，仅有沈约、裴子野、萧子显、魏收四人。

公元 420　宋武帝永初元年
宋建国后，史官制度沿袭晋朝，仅稍有改易。

《宋书》卷四〇《百官志下》："著作郎谓之大著作，专掌史任。晋制：著作佐郎始到职，必撰名臣传一人。宋氏初，国朝始建，未有合撰者，此制遂替矣。"

《史通》卷一一《史官建置》篇："晋……著作郎一人，谓之大著作，专掌史任；又置佐著作郎八人。宋齐已来，以佐名施于作下。（原注：改佐著作郎为著作佐郎。）"

424　宋文帝元嘉元年
范晔自本年后开始撰著《后汉书》。

《宋书》卷六九《范晔传》："范晔，字蔚宗，顺阳人。……少好学，博涉经史，善为文章，能隶书，晓音律。……元嘉元年冬，……左迁晔宣城太守。不得志，乃删众家《后汉书》为一家之作。"

425　宋文帝元嘉二年
《晋纪》作者徐广卒。徐广除著《晋纪》外，又著《史记音义》。

《宋书》卷五五《徐广传》："元嘉二年卒，时年七十四。"
《隋书·经籍志》史部正史类："《史记音义》十二卷，宋中散大夫徐野民撰。"
裴骃《史记集解序》："故中散大夫东莞徐广，研核众本，为作《音义》，具列异同，兼述训解，粗有所发明而殊恨省略。"

426　宋文帝元嘉三年
谢灵运自本年开始撰著《晋书》。

《宋书》卷六七《谢灵运传》："谢灵运，陈郡阳夏人也。……太祖登祚，诛徐羡之等，征为秘书监，……使整理秘阁书，补足阙文。以晋氏一代自始至终竟无一家之史，令灵运撰《晋书》。粗立条流，书竟不就。"
《隋书·经籍志》史部正史类："《晋书》三十六卷，宋临川内史谢灵运撰。"
案：《宋书》本传言灵运著《晋书》在宋文帝诛徐羡之以后。据《宋书》卷五《文帝纪》，宋文帝诛徐羡之在元嘉三年正月，故编于此。

裴松之自本年后开始撰著《三国志注》。

《宋书》卷六四《裴松之传》："裴松之，字世期，河东闻喜人也。……元嘉三年……分遣大使巡行天下，……松之使湘州。……松之反使，……转中书侍郎，司、冀二州大中正。上使注陈寿《三国志》。"

429　宋文帝元嘉六年　魏太武帝神䴥二年
裴松之著成《三国志注》。

裴松之《上三国志注表》："……臣前被诏，使采三国异同以注陈寿《国志》。寿书铨叙可观，事多审正，诚游览之苑囿，近世之嘉史。然失在于略，时有所脱漏。臣奉旨寻详，务在周悉，上搜旧闻，傍摭遗逸。按三国历年不远，而事关汉晋，首尾所涉，出入百载，注记分错，每多舛互。其寿所不载，事宜存录者，则罔不采取，以补其阙；或同说一事而辞有乖杂，或出事本异疑不能判，并皆抄内，以备异闻；若乃纰缪显然，言不附理，则随违矫正，以惩其妄；其时事当否，及寿之小失，颇以愚意有所论辩。自就撰集，已垂期月，写校始讫，谨封上呈。……元嘉六年七月二十四日，中书侍郎西乡侯臣裴松之。"

《宋书》卷六四《裴松之传》："上使注陈寿《三国志》，松之鸠集传记，增广异闻。既成，奏上。上善之曰：'此为不朽矣！'"

崔浩等撰著魏史。

《魏书》卷三五《崔浩传》："崔浩，字伯渊，清河人也。……天兴中，给事秘书转著作郎。……初，太祖诏尚书郎邓渊著《国记》十余卷，编年次事，体例未成。逮于太宗，废而不述，神䴥二年，诏集诸文人撰录国书，浩及弟览、高谠、邓颖、晁继、范亨、黄辅等共参著作，叙成国书三十卷。"

《魏书》卷二四《邓渊传附邓颖传》："世祖诏太常崔浩集诸文学撰述国书，颖（案：颖为邓渊之子）与浩弟览等俱参著作事。"

《魏书》卷五七《高祐传》："父谠，从世祖灭赫连昌，以功拜游击将军，赐爵南皮子，与崔浩共参著作。"

《史通》卷一二《古今正史》篇："元魏史：……神䴥二年，又诏集诸文士崔浩、浩弟览、高谠、邓颖、晁继、范亨、黄辅等，撰国书为三十卷。又特命浩总监史任，务从实录。"

431　夏赫连昌胜光四年　魏太武帝神麚四年
夏亡。赵逸等在本年以前著夏史。

《史通》卷一二《古今正史》篇："夏。天水赵思群、北地张渊，于真兴（赫连勃勃年号）、承光（赫连昌年号）之世，并受命著其国书；及统万之亡，多见焚烧。"

《魏书》卷五二《赵逸传》："赵逸字思群，天水人也。……逸好学凤成。仕姚兴，历中书侍郎。为兴将齐难军司，征赫连屈丐。难败，为屈丐所虏，拜著作郎。世祖平统万，见逸所著，曰：'此竖无道，安得为此言乎？作者谁也？其速推之！'司徒崔浩进曰：'彼之谬迷，亦犹子云之美新。皇王之道固宜容之。'世祖乃止。拜中书侍郎。"

435　宋文帝元嘉十二年
《晋安帝阳秋》作者王韶之卒。

《宋书》卷六〇《王韶之传》："王韶之，……高祖受禅，……复掌宋书。……韶之为晋史，序王珣货殖、王廞作乱。珣子弘、廞子华并贵显，韶之惧为所陷，深结徐羡之、傅亮等。……（元嘉）十二年，又出为吴兴太守，其年卒，时年五十六。"

裴松之撰《宋元嘉起居注》。

《文苑英华》卷七五四，裴子野《宋略·总论》："子野曾祖宋中大夫西乡侯（裴松之）以文帝之十二年受诏撰《元嘉起居注》。"

436　宋文帝元嘉十三年
萧思话约于本年撰成《平定汉中本末》。

《宋书》卷七八《萧思话传》："太祖使思话上《平定汉中本末》，下之史官。"
案：《宋书》本传叙次此事于元嘉十年之后，十四年之前，故编于此。

437　宋文帝元嘉十四年　北凉沮渠牧犍永和五年
北凉与宋互赠史书。

《宋书》卷九八《胡大且渠蒙逊传》："（元嘉）十四年，茂虔奉形献方物，并献……《三国总略》二十卷……《十三州志》十卷……《敦煌实录》十卷，

《凉书》十卷,《汉皇德传》二十五卷……《皇帝王历三合纪》一卷……合一百五十四卷。茂虔又求晋赵起居注、诸杂书数十件,太祖赐之。"

439　宋文帝元嘉十六年　魏太武帝太延五年　北凉沮渠牧犍永和七年
宋以何承天、山谦之撰修国史。又立史学,以何承天主之。

《宋书》卷六四《何承天传》:"何承天,东海郯人也。……(元嘉)十六年,除著作佐郎,撰国史。承天年已老,而诸佐并名家年少。……寻转太子率更令,著作如故。"

《宋书》卷一○○《自序》:"宋故著作郎何承天始撰《宋书》,草立纪传,止于武帝功臣,篇牍未广;其所撰志,唯天文、律历,自此外悉委奉朝请山谦之。"

《南史》卷二《宋文帝纪》元嘉十六年:"又命丹阳尹何尚之立玄素学,著作佐郎何承天立史学,司徒参军谢元立文学,各聚门徒,多就业者。"

《宋书》卷九三《雷次宗传》:"元嘉十五年,征次宗至京师,开馆于鸡笼山,聚徒教授,置生百余人。会稽朱膺之、颍川庾蔚之并以儒学监总诸生。时国子学未立,上留心艺术,使丹阳尹何尚之立玄学,太子率更令何承天立史学,司徒参军谢元立文学,凡四学并建。"

魏以崔浩、高允等撰修国史。

《魏书》卷三五《崔浩传》:"(魏太武帝太延五年灭北凉后)及诏浩曰:'……朕以眇身,获奉宗庙,战战兢兢,如临渊海,惧不能负荷至重,继名不烈。故即位之初,不遑宁处,杨威朔裔,扫定赫连。逮于神麚,始命史职注集前功,以成一代之典。自尔以来,戎旗仍举。秦陇克定,徐兖无尘,平通寇于龙川,讨孽竖于凉域。岂朕一人获济于此?赖宗庙之灵,群公卿士宣力之效也。而史阙其职,篇籍不著,每惧斯事之坠焉。公德冠朝列,言为世范,小大之任,望君存之。命公留台综理史务,述成此书,务从实录。'浩于是监秘书事,以中书侍郎高允、散骑侍郎张伟参著作,续成前纪。至于损益褒贬,折中润色,浩所总焉。"

《魏书》卷四八《高允传》:"高允,字伯恭,渤海人也。……凉州平,以参谋之勋,赐爵汶阳子,加建武将军。后诏允与司徒崔浩述成国记,以本官领著作郎。"

《魏书》卷五二《阴仲达传》:"阴仲达,武威姑臧人。……少以文学知名,世祖平凉州，内徙代都，司徒崔浩启仲达与段承根云二人俱凉土才华，同修国史。除秘书著作郎。"

《史通》卷一二《古今正史》篇："复以中书郎高允、散骑侍郎张伟并修著作，续成前史书。叙述国事，无隐所恶。"

《魏书》卷五二《宗钦传》："宗钦字景若，金城人也。……仕沮渠蒙逊为中书郎，世子洗马。……世祖平凉州，入国，赐爵卧树男，加鹰扬将军，拜著作郎。……钦在河西撰《蒙逊记》十卷，无足可称。"

《史通》卷一二《古今正史》篇："宗钦记沮渠氏。"

《隋书·经籍志》史部霸史类："《凉书》十卷，沮渠国史。"

441　宋文帝元嘉十八年
《宋书》作者沈约生。

据《梁书》卷一三《沈约传》，沈约卒于天监十二年，七十三岁，知生于本年。

444　宋文帝元嘉二十一年
《徐州先贤传》《后汉书》《世说》等书作者刘义庆卒。

《宋书》卷五一《宗室传》："（宋临川王刘义庆）撰《徐州先贤传》十卷，奏上之。又拟班固《典叙》，以述皇代之美。……（元嘉）二十一年薨于京邑，时年四十二。"

《南史》卷一三《宋宗室及诸王传上》："（刘义庆）撰《徐州先贤传》十卷，奏上之。又拟班固《典叙》，以述皇代之美。……所著《世说》十卷，撰《集林》二百卷，并行于世。……（元嘉）二十一年薨于都下。"

《金楼子·说蕃篇》："刘义庆为荆州刺史，在州八年，撰《徐州先贤传》奏上之。"

《隋书·经籍志》史部杂传类："《徐州先贤传》九卷，刘义庆撰。"又"《江左名士传》一卷，刘义庆撰。"

《旧唐书·经籍志》史部正史类："《后汉书》五十八卷，刘义庆撰。"

445　宋文帝元嘉二十二年
《后汉书》作者范晔卒。

《宋书》卷六九《范晔传》："（元嘉）二十二年……伏诛，晔时年四十八。……晔狱中与诸甥侄书以自序曰：'吾少懒学问；晚成人，年三十许，政始有向耳。……

本未关史书，政恒觉其不可解耳。既造《后汉》，转得统绪。详观古今著述及评论，殆少可意者。班氏最有高名，既任情无例，不可甲乙辨；后赞于理近无所得，唯志可推耳。博赡可不及之，整理未必愧也。吾杂传论皆有精意深旨，既有裁味，故约其词句。至于《循吏》以下及六夷诸序论，笔势纵放，实天下之奇作，其中合者往往不减《过秦》篇。尝共比方班氏所作，非但不愧之而已。欲编作诸志，前汉所有者悉令备，虽事不必多，且使见文得尽。又欲因事就卷内发论，以正一代得失，意复未果。赞自是吾文之杰思，殆无一字空设，奇变不穷，同合异体，乃自不知所以称之。此书行，故应有赏音者。纪、传例为举其大略耳，诸细意甚多。自古体大而思精，未有此也。恐世人不能尽之，多贵古贱今，所以称情狂言耳。……吾书虽小小有意，笔势不快，余竟不成就，每愧此名。'"

《后汉书》卷十下《后纪下》注："沈约《谢俨传》曰：范晔所撰十志，一皆托俨搜撰，垂毕，遇晔败，悉蜡以复车。宋文帝令丹阳尹徐湛之就俨寻求，已不复得，一代以为恨。其志今阙。"

《隋书·经籍志》史部正史类："《后汉书》九十七卷，宋太子詹事范晔撰。"又"《后汉书赞论》四卷，范晔撰。"又"《汉书缵》十八卷，范晔撰。"

447 宋文帝元嘉二十四年
何承天卒。何承天除撰修宋史（见 439 年条）外，又著《春秋前传》及《春秋前杂传》。

《宋书》卷六四《何承天传》："（元嘉）二十四年，承天迁廷尉，未拜，上欲以为吏部，已受密旨，承天宣漏之，坐免官，卒于家，年七十八。"

《隋书·经籍志》史部杂史类："《春秋前传》十卷，何承天撰。《春秋前杂传》九卷，何承天撰。"

《旧唐书·经籍志》史部杂史类："《春秋前传》十卷，何承天撰。《春秋前传杂语》十卷，何承天撰。"

450 魏太武帝太平真君十一年
崔浩被诛。魏废史官。

《魏书》卷三五《崔浩传》："著作令史太原闵湛、赵郡郄标素谄事浩，乃请立石铭刊载国书，并勒所注五经，浩赞成之。……真君十一年六月诛浩。清河崔氏无远近，范阳卢氏、太原郭氏、河东柳氏皆浩之姻亲，尽夷其族。初，郄标等立石铭刊国记，浩尽述国事，备而不典，而石铭显在衢路，往来行者咸以为言，事遂闻发。"

《魏书》卷四八《高允传》："是时，著作令史闵湛、郗标性巧佞，为（崔）浩信待。见浩所注《诗》《论语》《尚书》《易》，遂上疏言马、郑、王、贾虽注述六经，并多疏谬，不如浩之精微，乞收境内诸书藏之秘府；班浩所注，命天下习业；并求敕浩注《礼传》令后生得观正义。浩亦表湛有著述之才。既而劝浩刊所撰国史于石，用垂不朽，欲以彰浩直笔之迹。允闻之，谓著作郎宗钦曰：'闵湛所营，分寸之间，恐为崔门万世之祸，吾徒无类矣。'未几而难作。初，浩之被收也，允直中书省，恭宗使东宫侍郎吴廷召允，仍留宿宫内。翌日，恭宗入奏世祖，命允骖乘。至宫门，谓曰：'入当见至尊，吾自导卿。脱至尊有问，但依吾语。'允请曰：'为何等事也？'恭宗曰：'入自知之。'既入见帝，恭宗曰：'中书侍郎高允自在臣宫，同处累年，小心密慎，臣所委悉。虽与浩同事，然恭微贱，制由于浩，请赦其命。'世祖召允，谓曰：'国书皆崔浩作不？'允对曰：'《太祖记》，前著作郎邓渊所撰，先帝记及今记，臣与浩同作。然浩综务处多，总裁而已，至于注疏，臣多于浩。'世祖大怒曰：'此甚于浩，安有生路？'恭宗曰：'天威严重，允是小臣，迷乱失次耳。臣向备问，皆云浩作。'世祖问：'如东宫言不？'允曰：'臣以下才，谬参著作，犯逆天威，罪应灭族。今已分死，不敢虚妄。殿下以臣侍讲日久，哀臣乞命耳。实不问臣，臣无此言。臣以实对，不敢迷乱。'世祖谓恭宗曰：'直哉！此乃人情所难，而能临死不移，不亦难乎！且对君以实，贞臣也。如此言，宁失一有罪，宜宥之。'允竟得免。于是召浩前，使人诘浩，浩惶惑不能对。允事事申明，皆有条理。时世祖怒甚，敕允为诏，自浩已下、僮吏以上百二十八人皆夷五族。允持疑不为，频诏催切。允乞更一见，然后为诏。诏引前，允曰：'浩之所坐，若更有余衅，非臣敢知。直以犯触，罪不至死。'世祖怒，命介士执允。恭宗拜请。世祖曰：'无此人忿朕，当有数千口死矣！'浩竟灭族，余皆身死。宗钦临刑叹曰：'高允其殆圣乎！'恭宗后让允曰：'人当知机，不知机，学复何益？当尔之时，吾导卿端绪，何故不从人言，怒帝如此？每一念之，使人心悸！'允曰：'臣东野凡生，本无宦意。属休延之会，应旌弓之举，释褐凤池，仍参麟阁，尸素官荣，妨贤已久。夫史籍者，帝王之实录，将来之炯戒；今之所以观往，后之所以知今。是以言行举动，莫不备载，故人君慎焉。然浩世受殊遇，荣曜当时，孤负圣恩，自贻灰灭。即浩之迹，时有可论。浩以蓬蒿之才，荷栋梁之重；在朝无謇谔之节，退私无委蛇之称；私欲没其公廉，爱憎蔽其直理，此浩之责也。至于书朝廷起居之迹，言国家得失之事，此亦为史之大体，未为多违。然臣与浩实同其事，死生荣辱，义无独殊。诚荷殿下大造之慈，违心苟免，非臣之意。'恭宗动容称叹。"

《史通》卷一二《古今正史》篇："浩坐此夷三族，同作死者百二十八人，自是遂废史官。"

与崔浩同时被诛之史官有宗钦、段承根等。

《魏书》卷五二《宗钦传》："宗钦，……仕沮渠蒙逊为中书郎、世子洗马。……世祖平凉州，入国，赐爵卧树男，加鹰扬将军，拜著作郎。……崔浩之诛也，钦亦赐死。"

《魏书》卷五二《段承根传》："段承根，武威姑臧人。……承根好学机辩，有文思，……司徒见而奇之，以为才堪注述，言之世祖，请为著作郎，引与同事。……浩诛，承根与宗钦俱死。"

451 宋文帝元嘉二十八年
《三国志注》作者裴松之卒。

《宋书》卷六四《裴松之传》："（元嘉）十四年致仕。拜中散大夫，寻领国子博士，进太中大夫，博士如故。续何承天国史，未及撰述。二十八年卒，时年八十。子骃，南中郎参军。松之所著文论及《晋纪》，骃注司马迁《史记》，并行于世。"

《文苑英华》卷七五四引裴子野《宋略·总论》："子野曾祖宋中大夫西乡侯（裴松之），以文帝之十二年受诏撰《元嘉起居注》。二十六（案："六"恐系"八"之误）年重被绍（原注：疑作诏）续成何承天《宋书》，其年终于位，书则未遑述作。"

《史通》卷一二《古今正史》篇："宋史：元嘉中著郎何承天草创纪传；自此以外，悉委奉朝请山谦之，补承天残缺；后又命裴松之续成国史。松之寻卒，史佐孙冲之表求别自创立为一家之言。"

《隋书·经籍志》史部杂传类："《裴氏家传》四卷，裴松之撰。"

车频著成《秦史》。

《史通》卷一二《古今正史》篇："宋武帝入关，曾访秦国事，又命梁州刺史吉翰问诸仇池，并无所获。先是，秦秘书郎赵整参撰国史，值秦灭，隐于商洛山，著书不辍。右冯翊车频，助其经费。整卒，翰乃启频纂成其书。以元嘉九年起，至二十八年方罢，定为三卷。而年月失次，首尾不伦。"

454 宋孝武帝孝建元年
苏宝生于本年后继山谦之撰著《宋书》。

《宋书》卷一〇〇《自序》："（山）谦之孝建初又被诏撰述（《宋书》），寻值病亡，仍使南台侍御史苏宝生续造诸传，元嘉名臣皆其所撰。"

沈怀远于本年后著《南越志》。

《宋书》卷八二《沈怀文传》："（沈怀文弟）怀远，为始兴王濬征北长流参军，深见亲待。坐纳王鹦鹉为妾，世祖徙之广州，使广州刺史宗悫于南杀之。会南郡王义宣反。怀远颇闲文笔，悫起义使造檄书并衔命至始兴，与始兴相沈法系论起义事。事平，悫具为陈请，由此见原。终世祖世不得还。……前废帝世，流徙者并听归本。官至武康令。撰《南越志》。"

《隋书·经籍志》史部杂史类："《南越志》八卷，沈氏撰。"

《旧唐书·经籍志》史部地理类："《南越志》五卷，沈怀远撰。"

《玉海》卷一六引《中兴书目》："《南越志》五卷，宋沈怀远载三代至晋南越疆域事迹。"

陈振孙《直斋书录解题》地理类："《南越志》七卷，宋武康令吴兴沈怀远撰，此五岭诸书之最在前者也。"

案：沈怀远著《南越志》之年代史无明文，据《宋书·沈怀文传》所述，最早亦当在南郡王刘义宣谋反事平以后。考《宋书》卷六《孝武帝纪》，刘义宣于孝建元年二月谋反，六月败死，则沈怀远著《南越志》当在本年以后。

455 宋孝武帝孝建二年
刘义恭著《要记》。

《宋书》卷六一《江夏王义恭传》："（孝建）二年……义恭撰《要记》五卷，起前汉、讫晋太元。表上之，诏付秘阁。"

456 宋孝武帝孝建三年
何法盛约于本年前后著《晋中兴书》。

《南史》卷三二《徐广传》："时有高平郗绍亦作《晋中兴书》，数以示何法盛，法盛有意图之，谓绍曰：'卿名位贵达，不复俟此延誉；我寒士无闻于时，如袁宏、干宝之徒，赖有著述流声于后，宜以为惠。'绍不与。至书成，在斋内厨中。法盛诣绍，绍不在，直入窃书。绍还，失之，无复兼本，于是遂行何书。"

《史通》卷一二《古今正史》篇："晋江左史，自邓粲、孙盛、王韶之、檀道鸾已下相次继作，远则偏记两帝，近则唯叙八朝。至宋湘东太守何法盛，始撰《晋中兴书》，勒成一家，首尾该备。"

《隋书·经籍志》史部正史类："《晋中兴书》七十八卷，起东晋，宋湘东太守何法盛撰。"

案：何法盛之生平及其著书年代均不详。《宋书》卷六〇《自序》云："(沈)伯玉，字德润。……世祖(宋孝武帝)践祚，……复为江夏王义恭太宰行参军，与奉朝请谢超宗、何法盛校书东宫。"考《宋书》卷六《孝武帝纪》，江夏王义恭于孝建三年进位太宰，则何法盛在是年以后校书东宫无疑，吾人所知何法盛事迹之年代亦仅此一条，其著《晋中兴书》或在此前后，因史无明文，故暂编于此。至于《南史·徐广传》所载何法盛窃书于郗绍事，确否尚不可知。刘知幾熟于史事，既言法盛始撰《晋中兴书》，今从之。

457　宋孝武帝大明元年
裴景仁著《秦纪》。

《宋书》卷五四《沈昙庆传》："……大明元年(沈昙庆)监徐、兖二州及梁郡诸军事，辅国将军，徐州刺史。时殿中员外将军裴景仁助戍彭城，本伧人，多悉伧荒事，昙庆使撰《秦记》十卷，叙苻氏潜伪本末，其书传于世。"

《南史》卷三四《沈怀文传附沈昙庆传》："大明元年(沈昙庆)为徐州刺史，时殿中员外将军裴景仁助戍彭城。景仁本北人，多悉关中事，昙庆使撰《秦纪》十卷，叙苻氏事，其书传于世。"

《史通》卷一二《古今正史》篇："河东裴景仁，又正其讹僻(案：指车频所著《秦史》，见451年条所载。)删为《秦纪》十一篇。"

《隋书·经籍志》史部霸史类："《秦纪》十一卷，宋殿中将军裴景仁撰，梁雍州主簿席惠明注。"

460　魏文成帝和平元年
魏复置史官。

《魏书》卷五《高宗纪》："和平元年……六月……崔浩之诛也，史官遂废，至是复置"。

《史通》卷一二《古今正史》篇："(崔浩被诛)，自是遂废史官。至文成帝和平元年始复其职，而以高允典著作，修国记。允年已九十，手目俱衰；时有校书郎刘模，长于缉缀，乃令执笔而口占授之。如是者五六岁，所成篇卷，模有力焉。"

462 宋孝武帝大明六年

徐爰著宋史。

《宋书》卷九四《徐爰传》："徐爰，字长玉，南琅邪开阳人也。……先是元嘉中使著作郎何承天草创国史，世祖（宋孝武帝）初，又使奉朝请山谦之、南台御史苏宝生踵成之。（大明）六年，又以爰领著作郎，使终其业，爰虽因前作，而专为一家之书。上表曰：'臣闻虞史炳图，原光被之美；夏载昭策，先随山之勤。天飞虽王德所至，终陟固有资田跃。神宗始于俾乂，上日兆于纳揆。其在殷颂，长发玄王，受命作周，实唯雍伯考行之盛则，振古之弘轨。降逮二汉，亦同兹义，基帝枞乎丰郊，绍祚本于昆邑。魏以武命《国志》，晋以宣启《阳秋》，明黄初非更姓之本，太始为造物之末，又近代之令准，式远之鸿规。典谟缅邈，纪传成准，善恶具书，成败毕记。然余分紫色，滔天泯夏，亲所芟夷，而不序于始传；涉圣卓绍，烟起云腾，非所诛灭，而显冠乎首述。岂不以事先归之前录，功偕著之后撰。伏维皇宋承金行之浇季，钟经纶之屯极，拥玄光以凤翔，秉神符而龙举。剿定鲸鲵，天人仁属，晋禄数终，上帝临宋，便应奄膺纮宇，对越神工；而恭服勤于三分，让德迈于不嗣，其为巍巍荡荡，赫赫明明，历观逖闻，莫或斯等，宜依衔书改文、登舟变号。起元义熙，改王业之始，载序宜力，为功臣之断。其伪玄篡窃，同于新莽，虽灵武克珍，自详之晋录；及犯命干纪，受戮霸朝，虽揖让之前，皆著之宋策。国典体大，方垂不朽，请外详议，伏须遵承。'于是内外博议。太宰江夏王义恭等三十五人同爰议，宜以义熙元年为断；散骑常侍巴陵王休若、尚书金部郎檀道鸾二人谓宜以元兴三年为始；太学博士虞和谓宜以开国为宋公元年。诏曰：'项籍、圣公编录二汉，前史已有成列（殿本《考证》：列当作例）。《桓玄传》宜在宋典，余如爰议。'"

《宋书》卷一〇〇《自序》："大明中，又命著作郎徐爰踵成前作。爰因何、苏所述，撰为一史，起自义熙之初，讫于大明之末。至于臧质、鲁爽、王僧达诸传，又皆孝武所造。自永光以来，至于禅让，十余年内，阙而不续。"

《南齐书》卷五二《丘巨源传》："丘巨源，兰陵人也。……巨源少举丹阳郡孝廉，为宋孝武所知。大明五年（案：此与《宋书·徐爰传》所载相差一年），敕助徐爰撰国史。"

《史通》卷一二《古今正史》篇："宋史：元嘉中，著作郎何承天草创纪传，自此以外，悉委奉朝请山谦之，补承天残缺。后又命裴松之续成国史。松之寻卒，史佐孙冲之表求别自创立为一家之言。孝建初，又敕南台侍御史苏宝生续造诸传，元嘉名臣皆其所撰。宝生被诛，大明六年，又命著作郎徐爰踵成前作。爰因何、孙、山、苏所述，勒为一书，其臧质、鲁爽、王僧达诸传又皆孝武自造，而序事多虚，难以取信。自永光已后至禅让，十余年中，阙而不载。"

465 宋明帝泰始元年
沈约开始撰著《晋书》。

《宋书》卷一〇〇《自序》："史臣（沈约）年十三而孤。少颇好学，虽弃日无功，而伏膺不改。常以晋氏一代竟无全书，年二十便有撰述之意。泰始初，征西将军蔡兴宗为启明帝，有敕赐许。"

467 宋明帝泰始三年
《宋略》作者裴子野生。

据《梁书》卷三〇《裴子野传》，裴子野卒于梁武帝大通二年，六十二岁，知生于本年。

475 宋废帝元徽三年
《宋书》作者徐爰卒。

《宋书》卷九四《徐爰传》："元徽三年卒，时年八十二。"

479 齐高帝建元元年
本年宋亡。在宋时较重要之史学事迹而不详其年代者，尚有：
刘谦之著《晋纪》。

《宋书》卷五〇《刘康祖传》："（刘）谦之，好学，撰《晋纪》二十卷。"
《隋书·经籍志》史部古史类："《晋纪》二十三卷，宋中散大夫刘谦之撰。"
案：刘谦之著《晋纪》在何时不详，据《宋书·刘康祖传》所载，谦之"义熙末为始兴相，东海人徐道期……招集亡命出攻始兴，谦之破走之，进平广州，诛其党与。……复为太中大夫。"又《晋书》卷十《安帝纪》义熙十三年载："南海贼徐道期陷广州，始兴相刘谦之讨平之。"再据《隋志》所题"宋中散大夫"官名，则谦之仕于东晋末及宋初，其著《晋纪》盖在宋朝也。

檀道鸾著《续晋阳秋》。

《南史》卷七二《檀超传》："超叔父道鸾，字万安，仕国子博士、永嘉太守，亦有文学，撰《续晋阳秋》二十卷。"

《隋书·经籍志》史部古史类："《续晋阳秋》二十卷，宋永嘉太守檀道鸾撰。"

郭季产著《续晋纪》。

《隋书·经籍志》史部古史类："《续晋纪》五卷，宋新兴太守郭季产撰。"姚振宗《隋书经籍志考证》："按郭季产始末未详。唯《宋书·蔡兴宗传》：'前废帝时领军王玄谟有所亲故吏郭季产。'殆即其人。"

崔祖思上书论修史事。

《南齐书》卷二八《崔祖思传》："崔祖思字敬元，清河东武城人。……建元元年……祖思启陈政事曰："……又曰：'古者左史记言，右史记事，故君举必书，尽直笔而不污；上无妄动，知如丝之成纶。今者著作之官，起居而已，述事之徒，褒讽为体，世无董狐，书法必隐；时阙南史，直笔未闻。……'"

480 齐高帝建元二年
齐初置史官，以檀超及江淹掌修史事，并立条例，王俭、袁彖均参与讨论。

《南齐书》卷五二《檀超传》："檀超字悦祖，高平金乡人也。……建元二年，初置史官，以超与骠骑记室江淹掌史职，上表立条例：'开元纪号不取宋年；封爵各详本传，无假年表；立十志：《律历》《礼乐》《天文》《五行》《郊祀》《刑法》《艺文》依班固；《朝会》《舆服》依蔡邕、司马彪；《州郡》依徐爰；《百官》依范晔，合《州郡》。班固五星载《天文》，日蚀载《五行》，改日蚀入《天文志》。以建元为始。帝女体自皇宗，立传以备甥舅之重；又立《处士》《列女传》。诏内外详议。左仆射王俭议：'金粟之重，八政所先，食货通则国富民实，宜加编录，以崇务本，《朝会志》前史不书，蔡邕称先师胡广说《汉旧仪》，此乃伯喈一家之意，曲碎小仪，无烦录。宜立《食货》，省《朝会》。《洪范》九畴，一曰五行，五行之本先乎水火之精，是为日月五行之宗也，今宜宪章前轨，无所改革。又立《帝女传》，亦非浅识所安，若有高德异行，自当载在《列女》；若止于常美，则仍旧不书。'诏日月灾隶《天文》，余如俭议。'超史功未就，卒官。江淹撰成之，犹不备也。"

《南史》卷五九《江淹传》："建元二年，始置史官，淹与司徒左长史檀超共掌其任，所为条例并为王俭所驳，其言不行。淹任性文雅，不以著述在怀，所撰十三篇竟无次序。"

《南史》卷一二《檀超传》："檀超字悦祖，高平金乡人也。……建元二年，初置史官，以超与骠骑记室江淹掌史职，上表立条例：开元纪号不取宋年；封爵各详本传，无假年表；又制著十志。多为左仆射王俭所不同。既与物多忤，史功未就，徙交州，于路见杀。江淹撰成之，犹不备也。"

《南齐书》卷四八《袁彖传》："袁彖字伟才，陈郡阳夏人也。……议驳国史檀超：以《天文志》纪纬序位度，《五行志》载当时祥沴，二篇所记，事用相悬，日蚀为灾，宜居《五行》。超欲立《处士传》，彖曰：'夫事关业用，方得列其名行。今栖遁之士，排斥皇王，陵轹将相，此偏介之行，不可长风移俗，故迁书未传，班史莫编，一介之善，无缘顿略，宜列其性业，附出他篇。'"

《史通》卷一一《史官建置》篇："齐、梁二代，又置修史学士。"

《史通》卷一二《古今正史》篇："齐史：江淹始受诏著述，以为史之所难无出于志，故先着十志以见其才。"

熊襄著《齐典》（又名《十代记》《河洛金匮》）。

《南齐书》卷五二《檀超传》："时豫章熊襄著《齐典》，上起十代。其序云：'《尚书·尧典》谓之《虞书》，则附所述，故通谓之齐，名为《河洛金匮》。'"

《隋书·经籍志》史部古史类："《齐典》十卷。"

章宗源《隋书经籍志考证》："《隋志》无撰人名。愚按《南齐书·檀超传》：'时豫章熊襄著《齐典》，上起十代。其序云：《尚书·尧典》谓之《虞书》，则附所述，故通谓之齐，名为《河洛金匮》。'未知《隋志》所载即襄所撰否？"

《旧唐书·经籍志》史部杂史类："《十代记》十卷，熊襄撰。"

《新唐书·艺文志》史部杂史类："熊襄《十代记》十卷。"

姚振宗《隋书经籍志考证》："按此证以《齐书》《南史·文学传》及两《唐志》所载书名卷数皆有可据，是为熊襄书无可疑者，本《志》失注撰人耳。其书相传有三名，曰《河洛金匮》，曰《齐典》，曰《十代记》。"

483 齐武帝永明元年
刘祥撰《宋书》。

《南齐书》卷三六《刘祥传》："刘祥字显征，东莞莒人也。……永明初，迁长沙王镇军，板谘议参军。撰《宋书》，讥斥禅代，尚书令王俭密以启闻，上衔而不问。"

484　齐武帝永明二年
沈约著《晋书》，至本年中辍。

《宋书》卷一〇〇《自序》："（沈约）常以晋氏一代竟无全书，年二十许便有撰述之意。泰始初，征西将军蔡兴宗为启明帝，有敕赐许。自此迄今，年逾二十（案：沈约《自序》作于永明六年，"自此迄今，年逾二十"系指自宋泰始初至齐永明六年，即 465 年至 488 年），所撰之书凡一百二十卷，条流虽举，而采掇未周。永明（案：应作升明）初，遇盗失第五秩。建元四年未终，被敕撰国史。永明二年，又忝兼著作郎，撰次起居注，自兹王役，无暇搜撰。"

486　魏孝文帝太和十年
《略注》作者平恒卒。

《北史》卷八一《平恒传》："平恒字继叔，燕郡（案：《魏书》卷八四《平恒传》作"国"）蓟人也。……恒耽勤读诵，多通博闻。自周以降，暨于魏世，帝王传代之由，贵臣升降之绪，皆撰（后人补《魏书·平恒传》"撰"下有"录"字）品第，商略是非，号曰《略注》，合百余篇。……太和十年，以恒为秘书令，而固请为郡，未受而卒。"（案：《魏书·平恒传》此下有"时年七十六"五字）。

487　齐武帝永明五年　魏孝文帝太和十一年
沈约开始著作《宋书》。

《宋书》卷一〇〇沈约《自序》："（永明）五年春，又被敕撰《宋书》。"
《南史》卷七二《王智深传》："（齐）武帝使太子家令沈约撰《宋书》，拟立《袁粲传》，以审武帝，帝曰：'袁粲自是宋家忠臣。'约又多载孝武、明帝诸亵黩事，上遣左右语约曰：'孝武事迹不容顿尔；我昔经事宋明帝，卿可思讳恶之义。'于是多所省除。"

魏史官高允卒。高允撰修魏史，实得刘模之助。

《魏书》卷四八《高允传》："（高允）虽久典史事，然而不能专勤属述，时与校书郎刘模有所缉缀，大较续崔浩故事，准《春秋》之体，而时有刊正。自高宗迄于显祖，军国书檄多允文也。……虽年渐期颐，而志识无损，犹心存旧职，披考史书。……（太和）十一年正月卒，年九十八。……初，允所引刘模者，长乐信都人也。……允领秘书典著作，选为校书郎。允修撰国记，与俱缉著，常令模持管篇，每日同入史阁，接膝对筵，属述时事。允年已九十，目手稍衰，多遣模执笔，而指授裁断之。如此者五六岁，允所成篇卷，著论上下，模预有功焉。"

李彪与崔光撰修魏史，改原修之编年体为纪传体。

《魏书》卷七下《高祖纪》："（太和）十有一年……十有二月，诏秘书丞李彪、著作郎崔光改析国记，依纪传之体。"

《魏书》卷六二《李彪传》："李彪，字道固，顿丘卫国人。……高祖初，为中书教学博士，后假员外散骑常侍、建威将军、卫国子，使于萧赜。迁秘书丞，参著作事。自成帝以来至于太和，崔浩、高允著述国书，编年序录，为《春秋》之体，遗落时事，三无一存。彪与秘书令高祐始奏从迁、固之体，创为纪、传、表、志之目焉。"

《魏书》卷六七《崔光传》："崔光，本名孝伯，字长仁，高祖赐名焉，东清河鄃人也。……太和六年，拜中书博士，转著作郎，与秘书丞李彪参撰国书。"

《魏书》卷五七《高祐传》："高祐，字子集，小名次奴，勃海人也。……祐博涉书史，好文字杂说，材性通放，不拘小节。……高祖拜秘书令，后与丞李彪等奏曰：'臣等闻典谟兴，话言所以光著；载籍作，成事所以昭扬，然则《尚书》者，记言之体；《春秋》者，录事之辞。寻览前志，斯皆言动之实录也。夏殷以前，其文弗具；自周以降，典章备举。史官之体，文质不同；立书之旨，随时有异。至若左氏，属词比事，两致并书，可谓存史意而非全史体。逮司马迁、班固，皆博识大才，论叙今古，曲有条章；虽用达未兼，斯实前史之可言者也。至于后汉、魏、晋，咸以放（仿）焉。惟圣朝创制上古，开基长发，自始均以后至于成帝，其间世数久远，是以史弗能传。臣等疏陋，忝当史职，披览国记，窃有志焉。愚谓自王业始基，庶事草创，皇始以降，光宅中土，宜依迁、固大体，令事类相从，纪传区别，表志殊贯，如此修缀，事可备尽。伏惟陛下先天开物，洪宣帝命，太皇太后淳曜二仪，惠和王度，声教之所渐洽，风译之所覃加，固已义振前王矣。加太和以降，年未一纪，然嘉符祯瑞，备臻于往时；洪功茂德，事萃于曩世。会稽仑玉牒之章，岱宗想石记之列。而秘府策勋，述美未尽。将令皇风大猷，或阙而不载；功臣懿绩，或遗而弗传。著作郎已下，请取有才用者，参造国书，如得其人，三年有成矣。然后大明之德功，光于帝篇，圣后之勋业，显于皇策。佐命忠贞之伦，纳言司直之士，咸以备著载籍矣。'高祖从之。……时李彪专统著作，祐为令，时相关预而已。"

《史通》卷一二《古今正史》篇："初，《国记》自邓、崔以下皆承作编年体。至孝文太和十一年，诏秘书丞李彪、著作郎崔光始分为纪传异科。"

488　齐武帝永明六年　魏孝文帝太和十二年

《晋书》作者臧荣绪卒。臧荣绪除著《晋书》外，又著《续洞纪》。

《南齐书》卷五四《臧荣绪传》："臧荣绪，东莞莒人也。……纯笃好学，括东、西晋为一书，纪、录、志、传百一十卷。隐居京口教授。南徐州辟西曹，举秀才，不就。太祖（萧道成）为扬州，征荣绪为主簿，不到。司徒褚渊少时尝命驾寻之。建元中启太祖曰：'荣绪朱方隐者。昔臧质在宋，以国戚出牧彭岱，引为行佐，非其所好，谢疾求免，蓬庐守志，漏湿是安，灌蔬终老，与友关康之沉深典素，追古著书，撰《晋史》十帙，赞论虽无逸才，亦足弥纶一代。臣岁时往京口，早与之遇。近报其取书，始方送出，庶得备录渠阁，采异甄善。'上答曰：'公所道臧荣绪者，吾甚志之，其有史翰，欲令入天禄，甚佳。'荣绪惇爱五经，……常以宣尼生庚子日，陈五经拜之。自号被褐先生。又以饮酒乱德，言常为诫。永明六年卒，年七十四。"

《史通》卷一二《古今正史》篇："晋史：……齐隐士臧荣绪，又集东、西二史，合成一书。"

《隋书·经籍志》史部正史类："《晋书》一百一十卷，齐徐州主簿臧荣绪撰。"同上书史部杂史类："《续洞纪》一卷，臧荣绪撰。"姚振宗《隋书经籍志考证》："按是书（《续洞纪》）《南齐书·高逸传》及《南史·隐逸传》皆略而不言，其续韦氏书则大抵讫于宋齐之际。"

沈约著成《宋书》。

《宋书》卷一〇〇《自序》："（永明）五年春，又被敕撰《宋书》。六年二月毕功，表上之曰：'臣约言：臣闻大禹刊木，事炳虞书；西伯戡黎，功焕商典。伏惟皇基积峻，帝烈弘深，树德往朝，立勋前代。若不观风唐世，无以见帝妫之美；自非睹乱秦余，何用知汉祖之业？是以掌言未记，爰动天情；曲诏史官，追述大典。臣实庸妄，文史多阙；以兹不才，对扬盛旨，是用夕惕载怀，忘其寝食者也。臣约顿首死罪。窃惟宋氏南面，承历统天。虽世穷八主，年减百载；而兵车驱动，国道屡屯，垂文简牍，事数繁广。若夫英主启基，名臣建绩，拯世夷难之功，配天光宅之运，亦足以勒铭钟鼎，昭被万策。及虐后暴朝，前王罕二，国衅家祸，旷古未书，又可以式规万叶，作鉴于后。宋故著作郎何承天始撰宋书，草立纪、传，止于武帝功臣，篇牍未广；其所撰志，唯《天文》《律历》，自此外悉委奉朝请山谦之。谦之孝建初又被诏撰述，寻值病亡，仍使南台侍御史苏宝生续造诸传，元嘉名臣皆其所撰。宝生被诛，大明中又命著作郎徐爰踵成前作。爰因何、苏所述，勒为一史，起自义熙之初，讫于大明之末。至于臧质、鲁爽、王僧达诸传，又皆孝武所造。自永光以来至于禅让，十余年内阙而不续，一代典文，始末未举。且事属当时，多非实录；又立传之方，取舍乖衷，进由时旨，退傍世情，垂之方来，难以取信。臣今谨更创立，制成新史，始自义熙肇号，终于升明三年。桓玄、谯纵，卢循、马鲁之徒，身为晋贼，非关后代；吴隐、谢混、郗僧施义止前朝，不宜滥入宋典；刘毅、何无忌、魏咏之、檀凭之、孟昶、诸葛长民志在兴复，情非造宋。今并刊除，归之晋籍。臣远愧南、董，近谢迁、固，以闾阎小才，述一代盛典，属辞比事，望古惭良，鞠躬跼蹐，腼汗亡厝。本纪、列传缮写已毕，合志、表七十卷。臣今谨奏呈。所撰诸志须成续上。谨条目录诣省拜表奉以闻。臣约诚惶诚恐，顿首顿首，死罪死罪。'"

《隋书·经籍志》史部正史类："《宋书》一百卷，梁尚书仆射沈约撰。"

殿本《宋书》卷一〇〇《考证》："按沈约《自序》，《宋书》成于齐武帝永明六年。今刻本题曰'梁沈约撰'，盖要其终而命之为梁臣，非言此书为梁时书也。"

《魏国统》作者梁祚卒。

《魏书》卷八四《儒林·梁祚传》："梁祚，北地泥阳人。……撰并陈寿《三国志》，名曰《国统》。……年八十七，太和十二年卒。"

《隋书·经籍志》史部杂史类："《魏国统》二十卷，梁祚撰。"

《旧唐书·经籍志》史部编年类："《国记》十卷，梁祚撰。"

《新唐书·艺文志》史部编年类："梁祚《魏书国纪》十卷。"

案：据章宗源《隋书经籍志考证》，两《唐志》所载书名均误。

489　齐武帝永明七年
《南齐书》作者萧子显生。

据《梁书》卷三五《萧子恪传附萧子显传》，萧子显卒于梁武帝大同三年，四十九岁，知生于本年。

490　魏孝文帝太和十四年
魏定起居注制。

《魏书》卷七下《高祖纪》："太和十有四年……二月……初诏定起居注制。"

《史通》卷一一《史官建置》篇："元魏置起居令史，每行幸燕会，则在御左右，记录帝言及宾客酬对。后别置修起居注二人，多以余官兼掌。"

491　齐武帝永明九年　魏孝文帝太和十五年
王颢将其父王珪之所著《齐职仪》公之于世。

《南齐书》卷五二《王逡之传》："（王逡之）从弟珪之有史学，撰《齐职仪》。永明九年，其子中军参军颢上启曰：'臣亡父故长水校尉珪之，藉素为基，依儒习性。以宋元徽二年被敕使纂集古设官历代分职，凡在坟策，必尽详究。是以等级掌司，咸加编录；黜陟迁补，悉该研记。述章服之差，兼冠佩之饰。属值启运，轨度惟新。故太宰臣渊（褚渊）奉宣敕旨，使速洗正。刊定未毕，臣私门凶祸。不揆庸微，谨冒启上，凡五十卷，谓之《齐职仪》。仰希永升天阁，长铭秘府。'诏付秘阁。"

魏分置左右史官。

《魏书》卷七下《高祖纪》："（太和）十五年春正月……初分置左右史官。"

493　齐武帝永明十一年
王智深著成《宋纪》。

《南齐书》卷五二《王智深传》："王智深，字云才，琅邪临沂人也。……（世祖齐武帝）敕智深撰《宋纪》，召见芙蓉堂，赐衣服，给宅。智深告贫于豫章王，王曰：'须卿书成，当相论以禄。'书成三十卷。世祖后召见智深于璇明殿，令拜表奏上，表未奏而世祖崩。隆昌元年，敕索其书。"

案：齐武帝卒于本年。

在本年以前，袁炳著《晋书》，未成而卒。

《南齐书》卷五二《王智深传》："先是，陈郡袁炳，字叔明，有文学，亦为袁粲所知，著《晋书》，未成，卒。"

《南史》卷七二《丘巨源传》："（袁）仲明，陈郡人，撰晋史未成而卒。"

案：《南齐书·王智深传》云袁炳字叔明，《南史·丘巨源传》仅云袁仲明而未著其名，但据两书所述事迹（《南史·丘巨源传》亦云袁仲明"为袁粲所赏"）当是一人。

495 齐明帝建武二年
齐史官王逡之卒。

《南齐书》卷五二《王逡之传》："王逡之，字宜约，琅邪临沂人也。……升明末，右仆射王俭重儒术，逡之以著作郎兼尚书左丞，参定齐国仪礼。初，俭撰《古今丧服集记》，逡之难俭十一条；更撰《世行》五卷。转国子博士。国学久废，建元二年逡之先上表立学，又兼著作。撰永明起居注。转通直常侍骁骑将军领博士著作如故。……建武二年卒。"

《隋书·经籍志》史部仪注类："《礼仪制度》十三卷，王逡之撰。"

497 魏孝文帝太和二十一年
李彪解免史官职务，崔光专任撰修国史之事。

《魏书》卷六二《李彪传》："车驾南征（案：据《魏书》卷七下《高祖纪》，事在太和十七年八月），假彪冠军将军东道副将，寻假征虏将军。车驾还京（案：据《魏书·高祖纪》，事在太和十八年闰二月），迁御史中尉，领著作郎。……汾州故叛，诏彪持节绥慰，事宁还京。除散骑常侍，仍领御史中尉，解著作事。"

《魏书》卷六七《崔光传》："初，光与李彪共撰国书。太和之末，彪解著作，专以史事任光。"

案：据《魏书》卷七下《高祖纪》：太和二十年十一月，"右将军元隆大破汾州叛胡。"又《魏书》卷七下《高祖纪》：太和二十一年三月"诏汾州民百年以上假县令，九十以上赐爵三级，八十以上赐爵二级，七十以上赐爵一级"。则李彪之解著作事应在二十一年春。

499 齐东昏侯永元元年 魏孝文帝太和二十三年
《海岱志》作者崔慰祖卒。

《南齐书》卷五二《崔慰祖传》："崔慰祖，字悦宗，清河东武城人也。……与丹阳丞刘沨素善，遥光据东府反，慰祖在城内，城未溃，一日沨谓之曰：'卿有老母，宜其出矣。'命门者出之。慰祖诣阙自首，系尚方，病卒。慰祖著《海岱志》，起太公迄西晋人物为四十卷，半未成（《南史》卷七二本传作"半成"），临卒与从弟纬书云：'常欲更注迁、固二史，采《史》《汉》所漏二百余事，在厨簏，可检写之，以存大意。《海岱志》良未周悉，可写数本，付护军诸从事人一通，及友人任昉、徐夤、刘洋、裴撰。（《南史》卷七二本传在此下有"令后世知吾微有素业也"一句）……时年三十五。"

《隋书·经籍志》史部杂传类："《海岱志》二十卷，齐前将军记室崔慰祖撰。"

案：据《南齐书》卷七《东昏侯纪》及卷二〇《始安王遥光传》，始安王遥光谋反被斩在东昏侯永元元年，则崔慰祖之卒亦当在是年也。

魏孝文帝（拓跋宏）卒。魏孝文帝在位时曾谓史官应直书时事。

《魏书》卷七下《高祖纪》："（魏孝文帝）尝从容谓史官曰：直书时事，无讳国恶。人君威福自己，史复不书，将何所惧？"

李彪上书论修史事；在秘书省以白衣修史。

《魏书》卷六二《李彪传》："车驾南伐（案：指太和二十一年八月魏孝文帝南伐，见《魏书》卷七下《高祖纪》），彪兼度支尚书，与仆射李冲、任城王等修理留台事。彪素性刚豪，与冲等意议乖异，遂形于声色，殊无降下之心；自谓自为法官，莫能纠劾己者，遂多专恣。冲积其前后罪过，乃于尚书省禁止彪，上表曰：'……臣今请以见事免彪所居职，付廷尉治狱。'……有司处彪大辟，高祖恕之，除名而已。……高祖崩，世宗践祚。彪自托于王肃，又与邢峦诗书往来，迭相称重，因论求复旧职修史之事。肃等许为左右，彪乃表曰：'……唯我皇魏之奄有中华也，岁越百龄，年几十纪。太祖以弗违开基，武皇以奉时拓业，虎啸域中，龙飞宇外，小往大来，品物咸亨。自兹以降，世济其光，史官叙录，未充其盛。加以东观中圮，册勋有阙，美随日落，善因月稀。故谚曰：'一日不书，百事荒芜。'至于太和之十一年，先帝先后远惟景业，绵绵休烈，若不恢史阐录，惧上业茂功始有缺矣。于是召名儒之士，充麟阁之选。于时忘臣众短，采臣片志，令臣出纳，授臣丞职，猥属斯事，无所与让。高祖时诏臣曰：'平尔雅志，正尔笔端，书而不法，后世何观。'臣奉以周旋，不敢失坠，与著作等鸠集遗文，并取前记，撰为国书。假有新进时贤制作于此者，恐闱门既异，出入生疑，弦柱既易，善者或谬。自十五年以来，臣使国迁，频有南辕之事，故载笔遂寝，简牍弗张，其于书功录美，不其阙欤！……窃谓史官之达者，大则与日月齐明，小则与四时并茂，其大者孔子、左丘是也，小者史迁、班固是也。故能声流于无穷，义昭于来裔，是以金石可灭而流风不泯者，其唯载籍乎!……史职不修，事多沦旷，天人之际，不可须臾阙载也。以谈、迁世事而功立，彪、固世事而名成，道争（案：殿本《魏书考证》云：道争二字不可晓，疑衍文）乃前鉴之轨辙，后镜之蓍龟也。然前代史官之不终业者有之，皆陵迟之世不能容善。是以平子去史而成赋，伯喈违阁而就志。近僭晋之世，有佐郎王隐为著作虞预所毁，亡官在家，昼则樵薪供爨，夜则观文属缀。集成《晋书》，存一代之事，司马绍敕尚书唯给笔札而已。国之大籍成于私家，末世之弊乃至如此，史官之不遇时也!今大魏之史，职则身贵，禄则亲荣，优哉游哉，式谷尔休矣。而典谟弗恢者，其有以也。而故著作渔阳傅毗、北平阳尼、河间邢产、广平宋弁、昌黎韩显宗等，并以文才见举，注述是同，皆登年不永，弗终茂绩，前著作程灵虬同时应举，共掌此务，今从他职，官非所司；唯崔光一人，虽不移任，然侍官两兼，故载述致阙。臣闻载籍之兴，由于大业；雅颂垂荐，起于德美。虽时有文质，史有备略，然历世相仍，不改此度也。昔史谈诫其子迁曰：当世有美而不书，汝之罪也。是以久而见美。孔明在蜀不以史官留意，是以久而受讥。取之深衷，史谈之志贤亮远矣。……臣虽今非所司，然昔忝斯任，故不以草茅自疏，敢言及于此。……今求都下乞一静处，综理国籍，以终前志；官给事力，以充所须。虽不能光启大录，庶不为饱食终日耳。近则期月可就，远则三年有成。正本蕴之麟阁，副贰藏之名山。'时司空北海王详、尚书令王肃以其无禄，颇相赈饷；遂在秘书省同王隐故事，白衣修史。"

《魏书》六十七《崔光传》："李彪寻以罪废。世宗居谅暗（案：《魏书》卷八《世宗纪》载太和"二十三年夏四月丁巳，即皇帝位于鲁阳，大赦天下。帝居谅暗，委政宰辅。"），彪上表求成《魏书》，诏许之。彪遂以白衣于秘书省著述。"

《燕志》作者韩显宗卒。

《史通》卷一二《古今正史》篇："韩显宗记冯氏。"

《魏书》卷六〇《韩麒麟传附韩显宗传》："显宗，字茂亲。……太和初，举秀才，对策甲科，除著作佐郎。……高祖曾谓显宗及程灵虬曰：'著作之仕，国书是司。卿等之文，朕自委悉；中省之品，卿等所闻。若欲取况古人班、马之徒，固自辽阔；若求之当世文学之能，卿等应推崔孝伯。'又谓显宗曰：'见卿所撰《燕志》及在齐诗咏，大胜比来之文；然著述之功，我所不见，当更访之监令。校卿才能，可居中第。'又谓程灵虬曰：'卿比显宗复有差降，可居下上.'……（太和）二十三年卒。显宗撰冯氏《燕志》《孝友传》各十卷。"

魏史官高祐卒。

《魏书》卷五七《高祐传》："太和二十三年卒。"

501　魏宣武帝景明二年
李彪卒。

《魏书》卷六二《李彪传》："……世宗亲政（案：据《魏书》卷八《世宗纪》景明二年正月"帝始亲政"。）崔光表曰：'伏见前御史中尉臣李彪，凤怀美意，创刊魏典。臣昔为彪所致，与之同业积年。其志力贞强，考述无倦；督劝群寮，注缀略举。虽顷来契阔，多所废离，近蒙收起，还综厥事，老而弥历，史才日新；若克复旧职，专功不殆，必能昭明春秋，阐成皇籍。既先帝厚委，宿历高班，纤负徽愆，应从涤洗。愚谓宜申以常伯，正绾著作，停其外役，展其内思。研积岁月，纪册必就。鸿声巨迹，蔚乎有章，盛轨懋咏，铄焉无泯矣。'世宗不许，诏彪兼通直散骑常侍，行汾州事，非彪好也。固请不行，有司切遣之。会遭疾累旬，景明二年秋，卒于洛阳，年五十八。……彪在秘书岁余，史业竟未及就；然区分书体，皆彪之功。"

《魏书》卷六七《崔光传》："（崔）光虽领史官，以（李）彪意在专功，表解侍中著作以让彪，世宗不许。"

502　齐和帝中兴二年　梁武帝天监元年
刘勰于本年前著成《文心雕龙·史传》。

《梁书》卷五〇《刘勰传》："刘勰字彦和，东莞莒人。……勰早孤，笃志好学。……依沙门僧祐，与之居处积十余年，遂博通经论，因区别部类，录而序之。今定林寺经藏，勰所定也。天监初，起家奉朝请。……迁车骑仓曹参军。出为太末令，政有清绩。除仁威南康王记室，兼东宫通事舍人。……迁步兵校尉，兼舍人如故。昭明太子好文学，深爱接之。初，勰撰《文心雕龙》五十篇，论古今文体，引而次之。"

《文心雕龙·序志》："齿在逾立，……于是搦笔和墨，乃始论文。"

案：刘勰著成《文心雕龙》，据清人刘毓崧《通义堂文集·书文心雕龙后》及今人杨明照《梁书刘勰传笺注》所考证，应在南齐末世，故编于此。

南齐亡。南齐时较重要之史学事迹，其著作年代不详者尚有：

孙严著《宋书》。

《隋书·经籍志》史部正史类："《宋书》六十五卷，齐冠军录事参军孙严撰。"姚振宗《隋书经籍志考证》："孙严始末未详。……按《史通·正史篇》云：'宋史：元嘉中又命裴松之续成国史，松之寻卒；史佐孙冲之表求别自创立为一家之书。'《史通》于列朝修史诸人，备汇其全，此云史佐孙冲之表求为一家之书，似即此孙严《宋书》，冲之其字欤？"

庾铣著《东晋新书》。

《隋书·经籍志》史部正史类："梁有……庾铣《东晋新书》七卷，亡。"

《南齐书》卷五二《王智深传》："先是，陈郡袁炳，字叔明，有文学，亦为袁粲所知，著晋史未成，卒。颍川庾铣善属文，见赏豫章王，引至大司马记室参军，卒。"姚振宗《隋书经籍志考证》："按此当有脱文，意盖谓袁炳著《晋书》未成，铣续之也。齐豫章文献王嶷尝为大司马，铣为其记室参军。又，此为颍川庾铣，卒于齐代，章氏《考证》（案：即章宗源《隋书经籍志考证》）题梁庾铣，非也。"

梁建国后设置史官。

《隋书》卷二六《百官志》："著作郎一人，佐郎八人，掌国史，集注起居。著作郎谓之大著作，梁初周舍、裴子野皆以他官领之。又有撰史学士，亦知史书。佐郎为起家之选。"

《史通》卷一一《史官建置》篇："齐梁二代，又置修史学士。"

505 梁武帝天监四年

《齐史十志》作者江淹卒。

《梁书》卷一四《江淹传》："江淹，字文通，济阳考城人也。……建元（案：齐高帝年号）初，又为骠骑建安王记室，带东武令，参掌诏册，并典国史。寻迁中书侍郎。永明（案：齐武帝年号）初，迁骠骑将军，掌国史。……（天监）四年卒，时年六十二，凡所著述百余篇，自撰为前后集；并《齐史十志》，并行于世。"

《隋书·经籍志》史部正史类："梁有江淹《齐史》十三卷，亡。"

506　梁武帝天监五年　魏宣武帝正始三年
裴子野在本年以前著成《宋略》。

《梁书》卷三〇《裴子野传》："裴子野……少好学，善属文。……时中书范缜与子野未遇，闻其行业而善焉。会迁国子博士，乃上表让之曰：'伏见前冠军府录事参军河东裴子野，年四十，……家传素业，世习儒史，苑囿经籍，游息文艺。著《宋略》二十卷，弥纶首尾，勒成一代，属辞比事有足观者。……'初，子野曾祖松之，宋元嘉中受诏续修何承天宋史，未及成而卒。子野常欲继成先业。及齐永明末，沈约所撰《宋书》既行，子野更删撰为《宋略》二十卷，其叙事评论多善，约见而叹曰：'吾弗逮也！'兰陵萧琛、北地傅昭、汝南周舍咸称重之。至是吏部尚书徐勉言之于高祖，以为著作郎，掌国史及起居注。"

《南史》卷三三《裴子野传》："子野字几原。……初，子野曾祖松之，宋元嘉中受诏续修何承天宋史，未成而卒。子野欲继成先业。及齐永明末，沈约所撰《宋书》称松之已复无闻焉，子野更撰为《宋略》二十卷，其叙事评论多善，而云戮淮南太守沈璞，以其不从义师故也。约惧，徒跣谢之，请两释焉。叹其述作曰：'吾弗逮也。'兰陵萧琛言其评论可与《过秦》《王命》分路扬镳，于是吏部尚书徐勉言之于武帝，以为著作郎，掌修国史及起居注。"

《文苑英华》卷七五四裴子野《宋略·总论》："齐兴后数十年，宋之新史既行于世也。子野生乎泰始之季，长于永明之年，家有旧书，闻见又接，是以不用浮浅，因宋之新史为《宋略》二十卷，剪截繁文，删撮事要，即其简寡，志以为名。夫黜恶章善，臧否与夺，则以先达格言，不有私也。岂以勒成一家，贻之好事？盖司典之后而不忘焉。"

《隋书·经籍志》史部古史类："《宋略》二十卷，梁通直郎裴子野撰。"

案：裴子野著成《宋略》之年，史无明文。据《梁书》本传载范缜上表所云，子野四十岁时已完成无疑。又据本传载子野卒于梁武帝大通二年（528），六十二，则本年为四十岁。

《魏书》作者魏收生。

据《北史》卷五六《魏收传》，魏节闵帝普泰元年（531）时，魏收年二十六，知生于本年。

510 梁武帝天监九年

萧琛得所谓古文书《汉书》，由萧范献于太子萧统，萧统命刘之遴等与今本参校异同。

《梁书》卷二六《萧琛传》："萧琛字彦瑜，兰陵人。……天监元年，迁庶子，出为宣城太守，征为卫尉卿。……九年，出为宁远将军、平西长史、江夏太守。始琛在宣城，有北僧南度，惟赍一葫芦，中有《汉书·序传》。僧曰：'三辅旧老相传以为班固真本。'琛固求得之，其书多有异今者，而纸墨亦古，文字多如龙举之例，非隶非篆。琛甚秘之，及是行也，以书饷鄱阳王范，范乃献于东宫。"

《南史》卷五〇《刘虬传附刘之遴传》："（刘）之遴，字思贞。……时鄱阳嗣王范得班固所撰《汉书》真本，献东宫。皇太子令之遴与张缵、到溉、陆襄等参校异同，之遴录其异状数十事，其大略云：'案古本《汉书》称永平十六年五月二十一日己酉，郎班固上，而今本无上书年月日子；又案古本《叙传》号为《中篇》，今本称为《叙传》，载班彪事行，而古本云彪自有传；又今本纪及表、志、列传不相合为次，而古本相合为次，总成三十八卷；又今本外戚在西域后，古本外戚次帝纪下；又今本高五子、文三王、景十三王、孝武六子、宣元六王杂在诸传表中，古本诸王悉次外戚下、在陈、项传上；又今本《韩彭英卢吴述》云：'信惟饿隶，布实黥徒，越亦狗盗，芮尹江湖，云起龙骧，化为侯王。'古本《述》云：'淮阴毅毅，伏剑周章，邦之杰之，实惟彭英，化为侯王，云起龙骧'；又古本第三十七卷解音释义以助雅诂，今本无此卷也。……时《周易》《尚书》《礼记》《毛诗》并有高祖义疏，惟《左氏传》尚阙，之遴乃著《春秋大意》十科、《左氏》十科、《三传同异》十科，合三十事以上之。高祖大悦。"

案：萧琛求得之所谓"真本《汉书》"实系伪作，详见殿本《汉书叙传考证》及《四库全书总目提要》之文。

511 梁武帝天监十年

萧子云著成《晋书》。

《梁书》卷三五《萧子恪传附萧子云传》："子云字景乔，子恪第九弟也。年十二，齐建武四年封新浦县侯，自制拜章，便有文采。天监初，降爵为子。既长，勤学。以晋代竟无全书，弱冠便留心撰著。至年二十六，书成，表奏之。诏付秘阁。"

《南史》卷四二《豫章文献王嶷传附萧子云传》："弱冠撰《晋书》，至年二十六，书成百余卷，表奏之，诏付秘阁。"

《隋书·经籍志》史部正史类："《晋书》十一卷，本一百二卷，梁有，今残缺，萧子云撰。"

案：据《梁书》本传所云，齐建武四年（497）子云年十二，则其二十六岁著成《晋书》当在天监十年。

513　梁武帝天监十二年
《晋书》《宋书》《齐纪》等作者沈约卒。

《梁书》卷一三《沈约传》："（天监）十二年卒官，时年七十三。……（约）聪明过人，好坟籍，聚书至二万卷，京师莫比。……所著《晋书》百一十卷，《宋书》百卷，《齐纪》二十卷，《高祖纪》十四卷，《迩言》十卷，《谥例》十卷，《宋文章志》三十卷，文集一百卷，皆行于世。"

515　魏宣武帝延昌四年
张彝于本年前奏上所著《历帝图》。

《魏书》卷六四《张彝传》："张彝字庆宾，清河东武城人。……（魏宣武帝时）上表曰：'……辄私访旧书，窃观图史，其帝皇兴起之元，配天隆家之业，修造益民之奇，龙麟云凤之瑞，卑宫爱物之仁，释网改祝之泽，前歌后舞之应，囹圄寂寥之美，可为辉风景行者，辄谨编丹青，以标睿范。至如太康好田，遇穷后迫祸；武丁逸离，罹震雷暴酷；夏桀淫乱，南巢有非命之诛；殷纣昏酗，牧野有倒戈之陈；周厉逐兽，灭不旋踵；幽王遇惑，死亦相寻；暨于汉成失御，亡新篡夺；桓灵不纲，魏武迁鼎；晋惠暗弱，骨肉相屠，终使聪、曜视并州，勒、虎狼据燕赵。如此之辈，罔不毕载。起元庖牺，终于晋末。凡十六代，百二十八帝，历三千二百七年，杂事五百八十九，合成五卷，名曰《历帝图》。……'世宗善之。"

案：张彝奏上《历帝图》不详在何年，仅知在魏宣武帝时。因魏宣武帝卒于本年，故编于此。

518　魏孝明帝神龟元年
《科录》作者元晖卒。

《魏书》卷一五《昭成子孙传》："（元）晖字景袭……晖颇爱文学，招集儒士崔鸿等撰录百家要事，以类相从，名为《科录》，凡二百七十卷。上起伏羲，迄于晋宋（《北史》卷一五《魏诸宗室传》无"宋"字），凡十四代。晖疾笃，表上之。神龟元年卒。"

《史通》卷一《六家》篇："元魏济阴王晖业（案：此误以元晖业为元晖）又著《科录》二百七十卷，其断限亦起自上古而终于宋年，其编次多依放通史，而取其行事尤相似者共为一科，故以《科录》为号。"

519　魏孝明帝神龟二年
张始均卒。始均曾改陈寿《魏志》为编年史。

《魏书》卷六四《张彝传附子张始均传》："始均字子衡，端洁好学，有文才，司徒行参军，迁著作佐郎。……始均才干有美于父，改陈寿《魏志》为编年之体，广益异闻，为三十卷。"

案：据《张彝传》所述，张始均卒于本年。

520　梁武帝普通元年　魏孝明帝正光元年
《齐春秋》《通史》《钱唐先贤传》作者吴均卒。

《梁书》卷四九《吴均传》："吴均，字叔庠，吴兴故鄣人也。……先是，均表求撰《齐春秋》，书成奏之。高祖以其书不实，使中书舍人刘之遴诘问数条，竟支离无对，敕付省焚之，坐免职，寻有敕召见，使撰《通史》，起三皇，讫齐代。均草本纪、世家功已毕，唯列传未就。普通元年卒，时年五十二。均注范晔《后汉书》书九十卷，著《齐春秋》三十卷、《庙记》十卷、《十二州记》十六卷、《钱唐先贤传》五卷、《续文释》五卷、文集二十卷。"

《南史》卷七二《吴均传》："先是，均将著史以自名，欲撰《齐书》，求借齐起居注及群臣行状，（梁）武帝不许。遂私撰《齐春秋》，奏之。书称帝为齐明帝佐命，帝恶其实录；以其书不实，使中书舍人刘之遴诘问数十条，竟支离无对。敕付省焚之，坐免职，寻有敕召见，使撰《通史》，起三皇、讫齐代。均草本纪、世家已毕，唯列传未就，卒。"

《史通》卷一二《古今正史》篇："时奉朝请吴均亦表请撰齐史，乞给起居注并群臣行状。有诏：'齐氏故事，布在流俗，闻见既多，可自搜访也。'均遂撰《齐春秋》三十篇。其书称梁帝为齐明佐命，帝恶其实，诏燔之。然其私本竟能与萧氏所撰（案：指萧子显《南齐书》）并传于后。"

《隋书·经籍志》史部古史类："《齐春秋》三十卷，梁奉朝请吴均撰。"

崔鸿与王遵业修魏起居注。

《魏书》卷六七《崔光传附崔鸿传》："鸿字彦鸾，少好读书，博综经史。……景明三年，迁员外郎兼尚书虞曹郎中，敕撰起居注。……（延昌）四年……为司徒长史。正光元年，加前将军，修高祖、世宗起居注。"

《魏书》卷三八《王慧龙传附王遵业传》："遵业风仪清秀，涉历经史，位著作佐郎，与司徒左长史崔鸿同撰起居注。迁右军将军兼散骑常侍，慰劳蠕蠕，乃诣代京采拾遗文，以补起居所阙。……著《三晋记》十卷。"

《显忠录》作者元怿卒。

《魏书》卷二二《清河王怿传》："清河王（元）怿，字宣仁，……博涉经史，兼综群言。……怿以忠而获谤，乃鸠集昔忠烈之士为《显忠录》二十卷以见意焉。正光元年七月（卒），……时年三十四。"

《魏书》卷六《韩麒麟传附韩子熙传》："（韩）子熙字元雍，……侍中崔光举子熙为清河王怿常侍，迁郎中令。……（清河王怿卒后）子熙与怿中大夫刘定兴、学官令傅灵标、宾客张子慎伏阙上书曰：'……王之忠诚款笃、节义纯贞，非但蕴藏胸襟，实乃形于文翰。搜括史传，撰《显忠录》，区目十篇，分卷二十。'"

《北史》卷二七《李先传》："（李）义徽……补清河王怿府记室，……又为怿撰《舆地图》及《显忠录》。"

521　梁武帝普通二年
《梁皇帝实录》作者周兴嗣卒。

《梁书》卷四九《周兴嗣传》："周兴嗣，字思纂，陈郡项人。……（天监）九年，除新安郡丞，秩满，复为员外散骑侍郎，佐撰国史。十二年，迁给事中，撰史如故。……普通二年卒。所撰《皇帝实录》《皇德记》《起居注》《职仪》等百余卷，文集十卷。"

《隋书·经籍志》史部杂史类："《梁皇帝实录》三卷，周兴嗣撰，记武帝事。"

524　魏孝明帝正光五年
崔鸿撰修魏史。

《魏书》卷六七《崔光传附崔鸿传》："（崔）光撰魏史，徒有卷目，初未考正，阙略尤多。每云此史会非我世所成，但须记录时事，以待后人。临薨，言

（崔）鸿于肃宗。（正光）五年正月诏鸿以本官修缉国史。"

525 魏孝明帝孝昌元年
《十六国春秋》作者崔鸿卒。

《魏书》卷六七《崔光传附崔鸿传》："鸿字彦鸾。……孝昌初，拜给事黄门侍郎，寻加散骑常侍、齐州大中正。鸿在史甫尔，未有所就，寻卒。……鸿弱冠便有著述之志，见晋魏前史皆成一家，无所措意；以刘渊、石勒、慕容儁、苻健、慕容垂、姚苌、慕容德、赫连屈孑、张轨、李雄、吕光、乞伏国仁、秃发乌孤、李暠、沮渠蒙逊、冯跋等，并因世故，跨僭一方，各有国书，未有统一，鸿乃撰为《十六国春秋》，勒成百卷，因其旧记，时有增损褒贬焉。鸿二世仕江左，故不录僭晋、刘、萧之书，又恐识者责之，未敢出行于外。世宗闻其撰录，遣散骑常侍赵邕诏鸿曰：'闻卿撰定诸史，甚有条贯，便可随成者送呈，朕当于机事之暇览之。'鸿以其书有与国初相涉，言多失体，且既未讫，迄不奏闻。鸿后典起居，乃安载其表曰：'臣闻帝王之兴也，虽诞应图箓，然必有驱除，盖所以翦彼厌政，成此乐推。故战国纷纭，年过十纪，而汉祖夷殄群豪，开四百之业，历文景之怀柔蛮夏，世宗之奋扬威武，始得凉朔同文，羌越一轨。于是谈、迁感汉德之盛，痛诸史放绝，乃钤括旧书，著成《太史》，所谓缉兹人事，光彼天时之义也。昔晋惠不竞，华戎乱起，三帝受制于奸臣，二皇晏驾于非所，五都萧条，鞠为煨烬，赵燕既为长蛇，辽海缅成殊域，穷兵锐进，以力相雄，中原无主八十余年。遗晋僻远，势略孤微，民残兵革，靡所归控。皇魏龙僭幽代，世笃公刘，内修德政，外抗诸伪，并冀之民，怀宝之士，襁负而至者日月相寻；虽邠岐之赴太王，讴歌之归西伯，实可同年而语矣。太祖道武皇帝以神武之姿，接金行之运，应天顺民，龙飞受命，太宗必世重光，业隆玄默；世祖雄才睿略，阐曜威灵，农战兼修，扫清氛秽。岁垂四季，而寰宇一同。儋耳、文身之长，卉服、断发之酋，莫不请朔率职，重译来庭，隐愍鸿济之泽，三乐击壤之歌，百姓始得陶然苏息，欣于尧舜之世。自晋永宁以后，虽所在称兵，竞自尊树，而能建邦命氏成为战国者十有六家。善恶兴灭之形，用兵乖会之势，亦足以垂之将来，昭明劝戒。但诸史残阙，体例不全，编录纷谬，繁略失所，宜审正不同，定为一书。伏惟高祖以大圣应期，钦明御运，合德乾坤，同光日月，建格天之功，创不世之法，开凿生民，惟新大造。陛下以青阳继统，睿武承天，应符屈己，则道高三五；颐神至境，则洞彼玄宗。剖判百家，斟酌六籍，远迈石渠，美深白虎。至如导礼革俗之风，昭文变性之化，固以感彼禽鱼，穆兹寒暑。而况愚臣沐浴太和，怀音正始，而可不勉强难革之性、砥砺木石之心哉？诚知敏谢允南，才非承祚；然《国志》《史考》之美，窃亦辄所庶几。始自景明之初，搜集诸国旧史，属迁京甫尔，率多分散，求之公私，驱驰数岁。又臣家贫禄薄，唯任孤力，至于纸尽。书写所资，每不周接。暨正始元年，写乃向备。仅于吏按之暇，草构此书，区分时事，各系本录。破彼异同，凡为一体，约损烦文，补其不足；三豕五门之类，一事异年之流，皆稽以长历，考诸旧志；删正差谬，定为实录，商校大略，著《春秋》百篇。至三年之末，草成九十五卷。唯常璩所撰李雄父子据蜀时书，寻访不获，所以未及缀成。缀笔私求，七载于今。此书本江南撰录，恐中国所无，非臣私力所能终得。其起兵僭号，事之始末，乃亦颇有；但不得此书，惧简略不成。久思陈奏，乞敕缘边求采，但愚贱无因，不敢轻辄。散骑常侍、太常少卿、荆州大中正臣赵邕，忽宣明旨，敕臣送呈；不悟九皋微志，乃得上闻，奉敕欣惶，庆惧兼至。今谨以所讫者，附臣邕呈奏。臣又别作序例一卷、年表一卷。仰表皇朝统括大义，俯明愚臣著录微体。徒窃慕古人立言美意，文致疏鄙，无一可观，简御之日，伏深惭悸。'鸿意如此。然自正光以前，不敢显行其书，自后以其伯光贵重当朝，知时人未能发明其事，乃颇相传读。亦以光故，执事者遂不论之。鸿经综既广，多有违谬，至如太祖天兴二年，姚兴改号，鸿以为改在元年；太宗永兴二年，慕容超擒于广固，鸿又以为事在元年；太常二年，姚泓败于长安，而鸿亦以为灭在元年。如此之失，多不考正。"

《隋书·经籍志》史部霸史类："《十六国春秋》一百卷，魏崔鸿撰。"

案：据《魏书》本传所云，崔鸿之卒当在"孝昌初"，故编于此。

527　魏孝明帝孝昌三年

《凉书》作者高谦之约卒于本年。

《魏书》卷七七《高崇传附高谦之传》："(高)谦之，字道让。……孝昌初，行河阴县令。……寻诏除宁远将军、正河阴令，在县二年。……除国子博士。……以父舅氏沮渠蒙逊曾据凉土，国书漏阙，谦之乃修《凉书》十卷，行于世。……直谦之家僮诉良，(李)神轨左右之，入讽尚书判禁谦之于廷尉，时将赦，神轨乃启灵太后发诏于狱赐死，时年四十二。"

《隋书·经籍志》史部霸史类："《凉书》十卷，高道让撰。"

案：高谦之卒年史无明文，但据本传所述推之，必在孝昌二年（526）以后、胡太后之卒（528）以前，故编于此。

528　梁武帝大通二年　魏孝庄帝永安元年
《宋略》作者裴子野卒。

《梁书》卷三〇《裴子野传》："太通二年卒官，年六十二。……子野少时集注《丧服》、续《裴氏家传》各二卷，抄合后汉事四十余卷，又敕撰《众僧传》二十卷、《百官九品》二卷、《附益谥法》一卷、《方国使图》一卷，文集二十卷，并行于世。又欲撰《齐梁春秋》，始草创未就而卒。"

《帝录》作者元顺卒。

《魏书》卷一九中《任城王顺传》："（元）顺，字子和。……尔朱荣之奉庄帝，召百官悉至河阴，……（顺）为陵户鲜于康奴所害。……顺撰《帝录》二十卷。"

案：尔朱荣奉立魏孝庄帝事在 528 年，元顺即卒于是年。

529　魏孝庄帝永安二年
崔子元约在本年奏上其父崔鸿所著《十六国春秋》。

《魏书》卷六七《崔光传附崔子元传》："（崔鸿）子子元，秘书郎。后永安中乃奏其父书曰：'臣亡考故散骑常侍、给事黄门侍郎、前将军、齐州大中正鸿，不殒家风，式缵世业，古学克明，在新必镜，多识前载，博极群书，史才富洽，号称籍甚，年止壮立，便斐然怀著述意。正始之末，任属记言，撰缉余暇，乃刊著赵、燕、秦、夏、凉、蜀等遗载，为之赞序褒贬评论。先朝之日，草构悉了，唯有李雄蜀书，搜索未获。阙兹一国，迟留未成，去（案：疑为"至"字之误）正光三年，购访始得。讨论适讫，而先臣弃世。凡十六国，名为《春秋》，一百二卷。近代之事，最为备悉，未曾奏上，弗敢宣流。今缮写一本，敢以仰呈，倘或浅陋，不回睿赏，乞藏秘阁，以广异家。'"

案：《魏书》本传云崔子元于"永安中"奏上崔鸿所著《十六国春秋》，考永安共三年，故编于此。

531　梁武帝中大通三年　魏节闵帝普泰元年
《后汉略》《晋书钞》作者张缅卒。

《梁书》卷三四《张缅传》："张缅字元长。……缅少勤学，自课读书，手不辍卷，尤明后汉及晋代众家。客有执卷质缅者，随问便对，略无遗失。……中大通三年，迁侍中未拜，卒，时年四十二。……缅性爱坟籍，聚书至万余卷，抄后汉、晋书众家异同为《后汉纪》四十卷、《晋抄》三十卷；又抄江左集，未及成。"

《隋书·经籍志》史部杂史类："《晋书钞》，三十卷，梁豫章内史张缅撰。""《后汉略》二十五卷，张缅撰。"

《旧唐书·经籍志》史部杂史类："《后汉书略》二十五卷，张缅撰。"又"《晋书钞》三十卷，张缅撰。"

魏收、阳休之等修魏史。

《北史》卷五六《魏收传》："魏收字伯起，小字佛助，钜鹿下曲阳人也。……节闵帝立，……迁散骑侍郎。寻敕典起居注并修国史，俄兼中书侍郎。时年二十六。"

《北齐书》卷四二《阳休之传》："普泰中，……寻敕与魏收、李同轨等修国史。"

532　魏孝武帝永熙元年
在本年前，魏以山伟、谷纂等掌国史，无所撰述，此后二十余年间史事缺载。

《北史》卷五〇《山伟传》："山伟字仲才，河南洛阳人也。……（孝明帝时）修起居注。……（孝庄帝时）领著作郎。节闵帝立，除秘书监，仍著作。初，尔朱兆入洛，官守奔散，国史典书高法显密理史书，故不遗落。伟自以为功，诉求爵赏。伟挟附（尔朱）世隆，遂封东阿县伯，而法显止获男爵。伟寻进侍中。孝静初，除卫大将军、中书令、监起居。后以本官复领著作，卒官。……国史自邓彦海（渊）、崔深、崔浩、高允、李彪、崔光以还，诸人相继撰录。綦儁及伟等诏说上党王天穆及尔朱世隆，以为国书正应代人修缉，不宜委之余人，是以儁、伟等更主文籍，守旧而已，初无述著。故自崔鸿死后，迄终伟身，二十许载，时事荡然，万不记一，后人执笔无所凭据。史之遗阙，伟之由也。"

《魏书》卷三三《谷浑传附谷纂传》："纂字灵绍，颇有学涉。……稍迁著作郎。……迁骠骑大将军、左光禄大夫、营州大中正。纂前为著作，又监国史，不能有所缉缀。"

《史通》卷一一《史官建置》篇："元魏……普泰（531）以来，参史稍替，别置修史局，其职有六人。当代都之时，史臣每上奉王言，下询国俗，兼取工于翻译者，来直史曹。及洛京之末，朝议又以为国史当专任代人，不宜归之汉士，于是以谷纂、山伟更主文籍。凡经二十余年，其事阙而不载。"

案：魏以山伟等掌国史不详在何年，唯据《山伟传》所载："綦儁及伟等诣说上党王天穆及尔朱世隆，以为国书正应代人修缉，不宜委之余人。"及《史通》所述观之，当在元天穆及尔朱世隆当权之时。考元天穆卒于 530 年（魏孝庄帝永安三年）尔朱世隆卒于 532 年（魏孝武帝永熙元年），则山伟等掌国史最迟不过本年也。

536　梁武帝大同二年
《正史削繁》《高隐传》作者阮孝绪卒。

《梁书》卷五一《阮孝绪传》："阮孝绪，字士宗，陈留尉氏人也。……著《高隐传》，上自炎黄，终于天监之末，斟酌分为三品，凡若干卷。……大同二年卒，时年五十八。……所著《七录》等书二百五十卷，行于世。"

《隋书·经籍志》史部杂史类："《正史削繁》九十四卷，阮孝绪撰。"又杂史类："《高隐传》十卷，阮孝绪撰。"

《玉海》卷五八："阮孝绪著《高隐传》，……分为三品：言行超绝、名氏弗传为上篇，始终不耗、姓名可录为中篇，挂冠人世、栖心尘表为下篇。"原注："中篇载一百三十七人，后益刘敞、刘许二传。及孝绪亡，许兄洁录次篇末，成绝笔之意。"

《续汉书注》作者王规卒。

《梁书》卷四一《王规传》："王规字威明，琅邪临沂人。……大同二年卒，时年四十五。……规集后汉众家异同，注《续汉书》二百卷。"

537　梁武帝大同三年
《后汉书》《南齐书》等作者萧子显卒。

《梁书》卷三五《萧子恪传附萧子显传》："子显……好学，工属文，尝著《鸿序赋》，尚书令沈约见而称曰：'可谓得明道之高致，盖幽通之流也。又采众家《后汉》，考正异同，为一家之书。又启撰齐史，书成表奏之，诏付秘阁。……又启撰《高祖集》并《普通北伐记》。……大同三年，出为仁威将军、吴兴太守，至郡未几卒，时年四十九。……子显所著《后汉书》一百卷，《齐书》六十卷，《普通北伐记》五卷，《贵俭传》三十卷，文集二十卷。"

《隋书·经籍志》史部正史类："梁有萧子显《后汉书》一百卷。"又："《晋史草》三十卷，梁萧子显撰。"又："《齐书》六十卷。梁吏部尚书萧子显撰。"

547 东魏孝静帝武定五年 西魏文帝大统十三年
杨衒之著《洛阳伽蓝记》。

杨衒之（署衔"魏抚军司马"）《洛阳伽蓝记序》："三坟、五典之说，九流百代之言，并理在人区而义兼天外。至于一乘二谛之原，三明六通之旨，西域备详，东土靡记。自项日感梦，满月流光，阳门饰毫眉之像，夜台图绀发之形，尔来奔竞，其风遂广。至晋永嘉，惟有寺四十二所。逮皇魏受图，光宅嵩洛，笃信弥繁，法教逾盛，王侯贵臣弃象马如脱屣，庶士豪家舍资财若遗迹。于是招提栉比，宝塔骈罗，争写天上之姿，竞模山中之影。金刹与灵台比高，广殿共阿房等壮，岂直木衣绨绣，土被朱紫而已哉！暨永熙多难，皇舆迁邺，诸寺僧尼，亦与时徙。至武定五年，岁在丁卯，余因行役，重览洛阳。城郭崩毁，宫室倾覆，寺观灰烬，庙塔丘墟，墙被蒿艾，巷罗荆棘。野兽穴于荒阶，山鸟巢于庭树。游儿牧竖，踯躅于九逵；农夫耕稼，艺黍于双阙。麦秀之感，非独殷墟，黍离之悲，信哉周室。京城表里，凡有一千余寺，今日寥廓，钟声罕闻，恐后世无传，故撰斯记。然寺数最多，不可遍写，今之所录，止大伽蓝，其中、小者，取其详世谛事，因而出之。先以城内为始，次及城外，表列门名，以远近为五篇。余才非著述，多有遗漏，后之君子，详其阙焉。"

《洛阳伽蓝记》卷一《城内》："永安中……衒之时为奉朝请。"

《广弘明集》卷六《叙列代王臣滞惑解上》："杨衒之，北平人，元魏末为秘书监。见四宇壮丽，损费金碧，王公相竞，侵渔百姓，乃撰《洛阳伽蓝记》，言不恤众庶也。"

《历代三宝记》："洛阳地《伽蓝记》五卷。或为一大卷。右一部五卷，期城郡太守杨衒之撰。"

《隋书》卷三三《经籍志二》："《洛阳伽蓝记》五卷，后魏杨衒之撰。"

549 梁武帝太清三年
梁武帝（萧衍）卒。梁武帝时曾撰《通史》（见520年条），又命沈约、周兴嗣、谢昊等撰梁史约百篇。

《梁书》卷三《武帝纪下》："太清三年五月丙辰高祖崩于净居殿，时年八十六。……又造《通史》，躬制赞序。凡六百卷。"

《南史》卷七《梁武帝纪下》：“撰《通史》六百卷。”

《梁书》卷三五《萧子恪传附萧子显传》：“高祖雅爱子显才，又嘉其容止吐纳，每御筵侍坐，偏顾访焉。尝从容谓子显曰：‘我造《通史》。此书若成、众史可废。’子显对曰：‘仲尼赞《易》道，黜八索，述《职方》，除《九丘》，圣制符同，复在兹日。’时以为名对。”

《史通》卷一《六家》篇：“至梁武帝，又敕其群臣上自太初，下终齐室，撰成《通史》六百二十卷。其书自秦以上，皆以《史记》为本，而别采他说，以广异闻；至两汉已还，则全录当时纪传。而上下通达，臭味相依。又吴蜀二主皆入世家，五胡及拓跋氏列于夷狄传。大抵其体皆如《史记》，其所为异者，唯无表而已。”

《隋书·经籍志》史部正史类：“《通史》四百八十卷，梁武帝撰，起三皇，讫梁。”

《旧唐书·经籍志》史部正史类：“《通史》六百二卷，梁武帝撰。”

《史通》卷一二《古今正史》篇：“梁史：（梁）武帝时，沈约与给事中周兴嗣、步兵校尉鲍行卿、秘书监谢昊（《隋志》作吴）相承撰录，已有百篇。值承圣（梁元帝年号）沦没，并从焚荡。”

《隋书·经籍志》史部正史类：“《梁书》四十九卷，梁中书郎谢昊撰，本一百卷。”

梁武帝时，刘彤注干宝《晋纪》，刘昭注《后汉书》。

《梁书》卷四九《刘昭传》：“刘昭，字宣卿，平原高唐人。……天监初，起家奉朝请，累迁征北行参军、尚书仓部郎，寻除无锡令，历为宣惠豫章王中军、临川记室。初，昭伯父彤集众家《晋书》注干宝《晋纪》为四十卷，至昭又集后汉同异以注范晔书，世称博悉。迁通郎，出为剡令，卒官。集注《后汉》一百八十卷，《幼童书》十卷，文集十卷。”

《旧唐书·经籍志》史部编年类：“《晋纪》六十卷，干宝撰，刘协注。”章宗源《隋书经籍志考证》：“愚按《梁书·刘昭传》，昭伯父彤集众家《晋书》注干宝《晋纪》四十卷。《史通》亦作刘彤。《太平御览·设官部》引李允母丧拜金紫光禄大夫给吏卒门施行马一事题刘彤注。《唐志》作刘协，恐误。”

刘昭《后汉书注补志序》：“昔司马迁作《史记》，爰建八书；班固因广，是曰十志。天人经纬，帝政纮维，区分源奥，开廓著述，创藏山之秘宝，肇刊石之遐贯，诚有繁于《春秋》，亦自敏于改作。至乎永平，执简东观，纪传虽显，书志未闻。推检旧记，先有地理，张衡欲存炳发，未有成功。《灵宪》精远，天文已焕。自蔡邕大弘鸣条，实多绍宣。协妙元卓，律历以详；承洽伯始，仪礼克举；郊庙社稷，祭祀该明；轮辂冠章，车服赡列。于是应、谯缵其业，董巴袭其轨。司马《续书》总为八志，律历之篇仍乎洪、邕所构，车服之本即依董、蔡所立，仪祀得于往制，百官就乎故簿，并籍据前修，以济一家者也。王教之要，国典之源，粲然略备，可得而知矣。既接继班书，通其流贯，体裁渊深虽难逾等，序致肤约有伤悬越，后之名史，弗能罢意。叔骏之书，是为十典，矜缓杀青，竟而不成。二子平业，俱称丽富，华辙乱亡，典则偕泯，雅言邃义，于是俱绝。沈、松因循，尤解功创，时改见句，非更搜求，加艺文以矫前弃，流书品采自近录。初平、永嘉，图籍焚丧，尘消烟灭，焉识其限，借南晋之新虚，为东汉之故实，是以学者亦无取焉。范晔《后汉》，良诚跨众氏，序或未周，志遂全阙。国史鸿旷，须寄勤闲，天才富博，犹俟改具。若草昧厥始，无相凭据，穷其身世，少能已毕。迁有承考之言，固深资父之力，太初以前，班用马史，十志所因，实多往制，升入校部，出二十载，续志昭表，以助其间，成父述者，夫何易哉！况晔思杂风尘，心桡成毁，弗克员就，岂以兹乎？夫辞润婉赡，可得起改，核求见事，必应写袭，故序例所论，备精与夺。及与八志，颇褒其美，虽出拔前群，归相沿也。有寻本书当作《礼乐志》，其《天文》《五行》《百官》《车服》，为名则同。此外诸篇，不著纪传，《律历》《郡国》，必依往式。晔遗书自序，应遍作诸志，《前汉》有者，悉欲备制，卷中发论，以正得失，书虽未明，其大旨也……郁绝斯作，吁可痛哉！徒怀缵缉，理惭钩远，乃借旧志，注以补之。狭见寡陋，匪同博远，及其所值，微得论列。分为三十卷，以合范史。求于齐工，孰曰文类；比兹阙恨，庶贤乎已。昔褚生补子长之削少，马氏接孟坚之不毕，相成之义，古有之矣。引彼先志，又何猜焉！而岁代逾邈，立言湮散，义存广求，一隅未觌，兼钟律之妙，素揖校雠，参历算之微，有惭证辨，星候秘阻，图纬藏严，是须甄明，每用疑略，时或有见，颇邀傍遇，非览正部，事乖详密。今令行禁止，此书外绝，其有疏漏，谅不足诮。"

案：刘彤、刘昭注书均不详何年，约在梁武帝时，故编于此。

梁武帝时，谢绰著《宋拾遗》。

《隋书·经籍志》史部杂史类："《宋拾遗》十卷，梁少府卿谢绰撰。"

《旧唐书·经籍志》史部杂史类："《宋拾遗录》十卷，谢绰撰。"

《史通》卷八《书事》篇："裴松补陈寿之阙，谢绰拾沈约之遗。"

严可均《全梁文》卷五九："谢绰，陈郡阳夏人。天监初廷尉卿，终少府卿。有《宋拾遗》十卷。"

《晋书》作者萧子云卒。

《梁书》卷三五《萧子恪传附萧子云传》："太清元年，复为侍中、国子祭酒、领南徐州大中正。二年，侯景寇逼，子云逃民间。三年三月，宫城失守，东奔晋陵，馁卒于显灵寺僧房，年六十二（《南史》卷四二本传作"年六十三"）。所著《晋书》一百一十卷，《东宫新记》二十卷。"

案：《梁书》及《南史》所记萧子云卒年六十二或六十三均有误。考子云于齐明帝建武四年（497）十二岁，梁武帝天监十年（511）二十六岁（见 511 年条），则太清三年应为六十四。

《三十国春秋》作者萧方等卒。

《梁书》四十四《世祖二子传》："武烈世子方等，字实相，世祖（梁元帝萧绎）长子也。……值侯景乱……宫城陷，方等归荆州。……时河东王（萧誉）为湘州刺史，不受督府之令。帅精卒二万南讨，……河东王率军逆战，方等击之，军败，遂溺死，时年二十二。……方等注范晔《后汉书》未就；所撰《三十国春秋》及《静住子》行于世。"

《梁书》卷五《元帝纪》："太清三年……景午，遣世子方等帅众讨（河东王）誉，战所败死。"

《隋书·经籍志》史部古史类："《三十国春秋》三十一卷，梁湘东世子萧万（案："万"系"方"之误）等撰。"

《旧唐书·经籍志》史部编年类："《三十国春秋》三十卷，萧方（案：遗一"等"字）撰。"

《通志·艺文略》史部霸史类："《三十国春秋》三十卷，梁湘东王世子萧方（案：遗一"等"字）撰，起汉建安，讫晋元熙，凡百五十六年，以晋为主，包吴孙、刘渊等三十国事。"

《郡斋读书志》卷五上（附志）："《晋春秋》二十卷，……杜延业所述。其自序云：萧方等采削群史著《三十国春秋》，囊括两晋之言，网罗诸国之事，以晋国为主，附列二十九国。"

萧韶著《梁太清纪》十卷。

《南史》卷五一《梁宗室传上》:"(萧)韶字德茂,初封上甲县都乡侯。太清初,为舍人,城陷,奉诏西奔。及至江陵,人士多往寻省,令韶说城内事。韶不能人人为说,乃疏为一卷,客问者便示之。湘东王(萧绎)闻而取看,谓曰:'昔王韶之为《隆安纪》十卷,说晋末之乱离;今之萧韶,亦可为《太清纪》十卷矣。'韶乃更为《太清纪》,其诸议论多为谢昊为之。韶既承旨撰著,多非实录。"

《隋书·经籍志》史部古史类:"《梁太清纪》十卷,梁长沙蕃王萧韶撰。"

550 北齐文宣帝天保元年
北齐文宣帝(高洋),下诏征求史料。

《北齐书》卷四《文宣帝纪》:"天保元年,八月……诏曰:'朕以虚寡,嗣弘王业,思所以赞扬盛绩,播之万古。虽史官执笔,有闻无坠;犹恐绪言遗美,时或未书。在位王公、文武大小,降及民庶,爰至僧徒,或亲奉音旨,或承传傍说,凡可载之文籍,悉宜条录封上。'"

551 北齐文宣帝天保二年
魏收撰修魏史。

《北史》卷五六《魏收传》:"(东魏初)召赴晋阳,以为中外府主簿。以受旨乖忤,频被嫌责,加以棰楚,久不得志。……转府属,然未甚优礼。……收本以文才必望颖脱见知,位既不遂,求修国史。崔暹为言于文襄(高澄)曰:'国史事重!公家父子霸王功业,皆须具载,非收不可。'文襄乃启收兼散骑常侍、修国史。武定二年(544),除正常侍领兼中书侍郎,仍修国史。……四年,神武(高欢)于西门豹祠宴集,谓司马子如曰:'魏收为史官,书吾善恶。闻北伐时诸贵常饷史官饮食,司马仆射颇曾饷不?'因共大笑。乃谓收曰:'卿勿见元康等在吾目下趋走,谓吾以为勤劳。我后世功名在卿手,勿谓我不知。'寻加兼著作郎。……文襄崩,文宣如晋阳,令与黄门郎崔季舒、高德正、吏部郎中尉瑾于北第参掌机密,转秘书监兼著作郎,又除定州大中正。……(齐)天保元年(550),除中书令,仍兼著作郎,富平县子。二年,诏撰魏史。"

《北齐书》卷四四《刁柔传》:"刁柔字子温,渤海人也。……天保初,除国子博士。中书舍人魏收撰魏史,启柔等与同其事。柔性颇专固,自是所闻,收常所嫌惮。"

《辨宗室录》作者元晖业卒。

《北齐书》卷二八《元晖业传》:"元晖业,字绍远,魏景穆皇帝之玄孙。……齐初,降封美阳县公,开府仪同三司,特进。……晖业之在晋阳也,无所交通,居常闲暇,乃撰魏藩王家世,号为《辨宗室录》四十卷,行于世。……天保二年,从驾至晋阳,于宫门外骂元欣,……文宣闻而杀之。"

《史通》卷一二《古今正史》篇:"……济阴王晖业撰《辨宗室录》。"

552 西魏废帝元年
薛寘撰修西魏史。

《周书》卷三八《薛寘传》:"薛寘,河东汾阴人也。……魏废帝元年领著作佐郎,修国史。寻拜中书侍郎,修起居注。……又撰《西京记》三卷,引据该洽,世称其博闻焉。"

553 北齐文宣帝天保四年
魏收专力撰修魏史。

《北史》卷五六《魏收传》:"(天保)四年,除魏尹,故优以禄力,专在史阁,不知郡事。初,帝令群臣各言志,收曰:'臣愿得直笔东观,早成魏书。'故帝使收专其任。又诏平原王高隆之总监之,署名而已。帝敕收曰:'好直笔,我终不作魏太武诛史官。'"

《北齐书》卷二三《崔㥄传》:"㥄素与魏收不协,收既专典国史,㥄恐被恶言,乃悦之曰:'昔有班固,今则魏子。'收笑而憾不释。"

554 北齐文宣帝天保五年 西魏恭帝元年 梁元帝承圣三年
魏收著成《魏书》。

《北史》卷五六《魏收传》:"始,魏初邓彦海撰《代记》十余卷;其后崔浩典史,游(游雅)、允(高允)、程骏、李彪、崔光、李琰之徒,世修其业。浩为编年体,彪始分作纪、表、志、传,书犹未出。宣武时,命邢峦追撰孝文起居注,书至太和十四年;又命崔鸿、王遵业补续焉。下讫孝明,事甚委悉;济阴王晖业撰《辨宗室录》三十卷。收于是与通直常侍房延佑、司空司马辛元植、国子博士刁柔、裴昂之、尚书郎高孝干专总斟酌,以成《魏书》。辨定名称,随条甄举；又搜采亡遗，缀续后事，备一代史籍。表而上闻之，勒成一代大典，凡十一纪、九十二列传，合一百一十卷。（天保）五年三月奏上之。秋，除梁州刺史。收以志未成，奏请终业，许之。十一月，复奏十志，《天象》四卷、《地形》三卷、《律历》二卷、《礼乐》四卷、《食货》一卷、《刑罚》一卷、《灵征》二卷、《官氏》二卷，《释老》一卷，凡二十卷，续于纪传合一百三十卷，分为十二峡。其史三十五例、二十五序、九十四论、前后二表一启，皆独出于收。收所引史官，恐其陵逼，唯取学流先相依附者。其房延佑、辛元植、眭仲让虽涉朝位，并非史才；刁柔、裴昂之以儒业见知，全不堪编辑；高孝干以左道求进；修史诸入宗祖姻戚多被书录，饰以美言。收颇急，不甚能平，夙有怨者，多没其善，每言：'何物小子，敢共魏收作色？举之则使上天，按之当使入地！'初，收在神武时为太常少卿，修国史，得阳休之助，因谢休之曰：'无以谢德，当为卿作佳传。'休之父固，魏世为北平太守，以贪虐为中尉李平所弹获罪，载在魏起居注；收书云：'固为北平，甚有惠政，坐公事免官。'又云：'李平深相敬重。'尔朱荣于魏为贼，收以高氏出自尔朱，且纳荣子金，故减其恶而增其善，论云：'若修德义之风，则韦、彭、伊、霍夫何足数。'时论既言收著史不平，文宣诏收于尚书省与诸家子孙共加论讨，前后投诉百有余人，或云遗其家世职位，或云其家不见记录，或云妄有非毁。收皆随状答之。范阳卢斐父同附出族祖玄传下，顿丘李庶家传，称其本是梁国家人，斐、庶讥议云：'史书不直。'收性急，不胜其愤，启诬其欲加屠害。帝大怒，亲自诘责，斐曰：'臣父仕魏位至仪同，功业显著，名闻天下，与收无亲，遂不立传，博陵崔绰，位至本郡功曹，更无事迹，是收外亲，乃为传首。'收曰：'绰虽无位，道义可嘉，所以合传。'帝曰：'卿何由知其好人？'收曰：'高允曾为绰赞，称有道德。'帝曰：'司空才士，为人作赞，正应称扬，亦如卿为人作文章，道其好者，岂能皆实？'收无以对，战栗而已。但帝先重收才，不欲加罪。时太原王松年亦谤史，及斐、庶并获罪，各被鞭配甲坊，或因以致死，卢思道亦抵罪。然犹以群口沸腾，敕魏史且勿施行，令群官博议，听有家事者入署，不实者陈牒。于是众口喧然，号为秽史。投牒者相次，收无以抗之。时左仆射杨愔、右仆射高德正二人势倾朝野，与收皆亲，收遂为其家并作传。二人不欲言史不实，抑塞诉辞，终文宣世，更不重论。又尚书陆操尝谓愔曰：'魏收《魏书》可谓博物宏才，有大功于魏室。'愔尝谓收曰：'此谓不刊之书，传之万古。但恨论及诸家枝叶亲姻过为繁碎，与旧史体例不同耳。'收曰：'往因中原丧乱，人士谱牒遗逸略尽，是以具书其枝派，望公观过知仁，以免尤责。'"

《北齐书》卷四四《刁柔传》："柔在史馆未久，逢勒成之际，志存偏党，《魏书》中与其内外通亲者，并虚美过实，深为时论所讥焉。"

《北齐书》卷四二《卢潜传》："卢潜，范阳涿人也。……天保初，除中书舍人，以奏事忤旨免。寻除左民郎中，坐讥议《魏书》，与王松年、李庶等俱被禁止。"

《北齐书》卷三五《李构传》："李构字祖基，黎阳人。祖平，魏尚书仆射。构从父弟庶，魏大司农谐子，方雅好学，风流规检，甚有家风。稍迁临漳令。《魏书》出，庶与卢斐、王松年等讼其不平，并系狱。魏收书王慧龙自云太原人；又言王琼不善事；卢同附《卢玄传》；李平为陈留人，云其家贫贱。故斐等致讼，语杨愔云：'魏收合诛。'愔党助魏收，遂白显祖罪斐等，并髡头，鞭二百，庶死于临漳狱中。"

《北齐书》卷三五《王松年传》："魏收撰《魏书》成，松年有谤言，文宣怒禁止之，仍加杖罚。"

《北齐书》卷四七《卢斐传》："卢斐，字士章，范阳涿人也。父同，魏殿中尚书。……斐后以谤史与李庶俱病鞭死狱中。"

《北史》卷四四《崔光传附崔劼传》："劼常恨魏收书，欲更作编年纪，而才思竟不能就。"

魏收等《前上十志启》："臣收等启：昔子长命世伟才，孟坚冠时特秀，宪章前吉，裁勒坟史，纪传之间，申以书志，绪言余述可得而闻。叔峻删缉后刘，绍统削撰季汉，十志实范迁固，表盖阙焉。曹氏一代之籍，了无具体；典午终世之笔，罕云周洽。假复事播四夷，盗听间有，小道俗言，要奇好异，考之雅旧，咸乘实录。自永嘉丧圮，中原渵然，偏伪小书，殆无可取。魏有天下，跨踪前载，顺末克让，善始令终；陛下极圣穷神，奉天屈已，顾眄百王，指掌万世，深存有魏抚运之业，永念神州人伦之绪。臣等肃奉明诏，刊著魏籍，编纪次传，备闻天旨。窃谓志之为用，网罗遗逸，载纪不可，附传非宜；理切必在甄明，事重尤应标著；搜猎上下，总括代终，置之众篇之后，一统天人之迹，褊心末识，辄在于此，是以晚始撰录，弥历炎凉，采旧增新，今乃断笔。时移世易，理不刻船，发阁含毫，论叙殊致。河沟往时之切，释老当今之重，艺文前志可寻，官氏魏代之急，去彼取此，敢率愚心。谨成十志二十卷，请续于传末，并前例目合一百三十卷。臣等妨官秉笔，迄无可采，尘黩旒冕，堕深冰谷。谨启。十一月，持节都督梁州诸军事、骠骑将军、梁州刺史、前著作郎、富平县开国子臣魏收启。平南将军、司空司马、修史臣辛元植，冠军将军、国子博士、修史臣刁柔，陵江将军、尚书左主客郎中、修史臣高孝干，前西河太守、修史臣綦母怀文。"

西魏史官柳虯卒。柳虯曾论述对于修史之见解。

《周书》卷三八《柳虯传》："柳虯字仲蟠。……虯以史官密书善恶，未足惩劝，乃上疏曰：'古者人君立史官，非但记事而已，盖所以为监诫也。动则左史书之，言则右史书之，彰善瘅恶，以树风声。故南史抗节，表崔杼之罪；董狐书法，明赵盾之愆。是知直笔于朝，其来久矣。而汉魏已还，密为记注，徒闻后世，无益当时，非所谓将顺其美，匡救其恶者也。且著述之人密书其事，纵能直笔，人莫知之，何止物生横议，亦自异端互起。故班固致受金之名，陈寿有求米之论。著汉魏者非一氏，造晋史者至数家，后代纷纭，莫知准的。伏惟陛下则天稽古，劳心庶政，开诽谤之路，纳忠说之言。诸史官记事者，请皆当朝显言其状，然后付之史阁，庶令是非明著，得失无隐；使闻善者日修，有过者知惧。敢以愚管轻冒上闻，乞以謇言访之众议。'事遂施行。（大统）十四年，除秘书丞。秘书虽领著作，不参史事，自虯为丞，始令监掌焉。十六年，迁中书侍郎，修起居注，仍领丞事……魏恭帝元年冬卒，时年五十四。"

《史通》卷一二《古今正史》篇："宇文周史：大统年（案："年"疑为"中"之误），有秘书丞柳虯兼领著作，直辞正色，事有可称。"

梁元帝（萧绎）卒。梁元帝曾注《汉书》，并著有《孝德传》《忠臣传》等。

《梁书》卷五《元帝纪》："世祖孝元皇帝讳绎，字世诚，……承圣三年……十二月……西魏害世祖，遂崩焉。时年四十七……。好学，博总群书。……所著《孝德传》三十卷、《忠臣传》三十卷、《丹阳尹传》十卷，注《汉书》一百一十五卷，……《全德志》《怀旧志》《荆南志》《江州记》《贡职图》《古今同姓名录》一卷。……"

《高僧传》作者慧皎卒。

慧皎《高僧传序录》："原夫至道冲漠，假蹄筌而后彰；玄致幽凝，藉师保以成用。是由圣迹迭兴，贤能异托。……云龙表于夜明，风虎彰乎宵梦。洪风既扇，大化斯融。自尔西域名僧，往往而至。或传度经法，或教授禅道，或以异迹化人，或以神力救物。自汉之梁，纪历弥远，世践六代，年近五百，此土桑门，含章秀发，群英间出，迭有其人。众家记录，叙载各异。沙门法济，偏叙高逸一迹；沙门法安，但列志节一门；沙门僧宝，止命游方一科；沙门法进，乃通撰传论，而辞事脱略。并皆互有繁简，出没成异，考之行事，未见其归宗。宋临川康王义庆《宣验记》及《幽明录》、太原王琰《冥祥记》、彭城刘悛《益部寺记》、沙门昙宗《京师寺记》、太原王延秀《感应传》、朱君台《征应传》、陶渊明《搜神录》，并傍出诸僧，叙其风素，而皆是附见，亟多疏阙。齐竟陵文宣王《三宝纪传》，或称佛史，或号僧录。既三宝共叙，辞旨相关，混滥难求，更为荒昧。琅琊王巾所撰《僧史》，意似该综，而文体未足。沙门僧祐撰《三藏记》，止有三十余僧，所无甚众。中书郗景兴《东山僧传》、治中张孝季《庐山僧传》、中书陆明霞《沙门传》，各竞举一方，不通古今，务存一善，不及余行。逮于即时，亦继有作者，然或褒赞之下，过相揄扬；或叙事之中，空引辞费，求之实理，无的可称；或复嫌以繁广，删减其事，而抗迹之奇，多所遗削，谓出家之士，处国宾王，不应励然自远，高蹈独绝。寻辞荣弃爱，本以异俗为贤，若此而不论，竟何所记？尝以暇日遇览群作，辄搜捡杂录数十余家，及晋、宋、齐、梁春秋书史，秦、赵、燕、凉荒朝伪历，地理杂篇，孤文片记，并博咨故老，广访先达，校其有无，取其同异。始于汉明帝永平十年，终于梁天监十八年，凡四百五十三载，二百五十七人。又傍出附见者二百余人。开其德业，大为十例：一曰译经，二曰义解，三曰神异，四曰习禅，五曰明律，六曰遗身，七曰诵经，八曰兴福，九曰经师，十曰唱导。……凡十科所叙，皆散在众记。今止删聚一处，故述而无作。俾夫披览于一本之内，可兼诸要。其有繁辞虚赞，或德不及称者，一皆省略。故述六代贤异，止为十三卷，并叙录合十四轴，号曰《高僧传》。自前代所撰，多曰名僧，然名者，本实之宾也。若实行潜光，则高而不名；寡德适时，则名而不高。名而不高，本非所纪；高而不名，则备今录。故省名音，代以高字。其间草创，或有遗逸。今此十四卷，备赞论者，意以为定。如未隐括，览者详焉。"

《高僧传初集》卷一五《后记》："右此传是会稽嘉林寺释慧皎法师所撰。师学通内外，精研经律，著《涅槃疏》十卷，《梵网戒》等义疏，并为世轨。有撰此《高僧传》及序共十四卷。梁末承圣二年太岁癸酉，避侯景之难来至湓城，少时讲说，甲戌岁二月舍化，春秋五十有八。江州僧正慧恭为首经营，葬于卢山禅觉寺墓。时龙光寺释僧果同避难在山，遇见时事，聊记之云耳。"

《续高僧传》卷六："释慧皎，未详氏族，会稽上虞人。学通内外，博训经律。住嘉祥寺，春夏弘法，秋冬著述。撰《涅槃义疏》十卷及《梵网经疏》行世。又以唱公所撰《名僧》颇多浮沉，因遂开例成广，著《高僧传》一十四卷。

其序略云：'前之作者，或嫌以繁广，删减其事，而抗迹之奇，多所遗削，谓出家之士，处国宾王，不应励然自远，高蹈独绝。寻辞荣弃爱，本以异俗为贤，若此而不论，竟何所记？'又云：'自前代所撰，多曰名僧，然名者，本实之宾也，若实行潜光，则高而不名；若寡德适时，则名而不高。明而不高，本非所记；高而不名，则备今录。故省名音，代以高字。'传成，通国传之，实为龟镜。文义明约，即世崇重，后不知所终。江表多有裴子野《高僧传》一帙十卷，文极省约，未极通鉴，故其差少。"

《隋书》卷三三《经籍志二》："《高僧传》十四卷，释慧皎撰。"

《郡斋读书后志》卷一传记类："《高僧传》十四卷，萧梁僧释慧皎撰。慧皎以刘义宣《灵验记》（案：应为刘义庆《宣验记》，盖脱"庆"而衍"灵"所致）、陶潜《搜神录》等数十家并书诸僧，殊疏略。乃博采诸书，咨访故老，起于永平十年，终于天监十八年，凡四百五十二载，二百五十七人，又附见者二百余人。分为译经、义解、神异、习禅、明律、遗身、诵经、兴福、经师、唱导十科。"

555　梁敬帝绍泰元年。
梁以杜之伟、姚察撰修国史。

《陈书》卷二七《姚察传》："姚察，字伯审，吴兴武康人也。……中书侍郎领著作杜之伟与察深相眷遇，表用察佐著作，仍撰史。"

《陈书》卷三四《杜之伟传》："之伟启求解著作，曰：'臣以绍泰元年忝中书侍郎掌国史……'"

557　陈武帝永定元年　北齐文宣帝天保八年　北周明帝元年
本年梁亡，在梁朝著史而不详其年代者尚有：
王琰著《宋春秋》。

《隋书·经籍志》史部古史类："《宋春秋》二十卷，梁吴兴令王琰撰。"

刘陟著《齐纪》。

《隋书·经籍志》史部正史类："《齐纪》十卷，刘陟撰。"

《南史》卷七二《杜之伟传》："杜之伟……（梁武帝时）乃启补东宫学士，与学士刘陟等钞撰群书，各为题目。"

钟屼著《良吏传》。

《梁书》卷四九《钟嵘传》："（钟嵘兄）屼，字长岳，官至府参军，建康平（《南史》"平"作"令"），著《良吏传》十卷。"

《隋书·经籍志》史部杂传类："《良吏传》十卷，钟屼撰。"

陈朝继齐、梁设置修史学士。

《史通》卷一一《史官建置》篇："齐、梁二代，又置修史学士；陈氏因循，无所变革。"

魏收监修齐史。

《北史》卷五六《魏收传》："（天保）八年夏，除太子少傅，监国史。"

周明帝（字文毓）自本年后召集臣下撰《世谱》。

《周书》卷四《明帝纪》："世宗明皇帝讳毓，小名统万突，太祖长子也。……幼而好学，博览群书，善属文，词彩温丽。及即位，集公卿已下有文学者八十余人于麟趾殿刊校经史；又捃采众书，自羲农以来讫于魏末，叙为《世谱》，凡五百卷（案：《北史》卷九《周本纪上》作"凡百卷"）云。"

559 陈武帝永定三年
梁、陈史官杜之伟卒。

《陈书》卷三四《杜之伟传》："杜之伟，字子大，吴郡钱塘人也。……及高祖（陈霸先）为丞相，素闻其名，召补记室参军，迁中书侍郎领大著作。高祖受禅，除鸿胪卿，余并如故。之伟启求解著作曰：'臣以绍泰（梁敬帝年号）元年（555）忝中书侍郎，掌国史，于今四载。臣本庸贱，谬蒙盼识，思报恩奖，不敢废官。皇历惟新，驱驭轩昊，记言记事，未易其人，著作之材，更宜选众……'优敕不许。寻转大匠卿，迁太中大夫，仍敕撰梁史。永定三年卒，时年五十二。"

560 北齐孝昭帝皇建元年
魏收修改《魏书》。

《北史》卷五六《魏收传》："皇建元年，除兼侍中、右光禄大夫，仍仪同监史。……又除兼太子少傅，解侍中。帝以魏史未行，诏收更加研审，收奉诏颇有改正。及诏行魏史，收以为直置秘阁，外人无由得见，于是命送一本付并省，一本付邺下，任人写之。"

564　北齐武成帝河清三年
宋绘在本年前注王隐《晋书》及何法盛《晋中兴书》，著《中朝多士传》《姓系谱录》《年谱录》。

《北齐书》卷二〇《宋显传》："（宋）绘，少勤学，多所博览，好撰述。魏时张缅《晋书》未入国，绘依准裴松之注《国志》体注王隐及《中兴书》；又撰《中朝多士传》十卷、《姓系谱录》五十篇；以诸家年历不同，多有纰缪，乃刊正异同，撰《年谱录》，未成。河清五年（案：河清四年即改为天统元年，无五年，当系三年之讹。）并遭水漂失。绘虽博闻强记，而天性恍惚，晚又遇风疾，言论迟缓，及失所撰之书，乃抚膺恸哭曰：'可谓天丧予也！'天统中卒。"

565　北齐后主天统元年
阳休之监修北齐国史。

《北齐书》卷四二《阳休之传》："天统初，征为光禄卿，监国史。"

祖孝征著《黄初传天录》。陆元规著《皇帝实录》。

《史通》卷一二《古今正史》篇："高齐史：天统初，太常少卿祖孝征述献武起居，名曰《黄初传天录》。时中书侍郎陆元规，常从文宣征讨，著《皇帝实录》，惟记行师，不载他事。"

566　北齐后主天统二年
魏收再度修改《魏书》。

《北史》卷五六《魏收传》："（天统）二年，行齐州刺史，寻为真。……其后群臣多言魏史不实，武成（时为太上皇）复敕更审，收又回换，遂为卢同立传，崔绰反更附出；杨愔家传本无'有魏以来一门而已'，至是加此八字；又先云'弘农华阴人'，乃改'自云弘农'以配"王惠龙自云太原人'，此其失也。"

568　北周武帝天和三年
《梁典》作者刘璠卒。

《周书》卷四二《刘璠传》："刘璠字宝义，沛国沛人也。……天和三年卒，时年五十九。著《梁典》三十卷。"

《史通》卷一二《古今正史》篇："梁史：……庐江何之元、沛国刘璠，以所闻见，究其始末，合（案："合"应作"各"）撰《梁典》三十篇。"

《周书》卷四二《刘璠传附刘祥传》："（刘璠子）祥字休征，……初，璠所撰《梁典》始就，未及刊定而卒。临终谓休征曰：'能成我志，其此书乎！'休征治定缮写，勒成一家，行于世。"

《隋书·经籍志》史部古史类："《梁典》三十卷，刘璠撰。"

569 陈宣帝太建元年
陆琼于本年后撰著《陈书》。

《史通》卷一二《古今正史》篇："陈史：……太建初，中书郎陆琼续撰诸篇，事伤烦杂。"

《隋书·经籍志》史部正史类："《陈书》四十二卷，讫宣帝，陈吏部尚书陆琼撰。"

570 陈宣帝太建二年
《梁史》作者许亨卒。

《陈书》卷三四《许亨传》："许亨，字亨道，高阳新城人。……高祖（陈霸先）受禅，授中散大夫领羽林监，迁太中大夫领大著作，知梁史事。……太建二年卒，时年五十四。初撰《齐书》并《志》五十卷，遇乱失亡；后撰《梁史》，成者五十八卷。"

《隋书》卷五八《许善心传》："许善心……父亨，仕梁至给事黄门侍郎，在陈历羽林监、太中大夫、卫尉卿，领大著作。……初，善心父（亨）撰著《梁史》，未就而殁。善心述成父志，修续家书，其序传末述制作之意曰：'……先君昔在前代，早怀述作，凡撰《齐书》为五十卷；《梁书》纪传随事勒成及阙而未就者，目录注为一百八卷。梁室交丧，坟籍销尽。冢壁皆残，不准无所盗；帷囊同毁，陈农何以求？秦儒既坑，先王之道将坠；汉臣徒请，口授之文亦绝。所撰之书，一时亡散。有陈初建，诏为史官，补阙拾遗，心识口诵，依旧目录更加修撰，且成百卷，已有六帙五十八卷上秘阁讫……'"

《隋书·经籍志》史部正史类："《梁史》五十三卷，陈领军大著作郎许亨撰。"

571　北齐后主武平二年

魏收与阳休之、李德林等论修北齐史限断。

《北齐书》卷四二《阳休之传》："魏收监史之日，立《高祖本纪》，取平四胡之岁为齐元。收在齐州，恐史官改夺其意，上表论之。武平中，收还朝，敕集朝贤议其事，休之立议从天保为限断。魏收存日犹两议未决，收死后便讽动内外发诏从其议。"

《隋书》四十二《李德林传》："李德林字公辅，博陵安平人也。……魏收与阳休之论齐书起元事，敕集百司会议，收与德林书曰：'前者议文，总诸事意，小如混漫，难可领解。今便随事条列，幸为留怀，细加推逐。凡言或者，皆是敌人之议，既闻人说，因而探论耳。'德林复书曰：'即位之元，《春秋》常义。谨按鲁君息姑不称即位，亦有元年，非独即位得称元年也。议云受终之元，《尚书》之古典。谨案《大传》周公摄政，一年救乱，二年伐殷，三年践奄，四年建侯卫，五年营成周，六年制礼作乐，七年致政成王。论者或以舜禹受终，是为天子；然则周公以臣礼而死，此亦称元，非独受终为帝也。蒙示议文，扶病省览，荒情迷识，暂得发蒙，当世君子，必无横议，唯应阁笔赞成而已。辄谓前二条有益于议，仰见议中不录，谨以写呈。'收重遗书曰：'惠示二事，感佩殊深，以鲁公诸侯之事，昨小为疑。息姑不书即位，舜禹亦不言即位。息姑虽摄，尚得书元；舜禹之摄称元，理也。周公居摄，乃云一年救乱，似不称元，自无《大传》，不得寻讨。一之与元，其事何别？更有所见，幸请论之。'德林答曰：'摄之与相，其义一也。故周公摄政，孔子曰周公相成王；魏武相汉，曹植曰如虞翼唐。或云高祖身未居摄，灼然非理。摄者，专赏罚之名，古今事殊，不可以体为断。陆机见舜肆类上帝，班瑞群后，便云舜有天下须格于文祖也，欲使晋之三王异于舜摄。窃以为舜若尧死狱讼不归，便是夏朝之益，何得不须格于文祖也？若使用王者之礼，便曰即真，则周公负扆朝诸侯，霍光行周公之事，皆真帝乎？斯不然矣。必知高祖与舜摄不殊，不得从士衡之谬。或以为书元年者，当时实录，非追书也；大齐之兴，实由武帝谦匿受命，岂直史也？比观论者闻追举受命之元，多有河汉；但言追数受命之岁，情或安之。似所怖者，元字耳。耳类朝三，是许其一年，不许其元年也。案《易》黄裳元吉，郑玄注云：如舜试天子、周公摄政。是以试摄不殊，《大传》虽无元字，一之与元无异义矣。春秋不言一年一月者，欲使人君体元以居正，盖史之婉辞，非一与元别也。汉献帝死，刘备自尊崇；陈寿蜀人，以魏为汉贼，宁肯蜀主未立，已云魏武受命乎？士衡自尊本国，诚如高议，欲使三方鼎峙，同为霸名；习氏《汉晋春秋》，意在是也。正司马炎兼并，许其帝号；魏之君臣，吴人并以为戮贼，亦宁肯当涂之世，云晋有受命之征？史者，编年也，故鲁号纪年，墨子又云吾见百国《春秋》；史又有无事而书年者，是重年验也。若欲高祖事事谦冲，即须号令皆推魏氏，便是编魏年、纪魏事，此即魏末功臣之传，岂复皇朝帝纪者也？陆机称纪元立断或以正始、或以嘉平。束晳议云：赤雀白鱼之事，恐晋朝之议，是并论受命之元，非止代终之断也。公议云陆机不论元者，是所未喻，愿更思之。陆机以刊木著于虞书，鲧黎见于商典，以蔽晋朝正始、嘉平之议，斯又谬矣。唯可二代相涉，两史并书，必不得以后朝创业之迹，断入前史。若然，则世宗、高祖皆天保以前，唯入魏氏列传，不作齐朝帝纪，可乎？此既不可，彼复何证？'"

572　北齐后主武平三年

《魏书》作者魏收卒。

《北史》卷五六《魏收传》："武平三年薨。……既缘史笔多憾于人，齐亡之岁，收冢被发，弃其骨于外。"

573　北齐后主武平四年

北齐命史官更撰《魏书》。

《北齐书》卷八《后主纪》：武平四年五月，"诏史官更撰《魏书》。"

李德林与魏澹撰修齐史。

《隋书》卷四二《李德林传》："寻除中书侍郎，仍诏修国史。"（案：本传叙此事于武平三年之后、五年之前。）

《史通》卷一二《古今正史》篇："李（德林）在齐预修国史，创纪传书二十七卷。"

《隋书》卷五八《魏澹传》："（魏澹在北齐）与李德林俱修国史。"

577　北齐幼主承光元年

北齐亡。北齐时史官相继撰修齐史，其后杜台卿、崔子发均著成《齐纪》。

《史通》卷二〇《古今正史》篇："高齐史：……自武平后，史官阳林之、杜台卿、祖崇儒、崔子发等相继注记，逮于齐灭。"

《隋书》卷五八《杜台卿传》："杜台卿，字少山，博陵曲阳人也。……仕齐奉朝请，历司空、西阁祭酒、司徒户曹、著作郎、中书黄门侍郎。……及周武帝平齐，归于乡里。……（隋）开皇初，被征入朝。……终于家。有集十五卷，撰《齐纪》二十卷，并行于世。"

《隋书·经籍志》史部古史类："《齐纪》三十卷：纪后齐事，崔子发撰。"

荣建绪著《齐纪》。

《隋书》卷六六《荣毗传》："毗兄建绪……仕周为载师下大夫仪同三司。及平齐之始，留镇邺城，因著《齐纪》三十卷。"

宋孝王著《关东风俗传》。

《北史》卷二六《宋隐传》："（宋）孝王，学涉，亦好缉缀文藻。……为（北齐）北平王（高贞）文学，求入文林馆不遂，因非毁朝士，撰《朝士别录》二十卷。会周武灭齐，改为《关东风俗传》，更广闻见，勒成三十卷以上之。"

《旧唐书·经籍志》史部杂史类："《关东风俗传》六十三卷，宋孝王撰。"

在北齐时较重要之史学著作而不详其年代者，尚有李槩著《战国春秋》。

《北史》卷三三《李灵传附李公绪传》："公绪弟槩，字季节。……为齐文襄大将军府参军。……除殿中侍御史，修国史，后为太子舍人。……后卒于并州功曹参军。撰《战国春秋》及《音谱》，并行于世。"

《隋书·经籍志》史部古史类："《战国春秋》二十卷，李槩撰。"又霸史类："《战国春秋》二十卷，李槩撰。"姚振宗《隋书经籍志考证》："其所谓《战国春秋》者，殆即记十六国之事，本志入霸史，次《十六国春秋》之后，自得部居；其古史类别出一条，失于删除。"

581　陈宣帝太建十三年
陈史官、《通史要略》等书作者顾野王卒。

《陈书》卷三〇《顾野王传》："顾野王，字希冯，吴郡吴人也。天嘉元年（陈文帝年号，560年），敕补撰史学士。……太建二年，迁国子博士。……六年，除太子率更令，寻领大著作，掌国史，知梁史事。十三年卒，时年六十三。……其所撰著《玉篇》三十卷、《舆地志》三十卷、《符瑞图》十卷、《顾氏谱传》十卷、《分野枢要》一卷、《续洞冥纪》一卷、《玄象表》一卷，并行于世。又撰《通史要略》一百卷,《国史纪传》二百卷,未就而卒。"

《史通》卷一二《古今正史》篇:"陈史:初有吴郡顾野王、北地傅縡,各为撰史学士,随文帝开皇二年其武、文二帝纪即顾、傅所修。"

李德林续撰北齐史

《史通》卷一二《古今正史》:"李(德林)在齐预修国史,创纪传书二十七卷。至开皇初,奉诏续撰,增多齐史三十八篇。以上送官,藏之秘府。"

582 陈宣帝太建十四年 隋文帝开皇二年
何之元著《梁典》。

《陈书》卷三四《何之元传》:"何之元,庐江灊人也。……太建八年,除中卫府功曹参军,寻迁谘议参军。及叔陵诛(案:始兴王陈叔陵被杀在太建十四年),之元乃屏绝人事,锐精著述。以为梁氏肇武皇,终于敬帝,其兴亡之运、盛衰之迹,足以垂鉴戒、定褒贬,究其始终,起齐永元元年,迄于王琳遇获,七十五年行事,草创为三十卷,号曰《梁典》。其序曰:'记事之史,其流不一;编年之作,无若《春秋》,则鲁史之书,非皇帝之籍也。案三皇之简为《三坟》,五帝之策为《五典》,此典义所由生也。至乃《尚书》述唐帝为《尧典》,虞帝为《舜典》,斯又经文明据,是以典之为义久矣哉!若夫马《史》、班《汉》,述帝称纪,自兹厥后,因相祖习。及陈寿所撰,名之曰《志》,总其三国,分众扬镳。唯何法盛《晋书》,变帝纪为帝典,既云师古,在理为优。故今之所作,称为《梁典》。梁有天下,自中大同以前区寓宁晏,太清以后寇盗交侵,首尾而言,未为尽美,故开此一书,分为六意:以高祖创基,因乎齐末,寻宗讨本,起自永元,今以前如干卷为追述;高祖生自布衣,长于弊俗,知风教之臧否,识民黎之情伪,爰逮君临,弘斯政术,四纪之内,实云殷阜,今以如干卷为太平;世不常夷,时无恒治,非自我后,仍属横流,今以如干卷为叙乱;泊高祖晏驾之年,太宗幽辱之岁,讴歌狱讼,向西陕不向东都,不庭之民,流逸之士,征伐礼乐,归世祖不归太宗,拨乱反正,厥庸斯在,治定功成,其勋有属,今以如干卷为世祖;至于四海困穷,五德升替,则敬皇绍立,仍以禅陈,今以如干卷为敬帝;骠骑王琳,崇立后嗣,虽不达天命,然是其忠节,今以如干卷为后嗣主。至在太宗虽加美谥,而大宝之号世所不遵,盖以拘于贼景故也。承圣经历,自接太清,神笔诏书,非宜辄改,详之后论,盖有理焉。夫事始终,人有业行,本末之间,颇宜诠叙。案臧荣绪称史无裁断,犹起居注耳。由此而言,实资详悉，又编年而举其岁次者，盖取分明而易寻也。若夫獫狁孔炽，鲠我中原，始自一君，终为二主，事有相涉，言成混漫。今以未分之前为北魏；既分之后，高氏所辅为东魏，宇文所挟为西魏，所以相分别也。重以盖彰殊体，繁省异文，其间损益，颇有凡例。"

《隋书·经籍志》史部古史类："《梁典》三十卷，陈始兴王谘议何之元撰。"

北齐史官、《幽州人物志》作者阳休之卒。

《北齐书》卷四二《阳休之传》："阳休之字子烈，右北平无终人也。……大象末，进位上开府，除和州刺史。隋开皇二年罢任，终于洛阳，年七十四。所著文集三十卷，又撰《幽州人物志》，并行于世。"

《旧唐书·经籍志》史部杂传类："《幽州古今人物志》十三卷，阳休之撰。"

《梁旧事》作者萧大圜卒于本年前后。

《周书》卷四二《萧大圜传》："萧大圜，字仁显。……隋开皇初，拜内史侍郎出为西河郡守，寻卒。大圜性好学，务于著述，撰《梁旧事》三十卷。"

《隋书·经籍志》史部旧事类："《梁旧事》三十卷，内史萧大圜撰。"钱大昕《廿二史考异》卷三四："环当作圜。"

584　隋文帝开皇四年　后梁萧岿二十三年

《淮海乱离志》作者萧圆肃卒。

《周书》卷四二《萧圆肃传》："萧圆肃字明恭，梁武帝之孙，武陵王纪之子也。……（后降周，仕至大将军。）隋开皇初，授贝州刺史，以母老请归就养，隋文帝许之，四年卒，时年四十六。有文集十卷，又撰……《淮海乱离志》四卷，行于世。"

《隋书·经籍志》史部古史类："《淮海乱离志》四卷，萧世怡撰，叙梁末侯景之乱。"

《旧唐书·经籍志》史部编年类："《淮海乱离志》四卷，萧大圜撰。"

案：《周书》本传、《隋志》及《旧唐志》所载《淮海乱离志》作者各不同。又《周书》卷四二《萧世怡传》及《萧大圜传》均不载著此书，未知孰是，今从《萧圆肃传》。

《梁史》作者萧欣卒。

《周书》卷四八《萧詧传附萧欣传》："萧欣……（仕后梁）历侍中、中书令、尚书仆射、尚书令。（萧）岿之二十三年卒。……著《梁史》百卷，遭乱失本。"

589　陈后主祯明三年

陈亡。在陈朝时较重要之史学著作而不详其年代者，尚有：

阴僧仁著《梁撮要》。

《隋书·经籍志》史部古史类："《梁撮要》三十卷，陈征南谘议阴僧仁撰。"

姚察在陈历任史官，著梁、陈之史。

《陈书》卷二七《姚察传》："姚察字伯审，吴兴武康人也。……（梁）中书侍郎领著作杜之伟与察深相眷遇，表用察佐著作，仍撰史。（陈）永定初，……吏部尚书徐陵时领著作，复引为史佐。……（太建初）报聘于周，江左耆旧先在关右者，咸相倾慕。沛国刘臻窃于公馆访《汉书》疑事十余条，并为剖析，皆有经据。……著《西聘道里记》，所叙事至详。使还，补东宫学士。……丁内忧去职。俄起为戎昭将军，知撰梁史事，固辞不免。后主纂业，敕兼东宫通事舍人，将军、知撰史如故。……又诏授秘书监，领著作如故。……察在秘书省大加删正，又奏撰中书表集。拜散骑常侍，寻授度支尚书，旬月迁吏部尚书，领著作并如故。……陈灭入隋，开皇九年，诏授秘书丞，别敕成梁、陈二史。"

《史通》卷一二《古今正史》："梁史：……陈祠部郎中姚察，有志撰勒，施工未周。但既当朝务，兼知国史，至于陈亡，其书不就。陈史：……姚察就加删改，粗有条贯。及江东不守，持以入关。隋文帝尝索梁、陈事迹，察具以所成每篇续奏，而依违荏苒，竟未绝笔。"

（原载《南开大学学报》1964 年 5 卷 1 期，收入时有所修订）

五代十国史学编年

例　言

一、本篇编载自唐朝灭亡（907）至北宋建隆元年（960）之前的史学事迹。

二、五代十国系政权分立时期，编年方法类同于《南北朝史学编年》。

三、其他体式亦同于前《先秦史学编年》《南北朝史学编年》等篇。

公元 920　后梁末帝贞明六年
李琪等于本年前撰《梁太祖实录》。

《旧五代史》卷五八《李琪传》："李琪，字台秀。……贞明、龙德中，历兵、礼、吏侍郎。受命与冯锡嘉、张衮、郗殷象同撰《梁太祖实录》三十卷。"

《旧五代史》卷一八《敬翔传》："贞明中，史臣李琪、张衮、郗殷象、冯锡嘉奉诏修撰《太祖实录》三十卷。"

《册府元龟》卷五五七："梁李琪，贞明中历兵、礼、吏侍郎，与张衮、郗殷象、冯锡嘉奉诏修撰《太祖实录》三十卷。"

《宋史》卷二〇三《艺文志》："五代《梁太祖实录》三十卷，张衮、郗殷象撰。"

921　后梁末帝龙德元年
史馆建议搜求史料。

《旧五代史》卷一〇《梁末帝纪下》："龙德元年……二月……壬申，史馆上言：'伏见北齐文士魏收著《后魏书》，于时自魏太武之初至于北齐，书不获就，乃大征百官家传，刊总斟酌，随条甄举，搜访遗亡，数年之间勒为一代典籍，编在北史，固非虚言。臣今请明下制，敕内外百官及前资士子、帝戚勋家，并各纳家传，具述父祖事行源流及才术德业灼然可考者，并纂述送史馆。如记得前朝会昌已后公私，亦任抄录送官，皆须直书，不用文藻。兼以兵火之后，简牍罕存，应内外臣僚，曾有奏行公事，关涉制置，或讨论沿革，或章疏文词，有可采者，并许编录送纳。候史馆修撰之日，考其所上公事，与中书门下文案事相符会，或格言正辞，询访不谬者，并与编载。所冀忠臣名士，共流家国之耿光；孝子顺孙，获记祖先之丕烈，而且周德见乎殷纪，舜典存乎禹功，非唯十世可知，庶成一朝大典。臣叨庸委任，获领监修，将赎素飧，辄干玄览。'诏从之。"

922　后梁末帝龙德二年
《唐会要》《五代会要》作者王溥生。

据《宋史》卷二九四《王溥传》："太平兴国初，封祁国公。七年八月卒，年六十一。"逆推之，知生于本年。

923　后梁末帝龙德三年
《大梁编遗录》作者敬翔卒。

《旧五代史》卷一八《敬翔传》："敬翔，字子振，同州冯翊人。……太祖受禅，自宣武军掌书记、前太府卿，授检校司空，依前太府卿勾当宣徽院事。寻改枢密院为崇政院，以翔知院事。……乾化元年，进位光禄大夫，行兵部尚书、金銮殿大学士，知崇政院事，平阳郡侯。……庶人友珪之篡位也，以天下之望，命翔为宰相。友珪以翔先朝旧臣，有所畏忌，翔亦多称病，不综政事。末帝即位，……翔愈不得志。……及晋主陷都城（案：事在龙德三年），……乃自经而卒。……初，贞明中，史臣李琪、张衮、郗殷象、冯锡嘉奉诏修撰《太祖实录》三十卷，叙述非工，事多漏略。复诏翔补缉其阙，翔乃别纂成三十卷，目之曰《大梁编遗录》，与实录偕行。"

《旧五代史》卷八《梁末帝纪上》："贞明二年……十月丁酉，以开府仪同三司、中书侍郎兼吏部尚书、同平章事、集贤殿大学士、判户部敬翔为右仆射兼门下侍郎，平章事、监修国史，判度支。……六年……四月……乙巳，以右仆射兼门下侍郎、同平章事、监修国史、判度吏、开国公敬翔为弘文馆大学士、延资库使、诸道盐铁转运等使，余如故。"

《册府元龟》卷五五七："梁李琪，贞明中历兵、礼、吏侍郎，与张衮、郗殷象、冯锡嘉诏修撰《太祖实录》三十卷，叙述非工，事多漏略。复诏宰臣敬翔别纂成三十卷，目之曰《大梁编遗》，与实录偕行。"

《直斋书录解题》卷五《杂史类》："《朱梁兴创遗编》二十卷，梁宰相冯翊敬翔子振撰。自广明巢贼之乱，朱温事迹，迄于天祐弑逆，大书特书，不以为愧也。其辞亦鄙俚。"

案：《朱梁兴创遗编》为《大梁编遗录》之前半部。

《金銮密记》（一名《金銮别记》）作者韩偓卒。

吴任臣《十国春秋》卷九五（闽）《韩偓传》："韩偓字致尧，京兆人。唐龙纪元年进士，累迁谏议大夫、翰林学士。昭宗幸凤翔，进兵部侍郎承旨。……朱全忠忌偓，贬濮州司马，……再贬荣经尉，徙邓州司马。昭宗被弑，哀帝复召为学士，还故官，偓不敢入朝，挈族来依太祖（王审知），侨居南安。……已而梁篡唐，乾化三年，复召，亦辞不往。龙德三年，卒于南安龙兴寺，葬葵山之麓。所著有《内庭集》《金銮别记》。"

《郡斋读书志》卷二上《杂史类》："《金銮密记》一卷，唐韩偓撰。天复中为翰林学士，从昭宗西幸。梁祖（朱温）以兵围凤翔，偓每与谋议，因密记之，及所闻见事，止复京师，偓贬去。"

《直斋书录解题》卷五《杂史类》："《金銮密记》三卷，唐翰林学士承旨京兆韩偓致尧撰。具述在翰苑时事。"

《宋史》卷二〇三《艺文志二》："韩偓《金銮密记》一卷。"

924　后唐庄宗同光二年
诸司送史馆事例。

《五代会要》卷一八《诸司送史馆事例》："后唐同光二年四月，史馆奏：'本朝旧例，中书并起居院诸司及诸道州府合录事件报馆如左：时政记；起居注；两省转对入阁待制刑曹法官文武两班上封章者；天文祥变、占候征验；蕃客朝贡使至；四夷入役来降；变改音律及新造曲调；法令变革，断狱新议，赦书德音；详断刑狱，昭雪冤滥；州县废置及孝子顺孙、义夫节妇有旌表门闾者；有水、旱、蝗虫、雷风、霜雹；封建天下祠庙、叙封进封邑号祠；京百司长官刺史以上除授，诸色宣敕；公王百官定谥；宗室任官课绩，并公主出降仪制；刺史、县令有灼然政绩者；应硕德殊能，高人逸士久在山野著述文章者；应中外官薨已请谥者。一右乞宣下有司，条件施行。'从之。"

925　后唐庄宗同光三年　前蜀王衍咸康元年
毛文锡于本年后著《前蜀纪事》。

吴任臣《十国春秋》卷四一（前蜀）《毛文锡传》："毛文锡，字平珪，高阳人，唐太仆卿龟范子也。年十四，登进士第，已而来成都，从高祖（王建）官翰林学士承旨。永平四年，迁礼部尚书，判枢密院事。……通正元年，进文思殿大学士，已又拜司徒，判枢密院如故。……及国亡，随后主降唐；未几，复事孟氏。……文锡有《前蜀纪事》二卷、《茶谱》一卷。"

《直斋书录解题》卷五《伪史类》："《前蜀纪事》二卷，后蜀学士毛文锡平珪撰。起广明庚子，尽天福甲子，凡二十五年。文锡，唐太仆卿龟范之子，十四登进士第。入蜀仕建，至判枢密院。随衍入洛而卒。"

《宋史》卷二〇四《艺文志三》："毛文锡《前蜀王氏记事》二卷。"

王仁裕于本年后著《入洛记》。

《郡斋读书志》卷二上《杂史类》："《入洛记》一卷，蜀王仁裕降入洛阳，记往返途中事，并其所著诗赋。"

《直斋书录解题》卷七《传记类》："《入洛记》一卷，王仁裕撰。仁裕仕前蜀，国亡，入洛记行。"

《宋史》卷二〇三《艺文志二》："王仁裕《入洛记》一卷。"

926　后唐明宗天成元年
庾传美搜访史籍。

《旧五代史》卷三七《唐明宗纪三》："天成元年……月九……庚申，以都官郎中庾传美充三川搜访图籍使。传美为蜀王衍之旧僚，家在成都，便于归计，且言成都具有本朝实录。及传美使回，所得才九朝实录及残缺杂书而已。"

927　后唐明宗天成二年
史馆收集史料，以备修史。

《旧五代史》卷三八《唐明宗纪四》："天成二年……八月……史馆修撰赵熙上言：'应内中公事及诏书奏对，应不到中书者，请委内臣一人抄录，月终送史馆。'诏差枢密直学士录送。"

《五代会要》卷一八《史馆杂录》："天成二年八月，起居郎赵熙奏：'今后凡公事及诏书奏对，应不到中书者，伏乞委内臣一人，旋具抄录，月终关送史馆。'敕宜令枢密院学士月终录送。"

《册府元龟》卷五五七："后唐赵熙，明宗时为起居郎、史馆修撰。天成二年八月熙上言曰：'……凡是内中公事及诏书奏对，应不到中书者，伏乞委内臣一人，旋具抄录，月终关送史馆，庶使简编毕备，言动无遗，垂千古之美谈，显一时之盛事。'九月，史馆奏：'伏奉九月八日敕：国祚中兴，已逾五载。皇基统嗣，爰及两朝。其有纪年之书、行事之纪，未闻编录，实谓旷遗。所司既不举明，史馆又无起请，因循斯久，阙漏转多。宜令史臣先修太祖武皇帝、庄宗两朝实录，速具奏呈。新朝日历行事，亦可精专纂录，无使废坠者。……'从之。十二月，同州节度使卢质准敕录太祖、庄宗两朝功臣书诏白进之。是月，都官郎中庚传美访图书于三川孟知祥处，得九朝实录及杂书传千余卷，并付史馆。同光已后，馆中煨烬无几，九朝实录甚济其阙。"

928　后唐明天成三年
史馆请修本朝史。

《五代会要》卷一八《修国史》："后唐天成三年十二月史馆奏：'据左补阙张昭状：尝读国书，伏见懿祖昭烈皇帝自元和之初，献祖文景皇帝于太和之际，立功王室，陈力国朝；太祖武皇帝自咸通后来，勤王勠力，剪平多难，频立大功，三换节旄，再安京国；庄宗皇帝亲平大憝，奄有中原。倘阙编修，遂成湮坠。伏请与当馆修撰参序条纲，撰太祖、庄宗实录者。伏见前代史馆归于著作，国初分撰《五代史》，方委大臣监修。自大历以来，始奏两员修撰。当时选任皆取良能，一代之书便成于手。其后源流失绪，波荡不还，冒当修撰之名，曷扬褒贬之职，及乎编修大典，即云别访通才。况当馆职在编修，合令撰述。'敕：宜依。"

929　后唐明宗天成四年
史官张昭远等修成后唐《懿祖、献祖、太祖纪年录》及《庄宗实录》。

《五代会要》卷一八《修国史》："天成四年七月，监修国史赵凤奏：'当馆奉敕修懿祖、显祖、太祖、庄宗四帝实录，自今年六月一日起手，旋具进呈。伏以凡关纂述，务合品题。承乾御宇之君，行事方云实录；追尊册号之帝，约文只可纪年。所修前件史书，今欲自庄宗一朝名为实录，其太祖已上并目为纪年录。'从之。其年十一月，史馆上新修《懿祖、太祖纪年录》共二十卷、《庄宗实录》三十卷。监修宰臣赵凤，修撰张昭远、吕咸休，各赐缯綵银器等。"

《旧五代史》卷四〇《唐明宗纪六》："天成四年……七月……史官上言：'所编修庄宗一朝事迹，欲名为实录；太祖、献祖、懿祖名为纪年录。'从之。……十一月……史官张昭远等以新修《献祖、懿祖、太祖纪年录》共二十卷、《庄宗实录》三十卷上之。赐器帛有差。"

《册府元龟》卷五七："长兴（案：应作天成）四年十一月史馆奏：'先奉敕旨纂修太祖武皇帝、庄宗光圣神闵孝皇帝两朝实录呈进者。……修撰、朝议郎、左补阙张昭远博于记览，早预编排，自今年六月一日与同职官员等共议纂修，获成记录。臣叨司笔削，比乏史才，……杀青斯竟，代斫增惭。又以三祖追尊，有殊受命，约之旧史，必在正名，谨叙懿祖书一卷，献祖书二卷，太祖书一十七卷，并题曰《纪年录》。先帝自龙飞晋阳，君临天下，以日系月一十九年，谨修成《实录》三十卷。诚多纰缪，仰渎休明，顾铅素以惊心，尘冕旒而洽眦。'是日赐门下侍郎兼工部尚书平章事监修国史赵凤杂綵五十匹，盖椀一副。"

《宋史》卷二六三《张昭传》："张昭字潜夫，本名昭远，避汉祖（刘知远）讳，止称昭。……昭始七岁，能诵古乐府、诵史诗百余篇；未冠，遍读九经，尽通其义。……后至赞皇，遇程生者，专史学，以为专究经旨，不通今古，率多拘滞，繁而寡要；若极谈王霸，经纬治乱，非史不可。因出班、范《汉书》十余义商榷，乃授昭《荀纪》《国志》等，后又尽得十三代史，五七年间，能驰骋上下数千百年事。又注《十代兴亡论》。……后唐庄宗入魏，……昭因至魏，携文数十轴谒兴唐尹张宪。……即署府推官。同光初，奏授其秩，加监察御史里行。宪为北京留守，昭亦从至晋阳。庄宗及难，……事宁，以昭为北京留守推官，加殿中侍御史、内供奉官，赐绯。天成三年，改安义军节度掌书记。时以武皇、庄宗实录未修，诏正国军节度卢质、西川节度副使何瓒、秘书监韩彦辉缵录事迹。瓒上言：'昭有史材，尝私撰《同光实录》十二卷，又闻其欲撰《三祖志》，并藏昭宗朝赐武皇制诏九十余篇，请以昭所撰送史馆。'拜昭为左补阙、史馆修撰，委之撰录。昭以懿祖、献祖、太祖并不践帝位，仍补为《纪年录》二十卷，又撰《庄宗实录》三十卷上之。优诏褒美，迁都官员外郎。"

《直斋书录解题》卷四《起居注类》："《后唐庄宗实录》三十卷，监修赵凤，史官张昭远撰。天成四年上。"

《宋史》卷二〇三《艺文志二》："《五代唐懿祖纪年录》一卷，《五代唐献祖纪录》一卷，《五代唐庄宗实录》三十卷，并赵凤、张昭远等撰。"

崔税建议史官随宰臣上殿记事。

《五代会要》卷一三："后唐天成四年十二月，尚书比部员外郎崔税奏：请自今后每遇起居，令左右史随宰臣上殿，各赏纸笔，分侍冕旒。或陛下发一德音，宰臣陈一时政，事无大小，皆令编录，季终即送史馆。"

931 后唐明宗长兴二年
崔税建议购求唐宣宗时史料。

《册府元龟》卷五五七："崔税为都官郎中知制诰。长兴二年五月，税上言：'臣闻高祖神尧皇帝初定天下，起居舍人令狐德棻上言，以近代已来多无正史，恐十数年后事迹蔑闻，因命儒学大臣分撰南北诸史，且言异代犹恐弃遗，况在本朝岂以湮灭？臣尝闻宣宗缵承大业，思致时雍，旰食宵衣，忧勤庶务，十余年之内可谓治平。于时史官虽有注记，寻属多故，辇辂省方，未暇刊修，皆至沦坠，统临之盛，寂寞无闻。伏思年代未遥，耳目相接，岂无野史散在人间？伏乞特命购求，十获五六，亦可备编修，冀成一代之信书，永祚千年之盛观。'从之。"

932 后唐明宗长兴三年
史馆搜求唐宣宗至昭宗时史料。

《旧五代史》卷四三《唐明宗纪九》："长兴三年……十一月……壬午，史馆奏：'宣宗已下四庙，未有实录，请下两浙、荆湖购募野史及除目报状。'从之。"

《五代会要》卷一八《史馆杂录》："长兴二（案："二"当为"三"之误）年十一月四日，史馆奏：'当馆昨为大中已来，迄于天祐，四朝实录，尚未纂修，寻具奏闻，谨行购募。敕命虽颁于数月，图书未贡于一编。盖以北土州城，久罹兵火，遂成灭绝，难可访求。窃恐岁月渐深，耳目不接，长为阙典，过在攸司。伏念江表列藩，湘南奥壤，至于闽、越，方属勋贤。戈铤自扰于中原，屏翰悉全于外府，固多奇士，富有群书。其两浙、福建、湖广，伏乞特降诏旨，委各于本道采访宣宗、懿宗、僖宗、昭宗以上四朝野史，及逐朝日历，除自银台事宜，内外制词，百司沿革簿籍，不限卷数，据有者抄录进上。若民间收得，或隐士撰成，即令各列姓名，请议爵赏。'从之。"

《册府元龟》卷五五七："长兴三年十一月壬午，史馆奏：'自宣宗朝以来，时历四朝，未有实录，年代深远，简牍散亡，更历岁时，转失根本。自中兴已来，累于诸道购募四朝日历、报状、百司关报，亦恐已曾撰到。实录值乱亡失，乞下两浙、湖南巡属购募四朝野史及除报状关报等，庶成撰集之功。'从之。"

933 后唐明宗长兴四年
史馆奏议修撰功臣列传事宜。

《五代会要》卷一八《史馆杂录》："长兴四年正月十一日，史馆奏：'当馆先奉敕修撰功臣列传，元奏数九十二人，馆司分配见在馆官员修撰。其间亦有不是中兴以来功臣，但据姓名便且分配修撰。将求允当，须在品量。其间若实是功臣、中兴社稷者，须校其功勋大小，德业轻重，次第纂修，排列先后。今请应不是中兴以来功臣，泛将行状送馆者，若其间事有与正史、实录列传内事相连络者，则请令附在纪传内简略书出；其无功于国，无德于人，但述履行身名，或述小才末伎，倘无可以垂训者，并请不在编修之限。伏自有史传以来，历代咸有著述，皆存定制，不可更张。如前汉止述萧、曹、绛、灌之流，后汉但书寇、邓、耿、贾之列，并同翼戴，咸共匡扶，爵号功臣，先为列传；其余宗室、外戚、文苑、儒林、游侠、逸人、循吏、酷吏之属，名目甚众，各有篇题，并随具次第撰述；其大恶大善之人，有善若周、孔、夷、齐，恶若敦、玄、莽、卓，亦各特为著撰，不附传纪编修。或为世家，或为列传，盖欲取监前代，垂则后人，不可雷同，请令区别。其功臣未纳到行状者，馆司见更催促，候到即更分配修撰。大凡行状皆是门人故吏叙述，多有虚饰文华。今请此后所纳行状，并须直书功业，不得虚文饰词。其已纳到行状合著撰者，仍请委修撰官略其浮辞，采其实事。'从之。"

史馆规定修史官员奖惩制度。

《五代会要》卷一八《修史官》："后唐长兴四年正月十一日，史馆奏：'当馆承前修史事例，应合编录文书，分配在馆修撰直馆官员，逐人纪述。内修撰一员，充判馆事；自除修撰外，应馆中著述及诸色公事，都专主专监修宰臣通判。前修撰直馆等，其间勤恪者著述不闲，怠惰者自因循度日，只藉馆中扬历，以资身事趋进。或别除官，或因出使，便将自己分合撰史籍送付后人。后人效尤，依前懈惰积叠，不了公事，为弊滋多。须设规程，庶无旷败。谨具起请如左：自判馆修撰已下见充职任及此后充馆，请以二周年为限。据在职馆中文书繁简，逐季分配纂修。如月未满，公事未阙，即当馆给与公凭，仍旋申中书门下，请别商量。其职限内遇本官本省署有递迁，请不妨其序进，即请令依前充职，终其月限，并请不许未终职限特更除官。如职限满，有公事未了，不计几月，请不别与院官及差使，并与递迁本官；其旷职甚者，仍请量事殿罚。如据所分配文书修撰外，别能采访得皇后功臣事实及诸色合编集事、著撰得史传堪入国史者，请量其课绩别加酬奖。如当馆于职限满官员中籍令充职者，则旋具奏闻，乞就加升陟。应此日已前曾充馆职，配过文书，除丁忧官员，则请与均分代修撰。其未了别除官者，所欠文书不计多少，并与令本官修撰，速须了毕。其今日已前旷惰之过，特乞矜容；起今后若更将已前未了公事迁延，不速修撰了者，则别具奏闻。仰候圣裁。'右奉敕宜依，仍付所司。"

尹拙、王慎徽以谏官直史馆。

《五代会要》卷一八《修史官》："长兴四年……七月，以著作佐郎尹拙为左拾遗，直史馆王慎徽为右拾遗，直史馆。从监修宰臣李愚奏也。（原注：故事以本官直者，皆为畿县尉；今谏官直馆，自拙等始也。）"

《旧五代史》卷四四《唐明宗纪十》："长兴四年……七月丁丑，以著作佐郎尹拙为左拾遗，直史馆。国朝旧制皆以畿赤尉直史馆，今用谏官自拙始，从监修李愚奏也。"

934　后唐闵帝应顺元年　后唐末帝清泰元年

李愚、张昭远等著成《新修唐功臣列传》。

《五代会要》卷一八《修国史》："应顺元年闰正月，平章事兼修国史李愚与修撰判馆事张昭远等进《新修唐功臣列传》三十卷。"

《旧五代史》卷六七《李愚传》："李愚，字子晦。……长兴初，……拜中书侍郎、平章事，转集贤殿大学士。长兴季年，……转门下侍郎，监修国史，兼吏部尚书，与诸儒修成《创业功臣传》三十卷。"

《册府元龟》卷五五七："李愚为门下侍郎，监修国史，与诸儒修成《创业功臣传》三十卷。愍帝应顺元年闰正月，愚与修撰判馆事张昭远等诣阁门，进《新修唐功臣列传》三十卷。"

案：《创业功臣传》与《新修唐功臣列传》盖为一书。

《册府元龟》卷五五七："刘昫自唐末帝时为丞相、监修国史。清泰元年七月，昫奏曰：'史官奏：天成二年九月诏纂修太祖至庄宗实录及功臣列传。四年十一月，修《懿祖、献祖、太祖纪年实录》二十卷、《庄宗实录》三十卷呈进。其功臣列传委元修史官张昭远与史馆修撰相次编纂，列传计三十卷，今年闰月七日进呈，未下所司。臣以立功立事须标于竹帛，记言记事靡漏于简编，贵资褒贬之文，备述艰难之业。伏惟陛下大明御宇，至道临人，定寰区以武功，守宗祧以文德，辉耀三古，超越百王，莫不万国来庭，千官举职。臣叨居钧轴，已愧庸虚，曾无笔削之劳，谬处监修之任，辄兹举奏，冒渎宸严。'诏所修列传付史馆。先是，今春史馆进之，鄂王省视，次便属起兵，因是亡失，故重缮写奏故也。"

近臣将书诏及处分公事、臣下奏议录送史馆。

《旧五代史》卷四六《唐末帝纪上》："清泰元年四月……史馆奏：'凡书诏及处分公事、臣下奏议，望令近臣录付当馆。'诏端明殿学士韩昭裔、枢密直学士李专美录送。"

《册府元龟》卷五五七："韩昭裔为端明殿学士。末帝清泰元年，史馆上言：'凡书诏及处分公事、臣下奏议，望命近臣以时系日，录下史馆编修。'诏昭裔及枢密直学士李专美录送有司。行明宗时旧事也。"

935　后唐末帝清泰二年
史馆修撰《后唐明宗实录》。

《旧五代史》卷四七《唐末帝纪中》："清泰二年……六月……壬申，命史馆修撰《明宗实录》。"

《册府元龟》卷五五七："清泰二年六月制曰：'恭惟先皇帝夷凶静乱，开国承家，社稷危而再安，乾坤否而复泰。弘宣一德，宠惠兆民，八年之间，家给人足。然而致理之绩虽已播于颂声，纪事之书尚未编于史氏。缅维缵奉之道，良增愧惕之怀。其实录宜令史馆疾速修撰呈进，唯务周详，勿令阙漏。'"

936　后唐末帝清泰三年
史官张昭远等修成《后唐明宗实录》。

《旧五代史》卷四八《唐末帝纪下》："清泰三年……二月……庚午，监修国史姚顗、史官张昭远、李祥、吴承范等修撰《明宗实录》三十卷，上之。"

《五代会要》卷一八《修国史》："清泰三年二月，门下侍郎、平章事、监修国史姚顗上《明宗实录》三十卷。同修撰官张昭远、李祥，直馆左拾遗吴承范、右拾遗杨昭俭等颁赏有差。"

《册府元龟》卷五五七："姚顗为相，兼监修国史。清泰三年，顗上表：'奉诏臣等同修先帝实录进呈。……自捧丝纶，如挟冰炭，但缘职分，难避拟抡。臣即与判馆事修撰官中书舍人张昭远、中书舍人李祥、左拾遗吴承范等依约典谟，考详记注，按编年之旧体，各次第以分功，起龙潜受命四十年，成凤册新书三十卷。虽研精覃思，备振于纲条，而事重才轻，仍忧于漏略。加以装褫卤莽，缮写生疏，旋命直馆右拾遗杨昭俭虔切指纵，专司校勘，尚虞舛误，未尽周详。将冒犯于进呈，实倍增于忧负。'翌日，诏奖饰其书付史馆，中书、门下率百官上章慰贺。"

《宋史》卷二六三《张昭（即张昭远）传》："清泰初，……迁中书舍人，……二年，加判史馆兼点阅三馆书籍，校正添补。预修《明宗实录》，成三十卷以献。"

《宋史》卷二六九《杨昭俭传》："杨昭俭，字仲宝，京兆长安人。……后唐长兴中，……拜右拾遗、直史官，与中书舍人张昭远等同修《明宗实录》。书成，迁殿中侍御史。"

《直斋书录解题》卷四《起居注类》："《后唐明宗实录》三十卷，监修姚顗、史官张昭远等撰，清泰三年上。"

《宋史》卷二〇三《艺文志二》："《五代唐明宗实录》三十卷，姚顗等撰。"

尉迟偓于本年前著《中朝故事》。

《郡斋读书志》卷二上《杂史类》："《中朝故事》二卷，伪唐尉迟偓撰。记唐懿、昭、哀三朝故事，故曰中朝。"

《直斋书录解题》卷七《传记类》；"《中朝故事》二卷，伪唐给事中尉迟偓撰。载唐末杂事。"

《宋史》卷二〇三《艺文志二》："尉迟偓《中朝故事》二卷。"

《三朝见闻录》约于本年前著成。

《直斋书录解题》卷五《伪史类》："《三朝见闻录》八卷，不知作者。起乾符戊戌，至天祐末年，及庄宗中兴、后唐河东事迹。三朝者，僖、昭、庄也。其文直述，多鄙俚。"

案：《三朝见闻录》不知何时著成，据《直斋书录解题》所述，作者当为后唐时人，姑编于此。

937　后晋高祖天福二年　吴杨溥天祚三年
编录内廷公事及百司公事，逐季送中馆。

《旧五代史》卷七六《晋高祖纪二》："天福二年……八月……宰臣监修国史赵莹奏：'请循近例，依唐明宗朝，凡有内廷公事及言动之间，委端明殿学士或枢密院学士侍立冕旒，系日编录，逐季送当馆；其百司公事，亦望逐季送当馆，旋要编修日历。'从之。"

信都镐于本年前著《沘上英雄小录》。

吴任臣《十国春秋》卷一一（吴）《信都镐传》："信都镐，隋信都芳之后也。少以著作自负。当太祖（杨行密）入广陵，功臣三十九人，而同时佐将吏实五十人焉，镐录其名氏、功绩，为《沘上英雄小录》二卷。"

《直斋书录解题》卷五《伪史类》："《沘上英雄小录》二卷，信都镐撰。所录杨行密将吏有勋名者四十人，其二十四人皆沘人，余诸道人，又有僧道渔樵之属十人，录其小事，故名小录。"

《宋史》卷二〇四《艺文志三》："吴信都镐《沘上英雄小录》二卷。"

王振于本年前在吴国修史。

吴任臣《十国春秋》卷一一（吴）《王振传》："王振，……仕高祖（杨隆演）兄弟，为史官，娴熟典故，博通事迹。所著太祖等《本纪》及讨论诸将战功，皆详核而不诬，切实而不靡，世称良史才。"

陈浚于本年后著《吴录》。

马令《南唐书》卷一七《陈乔传》："陈乔，字世乔，世为庐陵玉笥人。……子浚仕吴为中书舍人，翰林学士，撰《吴录》二十卷。"

吴任臣《十国春秋》卷一一（吴）《陈浚传》："陈浚，庐陵人。……浚有史才，……事睿帝（杨溥）为中书舍人、翰林学士。撰《吴录》二十卷。官终尚书。"

938　后晋高祖天福三年　后蜀孟昶广政元年
何光远于本年后著《鉴戒录》。

《郡斋读书后志》卷二《小说类》："《鉴戒录》十卷，后蜀何光远撰。字辉夫，东海人。广政中纂辑唐以来君臣事迹可为世鉴者。"

吴任臣《十国春秋》卷五六（后蜀）《何光远传》："何光远，字辉夫，东海人也。好学嗜古。广政初，官普州军事判官。撰《聂公真龛记》。又常著《鉴戒录》十卷，纂辑唐以来君臣事迹可为世法者。又有《广政杂录》三卷，皆行于世。"

《宋史》卷二〇六《艺文志五》："何光远《鉴诚录》三卷，又《广政杂录》三卷。"

《四库全书总目》卷一四〇《小说家类》："《鉴戒录》十卷，蜀何光远撰。……其书多记唐及五代间事，而蜀事为多，皆近俳谐之言，各以三字标题，凡六十六则。赵希弁《读书后志》以为辑唐以来君臣迹可为世鉴者，似未睹其书，因其名而臆说也。"

939　后晋高祖天福四年
宰臣撰录时政记。

《旧五代史》卷七八《晋高祖纪四》："天福四年……十一月……戊寅，史馆奏：'请令宰臣一人撰录时政记，逐时以备撰述。'从之。"

《五代会要》卷一八《史馆杂录》："晋天福四年十一月，史馆奏：按唐长寿二年右丞姚璹奏'帝王谟训不可阙文，其仗下所言军国政事，令宰臣一人撰录，号时政记。'至唐明宗朝又委端明殿学士撰录，逐季送付史馆。伏乞遵行者，宜令宰臣一员撰述。"

940　后晋高祖天福五年　南汉刘龑大有十三年
《摭言》（一称《唐摭言》）作者王定保卒。

吴任臣《十国春秋》卷六二（南汉）《王定保传》："王定保，南昌人。举唐光化三年进士第。南游湖湘，不为马氏所礼。已而为唐容管巡官，遭乱不得还，烈宗（刘隐）招礼之，辟为幕属。及高祖（刘龑）欲称帝，惮定保不从，先遣定保出使荆南。及即位，而定保回。……大有初，官宁远军节度使。十三年冬，代赵损为中书侍郎、同平章事，不逾年卒。……所著《摭言》十五卷。"

王定保《唐摭言》卷三《散序》："定保生于咸通庚寅岁（案：唐懿宗咸通十一年，870 年），时属南蛮骚动，诸道征兵。自是联翩寇乱中土，虽旧第太平里，而迹未尝达京师，故治平盛事，罕得传闻。然以乐闻科第之美，尝谘访于前达间，如丞相吴郡公陆（扆）、翰丛侍郎濮阳公（吴）融、恩门右省李常侍渥、颜夕拜莢、林翁丞相（王）溥、从叔南海记室（王）涣，其次同年卢十三延让、杨五十一赞图、崔二十七籍若等十许人，时蒙言及京华故事，靡不录之于心，退则编之于简策。"

《郡斋读书志》卷三下《小说类》："《摭言》十五卷，唐王定保撰。六十三门，记唐朝进士应举登科杂事。"

《直斋书录解题》卷一一《小说家类》："《摭言》十五卷，唐王定保撰。传记进士科名事。定保，光化三年进士，为吴融子华婿，丧乱后入湖南，弃其妻弗顾，士论不齿。"

《宋史》卷二〇六《艺文志五》："王定保《摭言》十五卷。"

周中孚《郑堂读书记》卷六三《小说家类一》："《唐摭言》十五卷，南汉王定保撰。……《崇文目》《读书志》《书录解题》《宋志》所载俱无唐字。陈氏又载南唐何晦《唐摭言》十五卷，《通考》同，其书久佚。后人刊此书，因此亦加以唐字耳。晁氏称是书分六十三门，记唐朝进士应举登科杂事；而今本实一百有三门，疑晁氏所举有讹也。"

941　后晋高祖天福六年　辽太宗会同四年

赵莹、张昭远等撰修唐史。

《旧五代史》卷七九《晋高祖纪五》："天福六年……二月……己亥，诏户部侍郎张昭远、起居郎贾纬、秘书少监赵熙、吏部郎中郑受益、左司员外郎李为光等同修唐史，仍以宰臣赵莹监修。……四月…辛丑，宰臣监修国史赵莹奏：'奉诏差张昭远等五人同修唐史，内起居郎贾纬丁忧去官，请以刑部侍郎吕琦、侍御史尹拙同与编修。'又奏：'史馆所缺唐朝实录，请下敕购求，并从之。"

《五代会要》卷一八《前代史》："晋天福六年二月敕：'有唐远至高祖，下暨明宗，纪传未分，书志咸阙。今耳目相接，尚可询求；若岁月寝深，何由寻访？宜令户部侍郎张昭、起居郎贾纬、秘书少监赵熙、吏部郎中郑受益、左司员外郎李为先等修撰唐史，仍令宰臣赵莹监修。'其年四月，监修国史赵莹奏，敕同撰唐史起居郎贾纬丁忧，请以刑部侍郎吕琦、侍御史尹拙同修，从之。寻改吕琦为户部侍郎，尹拙为户部员外郎，令与张昭等修唐史。其年四月，监修国史赵莹奏：'自李朝丧乱，迨五十年，四海沸腾，两都沦覆，今之书府，百无二三。臣等虔奉纶言，俾令撰述，褒贬或从于新意，纂修须按于旧章。既阙简编，先虞漏略。今据史馆所阙唐书实录，请下敕命购求。况咸通中宰臣韦保衡与蒋伸、皇甫焕撰武宗、宣宗两朝实录，又光化初宰臣裴贽撰僖宗、懿宗两朝实录，皆遇国朝多事，或值鸾舆播越，虽闻撰述，未见流传。其韦保衡、裴贽合有子孙见居职任，或门生故吏曾托纂修，闻此撰论，谅多欣惬。请下三京诸道及中外臣寮，凡有奖此数朝实录诣阙进纳，请察其文武才能，不拘资地，除授一官。如卷帙不足，据数进纳，亦请不次奖酬，以劝来者。自会昌至天祐垂六十年，其初李德裕平上党，著武宗伐叛之书；其后康承训定徐方，有武宁本末之传。如此事类，记述颇多。请下中外臣寮及名儒宿学，有于此六十年内撰述得传记及中书、银台、史馆、日历、制敕册书等等，不限年月多少，并许诣阙进纳。如年月稍多，记录详备，请特行简拔，不限资序，臣与张昭等所撰唐史，只叙本纪以纲帝业，列传以述功臣，十志以书刑政。本纪以纲帝业者：本纪之法始于《春秋》，以事系日，以日系月，以月系时，以时系年。刑政无遗纲条必举，须凭长历以编甲子。请下司天台，自唐高祖武德元年戊寅至天祐元年甲子，为转年长历一道，以凭编述《本纪》。列传以述功臣者：古者衣冠之家书于图籍，中正清议以定品流，故有家史、家传、族谱、族图。江左百家轩裳辍轨，山东四姓簪组盈朝，隋唐已来勋书王府，故士族子弟多自纪世纪，贵载简编，以光祖考。请下文武两班及藩侯郡牧，各叙两代官婚名讳行业功勋状一本；如有家谱家牒，亦仰送官，以凭纂序《列传》。十志以书刑政者：五礼之书，代有沿革，至开元刊定，方始备议。洎宝应以来，典章渐缺。其谒款郊庙，册拜王公，摄事相仪之文，车辂服章之数，请下太常礼院，自天宝以后至明宗朝以来五礼仪注，朝廷行事，或异旧章出处增损节文，一一备录，以凭撰述《礼志》。四悬之乐不异前文，八佾之文或殊往代。隋唐以来乐无夷夏，乃有文舞、武舞之制，坐部、立部之名。天宝之初，云韶大备；天宝之后，音律渐衰，郊庙殿廷，旧章斯缺。及咸秦荡覆，钟石沦亡。龙纪及正之年，有司特铸悬乐，旋宫之义，徒有其文。请下太常寺，其四悬二舞增损始自何朝，及诸庙乐章舞名、开元十部兴废本末，一一按录，以凭撰集《乐志》。刑名之制代有轻重，隋唐以来疏为律令，累朝继有制敕，相次增益旧条，格律之文未能画一。请下大理寺，自著律令以来，后敕入格条者，及会昌以来所断疑狱，一一关报，以凭撰述《刑法志》。律历、五行、天文、灾异，史书实录，前代具书。自唐季乱离，简编沦落，太史所奏不载册书。请下司天台，自会昌以来，天文变异、五行休咎、历法更改，更据朝代年月，一一条录，以凭撰集《天文》《律历》《五行》等志。唐初定官品令，三公、三师为第一品，尚书令、仆射为第二品，两省御史台寺监长官、六尚书为第三品。自定令以后，官品继升，比诸令文，前后同异。又有兼摄检校之例，资授册拜之文，军容或盛于朝仪，使务渐侵于省局，以此官无定令，位以赏功，台府之权随时轻重，求诸官志，前代无闻。请下御史台，自定令以后，文武两班品秩升降，及府名使额、寺署废置、官名更改，一一具析，以凭撰述《职官志》。唐初守边，则有都督、总管之号；开元命将，则有节度、按察之名。故四塞之内，刺史多没于戎夷；九牧之中，乘宠遂邀于旄钺。山河异制，名额实繁。请下兵部职方，自开元以来，山河地里，使名军额，州县之废置，一一条列，以凭撰述《郡国志》。唐初以降，迄于开元，图书大备，历朝纂述，卷帙实繁，若不统而论之，何彰文雅之盛？请下秘书省，自唐以来，古今典籍经史子集元撰人名氏、四部大数报馆，以凭撰述《经籍志》。右所陈条例如前，请下所司。'从之。"

《旧五代史》卷八九《赵莹传》："赵莹，字玄辉，华阴人也。……（后晋）高祖建号，授莹翰林学士承旨、金紫光禄大夫、户部侍郎，知太原府事，寻迁门下侍郎、同平章事、监修国史。……监修国史日，以唐代故事残缺，署能者居职，纂补实录及修正史二百卷行于时，莹首有力焉。"

《旧五代史》卷九三《赵熙传》："赵熙，字绩巨。……起家授秘书省校书郎，唐天成中，累迁至起居郎。……寻除南省正郎。（后晋）天福中，承诏与张昭远等修唐史，竟集其功。开运中，自兵部郎中授右谏议大夫，赏笔削之功也。"

《旧五代史》卷一三一《贾纬传》："晋天福中，入为监察御史，改太常博士。纬常以史才自负，锐于编述，不乐曲台之任，乃陈情于相座。……未几，转屯田员外郎，改起居郎、史馆修撰。又谓（赵）莹曰：'《唐史》一百三十卷止于代宗，已下十余朝未有正史，请与同职修之。'莹以其言上奏，晋祖然之，谓李崧曰：'贾纬欲修《唐史》，如何？'对曰：'臣每见史官辈言，唐朝近百年来无实录，既无根本，安能编纪？'纬闻崧言，颇怒，面责崧沮己。崧曰：'与公乡人，理须相惜。此事非细，安敢轻言？'纬与宰臣论说不已。明年春，敕修唐史，纬在籍中。月余，丁内艰，归真定。开运初服阕，复起居郎，修撰如故。寻以本官知制诰。纬长于记注应用，文笔未能过人，而议论刚强。侪类不平之，因目之为'贾铁嘴'。"

《新五代史》卷五七《贾纬传》："晋天福中为太常博士，非其好也，数求为史职，改屯田员外郎、起居郎、史馆修撰，与修《唐书》。丁内艰，服除，知制诰。累迁中书舍人、谏议大夫，给事中，复为修撰。"

《宋史》卷二六三《张昭（即张昭远）传》："晋天福……五年，……召为户部侍郎。以唐史未成，诏与吕琦、崔税等续成之，别置史院，命昭兼判院事。昭又撰《唐朝君臣正论》二十五卷上之。"

贾纬奏上所著《唐年补录》。

《旧五代史》卷一三一《贾纬传》："贾纬，真定获鹿人也。少苦学为文，唐末举进士不第，遇乱归河朔，本府累署参军、邑宰。唐天成中，范延光镇定州，表授赵州军事判官，迁石邑县令。纬属文之外，勤于撰述，以唐代诸帝实录，自武宗已下阙而不纪，乃采掇近代传闻之事及诸家小说，第其年月，编为《唐年补录》，凡六十五卷，识者赏之。"

《新五代史》卷五七《贾纬传》："纬长于史学。唐自武宗已后无实录，史官之职废，纬采次传闻，为《唐年补录》六十五卷。当唐之末，王室微弱，诸侯强盛，征伐擅出，天下多事，故纬所论次多所阙误。而丧乱之际，事迹粗存，亦有补于史氏。"

《旧五代史》卷七九《晋高祖纪五》："天福六年……二月……起居郎贾纬以所撰《唐年补录》六十五卷上之。帝览之嘉叹，赐以器币，仍付史馆。"

《五代会要》卷一八《前代史》："晋天福六年……起居郎贾纬奏曰：'伏以唐高祖至代宗已有纪传，德宗亦存实录；武宗至济阴废帝凡六代，唯有《武宗实录》一卷，余皆缺略。臣今搜访遗文及耆旧传说，编成六十五卷，目为《唐年补遗录》，以备将来史官修述。'"

《册府元龟》卷五五七："晋贾纬为起居郎、史馆修撰。……天福六年二月己酉，纬奏曰：'伏睹国史馆唐高祖至代宗已有纪传，德宗至文宗亦存实录；武宗至济阴废帝凡六代，唯有《武宗实录》一卷，余皆缺落。臣今采访遗文及耆旧传说，编成六十五卷，目为《唐年补遗录》，以备将来史官修述。……臣久居职分，深耻缺遗，今录浅闻，别陈短序。……请下有司，用资取证。'上览之嘉叹。赐器皿币帛。"

辽编修始祖奇首可汗事迹。

《辽史》卷四《太宗本纪下》："会同四年……二月……丁巳，诏有司编始祖奇首可汗事迹。"

943　后晋出帝天福八年　南唐李昇升元七年　吴越钱弘佐天福八年
王颜于本年后著《南唐烈祖开基志》。

《直斋书录解题》卷五《伪史类》："《南唐烈祖开基志》十卷，南唐滁州刺史王颜撰。起天祐乙丑，止升元癸卯，合三十九年。"

《宋史》卷二〇四《艺文志三》："王颜《南唐烈祖开基志》十卷。"

《皮氏见闻录》作者皮光业卒。

吴任臣《十国春秋》卷八六（吴越）《皮光业传》："皮光业，字文通，世为襄阳竟陵人。父曰休，有威名，唐末为苏州军事判官、太常博士，遂家焉。光业生于姑苏，十岁能属文，及长，以所业谒武肃王（钱镠），与沈崧、林鼎同辟幕府，累署浙西节度推官，赐绯。……寻兼两浙观察使。文穆王（钱元瓘）嗣位，命知东府事。天福二年，国建，拜光业丞相，与曹仲达、沈崧同日受命，凡教令仪注多所考定。……八年二月丙辰卒，年六十七。……所撰《皮氏见闻录》十三卷行世。"

《郡斋读书志》卷三下《小说类》："《皮氏见闻录》五卷，唐皮光业撰。光业唐代为钱镠从事，记当时诡异见闻。"（案：衢本卷一三此下云："自唐乾符四年，讫晋天福二年。"）

《宋史》卷二〇六《艺文志五》："皮光业《皮氏见闻录》十三卷。"

945　后晋出帝开运二年　闽王延政天德三年
刘昫、张昭远等修成《旧唐书》。

《旧五代史》卷八四《晋少帝纪四》："开运二年……六月乙丑，……监修国史刘昫、史官张昭远等以新修《唐书》纪、志、列传并目录凡二百三卷上之，赐器帛有差。"

《五代会要》卷一八《前代史》："至开运二年六月，史馆上新修前朝李氏书纪、志、列传共二百二十卷，并目录一卷，都计二十帙。赐监修宰臣刘昫、修史官张昭远、直馆王申等缯綵银器各有差。"

《册府元龟》卷五五七："晋高祖天福六年二月己亥诏曰：'……宜令张昭等修撰唐史，仍令宰臣赵莹监修。'昭又以唐朝数帝编简残缺，诏遣修唐朝一代正史。昭长于笔述，锐于采求，不三岁，取天宝前旧史至济阴少主实录、野史，共纂成二百卷以闻，有制称美。寻加户封，书付史馆。"

《玉海》卷四六引《中兴书目》："（《唐书》）：五代晋宰相刘昫、史官张昭远等撰。唐三百年间，国史野录参错不一，至昫删集为纪二十、志五十、列传一百五十，凡二百卷。（开运二年六月上，计二十帙。）"

《旧五代史》卷八九《刘昫传》："刘昫，字耀远，涿州归义人也。……（后唐）长兴中，拜中书侍郎兼刑部尚书平章事。……清泰初，兼判三司加吏部尚书、门下侍郎，监修国史。……（后晋）开运初，授司空平章事，监修国史。"

《宋史》卷二六三《张昭（即张昭远）传》："开运二年秋，《唐书》成二百卷。"

《宋史》卷二〇三《艺文志二》："刘昫《唐书》二百卷。"

陈致雍于本年后著《闽王列传》。

吴任臣《十国春秋》卷九七（闽）《陈致雍传》："陈致雍，莆田人也。博洽善文辞，宪章典故，尤所谙练。仕景宗（王曦），为太常卿。入南唐，以通《礼》及第，除秘书监。未几，致仕还家，陈洪进辟掌书记。撰《晋安海物异名记》及《闽王列传》《五礼仪鉴》诸书。"

《直斋书录解题》卷五《伪史类》："《闽王列传》一卷，秘书监晋江陈致雍撰。二世七主，通六十年。"

947 后汉高祖天福十二年 楚马希范天福十二年
《旧唐书》监修刘昫卒。

《旧五代史》卷八九《刘昫传》："契丹主北去，留于东京。其年夏，以病卒，年六十。"

《新五代史》卷一〇《汉本纪》："天福十二年，……是夏，刘昫薨。"

石文德约于本年前著《大唐新纂》。

吴任臣《十国春秋》卷七三（楚）《石文德传》："石文德，连州人。……酷好学，博览坟史，经目不忘。尝读范晔《后汉书》，摘其瑕璺数百条辨驳之，识者谓《史通》不能过也。……文昭王（马希范）时，……承制授水部员外郎，甚亲重之。……寻中谗出为融州刺史。（原注：一作副使）……无何卒。……晚年尤喜著述，撰《大唐新纂》十三卷，事颇可采，世以多闻许之。"

《宋史》卷二〇六《艺文志五》："石文德《唐新纂》三卷。"

949 后汉隐帝乾祐二年
贾纬等修成《后汉高祖实录》，又修后晋实录。

《旧五代史》卷一〇二《汉隐帝纪中》："乾祐二年二月……庚子，诏左谏议大夫贾纬等修撰《高祖实录》。……十月……癸未，监修国史苏逢吉、史官贾纬以所撰《高祖实录》二十卷上之。……十二月……戊寅，司徒、门下侍郎平章事窦贞固奏请修晋朝实录，诏史官贾纬、窦俨、王伸等修撰。"

《五代会要》卷一八《修国史》："汉乾祐二年二月敕：'左谏议大夫史馆修撰贾纬、左拾遗直史馆王伸，宜令同修《高祖实录》，仍令宰臣苏逢吉监修。'至其年十月，修成实录二十卷，上之。其年十二月敕：'宜令监修国史苏逢吉与史馆修撰贾纬并窦俨、王伸等修晋朝实录呈进。'从宰臣窦贞固奏请也。"

《册府元龟》卷五五四："汉贾纬为谏议大夫。乾祐二年二月敕曰：'载唐虞之盛，传彼古文明得失之由，存乎信史。恭惟高祖皇帝，受天历数，缵汉基国。戎虏蛮夷，慑灵旗而内附；礼乐征伐，建王道于大中。功格于上玄，化行乎率土。将欲示其轨范，约彼《春秋》，接高、光纪圣之书，续班、马纪言之典。废而不举，缺孰甚焉！左谏议大夫贾纬、左拾遗窦俨、右拾遗王绅等才学渊深，辩论蜂起，分职方提于直笔，编年允属于鸿儒。宜令纬等同修《高祖实录》呈进，仍令宰臣苏逢吉监修。'"

《旧五代史》卷一三一《贾纬传》："苏逢吉监修国史，以纬频投文字，甚知之。寻充史馆修撰，判馆事。乾祐中，受诏与王伸、窦俨修《汉高祖实录》。纬以笔削为己任，然而褒贬之际，憎爱任情。"

《直斋书录解题》卷四《起居注类》："《汉高祖实录》十七卷，监修苏逢吉、史官贾纬等撰，乾祐二年上。书本十二卷，今缺末三卷，《中兴书目》作十卷。"

《宋史》卷二〇三《艺文志二》："《五代汉高祖实录》十卷，苏逢吉等撰。"

《新五代史》卷五七《贾纬传》："汉隐帝时，诏与王伸、窦俨等同修晋高祖、出帝、汉高祖实录。"

《册府元龟》卷五五七："汉窦贞固，隐帝时为相。乾祐二年，贞固上言：'……伏以晋高祖洎少帝两朝临御，一纪光阴。……近见史臣修高祖实录，神功圣德，靡不详明。述汉之兴，由晋而起，安可遗落朝代，废缺编修？更若日月滋深，耳目不接，恐成湮没，莫究端由。苏逢吉与史官贾纬、窦俨、王伸等修撰呈进。'"

951　后周太祖广顺元年　后蜀孟昶广政十四年
贾纬等修成《后晋高祖实录》《后晋少帝实录》。

《旧五代史》卷一一一《周太祖纪二》："广顺元年……七月……壬申，史官贾纬等以年撰《晋高祖实录》三十卷、《少帝实录》二十卷上之。"

《五代会要》卷一八《修国史》："周广顺元年七月，史馆新修《晋高祖实录》三十卷、《少帝实录》二十卷，上之。"

《册府元龟》卷五五七："太祖广顺元年七月窦贞固上言：'臣监修国史时，奉诏修晋朝实录。……所撰《晋高祖实录》三十卷、《少帝实录》二十卷，谨诣东山阁门呈进。'敕：'贞固等群书睹奥，直笔记言，成一代之明文，继百王之盛典。岂特洪纤靡漏，抑亦褒贬有彰，将播无穷，永传不朽。叹重褒美，顷刻不忘。'"

《宋史》卷二六三《窦俨传》："俨字望之。……俨仕汉为史馆修撰。周广顺初，迁右补阙，与贾纬、王伸同修晋高祖、少帝、汉祖三朝实录。"

《直斋书录解题》卷四《起居注类》："《晋少帝实录》二十卷，监修窦贞固，史官贾纬、王伸、窦俨等撰，周广顺元年上。贞固字体仁，同州人，相汉，至周罢归洛阳，国初卒。"

《宋史》卷二〇三《艺文志二》："《五代晋高祖实录》三十卷，《五代晋少帝实录》二十卷，并窦贞固等撰。"

李昊等于本年前后撰修后蜀《实录》《前蜀书》。

《宋史》卷四七九《李昊传》："李昊字穹佐。……（孟昶时）加尚书左丞，拜门下侍郎兼户部尚书、同平章事、监修国史，因请置史官，乃以给事中郭廷钧、职方员外郎赵元拱为修撰，双流令崔崇构、成都主簿王中孚为直馆。……广政十四年修成昶《实录》四十卷，昶欲取观，昊曰：'帝王不阅史，不敢奉诏，'……俄修《前蜀书》，命昊与赵元拱、王中孚及左谏议大夫乔讽、给事中冯侃、知制诰贾玄珪、幸寅逊、太府少卿郭微、右司郎中黄彬同撰，成四十卷，上之。"

《宋史》卷四七九《幸寅逊传》："幸寅逊，蜀人。……（孟昶时）拜司门郎中、知制诰、中书舍人，出知武信军府，加史馆修撰，改给事中，预修《前蜀书》。"

吴任臣《十国春秋》卷五四（后蜀）《幸寅逊传》："幸寅逊，夔州云安监人。（一云成都人）……仕后主（孟昶），起家茂州录事参军。……迁新都令，已又拜司门郎中、知制诰、中书舍人。出知武信军府，加史馆修撰，改给事中，与修《前蜀书》。……未几，迁翰林学士，加工部侍郎，判吏部三铨事，领简州刺史。……所著有《王氏开国记》口卷。"

吴任臣《十国春秋》卷五六（后蜀）《赵元拱传》："赵元拱，有良史才。广政时，授职方员外郎。会宰相李昊监修国史，请置史官，后主（孟昶）乃以元拱为修撰。未几，修《前蜀书》，复命元拱等董其事。"

《郡斋读书后志》卷一《实录类》："《蜀高祖实录》三十卷，伪蜀李昊撰。高祖者，孟知祥也。昊相知祥子昶时被命撰，起唐咸通甲午，终于伪明德元年甲午，凡六十一年。"

《宋史》卷二〇三《艺文志二》："《后蜀高祖实录》三十卷，《后蜀主实录》四十卷，并李昊撰。"

952 后周太祖广顺二年
《唐年补录》等作者贾纬卒。

《旧五代史》卷一三一《贾纬传》："广顺二年春，纬卒。……纬有集三十卷，目曰《草堂集》，并所撰《唐年补录》六十五卷，皆传于世。"

《直斋书录解题》卷五《诏令类》："《贾氏备史》六卷，汉谏议大夫贾纬撰。叙石晋祸乱，每一事为一诗系之。"

954 后周世宗显德元年
枢密院直学士于枢密使处逐月抄录事件，送付史馆。

《旧五代史》卷一一四《周世宗纪一》："显德元年……十月……戊午，监修国史李穀等上言曰：'窃以自古王者咸建史官，君臣献替之谋皆须备载，家国安危之道得以直书。历代以来，其名不一。人君言动，则起居注创于累朝；辅相经纶，则时政记兴于前代。然后采其事实，编作史书。盖缘闻见之间，须有来处；记录之际，得以审详。今之左右起居郎，即古之左右史也。唐文宗朝命其官执笔立于殿阶螭头下，以记政事；后则明宗朝命端明殿及枢密直学士皆轮修日历，旋送史官，以备纂修。及近朝此事皆废，史官唯凭百司报状，馆司但取两省制书，此外虽有访闻，例非端的。伏自先皇帝创开昌运，及皇帝陛下缵嗣丕基，其圣德武功，神谋睿略，皆系万几宥密，丹禁深严，非外臣之所知，岂庶僚之可访。此后欲望以谘询之事，裁制之规，别命近臣旋具抄录，每当修撰日历，即令封付史臣，庶国事无漏略之文，职业免疏遗之咎。'从之。因命枢密直学士起今后于枢密使处逐月抄录事件，送付史馆。"

《五代会要》卷一八《史馆杂录》："周显德元年十月，监修国史宰臣李穀奏：'今之左右起居郎，即古之左右史也。唐文宗朝命其官执笔立于殿阶螭头之下，以纪政事；后则明宗朝命端明殿及枢密院直学士，皆轮流日历，旋送史馆，以备纂修。降及近朝，此事皆废。今后欲望以谘询之事，裁制之规，别命近臣旋具抄录，每当修撰日历，即奉封送史臣。'从之。因命枢密院直学士起今后于枢密使处逐月抄录事件，送付史馆。"

《宋史》卷二六二《李穀传》："李穀字惟珍，颍州汝阴人。……（周）显德初，……进位司空门下侍郎监修国史。穀以史氏所述，本于起居注，丧乱以来遂废其职。上言请令端明枢密直学士编记言动，为内廷日历，以付史官。"

956　后周世宗显德三年
张昭（即张昭远）奉命撰修后周太祖实录及后梁均王、后唐清泰帝两朝实录。

《旧五代史》卷一一六《周世宗纪三》："显德三年……十二月……癸亥，诏兵部尚书张昭纂修太祖实录及梁均王、唐清泰帝两朝实录。又诏曰：史馆所少书籍，宜令本馆诸处求访补填。如有收得书籍之家，并许进书人据部帙多少等第，各与恩泽；如是卷帙少者，量给资帛。如馆内已有之书，不在进纳之限。仍委中书门下，于朝官内选差三十人，据见在书籍，各求真本校勘，署校官姓名，逐月具功课申报中书门下。"

《册府元龟》卷五五七："周世宗显德三年十二月诏曰：'伏以太祖圣神恭肃文武孝皇帝，削平多难，开启洪图。……其太祖圣神恭肃文武孝皇帝实录，宜差兵部尚书张昭修纂，其同修纂官员委张昭定名奏请。'又诏曰：'书契已来，史册相继；明君暗主，罔或遗之，所以纪一时之兴亡，为千古之鉴诫。梁均帝、唐清泰二主，皆居大宝，奄宅中区，虽负扆当阳，不享延洪之数，而编年纪事，宜存纂录之规，用备阙文，永传来裔。其梁均帝、唐清泰二主实录，宜差兵部尚书张昭修纂，其同修纂官员亦委张昭定名奏请。'"

《入洛记》《开元天宝遗事》等作者王仁裕卒。

《新五代史》卷五七《王仁裕传》："王仁裕，字德辇，天水人也。……年二十五始就学，而为人俊秀，以文辞知名秦、陇间。秦帅辟为秦州节度判官。秦州入于蜀，仁裕因事蜀为中书舍人、翰林学士。唐庄宗平蜀，仁裕事唐，复为秦州节度判官。王思同镇兴元，辟为从事。思同留守西京，以为判官。废帝举兵凤翔，思同战败，废帝得仁裕，闻其名不杀，置之军中。自废帝起事，至其入立，驰檄诸镇，诏书、告命，皆仁裕为之。久之，以都官郎中充翰林学士。晋高祖入立，罢职为郎中，历司封左司郎中、谏议大夫。汉高祖时，复为翰林学士承旨，累迁户部尚书，罢为兵部尚书、太子少保。显德三年卒，年七十七，赠太子少师。"

吴任臣《十国春秋》卷四四（前蜀）《王仁裕传》："王仁裕，字德辇，天水人也。……年二十五始就学，而为人俊秀，以文辞知名秦、陇间，秦帅辟为秦州节度判官。仁裕因入成都，事后主（王衍）为中书舍人。……国亡降唐，历晋、汉，累官翰林学士承旨、户部尚书。乾祐初知贡举，……已罢为兵部尚书、太子少保。周显德三年卒，年七十七。……所著《紫阁集》《乘辂集》《西江集》《王氏见闻录》《玉堂闲话》《入洛记》《开元天宝遗事》诸书，传于世。"

《郡斋读书志》卷二下《传记类》："《开元天宝遗事》四卷，汉王仁裕撰。仁裕仕蜀至翰林学士。蜀亡，仁裕至镐京，采摭民言，得开元、天宝遗事一百五十九条。"

《直斋书录解题》卷七《传记类》："《开元天宝遗事》二卷，五代太子少保天水王仁裕德辇撰。所记一百五十九条。"

《宋史》卷二〇三《艺文志二》："王仁裕《开元天宝遗事》一卷。"

《宋史》卷二〇六《艺文志五》："王仁裕《见闻录》三卷，又《唐末见闻录》八卷。"

案：王仁裕著《入洛记》事见 925 年条。

957　后周世宗显德四年　南唐李璟保大十五年
张昭（即张昭远）建议撰修后周太祖实录及后梁、后唐二末主实录事宜。

《旧五代史》卷一一七《周世宗纪四》："显德四年春正月……壬寅，兵部尚书张昭上言：'奉诏编修太祖实录及梁、唐二末主实录。伏以撰《汉书》者先为项籍，编《蜀记》者首序刘璋，贵神器之传授有因，历数之推迁得序。伏缘汉隐帝君临在太祖之前，历试之绩，并在隐帝朝内，请先修隐帝实录，以全太祖之事功。又以唐末主前有闵帝，在位四月，出奔于卫，亦未编纪，请修闵帝实录。其清泰帝实录，请书为废帝实录。'从之。"

《五代会要》卷一八《修国史》："显德三年十二月敕：'太祖实录，并梁均帝、唐清泰二主实录，宜差兵部尚书张昭修，其同修修撰官委张昭定名奏请。'至四年正月，兵部尚书张昭奏：'奉敕编修太祖实录及梁、唐二末主实录，今请令国子祭酒尹拙、太子詹事刘温叟同编修。伏缘汉隐帝君临太祖之前，其历试之绩，并在汉隐帝朝内，请先修隐帝实录。又梁末主之上，有郢王友珪，篡弑居位，未有纪录，请依《宋书》刘劭例，书为元凶友珪；其末帝请依古义，书曰后梁实录。又唐末主之前，有应顺帝，在位四月出奔，亦未编纪，请书为前废帝，清泰主为后废帝，其书并为实录。'从之。"

《册府元龟》卷五五七："（显德）四年正月，兵部尚书张昭奏：'奉敕编修太祖实录及唐、梁二末主实录，今请国子祭酒尹拙、太子詹事刘温叟同编修。'又奏：'撰《汉书》者先为项籍，编《蜀记》者首序刘璋，所贵神器之传授有因，历数之推迁得序。伏缘汉隐帝君临在太祖之前，其历试之绩，并在汉隐帝朝内，请先修隐帝实录，以全太祖之事功。又梁末主之上，有郢王友珪，篡弑君位，未有记录，请依《宋书》刘劭例，书为元凶友珪，其末主请依古义，书为梁废帝，其书曰后梁实录。唐末主之前有应顺帝，在位四月出奔，亦未编纪，请书为前废帝，清泰主为后废帝，其书并为实录。兼请于诸道搜索图记。'并从之。"

《宋史》卷二六二《刘温叟传》："刘温叟，字永龄，河南洛阳人。……周初拜左谏议大夫，逾年改中书舍人，加史馆修撰，判馆事。显德初，迁礼部侍郎，……左迁太子詹事。温叟与张昭同修汉隐帝及周祖实录。"

高远于本年前著《南唐烈祖实录》。

陆游《南唐书》卷九《高越传附高远传》："高越，字冲远，幽州人。……兄子远。远字攸远。……远少孤，……杜门力学，不交人事。烈祖受禅，招来四方秀杰，得远以为秘书省正字。保大初，迁校书郎兼太常修撰，遂为太常博士。淮南兵兴，元宗召见，赐金紫，使典戎府书檄。历礼部员外郎、枢密判官、侍御史知杂、史馆修撰、起居郎、知馆事，遂为勤政殿学士。国初，命兵部尚书陈浚修《吴史》，未成而卒。其后领史职者多贵游或新进少年，纂述殆废。远自保大中预义事，始撰《烈祖实录》二十卷，叙事详密。"

《直斋书录解题》卷五《伪史类》："《南唐烈祖实录》十三卷，南唐史馆修撰高远撰。缺第八、第十二卷。"

958 后周世宗显德五年
张昭（即张昭远）等撰成《后周太祖实录》。

《旧五代史》卷一一八《周世宗纪五》："显德五年……六月……乙亥，兵部尚书张昭等撰《太祖实录》三十卷成，上之，赐器帛有差。"

《五代会要》卷一八《修国史》："显德五年六月，兵部尚书张昭等修《太祖实录》三十卷，上之。"

《宋史》卷二六三《张昭传》："又撰《周祖实录》三十卷，及梁郢王、均帝、后唐闵帝、废帝、汉隐帝五朝实录。梁二主年祀寖远，事皆遗失，遂不克修，余三帝实录皆藏史阁。"

《册府元龟》卷五五四："周张昭为兵部尚书，与太子詹事刘温叟等，显德五年撰《太祖实录》三十卷，上之，赐物有差。"

《直斋书录解题》卷四《起居注类》："《周太祖实录》三十卷，张昭等撰，显德五年上。昭即昭远，字潜夫，濮上人。避汉祖讳，止称昭。"

《玉海》卷四八："显德中，（张昭）撰《周祖实录》三十卷及梁、唐、汉五朝实录，梁事遗失，余三帝实录皆藏史阁。"

《宋史》卷二〇三《艺文志二》："《五代汉隐帝实录》十五卷，《五代周太祖实录》三十卷，并张昭、尹拙、刘温叟等撰。

959 后周恭帝显德六年

王溥等于本年后修撰《后周世宗实录》。

《旧五代史》卷一二〇《周恭宗纪》："显德六年……十二月壬申朔，史馆奏请差官修撰《世宗实录》，从之。"

《宋史》卷二四九《王溥传》："王溥，字齐物，并州祁人。……广顺初，授左谏议大夫、枢密直学士。二年，迁中书舍人、翰林学士。三年。加户部侍郎，改端明殿学士。周祖疾革，召学士草制，以溥为中书侍郎、平章事。……世宗将亲征泽、潞，冯道力谏止，溥独赞成之。凯还，加兼礼部尚书，监修国史。……显德……六年夏，命参知枢密院事。恭帝嗣位，加右仆射。是冬，表请修《世宗实录》，遂奏史馆修撰、都官郎中、知制诰扈蒙，右司员外郎、知制诰张淡，左拾遗王格，直史馆、左拾遗董淳，同加修纂，从之。"

《宋史》卷二六九《扈蒙传》："扈蒙，字日用，幽州安次人。……周广顺中，从归德军节度赵晖为掌书记，召右拾遗、直史馆、知制诰。"同上卷《张澹传》："张澹，字成文，其先南阳人，徙家河南。……周恭帝初，拜右司员外郎、知制诰。"

《史馆故事录》于本年前撰成。

《郡斋读书志》卷二下《职官类》："《史馆故事》三卷，不题撰人姓名。记史馆杂事，分六门，迄于五代。李献臣以为后周史官所著。"

《直斋书录解题》卷六《职官类》："《史馆故事录》三卷，不著名氏，凡为六门，曰叙事、史例、编修、直笔、曲笔，而终之以杂录。末称皇朝广顺，则是周朝史官也。"

《宋史》卷二〇三《艺文志二》："《史馆故事录》三卷，……不知作者。"

蒋文恽于本年前著《闽中实录》。

《直斋书录解题》卷五《伪史类》："《闽中实录》十卷。周显德中，扬州永贞县令蒋文恽记王审知父子及将吏儒士僧道事迹，末亦略及山川土物。"

《宋史》卷二〇四《艺文志三》："蒋文恽《闽中实录》十卷。"

（原载杨翼骧《学忍堂文集》，中华书局 2002 年出版）

应当继承司马光认真负责的精神

《通鉴》修成已经九百年了，其质量之高，贡献之大，影响之深远，为历代学者所公认，直到现在仍是研究中国古代史者必须阅读之书。《通鉴》何以能有如此卓越的成就？固然有多种原因，但最根本的是作为主编的司马光认真负责的精神。

在中国史学史上，曾经有许多集体编写的史书，也有一些很有学识的主编，然而，像司马光那样认真负责的主编，却极为罕见。我们举行《通鉴》修成九百周年纪念活动的主要目的，是要继承并发扬这部伟大著作的优点，吸取其宝贵的编写经验，贯彻到我们编写史书的工作中去，以提高史书的质量。今后，史学界一定还会有很多集体编写史书的任务，为了提高质量，应当继承司马光认真负责的精神，并见之于实际行动。

司马光认真负责的表现，首要的是亲自动手。

司马光主编《通鉴》不仅主持制订了全部编写规划，而且亲自动手，修成了全书的定稿。他在写给宋次道（敏求）的信中，曾叙述他亲自动手的具体情况，说："某自到洛以来，专以修《资治通鉴》为事，于今八年，仅了得晋、宋、齐、梁、陈、隋六代以来的奏御。唐文字尤多，托范梦得将诸书依年月编次为草卷，每四丈截为一卷。自课三日删一卷，有事故妨废则追补。自前秋始删，到今已二百余卷，至大历末年耳。向后卷数又须倍此，共计不减六七百卷。更须三年，方可粗成编。又须细删，所存不过数十卷而已！"[①] 而且，司马光为了方便读者，又亲自写成了"略举事目，年经国纬，以备检寻"[②]的《资治通鉴目录》，及"参考群书，评其同异，俾归一途"[③]的《资治通鉴考异》。这些事实，都说明了司马光是真正动手的主编。

隋唐以来，历代都有集体编写的史书，但有些充任主编的人，只是挂名，

---

① 《文献通考》卷一九三，《经籍考》史部编年类，《资治通鉴》条，商务印书馆 1936 年《万有文库》本。
② 司马光：《进资治通鉴表》。《资治通鉴》，中华书局 1956 年版卷末附录，第 9607 页。
③ 司马光：《进资治通鉴表》，第 9608 页。

而不亲自动手。在司马光以前，如唐朝官修《晋书》的主编房玄龄，五代后晋官修《旧唐书》的主编刘昫，北宋初年官修《旧五代史》的主编薛居正，都是挂名而不亲自动手的。在司马光以后，如元朝官修《宋史》《辽史》《金史》三书的主编脱脱，明朝官修《元史》的主编宋濂和王祎，也都是挂名而不亲自动手的。清朝毕沅主编了一部《续资治通鉴》，既然是接续《通鉴》的书，按理说应该继承司马光认真负责的精神，亲自动手了，但他却把编写的工作委托于他人，书成后题上自己的名字。近现代也有不少集体编写的史书，但像司马光那样亲自动手的也不多见。一部书由几个人分别写出后，由于主编不亲自动手，往往体例不一致，内容有矛盾，观点有分歧，文字繁简也有差异；甚至有的主编还没有从头到尾仔细看一遍，其中有哪些问题也不清楚，就仓促出版了。顾名思义，主编应负主要的编写责任，若不亲自动手，怎能谈得上认真负责呢？

司马光的认真负责，更进一步表现在他全力以赴、一丝不苟的深入细致的工作上。

司马光在《进资治通鉴表》中总结了他主编《通鉴》的情况，是"研精极虑，穷竭所有，日力不足，继之以夜。遍阅旧史，旁采小说，简牍盈积，浩如烟海。抉摘幽隐，校计毫厘"。[1]像这样全力以赴，一丝不苟的表现，真可说是古今罕有。后人读到这一段文字的时候，大概都会为他高度认真负责的精神所感动，从内心里发出崇敬之情的。

从司马光对于他的助手如何进行工作的指示中，也可看出他一丝不苟认真负责的具体情况。如在《答范梦得》中说："梦得今来所作丛目，方是将实录事目标出，其实录中事，应移在前后者，必已注于逐事下讫。自《旧唐书》以下，俱未曾附注，如何遽可作长编也？请且将新旧《唐书》纪志传及《统纪》《补录》并诸家传记小说以至诸人文集稍干时事者，皆须依年月注所出篇卷于逐事之下。实录所无者，亦须依年添附。无日者附于其月之下，称是月；无月者附于其年月日之下，称是岁；无年者附于其事之首尾；有无事可附者，则约其时之早晚，附于一年之下。……俟如此附注俱毕，然后请从高祖初起兵修长编至哀帝禅位而止。其起兵以前禅位以后事，于今来所看书中见者，亦请令书吏别用草纸录出，每一事中间空一行许素纸（原注：以备剪开粘缀故也），隋以前者与贡父，梁以后者与道原，令各修入长编中。盖缘二君更不看此书，若足下止修武德以后天祐以前，则此等事尽成遗弃也。二君所看书中有唐事，亦当纳足下处修入

---

① 司马光：《进资治通鉴表》，第 9607 页。

长编耳。"①从这段文字中可以看出，作为主编的司马光，不仅规划大局，而且连三位助手的工作方法也考虑得如此周到，指示得如此仔细，若没有高度认真负责的精神，是不会耗费心思到这种地步的。

司马光的一丝不苟，还表现在《通鉴》手稿字迹的工整上。他在洛阳的两屋手稿，"黄庭坚尝阅数百卷，迄无一字草书。"②他所写的东晋永昌元年稿，"纸凡四百五十三字，无一笔作草。"③为什么字迹工整也是一丝不苟的表现呢？二十多年前翦伯赞先生说得好："作字方整不仅是写字的问题，而且是表现作者落笔不苟的精神，这种精神是值得赞扬的，因为这对于那些以潦草轻率的态度对待编写历史的人是一个最好的教育。"④

司马光另一认真负责的表现，是精选助手。

集体编写史书，有许多工作如搜集史料、排比事目、撰写初稿等，都是由助手来做的，所以助手一定要有真才实学，而且忠实可靠，才能保证史书的质量。元朝人揭傒斯说："修史以用人为本，用人之道又当以心术为本。有学问文章而不知史事者，不可与；有学问文章知史事，而心术不正者，尤不可与。"⑤精选助手是编好史书的重要条件，是主编应尽的职责。

参加编写《通鉴》的刘恕、刘攽和范祖禹，都是司马光精心挑选的助手。刘恕对史学全面精通，刘攽是汉史专家，范祖禹是唐史专家，都是当时第一流的史学人才。他们不但学养深厚，而且道德高尚，在司马光领导之下，同心协力，分工合作，勤恳努力，埋头苦干，从搜集资料到撰写长编，都发挥了极好的作用。

历代集体编写的史书，其质量的高低，与助手有直接的关系。在司马光以前，如唐朝官修的《晋书》，因"史官多是文咏之士，好采诡谬碎事，以广异闻；又所评论，竞为绮艳，不求笃实"⑥，记载了许多烦琐、怪异及荒诞之事，成为《晋书》的一大缺点。在司马光以后，元朝官修的《宋史》《辽史》，有很多烦冗、重复、疏漏、谬误之处；《金史》虽较好，但也有不少严重的错误；明朝官修的《元史》，更是编次失宜，舛讹丛出，为大家所诃责。这都是主编没有精选助手所致。近现代集体编写的史书，也因有些助手不胜任，出现了很多错误

---

① 《司马文正公传家集》卷六三，《答范梦得》，商务印书馆1937年《万有文库》本。
② 《文献通考》卷一九三，《经籍考》史部编年类，《资治通鉴》条。
③ （元）柳贯：《柳待制文集》卷一八，《跋司马温公修通鉴草》，商务印书馆1937年《四部丛刊》本。
④ 翦伯赞：《学习司马光编写〈通鉴〉的精神》，《人民日报》1961年6月18日。
⑤ 《元史》卷一八一，《揭傒斯传》，中华书局1976年版第4186页。
⑥ 《旧唐书》卷六六，《房玄龄传》，中华书局1975年版第2463页。

和矛盾，为读者所不满。所以，主编如果认真负责，必须精选助手。

总之，主编是否认真负责，是集体编写史书能否成功的关键。司马光在洛阳十五年，把全部精力倾注在《通鉴》的编写工作上，等到全书修成的时候，他已是"骸骨癯瘁，目视昏近，齿牙无几，神识衰耗"[①]了！试问：历代史书的主编，能有几个认真负责达到这等鞠躬尽瘁的程度？以司马光史学造诣之高深，又有三位精选的助手，尚且亲自动手，全力以赴，一丝不苟，那些史学水平远逊于司马光而又不认真负责的人，又怎能编写出高质量的史书呢？所以，今后大家应当以司马光为榜样，继承他的高度认真负责的精神，在实践中贯彻下去，为不断提高史书编写的质量而努力奋斗！

（原载《司马光与（资治通鉴）》，吉林文史出版社 1986 年 12 月出版）

---

① 司马光：《进资治通鉴表》，《资治通鉴》，中华书局 1956 年版卷末附录，第 9608 页。

唐末以前官修史书要录

在我国，至迟在殷商时代便有了史官，最初的史官虽非以修史为专务，但记录时事无疑是他们的一项重要职责，这实际已开官方修史活动的端绪。史官将过去的记录编次成册，便是官修的史书。而私人修史，则是到了春秋末期，由于社会文化的发展，历史记载由官府流传到民间之后才出现的。两者相比，官方修史活动的历史要更久远些。而且，以最初的史官修史直至民国北洋政府开清史馆，其间各朝各代官方修史机构的名称、职司及官方选用修史人员的方式，虽然屡有变化，但官方修史活动的传统却从未中断，即使在私人修史风气甚盛的时期也是如此。因而，官方修史活动当然是中国史学史研究的重要内容之一。

本文限于篇幅，只对唐末以前的一些重要的官修史书作简略的介绍。

唐末以前，修史活动的情况比较复杂，官修与私修的界限往往混淆不清，但是，必须先将其间的界限划分清楚，我们的介绍才有一定的范围。

有些史书，与官方没有任何关系，完全是私人撰成的，如陈寿的《三国志》、袁宏的《后汉纪》、范晔的《后汉书》等，当然是私修之史。还有一些史书，与官方有牵连，或是由帝王敕命，而以一人之力撰成的，如荀悦的《汉纪》、沈约的《宋书》等，或是私家已有尚未完成的旧稿，又经帝王敕命，甚而有官方大员曾为参预，但主要是由一人撰成的，如李百药的《北齐书》、姚思廉的《梁书》和《陈书》等，这些史书虽然都奉帝王之命，已带有官方色彩，而实际上仍是私修。我们认为，只有经几代史官相继撰修，或由帝王敕命组织修史人员，成于众人之手的史书，才是官修，属于本文介绍的范围。不过，这只是我们的初步看法，是否妥当，尚待进一步考虑。

《竹书纪年》

这是一部记载自夏代至战国时期事迹的编年体史书。

此书系由战国后期魏国史官撰成，早已失传，西汉司马迁著《史记》时就未能得见。据《晋书·武帝纪》记述，直到西晋武帝咸宁五年（279），在汲郡汲县（今河南汲县）魏襄王冢中出土了一批竹简古书，其中有《纪年》十三篇，才被发现。后人称为《竹书纪年》，也称《汲冢纪年》。

初出土的《竹书纪年》，其字体为古时的蝌蚪文，一般人难以辨识，经当时学者荀勖、和峤、束皙等整理，用隶字缮写后公诸于世。

据当时学者杜预在《春秋左氏经传集解·后序》中说："其《纪年》篇，起自夏、殷、周，皆三代王事，无诸国别也。维特记晋国，起殇叔，次文侯、昭侯，以至曲沃庄伯。庄伯之十一年十一月，鲁隐公之元年正月也，皆用夏正建寅之月为岁首，编年皆次。晋国灭，独记魏事，下至魏哀王（案：应为襄王）之二十年，盖魏国之史记也。……其著书文意大似《春秋》经，推此足见古者国史策书之常也……诸所记多与《左传》符同。……虽不皆与《史记》《尚书》同，然参而求之，可以端正学者。……《纪年》又称殷仲壬即位，居亳，其卿士伊尹；仲壬崩，伊尹放太甲于桐，乃自立也；伊尹即位，放太甲，七年，太甲潜出自桐，杀伊尹，乃立其子伊陟、伊奋，命复其父之田宅而中分之。……然则太甲虽见放，还伊尹，而犹以其子为相也。此为大与《尚书》叙说太甲事乖异。"[1]又《晋书·束皙传》说："其《纪年》十三篇，记夏以来至周幽王为犬戎所灭，以事接之。三家分，仍述魏事，至安釐王（案：应为襄王）之二十年，盖魏国之史书。大略与《春秋》皆多相应。其中〔与〕经传大异，则云夏年多殷，益干启位，启杀之，太甲杀伊尹，文丁杀季历，自周受命至穆王百年，非穆王寿百岁也。幽王（案：应为厉王）既亡，有共伯和者摄行天子事，非二相共和也。"[2]

从以上所引的两段记述中，我们可以了解到《竹书纪年》一书的主要情况：（一）此书是编年体，连续记载夏、殷、西周、春秋、战国时代的历史，是现在所知的我国最早的编年体通史。（二）此书所记春秋时代的史事，大抵与《春秋》《左传》的记载相同。但所记夏、殷、西周时代的史事，则与《尚书》《史记》的记载有所不同，且有大相乖异之处。（三）此书对西周灭亡之后的史事，春秋时专记晋国，战国时专记魏国，大概是晋、魏历代史官相继撰修的。（四）此书记事止于魏襄王二十年（前299），其撰成当在该年之后。

---

① (晋) 杜预：《春秋左氏经传集解》，载文渊阁《四库全书》本《春秋左传注疏》卷末附录，台北商务印书馆 1986 年版。

② 《晋书》卷五一，《束皙传》，中华书局 1974 年版，第 1432 页。

另外，需要提出的是此书记事起于何时的问题。据上引两段记述，都是说起于夏代，但《史记·魏世家》集解引荀勖曰："和峤云：《纪年》起自黄帝。"这两个不同的说法，究竟孰是孰非，因原书久已不存（亡于宋代，见后文），难以确定。清代学者朱右曾说："峤与束晳同被诏校竹书，而言各不同若此。岂编年纪事始于夏禹，而五帝之事别为一编乎？"①朱氏的推想虽有道理，但因无确证，只能作为疑问提出，不能决断。这个问题，至今尚未真正解决。

《竹书纪年》出土问世以后，因其有珍贵的史料价值，立即受到学者们高度重视。西晋惠帝时，司马彪研究古史，列举三国时谯周所著《古史考》中"凡百二十二事为不当，多据汲冢《纪年》之义"。②其后从东晋以至北宋的许多书注和类书，如徐广的《史记音义》、裴骃的《史记集解》、郦道元的《水经注》、司马贞的《史记索隐》、张守节的《史记正义》，及《北堂书钞》《艺文类聚》《太平御览》等，还有北宋刘恕著的《通鉴外纪》，都曾引录此书的文字。

《隋书·经籍志》著录"《纪年》十二卷"。注云："汲冢书，并《竹书同异》一卷。"《旧唐书·经籍志》与《新唐书·艺文志》均著录"《纪年》十四卷"，后者注云"汲冢书"。虽所记卷数稍有不同，可知此书在唐代并未散佚。但到了宋代，情况发生了大的变化，北宋的《崇文总目》没有著录此书。《宋史·艺文志》著录"《竹书》三卷"，注云："荀勖、和峤编"，不知这三卷《竹书》是否即《纪年》。《玉海》卷四七"晋竹书纪年"条云："《唐志》：《纪年》十四卷。《崇文总目》不著录。《中兴书目》止有第四、第六及《杂事》三卷，下皆标云'荀氏叙录'，一纪年，二纪令应，三杂事，皆残缺。"可见到了南宋，此书最多仅存三卷，而且还有残缺，绝大部分已经散亡了。

自元代以后，有人引录《竹书纪年》的一部分佚文，并杂采《史记》《通鉴外纪》《路史》诸书，又抄录《宋书·符瑞志》之文以为附注，托名梁朝沈约注，重编成《竹书纪年》二卷，流行于世。后人称西晋原编本为"古本"，托名沈约注的重编本为"今本"。

自明代以来，一般都认为今本《竹书纪年》就是原书，清代有不少学者对它进行研究，如徐文靖的《竹书纪年统笺》、洪颐煊的《校正竹书纪年》、郝懿行的《竹书纪年校正》、陈逢衡的《竹书纪年集证》、雷学淇的《考订竹书纪年》与《竹书纪年义证》、林春溥的《竹书纪年补证》等。但也有人断定它是伪作，如钱大昕曾列举许多证据，指出今本《竹书纪年》"乃宋以后人伪托，非晋时所

---

① 朱右曾：《汲冢纪年存真》上卷，《汲冢纪年》小序。《续修四库全书》史部，第336册。
② 《晋书》卷八二，《司马彪传》，中华书局1974年版，第2142页。

得之本也"。①《四库全书总目提要》卷四七《竹书纪年》条，也列举许多证据，以说明今本之伪，认为今本是"明人抄合诸书以为之"。于是，今本之为伪作，便逐渐被学者认识清楚了。

清人朱右曾确认今本《竹书纪年》不可信，乃广搜古本佚文，重新辑成《汲冢纪年存真》二卷。近人王国维又在朱氏辑本的基础上加以考订、补正，编成《古本竹书纪年辑校订补》，有 1956 年上海新知识出版社出版本。今人方诗铭、王修龄二位先生又在前人研究的基础上，广搜博采，编成《古本竹书纪年辑证》，于 1980 年由上海古籍出版社出版。以上几位学者，为了恢复古本《竹书纪年》佚文的真面目，相继进行辑佚和考证工作，从开创到发展，取得了卓著的成绩，对史学做出了重要贡献。

古本《竹书纪年》佚文，虽然只是原书的一部分，不是全貌，但仍有珍贵的史料价值。如西周厉王之后的"共和"时期，《史记·周本纪》的记载是"召公、周公二相行政，号曰'共和'"。而《竹书纪年》的记载是"共伯和干王位"，即被封为"共伯"名"和"的诸侯取代厉王，执掌政权。二说不同，孰为可信？朱右曾已指出《史记》所记非是，说："共伯干王位，故《左传》云：'诸侯释位，以间王政。'若周、召摄政，不得云诸侯。"②在《庄子》《鲁连子》《吕氏春秋》等先秦古籍中也有关于共伯和及其行事的叙述，与《竹书纪年》之说相合，现代学者已大都信从《竹书纪年》的记载，而不再采用《史记》的说法。自甲骨文、金文得到充分利用之后，经专家研究，发现《竹书纪年》的记载与《史记》不合之处，往往合于甲骨文及金文，因而证明《竹书纪年》为可信。尤其是关于战国时期的事迹及年代问题，根据《竹书纪年》的记载，可以纠正《史记》的许多错误，现代许多学者用以治史，取得了可观的成果，如钱穆的《先秦诸子系年》、陈梦家的《六国纪年表》《六国纪年表考证》，以及今人缪文远先生的《战国策考辨》等。总之，《竹书纪年》虽仅存佚文，却大有益于先秦史的研究。

《世本》

这是一部记载从黄帝到战国末期事迹的史书。

最早记述此书的是刘向《别录》。《史记集解序索隐》引刘向云："《世本》，

---

① 钱大昕：《十驾斋养新录》卷一三，《竹书纪年》条，上海书店 1983 年版，第 298 页。
② 朱右曾：《汲冢纪年存真》卷首，《汲冢纪年序》。

古史官明于古事者之所记也，录黄帝已来帝王、诸侯及卿大夫系谥名号，凡十五篇也。"但未说明记事止于何时。《汉书·艺文志》著录"《世本》十五篇"。原注云："古史官记黄帝以来迄春秋时诸侯、大夫。"又《汉书·司马迁传》云："又有《世本》，录黄帝以来至春秋时帝王、公侯、卿大夫祖世所出。"由此可知此书记事止于春秋时。但据《史记·赵世家集解》："《世本》云：孝成王丹生悼襄王偃，偃生今王迁。"既称"今王迁"，则作者为赵王迁时人，其记事亦止于此时。可以推知，原来记事止于春秋时的《世本》，又经赵国史官续写到赵王迁时。赵王迁在位八年，相当于秦王政十二年至十九年（前235—前228年），则《世本》的撰成当在此八年间，已是战国末期了。综上所述，《世本》大概是春秋、战国时的史官根据前代史官的记录，相继撰修而成的。

然而《史通·古今正史篇》却说："楚汉之际，有好事者录自古帝王、公侯、卿大夫之世，终于秦末，号曰《世本》，十五篇。"所说编撰时代、作者身份及记事终止时间，均与我们前面的引文不同，不知何据，只有存疑而已。

《世本》流传到东汉末年，有宋衷为之作注，其后又有宋均等作注。到了隋唐时期，流行的本子很杂，且原文已有散佚。《隋书·经籍志》著录："《世本王侯大夫谱》二卷。《世本》二卷，刘向撰。《世本》四卷，宋衷撰。"《旧唐书·经籍志》著录："《世本》四卷，宋衷撰。《世本别录》一卷。《帝谱世本》七卷，宋均撰。《世本谱》二卷。"（案：其中"刘向撰"的"撰"应是"编集"，"宋衷撰""宋均撰"的"撰"都应是"注"。）《新唐书·艺文志》著录为："宋衷《世本》四卷。《世本别录》一卷。宋均注《帝谱世本》七卷。王氏注《世本谱》二卷。"到了宋代，各种书目都不载此书，大概已经亡佚了。

南宋高似孙开始为《世本》辑佚，题名《古世本》（见《史略》卷六），但未流传。到了清代，有不少人从事此书的辑佚工作，如王谟、孙冯翼、陈其荣、秦嘉谟、张澍、雷学淇、茆泮林等，都有辑本问世，但多半失之于滥，非原书之文，惟雷学淇、茆泮林的辑本较为谨严可信。商务印书馆汇集诸家辑本，名为《世本八种》，于1957年出版，便于读者参考。

根据各种辑本，可知《世本》的内容涉及范围较广，分类记载了多方面的事迹。其中有《帝系》，记黄帝以来至周朝帝王的世系；有《王侯谱》，记夏、商、周三代和鲁、齐、晋、燕等二十余国的世系；有《卿大夫谱》，记列国卿大夫的世系；有《居篇》，记帝王和诸侯国家的都邑；有《作篇》，记各种器物如农具、兵器、乐器、交通工具、生活用具等的创造发明；有《氏姓篇》，记帝王、侯、卿大夫的氏姓及其由来；有《谥法篇》记谥号的含义，在秦嘉谟的《世本辑本》中还有《纪》《世家》《传》的篇目。从上述情况看来,《世本》记载了自黄帝以至战国时期多方面的历史事迹,并分类标明篇目,开创了新的编纂方法,在体例上是比《竹书纪年》更进步的通史。司马迁著《史记》,曾采用此书。后人有认为《史记》包括本纪、表、书、世家、列传五个组成部分,是取法于《世本》。已故史学家吕思勉先生说:"《史记》之体例,实原于《世本》。"又说:"《世本》为《史记》之先驱。"①对此书评价甚高,就是由于它在纪传体史书的形成过程中起到了重要的推进作用。

《东观汉记》

这是一部记载东汉事迹的纪传体史书。

东汉官修本朝史,从第二个皇帝汉明帝时就开始了。据《后汉书·班固传》及《史通·古今正史》记载,明帝任命班固为兰台令史,"与前睢阳令陈宗、长陵令尹敏、司隶从事孟异共成《世祖本纪》","并撰功臣及新市、平林、公孙述事,作列传、载记二十八篇。"另据《史通·题目》,"列为载记"的还有"下江"。参加撰修的人,除上述者外,据《后汉书·北海靖王兴传》及《史通·核才》,还有刘复、贾逵、杜抚、马严。这是第一次撰修,记述汉光武帝时的史事。

第二次撰修是在安帝、顺帝时。安帝永宁元年(120),临朝称制的邓太后命谒者仆射刘珍、谏议大夫李尤为主要撰修人,参加者有刘騊駼、刘毅。《后汉书·刘珍传》云:"永宁元年,太后又诏珍与(刘)騊駼作建武以来名臣传。"同书《李尤传》云:"安帝时为谏议大夫,受诏与谒者仆射刘珍等俱撰《汉记》。"同书《北海靖王兴传》云:"永宁中,邓太后诏(刘)毅及騊駼入东观与谒者仆射刘珍著中兴以下名臣、列士传。"《史通·古今正史》云:"于是又诏史官谒者仆射刘珍及谏议大夫李尤,杂作纪、表、名臣、节士、儒林、外戚诸传,起自建武,讫乎永初。"综观以上记载,可知刘珍、李尤等所撰写的是自东汉初年到安帝即位前的纪、表及名臣、列士、儒林、外戚等传,对班固等没有撰写的光武时人物传记予以补写。然而,到顺帝时,刘珍与李尤二人先后去世,撰修工作还没有完成,于是又命伏无忌与黄景参加,继续撰修。《史通·古今正史》篇云:"事业垂竟,而珍、尤继卒。复命侍中伏无忌与谏议大夫黄景作《诸王》《王子》《功臣》《恩泽侯表》《南单于》《西羌传》《地理志》。"这样,连同第一次撰

---

① 吕思勉:《史学四种》之三,《史通评·六家》,上海人民出版社1981年版,第95、148页。

修，共写出了光武帝、明帝、章帝、和帝、殇帝时期的纪、表、志、列传、载记，虽然还不完备，如志只有《地理志》，在数量上已经相当可观了。

第三次撰修是在桓帝时期。从元嘉元年（151）起，又命修史人员继续撰修。《史通·古今正史》篇云："至元嘉元年，复令太中大夫边韶、大军营司马（案：应为大将军司马）崔寔、议郎朱穆、曾寿杂作孝穆、孝崇二皇及顺烈皇后传，又增《外戚后》入安思等后，《儒林传》入崔篆诸人。寔、寿又与议郎延笃杂作《百官表》、顺帝功臣孙程、郭愿（案：应为郭镇）及郑众、蔡伦等传，凡百十有四篇，号曰《汉记》。"参加撰修的人，除上述外，还有第二次撰修中的伏无忌与黄景二人及后来新增的邓嗣。《后汉书·伏湛传》云："元嘉中，桓帝复诏（伏）无忌与黄景、崔寔等共撰《汉记》。"同上书《邓禹传》云："永寿中，（邓嗣）与伏无忌、延笃著作东观。"《史通·古今正史》篇所说修成的《汉记》一百十四篇，当是与前两次撰修的合计在内，因为仅这一次修成的篇数，绝不会有如此之多。

第四次也是最后一次撰修，是在灵帝、献帝时期。从灵帝熹平（172—177）间开始，先后参加撰修的有马日磾、蔡邕、卢植、杨彪、韩说、张华、刘洪等人。《史通·古今正史》云："熹平中，光禄大夫马日磾、议郎蔡邕、杨彪、卢植著作东观，接续纪传之可成者。而邕别作《朝会》《车服》二志，后坐事徙朔方，上书求还，续成十志。"《后汉书·蔡邕传》云："邕前在东观，与卢植、韩说等补撰《后汉纪》，会遭事流离，不及得成，因上书自陈，奏其所著十意（即志）。……其撰集汉事，未见录以继后史。适作《灵纪》及十意，又补诸列传四十二篇。"《续汉书·律历志下》云："光和元年中，议郎蔡邕、郎中刘洪，补续《律历志》。"又同篇刘昭注引蔡邕徙朔方时奏章云："建言十志皆当撰录，遂与张华等分受之，其难者皆以付臣。"由上所述，仅知这次撰修的成果有《灵帝纪》、十志及四十二篇列传，而十志还恐怕未能全部完成。因蔡邕于光和二年（179）被宦官诬陷流徙朔方时，十志尚未完成，后来虽被赦还，但为了躲避宦官再加迫害，亡命他乡十余年；到献帝初年蔡邕回朝为官后，直到初平三年（192）被王允杀害，一直未见有他继续修志的记载。而且自初平二年董卓之乱以后，《汉记》的撰修工作已经基本上停止了。《史通·古今正史》云："会董卓作乱，大驾西迁，史臣废弃，旧文散逸。及在许都，杨彪颇存注记。至于名贤君子，自永初以下阙续。魏黄初中，唯著《先贤表》，故《汉记》残缺，至晋无成。"这部经过四次撰修的东汉史，最后未能全部完成，实在是一大遗憾！

此书本名《汉记》，后来到南北朝时期，人们称为《东观汉记》，东观是指修史的地方。汉明帝时，班固等人修史的地方，是在兰台，兰台是藏书、校书之所，为了便于查阅资料，修史也在那里。自章帝章和（87—88）以后，藏书、校书之所迁移到东观，修史的地方也随之迁移。《史通·史官建置》云："自章和以后，图籍盛于东观。凡撰《汉记》，相继在乎其中。""章和"是章帝的年号，今人著作中援用此文时，多以为是"章帝和帝"，恐不确。

《隋书·经籍志》著录《东观汉记》一百四十三卷，《旧唐书·经籍志》著录为一百二十七卷，可见此书到唐代已有缺佚。到北宋时大半散亡，仅存四十三卷。南宋时仅有残本八卷，以后就完全失传了。

清康熙时，姚之骃采集范晔《后汉书》李贤注、司马彪《续汉书》刘昭注、《北堂书钞》《艺文类聚》《初学记》所引此书之文，辑成《东观汉记》八卷，是此书的最早辑本。乾隆时纂修《四库全书》，又在姚辑本的基础上，据唐、宋以前的书注、类书及《永乐大典》所载此书之文，辑成《东观汉记》二十四卷，比姚辑本的内容增加不少，但仍有很多遗漏，而且和姚辑本一样没有注明出处，编次不当。今人吴树平先生又重新进行此书的辑佚工作，广搜博采佚文，每条都注明出处，精心编次，并加以校勘和注释，成《东观汉记校注》一书，于1987年3月由中州古籍出版社出版，其成就远远超过前人，是最新最好的辑本。

《东观汉记》是东汉一代官方四次相继撰修的本朝史，参加修史的人数，见于记载的共有二十七人，其中如班固、贾逵、刘珍、李尤、伏无忌、崔寔、延笃、蔡邕、卢植、杨彪等都是学识渊博、精通经史的著名学者，是撰修史书的上选人才。由于官方修史，不但掌握官方储藏的资料，而且可以在全国各地征集私家保存的资料，所以资料来源广阔，写出史书内容丰富。以此书与班固的《汉书》相比，在质量上虽远不及《汉书》，但在数量上却远过之。《汉书》记西汉二百三十年之事，成书一百卷；此书记自光武帝至灵帝一百六十三年之事，成书一百四十三卷。记事年数少了六十多年，而成书卷数却多了四十余卷。可见《东观汉记》的价值，主要在于拥有大量的原始资料和私人难以掌握的各种资料，其后在三国、两晋、南朝时期，私人撰著东汉史书者多达十家以上，其资料来源多取之于此书。

但是，《东观汉记》又有严重的缺点，就是"记述烦杂"。由于四次撰修，出于不同时期的众人之手，最后又未全部完成，无人统一整理，以致杂乱无章，后人对此大为不满，于是纷纷进行改写。如西晋司马彪即因"时无良史，记述烦杂"①，而自撰《续汉书》，华峤也"以《汉记》烦秽，慨然有改作之意"②而自撰《汉后书》。其他各家也多是如此。不过，对于研究东汉历史的人来说，作为史料，还是要重视《东观汉记》的价值。

《魏书》

这是一部记载三国时曹魏事迹的纪传体史书。

据《史通·古今正史》说，在魏文帝黄初、明帝太和年间，"始命尚书卫顗、缪袭草创纪传"，这是《魏书》的撰修之始。但二人受命以后，"累载不成"，于是"又命侍中韦诞、应璩、秘书监王沉、大将军从事中郎阮籍、司徒右长史孙该、司隶校尉傅玄等复共撰定。"③这是再次撰修。这次撰修，《史通》只列六人，实际还有荀顗与缪施。《晋书·王沉传》："（沉）与荀顗、阮籍共撰《魏书》，《晋书·傅玄传》："（玄）除郎中，与东海缪施俱以时誉选入著作，撰集《魏书》。"这八位撰修人多为史官，如王沉、应璩"典著作"，孙该"复还入著作"，傅玄、缪施"选入著作"。④此次撰修的时间，应是自齐王曹芳到高贵乡公曹髦之后。以《史通》所列撰修人的职衔与《三国志注》所引他们的传记及《晋书》本传对勘后可知，除傅玄列了其入晋后之职衔外，其他人多在曹芳、曹髦之时。另，据《史通·古今正史》说，此次撰修，系由王沉"独就其业，勒成《魏书》四十四卷"。⑤所谓独就，非指全书始终由王沉一人撰写，只是最后由他编次勒成而已。至于其成书年代，现已难确考。只能据王沉卒于晋武帝泰始二年（266）推知应成于此年之前。

《魏书》成书不久即流传开来。西晋陈寿著《三国志》便以它为主要的材料来源之一。自南北朝至北宋，它仍行于世。除《三国志注》对它较多引录外，《世说新语注》《文选注》《初学记》《太平御览》及《资治通鉴考异》中也均曾引录其文。该书大约至南宋时亡佚，《郡斋读书志》《直斋书录解题》和《宋史·艺文志》都未加著录。故今日只能从他书的引录中，略略得知其部分内容了。

较早评论《魏书》的是东晋人王隐。他说此书"多为时讳，而善序事"⑥，

① 《晋书》卷八二，《司马彪传》，中华书局 1974 年版，第 2141-2142 页。

② 《晋书》卷四四，《华峤传》，中华书局 1974 年版，第 1264 页。

③ 刘知幾著、（清）浦起龙注：《史通通释》卷一二，《古今正史》，上海古籍出版社 1978 年版，第 346 页。

④ 分见《三国志》卷二一注引《文章叙录》及《晋书》本传。

⑤ 按：《魏书》卷数，《旧唐书》著录与《史通》合；《隋志》作四十八卷；《新唐志》作四十七卷。

⑥ 《太平御览》卷二三三，职官部，引王隐《晋书》。

优缺点兼及。后之论者却仅指责其缺点，如唐修《晋书·王沉传》说它"多为时讳，未若陈寿之实录也。"刘知幾《史通·古今正史》也说："其书多为时讳，殊非实录。"这些缺点，《魏书》确实存在。比如齐王曹芳被废事，《三国志·齐王纪》及其注引《魏略》记载的都是先出自司马师之谋，再由郭太后下诏而废的；《魏略》还记载了司马师遣郭芝入宫，逼迫太后的具体过程。但《魏书》却记载为司马师"承皇太后令"而废。①似乎齐王被废完全是太后的主意，这显然是在为司马氏讳。再如魏文帝皇后甄氏事，她本来因为失宠，"有怨言"，而被文帝"遣使赐死"，但《魏书》却把她写成一个谦恭贤淑的妇女，又说她因病致死，而且文帝为之"哀痛咨嗟"。对于此事，裴松之认为《魏书》是在为文帝讳。裴氏并不排斥讳书，但认为这应有一定的原则，即须据《春秋》之义，"内大恶讳，小恶不书"。文帝之杀害甄氏，"事有明审"，若为之讳，可"隐而不言"。但像《魏书》那样"假为之辞""崇饰虚文"，即凭空编造，便超出讳书的原则范围，于是借此推论，说《魏书》"称卞、甄诸后言行之善，皆难以实论。"②

由"为时讳"而造成"非实录"，乃是封建时代史书中常见的现象，这在官修本朝史和与本朝相关之史中尤难避免。问题在于《魏书》的"非实录"是否较他书严重？通检《三国志注》所引《魏书》，有出乎意料的发现。引文计一百九十六条，内有七条受到过裴松之的批评。除前引甄后事一条外，还有一条记曹冲"容貌姿美"。裴氏在《邓哀王冲传注》中认为，这是把"一类之言，而分以为三，亦叙属之一病也"。其他五条一见《卞皇后传注》，记卞后对魏文帝欲治曹植罪的态度。裴氏引另一条记载说："不得如此书所言。"一见《先主传注》，记赤壁战前刘备与孙权语。裴氏指出它"与《蜀志》所述诸葛亮与权语正同"，又据战前备、权二人未相见，认为《蜀志》为是。《先主传注》还有一条，记刘表病重，欲托刘备"摄荆州"。裴氏认为，表夫妻素爱刘琮，早有舍嫡立庶之计，《魏书》所记为"不然之言。"再一条见《诸葛亮传注》，记诸葛亮伐魏，"粮尽势穷，优患呕血，……道发病卒。"裴氏认为，这是"因亮自亡而自夸大也"。再一条见《鲁肃传注》，记赤壁战前鲁肃实欲拒曹而以激将法劝孙权迎曹，"权大怒，欲斩肃。"裴氏引孙盛之说谓肃一见孙权便劝其战，无从反面激权之事；且当时"劝迎者众，而云独欲斩肃，非其论也。"从裴氏批评的这七条看，只有甄氏事为典型的"非实录"；诸葛亮呕血事有厚诬敌国之嫌（也有可能是轻信传闻）；余者或属审核史料不当，或为有语病。至于另外的一百八十九条，绝大多

---

① 《三国志》卷四，《齐王纪》裴松之之注，中华书局 1959 年版，第 129 页。
② 《三国志》卷五，《甄皇后传》裴松之之注，中华书局 1959 年版，第 160、161 页。

数也属于裴氏所谓"补阙、备异"者。再看裴氏对所引著作记事不实者尖锐严厉的批判，也没有施之于《魏书》；而是指向了袁暐的《献帝春秋》、乐资的《山阳公载记》和郭颁的《魏晋世语》（分见《荀彧传》《袁绍传》和《高贵乡公纪》注）。我们分析《魏书》，之所以仅取《三国志注》的引文，一在于他书引文少有超出裴注者；二在于裴氏为《三国志》作注时，对重要史料"罔不采取"，且对其中不符事实者，"则随违矫正以惩其妄"[①]。而裴氏所不引者，一为无关宏旨；二则已为陈寿所取。可以说，《魏书》的重要内容，基本已尽于《三国志》与裴注之中。因而通过研究裴注引文所得出的结论，与事实的距离不会太远。总之，从上面的分析看，《魏书》的"非实录"问题并不比其他一些封建时代的史书严重。

关于王隐所说《魏书》"善序事"，也是有道理的。裴注中的不少引文，都称得上清晰明畅，要而不烦。如记曹操在许昌屯田，先写汉末"率乏粮谷"之形势，继写诸军没有意识到问题之重要，从而导致"民人相食，州里萧条"。只有曹操深谋远虑，认为："夫定国之术，在于强兵足食"，因而募民屯田，"所在积谷，征伐四方，无运粮之劳，遂兼群贼，克平天下。"[②]仅用了百余字，便把屯田的原因及其成效写得十分充分。再如，写夏侯渊为将，善于率军赴急，引用军中之语云："典军校尉夏侯渊，三日五百，六日一千。"[③]仅十余字，便把他何以能"常出敌之不意"及其治军才能表述出来了。另如写曹操征马超时，议者多言关西兵习长矛，非精选先锋不能当。曹操则说："战在我，非在贼也。贼虽习长矛，将使不得以刺，诸君但观之耳。"[④]这就把曹操成竹在胸、稳操胜券的心态写得十分生动。也正因为其生动，司马光才把这一段略易数字，移入《资治通鉴》之中。[⑤]

作为史料，《魏书》佚文也有相当重要的价值。特别是因陈寿的《三国志》过分追求简净，许多珍贵的史料被其删落，其中有一部分便保存在《魏书》佚文之中。值得一提的是，《魏书》中本来收载了不少诏令，《三国志》没有全收。对《魏书》之多收诏令，刘知幾《史通·载文》曾讥其"秽累"，其实，若从保存史料的角度看，这些诏令都属第一手资料，极有价值。如《三国志·武帝纪

---

① 裴松之《上三国志注表》，载《三国志》卷末附录，中华书局 1959 年版，第 1471 页。
②《三国志》卷一，《武帝纪》建安元年十月，裴松之注引王沉《魏书》，中华书局 1959 年版，第 14 页。
③《三国志》卷九，《夏侯渊传》裴松之注，中华书局 1959 年版，第 270 页。
④《三国志》卷一，《武帝纪》建安十六年裴松之注，中华书局 1959 年版，第 35 页。
⑤《资治通鉴》卷六六，汉纪五八，建安十六年七月条，中华书局 1956 年版，第 2106 页。

注》中所引建安八年（203）的庚申令"明君不官无功之臣，不赏不战之士，治平尚德行，有事赏功能"，九年九月的抑兼并平租赋令，十年十月的乙亥令"吾充重任，每惧失中，……自今以后，诸掾属治中、别驾，常以月旦各言其失……"，二十二年八月的举贤令"若文俗之吏，高才异质，或堪为将守；负污辱之名，见笑之行，或不仁不孝而有治国用兵之术；其各举所知，勿有所遗"，二十三年四月的恤老幼令等等，都是研究曹操在力求统一过程中所采取重要策略的可贵文献。又如《文帝纪》延康元年（建安二十五年，220 年）二月注引的庚戌令"其除池泽之禁，轻关津之税，皆复什一"，也是研究曹魏建国初期经济政策的重要史料。除诏令外的其他记载，如《乌丸鲜卑东夷传注》中所引乌丸、鲜卑的事迹，《孙破虏传注》中所引孙坚在长沙任用良吏的事迹，对研究三国时期的民族状况和孙吴政权何以能立足江表，也都有一定的价值。陈氏舍弃者，还可为后来史家所采用。如乌丸事迹，即为范晔的《后汉书·乌桓传》所采。再如《文帝纪注》中所引有司奏改汉世宗庙乐舞事，亦为沈约《宋书·音乐志》所用。司马光著《资治通鉴》也采用了不少陈寿未用的《魏书》资料。如《武帝纪注》引曹操答袁绍书、《先主传注》引刘备激怒部下反益州等。[①]这全在治史者研究问题的角度与审核史料的眼光了。

《吴书》

这是一部记载三国时孙吴事迹的纪传体史书。

吴大帝（孙权）太元元年（251），始命太史令丁孚、郎中项峻撰修《吴书》，但二人"俱非史才，其所撰作，不足纪录"[②]。翌年，少帝孙亮即位，又命韦曜、周昭、薛莹、梁广、华覈五人访求往事，重新撰修，"并作之中，曜、莹为首。"[③]《三国志·薛综附薛莹传》记载景帝孙休时，周昭获罪，下狱而死；后梁广亦亡。末帝孙皓时，薛莹、韦曜又先后得罪，经华覈疏救，薛氏由流徙地返回，但不久又因罪再度流徙，而韦氏则因坚持为孙皓之父孙和立传不立纪，以及其他事件得罪了孙皓，于凤凰二年（273）九月下狱，次年死于狱中。[④]据

---

① 参阅《资治通鉴》卷六，汉纪五二，献帝初平二年正月条；又卷六六，汉纪五八，献帝建安十七年十二月条。

②《三国志》卷五三，《薛综附薛莹传》，中华书局 1959 年版，第 1256 页。

③ 刘知几著、（清）浦起龙注：《史通通释》卷一二，《古今正史》，上海古籍出版社 1978 年版，第 346 页。

④《三国志》卷六五《韦曜传》，中华书局 1959 年版。

《史通·古今正史》说，《吴书》是由韦曜"独终其书，定为五十五卷"。其他著述在引录该书时，也题"韦曜撰"但韦曜因罪入狱，在孙吴亡国之前七年，假若《吴书》最终由他勒成，则记事下限只能在其入狱之前。按《三国志注》引录《吴书》，有记贺邵事者，文曰："邵，贺齐之孙，景之子。"似为本传之文。如果真是《贺邵传》之文。而邵又卒于天册元年（275），已在韦氏入狱后二年（《三国志·贺邵传》），则《吴书》在韦曜卒后尚有人补撰。但为何人所补，已不可确知。不过，从另二位撰修人的情况分析，《吴书》记事不终吴亡，未能成为一部完整的东吴国史的可能性极大。华覈卒于天纪三年（279）（此见《建康实录》卷四），即吴亡前一年，不可能使《吴书》成为完帙。薛莹虽卒于入晋后三年，但他在吴末二次徙外被召还后，却未再任史职。另外，处孙皓之世，鉴于韦曜之遭遇与自己的经历，恐亦不愿再以史招祸。又因孙皓降晋，薛氏为谋主之一，也不愿将此事记入史册。因而，《吴书》成为完帙的可能性很小。

虽然《吴书》很可能并不完整，但它却很快便流传出来，西晋陈寿著《三国志》，即以它为主要的材料来源之一。可是，该书散失得也很快，《隋书·经籍志》仅著录二十五卷，说明它至唐初已佚失大半。因此，除《三国志注》和《世说新语注》可能系据五十五卷本加以引录外，其他如《艺文类聚》《文选注》《初学记》《建康实录》《太平御览》等书引录它，所据者均系残本。故今日尚存的《吴书》佚文较《魏书》为少，而其重要佚文亦多在《三国志注》中。清人王仁俊对它进行过辑佚，名《吴书钞》，号称一卷，实则只有三条。但其中有两条不见于他书引录，较为可贵。

刘知幾对《吴书》评价很高，其着眼点主要在于秉笔直书。但《史通》中《本纪》《直书》两篇之确凿证据，无非是韦曜未给孙和立纪一事而已。坚持一定的"书法"原则，不为权势所屈，这在封建史书中固然可贵，但全面评价一部史书，却不能仅限于这一点。其实《吴书》也有不足，最突出者为漏载重要人物。《三国志·吴主传》注引虞喜《志林》云："吴之创基，（孙）邵为首相，史无其传，窃尝怪之。尝问刘声叔。声叔博物君子也，云：'推其名位，自应立传。项峻、丁孚时已有注记，此云（邵）与张惠恕（案：即张温）不能。后韦氏作史，盖惠恕之党，故不见。'"《三国志》也未立孙邵传，可能即因《吴书》。韦曜是否为张温之党，无其他旁证，但《吴书》未给孙邵立传，却是不易之事实。

同其他封建史书一样，《吴书》也喜欢在一些明君贤相身上加些奇异之事以显示其受命于天。如记孙氏坟冢之上"数有光怪，云气五色，上属于天，曼延数里"，与孙坚母怀孕时"梦肠出绕吴昌门"。①再如记丁固梦松树生于自己腹上，应其日后为三公等。②但这属于旧史通病，不足深责。

从尚存之佚文看，《吴书》叙事也颇生动。如写太史慈临亡叹息："丈夫生世，当带七尺之剑，以升天子之阶。今所志未从，奈何而死乎！"③使人感到这位将军慷慨豪宕的胸怀。写鲁肃率众投奔江东，追兵在后赶至，"肃等徐行，勒兵持满，谓之曰：'卿等丈夫，当解大数。今日天下兵乱，有功弗赏，不追无罚，何为相逼乎！'又自植盾，引弓射之，矢皆洞贯。"④把一个临危不惧的形象也写活了。其他如写郑泉之嗜酒放浪，愿死后"葬我陶家之侧，庶百岁之后化而成土，幸见取为酒壶，实获我心矣"。⑤《陆逊传注》引文写陆逊分析彝陵之战的形势、对策等，也都有声有色，令人读之不厌。

作为史料，由于孙吴史迹被陈寿删落者不少，均赖《吴书》佚文得以保存，内中颇有治三国史可资利用者。如《三国志·陶谦传注》计引五条《吴书》，其内容不仅比《陶谦传》多出许多，且有与其相异者。再如记刘备初入川，刘璋资送其"米二十万斛、骑千匹、车千乘、增絮锦帛"⑥，就比《三国志·刘璋传》只说"资给先主"四字要具体得多，亦可见璋对备的期望之深。如记孙权之设立武昌、下雉郡，则开列了下属武昌、浔阳、阳新、柴桑、沙羡六县⑦，也较《宋书·州郡志三》所记为详。其他如《三国志·诸葛瑾传注》引文记诸葛氏之由来、《步骘传注》引文记步氏之由来，对研究姓氏沿革；《吴主传注》引文记秦旦、黄疆与高句丽通使对研究中朝关系，都具有一定的史料价值。

《周书》

这是一部记载北周事迹的纪传体史书。

唐高祖武德五年（622），秘书丞令狐德棻因"近代已来，多无正史"，以后"恐事迹湮没"，向唐高祖建议撰修前代诸史，得到赞许，遂诏命中书令萧瑀等十七人分别撰修魏（包括北魏、东魏、西魏）、北齐、北周、梁、陈、隋六代之

---

① 《三国志》卷四六，《孙坚传》裴松之注，中华书局1959年版，第1093页。
② 《三国志》卷四八，《孙皓传》裴松之注，中华书局1959年版，第1167页。
③ 《三国志》卷四九，《太史慈传》裴松之注，中华书局1959年版，第1190页。
④ 《三国志》卷五四，《鲁肃传》裴松之注，中华书局1959年版，第1267页。
⑤ 《三国志》卷四七，《吴主传》裴松之注，中华书局1959年版，第1129页。
⑥ 《三国志》卷三一，《刘璋传》裴松之注，中华书局1959年版，第869页。
⑦ 《吴书钞》引自《逸寰宇记》，见《玉函山房辑佚书续编三种》。

史，其中的北周史，由侍中陈叔达、秘书丞令狐德棻、太史令庾俭三人撰修，但诏下之后，"历数年，竟不能就而罢。"唐太宗贞观三年（626），敕命重修，因魏史已有北齐魏收和隋人魏澹二家的著作，遂不复修，只修其他五史。北周史由秘书丞令狐德棻、秘书郎岑文本主修，德棻又"奏引殿中侍御史崔仁师佐修"。①到贞观十年（636）正月，五部史书的纪、传都已修成，《周书》计有本纪八卷、列传四十二卷，共五十卷。

《周书》是由令狐德棻、岑文本、崔仁师三人共同撰修的，而清人赵翼却说："同修者虽有数人，而始终其事者德棻也"，并认为"《周书》乃其一手所成"②。赵氏的结论是不可信的。据《旧唐书·岑文本传》载，"与令狐德棻撰周史，其史论多出于文本"，是说在史论这一部分中，多数是由岑文本撰写的。但后来有人误解为岑文本仅仅撰写了史论，而没有做另外的工作，这就不确切了。试想，岑文本作为主修人，怎能只写史论而不管其他工作呢？如不参加纪、传的撰修，又怎能写好附于纪、传各篇之末的那么多史论呢？另一位撰修人崔仁师，在武德五年曾因"才堪史职"，被陈叔达推荐"预修梁、魏等史"③，贞观初年又与邓世隆、敬播等人同任修史学士，确是具有修史之才的。因此，令狐德棻才在接受撰修的任务时，很快把他引进修史班子，可见对他深为倚重和信赖，也必然会让他担任很多重要的修史任务，绝不会置于闲散之地。而令狐德棻除主修《周书》和"总知类会"梁、陈、齐、隋诸史外，于贞观五年又参加了《氏族志》的撰修，六年起又迁礼部侍郎兼修"国史"，并参加了《新礼》的撰修。《氏族志》和《新礼》均成书于《周书》之后，其撰修工作与《周书》几乎是同时进行的。④令狐德棻一人同时参与几部书的撰修，势必不能独力进行《周书》的撰写，而必须依靠岑、崔二人的合作。因此，《周书》不可能由令狐德棻"一手所成"，确是集体劳动的成果。

《周书》从成书后一直流传至今，但在北宋时有所残缺。据今人考订，全缺者为卷一八、二四、二六、三一、三二，计五卷；卷三六可能全缺，可能半缺；卷二一缺大半⑤，后人以《北史》和唐人高峻的《高氏小氏》补之，其事参见余嘉锡《四库提要辨证》卷三。故现存的《周书》已不全然是原本了。据《旧

---

① 以上《旧唐书》卷七三，《令狐德棻传》，中华书局 1975 年版，第 2598 页。
② 赵翼：《陔余丛考》卷七，"周书"条，商务印书馆 1957 年版，第 142 页。
③《旧唐书》卷七四，《崔仁师传》，中华书局 1975 年版，第 2620 页。
④ 详见《旧唐书》卷七三，《令狐德棻传》。
⑤ 详见中华书局点校本《周书·出版说明》。

本周书目录序》云，北宋仁宗时"出太清楼本，合史馆、秘阁本，又募天下献书，而取夏竦、李巽家本，下馆阁正是其文字。"这里提到的几种本子，尚无材料依据断定其为写本还是刻本。今所知最早的刻本是经过安焘、王安国、林希等人校订后的神宗熙宁年间所刊者。[1]但此本已失传。南宋高宗绍兴十四年（1144），《周书》在眉山重刻，是谓"宋蜀本"，此本亦未能完整地流传下来，经过元、明两代补版，成为所谓的"三朝本"。明万历年间，南北两京的国子监亦曾刊行，这便是"南监本"和"北监本"。明末毛氏的汲古阁刊本、清乾隆四年（1739）的武英殿本以及同治十三年（1874）的金陵书局本，都属于北监本系统。1934年，商务印书馆将"三朝本"据他本略做改正后影印，即所谓的"百衲本"。中华人民共和国成立后，中华书局组织专家，搜罗上述版本，又据《册府元龟》及《北史》的相关部分加以互校，于1971年出版了点校本，是目前最好的版本。

对于《周书》，刘知几曾深致不满，《史通·杂说中》说它"文而不实，雅而无检，真迹甚寡，客气尤烦。"这主要是针对《周书》的文辞弃俗求雅而言。对此，清四库馆臣为《周书》辩解说："文质因时，纪载从实，周代既文章尔雅，仿古制言，势不能易彼妍辞，改从俚语。"[2]近人余嘉锡先生认为馆臣所论不足以服人，因为刘氏并不是要《周书》将其中的诏诰奏令之文变为俗理之语；只是令狐氏等著书时尚存有不少与周史相关的史料，因为"其中有鄙言"，令狐等人才对之"了不兼采"，仅据牛弘所著《周史》"重加润色"，以致《周书》华过于实。所以知几所论"亦词人秉笔者之良药也。固不必强相驳诘，为令狐德棻辈左祖矣。"[3]另外，刘氏《史通·浮词》还批评《周书》中《元伟传》记事和《文帝纪》中的史论"二理不同"，互相矛盾。这也是事实。不过，不管是文辞过雅，还是记事偶有抵牾，均属细节问题。《周书》在大的方面自有其特点，具最为突出的是，记事范围广泛，注意到了与北周的前政权及周围政权的历史联系。

北周一代，自闵帝宇文觉代西魏建号（557）至静帝宇文衍禅位于隋（581）仅有二十四年的历史。但《周书》记事却从北魏分裂为东、西魏开始，至少写了四十八年的史事。这是因为西魏的实际军政大权由闵帝之父宇文泰所掌握，而西魏和北周两个政权的各项政策措施又联系得十分密切。为此，《周书》的《文

<hr>

① 详见中华书局点校本《周书·出版说明》。
②《四库全书总目》卷四五，史部正史类《周书》提要，中华书局1965年版，第408页。
③《四库提要辨证》卷三，史部《周书》条，中华书局1980年版，第194-195页。

帝纪》及贺拔胜、寇洛、李弼、王德、令狐整等人的传中都记载了西魏（有时追溯至北魏）时期的不少史迹。另外，与西魏、北周并峙的还有北方的东魏、北齐和南方的梁、陈诸政权。对于与这些政权的交涉，《周书》也在相关纪传，如文帝、闵帝、明帝、武帝的纪和泉企、李迁哲诸人传中加以述及。后梁是附属于北周的一个傀儡政权。《周书》还特地立了《萧詧传》，并附上了这个皇帝的臣子们。同时，《周书》还记录了边境少数族和外国的部分史迹，把能够知道和写到的内容尽量包罗在一书之中。和与它同时修成的《梁书》《陈书》《北齐书》相比，在记事范围的广泛程度上，《周书》确实突出。《陈书》和《北齐书》没有少数族与外国的记事；而《梁书》记梁与西魏交涉事也不如《周书》充分。如《周书·泉企附泉仲遵传》内杨忠、泉仲遵进攻梁之随郡之事，《梁书》中便不载。这一特点的形成，当与令狐德棻"总知类会"诸史相关。对诸多政权如此纷繁的关系，《周书》记载得极有条理。所以清人赵翼极口称赞："当后周时，区宇瓜分，列国鼎沸，……迁革废兴，岁更月异。《周书》本纪一一书之，使读者一览了然。"①

作为史料，《周书》也有其价值。一是它记录了西魏、北周时期的政治、经济、文化等多方面的内容，可供研究者根据需要加以采撷。政治方面，如《武帝纪下》所记的《刑书要略》的基本内容、《侯莫陈崇传》后所附八柱国、十二将军的名单及其小序、《卢辩传》中关于"依《周礼》建六官"的记载，即是研究法律、府兵、官制等方面的重要史料，经济方面，如《苏绰传》中的"六条诏书"之"尽地利""均赋役"及《武帝纪上》所记更铸"布泉"钱、五行大布钱的记载，也都是重要史料，文化方面，如《武帝纪上》记建德二年（573）"辨释三教先后"和三年五月"断佛道二教"的记载，对柳虬、萧圆肃、萧大圜、刘璠等史学家的记载，以及《儒林》《艺术》两篇列传，也都于研究宗教史、史学史等有重要价值。二是在现存的有关北周史的史料中，它成书最早。李延寿的《北史》和司马光的《资治通鉴》之相关部分，均以其为重要的史料来源。

《隋书》

这是一部记载隋朝事迹的纪传体史书。

唐高祖武德五年（622），曾命中书令萧瑀等十七人分别撰修魏、北齐、北

---

① 赵翼：《陔余丛考》卷七，《周书》条，商务印书馆 1957 年版，第 142-143 页。

周、梁、陈、隋六代史，其中的隋史由兼中书令封德彝、中书舍人颜师古撰修，但经过数年，六代史均未修成。到了唐太宗贞观三年（629），又命重修北齐、北周、梁、陈、隋五代史，其中的隋史由秘书监魏徵主修，参与撰修的还有中书侍郎颜师古、太子右庶子孔颖达、著作郎许敬宗等人。到贞观十年（636），五代史都已修成，《隋书》计有帝纪五卷、列传五十卷，共五十五卷。书中"序论皆（魏）徵所作"①。

但是，已修成的梁、陈、北齐、周、隋五代史都没有志。贞观十五年（641），唐太宗又诏命左仆射于志宁、太史令李淳风、著作郎韦安仁、符玺郎李延寿、著作郎敬播等撰修五代史志。据《旧唐书·令狐忌传》，唐高宗永徽元年（650）由礼部侍郎令狐德棻监修，永徽三年改由太尉长孙无忌监修。②到高宗显庆元年（656），修成十志，包括《礼仪》七卷、《音乐》《律历》《天文》各三卷、《五行》二卷、《食货》《刑法》各一卷、《百官》《地理》各三卷、《经籍》四卷，计三十卷，由长孙无忌领衔上奏。

《隋书》最早的刊本是北宋仁宗天圣二年（1024）本，久已失传。傅增湘《藏园群书经眼录》著录了两种南宋刊本，一种为十四行本，存六十卷；一种为十行本，仅存三卷。元代有成宗大德年间的刊本，到明代已残缺，只有元文宗至顺三年（1332）瑞州路儒学刊本为完本。其后较通行的是明代的南监本、北监本、汲古阁本和清代的武英殿本、淮南书局本以及三十年代商务印书馆印行的百衲本。1973 年，中华书局出版了点校本，此本据宋、元、明、清四代的九种刊本互校，又以《通典》《太平御览》《册府元龟》《资治通鉴》《通志》等书的相关部分参校，是目前最新也是较好的本子。

《隋书》虽然在体例上无所发明，但其编纂大致得体。其帝纪大事毕书，脉络分明；列传中不标类目者则尽量以时为序、以类相从，比较规整；尤其是它的志，《通志·艺文略》认为"极有伦类，而本末兼明"，更为后世学者所称道。《隋书》在编纂上取得的成就，与注意发挥史臣的专长有关，如郑樵《通志·艺文略》所说："良由当时区处，各当其才。颜、孔通古今而不明天文、地理之序，故只令修纪传，而以十志付之志宁、淳风辈，所以粲然具举。"这种分工的做法，对后世集体修史，很有借鉴意义。

《隋书》作为史料，其价值亦高。它的内容丰富，能比较全面地反映隋代的历史面貌，可供后世学者多方面加以采择。隋朝政治史中的一些大事，如杨坚

---

① 详见《旧唐书》卷七一，《魏徵传》

② 此据宋天圣二年《隋书》刊本原跋注引《无忌传》云。但两唐书《长孙无忌传》均不记此事。

代周、统一中国，在《高祖纪》及刘昉、高颎、贺若弼、韩擒虎等人的传中均有记载；用兵高丽，见于《炀帝纪》《于仲文传》《宇文述传》及《东夷传》中之《高丽传》，隋末农民大起义，见于《李密传》《王世充传》等。其他重要史事，亦可从相关纪传中搜求。至于《隋书》各志，则不仅对隋朝，且对南北朝时期的典章制度与经济、文化史的研究，都有重要价值。如《礼仪志》所记五朝车马服饰，《百官志》所记官制沿革，《食货志》所记自东晋以后的课役制度、货币制度，《天文志》《律历志》所记天文、历法的成就等等。而其中的《经籍志》，不仅以其确定了经、史、子、集四部分类方法而对后世的图书分类卓有影响，更以其辨析学术源流、著录载籍存佚，而成为治汉代以后学术史者不可或缺的资料与工具。当然，《隋书》也是有缺点的，如赵翼所指出的："房彦谦在隋世本无事迹可纪，而特载其与张衡书数千百言叙为佳传，未免以其子玄龄时方为相，且总知诸史，故稍存瞻徇耳。"①此外，有些重要人物当立传者而不立或全然失载，如农民起义领袖杜伏威与窦建德未立传，开创佛教天台宗的高僧智顗、著名书法家僧智永，均只字未提，这不能不说是疏漏。

《晋书》

这是一部记载晋代事迹的纪传体史书。

唐太宗于贞观二十年（646）闰三月颁布《修晋书诏》，诏书强调编撰史书的重要性："彰善瘅恶，激一代之清芬；褒吉惩凶，备百王之令典。"又批评自晋朝以来所修的十八家晋史"虽存记注，而才非良史，事亏实录。"其中有的或"烦而寡要"，或"劳而少功"，或"其文既野，其事罕传"，有的或只记西晋，或只记东晋，或只记片断。遂令修史所组织人员"铨次旧闻，裁成义类"，重新编撰一部晋朝史。②于是决定由"司空房玄龄、中书令褚遂良、太子左庶子许敬宗掌其事。又中书舍人来济、著作郎陆元仕、著作郎刘子翼、主客郎中卢承基、太史令李淳风、太子舍人李义府、薛元超、起居郎上官仪、主客员外郎崔行功、刑部员外郎辛丘驭、著作郎刘允之、光禄寺主簿杨仁卿、御史台主簿李延寿、校书郎张文恭并分功撰录；又令前雅州刺史令狐德棻、太子司仪郎敬播、主客员外郎李安期、屯田员外郎李怀俨详其条例，量加考正"。③如此庞大的阵

---

① 赵翼：《陔余丛考》卷七，《隋书》条，商务印书馆1957年版，第145页。
② 《唐大诏令集》卷八一，《修晋书诏》。
③ 《唐会要》卷六三，《修前代史》。

容，在官修史书中是前所未有的。

在编撰过程中，据《唐会要》卷六三《修前代史》，取材"以臧荣绪《晋书》为本，捃摭诸家及晋代文集"，又"采正典与杂说数十余部，兼引伪史十六国书。"①由于人员众多，大都有修史的才能和经验，分工协作，仅用了两年多的时间，便于贞观二十二年撰成。计十纪、十志、七十列传、三十载记，包括西晋、东晋及"十六国"的历史，共一百三十卷。唐太宗对此书的撰修非常关心和重视，并亲自为其中的宣帝、武帝二纪和陆机、王羲之二传撰写了四篇史论。书成后即"以其书赐皇太子及新罗使者各一部"。如此庞大的阵容，在官修史书中是前所未有的。②

《晋书》修成后，因其博采历代所有的记载，内容丰富、体例得当，又出于许多著名史家之手，所以深受学者们的重视，很快流传开来，并逐渐取代了以前的诸家晋史，如刘知幾所说："自是言晋史者，皆弃其旧本，竞从新撰者焉。"③

《晋书》自宋代始有刊本。清人邵懿辰等《增订四库简明目录标注》著录有"仿宋宝祐刊本"，"宝祐"为南宋理宗年号，可知理宗时已有刊本行世。近人傅增湘《藏园群书经眼录》著录两种宋本，其中一本仅记基本版式、列刻工姓名，一时尚难断定其刊刻年代，另一本则列讳字至"敦"字，盖避南宋光宗赵惇之讳，则此本又较理宗宝祐刊本为早。不过傅氏所见此本存《载记》四百六十页。现存最早的完整本子为元成宗大德九路刊本。1974 年中华书局出版的点校本，以清金陵书局本为底本，与百衲本、殿本互校，同时还参考了元大德九路本，明南、北监本及明代吴琯、周若年、毛晋等人的私家刻本整理而成，是最新也是较好的本子。

《晋书》的体例，有其独到之处，即在帝纪、志、列传之外，另立载记，以记述"十六国"时期匈奴、羯、鲜卑、氐、羌等少数族政权的事迹。这时期的事迹复杂纷乱，而载记却写得"简而不漏，详而不芜"④，显示了作者的史才。"载记"这一名目，本是班固等初撰《东观汉记》时所创，以记述平林、新市及公孙述事，后来的史书都未曾采用。《晋书》撰修者根据晋代史的特殊情况将不便于编入列传的"十六国"时期的史事，汇入载记，在体例上处置得宜，所以

① 《史通》卷一二，《古今正史》，上海古籍出版社 1978 年《史通通释》本，第 350 页。
② 以上《唐会要》卷六三，《修前代史》。
③ 《史通》卷一二，《古今正史》，上海古籍出版社 1978 年《史通通释》本，第 350 页。
④ 赵翼：《廿二史札记》卷七，《晋书》二，中华书局 1984 年版，第 152 页。

刘知幾称赞说："可谓择善而行，巧于师古者矣。"①

《晋书》流传之后，由于原有的记载两晋及"十六国"史事的文献大都逐渐散佚，只有它的内容较为全面，其史料价值便受到后代史家的重视。以它的纪传与《建康实录》《资治通鉴》对照，可发现后二书中有不少内容系据《晋书》而来。如《建康实录》卷七记陶侃的事迹，可说是《晋书·陶侃传》的缩写，其他如王羲之、习凿齿等人的事迹，亦多有本于《晋书》处。《资治通鉴考异》中亦屡屡征引《晋书》纪传，并在与其他史料比较后时取《晋书》材料。另外，《晋书》多载诏令奏议和各类文章，这些不仅是原始资料，且多有用之文，故更为宝贵。《廿二史札记》卷七《晋书二》条云："各传所载表、疏、赋、颂之类，亦皆有关系。如《刘实传》载《崇让论》，见当时营竞之风也。《裴頠传》载《崇有论》，见当时谈虚之习也。《刘毅传》载论九品之制有八损，《李重传》亦载论九品之害，见当时选举之弊也。《陆机传》载《辨亡论》，见孙皓之所以失国也；《豪士传》，见齐王冏之专恣也；《五等论》，见当时封建之未善也。……"这说明了《晋书》多载有用之文的重要意义。

对于《晋书》，前人多有批评。其中最主要的一点便是"好采诡谬碎事，以广异闻"②。作为一部著作，其审核史料不够精严，这确是《晋书》的不足。但作为史料看《晋书》，其所采录的"诡谬碎事"，却并非全为无用之材。道教初盛、玄风火炽，乃是两晋时期独特的历史现象。《晋书》所记的"诡谬碎事"中，有不少内容来自晋人自己的记录，这恰恰反映了当时之社会风习。现在看来，这些内容倒颇为治社会风俗史者所注意，只要对其深入辨析，自可从中发现重要史料。

唐历朝实录

唐实录是编年记载某一皇帝统治时期的重要事迹，又兼列重要人物传记的史籍。这种体裁，南宋王应麟说是"杂取编年、纪传之法而为之"③。但总体看来，是以编年体为主，而附以列传的。在唐朝以前，最早的实录是南朝梁代的两部《梁皇帝实录》，一记梁武帝事，周兴嗣撰，三卷；一记梁元帝事，谢吴（此据《隋志》。两唐志作谢昊）撰，五卷。二书久已失传，其详难以考知。自

---

① 《史通》卷四，《题目》，上海古籍出版社1978年《史通通释》本，第92页。

② 《旧唐书》卷六六，《房玄龄传》，中华书局1975年版，第2463页。

③ 王应麟：《玉海》卷四八，《艺文·实录》。

唐太宗时起，历朝皇帝均命史官撰修实录，渐成定制。兹先分述唐历朝实录撰修情况，再综述其流传经过、基本价值。

1.《高祖实录》

唐太宗命司空房玄龄、给事中许敬宗、著作郎敬播等撰修，记事"起创业，尽武德九年（627）"，贞观十七年（643）成书二十卷。[①]

2.《太宗实录》

分两次撰修。据《旧唐书·敬播传》，初与《高祖实录》同修，撰修人亦同，贞观十七年撰成，记事止于贞观十四年。后由长孙无忌监修，著作郎敬播、弘文馆学士令狐德棻、中书舍人孙处约、起居郎顾胤、著作郎刘胤之、著作郎杨仁卿及礼部尚书许敬宗等续撰贞观十五年至贞观二十三年的事迹，于高宗永徽元年（650）成书二十卷。前后两次所修，共四十卷。[②]

3.《高宗实录》

初次撰修在高宗时，《唐会要》卷六三"修国史"条记，显庆四年（659）二月，"中书令许敬宗、中书侍郎许国师、著作郎杨仁卿、著作郎顾胤受诏撰贞观二十三年已后至显庆三年实录，成二十卷。"但据《旧唐书·令狐德棻传》记载，参与这次撰修的还有令狐德棻，记其于永徽四年（653）迁国子祭酒，以修《太宗实录》功受赏赐后，"兼授崇贤馆学士，寻又撰《高宗实录》三十卷。"（案：卷数疑有误。）《新唐书·艺文志》著录《高宗后修实录》，注云："初，令狐德棻撰，止乾封，刘知幾、吴兢续成。"《郡斋读书志》卷六称："《唐高宗实录》……初，令狐德棻、许敬宗等撰录，止显庆三年，成二十卷。"从这些记载可见，令狐德棻是参与了这次《高宗实录》的撰修，而《唐会要》漏列其名了。不过，《新唐书·艺文志》中所说的"令狐德棻撰，止乾封"，是有问题的，因为令狐德棻于龙朔二年（662）已致仕，乾封元年（666）卒，不可能撰至此时。大概在显庆四年以后，令狐德棻又曾与他人共同续修，德棻致仕后，他人继续撰写到乾封为止，而《新唐书·艺文志》却仅署德棻一人之名，漏记他人之名。武则天时期，刘知幾、吴兢又接续以前所修，撰成《高宗后修实录》三十卷，其

---

① 以上参见《郡斋读书志》卷六、《唐会要》卷六三"修国史"条。

② 参据《唐会要》卷六三"修国史"条及《旧唐书》中敬播、令狐德棻、孙处约、顾胤、刘胤之、许敬宗诸人的列传。

记事"起初载,尽永淳二年"①,已尽备高宗一朝史事。另外,《旧唐书·经籍志》著录:"《高宗实录》一百卷,大圣天后撰。"但此书是否武则天所撰,而卷数又竟有如此之多,都很有疑问。又据《旧唐书·韦述传》与《新唐书·艺文志》,玄宗时韦述撰有《高宗实录》三十卷,恐系私人所修。

4.《则天实录》

曾经三次撰修。武则天时,宗秦客撰成《圣母神皇实录》十八卷(见《两唐志》)。中宗神龙元年(705)敕命重修,左散骑常侍武三思、中书令魏元忠监修、礼部尚书祝钦明、史官太常少卿徐彦伯、秘书少监柳冲、国子司业崔融、中书舍人岑羲、徐坚、率更令刘知幾、右补阙吴兢、秘书员外少监韦承庆等先后参与撰修,次年成书三十卷。②(《旧唐书·魏元忠传》及《新唐书·艺文志》均作二十卷)玄宗时,第三次撰修。《唐会要》卷六三"修国史"条云:"开元四年十一月十四日,修史官刘子玄、吴兢撰……《则天实录》三十卷……宰相姚崇奏曰:'……今史官刘子玄、吴兢等……又重修《则天、中宗实录》并成,进讫。'"其记事起止时间,《郡斋读书志》卷六云:"上起嗣圣改元、甲申临朝,止长安四年甲辰传位,凡二十一年。"所记下限有误。按《资治通鉴考异》卷一二云:"《新纪》:'长安五年正月壬午,大赦。甲子,太子监国,改元。'按《则天实录》:'神龙元年正月壬午朔,大赦,改元。'《旧纪》《唐历》《统纪》《会要》皆同,《纪年通谱》亦以神龙为武后年号,中宗因之。《新纪》误也。"又《资治通鉴》卷二〇七记云,神龙元年正月"乙巳,太后传位于太子"。据此,第三次所修《则天实录》之下限当作"止神龙元年正月乙巳传位"。

5.《中宗实录》

曾经两次撰修。初修在睿宗时,由岑羲监修。《旧唐书·岑羲传》:"睿宗即位,……(羲)复历刑部、户部二尚书,门下三品,监修国史。初,中宗时,侍御史冉祖雍诬奏睿宗及太平公主与节愍太子连谋,请加推究,羲与中书侍郎萧至忠密申保护。及羲监修《中宗实录》,自书其事,睿宗览而大加赏叹。"在一般情况下,皇帝在实录成书上进后才得以披览,则此次撰修在睿宗时已成书。据《旧唐书·睿宗纪》,岑羲于太极元年(712)正月乙未以户部尚书"同中书门下三品",此后才得监修国史与实录,而睿宗于延和元年(712年,睿宗同一

---

① 《玉海》卷四八,《唐高宗实录》条注。
② 参据《唐会要》卷六三、《史通·古今正史》《旧唐书·魏元忠传》《吴兢传》及《新唐书·艺文志》等。

年内两次改元）八月庚子传位于玄宗，则此次撰修即当在此数月之内。至于还有何人参与撰修及成书之卷数，却难以考知了。再次撰修是在玄宗时。据《唐会要》卷六三"修国史"条云："开元四年十一月十四日，修史官刘子玄、吴兢撰……《中宗实录》二十卷成，以闻。……宰相姚崇奏曰：'今史官刘子玄、吴兢等撰《睿宗实录》，又重修《则天、中宗实录》并成，进讫。'"可知此次撰修人是刘知幾、吴兢，于开元四年（716）成书二十卷。《玉海》卷四八引《中兴书目》云："《中宗实录》起神龙元年复位，尽景龙四年八月传位，凡六年。"据两《唐书》《中宗纪》，中宗于景龙四年六月被韦后毒死，《玉海》所引"八月传位"之"八"实乃"六"字之误，且中宗被害而死，亦不得云"传位"。

6.《睿宗实录》

辑本《崇文总目》卷二有刘知幾撰《太上皇实录》十卷，另有吴兢撰《睿宗实录》五卷。《新唐书·艺文志》同。《资治通鉴考异》卷一二云："刘子玄先撰《太上皇实录》，尽传位；后又撰《睿宗实录》，终桥陵，文字颇不同。"《玉海》卷四八引《中兴书目》云："《睿宗实录》十卷，起初诞，尽先天二年七月禅位，凡四年，又五卷，知幾、兢等撰，起藩邸，尽开元四年，其书互为详略。"《郡斋读书志》卷六云："《唐睿宗实录》十卷，右唐刘知幾撰。知幾与吴兢先修《太上皇实录》，起初诞，止传位，凡四年。后续修益，止山陵。"《宋史·艺文志》："《唐睿宗实录》十卷，又五卷，并刘知幾、吴兢撰。"据上所引，不仅可确知睿宗朝实录有两种本子，即十卷本的《太上皇实录》和五卷本的《睿宗实录》，还可据其所记下限推知两种本子的成书时间。据《玉海》引《中兴书目》所记，十卷本应成书于先天二年（713）七月睿宗禅位以后不久，时睿宗在世，故史官名其书曰《太上皇实录》。根《资治通鉴考异》所记，五卷本"终桥陵"，睿宗逝于开元四年（716）六月癸亥，十月庚午葬于桥陵（见《资治通鉴》卷二一一），故五卷本当成书于此后不久。但是，除上述外，《唐会要》卷六三"修国史"条却有不同的记载："开元四年十一月十四日，修史官刘子玄、吴兢撰《睿宗实录》二十卷……成，以闻。"表面看来，这"二十卷"似为十卷本和五卷本外另撰的新修本，实则不然。如前述，五卷本成书于开元四年十月庚午下葬之后。据陈垣先生《二十史朔闰表》，开元四年十月癸卯朔，则庚午为二十八日，下距《唐会要》所记"二十卷"成书之日（十一月十四日）不过十六天。以五卷本于睿宗下葬日即已成书计，则是在十六天内又重新修成一部二十卷之书，这实不可能。如此看来，"二十卷"与五卷本当系同一部书，只是其他史料记载它的卷数与《唐会要》有歧异，其中必有一误。在各种记载中，只有《唐会要》作"二十卷"，其他诸书均作"五卷"；且司马光对十卷、五卷两种本子俱系亲见，故《资治通鉴考异》所记不容有误，看来是《唐会要》记载错了。

7.《玄宗实录》

玄宗时，先有张说、唐颖的《今上实录》二十卷，"撰次玄宗开元初事"，又有"失撰人名"的《开元实录》四十七卷，均见《新唐书·艺文志》。《唐会要》卷六三"修国史"条言，安史之乱时，《开元实录》被焚。安史之乱平定后，由宰相元载监修，起居舍人令狐峘撰修，于代宗大历三年（786）撰成《玄宗实录》一百卷。《玉海》卷四八引《中兴书目》云，其记事"起先天元年，尽上元三年"。按：所记下限年号年代有误。上元为肃宗年号，玄宗虽死于肃宗在位时，但上元无三年。因自上元二年（761）九月已废去年号，只称元年。次年（宝应元年）四月玄宗死（据《资治通鉴》卷二二二），故下限应为"尽宝应元年"。令狐峘撰此书时，正值丧乱之后，文献亡失甚多，"纂开元、天宝间事，难得诸家文集编其诏策，名臣传记十无三四。"[1]故其卷帙虽有百卷，记事却仍多漏略。

8.《肃宗实录》

《新唐书·艺文志》《郡斋读书志》《直斋书录解题》均著录此书为三十卷，元载监修，但均不记撰修者姓名及成书时间。据《旧唐书·代宗记》与《元载传》，元载于代宗大历十二年（777）被诛，则当成书于此年之前。《郡斋读书志》卷六言其记事"起即位，尽后元年，凡六年"。

9.《代宗实录》

《新唐书·艺文志》著录："令狐峘《代宗实录》四十卷。"但此书何时始修及何时撰成，史无明文，不能确知。据《旧唐书·令狐峘传》云："贞元中，李泌辅政，（峘）召拜右庶子、史馆修撰。"考李泌为相（以中书侍郎同平章事），始于德宗贞元三年（787）六月，则令狐峘当于此后开始撰修此书。贞元五年，李泌病死后，峘被贬外任。同上本传云："泌卒，窦参秉政，恶其为人，贬吉州别驾。久之，授吉州刺史。……贬衢州别驾……峘在衢州殆十年。顺宗即位，以秘书少监征，既至而卒。……初，峘坐李泌贬，监修国史奏峘所撰实录一分，

---

① 详见《唐会要》卷六三，"修国史"条。

请于贬所毕功。"令狐峘初贬吉州，又贬衢州，但在衢州时间最久，所谓"于贬所毕功"，可能即在衢州撰成。而《册府元龟》卷五五六《国史部·采撰二》云："峘为右庶子、史馆修撰，坐贬吉州别驾，实录于贬所毕功。"直以其书在吉州撰成，盖因编者在抄录材料时有所脱落。令狐峘卒于顺宗永贞元年（805）所撰实录虽已于生前完成，但未奏上，直到他死后两年，即宪宗元和二年（807），才由其子进呈。《唐会要》卷六三"修国史"条云："元和二年七月，太仆寺丞令狐丕进亡父故史官峘所撰《代宗实录》四十卷，诏付史馆。"令狐峘虽有修史之才，但此书颇受指摘，如《册府元龟》卷五六二《国史部·疏谬》云："峘所撰《代宗实录》四十卷，……叙事用舍咸不当，而又多于漏略，名臣如房琯不立传，直疏如颜真卿略而不载。"这大概是因为在贬所撰修，资料搜集不全，且未能精心著述之故。从他生前未将此书进呈，死后才由其子献出的情况来推测，可能是他自己也认为此书尚有缺陷，容待修改，不算定稿，所以没有轻易进呈。然而，令狐峘在被贬的处境中，写成代宗一朝始末完备的实录，其功绩是必须肯定的。

10.《德宗实录》

最早是沈既济所撰的《建中实录》。《文献通考》卷一九四《经籍考》二一著录《唐建中实录》十卷，引《崇文总目》云："唐史馆修撰沈既济撰。起大历十四年德宗即位，尽建中二年十月既济罢史官之日。自作五例：所以异于常者，举终必见始；善恶必评；月必举朔；史官虽卑，出入必书；太子曰薨。自谓辞虽不足，而书法无隐云。"义例虽善，但所记仅有两年多的事迹。宪宗元和二年（807）二月，诏史官蒋乂、樊绅、林宝、韦处厚、独孤郁五人撰修《德宗实录》，经过三年多的时间，于元和五年十月成书五十卷，由宰相裴垍奏上，其书记事起于大历十四年德宗即位，止于贞元二十一年，凡二十五年。[①]

11.《顺宗实录》

宪宗元和六年（811）四月以前，史官韦处厚曾撰成三卷，据《唐会要》卷六四《史馆杂录》下，韦处厚于元和六年四月罢史职。元和八年十一月，宰相监修国史李吉甫以韦氏所撰"未周悉"，乃命史官韩愈、沈传师、宇文籍等重修。韩愈等"共加采访"之后，"削去常事，著其系于政者，比之旧录，十益六七。

---

① 以上参见《旧唐书·宪宗纪》《新唐书·艺文志》《玉海》卷四八引《会要》《郡斋读书志》等。

忠良奸佞，莫不备书；苟关于时，无所不录。"于元和十年夏撰成《顺宗实录》五卷进上。但此次所修，有些内容因"史官沈传师等采事得于传闻，诠次不精，致有差误"①，有所改正。据《册府元龟》卷五五六《国史部·采撰二》，到文宗太和五年（831）七月，又敕命宰相监修国史路隋改修。此时上距韩愈等人进上实录已达十六年之久，为什么又要改修呢？《旧唐书·路隋传》云："初，韩愈宗《顺宗实录》，说禁中事颇切直，内官恶之，往往于上前言其不实，累朝有诏改修。及隋进《宪宗实录》后，文宗复令改正永贞时事。"宦官虽要求改修，但众多臣僚都表示反对。路隋又上奏陈说改修的困难，请求"条示旧记最错误者，宣付史官，委之修定"。文宗遂下诏指示："其实录中所书德宗、顺宗朝禁中事，寻访根柢，盖起谬传，谅非信史，宜令史官详正刊去，其他不要更修。"于是，路隋便按照文宗的指示，删去其中的一部分，算是完成了改修的任务。到北宋司马光著《资治通鉴》时，韩愈的原本与路隋的删改本俱存，均题"韩愈等撰"，司马光称前者为"详本"，后者为"略本"，事载《资治通鉴考异》卷一九。后来详本失传，略本被编入《韩愈集》中，得以保存下来，是现在所能看到的唯一完整的唐朝实录。

12.《宪宗实录》

穆宗长庆二年（822），诏命翰林侍讲学士、谏议大夫路隋与中书舍人韦处厚二人开始撰修，"统例取舍皆处厚创起"②。先后预修者还有沈传师、郑浣、宇文籍、蒋系、李汉、陈夷行、苏景裔诸人，而杜元颖、韦处厚、路隋则先后为监修。③《旧唐书·文宗纪》载，文宗太和四年（830）三月，撰成《宪宗实录》四十卷，由监修国史、中书侍郎平章事路隋进上。记事"起藩邸，尽元和十五年正月。"④到了武宗会昌元年（841），李德裕当政，因其父李吉甫在宪宗时任宰相，乃奏请"改修《宪宗实录》所载吉甫不善之迹"，武宗遂敕史官重修，并令"其旧本不得注破，候新撰成同进。"会昌三年十月，重修本四十卷成书，由宰相监修国史李绅、史馆修撰郑亚进上。据《旧唐书·武宗纪》，这次重修当时即引起不满，"朝野非之"。因此，到宣宗大中二年（848），又敕命《宪宗实

---

① 《韩昌黎集》卷三八，《进顺宗皇帝实录表状》。
② 详见《册府元龟》卷五五六，《采撰二》。
③ 参见《新唐书·艺文志》《直斋书录解题》卷四。
④ 《玉海》卷四八，引《中兴书目》。

录》仅行旧本，新本流传于外者，皆令收回。①

13.《穆宗实录》

由路隋监修，苏景胤（即修《宪宗实录》之苏景裔）、王彦威、杨汉公、苏涤，裴体等人撰修，于文宗太和七年（833）成书二十卷。②《玉海》卷四八引《书目》云：记事"起元和十五年正月，尽长庆四年十一月，凡五年"。

14.《敬宗实录》

据《新唐书·艺文志》及《玉海》卷四八引《书目》，由李让夷监修，陈商、郑亚撰修，于武宗会昌五年（845）成书十卷。记事"起长庆四年，尽宝历三年，凡三年。"

15.《文宗实录》

由宰臣监修，史官给事中卢耽、太常少卿蒋偕、司勋员外郎王沨、右补阙卢告、膳部员牛丛等人撰修，宣宗大中八年（854）三月成书四十卷。记事"起即位，尽开成五年，凡十四年。"③

16.《武宗实录》

《新唐书·艺文志》著录三十卷，韦保衡监修。《五代会要》卷一八《前代史》条云："咸通中，宰臣韦保衡与蒋伸、皇甫燠撰武宗、宣宗两朝实录。"《玉海》卷四八《艺文·实录》云："唐咸通中，宰臣韦保衡与史官蒋偕、皇甫燠撰武、宣两朝实录。"按咸通为懿宗年号，综上所记并据《旧唐书·懿宗纪》，仅知《武宗实录》为懿宗咸通年间宰相韦保衡监修，史官蒋伸（或蒋偕）、皇甫燠撰修，但其修成于何年均未说明。韦保衡任宰相系在咸通十一年（870）正月至咸通十四年九月间，则《武宗实录》修成当在此期间，而其确切年代仍不得而知。

以上所述，是自唐高祖到唐武宗时期的十六种实录。至于宣宗以后几朝的实录，唐时也曾下诏撰修。如宣宗朝实录，懿宗时曾命韦保衡、蒋伸、皇甫燠

---

① 详见《唐会要》卷六三"修国史"条。
② 参据《新唐书·艺文志》《旧唐书·路隋传》。
③ 参据《唐会要》卷六三"修国史"、《旧唐书·宣宗纪》《旧唐书·魏谟传》《新唐书·艺文志》及《郡斋读书志》卷六。

等与《武宗实录》同时撰修，已见上述，但并未修成。至昭宗大顺二年（891），丞相监修国史杜让能以宣宗、懿宗、僖宗三朝实录未修，乃奏选"通儒硕学之士"十五人分别撰修，并命"吏部侍郎柳玭、右补阙裴庭裕、左拾遗孙泰、驾部员外郎李允、太常博士郑光庭专修宣宗实录"。但因当时唐朝统治已临危境，皇室混乱，资料亡失，"逾年，竟不能编录一字"①。至光化初年，又有"宰臣裴贽撰僖宗、懿宗两朝实录，皆遇国朝多事，或值銮舆播迁，虽闻撰述，未见流传。"②大概皆未书成。可见宣宗以后诸帝的实录，在唐朝灭亡前都没有撰成。据《宋史·宋敏求传》，其后虽有人补撰，如五代后晋的贾纬，北宋的赵邻几、宋敏求，尤其是宋敏求"补唐武宗以下六世实录百四十八卷"，功绩最大，但均不属本文论述的范围，就不多说了。

唐朝的实录，成书后即可由宫廷向外流传。据《唐会要》卷六三"修国史"条记载，贞观十七年刚刚修成的《高祖实录》及《太宗实录》，唐太宗即令"赐皇太子及诸王各一部，京官三品以上欲写者亦听。"而且，这部《太宗实录》记事仅至贞观十四年，一朝事迹尚未完备。既然三品以上的京官能以抄写，那就也可通过他们更广泛地向外流布。如刘知幾的父祖中并无三品以上的京官，而他在少年时代就已阅读过唐朝的实录。他说："自汉中兴以降，迄乎皇家实录，年十有七而窥览略周。"③又如武宗会昌三年（843）修成的《宪宗实录》新本，到宣宗大中二年（848）又敕令收回，改行旧本，《唐会要》卷六三"修国史"条记述："其新本委天下诸州府察访，如有写得者，并送馆，不得隐藏。"由此可见，新本《宪宗实录》在修成五年之间，已流传于全国诸州府了。

唐代修成的实录，依《五代会要》卷一八"前代史"条所云，除《武宗实录》在五代后晋时仅存一卷，"余皆缺略"，其他实录直到两宋时期，绝大部分仍保存完好。这从《资治通鉴考异》与《玉海》中屡有征引，《郡斋读书志》及《直斋书录解题》均有著录可知。其后便逐渐亡佚，只有韩愈等所修的《顺宗实录》（略本）赖收入韩氏文集而幸存完帙，其余的则只能从他书的征引中窥其鳞爪了。

唐修历朝实录，每一部的质量是不同的。从参加撰修的史官来看，各人的德、识、才、学之优劣高下，会直接影响到实录的质量，其中又以史德最为重要。如参修高祖、太宗、高宗三朝实录的许敬宗，是个险佞卑鄙之人，他"自

---

① 以上参据《唐会要》卷六三，"修国史"条及裴庭裕《东观奏记序》。
②《五代会要》卷一八，《前代史》条。
③《史通》卷十，《自叙》，上海古籍出版社 1978 年《史通通释》本，第 288 页。

掌知国史，记事阿曲"，时常贪财受贿，虚美隐恶。在与敬播同修前两朝实录时，曾对敬播所修的"颇多详直"之稿，"辄以己爱憎，曲事删改"①。这样的实录，质量当然不高。而参修武则天、中宗、睿宗三朝实录的吴兢，则是个刚正不阿之士，秉笔直书。玄宗时的权臣张说在武后朝曾干过不光彩的事，被记入《则天实录》，因而屡请吴兢对此"删削数字"，但吴兢断然拒之，说："若取人情，何名为直笔！"②由这样的史官所修的实录，其质量当然就高。还有其他原因，也会使实录质量受到影响，如安史之乱时《开元实录》及大量文献被焚，后来修《玄宗实录》时便因史料缺乏而记事漏略，又如《顺宗实录》因宦官干预、《宪宗实录》因权臣挟私，改修后都有记载失实之处。但总体看来，唐历朝实录的记载还是基本可信的。因而，作为史料，它受到后代史家的高度重视。后晋编纂《旧唐书》时，监修赵莹即曾上奏朝廷购求"史馆所阙唐书实录"③，《旧唐书》中有多处是照录唐实录的原文。北宋司马光等撰著《资治通鉴》之《唐纪》部分，唐实录更是其主要的史料来源。在编录《唐纪》丛目时，司马光对范祖禹做过"将实录事目标出，其实录中事，应移在前后者，必已注于逐事下讫"之类的指示。④另外，《资治通鉴考异》中对高祖以下历朝实录均有征引，并加以考证。这都说明唐实录确有非常重要的史料价值。

（本文与叶振华合撰，原载《史学史研究》1991 年第 4 期、1992 年第 1 期）

---

① 《旧唐书》卷八二，《许敬宗传》，中华书局 1975 年版，第 2764 页。
② 《唐会要》卷六四，《史馆杂录》下。
③ 《五代会要》卷一八，"前代史"条。
④ 详见：《司马文正公传家集》卷六三，《答范梦得》。

论中国古代史学理论的思想体系

在中国古代，成部帙的史学理论专著虽然较少，但各种典籍文献中则饱含着丰富的史学理论方面的论述，在总体上的发展是十分全面的。古代史家和学者对于史学宗旨、史学地位、史学方法、史家标准、治史态度、修史制度、史籍优劣、史学流变等问题，都有明确的论断、深刻的剖析和多方面的探讨，构成了一套完整的思想体系。

一、史学宗旨论

史家撰述历史要达到怎样的目标？人们研究历史应具备什么目的？这个史学宗旨问题是史学理论中最重要的内容之一。中国古代史学萌发于官方对史事的记录，《周礼》称"史掌官书以赞治"，这里的"官书"虽非专指史籍，但必然包括历史文献、历史记载在内。正如柳诒征所说的："由赞治而有官书，由官书而有国史。"[1] 从"赞治"的需要而产生的史学，一开始就具有很强的辅助政务的宗旨，这是中国古代史学与生俱来的重要特点。而春秋时楚庄王的大夫申叔时论教育太子事说："教之春秋，而为之耸善而抑恶焉，以戒劝其心……教之故志，使知废兴者而戒惧焉"[2]，即已包含了十分明确的以史鉴戒和以史教化的思想，并提出了史书有着"耸善抑恶"的作用。

以史为鉴戒，就是要根据史书对善人善事的褒扬，对恶人恶事的贬斥而加强道德修养和行为的规范；或者是从历史记载中汲取兴亡成败的经验教训，以制定和修正政治举措。唐太宗所谓"将欲览前王之得失，为在身之龟镜"[3]，即为此意。读史、习史汲取鉴戒的观念，成为古代公认的思想准则，在史学和政治上均有深远的影响。

---

① 柳诒征：《国史要义·史原第一》，中华书局 1948 年版，第 2 页。
② 《国语》卷一七，《楚语上》，上海古籍出版社 1988 年版，第 528 页。
③ 《册府元龟》卷五五四，《国史部·恩奖》，影印文渊阁《四库全书》本，台北商务印书馆 1986 年。

孔子修订的《春秋》是中国古代第一部私家修成的史籍。私家史学的产生和发展，使史家著史以用世的主体意识得到充分的发扬。《左传》明确地指出："《春秋》之称，微而显，志而晦，婉而成章，尽而不污，惩恶而劝善，非圣人谁能修之？"①随着孔子的圣化和《春秋》被奉为经典，惩恶劝善的宗旨成为史学理论中不可置疑的原则。唐代刘知幾指出："史之为务，申以劝诫，树之风声，其有贼臣逆子、淫君乱主，苟直书其事，不掩其瑕，则秽迹彰于一朝，恶名被于千载"。②这里，史家和史学已不仅仅向政界和社会提供鉴戒素材，而是具备了高屋建瓴地指导政治的主动地位。

以史教化的观念是以史鉴戒和以史惩劝的延伸，教化的内容大体不出鉴戒和惩劝的范围。但教化宗旨的实施则有着新的特点，一般是由史家与统治者联手，自觉地将教化用意熔铸于史著之中，最终达到辅治的目的。教化的对象也突破了申叔时那样专指太子等一类人物的狭窄范围，而拓展为整个社会。如唐玄宗接受裴光庭编修《续春秋传》的提议，即将"正人伦而美教化"作为宗旨③，明宪宗认为史书"劝于为善，惩于为恶，正道由是而明，风俗以之而厚，所谓以人文化成天下者，有不在兹乎！"④表明史学的惩劝内容可向整个社会施以教化。

以史鉴戒、以史惩劝和以史教化是内容交错、互相联结的思想环节，并将史学与政治、社会系于一起，使史学成为中国古代政治机制和社会生活的组成部分，这是中国古代无论治世、乱世，史学皆长盛不衰的重要原因。随着史学的发展，鉴戒、惩劝、教化等成为中国古代史学的必备属性，这样，就不再是史官执掌"官书"以赞治，而是史书本身就应具有辅助政治的永久作用，于是产生了"资治"的范畴来概括史学的宗旨。宋神宗将司马光所修之书命名为"资治通鉴"，赞称"其所载明君、良臣，切摩治道，议论之精语，德刑之善制，天人相与之际，休咎庶证之原，威福盛衰之本，规模利害之效，良将之方略，循吏之条教，断之以邪正，要之于治忽，辞令渊厚之体，箴谏深切之义，良谓备焉……是亦典刑之总会，册牍之渊林矣。"⑤司马光亦自称其书"专取关国家盛衰，系生民休戚，善可为法，恶可为戒者，为编年一书"，希望君主从中"监前

①《左传》成公十四年。（晋）杜预：《春秋经传集解》卷一三，上海古籍出版社1978年版，第735页。
② 刘知幾著、（清）浦起龙注：《史通通释》卷七，《直书》，上海古籍出版社1978年版，第192页。
③《册府元龟》卷五五六，《国史部·采撰二》，影印文渊阁《四库全书》本，台北商务印书馆1986年。
④ 商辂《续资治通鉴纲目》卷首，明宪宗御制序。见影印文渊阁《四库全书》史部《御批续资治通鉴纲目》卷首。
⑤《资治通鉴》卷首，宋神宗御制序，中华书局1956年版卷末附录，第29页。

代之兴衰，考当今之得失"。①这些皆是对史学"资治"蕴义的解析，囊括了全部的鉴戒、惩劝和教化的内容，也包含了唐代杜佑撰著《通典》而"将施有政，用乂邦家"②的宗旨，即要求史学应提供全套的政治方针、策略、经验教训和行为规范。

与"资治"观念同步发展的还有史学"明道"的观念。"明道"的概念起于经学，被引入史学之初，仍有因事务实的特征，如唐柳冕认为史学应"明天道，正人伦，助治乱"③，宋曾巩称"盖史者所以明夫治天下之道也"④，其重点皆落实于当时的政治上。然而，在宋代理学家的发挥下，"明道"观念便升华为对理念的追求，而欲达到一个思想体系的完美实现。邵雍著《皇极经世书》，其子邵伯温阐释此书立意说："穷日、月、星、辰、飞、走、动、植之数以尽天地万物之理，述皇、帝、王、霸之事以明大中至正之道。"⑤理学的集大成者朱熹更多次引用董仲舒之语，强调"正其谊不谋其利，明其道不计其功，《春秋》大法，正是如此。"⑥他所编纂的《资治通鉴纲目》即本《春秋》大法而作，意欲达到"岁周于上而天道明矣，统正于下而人道定矣，大纲既举而鉴戒昭矣，众目毕张而几微著矣。"⑦这里虽也讲到鉴戒，但却从属于倡明"天道"和"人道"，在"明其道不计其功"的原则下，史学宗旨最终是要"会归一理之纯粹"，"以合于天理之正，人心之安"⑧，这与"资治"相比，显现出史学宗旨向精神境界发展的特征，但实质上仍体现着积极用世的思想，是经世致用的另一侧面。

"经世"的概念虽产生甚早，但作为学术宗旨来阐扬，是与"明道"观念有所联系的。魏了翁称朱熹《资治通鉴纲目》等书使"帝王经世之规，圣贤新民之学，灿然中兴"⑨，说明史学"明道"是经世宗旨的体现之一。顾炎武说："引古筹今，亦吾儒经世之用"⑩，但顾氏的所谓经世是"君子之为学，以明道也，

---

① 司马光：《进资治通鉴表》。《资治通鉴》，中华书局 1956 年版卷末附录，第 9607 页。
②《全唐文》卷四七七，《进通典表》。清嘉庆二十三年刻本。
③《全唐文》卷五七三，《答孟判官论宇文生评史官书》。
④ 曾巩：《南齐书目录序》，载中华书局 1972 年版《南齐书》卷末附录，第 1038 页。
⑤（清）王植：《皇极经世书解》卷首上，《总论》引邵伯温文，影印文渊阁《四库全书》本，台北商务印书馆 1986 年。
⑥《朱子语类》卷八三，《春秋·经》，影印文渊阁《四库全书》本，台北商务印书馆 1986 年。
⑦ 朱熹：《资治通鉴纲目序例》。见影印文渊阁《四库全书》史部，《御批资治通鉴纲目》卷首。
⑧ 李方子：《资治通鉴纲目后序》。见影印文渊阁《四库全书》史部，《御批资治通鉴纲目》卷首下。
⑨ 魏了翁：《鹤山集》卷五四，《朱文公年谱序》，影印文渊阁《四库全书》本，台北商务印书馆 1986 年。
⑩ 顾炎武：《顾亭林诗文集》文集卷四，《与人书八》，中华书局 1959 年版，第 93 页。

以救世也"①，其所著述，不是辅助当时政务，而是有待于后有王者起而用之。因此，在中国古代史学理论发展史上，史学的经世宗旨包括两大方面的内容，第一是直接用于现实政务的"资治"观念，第二是"明道"的观念，后一项内容给不为时用的学者提供仍可从事经世之学的广阔天地。这样，中国古代史学宗旨论就发展成为从鉴戒、惩劝、教化至资治、明道，再总括为经世的三级范畴体系，这三个层次互相联结，形成相当严密的思想网络，这是古代史学理论的最核心部分。

在史学经世宗旨的思想体系之外，中国古代还产生过司马迁"成一家之言"的观念，表现了史家实现个人人生价值的目标，闪烁出自我个性意识的光芒。但后代史家往往将"成一家之言"附从于经世宗旨，或作为撰史的潜在目的，没有发展为自成体系的史学宗旨论。因此，史学经世的思想在中国古代史学宗旨的理论中占据了主导地位。

二、史学地位论

史学在社会生活中，在整个学术中占有什么地位，这也是古代史学理论中的重要问题。刘知幾称："若乃《春秋》成而逆子惧，南史至而贼臣书，其记事载言也则如彼，其劝善惩恶也又如此。由斯而言，则史之为用，其利甚博，乃生人之急务，为国家之要道。"②唐太宗也曾赞叹："大矣哉！盖史籍之为用也，……彰善瘅恶，激一代之清芬，褒吉惩凶，备百王之令典。"③这里对史学"国家之要道""百王之令典"地位的论述，是从史学宗旨和史学功用导出的，史学的功用是史学宗旨的实现形态，又作为史学地位的成因，以这种思想强调史学的重要性，在古代层出不穷。

史学在学术上处于何等地位？主要表现于对经史关系的论述上，这是中国古代史学理论的一个具有特色的内容。唐代殷侑称《史记》《汉书》等历代正史"旨义详明，惩恶劝善，亚于六经，堪为代教"④。宋胡宏认为"史之有经，犹身之肢体有脉络也……经之有史，犹身之脉络有肢体也"⑤。这些议论皆指出

① 顾炎武：《顾亭林诗文集》文集卷四，《与人书二十五》，中华书局1959年版，第98页。
② 刘知幾：《史通》卷二一，《史官建置》，上海古籍出版社1978年《史通通释》本，第303-304页。
③ 《唐大诏令集》卷八一，《修晋书诏》，上海学林出版社1992年版，第422页。
④ 《全唐文》卷七五七，《请试史学奏》，清嘉庆二十三年刻本。
⑤ 胡宏《皇王大纪·自序》，影印文渊阁《四库全书》本，台北商务印书馆1986年。

了经史之间密切的关系,即经学指导史学,史学辅翼经学。宋代理学大兴,程、朱均有重经轻史之论,但至于元代,经史关系的探讨出现了新的进展。元初理学家刘因说:"古无经史之分,《诗》《书》《春秋》皆史也。"①冯良佐说:"人有恒言曰经史,史所以载兴亡,而经亦史也。"②都从学术根源上打消了经史之别。明代思想家王守仁指出:"以事言,谓之史;以道言,谓之经。事即道,道即事。《春秋》亦经,五经亦史。"③清章学诚承袭前人的论述,提出:"六经皆史也,……六经皆先王之政典也"④,并且进一步认为"盈天地间凡涉著作之林皆是史学,六经特圣人取此六种之史以垂训耳,子集诸家,其源皆出于史。"⑤这是要以史学为中心,给史学以最重要的学术地位。清初的马骕、李清和与章学诚同时的袁枚,皆持有类似"六经皆史"的见解,史学的重要地位日益为众多的学者所认识,是为中国传统史学理论的发展趋势。

三、史学方法论

中国古代连绵不断的修史活动,使历史编纂学得到长足的发展,历代学者对史书编纂方法的论述十分丰富,凡史料的征集与鉴择,编撰之先的发凡起例,编撰中的叙事、用文等等,均有精到的阐发或不同见解的讨论。此外,还在阅读史书的方法和研究历史的方法上有所探讨,形成了中国古代史学理论中以编纂方法论为主,以治史方法为补充的史学方法论。

孟子在阐述《春秋》等史籍的内容和孔子的修订工作时,顺便提出了史书在内容和形式上具有"事""文""义"的内在结构,为后世撰写史书提供了方法上的一个总则,要求修史必以史实为基础,善于以精炼、生动的文笔而表达深刻的历史见解,三者缺一不可。对于史料的选择,孟子还提出"尽信书则不如无书"⑥的原则,对后来的史料考订方法有指导作用。司马迁修史欲"网罗天下放失旧闻",其中包括实地的调查采访。班彪通过评议《史记》提出"慎核其事,整齐其文",主张"辩而不华,质而不俚,文质相称"⑦的撰史笔法,这

---

① (元)刘因:《静修集续集》卷三,《叙学》,影印文渊阁《四库全书》本,台北商务印书馆1986年。
② (元)冯良佐:《续后汉书后序》,载郝经著《续后汉书》卷首,影印文渊阁《四库全书》本。
③ (明)王守仁:《传习录上》,载《王文成全书》卷一,影印文渊阁《四库全书》本。
④ 章学诚:《文史通义》卷一,《易教上》,中华书局1985年叶瑛校注本,第1页。
⑤ 《章氏遗书》卷九,《报孙渊如书》,文物出版社1985年《章学诚遗书》本,第86页。
⑥ 《孟子·尽心下》,朱熹《四书章句集注·孟子章句集注》卷七,影印文渊阁《四库全书》本。
⑦ 《后汉书》卷四〇上,《班彪传》,中华书局1965年版,第1325页。

些是中国史学史上对史学方法的最初探讨。

西晋至南北朝期间，形成了对史书编纂方法的热烈讨论，涉及了断代史记事的断限、史书的立例、史书记述的繁简等问题。唐代刘知幾在《史通》中全面总结了前人的史学成果，对史学方法进行了较为系统的论述，特别是对纪传体史书编撰的方法予以深入细致的分析，提出许多具体的批评和建议。如关于史料的搜集与鉴择，认为："自古探穴藏山之士，怀铅握椠之客，何尝不征求异说，采摭群言，然后能成一家，传诸不朽。"同时指出要对史料予以细致的鉴别，反对"务多为美，聚博为功"的倾向。关于史书的体例，刘知幾主张规范严整，批评了许多史书在本纪、世家、列传上"区域既定，而疆理不分，遂令后之学者罕详其义。"关于史书篇帙的烦省问题，刘知幾认为"夫记事之体，欲简而详，疏而不漏。若烦则尽取，省则多捐，此乃忘折中之宜，失均平之理。"但行文叙事，仍以简要为尚。要做到"文约而事丰"，就要掌握"用晦"的技巧，"晦也者，省字约文，事溢于句外，……夫能略小存大，举重明轻，一言而巨细咸该，片语而洪纤靡漏，此皆用晦之道也。"①此外，在史书题目、注释、人物称谓等各个方面都进行了史学方法上的论述。刘知幾《史通》的内容虽然不是仅论史法，但关于史学方法的论述占据全书的较大篇幅，而且具体细致，对此后史学方法的继续探讨有很大促进作用。

明代野史丛出，臆说风行，故后之有志于撰述《明史》者，更加注意史料的征集和鉴择问题。潘耒总结潘柽章的撰史方法时说："博访有明一代之书，以实录为纲领，若志乘、若文集、若墓铭家传，凡有关史事者，一切抄撮荟萃，以类相从，稽其异同，核其虚实，……参之以记载，揆之以情理，钩稽以穷其隐，画一以求其当，去取出入，皆有明征，不徇单词，不逞臆见，信以传信，疑以传疑。"②钱谦益、朱彝尊、万斯同、戴名世以及清代《明史》馆的许多纂修官，均有类似的论议，显示了史料学方法的基本成熟。

史书形式、史事取舍、记事断限、史文繁简等一系列史学方法的问题，被理论化地总括为"义例"的概念，这成为中国古代史书编纂方法论的基本范畴。"义"是指史书所要表达的历史观点、政治见解及著述宗旨。"例"则蕴含了十分丰富的内容，既包括史著的体裁，如编年体、纪传体等，也可以指纪传体的各个组成部分，各类史书的附加内容如考异、自注等，还囊括史书记事的时间范围、地理范围，载事、载文的取舍标准，以词表义的书法问题等等，因此，

---

① 以上见《史通》的《采撰》《书事》《叙事》篇。
② 潘耒：《遂初堂文集》卷六，《国史考异序》，清康熙四十九年刻本。

"例"是史家撰史中的全部手段、方式和规则。刘知幾说："夫史之有例，犹国之有法。国无法，则上下靡定；史无例，则是非莫准。"①朱彝尊在《明史》馆内，疾呼"盖作史者，必先定其例，发其凡，而后一代之事可无纰缪。"②这种对史书义例的重视，实际就是对编纂方法的重视。

章学诚认为，自班固《汉书》以降，纪传史日益拘牵定例，死板凝滞，为救其弊，他提出"撰述欲其圆而神，记注欲其方以智也。……然圆神方智，自有载籍以还，二者不偏废也。"③并进一步阐明应以"圆神"的精神促进史学方法的进步与创新，而以"方智"的方式编辑记注史料之书。"圆神"和"方智"作为一组概念，一是指灵活通变，另一是指有成法定例，章氏引为史学方法的概括，是对史学理论的新的发展。

读史和研治史学，古人也有方法论上的阐述，其中值得注意的如程颐"每读史到一半，便掩卷思量，料其成败，然后却看有不合处又更精思"④。这里提倡的是将学习与研究结合起来的读史方法。朱熹认为："读史当观大伦理、大机会、大治乱得失。""凡观书史，只有个是与不是。观其是，求其不是；观其不是，求其是，然后便见得义理。"⑤这是以理学的价值尺度来掌握读史的要点，与其史学明道的宗旨相切合。清王夫之研治史学，更注重对历史人物和历史事件的分析和评论，在《读通鉴论·叙论》中他提出了"因其时，度其势，察其心，穷其效"和"取仅今之传闻，而设身易地以求其实"的治史方法。乾嘉时期，考据学派注重史实的考订，出现了摒斥历史评论的倾向，如王鸣盛主张："读史者不必横生意见，驰骋议论以明法戒也，但当考其典制之实，俾数千百年建置沿革，了如指掌。……读史者亦不必强立文法，擅加与夺以为褒贬也，但当考其事迹之实，俾年经事纬，部居州次，记载之异同，见闻之离合，一一条析无疑。"⑥这是乾嘉学派中最典型的治史方法论，与宋代某些理学家专重义理的议论相反，各执一端。古人治史方法多有不同，既制约于时代的学术风气，又取决于个人的治学宗旨。

在中国古代，治史有成就者代不乏人，然专论历史研究方法者则相当少见。

---

① 刘知幾：《史通》卷四，《序例》，上海古籍出版社 1978 年《史通通释》本，第 88 页。
②《曝书亭集》卷三二，《史馆上总裁第一书》，《四部丛刊》本，商务印书馆 1936 年版。
③ 章学诚：《文史通义》卷一，《书教下》，中华书局 1985 年叶瑛校注本，第 49 页。
④ 程颐：《近思录》卷三，影印文渊阁《四库全书》本，台北商务印书馆 1986 年。
⑤《朱子语类》卷一一，影印文渊阁《四库全书》本，台北商务印书馆 1986 年。
⑥ 王鸣盛《十七史商榷序》，《十七史商榷》卷首，清乾隆五十四年洞泾草堂刻本。

不过，概论一般治学方法者尚为丰富，诸如"学而不思则罔"①，"博而不杂，约而不漏"②之类，自然也包括研习史学于其内。至于古人关于辨伪、校勘、辑佚、考释等文献学方法的议论，大多也适用于研治史学。这里限于篇幅，皆不一一条举。

四、史家标准论

孔子赞扬晋史官董狐说："董狐，古之良史也，书法不隐。"③"良史"的概念遂行于后世，成为衡量史家的一个尺度。但汉代之后，"良史"的具体标准已不限于"书法不隐"一项，如班彪称司马迁为"良史之才"，是因其"善述序事理，辩而不华，质而不俚，文质相称"④。范晔称班固为"良史之才"，是因其序事"不激诡，不抑抗，赡而不秽，详而有体"⑤。在这些议论中，"良史"的标准是包括撰史才能和文笔在内的。

唐代官方多次集众修史，对史家标准的认识也逐渐成熟。《隋书·经籍志》认为史官当为"博闻强识，疏通知远之士，……是故前言往行，无不识也；天文地理，无不察也；人事之纪，无不达也。"⑥唐高宗的《简择史官诏》提出：史官应当"操履贞白，业量该通，谠正有闻"⑦。这些议论中涉及了史家应有的品德、见识、才干、学问等素质，刘知幾关于史家必备"三长"的论述，就是在总结前人见解的基础上提出的，他说："史才须有三长，世无其人，故史才少也。三长，谓才也、学也、识也。夫有学而无才，亦犹有良田百顷，黄金满簋，而使愚者营生，终不能至于货殖矣。如有才而无学，亦犹思兼匠石，巧若公输，而家无楩柟斧斤，终不果成其宫室者矣。犹须好是正直，善恶必书，使骄主贼臣所以知惧，此则为虎傅翼，善无可加，所向无敌者矣。"⑧从这段话中可以看出，刘知幾所说的史才，是指征选史料，驾驭体裁，撰写史文的才干；史学是指对历史知识及相关学问的掌握程度；史识是指品质的正直，判断是非

---

① 孔子《论语·为政第二》。朱熹《四书章句集注·论语章句集注》卷一，影印文渊阁《四库全书》本。
② 章学诚：《文史通义》卷《博约下》，中华书局1985年叶瑛校注本，第166页。
③《左传》宣公二年。（晋）杜预：《春秋经传集解》卷一○，上海古籍出版社1978年，第541页。
④《后汉书》卷四○上，《班彪传》，中华书局1965年版，第1325页
⑤《后汉书》卷四○下，《班固传》，中华书局1965年版，第1386页。
⑥《隋书》卷三三，《经籍志二》史部后序，中华书局1973年版，第992页。
⑦ 唐高宗：《简择史官诏》，《唐大诏令集》卷八一，上海学林出版社1992年版，第423页。
⑧《旧唐书》卷一○二，《刘子玄传》，中华书局1975年版，第3173页。

的眼光和善恶必书的果敢精神。史才、史学、史识三个范畴的结合，简明而精辟地展示了史家的基本条件，标志着中国古代史家标准论的成熟。

刘知幾之后，仍有学者对史家标准问题继续探讨。明胡应麟认为："才、学、识三长，足尽史乎？未也，有公心焉、直笔焉。"他将公心与直笔称为"二善"。①清人王棻对才、学、识补充以"器"字，认为："才之大小，识之高下皆可以学充之，唯器不得而易变也。"②这里的"器"是指史家的器度和整体素质，可以由力学达其才，博学定其识，然后培育成"器"，因此"器"是统括才、学、识而更高一层的统一体。王棻的这个见解是值得注意的。

另一种对"三长"的补充是强调史家的"心术"，元代揭傒斯认为修史用人标准是"有学问文章知史事而心术不正者，不可与。用人之道，又当以心术为本也。"③清人章学诚则提出"能具史识者，必知史德，德者何？谓著书者之心术也。"所谓"辨心术以议史德"④，乃是以封建主义思想体系和纲常伦理为准则的道德标准，但"史德"这个概念，在抽象意义上使史家标准论更为丰富，人们可以各自对"史德"标准做出自己的阐发，提出不同的主张，从而扩展对史学理论探讨的广度。

五、治史态度论

与史学宗旨和史家标准问题的论述相关联，中国古代对治史中所取基本态度的问题也极为重视，历代皆不乏精到的论述。从积极的意义上归纳，古代史学理论中的治史态度论，主要有以下几方面内容：

第一，申明修史的责任感。西汉司马谈临终时嘱其子司马迁说："今汉兴，海内一统，明主贤君，忠臣死义之士，余为太史而弗论载，废天下史文，余甚惧焉。汝其念哉！"而司马迁也认为自己身为史官，如果"废明圣盛德不载，灭功臣世家贤大夫之业不述，堕先人所言，罪莫大焉。"⑤司马谈、司马迁父子相继，以修史为己任，不令史事废灭的责任感、使命感，成为后代史家的榜样，蔚成了踊跃修史的精神动力。蔡邕、常璩、袁宏、李彪、李延寿、吴兢、李心

---

① 胡应麟：《少室山房笔丛》卷一三，《史书占毕一》，中华书局 1958 年版，第 167-168 页。
② （清）王棻：《柔桥文钞》卷六，《枝言八篇·才学识器》，上海国光书局 1914 年铅印本。
③ 《元史》卷一八一，《揭傒斯传》，中华书局 1976 年版，第 4186 页。
④ 章学诚：《文史通义》卷三，《史德》，中华书局 1985 年叶瑛校注本，第 219、220 页。
⑤ 《史记》卷一三〇，《太史公自序》，中华书局 1959 年版，第 3299 页。

传、钱谦益、汪有典等等，均有唯恐史事失载而以修史为己任的议论。

唐代韩愈在《答刘秀才论史书》中说："夫为史者，不有人祸，则有天刑，岂可不畏惧而轻为之哉！"①颇有推卸修史职责的念头，这受到柳宗元的尖锐反驳。柳宗元指出：史官"凡居其位，思直其道。道苟直，虽死不可回也"，如果人人推卸责任，"则唐之史述其卒无可托乎？"②这就从更广的视野上论述了史家奋笔修史，乃是责无旁贷的使命。金国灭亡后，元好问以"国亡史兴，己所当为"的信念，声言"不可遂令一代之美泯而不闻"③，欲自撰金史。这是最先表述出的国可灭、史不可灭的观念，使关于修史责任感的申明进一步增强了理论性。

第二，提倡直书实录，批判曲笔。从孔子表彰董狐"书法不隐"始，直书实录，不虚美、不隐恶的撰史态度即成为"良史"的基本标准。要做到撰史的直书实录，除了必须具备为人正直的品质，更需要不计个人安危，"仗气直书，不避强御"。刘知幾对那些正直史家因直书史事而受刑、丧身者予以热烈的赞颂，认为他们"虽周身之防有所不足，而遗芳余烈，人到于今称之"。他严厉批判曲笔徇私行为，指出："用舍由乎臆说，威福行乎笔端，斯乃作者之丑行，人伦所同疾也"，至于"或假人之美，藉为私惠；或诬人之恶，持报己仇，……此又记言之奸贼，载笔之凶人，虽肆诸市朝，投畀豺虎可也"刘知幾还提出：真正做到直书实录，还必须"爱而知其丑，憎而知其善"④，即不因撰史者个人的感情而片面记载历史人物的事迹，这种认识是十分深刻的。明末清初钱谦益在批评史书多伪时说："善恶随人，憎爱附党，巧造语言，凿空构立，何所承受取信，而可草草作记传万世乎？"⑤这是对因宗派朋党利益而曲笔作伪者的批判。总之，史家只有以直书实录态度撰史，其人方可为"良史"，其书方可为"信史"。对直书实录态度的提倡，是保证史学健康发展的重要条件之一，因而是中国古代史学理论中最可称道的精华。

第三，主张实事求是地研究历史。《汉书》称西汉时刘德"修学好古，实事求是"，唐颜师古解释为"务得事实，每求真是也"⑥。这特别表现于古代史学考核史事时"抉摘幽隐，校计毫厘"的认真、审慎精神。顾炎武著《日知录》，

① 韩愈：《韩昌黎全集·外集》卷二，《答刘秀才论史书》，世界书局 1935 年版，第 487 页。
② 柳宗元：《柳河东集》卷三一，《与韩愈论史官书》，影印文渊阁《四库全书》本。
③ 郝经：《陵川集》卷三五，《遗山先生墓铭》，影印文渊阁《四库全书》本。
④ 见《史通》的《直书》《曲笔》《惑经》诸篇。
⑤ 钱谦益：《有学集》卷一四，《启祯野乘序》，商务印书馆 1936 年《四部丛刊》本。
⑥ 《汉书》卷五三，《景十三王传》，中华书局 1964 年版，第 2410 页。

"有一疑义，反复参考，必归于至当；有一独见，援古证今，必畅其说而后止。"①
乾嘉学派以钱大昕为代表，更明确标举"实事求是"的旗帜，提出"通儒之学，
必自实事求是始"②，他宣称："史非一家之书，实千载之书，祛其疑乃能坚其
信，指其瑕益以见其美。拾遗规过，匪为龋龉前人，实以开导后学。……更有
空疏措大，辄以褒贬自任，强作聪明，妄生疚痀，不卟年代，不揆时势，强人
以所能行，责人以所难受，陈义过高，居心过刻，予尤不敢效也。桑榆景迫，
学殖无成，唯有实事求是，护惜古人之苦心，可与海内共白。"③表明实事求是
的治史态度中也包括反对"陈义过高，居心过刻"的作风，用阮元的话来说就
是"持论必执其中，实事必求其是"。④

中国古代治史态度方面的议论与史家标准论共同规范着史家的史学活动。
对修史责任感的申明，呼唤千百个史家不计得失，踊跃投身于撰史；高唱直书
实录，鼓舞了史家不惧强权，奋笔修书的果敢精神；而标举实事求是，则要求
史家以认真、审慎、平允的作风研治史学，力求学术上的至当无误。

六、修史制度论

在中国古代，封建王朝皆组织修史，并逐步形成了一定的修史制度，内容
涉及组织方式、史料汇集、纂修方法、审核过程、奖惩条例等方面，而关于修
史制度理论上的论述则比较集中于对"君举必书"和人君不观史问题的讨论，
以及对史馆弊端的批评意见。

春秋时期，鲁国的曹刿在进谏时称："君举必书，书而不法，后嗣何观？"⑤
说明早已形成了官方记载历史的制度。《汉书·艺文志》说："古之王者世有史
官，君举必书，所以慎言行，昭法式。左史记言，右史记事，事为《春秋》，言
为《尚书》，帝王靡不同之。"从理论上阐述了"君举必书"有着使之"慎言行"
的意义。由君举必书产生的另一问题是君主是否可以亲阅当代的历史记载，对
此，古人的见解互有不同。北周柳虬上疏说："古者人君立史官，非但记事而已，
盖所以为监诫也。……而汉魏以还，密为记注，徒闻后世，无益当时。"⑥于是

---

① 潘耒《日知录序》，载顾炎武著《日知录》卷首，上海古籍出版社 1985 年《日知录集释》本。
② 钱大昕：《潜研堂文集》卷二五，《卢氏群书拾遗序》，上海古籍出版社 1989 年版，第 421 页。
③ 钱大昕：《廿二史考异》卷首，《自序》，清光绪十年龙氏家塾刻本。
④ 阮元：《十驾斋养新录序》，载钱大昕《十驾斋养新录》卷首，上海书店 1983 年影印本第 7 页。
⑤《国语》卷四，《鲁语上》，上海古籍出版社 1988 年版，第 153 页。
⑥《周书》卷三八，《柳虬传》，中华书局 1971 年版，第 681 页。

请求将历史记载公开于众。至于唐代，朱子奢则力谏唐太宗不得亲览起居注，指出："陛下出圣旨，发德音，以起居记录帝王臧否，前代但藏之史官，人主不见，今欲亲自观览，用知得失。……若以此法传示子孙，窃有未喻。大唐虽七百之祚，天命无改，至于曾玄之后，或非上智，但中主庸君饰非护短，见时史直辞极陈善恶，必不省躬罪己，唯当致怨史官。但君上尊崇，臣下卑贱，有一于此，何地逃刑？既不能效朱云廷折，董狐无隐，排霜触电，无顾死亡，唯应希风顺旨，全身远害。悠悠千载，何所闻乎！所以前代不观，盖为此也。"①这是对人君不观史原则的有力论述。此后，围绕这个问题，历有论辩，主张人君可观史者，大抵本于柳虬之言，如唐太宗、叶适等人皆有这种见解；反对人君观史者，如欧阳修、王应麟等，多同于朱子奢之论。

朝廷设馆修史，兴盛于唐代，而唐史官刘知幾对史馆制度指摘甚力，指出其弊端有五：一是史官众多，互相观望；二是史料欠缺，难以编纂；三是权贵干涉，不得直书；四是监修牵掣，无从下笔；五是科条不立，职责不明。②宋代修史制度又有所发展，然而欧阳修、朱熹都对宋朝史馆制度予以尖锐的批评，同时提出了改善修史制度的方案。

清章学诚对修史活动的全局予以考察，形成了"有天下之史，有一国之史，有一家之史，有一人之史"的史学总体观念，他设想以官方主办的方志为基础，下为谱牒志状持平，上为朝廷修史提供资料。因而应在州县设立"志科"以聚集资料，准备编修方志。这样就形成了"制度由上而下，采摭由下而上"③的整体修史制度。这是对修史制度理论的杰出贡献，惜乎未能实行。

七、史籍优劣论

中国古代对于具体史籍的评价，即一般所说的史学批评，除了应用封建时代的政治、伦理、道德等思想原则之外，便是以上文所述史学理论内容作为批评的依据。因此，史学批评在史学理论上具有综合性和应用性，而不是史学理论的一个专项内容。然而与此不同的是，中国古代另有关于史籍优劣问题的论述，不是针对某一具体史书，而是总评一类史籍，这种史籍优劣论的产生，是由中国古代史学发达、史书形式多样化的特点决定的。

---

① 朱子奢：《谏欲观起居纪录表》，《文苑英华》卷六二三，影印文渊阁《四库全书》本。
② 详见刘知幾：《史通》卷二〇，《忤时》。
③ 章学诚：《文史通义》卷六外篇一，《州县请立志科议》，中华书局1985年叶瑛校注本，第587页。

刘知幾在《史通·六家》篇，对班固创始的纪传体断代史基本采取肯定的评价，而宋郑樵则力主"会通"，贬斥班固，全盘否定断代史。①章学诚总结了通史有"六便""三弊"，主旨也倾向于提倡通史。他们的论述，都富于说理性，为通史与断代史相比较问题上的卓荦之论。关于杂史，刘知幾曾条别其类，指出"大抵偏记小录之书，皆记即日当时之事，求诸国史，最为实录。然皆言多鄙朴，事罕圆备，终不能成其不刊，永播来叶。"②这个议论是比较公允的。清赵翼则认为"稗乘脞说"与正史歧异者，皆不足征信，故在《廿二史札记》中独重正史。关于国史、实录与野史的对比评析，因明代野史的大量涌现而趋于热烈。万斯同比较重于实录，自称"得观有明实录，始知天下之大观盖在乎此"③。汪由敦亦认为"实录虽有曲笔，必不至如野史之凿空无稽也"④。王鸣盛则强调"大约实录与小说互有短长，去取之际，贵考核斟酌，不可偏执"⑤。

编年体和纪传体是中国古代最重要的两种史籍形式，对这两类史籍孰优孰劣的议论也最为引人注目。晋干宝盛誉编年体而贬抑纪传体⑥，范晔则批评《春秋》"文既总略，好失事形"，认为"纪传者史班之所变也，网罗一代，事义周悉，适之后学，此焉为优"⑦。刘知幾精辟地分析了编年与纪传二体各自的优、缺点，认为"考兹胜负，互有得失"，"欲废其一，固亦难矣。"⑧但并没有使争议平息，萧颖士提出："仲尼作《春秋》，为百王不易法，而司马迁作本纪、书、表、世家、列传，叙事依违，失褒贬体，不足为训。"⑨皇甫湜又撰《编年纪传论》，指出："良史之体者在适不在同，编年纪传，系之时之所宜，才之所长者耳，何常之有！"⑩延至宋朝，孙甫虽未完全否定纪传体，但赞扬"编年体正而文简"。⑪南宋王益之甚至指斥纪传体史书"使人自为传，臣自为功"⑫，乃是有违于《春秋》的"尊王"一统原则。以上这些不同见解，反映了史家不同的史学价值取向，并不仅仅限于史学方法问题。但古代史学的实际发展，已对此做

① 详见郑樵《通志总序》，见《通志》卷首，影印文渊阁《四库全书》本。
② 刘知幾：《史通》卷一〇，《杂述》，上海古籍出版社 1978 年《史通通释》本，第 275 页。
③ 万斯同：《石园文集》卷七，《寄范笔山书》，张氏约园 1936 年刊刻《四明丛书》第四集本。
④ 汪由敦：《松泉文集》卷二〇，《史裁蠡说》影印文渊阁《四库全书》本。
⑤ 王鸣盛：《十七史商榷》卷九三，"欧史喜采小说薛史多本实录"条，商务印书馆 1959 年版，第 1062 页。
⑥ 详见刘知幾《史通》卷二，《二体》。
⑦ 《隋书》卷五八，《魏澹传》所引述，中华书局 1973 年版，第 1419 页。
⑧ 刘知幾：《史通》卷二，《二体》，上海古籍出版社 1978 年《史通通释》本，第 28、29 页。
⑨ 《新唐书》卷二〇二，《萧颖士传》，中华书局 1975 年版，第 5768 页。
⑩ 皇甫湜：《编年纪传论》，载《文苑英华》卷七四二，影印文渊阁《四库全书》本。
⑪ 孙甫：《唐史论断》卷首，《唐史论断序》，影印文渊阁《四库全书》本。
⑫ 王益之：《西汉年纪》卷首，《西汉年纪序》，影印文渊阁《四库全书》本。

出了结论，清王鸣盛说："纪传编年，横纵经纬，不可偏废。"①就是远承刘知
幾的见解而做出的平允论断。

八、史学流变论

对于中国史学的发展演变，古代学者早已有所考察，在史著的序文、经籍
志的小序及其他论著中，都有着论述史学流变的内容，其中除单纯铺陈历代史
籍编撰情况者外，有些则穿插着对史学发展的评析，有些寓论断于叙次之中，
成为古代史学理论的内容之一。

《孟子·离娄下》曰："王者之迹息而《诗》亡，《诗》亡然后《春秋》作。"
这是最早试图解释史学产生和演变问题的论述。《史记·十二诸侯年表序》试图
阐明《春秋》《左传》撰述的背景与动机，以及对其他史籍的影响，主张"综其
终始"，略具考察史学流变的意识。此后，做出这类探讨者代不乏人。班彪评述
了《史记》及其他史籍，《文心雕龙·史传》篇、《隋书·经籍志》史部总序、
后序及各类小序，刘知幾《史通》的《六家》《二体》《古今正史》《史官建置》
等篇，都比较系统地论述了史学的发展演变，并且能与社会背景、学术风气联
系起来分析史学演变的原因。郑樵、晁公武、朱熹、叶适、李焘、胡应麟、焦
竑等人，也有相关的议论。至清代，章学诚对史学流变问题做出了独到的理论
性分析，他指出："《尚书》一变而为左氏之《春秋》，《尚书》无成法而左氏有
定例，以纬经也。左氏一变而为史迁之纪传，左氏依年月而迁书分类例，以搜
逸也。迁书一变而为班氏之断代，迁书通变化而班氏守绳墨，以示包括也。"②
章氏还认为史学应不断变通、进步，以改革义例。他提出应在纪传史中立"史
官传"，其写法是"申明家学，以书为主，不复以一人首尾名篇"，即打破人物
传记的模式，着重于史书的整个编纂过程和后来传习情况。这实际上是要求考
述史学流变，已接近于提出研讨史学史了。章氏在《和州志》和《永清县志》
的《前志列传序例》中，将司马迁之后的史著划为三个阶段：《史记》《汉书》
的撰写为父子相传之业，且能成一家之言，称为"家学"；此后至南北朝时期，
"史臣不领专官，则人自为编、家各为说"，称作"名家之学"；隋唐以后，"名
家复歇，而集众修书之法行"，而考察不同阶段史学状况应注重这些不同内容。
章氏的见解，达到了古代学者在史学流变理论上可能达到的认识顶峰。

---

① 王鸣盛：《十七史商榷》卷一〇〇，"通鉴十七史不可偏废"条，商务印书馆 1959 年版，第 1142 页。
② 章学诚：《文史通义》卷一，《书教下》，中华书局 1985 年叶瑛校注本，第 49 页。

中国古代的史学理论，具有上述八个方面的思想内容，其间相互联系，有机地构成古代史学理论的思想体系。这些史学理论，除唐刘知幾、清章学诚等少数人做出总结性的贡献外，在长期的发展中主要不是以鸿篇巨制的专著表现出来，而是由千百个学者共同创树，互补互益形成的。丰富的思想内容往往浓缩在简要的概念、范畴或类若格言的语句之中，如"良史""信史"的概念，鉴戒、惩恶劝善、资治、经世、六经皆史、"三长"等范畴，"通古今之变，成一家之言"，"国可灭，史不可灭"等语句，都具有丰富的理论蕴义，这是中国古代史学理论的重要特点。

（本文与乔治忠合作发表，原载《南开学报》1995 年第 5 期）

中国史学史绪论

一、学习和研究中国史学史的意义

中国史学史，是中国史学发展的历史，是众多学术史中的一种。

任何一门学科，都有它自身发展的历史，如文学史、哲学史、数学史、物理学史等等。研究一门学科，应当在它过去已经取得的成就的基础上，进行总结，继续前进和发展，所以必须了解它的历史。

我们所说的人类社会的历史，有两种不同的含义。一是客观存在的历史，即历史本身。这种历史在时过境迁之后，即已消失，后人不能看到它的原貌，只能在地下发现的实物和地上保存的古迹中，了解到一些个别的情况。一种是人们用文字记载和编写的历史。这种历史不一定符合历史本身的实际情况或者不完全符合，甚至完全不符合。然而，学习和研究历史的人，主要是依据这种历史去了解历史本身的情况。

用文字记载和编写的历史，主要包括两方面的内容，一是历史事迹的记载，一是对于历史的解释和评论。历史事迹的记载不完备，当然不能反映全部历史情况。如夏、商、西周的历史，文字记载很少，而所记载的又不见得都符合实际情况，以致后人对这段历史的解释和评论也就不同，有时甚至有很大的差异，例如现代学者对于西周社会性质的解释，有人说是奴隶社会，有人说是封建社会，二者必有一错。我们学习历史知识既然以文字记载和编写的历史为主要依据，那么我们所了解的历史情况就难免不符合历史本身的实际，所以要继续不断地发掘史料、进行研究，已经编写的历史要不断改写。

一般人只懂得历史知识就行了，而学习历史专业与从事历史研究工作的人，除了历史知识外，还要懂得史学。

史学是关于学习、研究、解释、编写历史的理论和方法的学问。中国的历史非常悠久，史学也很悠久。梁启超曾说："中国于各种学问中，惟史学为最发达。史学在世界各国中，惟中国为最发达。"①中国很早就设置史官，掌管记载史事和编撰史书，历代相沿，连续不断。②自春秋以后，私人研究史学的越来越多，编写的史书难以计数，著名的史学家层出不穷。德国的黑格尔曾说："中国'历史作家'的层出不穷，继续不断，实在是任何民族所比不上的。"③

史学在中国虽然有悠久的历史，但"史学"一词的出现却是相当晚的。据现存古籍中的记载，史学一词是在东晋十六国时期开始出现的。《晋书》卷一〇五《石勒载记下》云："（晋元帝）太兴二年（公元 319 年），（石）勒伪称赵王。……以任播、崔浚为史学祭酒。"其后，到了南朝，宋文帝设立儒、玄、史、文四学，并培养史学人才。《南史》卷二《宋文帝纪》云：元嘉十六年（公元 439 年），"上好儒雅，又命丹阳尹何尚之立玄学，著作佐郎何承天立史学，司徒参军谢元立文学，各聚门徒，多就业者。"又《宋书》卷九三《雷次宗传》云："元嘉十五年，征次宗至京师，开馆于鸡笼山，聚徒教授，置生百余人。会稽朱膺之、颍川庾蔚之，并以儒学总监诸生。时国子学未立，上留心艺术，使丹阳尹何尚之立玄学，太子率更令何承天立史学，司徒参军谢元立文学，凡四学并建。"这样，史学与儒学、玄学、文学并立，成为当时重要的学术之一，为史学的发展奠定了稳固的基础。以后各代，无论是统一的或分裂割据的政治局面，官方都提倡史学，私人研究也不断开展，为史学积累了丰富的遗产。

研究中国史学有什么意义呢？简单说来，一是了解史学发展的情况，总结其优点，批判地继承史学的优良传统，从丰富的史学遗产中吸取宝贵的经验，以发扬光大今后史学的研究和发展；二是了解过去史学研究中存在的问题，弥补其缺陷与不足，以充实今后史学研究的内容，推进史学的发展；三是了解过去史学研究中各种不同的思想、观点和方法，开阔眼界，增长见识，培养和锻炼对史学的鉴别、分析、批判的能力，以提高今后史学研究的水平。

中国史学史是一门基础比较薄弱的学科，需要大家共同努力，博览群书，深入思考，发掘新材料，发现新问题，提出新见解，贡献新成果，以促进这门学科的新发展。

---

① 梁启超：《中国历史研究法》第二章，《过去之中国史学界》，上海古籍出版社 1987 年版，第 10 页。
② 参见刘知幾《史通》中的《史官建置》及《古今正史》两篇。
③ 黑格尔《历史哲学》第一部第一篇，《东方世界·中国》，王造时中文译本，三联书店 1956 年版。

二、中国史学史的内容

中国史学史应该包括哪些内容，目前史学界尚无完全一致的意见，但有几项内容是不可缺少的。

（一）历史观

历史观是人们对社会历史发展的总体认识，亦即对历史发展规律的认识。历史观可分为唯心史观与唯物史观两大类。在马克思主义出现以前，各种有关历史发展规律的言论都属于唯心史观，只是在马克思主义出现以后，才有唯物史观。

在中国古代和近代，除了史学家之外，还有一些哲学家、文学家、政治家都阐发了他们的历史观，这些历史观在整体上是唯心的，但在某些政治、经济、文化、历史事件和历史人物的具体问题的论述中也含有唯物的成分。大致说来，有以下几种：

一是天命史观，认为人世间的事务是由上天的意志所决定的，一切人事都是天命的安排。这种史观起源于上古时期，一方面由于人们的社会经验和科学知识的幼稚，另一方面则由于国家政权主宰者为了稳固其统治地位而制造的理论根据。其后，历代的帝王企图巩固其统治地位，也都大肆宣传"奉天承运""天命所归"的说法。

一是历史循环论。战国时期，孟子曾宣扬这种观点，他说："天下之生久矣，一治一乱。"[①]又说："五百年必有王者兴，其间必有名世者。"[②]"由尧、舜至于汤，五百有余岁。……由汤至于文王，五百有余岁。……由文王至于孔子，五百有岁。"[③]同时，邹衍创立"五德终始"说，也是这种观点。《史记》卷七四《孟子荀卿列传》云："邹衍……称引天地剖判以来，五德转移，治各有宜，而符应若兹。"又《史记》卷二六《历书》云："是时独有邹衍明于五德之传，（《正义》："五德，五行也。"）而散消息之分，以显诸侯。而亦因秦灭六国，兵戎极烦，又升至尊之日浅，未暇遑也。而亦颇推五胜，（《集解》："骃按《汉书音义》曰：'五行相胜。秦以周为火，用水胜之也。'"）而自以为获水德之瑞。"

---

① 《孟子·滕文公下》。《新编诸子集成》第一辑，《孟子集注》卷六，中华书局 1983 年版，271 页。
② 《孟子·公孙丑下》。《新编诸子集成》第一辑，《孟子集注》卷四，中华书局 1983 年版，250 页。
③ 《孟子·尽心下》。《新编诸子集成》第一辑，《孟子集注》卷一四，中华书局 1983 年版，376 页。

又《史记》卷二八《封禅书》云："自齐威、宣之时，邹子之徒论著终始五德之运。（《集解》："如淳曰：'今其书有《五德终始》。五德各以所胜为行，秦谓周为火德，灭火者水，故自谓水德。'"）及秦帝而齐人奏之，故始皇采用之。"又《文选·魏都赋》注引《七略》云："邹子有《终始五德》，从所不胜，土德后木德继之，金德次之，火德次之，水德次之。"五行是五种自然物质，为人类的生活和生产所必需，相生相胜也是自然现象，原来的说法是唯物的；但邹衍把五行称为五德，用以解释政治上王朝更替的现象，发表历史循环论的说法，就完全成为唯心的了。

一是历史进化论。战国时期的商鞅、韩非，都在他们的论著中发表了历史进化论的见解。如商鞅说："古者未有君臣上下之时，民乱而不治，是以圣人列贵贱、制爵位、立名号，以别君臣上下之义。地广，民众，万物多，故分五官而守之。民众而奸邪生，故立法制、为度量以禁之。"①又说："前世不同教，何古之法？帝王不相复，何礼之循？伏羲、神农教而不诛，黄帝、尧、舜诛而不怒，及至文、武，各当时而立法，因事而制礼。礼法以时而定，制令各顺其宜，兵甲器备各便其用。臣故曰：治世不一道，便国不必法古。汤、武之王也，不循古而兴；殷、夏之灭也，不易礼而亡。然则反古者未必可非，循礼者未足多是也。"②韩非说："上古之世，人民少而禽兽众，人民不胜禽兽虫蛇，有圣人作，构木为巢以避群害，而民悦之，使王天下，号曰有巢氏。民食果蓏蚌蛤，腥臊恶臭而伤害腹胃，民多疾病，有圣人作，钻木取火以化腥臊，而民悦之，使王天下，号之曰燧人氏。"③商鞅、韩非从政治上和社会物质生活上论证了历史进化论的观点，其后对历史有比较正确理解的人，大都持有这种观点。到了近代，因为受西方进化论的影响，历史进化论的言论更为普遍。

一是英雄史观，认为英雄是历史的创造者。古人有"英雄造时势，时势造英雄"之说。近现代的学者梁启超说："历史不外若干伟大人物集合而成。"又说："一个人或一群人的伟大活动可以使历史起很大变化。若把几千年来，中外历史上活动力最强的人抽去，历史到底还是这样与否，恐怕生问题了。……又如近代三十年来的中外历史，若把西太后、袁世凯、孙文、吴佩孚……等人——甚至连我梁启超——没有了去，或把这几个人抽出来，现在的中国是个什么样

<hr/>

① 《商君书》卷五，《君臣》，上海古籍出版社 1986 年《二十二子》版，第 1113 页。
② 《商君书》卷一，《更法》，上海古籍出版社 1986 年《二十二子》版，第 1102 页。
③ 《韩非子·五蠹》，江苏人民出版社 1983 年《韩非子校注》本，第 661 页。

子，谁也不能预料。但无论如何，和现在的状况一定不同。"①这种英雄史观，过去对很多人都产生了重大影响。

一是唯物史观。这是最科学的正确的历史观，最早介绍这种历史观的人是李大钊。他在 1919 年 5 月发表于《新青年》杂志的《我的马克思主义观》，在 1920 年又发表了《唯物史观在现代史学上的价值》，并在北京大学讲授"唯物史观研究"的课程，是唯物史观在中国最早的传播者，其后于 1924 年在商务印书馆出版了《史学要论》一书，唯物史观在中国史学界日益流行。到了 1949 年新中国成立后，唯物史观在全国已普遍推开了。

（二）历史编纂学

历史编纂学包括史料的搜集与整理、史书的体裁与体例、史书的内容与价值、史书编纂方法的成就等方面的问题。在论述时一般以时代先后为序，有时也以类别划分。

（三）史学思想

史学思想是对史学的看法，普遍存在于史学家的著作中。此外，在哲学家、文学家、政治家的论著中也时常出现。不过，这些思想有时只限于史学的某一方面的问题，有时又显得零碎杂乱，往往不成系统。

（四）史学理论

史学理论是对史学中的某些重要问题，做出有系统的理论性的阐述，这种著作在中国古代颇为罕见，只有唐代刘知幾的《史通》与清代章学诚的《文史通义》可以称为这方面的专著，实令人感到遗憾。到了近代和现代，史学理论的著作才逐渐增多。

（五）史官制度

中国的史官制度历史悠久，且基本上连续不断，对于史学的发展有密切的关系。史官制度保证了官修史书的纂修。官修史书在搜集资料上有很大的便利，参加修史工作的人员可以发挥自己的专长。但也因领导无方，管理不善，修史人员不认真负责等原因，产生了许多弊病，以致降低了史书的质量，失去了读

---

① 梁启超《中国历史研究法补编·总论·第三章》，上海古籍出版社 1987 年版合编本，第 172-173 页。

史者的信赖。

（六）史家的生平其成就

了解史家的生平，可以探知其著史的社会背景、政治环境、交游活动、家世影响，从而对其史家成就的大小做出正确的评价。如有些著名的史学家一生勤奋刻苦，取得了卓越的成就，可以为后人树立良好的榜样。

三、过去对于中国史学史的研究

中国古代对史学史首先进行研究的，应推东汉的班彪。

《后汉书·班彪传》说班彪曾"斟酌前史而讥正得失"，并记载了他评价以前史书的大略情况，其中以较多的文字指出了司马迁撰写《史记》的优点与缺点。这是最早的一篇史学史研究成果，引起了后人的高度重视。

南朝梁时的刘勰，在其所著的《文心雕龙》一书中有一篇《史传》，历叙自殷、周以来的历史记载和著作的情况，并对其体裁、体例、内容、价值等做了简要的评论，全文一千三百多字，是一篇简明的中国史学史，也引起了后人的高度重视，产生了很大影响。

唐朝的刘知幾著《史通》，第一次对中国史学做了比较全面的总结，是一部内容丰富的中国史学史专著。其中的《六家》论述了史书的流派，《二体》论述了编年、纪传两种体裁的得失利弊，其他各篇分别论述了历史编纂学的种种问题，提出了自己的见解。《史官建置》叙述历代史官建置的沿革，《古今正史》叙述历代主要史书编纂的经过，简明扼要，使后人受益良多。刘知幾对中国史学史有全面而深入的研究，是第一个中国史学史专家。

南宋的郑樵和元代的马端临，也都对史学史有深入的研究。郑樵的《通志总序》，发表了对史学特别卓越的见解；马端临的《文献通考总序》，也提到了对史学独到的主张。

清代的钱大昕、赵翼、王鸣盛，都对史学史有全面的研究。钱大昕的《十驾斋养新录》《潜研堂文集》，赵翼的《廿二史札记》，王鸣盛的《十七史商榷》，其中都有关于史学史的独到见解，给后人很大启发。

清代的章学诚更是著名的中国史学史专家，他的《章氏遗书》，特别是《文史通义》，发表了很多创新的见解和主张，深受后人的崇敬和信仰；他对史学史的精湛的研究，使近现代的学者深为叹服，公认其崇高的学术地位。

虽然古代学者在中国史学史的研究上取得了丰硕的成果，但还没有史学史这一名称，更没有建成一门独立的学科。一直到了现代，在梁启超的倡导下，才有了史学史这一名称，并逐渐建成了一门独立的学科。

1922年，梁启超的《中国历史研究法》出版，其中第二章《过去之中国史学界》就是一篇简明的中国史学史，但这时还没有提出史学史这一名称。

1925年至1927年间，梁启超在北京清华研究院讲授"中国历史研究法"一课，曾提出研究和编写中国史学史的设想。1930年，梁启超的《中国历史研究法补编》出版，此书内容即为他在清华研究院讲课的记录，其中有《史学史的做法》一篇，认为史学史的内容应包括史官、史家、史学的成立与发展、最近史学的趋势四部分。此书出版后，不仅有了史学史这一名称，研究史学史的风气也开始兴起。

在30年代，有的学者在大学里讲授中国史学史课，如蒙文通在北京大学，陆懋德在北京师范大学，卫聚贤在上海暨南大学。他们也曾写了讲义，但仅由本校铅印，发给学生，并未公开出版。他们的讲义都是按朝代的次序叙述历史著作的情况，内容简略，但在某些地方也有各自独到的见解。

到了40年代，又有更多的学者在大学里讲授中国史学史课，并先后有数种专著正式出版。1941年，魏应麒的《中国史学史》出版；1942年，王玉璋的《中国史学史概要》出版；1944年，金毓黻的《中国史学史》出版。此外，还有一些出版的专著，虽然没有中国史学史的名称，但其内容实属于中国史学史的范围，如朱希祖的《中国史学通论》（1943年版）、柳诒征的《国史要义》（1948年出版）等，也都是对史学史深有研究的著作。

这时，不但有了史学史的名称，中国史学史也列入大学的课程，还有几部专著问世，中国史学史这门学科可以说已经完全建立起来了。

（原载《南开大学历史系建系七十五周年纪念文集》，南开大学出版社1998年1月出版）

说中国近代的史学

中国传统史学经过几千年长足的发展，积累了丰厚的文化底蕴。到了近代，西方文化涌入中国，史学发展也发生显著变化。一方面，西方资产阶级史学思想逐步传布，新的史学理论、史学方法逐步占据前导的地位，史书撰写的形式、内容都打开新局面；另一方面，传统史学仍有相当的影响力，它与新史学既斗争、又融合，演绎出多彩的史学现象。这里不可能将中国近代史学全面地叙述和分析，仅约略谈谈自己的所知与体会。

一、近代史学思想的前驱

鸦片战争之后，中国社会发生重大变化。西方经济势力、政治势力的侵入，对思想界是一个极大的冲击，民族的危机已经显现出来，传统的社会体制、政治模式和思想文化要不要改革，成为少数思想家思考的问题。在史学界，一些思想家朦胧地感到旧的史学思想应该有所改变，但当时提不出具体的设想，许多看法虽有新意，但还处于传统史学的躯壳之中。因此，这还不是真正近代史学的产生，只是新史学思想的前驱，其代表人物有龚自珍、魏源、康有为等人。

1. 龚自珍（1792—1841）是一位杰出思想家，影响很大，在社会观察、政治思考和历史探讨上，皆开一代新风，他的主要史学著述有《古史钩沉论》《蒙古图志》等，其史学思想主要表现在《古史钩沉论》中。龚自珍强调史学的重大作用，认为史学与关乎国家存亡、治乱兴衰的大"道"联系一起，而"欲知道者，必先知史"。他读过西方的书籍，也略知一些其他国家的历史，认为凡灭亡一国，必先灭其史，只要其历史不亡，一个国家总可以复兴，且举出不少事例予以说明。龚自珍认为史家要思考人类社会最重大的问题，提出"良史之忧忧天下"的重要论断，甚至要求当权者也应具备"良史"的视野与思维方式。他本人即做到了先天下之忧而忧，看出并且深入地分析了清朝统治下的社会危机，呼吁进行"自改革"以挽救之。

2. 魏源（1794—1857）是著名的思想家，也是杰出的史学家。他有多方面的学术著作，历史学著述有《圣武记》《元史新编》《海国图志》等等。魏源具有明确的历史进化论思想，认为社会的进步在于改革变化，"小革则小治，大革则大治"，指出中国每变化一次就有一次进步，如郡县制比分封制好，科举制比察举、九品中正制好，租税制度的演变也是如此。他撰写历史的目的是经世致用，如《圣武记》叙述清初的武功，用意是主张强兵富国，提高抵制外来侵略的能力和勇气。魏源的最重要的著作是《海国图志》，经多次修订补充，达100卷。通过汇集大量资料，叙述世界各国的历史、地理、国情，对英国的介绍尤其详细。鸦片战争之后，忧国忧民的士人要求了解世界、抵御外侵，此书是应运而生的代表作，很明确地提出了撰写的目的，即"师夷长技以制夷""以夷攻夷""以夷款夷"。而为达到这个目的，首先应当了解这些外国。本书内容丰富，在修订补充过程中汲取各家撰述之长，作者还抒发了对外国政策、制度的见解，有利于打开国人认识世界的眼界。

3. 康有为（1858—1927）是著名的学者、政治家，对历史学有精湛的研究，康有为撰有许多论述历史的文章，认为历史是进化的，社会越来越走向文明与进步，而古代越古老就越野蛮，中国古书对上古的描述是不可靠的。他将《春秋》"公羊学"说法结合进化论思想，提出中国历史发展经过三个阶段，第一期是"据乱世"，即秦朝之前的分裂局面，政治上是酋长制。康有为认为先秦从来未出现国家的统一，那些所谓圣王也不过是个酋长，只占据很小的地区。第二期为"升平世"，从秦朝确立君主制开始，是进入文明时代的阶段。第三期是"太平世"，必须通过变法才能达到，政治上是君主立宪或民主共和。他又根据《礼记》中"小康"与"大同"之世，提出天下大同的政治理想。康有为的贡献主要在于宣传资产阶级改良主义思想，推动了戊戌变法，对中国社会的进步具有很大的促进作用。他的许多历史著述如《孔子改制考》《日本变政考》等等，都是为宣传变法图强服务的。

康有为的政治思想已经属于近代的资产阶级性质，并且利用史学为其政治理想服务，但对于历史学本身，还没有提出除旧立新的改造方案，他的历史观也未摆脱传统史学的躯壳。从龚自珍、魏源到康有为，历史观与史学思想步步推进，在这一过程中也还有许多史家做出不同程度的贡献。这为新史学的出现准备了条件，起到了先驱的作用。

二、近代资产阶级新史学的建立

近代新史学与传统旧史学具有根本不同的性质，判断其是否建立的标准有两点：一是应当形成比较系统的新史学理论，二是出现按新观念、新体系编纂的、比较流行的历史著作。根据这两个条件，中国近代新史学的正式建立，是在 1901—1906 年之间。1901 年梁启超发表《中国史叙论》，1902 年写出《新史学》，提出了较为系统的新史学理论。他也写过历史著作，但不大流行，影响不广。1906 年，夏曾佑《最新中学中国历史教科书》第三册出版，叙述上古到隋朝的历史，从体例和内容上打破旧有的体系。这样，近代新史学的基本要素具备了。当时，还有其他人为新史学的建立做了工作，如章太炎也提出一些理论性见解，也有写一部通史的打算。另外有一些学者撰写文章，发表相近似的看法，总之形成一个关注史学革旧创新的文化环境。

（一）近代新史学理论的建立

在中国近代新史学理论的建立上，梁启超是最早做出最重要贡献的学者，是中国史学史发展到一个新阶段的代表性人物。

1. 梁启超（1873—1929）的生平。梁启超一生大体上可分为三个时期，第一期是 20 岁之前，为读书学习时期，据说他 3 岁即开始认字，5 岁读完了四书五经，8 岁能够写上千字的文章，12—14 岁接受了训诂、考据方面的严格训练，17—20 岁做康有为的学生，学习许多西方的知识，学问、见识都有新的飞跃。这些学习经历，为梁启超一生的事业和学术打好坚实的基础。第二期从 21 岁至45 岁，是主要从事政治活动的时期，这期间也进行了学术性研究，政治与学术是结合的。他协助康有为搞变法活动，是得力的宣传者、组织者。23 岁时任上海《时务报》主笔，24 岁在长沙时务学堂任总教习。戊戌变法那年 25 岁，在名声、地位、贡献上，成为康有为之下的第二号角色。变法失败后，他流亡日本，直到 1911 年，其间有两年左右时间到过檀香山、美国等地。流亡时期在日本办过报纸，写了不少著作和文章，仍然坚持改良主义立场，宣传变法和君主立宪思想，反对孙中山的革命主张，与革命派进行激烈的辩论。辛亥革命后回国，办过报纸，40 岁时当过短时的司法部长，41 岁被袁世凯任为币制局总裁，但他与袁世凯并不投合，不久即行辞职。袁世凯称帝，他参与了讨袁的斗争，蔡锷就是他的学生。袁世凯垮台，他又出任段祺瑞政府的财政部长，但也很快就辞职。45 岁，下决心离开政界，到世界各国游历，1920 年春回国。第三期是45 岁之后，专门从事讲学与学术研究工作，52 岁时，受聘为清华研究院导师，同任此职者还有王国维、陈寅恪、赵元任三人，成为全国最著名的学者之一，培养了许多人才。

梁启超一生阅历丰富，学识渊博，精力过人，是中国近代杰出政治家、社会活动家，也是杰出的大学者。他在文、史、哲各领域都有思想深刻、影响广泛的著作。

2. 梁启超的史学理论。梁启超的史学理论一方面是批判封建旧史学，一方面是建设近代新史学，二者结合一起，其内容可分为以下几项：

第一，提出了资产阶级新史学的基本原则。在《中国史叙论》《新史学》中，梁启超要求摈弃朝廷的历史，建立国民的历史。他认为过去二十四史都是朝廷的历史，《资治通鉴》同样是叙述朝廷之事，皆不符合"国民历史"的标准。过去的"正统论"为一家皇帝争正统地位，颇无意义，我们现在应当要"民统"，而不要"君统"。传统的纪年方法也不合国民的需要，应该改变，他主张以孔子的诞生为元年来纪年。这些看法明显具备反对封建史学的思想，但纪年方法尚不如当时章太炎主张的共和纪年（公元前 841 年为元年）更具有新意。

梁启超反对个人的历史，主张建立群体的历史。梁启超认为以往的历史写成了一个一个历史人物的画像，而我们需要的是群体的历史。时代造就杰出的历史人物，但不应把时代作为个人的附属。过去纪传体史书以记述单个的人为主，这是不好的，历史应当记述群体的活动，个人之事如果与群体活动无关，就没有必要记入史书。他主张历史不仅记载史事，还要说明因果关系，考察人群进化之公理、公例。而且认为历史不仅仅记载过去，还应当"有益于今务"。历史学首先要能够激发起爱国心，要起到改造现实社会的作用。

第二，拟定了史学的界说，即历史学的定义。梁启超指出："历史者，叙述人群进化之现象，而求得其公理、公例者也。"他批判历史的循环论，强调人群是不断进化的，并且认为历史进化中有着"公理、公例"，即试图探讨历史的规律性。这个定义在当时是最进步的论断，也是梁启超在史学理论上达到的最高境界。后来，他从这个高点退步下来。

第三，对中国的历史做出了分期的解释。康有为的历史分期方法是借用旧的经学说法，相当牵强，至梁启超才采用西方的历史方法来研究中国历史，将之划分为"上世""中世""近世"三个阶段。上世史是从黄帝到秦统一，其特点是"中国之中国"，即国内各族的竞争与融合时期，没有对外国的联系和交往；

中世史是从秦统一之后到清朝乾隆末年，特点是"亚洲之中国"，即中国与亚洲各国发生各种关系；近世史是从乾隆末年之后至现在，特点是"世界之中国"。这个历史分期是从民族之间、国家之间关系的角度出发，不太科学，而在当时不失为一种新颖的学说，具有很大的启发作用。

3. 梁启超 1906 年之前的历史著述。梁启超不但提出一套新史学的理论，而且亲手撰写不少历史著述，这些著述符合自己的史学思想，当时令人耳目一新。例如针对外国有人认为中国历史上缺少探险与向外开拓、发展的人才，梁启超撰写了几篇著述：《张博望班定远合传》，表彰汉代张骞、班超之有胆有识。将西汉、东汉的两个人物合写，方法十分新奇。《中国殖民八大伟人传》叙述明清时期八位到海外发展事业的人物，《郑和传》叙述大航海家郑和的事迹。这些著述都是以激发爱国心、鼓舞国人斗志为目的的。他还曾计划编写一部中国通史，但未能实现。

在世界史方面，梁启超也有不少著述，如《意大利建国三杰传》，讲述卓有勋绩的该国政治家；《波兰灭亡记》《朝鲜亡国史略》等，是利用历史知识发出不变法图强则必亡国的警告。

梁启超提出的新史学理论和他的史学实践，成果卓著，影响广泛，由此可以判定，他是中国近代资产阶级新史学的最重要的创始人。

（二）新式历史教科书的编纂

20 世纪初，各省相继建立了新学堂，宣传新史学的最好方法是写一部新式的历史教科书。夏曾佑是梁启超的好朋友，他学问渊博，接受了西方进化论等思想，并应用于中国历史的研究。1902 年，夏曾佑开始撰写历史教科书，1904年出版第一册，1905 年出版第二册，1906 年出版第三册，写到隋朝。商务印书馆最初出版时题为《最新中学中国历史教科书》，1933 年再版改为《中国古代史》，列为大学教材。这是第一部近代新式的历史著作，其特点是：

1. 本书是中国第一部以章节体形式写成、并且具有广泛影响的史书。章节体来源于西方，传入日本，中国是从日本学习来的。日本学者那珂通世 1891年撰有《支那通史》一书，对部分中国学者有所影响。

2. 本书对中国历史重新进行了分期，也分为三个大段，即上古、中古、近古，同时又分为七个小段。上古史从开天辟地讲起，直到周末即战国时期。这其中再分两个小段，第一小段是传疑时代，指西周及其之前，没有可靠的历史资料（当时尚未发现甲骨文）；第二小段是化成时代，即中国文化的形成时代，指春秋、战国时期。

中古史是从秦到唐朝，其中分三个小段，第一是极盛时期，从秦朝至三国，国势强大，人才旺盛；第二是中衰时代，从西晋至隋初，在民族关系上，汉族的力量下降，少数民族势力压倒汉族政权；第三是复盛时代，为隋唐时期，主要是唐朝。

近古史是从五代至清朝，分两个小段，第一是退化时代，即五代、宋、元直到明朝，汉族政权势力薄弱，中间国家分裂、外族入侵，缺少唐朝的强盛；第二是更化时代，即清朝，这是将要发生大变化的时代。

3. 本书在内容上经过精心安排，叙述史事重点突出，有详有略。对每一时代特别的事件，就详细记述。例如对战国时期详于学术流派，对秦朝详于官制，对汉代详于疆域等等。

4. 本书在历史观点上，取西方进化论的历史观，对社会历史变动的解释是"生存竞争，优胜劣汰"。这种将达尔文生物学的"生存竞争"观念导入社会历史的思想，来自西方，与中国传统史学中认为历史逐渐进步的"历史进化论"，不属于同一类的观念。本书还直接汲取西方史学的成果和概念，例如讲述母系氏族转变为父系氏族的问题，讲述从渔猎社会到耕稼社会再进入宗法封建社会的问题等等，都是西方历史学的现成结论。

本书在历史观点上极力反对君主专制主义，每个时期都讲述专制制度造成的祸害，对秦朝迅速灭亡原因的分析，即归结为政治的极端专制主义。《中国古代史》三册，写到隋朝，约 30 万字，其编纂理念是"文简于古人而理富于往籍"，表明作者十分重视历史观的表达，要通过历史教学宣传新的历史观念。夏曾佑的中国历史分期比梁启超精细，构成一个有特色的史学体系，虽未必全面、准确地反映中国历史的真实状况，而在当时对史学界的启发作用，无疑是极其巨大的。本书的历史观还存在旧思想的残余，如浓厚的大汉族主义情绪，对孔子的十分推崇等等，但成绩是主要的，它在中国史学史上占有重要的地位，标志中国近代资产阶级史学的基本建立。

因为这部书仅写到隋朝，此后紧接着又有几部历史教科书出版，但文字更简了，适用于中学教学而已。但新的章节体史书编写方式，新的历史认识体系，影响则日益扩大。

三、近代新史学的发展

近代史学的发展，不仅得益于中国社会演化提供的条件，得益于西方思想的影响，得益于新史学理论的建立和新式史著的示范作用，而且得益于大批新史料被发现、开发和整理研究。

（一）新史料的发现与整理研究

1. 新史料发现与研究概况。19 世纪末到 20 世纪二三十年代，中国发现多种新的、价值极其宝贵的历史资料，其中重要的有甲骨卜辞及金文、汉晋简牍、敦煌石室书卷、清内阁大库书籍档案、古代少数民族文字史料等等。

甲骨文、金文史料：甲骨材料早就在河南地区出土，不过长期是用作药材，称为"龙骨"。1899 年清朝官员王懿荣购买中药时，发现里面的"龙骨"上刻有文字，于是私下收集保存，这是发现甲骨文价值的第一人。但王氏是自己秘密收藏的，影响不大，他在八国联军侵华战乱中死去。第一位将甲骨文公布于世者是刘鹗，刘鹗号铁云，1903 年将其收藏的甲骨文选印出来，这里面也包括原来王懿荣的收藏，题名《铁云藏龟》。从此，学术界得知甲骨文这种宝贵的文化遗产，开始引起广泛关注，有利于收集和保存。第一个试图予以解读的学者是孙诒让，1904 年撰《契文举例》，虽然解释中存在错误，但开先之功不可没。第一个用甲骨文资料考证历史的学者是罗振玉，他于 1910 年出版著述《殷商贞卜文字考》，关于甲骨卜辞的学问初步形成了。罗氏之后，在甲骨文研究中取得杰出成绩的学者，有王国维、郭沫若、董作宾，这四位甲骨学专家的别号中都带有"堂"字，即罗雪堂、王观堂、郭鼎堂、董彦堂，人称"四堂"。

铜器金文早从汉代就被发现，这些文物大多是商代、西周时期的，有文字的铜器以周代居多。宋朝以来，对铜器铭文就有研究，但截止至清乾嘉时期，成果主要是在文字学方面。清末吴大澂、孙诒让开始用之考订历史，做出一些尝试。真正用金文资料考证历史取得显著成绩的是王国维，此后，郭沫若做出很大贡献，容庚、吴其昌等人亦有学术成果。

汉晋简牍是指地下出土的记载汉、晋史事的文书，是写在木简之上。历史上，从汉武帝到魏晋时期，公文多使用木简。1900 年在新疆、甘肃等地始有发现，1927—1930 年在居延发现大量汉简，约三万多件，居延当时属于甘肃省，今划归内蒙古。对汉晋简牍研究早而成就大的学者，是王国维和罗振玉，其后劳干、贺昌群皆为有名的专家。这些简牍虽然主要记述发现地区该时的社会状况，但也同时反映出全国性的一般历史面貌。

敦煌石室书卷是藏于甘肃鸣沙山石窟中的历史文献，敦煌石窟中壁画、雕像等文物早已举世皆知，但保藏书卷的洞室是秘密的，长期无人知晓。1900 年，封堵石窟入口的墙壁损坏，露出缝隙，才被发现，内有大量书卷，多为写本，也有少量雕本，内容极为丰富。这些文献被法国、英国、日本、俄国等各国学者、文物贩子携出国外，敦煌的其他文物也被大量掠夺，这对中国而言是个文化浩劫。敦煌石窟书卷既具极大的文物价值，又具有珍贵的历史史料价值，其内容可以用于校订古籍，含有无可替代的艺术史料、社会风俗史料、宗教史料、中外交通史料和中外文化交流史料等等。中国学者中，王国维、罗振玉较早地整理和研究过敦煌文书，后来陈垣、向达、王重民等整理研究并且卓有成就。

清内阁大库书籍及档案文献，本来保存于清朝宫廷之内，日积月累，数量巨大，时光荏苒，却渐被漠视。内阁大库位于宫廷东华门内，1909 年（宣统元年）因房屋损坏需要修缮，将其中所存书籍、档案暂行移出堆积。当时大学士兼管学部事张之洞奏准，将其中大量书籍另做保存，即设立学部京师图书馆储藏。至于档案，内阁议定认为旧档无用，奏请焚毁。罗振玉当时任学部参事，至宫中接收大库书籍，闻知档案将要焚毁，急请张之洞奏请免焚，也由学部收存。民国时期，这些档案存于历史博物馆，1921 年北洋军阀时期，历史博物馆缺乏经费，将档案稍做选择，以其中四分之三卖作废品，装七、八千麻袋。罗振玉得知，又用三倍的价钱买回，花费一万三千银圆。罗振玉组织人员进行了部分整理工作，后又转归当时的中央研究院等机构，成立了"明清史料编刊会"，有陈寅恪、陈垣、朱希祖等人参加过整理研究。另未被卖的较完整档案，转归北京大学，孟森等人进行过整理研究。

古代少数民族文字史料：从 1889 年起，在北方陆续发现少数民族文字的碑、刻石、书籍等，其中有突厥文、回鹘文、西夏文、契丹文、女真文等多种文字史料。但对此研究者不多，罗福苌、陈寅恪、王静如等有成绩，这是历史研究的新领域。

新史料的发现、整理和研究，是近代中国史学史上的大事，这极大地推动了历史学的发展，造就一大批杰出的历史学家，培养出许多历史研究的学术骨干，使中国史学保持长久的兴旺发达局面，其意义至为深远。王国维即是应用新史料、发展新史学的代表性历史学家。

2. 王国维的史学。王国维（1877—1927）20 岁之前接受的是旧的封建教育，广读古书。此后，开始学习日文、英文、自然科学，24 岁赴东京物理学校上学，但几个月就回国了，转而学习哲学，特别是着重学习德国康德、叔本华、尼采的学说。24—30 岁专攻哲学，在江苏等地师范学校任教，讲授哲学，同时撰写不少文章。30—35 岁研究文学，主要是宋元时期的词曲，撰成不少著述，其中《人间词话》《宋元戏曲史》十分著名。1912 年 35 岁再到日本，专门研究金石、古器物、古文字、音韵学和经史之学。他的学术造诣甚高，在几门学科上都达到专家水平。39 岁回国，专研究上古史。1925 年 48 岁，受聘为清华研究院教授，进行过元史、西北地理的研究。1927 年投昆明湖自杀。对其死因，学界有过不同的分析。王国维在政治上有很强的封建性，始终不肯剪掉清朝式的发辫，而学术上是资产阶级性质，他一生进行学术活动，成就卓著。

王国维史学成就的主要特点是：

（1）学术基础广博，在中国古籍文献、金石、文字、音韵等方面皆有精到的研究，哲学、文学上也有很深的造诣。他懂得三种外文，自然科学知识也很广泛，这都是史学取得突出成就的原因。

（2）以科学的治史态度和创新的研究方法，树立近代新史学的典范。王国维研究历史坚持了实事求是的态度，其著作中的所有结论都有充分的证据，对史料的掌握原原本本，绝无削足适履、故意曲解之嫌。他的史学方法是将传统的考证学方法，与近代新史学方法相结合，形成所谓"二重证据法"。王国维解释他的"二重证据法"，就是把地下的史料与书上的记载结合起来对照，"以新证旧，以旧释新"。古书上的记述与出土史料相契合的，就是真实可信的，不相符合就是可疑的。王国维指出：上古史籍中往往是传说与史实混合不分，正史中也有许多不可靠的记载。同时，被一般人看作传说之书籍，其中有些叙述却包含史实的"素地"，即可以从中清理出史实，例如《山海经》《楚辞》《吕氏春秋》等书，皆有反映历史状况的资料。他主张对这类书籍中的材料重新研究，开拓古史研究的新领地。这打开了历史学者的眼界，扩大了史学资料的范围。

（3）对殷周历史的研究成果卓著，用甲骨文资料研究殷商史，用金文资料研究周朝史，方法与结论上都具有独创性，郭沫若认为王国维的史学成功放射出"异样的光辉"。

（4）在元史的研究上有较重要的贡献，最后几年写出一些元史研究的著述。

（5）不仅自己研究历史取得杰出成绩，而且培养了许多杰出的学术人才。

（二）关于中国通史著作的发展

夏曾佑《中国古代史》著成并且广泛流传，影响不少学者撰写中国通史的著作，从 20 世纪 20 年代之后，出版了 20 多种，质量高下不齐。

1. 几种中国通史著述。吕思勉《白话本国史》是第一部用白话文写成的中国通史，本书文笔精彩，对史事有独到见解，在 20 世纪 20 年代流传很广，但为了全用"白话"撰写，没有引录史料原文。

到 20 世纪 30 年代，流传广、质量好的中国通史著述，有章嵚《中华通史》、邓之诚《中华二千年史》。《中华通史》内容全面、完整，政治、经济、文化各种史事均作记述，范围从开天辟地到清朝，史料丰富，功力深厚。当时被很多大学采用为历史教材，但文字比较深奥。《中华二千年史》记述范围是从秦统一中国到清代，特点为章节体结合纲目形式，作者用简要文字提纲挈领地概括史事，此为"纲"，以下列述具体史料来说明史实，而且尽量引用原始史料，倘若原始史料过多而杂乱，就引述前人成功整理的材料。这使本书很适合用作大学的参考书，有利于训练大学生读史、治史的能力。新中国成立后曾重印，流传广而很受欢迎。

20 世纪 40 年代，又有两部中国通史著述流行，一是吕思勉《中国通史》，另一是钱穆《国史大纲》。吕著《中国通史》分上下两册，相隔五年出版，上册是政治史，下册记述典章、经济、文化等等。本书简明扼要，使用方便。钱著《国史大纲》也采取纲目式的编写方法，而其特点在于饱含作者个人的学术见解，对史料也发表分析和评论，这一点与其他通史著述很不相同。新中国成立后，《国史大纲》曾经作为批判资产阶级史学运动中的重点对象。

与吕著《中国通史》写法相类似的是张荫麟《中国史纲》，撰写认真，比吕著更为精细，文笔生动，史实准确，书中写入自己的历史观点，但可惜只写到西汉之末作者就逝世了，年仅 37 岁。新中国成立后，本书出版时题名《东汉前中国史纲》。另外，周谷城著有《中国通史》两大册，此书写得比较冗长，不大精要。在历史观点上，运用许多历史唯物论的概念和语言，但作者是按自己的理解使用这些概念和词语的，所以成了很特殊的作品。

2. 吕思勉的史学。吕思勉（1884—1957）是一位很有影响的史学家，撰写两部中国通史，又编写各个断代之史，可惜仅写到隋唐五代，未能写完。他还著有民族史和学术史的著作，长期在上海几所大学任教，新中国成立后于华东师范大学工作。吕思勉在史学方面具有两个特点，其一是他功力深厚，对史料掌握得广博，二十四史至少研读三遍，著述中资料极为丰富。他的断代史著作中，将搜集的史料分门别类地排比，为读者、治史者提供很大方便，人们对他提供的史料十分放心，因为他治学严谨。其二是他一生不断写札记，记录读书、思考的心得和有关资料。新中国成立前出版过他的《燕石札记》，新中国成立后又出版了《燕石续札》，逝世以后，华东师大整理、出版他的历史学方面的札记。

3. 钱穆的史学。钱穆是从农村小学教员一步步成长为著名的历史学家的，他幼年家境艰难，生活很苦，后来当了 9 年小学教师，业余刻苦钻研，有历史学著述发表，取得了一定的学术成就。随后又当了五年的中学教师，这期间写了几本书，在全国出了名。1930 年，在顾颉刚等人的推荐下，到燕京大学任教，后来胡适将他聘到北京大学，抗日战争时期，先在西南联大、后到成都齐鲁大学国学研究院工作，新中国成立前夕到香港创办新亚学院，退休后去了台湾。他一生著作极多，学术之外，20 世纪 40 年代还写过不少政论文。学术著作中影响大的有《先秦诸子系年考辨》《中国近三百年学术史》《国史大纲》等等，其中《先秦诸子系年考辨》具有很高的学术价值。

钱穆完全是靠自学成就学术事业，在历史学界有十分显著的地位。这种经历，会得到人们的佩服与尊重。但他 20 世纪 40 年代发表的政治论文，大多有利于国民党的统治，有反对共产主义思想的倾向，在当时，这样以学者身份为国民党政权帮腔的人并不很多，有较大的不良影响。

钱穆的史学具有以下几个特点：第一，考据精密，特别是在年代问题上。严谨、深切的考据，是他成名的主要原因。第二，史料掌握既深又广，而且融会贯通，具有独到见解。《国史大纲》是他在北京大学的教学讲义，讲课时就吸引了许多人来听。本书的引言综合发表了在历史学上的独得之见，富于启发性。第三，曾经坚持中国的本位文化论观点，对于外来学说都尽可能予以批评否定，或认为不适合中国。20 世纪 30 年代在"学术救国"的方向上，发生所谓"全盘西化"与"中国本位文化"的辩论，陈序经、胡适等人主张西化，尽可能地学习、接受西方文化，这是钱穆等人所坚决反对的。钱穆的本位文化论又有自己的特殊见解，他认为中国自从秦朝以来就是民主制度，从来没有过专制，连秦始皇有国家大事都与大臣商议讨论。后来，这种观点多少有所改变。

（三）中国断代史的研究及其著述

1. 概况：近代学者对中国历史的研究，逐渐形成几段比较热门的断代史概念，一般分作六大段：先秦、两汉、魏晋南北朝、隋唐五代、宋辽金元、明清。

近代史不受重视，同时"近代"究竟起自何时？史学界分歧很大，有人主张明朝就是近代的开始，有人认为清代属于近代。萧一山 20 多岁就撰著了《清代通史》一书，流行很广，就是将清代作为近代来论述的。讲近代历史，重点内容都是外交史、国耻史等方面，一般大学并不列入历史课程之中。无论研究还是教学，重点都在现在我们所说的古代史范围之内，当然也有研究近代史的出名人物，如蒋廷黻即是。研究中国断代史的学者及其著述甚多，这里仅介绍两位史学家。

2. 陈寅恪的史学。陈寅恪（1890—1969）在魏晋南北朝史、隋唐史的研究成就很大，被视为当时史学界的学术权威。著有《隋唐制度渊源述论稿》《唐代政治史述论稿》《元白诗笺证稿》等，对魏晋南北朝史的研究有论文而未写书，许多论文收载于文集《金明馆丛稿》中。晚年用较长时间撰写《柳如是别传》一书。

陈寅恪的学术特点可以概括为以下四个方面：第一，学术基础非常雄厚，能掌握 13 种文字，其中有通行的德文、法文、英文、日文，有六种欧亚古国文字，即希腊文、拉丁文、阿拉伯文、巴利文、梵文、波斯文，有三种中国少数民族文字，即满文、蒙古文、藏文。另外对西夏文也略能读懂。阅读中国古籍亦极为丰富，具备超强的记忆力，因此在史料应用上能得心应手。

第二，学识渊博，取得多方面的学术成就，在历史学、文学、哲学、语言学上皆有极高的造诣。1925 年清华研究院聘他为导师、教授，1929 年合并入清华大学后，他任文、史、哲三系的教授。新中国成立后，为中山大学教授，中央文史馆副馆长。他的哲学论文也很多，研究成果卓著，冯友兰《中国哲学史》交付出版时，是由陈寅恪审查；古典文学方面，他被公认为第一流的学者，特别是在唐诗研究上，成就极高；历史研究涉及面也很广，各个断代史都有学者向他请教。

第三，擅长考据，且考证方法独特。陈寅恪的历史考据一般使用常见书籍中的史料，极少引用偏僻的材料，能够从常见史料的相互关联做出分析、判断，考订出别人意想不到的问题。以文学作品考证历史，陈寅恪是最成功的，他的《元白诗笺证稿》用元稹、白居易的诗考证出许多唐代的史实，是以诗证史的典范。以小说的材料考订历史，也有突出的成绩。他著书往往用"稿"字，表现出谦虚的态度。

第四，善于分析、解释历史问题。陈寅恪理论思维很强，这与一般历史考据学者有着显著不同。他能够结合时代特点、社会背景对历史做出深切的评析和论断，有不少论文题目似乎很小，然而可以涉及的历史内容相当宽阔。

第五，治学讲求实际学问，不在乎名位。陈寅恪在日本、德国、瑞士、法国等许多国家的许多大学学习过，求学是为了掌握该学校有特色的知识和读其特藏之书，并不是追求学位和文凭，例如在柏林大学，临近毕业就离开了，因为该学的内容学过了，该读的书读完了，不用费时间获取毕业证书了。

3. 顾颉刚的史学。顾颉刚（1893—1980）是近代史学界"古史辨派"的创始人，对上古史的研究有特殊的贡献。1925—1941 年他主编《古史辨》，前后共出版七册，其中有四册是他亲手编辑（另三册是罗根泽编辑第四册、第六册，吕思勉、童书业编辑第七册）。此书是先秦史的论文集，中心内容是疑古辨伪，所以人称"古史辨派"，学术特点是疑古。顾颉刚认为：中国古史是"层累地造成的"，其表现是越到后来所了解的历史越向远古延伸，周代人心目中最古的是大禹，孔子时有了尧、舜，战国时有了黄帝、神农，到了汉代出现盘古。这样一代代垒造起来的历史，真实性值得怀疑，很多出于后来的记载是伪造的、夸大的。古史辨就是要循流溯源地考察远古历史的编造、夸大的过程，辨别历史文献虚伪不实的一面。顾颉刚和古史辨派的学术活动影响很大，促使学术界重新认识先秦历史，但疑古也有过于偏激的倾向，对真文献中有不实史料、伪文献中也有真实历史这一辩证关系，认识不清。

除了先秦史之外，顾颉刚对历史地理学也有很大创树，30 年代创办《禹贡》半月刊，主要发表历史地理学方面的论文，促进此学科的发展，造就一批历史地理学人才，谭其骧参加《禹贡》的编辑工作，史念海是顾颉刚指导下成学的。顾颉刚作为著名学者，新中国成立前也有过一段艰苦时期，为了办刊物，不得已时开个书店经商赚钱。他晚年绝大部分精力用于研究《尚书》。

（四）专史的研究及其著述

1. 概况。从 20 世纪 30 年代起，中国专史的研究开始出现显著成就，出版、发表许多著述。例如柳诒徵《中国文化史》、马乘风《中国经济史》、吕思勉《中国民族史》等。另外，有新的专史开始了研究，例如向达撰写《中西交通史》，使之成为一种专史。专史的研究渐成热门，整个社会也逐步接受专门史的观念，商务印书馆组织力量编印《中国文化史丛书》，计划出版 80 种专史。截止到 40 年代，出版了 40 种，门类分得很细，其中《中国地理沿革疆域史》《中国目录学史》等等皆成为新涌现出的名著。从此，许多人研究历史开始向专史的方向发展。陈垣在宗教史的研究成就影响很大，成就卓著，在国际上享有盛誉。

2. 陈垣的史学。陈垣（1880—1971）早年学习医学，没上过大学，转而研究史学、文献学，靠的是自学。取得卓著成果后曾任北京大学、北平师范大学、辅仁大学、燕京大学教授，20 世纪 30 年代任辅仁大学校长，新中国成立后任北京师范大学校长。他积极参与新中国组织的各种政治活动，认真学习马克思列宁主义，1959 年加入中国共产党。他的史学学术研究主要是在新中国成立前，这里也仅就其新中国成立前的成就予以介绍。

陈垣第一篇史学论文是《元也里可温教考》，考察元朝时期西方基督教传入中国的情况。本文一炮打响，学术水平极高，在中国、日本备受称誉。此后，陈垣对宗教史的研究日益广泛，在道教、犹太教、祆教、摩尼教等方面都有精致的研究。他不是研究教义，而是联系整个历史背景研究各种宗教在中国传布的状况及其史事。除了宗教史的研究之外，陈垣在元史研究上也取得重大成就，撰有《元西域人华化考》，是又一部享誉中外的史学名著。在历史年代学、文献学方面，取得的成果具有开创性，写成两本有名的工具书《中西回史日历》《二十史朔闰表》，为历史研究提供方便条件，嘉惠后学。此外在校勘、避讳等学术问题上，均撰有名闻遐迩的著作。抗日战争时期，他没离开辅仁大学，但不受日本人的拉拢，撰写了《通鉴胡注表微》一书。胡三省是宋末元初人，在元朝统治时期为《资治通鉴》作注释，功力甚深，有许多精到的考证。但几百年来，无人发现胡三省在注释文中体现的宋遗民立场、民族气节、抵制元朝统治的思想，经陈垣此书才揭示出来。这是由于作者具有深切的亡国之痛、具有强烈的爱国主义思想，才能做到这样的"表微"。

（五）世界史的研究与著作

这里讲"世界史"的研究，是使用现在的概括性词语，在当时，一般不用"世界史"这个名词，只有"西洋史"或国别的历史，如英国史、美国史等。陈寅恪认为，那时根本没有一个可以称得上能研究世界史的人，因为不具备掌握第一手资料的条件，谁也未能融会贯通地掌握整个世界的历史知识。现在的标准没有陈寅恪那么严格了，研究外国历史，都可以算是世界史，而且利用别人转译的资料、外国学者开发的史料也被认可。

1. 教科书的编写。20 世纪初，梁启超等人写过关于世界史的介绍性文章，但不系统。要使更多的人了解世界各国历史，必须有较好的系统性教科书。

陈衡哲《西洋史》是流行广、影响大的教科书，分上下两册。1924 年出版上册，1926 年出版下册，上册从上古到文艺复兴之前，下册从文艺复兴到第一次世界大战。这是中国学者编写的第一部西洋通史，陈衡哲是近现代第一位女历史学家，也是第一位在世界史方面有成就的历史学家。

陈衡哲 1920 年之前在美国留学，研究西洋史，1920 年回国，先曾在北京大学任教，后在东南大学，抗日战争时期至昆明，但因生病不能常任教学工作，曾经做过历史研究方法的学术报告。新中国成立后到上海工作，1955 年的批判胡适运动中，她被看作胡适派世界史学科的代表人物，成为重要的批判对象。此后，一直情绪消极，没再做学术研究工作，1976 年逝世。

《西洋史》出版后，作为高中的教科书，连用了十余年，本书具备明显的特点和优点，一是见解精到，是作者精心研究后写成，不仅叙述史事，而且揭示、分析其意义和影响，许多大学在教学中也采用她的学术观点，不少大学教师对此书亦极其佩服，例如 20 世纪 30 年代南开大学教授蔡维藩在讲授西洋通史时，常常引述"陈先生"认为如何如何，充满崇敬之意。二是深入浅出，文字生动，内容深刻丰富的同时又不艰涩难懂。陈衡哲在现代文学史上也应有一定的地位，她的散文、新诗中不乏清新之作，过去的中学课本也曾选用。

另一位在教科书编写上做出成绩的是何炳松（1890—1946），他的《外国史》1934 年出版，上下二册，为商务印书馆约稿。本书是根据美国已有的课本用中文编写，适于中学教学，一直使用到 1949 年。由于是半译半编，著作的价值远不如陈衡哲的《西洋史》，但被采用的规模则有所过之。何炳松 1924 年还曾出版《中古欧洲史》，1925 年出版《近代欧洲史》。这二书是改编翻译美国的大学课本，但大学课本不及中学课本有用，那时的大学教育，学习外国历史就是要读外文的史书，大学生读中国人写的中文外国史，是不被认可的。

何炳松早年留学美国，回国后曾在北京大学等学校任教，后在商务印书馆做编辑，又担任过上海暨南大学校长。积极传布西方（特别是美国）的文化、史学以及教育制度，当时享有很高的名声。

2. 外国史学理论的翻译和编著。最早进行外国史学理论译著的学者是何炳松，1920 年，他应北京大学史学系主任朱希祖的要求，开设"历史研究法"课程，采用美国鲁滨逊《新史学》一书为教材。次年即译成中文，1924 年出版。西方史学理论原书翻译到中国，引起较大影响。后来，何炳松还结合外国史学理论著述编写《历史研究法》《通史新义》等书。李思纯翻译的法国朗格瓦诺、瑟诺博思合著的《史学原论》，也有很大的影响。中国学者撰写的史学理论之书，比翻译外国书籍更早些，如梁启超《新史学》《中国历史研究法》等等。外国史学理论书籍的翻译，进一步带动了这种著述的增多，史学理论著作不断涌现，其中影响大的有胡哲敷《史学概论》、杨鸿烈《史学通论》等等。

这些书讲述什么是历史、什么是历史学，怎样研究历史、怎样编纂历史著述等理论和方法问题。在这一类书籍中，出现一些值得注意的史学见解，例如：

（1）历史的范围问题。认为历史应包括人类过去的全部活动，于是不仅有文字时代的历史，而且文字产生之前也有应当研究的历史。当时历史课本就出现"先史时代""史前时代"等概念，纠正了过去只把文字记载了的内容称为历史的偏向，历史的范围扩大了，发掘的"史前"文物也归于历史研究之内。

（2）过去历史重于政治、战争，而西方史学理论扩展了历史的内容，开始重视文化史、经济史。历史应写到什么时间？史学理论书籍也有所讨论，有的主张写至当前，尽量下延，有人反对写到三十年以内，未超过三十年不算是历史，因许多档案未曾公布，无法研究。史学界对此进行了争论，新中国成立后也有人提出这个问题。

（3）认为历史是综合性学问，包括政治、经济、哲学、地理等学问，要求以综合的知识解决历史问题，提倡掌握历史学的辅助学科。

（4）历史学的目的是求真与求用，这个宗旨是西方史学理论提出的。为了求真，就特别重视史料，从而总结出一套史料学的学问，对史学发展的影响颇大。所谓求用，其一是"了解历史，推测将来"，认为史学能提供预测将来的方法。这个理论促使历史学更受重视，报刊征求历史学家对时局和国际形势的看法，历史学家担负咨询、政治评论的任务。其二是利用历史知识进行社会改革，借鉴历史的经验、教训，这使一些历史学家担任政治顾问或直接出任官职。其三是历史知识可以提高智慧，研究历史可将千百年的智慧集中一起，历史知识多的人就足智多谋。

总之，史学理论上阐明了历史学的功能，令史学界内部提高了治学信念和努力方向，在整个社会增强了对史学的重视。史学理论的翻译、撰著，对历史研究大有好处。

3. 中外历史的比较研究。进行中外历史比较研究，需要对中国历史、外国历史都有广博的知识，中国学者一般是从学习世界史入手并具备相当的基础之后，再做中外史学比较研究。这方面有影响的学者是陆懋德、雷海宗、齐思和等人。这三位学者在大学工作经历中都是既讲授西方中古史，又讲授中国古代史，两方面知识皆十分丰富。陆懋德从 20 世纪 30 年代就不再研究外国史了，新中国成立后退休。齐思和研究中外历史皆有重大成果，对世界史的研究贡献更大些，新中国成立后，能以唯物史观研究历史。这里，用较多文字介绍一下雷海宗。

雷海宗（1902—1962）早年从清华学校公费出国到美国留学，1927 年获芝加哥大学哲学博士学位。回国曾在中央大学、武汉大学、清华大学等学校任教授。抗日战争期间任西南联大历史系主任。抗战胜利，仍为清华大学教授。新中国成立后，1952 年大学院系调整，清华大学取消文科，分配到南开大学。在大学工作中，讲授西洋通史、西洋中古史、中国通史、中国上古史等课程，到南开大学后不再任中国史课程，而讲授世界古代史。

抗日战争时期，在特殊历史条件下，与林同济等学者形成一个所谓"战国策派"的学术流派，引起学术界、文化界及社会的注意，发生了激烈的争论。1940 年，雷海宗等在昆明创办《战国策》半月刊，1942 年又在重庆《大公报》开设"战国"副刊。在这些刊物上发表论文，把当时的世界比作中国先秦的战国时期，认为战国时期有"七雄"，现在世界也有"七雄"，即英、美、苏、中、德、意、日。"七雄"混战，将来必然走向统一，世界可能出现大一统的帝国。他们有两种估计，一是一国（德国或美国）统治世界，二是由两三大国主宰世界。这种历史观点是完全错误的，当时就受到猛烈的批判。由于雷海宗等接受的是德国斯宾格勒的文化形态史观、尼采的哲学思想，主张"尚力"，主张"英雄"决定一切，当时被左翼学者批判为法西斯学术流派。新中国成立后，雷海宗响应中共中央对学者的号召，认真学习马克思主义，但他学习办法与他人不同，能够阅读原德文、英文版的马克思著作，产生独特的心得体会，认为奴隶制社会不是历史的必经阶段，中国没有过奴隶制的社会。这又与 20 世纪 50 年代历史唯物论的主流认识体系相违背，于是 1957 年被定为右派分子，而且是全国重点批判的大右派。此后身体状况恶化，20 世纪 60 年代虽然还出讲世界史，但于 1962 年就因病逝世。

近代研究世界史有成就的人不多，雷海宗发表不少中外历史比较的论文，富于启发性。但写的书不多，主要有《中国的文化与中国的兵》和与林同济合撰的《文化形态史观》。雷海宗等人的学术经历表明，搞中外历史比较、搞宏观性研究，指导思想是十分重要的，知识丰富也不能保证不出大的偏差。但这样具备广博世界史知识的人，对于大学历史教学是可贵人才，可以将知识传播给学生，可以有助于历史研究整体水平的提高。新中国成立前中央大学教授沈刚伯，在世界史上造诣极深，通晓几种外文，对中国史也有许多精到的见解，但新中国成立初年去了台湾。他不大写著述，而教学上诲人不倦。这对学生学习、对同事工作帮助都特别大。其他学者向他请教，他知无不言，他的见解可以启发别人写出高水平的著述。这种人才是少见的，对史学的发展具有特殊的作用，史学史研究应当关注这方面的事例。

四、近代资产阶级史学的倒退倾向

近代新史学自产生以来，几十年间取得辉煌的成就，迅速地扩大了影响。但在发展的同时，也出现一些消极后退的倾向。

1. 否认历史发展有规律可循。最初，中国新史学的倡导者，曾雄心勃勃地探求历史规律。如梁启超曾经主张历史学要寻求历史发展的"公理、公例"，但1923年后写文章改变了看法，否认历史存在着发展规律，认为历史是由人的"意志""心力"造成的。胡适的说法更加典型，几次谈到历史无规律可循，甚至无客观是非标准，他说历史就好像一百个铜钱，任人来安排，多少钱一堆儿都可以；历史是个很服从的女孩子，任凭我们为她打扮起来；历史是偶然事件所决定，公式是"偶然＋模仿"等等。顺便说一下：胡适（1891—1962）在近代影响甚大，他留学美国哈佛大学，获博士学位，回国后为北京大学教授，是新文化运动的主将之一。在文、史、哲学的学术研究上，在倡导新思想上都曾具有开风气的先导作用。后长期担任北京大学文学院院长，抗战期间曾任驻美国大使，抗战后为北京大学校长。1949年之后，他曾任所谓的台湾"中央研究院"院长。

有些人是因为反对历史唯物主义才否认历史规律的，如何炳松攻击唯物史观是讲求物欲，是追求"利"的"小人"思想，同时强调历史不能像自然科学那样以实验来证明有客观的规律。梁漱溟是位特殊人物，他认为历史有规律，但反对马克思主义的历史规律，攻击唯物主义是吃饭的历史观。他早年报考北京大学没有录取，但过了几年却被北京大学蔡元培校长聘为北京大学教授，著有《中西文化及其成就》一书，影响巨大。

2. 以史料学代替历史学。在各种史学理论争先涌现的情况下，也出现漠视理论，把史料的地位绝对提高的思想倾向，最典型的代表是傅斯年。他是当时史学界的名人，曾任中央研究院历史语言研究所所长，1928年在该所集刊创刊号上撰文称：近代历史学就是史料学，历史学研究的对象就是史料。1930年他在北京大学讲中国通史课程的导言中，反复强调历史学就是史料学。这一派学者重视治学的扎实功力，《历史语言研究所集刊》选择发表文章，也贯彻着这个导向，在具体历史问题的清理上有引人注目的成绩，但对于历史学总体的理解则不正确。

3. 鼓吹个人在历史上的作用。梁启超早时本来明确地反对个人的历史，要求群体的历史、国民的历史。但 20 世纪 20 年代末却极力强调个人的历史作用，说中国古代历史上要是抽去孔子、秦始皇、汉武帝三人，就完全变得不像样子了。他还说过民国以来十年的"人格者"是袁世凯，没有这种"人格者"，历史就变了，认为一个重要人物的性格可以关系到全体中国人的命运。这比起他在《新史学》里的论述，不能不说是极大的倒退。

4. 在侵略与反侵略问题上是非不清，甚至为帝国主义侵略行径辩护。一部分历史学者在历史研究中，表现出不反对近代列强对中国侵略的思想，其中影响大的是蒋廷黻。蒋廷黻（1895—1965）是中国近代史专家，并且精于西洋史。那时近代史专家比较缺少，他的名气很大。早年留学美国，专攻史学，1923 年回国，任南开大学历史系教授、系主任，1929—1935 年，任清华大学历史系主任。从回国起，就致力中国近代外交史、中国近代史的研究，还注意培养史学人才。蒋廷黻撰写不少论文、著作，在《中国近代史》一书中，他明确地为鸦片战争中的英国辩解，认为引起的后果不能归咎于英国。他又撰写《琦善与鸦片战争》一文，认为琦善的做法比林则徐正确，替他的软弱行为辩护。另一个论点是：自从人类社会出现以来，就有帝国主义，强者欺压弱者，弱者只能怨自己。在中国的出路问题上，他主张应当西化。抗战前夕，他离开清华大学做官，1949 年去台湾，曾任国民党政府驻苏联、驻联合国、驻美国大使等职。

近代资产阶级史学的倒退，几乎是与马克思主义史学的传播同时进行的。马克思主义史学无疑是近代最新的史学思想，其传播势头之强劲，已成为新中国成立前史坛上不可忽视的力量。

五、马克思主义史学的建立与发展

马克思主义史学在中国的建立与发展，是从 1919 年李大钊在《新青年》上发表的文章开始，至 1930 年为第一个阶段；1931 年至 1937 年为第二阶段，表现为关于社会史的大论战；1938 年至 1949 年为第三阶段，马克思主义史学有显著发展，但还没有在全国占据统治地位；新中国成立后，马克思主义史学占据统治地位，进入普遍发展阶段。这里只讲前三个阶段的情况，新中国成立后的史学状况应属于现代史学史。

（一）马克思主义史学的建立（1919—1930 年）

一种史学体系的建立，应当是既有系统的理论，又有符合这种理论的标志性历史著述。因此，我认为从 1919 年李大钊发表《我的马克思主义观》，到 1930 年郭沫若出版《中国古代社会研究》一书，是中国马克思主义史学的建立过程，即马克思主义史学的建立经历了 11 年左右的时间。

1. 李大钊的史学贡献。李大钊是中国早期马克思主义者，他接受唯物主义历史观是在日本东京早稻田大学留学时期就开始了的，1916 年回国，继续研读马克思主义著作。1919 年到北京大学做教授时，就有了系统的教材，开设"唯物史观""史学思想史"两门课，是中国大学中最早讲授马克思主义的人。1919 年 5 月在《新青年》发表《我的马克思主义观》，其中介绍了唯物史观。1920 年 1 月又发表《唯物史观在现代史学上的价值》，专门论述马克思主义的史学观点及其重大意义。1924 年 5 月就出版了《史学要论》一书，部帙虽然不大，但意义巨大，是第一本结合中国历史阐发历史唯物主义的著作。本书不仅介绍马克思主义史学，而且运用马克思主义原理分析中国历史状况，其内容与价值在于：

（1）以马克思主义观点回答了什么是历史、什么是史学的问题。在许多人的概念中，历史和历史学往往分不清，李大钊指出"历史"是社会的变革，"历史学"是研究社会变革的学问，即历史是客观的，历史学是人们对客观历史的系统性认识。这些论述在当时震动颇大，完全与进化论的历史观区别开来，而且更为进步。

（2）指出存在着两种历史观，旧的是唯心史观，新的是唯物史观，分析了二者的性质与区别，并且做出了比较。这一点引起史学界巨大的反响。

（3）历史必须重新研究，历史应当改写，随着社会的变革，历史的改写也是应当不断进行的。

（4）研究历史必须探求历史发展的"普遍的理法"，即揭示其客观的发展规律。

（5）研究历史的意义在于树立进步的世界观与科学态度，以变革旧社会、创造新社会。

李大钊宣传的唯物史观，特别是《史学要论》的出版，引起许多学者的反响，撰文与李大钊辩论的有胡适、梁启超、梁漱溟等，如胡适提出"多研究些问题，少谈论些主义"的口号，梁启超 1924 年就即时发表《非唯》一文，反对

"唯物"和"唯心"的说法。支持李大钊意见的有李达、瞿秋白等,他们都是早期的中国共产党人。

李大钊 1919—1924 年撰写许多著述,介绍了唯物史观,在运用唯物史观解释中国历史问题上也开了个头,与反马克思主义史学的论调进行了辩论或斗争,在学术界产生很大的影响,成为马克思主义史学在中国的最早开创者。1924 年之后,李大钊忙于实际的革命工作,没有时间撰写史学理论文章。

2. 郭沫若对中国古代社会的研究。郭沫若进行文学创作早于历史研究,1920 年与成仿吾等建立"创造社",这是一个文学团体。直到 1926 年,他都是以文学创作驰名于文化界。1926 年他参加北伐战争,担任总政治部副主任,1927 年蒋介石发动"四一二"事变后,军政形势充满危险,他逃亡到日本。1928 年下半年才开始研究甲骨文、金文以及中国古代社会。因为他早已对马克思主义史学理论有所掌握,研究金文、甲骨文利用了王国维的学术成果,加之个人具备深厚的学术功力,努力钻研,1929 年就写成《中国古代社会研究》一书,1930 年就出版了。

《中国古代社会研究》的出版,是运用唯物史观探讨中国历史的杰出成果,标志着马克思主义史学完全地建立起来。本书将甲骨文、金文史料与文献史料结合起来,予以精到的剖析,得出考察上古历史的许多具体发明和发现,并且概括出对古代社会状况的清晰认识,指出中国古代社会的历史,并无例外地符合马克思主义关于人类历史发展规律的学说,经历了原始社会、奴隶制社会和封建社会等社会形态。这种新颖、切实和涉及史学根本性问题的学术成就,是无论哪个派别的史家也不能漠视的。以前,抵制马克思主义史学的人们还可以说唯物史观只是空言理论,没有历史著述,或不适于中国等等,现在则无言可以置辩了。单就甲骨文、金文的解读和辨识一项,郭沫若一年多的成果就超越一般学者十几年的成绩,这雄辩地说明马克思主义史学方法的强大有力。

在本书中,郭沫若认为西周以前是原始社会,西周是奴隶制社会,春秋时期进入封建社会,鸦片战争后是资本主义社会。这个具体分期与定位不大成熟,以后他本人改变了几次,到 1952 年才形成最终的见解,即到春秋时期尚为奴隶制社会,战国时进入封建社会。社会形态分期本来是一个复杂而又意见分歧的问题,这里就不多涉及了。总之,不论《中国古代社会研究》还存在什么不确切的个别问题,作者将马克思主义理论结合中国丰富史料做出的研究,无疑是一项开创性成果,在史学史上具有十分重要的地位。

（二）社会史大论战与马克思主义史学水平的提高（1931—1937 年）

郭著《中国古代社会研究》出版之后，引起很大的震动，吸引许多史家关注中国历史上的社会形态问题，许多人就此发表论文，见解有相同、相近的，也有相异甚至相对立的，加之政治派别等因素，形成大致三派的人物和观点，相互间进行了激烈的辩论，被称为"中国社会史的大论战"。这次论战从 1931年开始，1933 年形成高潮，进行了几年，到 1937 年 7 月抗日战争时才结束。论战的内容涉及中国社会形态的发展进程,中国各个历史时期的社会性质等等。

当时，被认为是马克思主义史学的学者有郭沫若、吕振羽、翦伯赞、李达、王学文、刘梦云、刘苏华、邓拓等人，这些人后来多成为马克思主义史学的主流学者；另一派代表人物有李季、严灵峰、任曙、叶青、王宜昌、胡秋原等人，后来被指为"托派"或伪马克思主义；再一派是所谓的"新生命派"，因为他们举办"新生命书局"，创办《新生命》月刊。代表人物有陶希圣、梅思平、李立中、樊仲云、萨孟武等人。其中陶希圣是有名的史学家，北京大学政治系、历史系教授。20 世纪 30 年代创办《食货》半月刊，学术上倡导经济问题和经济史的研究，颇有名气。他曾经得蒋介石重用，执笔为蒋撰写《中国之命运》。1949年后，他去了台湾，1971 年在台湾仍再办《食货》月刊。这里"托派""新生命派"的名称，是依据马克思主义主流学派对其他人的定性，带有一定的政治色彩，为叙述方便，这里仍姑且使用。

社会史大论战涉及的历史问题很多，但争论激烈的有三方面问题，第一，中国历史上有无奴隶制社会；第二，中国封建社会的起止问题；第三，中国历史上有无"前资本主义"社会。

郭沫若已经在著述中肯定中国西周时期进入奴隶制社会，吕振羽则最先论证了殷商时期即已属于奴隶制社会，认识比郭沫若更准确。而李季认为只有西欧才经历了奴隶制社会，而希腊、罗马的那种奴隶制，在别的地区是不存在的。"托派""新生命派"多数都认为中国从无奴隶制社会，仅叶青主张西周是奴隶制。

吕振羽首先提出中国西周即进入封建社会的论述，1936 年之前，他就写出《殷周时代的中国社会》《史前期中国社会研究》二书。马克思主义主流史学家中，对中国何时进入封建社会，意见并不一致，但都认为中国的封建社会经历了很长的历史时期。"托派""新生命派"一般也承认中国有封建社会，而大多都是把封建社会时代缩短。李季认为中国封建社会只是从西周到战国时期；陶希圣的说法改变了几次，先坚持认为到春秋时期封建社会就已结束，最后改为到宋朝结束。但王宜昌认为东晋至清朝是封建社会，历史时期长些。值得提到的是王亚南当时的观点接近于"托派"，但政治立场绝不相同，因此学术与政治的关系是十分复杂的。

关于中国有无前资本主义社会，马克思主义主流史学家都认为不存在，而李季主张秦朝至鸦片战争前是"前资本主义"阶段，叶青认为从战国时期是"前资本主义"社会，秦朝已经是资本主义社会了。陶希圣认为从战国时期进入"前资本主义"阶段，但也可以称为"后封建主义社会"，概念含混。

这场论战成为当时史学界、理论界的一个热点，与党派政治立场交织一起，而同一政治立场者也未必见解相同，情况十分复杂。许多刊物都曾发表论战的文章，后来神州国光社选编社会史论战的文章，出版了 4 集，约 60 多篇。《读书杂志》也有所收集，但选择偏向于"托派"。论战的结果是马克思主义史学扩大了影响，提高了学术水平，如对殷商社会性质的认识，就比郭沫若最初的见解准确多了。在这次论战中，马克思主义史学对鸦片战争的社会影响进行了考察、分析，吕振羽等人提出鸦片战争后中国逐步转变为半殖民地、半封建社会的论断，意义很大。马克思主义史学的著述，也增多了。中国社会史的大论战没有从学术上完全解决中国社会发展史的所有问题，关于中国社会形态的分期、中国有无奴隶制社会，仍然是后来反复讨论的课题。随着政治问题的进一步理清，这场大论战也需要进一步总结与评析。

（三）马克思主义史学的初步发展（1938—1949 年）

社会史大论战之后，学习马克思主义史学的学者增多，史学著述也增多，但就全国而言，仍不占统治地位，因此还只算是初步发展。这里，对其成就从中国通史、中国近代史和专史三方面择要简介。

1. 关于中国通史方面的成果，第一位用马克思主义观点编写中国通史，而做出重要贡献的是吕振羽。1941 年 5 月出版《中国简明通史》第一分册，到 1948 年出全，这是最先面世的马克思主义史学观点的中国通史。吕振羽是从湖南大学毕业，后到北京私立中国大学教经济史，继而研究政治史、思想史。他大部分时间在国统区工作，后来到延安，任刘少奇的秘书。新中国成立后担任东北大学校长，1963 年出了问题，被人诬告而入狱，后来出狱，但到了"文化大革命"时期，再次入狱。这位马克思主义史学家的经历是十分波折的。

第二位在中国通史撰写上取得显著成绩的是范文澜，他在大学是学习中文的，1916 年毕业后教学，后来参加革命，1940 年到延安才研究历史，担任马列学院历史部主任，组织了一个班子撰写中国通史，当时有尹达参加。1941 年 9 月，《中国通史简编》第一册出版，比吕振羽之书稍晚，1942 年底出版第二册，1948 年又做修改，将这两册分成三册。新中国成立后继续组织撰写修订本《中国通史》，面目有很大的改变，但修订本至今尚未写完。

第三位是翦伯赞，1942 年出版《中国史纲》第一、第二卷，第一卷是先秦史，第二卷是秦汉史，分量都很重。翦伯赞一直在国统区，任国民党司法部秘书，是中共秘密党员，他的同乡覃振是国民党司法部长，依靠这个关系当上秘书。秘密工作之余埋头研究历史和写作，有时也到大学讲演。《中国史纲》史料丰富，特点是从世界史角度写中国历史，叙述中国历史先谈世界上的大事。他还撰写了《历史哲学教程》，为理论性的著述。

2. 关于中国近代史的编纂，范文澜 1946 年在延安出版《中国近代史》上册，1947 年胡绳撰成《帝国主义与中国政治》，都是以马克思主义历史观编撰的近代史著述。

3. 关于中国历史的专门史，较早做出重要成绩的仍是吕振羽，1937 年就写成《中国政治思想史》一书，1948 年又出版了《中国民族简史》。在思想史方面取得系统性成就的是侯外庐，20 世纪 40 年代写出《中国古代思想学说史》《中国近代思想学说史》，这为他后来编写系统的《中国思想通史》打下了基础。

除以上三方面的史学成就之外，还有其他一些历史著述，也是马克思主义史学发展中的重要成绩，对此后的史学建设有很大的影响。例如郭沫若所著的《青铜时代》《历史人物》《十批判书》，吕振羽于 20 世纪 40 年代出版的《中国史诸问题》，翦伯赞出版的《中国史论集》，等等。

以上这些马克思主义史学著述，新中国成立初期影响扩大到全国范围，是进一步发展马克思主义史学的基础。新中国成立初期，在大学、中学里，马克思主义历史观的推行尚有阻力，教学基本上是旧教材、旧方法、旧观点。多数教师未及深入学好唯物史观，有些人还持抵制情绪。随着学习运动的开展，1951 年之后，马克思主义史学就普遍发展，迅速壮大，中国史学进入现代史学史阶段。1951 年 7 月，中国史学会成立，郭沫若任会长。他在大会上作了报告，题目为《中国历史学上的新纪元》，提出新中国成立后史学界要有六个转变：唯心史观转变到唯物史观；个人研究转变为集体研究；从名山事业转变成为人民服务；从贵古贱今转变为重视近代史研究；从大汉族主义倾向转变为注重少数民族历史的研究；从欧美中心论转变为注重亚洲史及其他各洲史。这可以看作中国史学史进入新阶段的标志。

（此为杨翼骧先生对研究生授课内容，乔治忠记录和整理，原载杨翼骧《学忍堂文集》，中华书局 2002 年版）

教学讲谈

如何读书

——介绍读书知识和方法

最近，历史系三、四年级请杨翼骧副教授作"如何读书"的报告，介绍读书知识和方法，深受同学欢迎。

杨翼骧副教授讲了三个主要问题，即读书的门径、如何积累资料和练好基本功。

在谈到读书门径时，杨翼骧副教授重点介绍了目录学的知识，并指出它对帮助读书方面的重要性。凡是读书的人，不论学什么的，都应该通晓自己所学的那门科学的目录学，否则就会读书漫无边际，结果收效不大。所以"目录学乃读书之第一要事"。接着，杨翼骧副教授较详细地介绍了中国古代史目录学的分类，即：第一类是只列书名与作者的，如《旧唐书》的《经籍志》等；第二类是对每一类的书加以说明的，如《隋书》的《经籍志》；第三类是不但对每一类的书有说明，而且对每一部书都有说明的，如《四库全书总目提要》等。杨翼骧副教授认为以第三类为佳，根据同学水平和需要，他向大家推荐了《四库全书总目提要》。

如何积累资料？杨翼骧副教授说记卡片是个方法，特别对文科学生方便更多。但记卡片必须有目的，避免到处乱抄。他还说，记卡片时，有两种情况不必抄，第一，你有这本书，并且需要常读它；第二，篇幅较大而且容易见到的。有两种情况是必要抄的，第一，平时不易见到的大部头的书，把其中对自己有用的片段抄下来；第二，为了研究问题或写作论文（如作毕业论文或学年论文）而要广泛搜集的资料。他说，在读书中的点滴心得体会、疑问、论断，都要随手记下来，每隔一段时期加以整理、编排、归纳，这是深入学习研究学问十分宝贵的资料。关于记卡片问题杨翼骧副教授还主张把书名、作者、出版年月、页数等注明，以备查对方便。

在谈到练好基本功时，杨翼骧副教授着重讲了精读书及其方法，并特别强调了精读书的好处。他说，历史系的学生，除了对经典著作、近代名著、教科书应该精读外，对历史上重要的著作，如中国古代史方面的《左传》《史记》《汉书》《史通》《通典》《资治通鉴》《文献通考》《文史通义》等，也应该根据自己的条件，结合课程学习，选择一部或几部进行精读。所谓精读，就是读通、读熟、读透，做到能字字不遗漏，句句不含糊，并且前后融会贯通，提出自己的见解。

最后，杨翼骧副教授还讲了我国古代史学家刘知幾"莫不钻研穿凿，尽其利害"的学习精神，郑樵"风晨雪夜，执笔不休；厨无烟火，诵记不绝"的顽强读书故事，勉励同学为祖国、为社会主义建设而刻苦读书，防止"急于求成"，希望大家循序渐进，脚踏实地，学好功课。（高清山）

（原载《人民南开》1961 年 10 月 14 日）

治学要下苦功夫

——杨翼骧副教授谈历史科学的治学方法

三月三十日，历史系杨翼骧副教授对本系一部分青年教师作了有关治学方法的报告。

杨翼骧副教授在报告中谈了三个问题。第一，研究历史必须掌握的几种知识。首先要掌握基本知识。如中国通史的知识，要了解各个时代有什么重大事件和重要人物，在一些重要的问题（如社会分期问题）上有哪些不同的意见等；又如目录学的知识，要知道有哪些书，其大概内容是什么，哪些书有价值，这样才能得到读书的门径；又如史学史、哲学史和文学史的知识，也是研究历史所不可缺少的。有了基本知识后，必须掌握原始资料，也就是第一手的资料。搞原始资料就是"刨老根"，不搞它，就无法研究，也就谈不上研究。当然，掌握原始资料要深入钻研，反复思考，往往为了搞通一个小问题，要花很多笨功夫、苦功夫，但治学就不能怕用笨功、苦功。掌握了原始资料，还要了解前人和今人的研究情况，要知道已有哪些成果，还有哪些问题没有解决，否则，研究工作就会白费很多功夫。

第二，博与专的问题。"专"是研究的中心，但中心并不是限制读书的范围。博是为专服务的，要在博中求专。重要之书要逐字逐句地读，细心读，反复读，才能扎实。

第三，读书时要做好抄录和札记。抄录，如写卡片以积累材料。札记则是随时记下自己读书中发现的问题和心得，否则有些感受就会流逝无踪，事后难以捕捉。抄录和札记，比起只读不记要花一些时间，但用手抄一遍、记一下，印象却深得多，又便于综合与分析，对进行研究工作大有益处。

最后，杨翼骧副教授要大家注意两个问题：一个是治学不要吃现成饭。要自己动手，下苦功夫，养成勤学钻研的习惯；一个是治学不能急于求成，治学必须循序渐进，水到渠成，不能急躁。

杨翼骧副教授的报告受到了与会青年教师的热烈欢迎，大家感到很有启发，

都下决心要扎扎实实地学习，不断地提高自己的业务水平，以便更好地完成教学任务。（历史系教师记者组）

（原载《人民南开》1962 年 4 月 7 日）

怎样评价裴松之与范晔

历史系副主任杨翼骧副教授在"中国史学史专题"课上提出了对裴松之和范晔应该重新研究和评价的问题。

（一）

裴松之（字世期），南朝宋人，他为《三国志》作注，受到历来学者的重视，认为他的"三国志注"的价值在于内容丰富、史料精确。但是，也受到了刘知幾、陈振孙等学者的指责。杨翼骧副教授认为过去历史学家没有对裴氏史学做进一步的研究，也没有在史学上给予应有的地位，因此对裴松之须待重新研究和评价。

杨翼骧认为裴松之对史学贡献很大，首先，开创了史注新法。《三国志注》以前，一般史注只限于解释字句和典故，内容比较简单，而裴松之却能参阅了二百一十种书籍，在短短的一年里，写出了内容丰富、独树一帜的《三国志注》。在裴注中，概括起来可分八类：一、注音义、典故、地理；二、补简略；三、补缺漏；四、补考证史料；五、补各家对史料的见解；六、补各家对历史事实的评价（其中包括作者的评论）；七、对《三国志》作者陈寿处理史料和评论史实的意见；八、对其他史学家的批评。裴注不但比较完整地引用了各家的说法和群书的材料，而且还一一注出了材料的出处，对于某些自己没有搞清楚的事注有"未详""未达"等语，这在古人著作中是极为罕见的，因而也是很可贵的。因此，裴注不仅弥补了《三国志》的不足，成为研究三国历史的重要著作，而且还在客观上开创了史注新法。此外，由于裴氏当时所引用的诸书后来多相继失散，仅能于裴注中得见鳞爪，窥其崖略，所以，《三国志注》使后世学者仍能从中有所取材。

杨翼骧认为：裴氏以第一手材料为主，从不轻信，认真鉴别史料，从不同方面考证史料，开创了史料比较法和发展了史料考证学。这是裴松之的第二个史学贡献。

杨翼骧还认为，裴松之是中国史学批评史上第一个有成就的史学家。裴氏以前，虽然有班彪等人开始了史学批评，但是还比较简单。而裴松之不仅根据事实指出《三国志》记载不妥和评论不当之处，还对当时享有一定声誉的史学家习凿齿、孙盛等人进行了尖锐的批评。这对于开展史学批评，活跃史学研究，都起了一定促进作用。

据此，杨翼骧副教授认为：裴松之作注之学，名为《三国志》的"附庸"，被视为"属国"之才。他虽没有写成一部独立的史书，而其贡献与陈寿实在难分上下。

（二）

范晔（字蔚宗），南朝宋人，《后汉书》的作者。

《后汉书》历来都受到学者的称赞，被认为是第一流的著作，因而，它的作者范晔便分外受到推崇。古今学者，一直把他与司马迁、班固、陈寿三大史学家相提并论，而长期无人质疑。

杨翼骧副教授通过对《后汉书》以及范晔的历史观点、史学思想的分析，一方面肯定了《后汉书》的优点，认为它内容比较丰富，虚实比较审正，文笔也很优美，同时作者还能在一定程度上揭露了东汉社会政治黑暗，表彰了"独行""逸民"和"列女"；另一方面，也着重指出：范晔写这部书，在材料上并没有下多大功夫。因为这部书是在以前十余部汉史著作的基础上，尤其是在华峤《汉后书》的基础上，通过文学的加工、润色和材料排比、编纂而贯穿了自己的某些观点。如果我们把范晔《后汉书》和华峤《汉后书》的佚文仔细对照来看，就可以发现：不论叙事和论述，有很多是雷同的，尤其是"论"，存在一篇中只改动了几个字或稍加删润，范氏自己并没有多少独到的见解。

杨翼骧认为：范晔本来只是文学家和音乐家。他之所以要写《后汉书》，是因为他在政治上被贬，满腔义愤无以寄托，只好借史学发抒。历代学者推崇范晔，杨翼骧副教授认为实际上是把以前各家后汉史，尤其是华峤著作的成绩算在范晔身上了。基于这一点，今后应该从范书与其主要蓝本的比较入手，重新研究和评价范晔。

（原载《人民南开》1962 年 6 月 22 日）

中国史学史阅读书目

一

《马克思主义经典作家论历史科学》（人民出版社 1961 年）

二

苏联《历史问题》社论：《论历史科学史的研究》（载于北京《史学译丛》1956 年第 2 期）

耿淡如：《什么是史学史？》（《学术月刊》1961 年第 10 期）

《关于中国史学史的讨论》（《人民日报》1962 年 3 月 23 日）

刘节：《论史料学和史学史》（《文汇报》1962 年 6 月 14 日）

朱永嘉：《论史料学、历史编纂学与历史哲学的关系》（《学术月刊》1963 年第 5 期）

汪伯岩：《中国史学史的研究对象问题》（《文史哲》1964 年第 4 期）

师宁：《有关中国史学史研究的一些问题》（《文史哲》1963 年第 6 期）

白寿彝：《中国史学史研究任务的商榷》（《人民日报》1964 年 2 月 29 日）

三

胡绳：《社会历史的研究怎样成为科学》（《历史研究》1956 年第 11 期）

翦伯赞：《历史科学战线上两条路线的斗争》（《人民日报》1958 年 7 月 15 日）

吕振羽：《第二次国内革命战争时期历史哲学战线的马克思主义与伪马克思主义的斗争》（《哲学研究》1959 年第 5 期）

邓拓：《毛泽东思想开辟了中国历史科学发展的道路》（《历史研究》1961

年第 1 期）

四

梁启超：《中国史叙论》《新史学》《中国历史研究法》《中国历史研究法补编》

何炳松：《历史研究法》《通史新义》

朱希祖：《中国史学通论》

柳诒征：《国史要义》

杨鸿烈：《史学通论》

五

魏应骐：《中国史学史》

金毓黻：《中国史学史》

王玉璋：《中国史学史概论》

梁启超：《清代学术概论》《中国近三百年学术史》

六

郑鹤声：《中国史部目录学》

姚名达：《中国目录学史》

余嘉锡：《目录学发微》

七

《汉书·艺文志》

《隋书·经籍志》

晁公武：《郡斋读书志》

陈振孙：《直斋书录解题》

马端临：《文献通考·经籍考》

《四库全书总目提要》

余嘉锡:《四库提要辨证》

八

刘知幾:《史通》
郑樵:《通志总序》
马端临:《文献通考总序》
章学诚:《文史通义》

九

史学家的传记,如《史记·太史公自序》《汉书·司马迁传》《汉书·叙传》《后汉书·班彪传》及《班固传》《荀悦传》,《晋书》之陈寿、司马彪、华峤、干宝、孙盛的传记,《宋书·自序》《北史·魏收传》《隋书·王劭传》《旧唐书·李延寿传》《宋史·司马光传》及《欧阳修传》等,以及二十四史及《清史稿》中的史学家列传,不一一列举。

十

史书的自序及上表,如裴松之《上〈三国志注〉表》,杜佑《通典·自序》,司马光《进〈资治通鉴〉表》等,不一一列举。

十一

近代所作的史学家年谱,如郑鹤声《司马迁年谱》《班固年谱》,傅振伦《刘知幾年谱》,胡适、姚名达《章实斋先生年谱》等,不一一列举。

十二

有关史学的考证及评论,如洪迈《容斋随笔》,王应麟《困学纪闻》,顾炎武《日知录》,王鸣盛《十七史商榷》《蛾术编》,赵翼《廿二史札记》《陔余丛考》,钱大昕《廿二史考异》《十驾斋养新录》等。

十三

史学家文集、全集中有关的文章，如《司马文正公传家集》，《欧阳永叔集》，《章氏遗书》，《饮冰室合集》等。

十四

关于史事的评论，如历代史书中的作者评论，如王夫之《读通鉴论》《宋论》等。

十五

史学名著，如《尚书》《春秋》《左传》《国语》《战国策》《史记》《汉书》《后汉书》《三国志》《晋书》《宋书》《魏书》《南史》《北史》《隋书》《旧唐书》《新唐书》《旧五代史》《新五代史》《宋史》《辽史》《金史》《元史》《明史》《汉纪》《后汉纪》《资治通鉴》《续资治通鉴长编》《建炎以来系年要录》《通典》《通志》《文献通考》《唐会要》《宋会要辑稿》《通鉴纪事本末》《宋史纪事本末》《明史纪事本末》《读史方舆纪要》等。有的可全读，有的可选读，有的也可浏览，书目繁多，不一一列举。

十六

《中国史学史论集》（一、二）（上海人民出版社 1980 年）

朱杰勤：《中国古代史学史》（河南人民出版社 1980 年）

刘节：《中国史学史稿》（中州书画社 1982 年）

仓修良、魏得良：《中国古代史学史简编》（黑龙江人民出版社 1983 年）

柴德赓：《史学丛考》（中华书局 1982 年）

十七

郭圣铭：《西方史学史概要》（上海人民出版社 1983 年）

十八

现在出版的有关史学的书籍及报刊上有关史学史的文章，随时注意选读、浏览，不一一列举。

此书目仅举其大略，以后如有时间，当再详为补充，以期成为完美的阅读书目。

（杨翼骧对于每届研究生，一入学即发有本专业阅读书文目录，历年不断增补修订，此据 1984 年先生的手稿辑录）

中国史学史的基本功

在历史学与史学史的学习、研究中，治学基本功的问题十分重要，可以说每时每刻都在影响对资料的理解和文稿的写作。前一度在上海编辑《历史大辞典·史学史分册》时，审稿所看到的词条中，就存在着写词条之人基本功的差距问题。过去，治学的基本功大多是要在 20 岁以前就打好基础的，没有做好基本功，以后要弥补。例如著名数学家华罗庚，当了大学教授之后，还回过头去认真阅读高中的课本，最初知识基础牢固，"底子"深厚，才更有发展后劲。有没有充分的基本功，往往一写论文就可以反映出来，对此，在西南联大时就有教师将其重要性特别地点出来了，值得重视和体会。钱穆成为史学名家后，他还要郑重地阅读高中的世界史课本，因他没读过高中、大学，阅读这些基本教科书，是为了在世界史的常识上免得出问题。

史学史的基本功有几方面：

一、古代汉语。即使是现在，治史者也必须深入学习古代汉语。现不少中年教师，大概不会写文言文，从这次《历史大辞典·史学史分册》词条中可以看出来，有的用词和句法不正确，有的很费文字和篇幅。旧时我们上学读书，《古文观止》一书中有许多篇目需要朗读和背诵，这可以使以后写文章在遣词用字方面不烦不赘，大体妥当。现在虽然提倡写文章应使用白话文，但有时还必须用浅近的文言文，比如《历史大辞典》的词条，文字需要精练，少占篇幅，读起来有文雅之气，就需要文言文的功底。所以，历史学者对于《古文观止》，应当有所浏览和阅读，总得看一看，特别是唐宋八大家的文章，其中有名的文章一定要认真读。手头上最好有一部《古文观止》，随时可以翻阅。过去梁启超、马寅初常说："不会作文言文，白话文也写不好"，阅读和学习一些文言文，对于文字表达能力很有好处。王力的《古代汉语》中列举的历史文选部分，也要连注解都好好阅读，不要认为自己能看懂一般报刊文章就行了，实际上阅读能力、写作能力是没有止境的，需要不断提高。

二、四书五经的知识。中国原本的文史哲知识，大都发自"四书五经"，好多词汇与文字语义都从其中引出，《论语》《孟子》要阅读，许多现在仍然流行的成语，都来自其中，要仔细读，一遍还不行。过去上学的都是要背诵的，很小年纪背诵过后，可以达到永远不忘记的程度，因此古书中与近代某些文章，引用《论语》《孟子》就不必做出处注释，因为当时是读书人是人人皆知的。《大学》《中庸》《诗》《易》，也要浏览，了解其大概情况。最近《文史知识》杂志中，有杨伯峻等人对中国古代"四书五经"各书撰写的介绍文章，可以先阅览一下。

三、目录学。这是分门别类介绍图书情况的学问，有的目录学著述知识排列书名和做个简单的附注，有的则做较为详细的解题评介，有的是对目录学的发展予以专著性质的述论，各有特点，都对于史学史研究十分重要，应该相当地熟悉其中重要著述。现在，好多文章显示出在目录学知识方面的欠缺，即其中有些内容讹误、偏颇，其实只要阅读某种很普遍通行的目录学名著，就可以避免这一类的问题。在目录学著述中，《郑堂读书记》《直斋书录解题》《郡斋读书志》等，尽可能自备，尤其是《四库全书总目提要》，是不可不通读、不可不查阅的。做学问要能够心中有数，知道大致相关课题有哪些书、这些书籍的大概情况，才好入手，即使是没有解题、光列书名的目录书，细细阅览，加以思考，也会得到不少启示，关键在于认真思考。前人将目录学称为"治学门径"，许多学者确实都是从此途入门，然后登堂入室。因此，目录学知识要达到相当熟悉的地步。

四、中国通史。中国通史的知识，对于研究史学史来说，是一项学业基础，因为中国史学的发展，总是在一定时段社会背景中发生，与一般历史招考有密切联系。通史知识太薄弱，史学史研究无法深入，往往一出口就会造成讹误。在学习和研讨中国史学史之际，对于中国通史中哪一段还比较生疏，就要再加以阅读和了解。中国历史上各时期的重大事件、各段历史的发展脉络，要充分了解。过去我在北京大学时期，断代史都是必修课，要学一年、两年时间，可以随着看参考书，印象深，基础知识较巩固，原始资料掌握不少。现在只是学今人编写的历史教科书，远远不够，要读一读《资治通鉴》《通鉴纪事本末》，尤其要从中选取重要的事项细读。吕思勉对"二十四史"、《资治通鉴》等史书看过几遍，知识基础牢固，因此写作著述得心应手。研究中国史学史，对中国通史的知识随时都可能需要，脑子里要有个印象，届时产生联想，于是查阅思考，也许会取得认识的新突破。

五、中国哲学史。这类书籍逻辑思维性较强，对史学史研究颇有启迪作用，应当大概地读一、二部今人著作，例如任继愈的著作，必知其大概，应用之时才会想到去查阅。

六、中国文学史。中国著名史学家往往业师文学家，读读中国文学史著述，对研讨史学史也有裨益。中国文史的发展，可以启发对事项发展状况的认识，所以对系统的中国文学史知识要有所了解。历史上著名的文学作品也要看看，例如欧阳修的诗文，研究其史学，如果也了解其文学成就，那就好处很大。

七、辅助学科。研究历史学，需要很多知识和技能，中国史学史也不例外，比如文字学、训诂学、校勘学、避讳学等等，都应具备其基本知识，否则读书理解、运用史料，随时都会发生困惑。历史地理学也是很有关系的，过去我们学过"地理学史"，对研讨历史颇有好处。旧时往往把历史学与历史地理学并称"史地"学，以此可见地理知识的重要性。

搞中国史学史研究的相关学科很多，知识范围越广越有好处，积累知识并且能够利用，就属于基本功的扎实、牢靠。如果基本功差，不易理解以前史学家的著作。对于基本功，越早打好基础就越有优势。不得已那就要以后弥补。近代学者研究历史，因为从少年开始学习的乃是古典经史，好多情况乃是占有了基本功深厚的便利条件。治学的基本功好，对史学知识更容易融会贯通。

八、意资料积累。积累本专业方面的资料，是与中国史学史研究最直接关联的基本功。第一是要注意文献索引，把有关史学史的论文随时记录下来，或者集中时间辑录、整理，将来需要，便于查找搜寻，同时也能够了解了现今学界的研究情况，有意识地随时随地这样做登录，研讨之时会有底气十足的感觉，做起来很为顺畅。第二是直接的史学材料要积累，例如出现在报纸上的好文章，可以考虑做剪报。报纸容易过时难找，虽有印象却无处查询，会令人特别着急，随手做剪报来集中保存，以备不时之需，应当是很好的方法。有的文章水平高，但流传不广，更是宝贵，应当做个随时留存资料的有心人。积累直接资料的机会不要错过，要随时搞，否则时间一长，事倍功半，后悔莫及。再有，是用卡片随时抄录书籍、报刊所载的精彩资料，过眼即笔之于卡片，隔一段时间类编整理，使之有条不紊。报刊上的文章比较难找，更要注意随时积累这方面的材料。

（此为杨先生 1982 年 10 月 29 日对研究生的讲述，乔治忠据记录整理，然仅存梗概）

关于史学史研究的几个问题

一、近五十多年来研究概况

中国史学史学科，一般说来是建立于 20 世纪 20 年代，梁启超为主要倡导者，随之渐渐成为专门学科。过去也有人做过类似的研究，但不是从一个学科的概念出发，也不符合近代社会对于史学史专业的要求。刘知幾、章学诚曾经也是相关的研究者，但他们没有正式的史学史观念，更说不上将之作为专门的学问。

关于怎样研究和撰述中国史学史，是梁启超 1925 年到 1927 年间在清华研究院讲学时提出的，讲课的记录由他的学士姚名达、周传儒记录和整理，后来以《中国历史研究法补编》出版，其中包含中国史学史"做法"的专门内容，影响很大、很广。但梁启超没有时间去写此书，而姚名达秉承师说，自言 1925 年 9 月就有撰写中国史学史的志愿，并真正开始了写作，这也许是目标明确地撰写中国史学史之最早的人吧。但是抗日战争爆发后，姚名达积极参加抗日活动团体，不幸与日军遭遇，在 1938 年就壮烈牺牲了，当时他是设在江西的中正大学的教授，中国史学史之书在死前没有写成，但整理了资料，也写出不少篇章，稿子今尚不知下落。他在学术上是极其努力、肯下功夫的，英年牺牲，十分可惜。

至 20 世纪 30 年代初，何炳松也想写，作为商务印书馆计划的"中国文化史丛书"中的一本，其计划也都公布了，但最终仍是没有写成。不过，这一阶段出版了一些史学的"概论""通论"一类撰述，其中带有较多的中外史学史内容，《史学史研究》1982 年第 1 期有文章介绍了这个情况，可以阅览。这些撰述讲述史学史虽然简略，但有些论述具备独到见解，阅读之后会得到启发。史学史内容的专题论文也在增多，特别是 20 世纪 30 年代初就有学者在大学中开讲史学史课程，说明是有人进行中国史学史的研究了。早期开设中国史学史课程的学者，有蒙文通、卫聚贤、陆懋德等，学有专长，史学上造诣深，有见解，但其讲义比较简略，且未正式出版。这是 20 世纪 20—30 年代中国史学史取得的初步发展。

中国史学史学科的建立，其标志一是在大学中有课程开设，二是有专门的成体系的著作。到 20 世纪 40 年代有了专著出版，魏应骐、王玉璋、金毓黻三个人的著述于 20 世纪 40 年代之初面世发行，金毓黻的著述于 1944 年出版。同时，属于史学史专业的论文，也显著增加。那时在中央大学、四川大学、武汉大学、西南联大等，都开设了中国史学史课程。另外还有一些不系统的、但含有史学史内容成分之书，如柳诒征的《国史要义》等，也对史学史发展有促进作用。

有些学者感觉到中国史学史之重要，就在大学临时开课，如方壮猷即如此，西南联大的姚从吾先生是元史专家，也开设了中国史学史课程。金毓黻先生是搞宋辽金史的，与姚从吾先生一样是当时颇有史学造诣的学者，他们讲授和撰写中国史学史，虽不一定形成严密周全的论述体系，但都有独特见解，值得重视。我在北京大学任教之时，曾作为姚从吾先生讲课的助教，为他准备课程所需要的一些史学史资料。

抗战胜利后，北京大学、北平师范大学把中国史学史作为选修课，就全国来说，总的情况是开设此课者不多。但有名的大学开了课，影响力较大，引起各个大学逐渐仿效。在学术研究方面，研究人员总体看来偏少。20 世纪 40 年代时我特意在学界打听过，历史学毕业的学者，没有听说有人专心致志于此项专业。当时有人认为，金毓黻先生的《中国史学史》出版后，中国史学史研究与著述可以到此为止了。按梁启超的史学史理念，金毓黻的著述确实很好了，没有大的问题，但存在小的问题，古代史学部分的一些列表中，就存在讹误。例如三国十七史官表，将蜀汉的"东观令""东观郎"等文官算作史官，说是"当修史之任"，很不正确。第六章各个朝代纂修实录列表，清朝实录始修日期方面，也多有不确之处。这不是全然否定此书列表的学术价值，而是说明金无足赤，学术发展没有到顶的可能。总之，截止到新中国成立前，史学史学科颇有发展，但在体系上与具体问题研讨上，都有待进一步开拓。

1949 年新中国成立后，中国史学史在大学内一度停课，历史课程的基本观点要更新，中国通史有范文澜、翦伯赞、郭沫若等人的著作，较好讲授，我们也都开通史课，而史学史无所遵循，不好掌握，同时教育部门也不懂和不重视，1952 年院系调整中谁也顾不上史学史学科，于是停止了。金毓黻先生当时改搞太平天国史，放弃史学史不再搞了。我当时也不可以搞了，因为离开北京大学调到北京政法学院，根本不可能有这种课程安排。当时大学里没有选修课，只有通史课、文选课等等，直到 1955 年，各大学才有了选修课的设置。1953 年我调到了南开大学，先是讲述秦汉三国魏晋南北朝史，而在 1955 年就开讲中国史学史，傅贵九、孙香兰等人听过我的这门课。我还曾到天津师范学院兼任此课。那时，全国的大学开中国史学史课程者极少，没听说还有哪一处。

1958 年批判资产阶级思想和反对"厚古薄今"，我搞史学史被说成"钻冷门"，疏离了无产阶级政治，赞扬地主阶级、资产阶级史家，于是又暂且停止开课。

1961 年，从教育部倡导史学史的教学与研究，纠正原先的偏差，中国史学史的课程立时得到了恢复。史学史学科一度成为热门，又提起重视，报刊上有讨论，学界也开过专门的讨论会。

1961 年我到安徽大学讲了中国史学史方面的课程，是集中时间短期内讲完。此年，内蒙古大学也派青年学人来进修中国史学史，即现今南京大学教授邓瑞。当时，全国已有七八个大学开设了中国史学史课程。这是学科建设走上正轨的表现，但没几年出现大规模政治运动，整个历史学的教学与研究都不能照常进行了。

1977 年之后，大学里的教学与研究迅速恢复和发展，中国史学史学科建设与学术研究的成果也日益兴隆，课程教材也基本上不成大的问题了，朱杰勤、刘杰、仓修良出了专书，还有学校印了讲义，如兰州大学的张孟伦有中国史学史古代部分的讲义，东北师范大学的高振铎、贵阳师范学院的周春之，写了包括古代、近代内容的中国史学史讲义，都在校内印行，作为教材。

史学史学科自产生后的 50 多年，中间有所停顿，但终归还是发展壮大，现已经成为正式学科。中、西史学史专业在全国，目前大约已有近二十位研究生毕业了。

二、当前的研究成就及存在的问题

中国史学史的成就：首先是有了比较系统的著作，写出专著，这是需要花费时间、下功夫研究的。刘杰的《中国史学史稿》写于 1966 年之前，虽内容还不完备，但在当时的环境中坚持撰成，是极不容易的。各种报刊，发表了许多史学史专题论文，数量可观，渐呈兴旺状态。上海出版了华东师范大学吴泽等先生编辑的《中国史学史论集》两册，选择和汇集了全国自 1950 年以来重要论文，对中国古代史学史一些重要问题做出了论述。

但本专业存在的问题不少，一时也难以解决：

第一，关于中国史学史研究的内容，现在还没有一致的认识，而且也未进行充分讨论。朱杰勤《中国古代史学史》内有的内容，我们认为不必揽入，我们认为需要收入的内容，他的专著却没有在意。在中国史学史应当包括的内容方面，华东师范大学诸位学者与我的看法也有一些不同之处，仓修良先生也与我的见解不太一致。

我讲述中国史学史的内容主要是：历史观、史学思想、史官、编纂学、治史方法、史学评论等，其他如史家生平，可以等于一般历史问题。前在上海华东师范大学我做了专题讲座，提出我的这些看法，当时就有人提问：不是史学家的人，他的历史观讲不讲？我回答认为凡对史学有很大影响的历史观都要在中国史学史内讲述，例如商鞅、邹衍、柳宗元等人的历史观点。看来听讲座的先生们并不都予以认可。

治史方法即历史研究法，属于还是不属于史学史的内容，这是有争论的。我觉得这在史学史的课程上，还是应当讲授。

刘杰先生主张：史学史就是历史编纂学。这个看法把史学史内容压缩了，太狭窄了。

对"史学思想"这个概念的理解，参差不一，有人混同于历史观和历史编纂学，含混不清。朱杰勤的专著显得不够系统，大抵与概念不能理清有关。

第二，中国史学史发展阶段的分期问题，主张更是五花八门，有的随意性很强。现研究中国古代史学史的居多，在分期上很不一致，每个人自有一套，近代史学史的分期也是如此。还有些研究者不做严格的分期，诸如把刘知幾、章学诚作为一章概述，好比专题性的论述，不顾其时代的间隔。

分期问题与探讨史学史的发展规律有关，规律搞不清，分期也不大好办。把史家及著作都研究透彻，才有可能去探讨规律，凭粗犷的印象就说出规律如何如何，那是不可以的。我们现在的分期方法，觉得总有左右为难之处，原因在于对中国史学史的个案与发展状态远未认识透彻。我讲的中国史学史课程，也还是按朝代来分期，还受中国体系通史的限制。但是，中国近代史学史从鸦片战争开始就颇为勉强，史学史发展的进程是否与一般社会历史完全同步，都同时一起进入近代阶段？看来不应机械地看待复杂多样的历史事物。我有从19世纪末年开始中国近代史学史的想法，这是重大问题，必须有充分论据才敢下结论。

第三，中国史学史中，还有未经仔细研究的问题。例如《史记》等名著多有人进行过研究，发表的论文实在很多，但是否就已经研究好了？却未必。还有如班固这位古代史家，学术界对他的评论褒贬不一，应当经过研讨渐行一致才好，这需要解决历史评价和史学评论的标准问题。

还有不少重要的问题没人研究，例如流传到现在的史书有人研究，失传的史书是否有办法研究？《旧五代史》曾经佚失，现在的本子是辑本，辑本有些不一定是原文，还有原文漏掉未收的情况。《文史》杂志中有论文指出今本《旧五代史》有漏收的文字，甚至有整个人物的传记被漏。还有些史书虽然失传，但是否可以辑佚？例如隋朝王劭的《隋书》《齐志》，刘知幾曾多所赞许，当然也有人指责否定，可惜此书亡佚了，如可辑出，定可有助于深入研究。

中国史学史研究，还应开辟一些新的园地，中国历代史籍极其丰富，许多史家、史书迄今还无人关注，其中应当也有对史学发展产生过较大影响者，有待于深入发掘。

三、我们学习和研究中应注意的事项

一、基本功要打好，一是文史哲的知识，二是史学史本专业的知识。中国文学史、哲学史、中国通史、古代汉语等等，都应随时补习。有些人基本功好，短时期就能搞出中国史学史研究的成绩。史部目录学的知识很重要，不太重要的史书、史家也是知道得越多越好，借助目录学之书了解，是个可行的初步途径。对于史籍，现存的、亡佚的都要尽可能了解。

二、系统、全面的史学史知识要掌握。古代、近代一起了解，现代的史学史知识也应掌握。研究生在前二年半应打下这个学识基础。研究史学史个案点的问题，也有必要了解全局才行。新出的相关著述都应看一看，尽快地了解，有这个根底，毕业后继续做学术工作就方便了。

三、与历史学有关的著述，如"史学概论"的知识应当好好掌握，这对于研究和教学十分有利。史料学、历史研究法等课程，都可能由学习史学史的学人开课，为了工作，早些准备充足的知识。

四、研究目标即大小选题问题，可以自己考虑，有几种建议可供参考：现在已然研究者很多，而且成果比较成熟者，可以暂缓。有的问题研究得差不多了，尽量不要陷入重复探索，以免劳而少功。有的课题虽然有人研究过了，其成果不令人满意、关涉面还不充分，有些问题研究文章多但多所重复，且未深入，都是还可研究的选题，关键是要有自己新的见解，需要自己好好估量。过去未受重视或未得关注的史家、著作、史学事项，如有较大开拓空间者，可以优先作为研究的选题。

五、毕业论文有不同一般学术文章的要求，需要论据充分，材料丰富，内容不能贫乏。全文中必须有自己的新的见解，不可泛泛而言，毫无新意。写毕业论文不要搞资料整理性的东西，必当有分析、有评论，有独到见解，最好达到一定理论性高度。资料整理的文章或资料编辑之书，可以发表、出版，甚至可以得到学界赞扬，但学位论文不能这样写作，这是个特殊要求。撰写学位论文，对资料与研究的准备工作是：精读、博览、深思。主要材料要一字一句细看，在精读基础上博览，要用心思考。其中，精读是最基本的。

当下搞史学史研究的人多了起来，要注意别人是否已然研究过，你如果无独到见解的就别搞了，另外选题吧。提醒现在进入撰写毕业论文和准备论文选题的同学，要用心思考、探索，选好题目，可以一路顺畅，事半功倍。

（此为杨翼骧先生 1984 年 4 月间对研究生的讲述，乔治忠记录并整理）

谈治学与做人

　　无论是研究生还是大学教师，都是有学问的知识分子，称为学者。学者当然要将自己的专业搞好，努力治学，争取在学术上取得较大的成就。但是，学者只注意学术研究不行，还必须注意怎样做人的问题，现在有一种倾向，就是对治学强调得多，对做人问题讲得少，在学者、教师中，也有部分人放松了道德修养的要求，一是自己的行为不甚检点，二是对学生仅仅指导治学，在育人方面不在意，这是需要纠正的。

　　学者立足于社会凭的是什么？一是做人，二是治学，治学的人好好做人十分重要，治学要先学会如何做人，治学的目的是做一个有文化素养、品德高尚的人。学问渊博固然很好，但是如果品行不端，也得不到同事、同学和熟识者的尊敬。今天，我想结合我自己的经历，谈谈作为一名学者需要怎样注意治学与做人的问题。我的经历中，既有比较成功的经验，也有失败、挫折的教训，还有对学界相关问题的观察。

一、关于如何做人的问题

　　这里讲"做人"，不涉及政治立场问题，仅仅谈谈教师、学者范围内的处事态度、人际关系、道德修养等等。不是说政治立场不重要，而是因为政治上如何做人，选择什么样的政治道路，那是更高层次的问题。比如抗战期间，一个人即使待人热情、谦虚谨慎，却投降日军当了汉奸，那么他大节有失，其他也就不足道了。这里讲的是假定大节基本没有问题的情况下，在人生处世"小节"上的修养。

　　学者如果要得到人们尊重，学术上需要取得一定成就，而更重要的是品德要好。前辈学术界名人品德高尚者，至今仍被人称颂，如蔡元培在个人品德上无可挑剔，他信从学术自由的观念，担任北京大学校长之时，各个学派、各种思想的饱学之士都可以聘用，李大钊、胡适、林纾、何炳松等等，思想观点不同甚至有的相反，都在北京大学受聘任教。这种做法不但对北京大学的学术传统影响深远，对整个中国的历史发展也有一定的影响。梁启超政治上走过歧路，但品德上很好，特别是提携后学方面令人称道，据说在清华研究院之时，有个研究生的论文写得文字太多，稿件是用车拉着上交，王国维、陈寅恪都不愿审阅，而梁启超同意阅读。

胡适胸怀宽广，受人尊重。北京大学的图书馆管理不严，外人可以去看书，社会上一些求知青年到北京大学去听课，当所谓的"偷听生"，而北京大学的浴室也许外人使用。所有这些，有人提出应当禁止，胡适则认为大学还是应当让全社会沾点光。这种想法也许不适合某些社会环境，但胡适的宽厚胸襟是值得钦佩的。吴晗得到过胡适的提拔，顾颉刚、傅斯年都得到胡适的帮助。有时，胡适帮助别人并不让对方知道，如资助林语堂是个人的钱，却用北京大学借贷的名义，直至林语堂成名后来北京大学还贷款，才知道原来是胡适私人的援助。

范文澜和蔼宽厚，品德高尚，接触过他的人都有这种体会。1953年，漆侠曾经在范文澜的中国通史编辑处工作，后来政治上受到打击，被开除公职。在范老私自的积极联系下，才在天津师范学院安排了工作，否则其结果将难以预料。这种在别人危难状况下给予扶助的精神，是十分可贵的。

郑天挺品德高尚，一生善良宽厚，提携下属，帮助同事，呵护学生，不争名利，接济别人等等，各种各样的好事大都做过。1979年中国史学会选举时得票最多，表明德望上最高。品德好是会得到人们尊敬的。

品学兼优、德才兼备，才是国家栋梁、社会精英，须知是品德在前，居于首位。能力越强，地位越高，对品德的要求应当越高。黎东方是历史学者中第一位能够讲历史而卖票的人，他口才极好，人称可比汪精卫，开历史故事讲演会，按座位卖票。但这种做法当时被人议论，认为是情操不够高雅，得不到史学界的尊重。现在史学界的状况更堪忧虑，自私牟利的行为太多、太过分。

要珍视自己是受过高等教育的人，是学者、是教师的身份，言行应当检点，否则不足为人师表。教师的一举一动都给学生一定的印象，所以对小节也需要注意。曾子说"吾日三省吾身"，是要每天做固定的反省，也许在现今不大必要，而过一段时间反思一下，或经历某些事件反思一下，总结经验，克服缺点，还是可以的。

有时人未经困境就不谙世事，经历艰难之后才注意到这种做人的问题。抗战时期，北京大学南迁，我因正在家乡，未能随学校一起转移，结果自己南下寻找学校报到。这一路辗转，遇到许多艰难困苦，好多事情需要亲友帮助，对处世做人有了体验。这些年也看到有些人因小而失大的挫折，察觉到做人问题的重要性。我想，对于一般人而言，做人需要注意三点：

1. 真诚、宽厚。对人对事都要真诚，对人真诚才能得人信任，对事真诚才能成功，要具备责任感，令人觉得你办事可靠。当然，真诚也不是是非不分、糊糊涂涂，对坏人仍然需要防备，但害人之心不可有。宽厚是要严于律己、宽以待人。对人对事别"小心眼儿"，把心胸放豁达一些。不能为了自己的利益不顾一切地争抢，别给人一个自私自利的印象。在实际工作和生活中，难免因别人的过错让你吃些小亏，而只要不是有意陷害，就可以宽以待之。即使与人发生矛盾，也别耿耿于怀，人还是好人多，好人有错误一般会早晚认识到而改正。不念旧恶，多原谅别人，也是一种美德。

2. 谦虚、谨慎。谦虚是做人的大道理，人真正做到谦虚不很容易，但人却根本没有不谦虚的理由。人的本领都是有限的，能力大小只是量的区别，而且天外有天，人外有人，所以自骄自傲是要不得的。古人言"不足则夸"，凡是自夸的某一方面的学问、技能等等，大都是他不足的方面，因为实际没达到高水平，于是才夸张、吹嘘，说别人不如他。结果不谦虚非但没有提高自己的水平，还引起人们的反感。而谦虚能够促进自己学习别人的长处，从而取得进步，并且受人尊重。

谨慎是要言行上慎重，行动、言论，要想想是否合乎自己的身份，是否合乎公共的道德标准。学者无论多么清苦，都要保持人格上的清正高尚。在西南联大时，北京大学的学生爱说清华大学教师的毛病，我也未免如此，反过来清华的学生也爱言北大教师的短长。这都是既不谦虚，又不谨慎的行为。后来，同寝室的数学系同学议论教师，被领导知道，系主任是杨振宁的父亲，他十分严厉地批评了这些同学。对我而言是个警诫，便有意识地克服这个习气。知识分子多比较自信，认为自己的观察、判断不会错，于是往往爱发议论，结果就常常犯主观主义的错误。所以，言论上也是需要慎重的，特别是在公共场合。一言出口，驷马难追，说错了是很被动的，不要给人一个胡说乱道的印象。

3. 尊人自重。大学教师容易有某种优越感，不知不觉间表现出瞧不起人样态，瞧不起人就是不尊重别人。遇到对此敏感的人，你稍不注意，就让人得出自骄自大、瞧不起人的印象。人是平等的，尊人与自重是同一的，礼貌待人、稳健郑重，就不会犯轻佻、浮躁的毛病，这也就是自重。这些看起来都是小事，但在这些小事上不会做人，治学也会受到意想不到的影响。

二、关于治学态度问题

治学首先是读书，王鸣盛认为治学就是要多读书、善读书。善读书是方法的问题，人生有限，学术无涯，学者必须讲求方法和态度，才能取得事半功倍的效果。古代与当代许多学术大家，都谈过治学方法问题，这里着重讲讲治学态度。

治学态度的根本问题，是指我们保持什么样的心态来看待自己的专业。正确的心态要有"四心"，即雄心、专心、细心、虚心。

1. 雄心。学者应该在青年时期就立有雄心，有提高业务水平、获取优秀成绩的目标和计划。人年轻时读书最有成效，对学者来说，40 岁以下可以说是属于年轻时期。古代史学家司马迁继承父志，立下雄心壮志，最后完成《史记》的创作。他经历极大的磨难而雄心不移，目标如一，这是成功的最基本条件。

杜佑开始撰写《通典》是 33 岁，而立下这个雄心应在此之前。由于他做官任职，写书多利用晚上、夜间，经 36 年的考校修订才最后成功。没有雄心，是不能几十年坚持不辍的。司马光开始计划写编年体通史时是 37 岁，后来的撰写中面临党派斗争的政治环境，有人对他的撰史行为予以攻击，但他坚定不移，终于取得辉煌成就。北宋末、南宋初，有名的文官、学者很多，而郑樵仅仅是个平民，在撰写史书上应当说条件较差，但他立下雄心要集天下之书为一书，写成《通志》一书，其"二十略"很有成就。史学史上这些成就卓著的史家，都是早立雄心，经几十年坚持不懈的努力而成功的。

萧一山是一位青年时就立有著史雄心的学者，他 1902 年出生，1920 年进北京大学历史学系读书，这期间就立雄心撰写清朝历史，1923 年写成《清朝通史》上卷，当时仅 21 岁，梁启超、李大钊都曾表彰。虽然学术早有成就，但全书是 70 多岁时在台湾完成的，共五卷。历史学科的特点是不能急于求成，大的成就总要长期研究、积累，才可以保证具备较高的学术价值，这就要求历史学者以早立雄心为动力，持之以恒地做下去。

我在西南联大时期，有一位同学叫翁同文，读书有心得就记录下来，立了大志，说是将来写一部令人震惊的大作，后来去了法国，现在是台湾东吴大学教授。有个同学名叫游任遽，文学功底深，他善于写诗，吴宓读了他的诗，还以为是老文学家所作，说很想见到此人。后来得知是个学生，就在家里招待他。因此，他在学生时期就出了名，近年已经担任温州师专中文系主任。当时，他立志要编辑一部全宋诗，我受他的影响，也设计要编辑"全史学史文"。我们这些人早时的志愿似乎都没有实现，但总还是比无目标的随波逐流好。通过有目标地收集资料、探讨思索，专业水准还是有所提高。编辑《中国史学史资料编年》的想法实际是原《全史学史文》想法的修订。立雄心而实现不了没关系，因为目标的实现要受许多社会条件的制约，只要努力了，则必有所得。

2. 专心。对于学者来说，专心就是将一生的主要精力用于自己选定的专业，这不是说人永远不许可做出新的选择，但这山望着那山高，动辄改行，在学术上是大的时间浪费。学术的专业没有高下之分，只有你在本行中成就大小之分。所以经过认真选择适合自己的专业，就不当轻易改变。在治学上，应当尽可能地多读与本专业有关的书，少花费时间读与本专业关系不大的书。不切己者虽泰山不顾，切于己者虽锱铢不遗，章学诚就主张学业贵于专精。有雄心而不专心，也无法实现目标。我治中国史学史，也没有完全做到专心，主要因为客观条件的限制。我大学学习时就偏向于史学史，但参加工作当助教，要先讲通史课，而且必须讲好，否则站不住脚。那时教授讲课可以拿讲稿，但年轻教员不可以，必须用大力气备课。这对于专业学习有影响。除讲通史外，还得进一步讲断代史，至于讲哪一朝代，是系里根据需要来安排。这样，史学史的研究又只好停一停。后来，北京大学教史学史的姚从吾教授调到河南大学任校长，有人推荐我任课，我还是未敢承担，因为中国史学史是选修课，选修课一般是教授任教，我职务低，如果学生不满意或者选课的人少，都会有不好的影响。再后来，向达先生鼎力推荐，我才教中国史学史，仍然怕选修的人少，结果还不错，这样提高了信心，治学也可以走上自己的专业道路了。到新中国成立初期，由于要以马克思主义历史观重新整顿课程和学术研究，史学史一时又被搁置，到1960年后才恢复。继而几年内因故又都停滞。断断续续，损失很多的宝贵时间。

另一造成不够专心的原因，是个人兴趣问题。我从小读一些古典文学作品和古书，初中二年级开始喜欢新文学，知道了鲁迅、巴金等作家，新诗也读了不少。在读文学书籍上占用时间太多，数、理、化成绩下降，差一点没考上高中。上高中时对文学的兴趣依然，二年级时就向报刊投稿，居然刊登，这就使兴趣大增。后来，那时的《山东日报》对载文评奖，我获得第三名，第一名是张春桥，他的文章常载于报上，第二名是马峰，后成为作家。有人告诫我不能再这样搞文学了，否则会考不上大学的，于是高中三年级压制了文学兴趣，复习考大学的功课。但大学期间仍然对文学兴趣浓重，常阅读文学作品，这个兴趣一直保持，新中国成立后的一些文学名著也都阅读了，耗费时间较多，得不偿失。喜欢文学而且搞点儿创作，这对任何职业的人来说，都不失高雅。但对于很需要时间进行专业研究的学者，就应当处理好这个矛盾。历史学的研究工作，主要靠功力积累，靠专心致志地钻研，因此时间做好安排，显得十分重要。兴趣太广泛会有负面的影响，不能由着兴趣来，这是一个值得记取的教训。

再有一个影响专心搞本专业的因素，是人们有学科、专业之间高下之分的观念。学习历史学的学生，就被许多人看作数、理、化学习能力不强，不得已才选历史学科为专业，至于史学史，更有人说这不是什么学问，当然还包括目录学等，都有人说不算学问。中国史学史经梁启超倡导，已经建立起来，但仍然比较冷僻，当时很多大学不开设这门课程。作为专业研究，史学界也有许多不同的看法，例如认为史学史是50岁以后才能研究的方向，要对一般历史的研究已经有所成就之后再搞；余嘉锡先生之子余逊在北京大学工作，他说要各个断代史都有教学经历、都有所研究，然后再考虑搞史学史。金毓黻《中国史学史》出版之后，有人说中国史学史已经搞完了，不必再研究，因为研究的余地微不足道了。这些说法对我是有影响的，我立志研究史学史，却对别人讲这是个人业余爱好，未能一往无前、全副精力地投入本专业，耽搁不少时间，现在想起来，是很可惜的。

总之，三个因素影响我在本专业研究上的专心程度，一是客观条件、工作安排上的矛盾，二是个人其他兴趣的影响，三是专业本身不被看重而思想波动。现在，专业研究也会面对类似的问题，就客观条件来说，史学史之外的课程，工作单位的安排还是要承担，但现在要比60年代好多了，安排课程总是会考虑每个人的所学专业。问题多出于个人的主观因素，首先，兴趣广泛者要有所克制，要想着自己的目标、自己的立身之本，若不改行，就该抓紧自己的专业；其次，专业之间没有高下之分，只有你在本专业中学术地位或高或下之分。不同专业当然有"热门""冷门"，但热门专业搞得热热闹闹，其中必有大量水分，经过岁月淘汰，也只留下少数有学术价值的成果，冷门专业扎扎实实地研究，也许更容易干出经得起考验的成就，所谓热门、冷门，具有同等的学术前途。至于当下人们有什么偏见，完全不必理睬，偏见随着学术发展，会逐步拨正。现在你们读了史学史的硕士、博士，别人理所当然地要看你们在史学史上有多大成绩，所以一定要在本专业研究上专心，不能松懈，将更多的时间用于史学史研究。

3. 细心。治学上细心很重要，而实际上做到细心是不容易的。举例来说吧，钱大昕《廿二史考异》考订了许多正史中记载自相抵牾和记错的史事，将之予以纠正。这些书无论前人还是当代人，都有许多人读过，但好多人没有发现。你现在去读正史，也还有许多发现不了的问题，而钱大昕早就考订了，这就可见治学细心之不易。读书细心，不是读一遍即可做到，往往要反复阅读才行。细心读书，要一字一句地研读，认真地读懂，有时看一段历史文献，好像已经明白了，其实是似懂非懂，这种状况下，你读过的史料就不能为你所利用。我们文章发表之前，要校对稿件，一校之后，到二校又发现一些错字，三校还不一定完全没有错处，读书、治学也是这个道理，不细心发现不了问题，不细心发现不了讹误，为了细心，要反复研究。在《中国史学史资料编年》中，西晋时期《竹书纪年》出土，当时就是一件大事，但《晋书》中对出土时间，有三种不同说法，如果不认真、细心地阅读所有相关记载，不知道有三种说法，那就不行。有人写了文章急于发表，不愿意细心研究、不细心检查，或来不及细心核查，结果出了硬伤，甚至是很常识问题的错误，后悔莫及。可是，有的人对于不细心而发生的错误，还满不在乎，那就更不好了。

4. 虚心。前已经讲到做人要谦虚，这里还要谈谈治学同样也要虚心。做人不谦虚，骄傲自大、目中无人，人格形象不好；治学不虚心，学问进步缓慢，并且容易出学术上的失误。虚心的道理人人皆知，但做到虚心，实在不太容易。对学者来说，往往学而后知不足，教而后知困窘，越多读书、越深入学习与研究，越了解到自己掌握的知识不够，深入学习了一点，就会知道还有相关的许多点需要进一步学习。我在学生时期，自我感觉不错，因为书读得比别的同学多些，包括文学的书籍。选修中文系的中国文学史课程，考试前两名是我和另一历史系的同学，那时历史系有不少学生不爱读书，所以我觉得自己比许多同学都强。读书读到王鸣盛《十七史商榷》，其中有曰："大凡学问精实者必谦退，虚伪者必骄矜"，在思想上引起震动。决心以虚心的态度治学，不以己之长比他人之短，而是以他人之长补己之短，这样才能不断进步。

一般人不愿听别人的批评意见，觉得面子不好看，于是自然而然地找借口、寻遁词来掩饰，这就会给人以不大虚心的印象。别人不大向你提意见了，你失去不少改正讹误、提高认识、学到知识的良机，岂不有损于治学？别人提出批评意见如果提得不对，有的人更会发火，那就更不好了，应当平心静气地解释，不要生硬地反驳，更不该意气用事，反唇相讥。长期坚持虚心的治学态度，不仅面子上没什么不好看，反而受到尊重。老一辈成就大的学者，很多人都是虚心治学的典范，如钱穆的学术观点与胡适不同，甚至在对于西方文化问题上有所对立，但胡适能够聘任钱穆为北京大学教授，这很不简单，而钱穆给学生讲课时仍批评胡适的观点，胡适对此表示赞赏，认为讲课就应当有对不同见解的评论。梁启超讲演时批评过胡适，胡适也批评过梁启超，而二人关系十分要好。胡适办《独立评论》刊物，有青年投稿，文章批评了胡适的某个观点，不但得以发表，胡适还加上按语予以表彰。北京大学、清华大学以及西南联大时期，名教授会聚一起，留下许多虚心治学、胸襟宽阔的学界佳话。在大学里学习，不但要向那些名教授学习知识、学习研究方法，更要学习那种大家风范、学术精神、治学态度。

如果真正在学术上立有雄心，又能专心、细心，加之虚心的态度，绝对可以取得出色的成就。

（此为杨翼骧先生于 1993 年 9 月对研究生的连续讲述，乔治忠记录并整理，原载于杨翼骧《学忍堂文集》，中华书局 2002 年出版）

中国史学史学科的建立、发展及我的学习经历

一、中国史学史学科的建立

中国史学史学科是 20 世纪 20 年代梁启超倡议建的，是在《中国历史研究法补编》中讲到的。该书是梁启超 1925 和 1927 年两年的演讲稿，由周传儒、姚名达记录整理，1930 年出版的。书中说：中国史书很多，史学有几千年的成绩，应该有人为它写专史，可是很奇怪到现在还没有；中国史学史最简单也要有一二十万字才能说明大概。姚名达在梁启超此段话后有个夹注：1925 年 9 月在清华做学生时就立志写中国史学史，经二年积累了很多稿子，但还不愿草率成书。这说明在梁启超提出不久，姚名达就开始写了。同时梁启超还讲了中国史学史的内容："最少应对下面几部分特别注意：史官、史家、史学的成立及发展，最近史学的趋势。"中国史学的成绩，梁启超说最少应包括这四个方面内容，其实尔后的研究最多也没有超过这些。《中国历史研究法》第二章：《过去之中国史学界》是简单的中国史学史，只有一万四千字，太简略了。还不能算专门的著作。

1942 年，姚名达在江西率慰劳团参加抗战牺牲了，很可惜，估计这时他的稿子已相当多了，要不是抗战他的书早就写成出版了。

但 20 世纪 30 年代还是有些大学历史系开设了史学史课。有的教授写了讲义。20 世纪 30 年代讲授且有铅印讲义而且影响较大的据我所知有三部书：陆懋德在北平师范大学讲中国史学史的讲义，蒙文通在北京大学和四川大学讲中国史学史的讲义，卫聚贤在上海持志学院讲史学史的讲义。虽然都是内部印行，没有公开出版，但对这门学科的建立有很大的意义。

20 世纪 40 年代有三部史学史著作正式出版，魏应麒的《中国史学史》、王玉璋的《中国史学史概论》、金毓黻的《中国史学史》。魏、金在此以前都在大学讲过史学史课，经几年才写成专书。这三本书出版于抗战间，对史学史学科的确立和发展有很大意义。三部书都受到好评，魏、金二先生写得好，王书虽

出版比金书早二年，但他在出版之前看到了金毓黻书稿，所以有些话引了金书的内容。

此外还有几部书名称不叫史学史，但内容大部属史学史的内容，朱希祖、周谷城的《中国史学之进化》，方壮猷的《中国史学概要》。此外，当时史学概论、史学通论之类的书都有一章一节讲中国史学史。比较引人注意而未成为现实的是何炳松要写中国史学史，当时已出了广告，列入丛书，但一直未出，可能因后来当大学校长公务忙。曹聚仁写了《中国史学 ABC》也有一部分内容讲史学史。

这些书对一般人增加史学史知识有帮助，至此，史学史开始形成了一个学科。有的大学已开这门课，西南联大是姚从吾先生开的，据白寿彝先生说，20世纪40年代初他在云南大学也讲过此课。

抗战胜利以后有些大学也开了此课，金毓黻原在中央大学开此课，抗战胜利后在西南联大的姚从吾到北大教此课。但总的看还是为数较少，只有几所大学开课。

在大学历史系开课，有几部专著出版，说明新中国成立前已建立了此学科。但总的说研究这门学科的人较少，而且都是半路出家，搞别的有成就了才搞此学科，像姚名达先生那样在当学生时就立志写史学史的人是少见的。

二、我学习中国史学史的经过

我开始对史学史有兴趣是从 1938 年底，并正式立志以此为治学目标。1939年初，我从武汉经广西到西南联大复学。在南宁由朋友介绍到附近的湘桂铁路工程第三段，找了个抄写公文的工作。那时没有钱，别人下班出去玩，我只好在办公室或寝室看书。白天没公文可抄时也可看书。县图书馆存了些历史书，古典书一般无人看，小说才有人借，图书馆看我去借历史书觉得很稀奇，有的书还没拆包或者没编目都允许我借，且不限日期，随还随借，那时我看到了梁启超的《中国历史研究法》和《补编》，姚名达在书的夹注中说决定写史学史启发了我，既然中国史学史还没人写，就立志学习中国史学史了。

1939 年初经越南到昆明，实现了复学的志愿，课余时间读史学史资料，始正式学习中国史学史方面的书。1940 年元史专家原北大历史系主任姚从吾开史学史课，我原是北大学生，听过他讲历史研究法课，他知我对史学史有兴趣，让我记笔记时详细记，当时他没有讲稿，只有提纲，想再以笔记整理成讲义。

我当时认真记了，但学校回迁北平时，书没法随身带，学校给托运书箱，不巧途中丢了两个箱子中的一个，笔记也在该箱中丢了。

姚从吾先生讲史学史时，魏应麒、金毓黻的书都未出版，他只列个提纲，参考梁启超的说法，以讲史家为主。每讲的标题都是史家，如孔子、左丘明、司马迁、班固、陈寿、范晔，他用自己的观点和方法讲史学史，因为他研究历史研究法有成就，就据历史研究法的标准评价古代史学家。常常有自己的新见解，与时人不同。每周二节，共一学期的课。我对中国史学史的兴趣就更浓厚了，每看史书都要注意史家的传。当时很少有人想研究史学史，西南联大历史系的同学没有一个有兴趣的，所以只能一个人闷头学，想找一人交流想法都不行。

北大迁回北平后，我到北大教外系的中国通史。当时在北京搞史学史的人很少，有的人还对搞史学史不理解，认为在历史系的都应教两门通史（中国与世界），然后掌握一门断代史，所以花了大量时间搞通史，还要准备秦汉魏晋南北朝断代史，搞史学史又成了业余的。

按北大的学制，学中国史的人不学中国通史，而是六个断代史都是必修课。断代史都学一年，有时同时学两门断代史，明清史孟森讲，明史一年，清史一年。西南联大时，原北大学生还按此学制实行，所以断代史学得时间长，好处是听课多，看参考书也多，工作以后经过一年半载的准备就可以上讲台。在教书之余，我对中国史学史仍有兴趣，继续看书。

姚从吾先生调走后，郑天挺先生教史学史，郑先生想让我教，但我不敢教，因选修课都是教授讲。

1949 年 1 月底北京解放。当年暑假后，郑先生又让我教史学史，我才教。当时我作为青年教师教选修课有顾虑：一是担心没人选（按规定应至少有五人选才能开课），二是别的选修课是名教授，自己是否被学生接受没把握，如同时开中西交通史选修课的是向达先生。当时选我的课和选向先生的课都是八人，这就不少了，因当时历史系学生少。当时各大学历史系开此课的很少，清华大学、复旦大学、北京师范大学没开，白寿彝先生当时在北京师范大学好像也没开此课。这门课没人注意，我没有名气，别人不知我教此课，我也不知道别的学校有人教，所以很孤独，没有同道交流经验。

1952 年院系调整，北大与燕京、清华部分合并成新的北大。燕京、辅仁名称都取消，辅仁合到北师大了。清华成了工科学校，法科文科并到北大了。院系调整后，要学习马列理论，好多选修课不开了，主要开基础课、必修课了。大家都学习马列、学苏联了，史学史课也不开了。

新中国成立后，金毓黻调到北大文学研究所，我才认识了他。我在开会时遇到金先生，对金先生说对中国史学史还是有兴趣，他劝我别搞史学史了，先学马列主义吧，他好像也对史学史无兴趣了。

我调到南开大学后，教魏晋南北朝史和历史文选课。过了两年，郑天挺先生又让我开史学史课，1953 年入学的学生听了我的课，还成立了中国史学史学习小组，当时由教师在课余时间指导，他们毕业后都没搞史学史。

1958 年教育革命后，此课又停了，因为要批判资产阶级思想、封建主义思想，而讲古代史学史，宣扬司马迁、司马光等有贡献的史家，有称赞封建史学之嫌；讲到近现代又免不得称赞梁启超，梁虽标榜新史学，但是属于资产阶级的，所以也不能讲了。

1961 年又恢复了史学史课，直至 1966 年之前。但教的遍数并不多，因总搞运动，1964 年搞"四清"三五个月，1965 年又参加"四清"，接着运动不断。所以从 1965 年起停止教课，也无时间研究了。

总体说新中国成立后教史学史课的遍数并不多。1951 年下乡搞土改去一年，加之思想改造，上课的时间就很少了。"四人帮"刚打倒时还没正式恢复，1978 年后才又开此课。

三、新中国成立前中国史学史一直不受重视的原因

1. 认为史学史不算一门学问。一般人认为历史系应学历史，研究对象应是历史而不是史学史，史学史讲的主要是史书（史学编纂史），只能算史学中的一部分，史书的编纂讲不全，就跟历史要籍介绍差不多了，所以有人认为这算不得学问，历史系有人讲就讲，无人讲也无所谓。当时有人劝我不要搞史学史了，认为搞史学史是走邪门，教好通史、断代史在历史系才能站住脚。当时我怀疑，为什么文学史、哲学史是必修课，史学史不是必修？为什么文学史、哲学史算学问，史学史不算学问？我曾问一位文史学家，史学史算不算学问，他说应算学问，但现在讲的内容、研究的方法不算学问。他说金毓黻这样的讲法不算学问，我虽不搞史学史，看一部《四库提要》我也可以讲。他说必须从历史哲学的角度去研究，讲史学发展不能只看史学著作的发展，要站得高一点，研究史学理论、史学思想才能算学问，现在这样讲没什么意义。

2. 有人认为，中国史学史已有魏应麒、金毓黻的书出版了，研究就算到家了，再研究也超不出梁启超定的范围了，再研究也写不出新著作了。

3. 在大学历史系教书的人，专研史学史没饭吃。只能教史学史而不能教别的基础课和必修课就没人聘，这在当时是实际情况。当时大学分档次了，北大、清华是国立第一流的。省立大学往往到第一流学校拉人，从北大、清华到省立大学至少要升一级，讲师就可聘为副教授。所以要应聘不能只搞史学史。

4. 认为研究好历史后，才能研究史学史。不少人认为青年、中年时期不应研究史学史，五十岁以后，研究断代史、专门史有了成就，再搞史学史才能搞好。那时认为五十岁就算老了。所以年轻时别人好意劝我先别研究史学史。以前一位在政府里有相当高地位的老同学来津开会，还劝我别研究史学史了。

新中国成立后史学史学科的大发展也主要在 20 世纪 80 年代以后。金毓黻的书出版后，20 世纪 50 年代没有新的史学史著述出版，仅于 1957 年再版金毓黻《中国史学史》，还删略了最后的近代史学史内容。到 60 年代，1962 年、1963 年时，有一次中国史学史的讨论会，才开始肯定史学史的地位，包括中国史学史、外国史学史，那时才开始有人研究史学史。1966 年之后又中断了，1977 年以后研究史学史的人才越来越多。

20 世纪 80 年代以后，好多学校开了此课，加上《史学史研究》专门刊物按期出版，史学史研究兴旺了。总地说，史学史进入兴旺繁盛时代是从 20 世纪 80 年代开始。至此，虽然跟别的学科比还不行，但终于作为一个专业了，和中国古代史、近现代史处于平等地位了，这跟新中国成立前比状况大大改变了。

最近十几年确实出了不少成果，专著十几部，文章就更多了。如果说新中国成立前研究史学史的人寥若晨星，那么 20 世纪 80 年代以来可以说是星光灿烂了。史学史在历史学中有了重要地位，有的学校已将史学史列为必修课。

（此为杨翼骧先生于 1994 年 6 月 15 日的讲述，姜胜利记录并整理，原载杨翼骧《中国史学史讲义》附录，天津古籍出版社 2006 年出版）

史学史研究的今与昔

——访杨翼骧先生

采访者姜胜利按：南开大学历史系教授、史学史专业博士研究生导师杨翼骧先生，是当今较早攻习中国史学史的学者之一，现在虽年事已高，但仍在辛勤耕耘，坚持不辍地从事中国史学史的研究，并指导着多名博士研究生。今年（1994 年）盛夏，我受《史学史研究》杂志的委托，采访了正忙于《中国史学史资料编年》编纂工作的杨先生。

我请杨先生谈谈研究中国史学史的有关问题。杨先生谦虚地说，自己虽然学习这门学科多年，但没有成就，只能说是一个爱好者，讲不出什么来，但有些感受和想法可以谈谈。

问：您在讲课时，强调要学好一门学科，必须了解这门学科的历史。想请您先谈谈中国史学史这门学科建立的过程。

杨先生：中国史学发展的历史悠久。在古代，从汉朝到清朝都有人研究史学史，写出文章，其中著名的有班彪、刘勰、刘知几、郑樵、章学诚等，但没有人写出一部中国史学史专著，也没有史学史或与其相应的名称，史学史不是一门独立的学问，所以在中国古代没有建立起史学史这门学科。

到了近代，梁启超先生在 20 世纪初高举"史界革命"的大旗，写出了《中国史叙论》和《新史学》两篇在史学界有划时代意义的文章，虽然其中未提到史学史的问题，但在新的史学思想潮流的影响下，开拓了研究领域，逐渐有人用新的观点和方法致力于中国史学史的研究，并在大学里开课讲授。首先在大学课堂上讲授中国史学史的，应推北京大学史学系主任朱希祖先生。他于 1919 至 1920 年间开了《中国史学概论》一课，并编写了约有三万四千字的讲稿，内容包括"中国史学之起源"与"中国史学之派别"两大部分，因当时尚无史学史这一名称，所以称为"史学概论"，而实际上讲的是中国史学史（这个讲稿搁置了二十多年未发表，直到 1942 年才改名为《中国史学通论》，交付重庆独立出版社于次年出版)。随后梁启超先生于 1921 年在南开大学做课外讲演,次年将讲演内容写成《中国历史研究法》一书,其中第二章《过去之中国史学界》,约有一万四千字,实是一篇简明的中国史学史,但也未提出史学史这一名称。

1925 年至 1927 年间,梁启超先生在清华大学讲《中国历史研究法补编》(原名《补中国历史研究法》或《广中国历史研究法》)时,首先公开提出了史学史这一名称,并指出中国史学发达,很有独立做史的资格,倡议撰写中国史学史的专著。他说:"中国的史书既然那么多,几千年的成绩,应该有专史去叙述。可是到现在还没有,也没有打算,真是很奇怪的现象。""中国史学史最简单也要有一二十万字才能说明个大概,所以很可能独立著作了。"也就是说,中国史学史可以成为一门独立的学科了。

梁氏不仅是泛泛地倡议建立中国史学史这门学科,而且还有具体的构想。他说:"中国史学史最少应对于下列各部分特别注意:一、史官,二、史家,三、史学的成立和发展,四、最近史学的趋势。"接着又将这四部分的内容和写法做了详细的说明,对这门学科的建立可谓尽心尽力了、梁氏的这一构想对后来研究史学史的人影响很大,很多史学史著作的内容框架都是依此建立的。梁氏指出的思想内容是"最少"应"特别注意"的,而后来的史学史著作却大都没有超出这些内容,而且叙述很不详细;有的只写到清朝,第四部分根本没有写。

梁氏的弟子姚名达先生在乃师的启发下,曾立志撰写中国史学史。他在《中国历史研究法补编》的《史学史的做法》中加了几句按语,说:"民国十四年(1925年)九月,名达初到清华研究院受业于先生,即有著《中国史学史》之志,曾向先生陈述,至今二年,积稿颇富,唯一时尚不欲草率成书耳。"姚名达先生,字达人,可以说是最早致力于撰写一部内容丰富的中国史学史专著,也是在这门学科建立的过程中值得尊敬、怀念的学者。他在潜心研究史学,1928 年在清华研究院毕业后,留校任教三年;1931 年到上海任商务印书馆编辑,专心读书写作,其后曾在暨南大学、复旦大学任教;抗日战争期间,在江西任中正大学教授,1942 年日寇侵入江西,他怀着激昂的爱国热情,参加该校的师生战地服务团并任团长,到前线去为抗日战士服务,不幸遇敌牺牲,年仅三十八岁。他自 20 年代到 30 年代,先后发表了多部史学方面的重要著作,如《中国目录学史》《刘宗周年谱》《邵念鲁年谱》《朱筠年谱》、增补胡适的《章实斋先生年谱》等,唯独这部最重要的中国史学史未及完成而英年早逝,至为可惜!

另外,值得注意的是 1926 年柳诒征先生撰写的《史学概论》,分《史学的范围》《古史》《正史》《近世史》《地理》《史学书》七章,共约一万二千五百字,虽为商务印书馆函授社国文科讲义，其内容却是关于中国史学史的论述。

到了 20 世纪 30 年代，虽未见有中国史学史的专著面世，但由于受梁启超倡议的影响，已有不少学者从事史学史的研究，有些大学历史系开设了以"中国史学史"命名的课程。由知名的教授主讲，并印发了讲义。如陆懋德先生在北平师范大学、蒙文通先生在四川大学、卫聚贤先生在上海持志学院授课，都编写了《中国史学史讲义》。这些讲义仅是内部印发，不是公开出版物。尽管如此，这对于中国史学史学科的建立仍有重要意义。

此外，在 20 世纪 30 年代，还有一些公开出版的论述史学的著作，其书名虽不称史学史，而其内容实为史学史，如曹聚仁先生所著《中国史学 ABC》，其中的某些章节是讲史学史的；如卢绍稷先生所著《史学概要》，罗元鲲先生所著《史学通论》等，都对推广、普及中国史学史的知识起了一定作用，有助于这门学科的建立。

附带说一下：在 20 世纪 30 年代，商务印书馆《中国文化史丛书》的出版计划中，列有何炳松著《中国史学史》。何先生对史学研究有素，曾著有《历史研究法》《通史新义》《浙东学派溯源》等书及《史通评论》《章学诚史学管窥》《论史学》《增补章实斋年谱序》《中国史学之发展》等文章，翻译美国鲁滨逊所著《新史学》及美国绍特威尔所著《西洋史学史》，主编《中国史学丛书》。他学贯中西，很有资格写一部中国史学史专著，但始终未见此书出版，殊为遗憾！

到了 20 世纪 40 年代前期，商务印书馆先后印行了三部中国史学史专著，即魏应麒先生的《中国史学史》（1941 年）、王玉璋先生的《中国史学史概论》（1942 年）、金毓黻先生的《中国史学史》（1944 年）。这三部书都基本上是按照梁启超先生所提示的内容编写的，而在体例上又各有不同的特点。魏著前有自序，分上下两编。上编分三章：一、中国史学之特质与价值，二、中国史籍之位置与类别，三、中国史官之建置与职守；下编分十章：一、古代之史学，二、两汉之史学，三、三国两晋南北朝之史学，四、隋唐之史学，五、刘知幾，六、五代宋之史学，七、郑樵，八、元明清之史学，九、章学诚，十、民国以来之史学。共约十六万五千字。王著前有自序，分五章：一、史官，二、史籍名著述评，三、史体，四、历史哲学，五、史学之新趋势。共约十一万三千字。金著前有略例、导言，后有结论，分十章：一、古代之史官，二、古代之史家与史籍，三、司马迁与班固之史学，四、魏晋南北朝以讫唐初私家修史之本末，五、汉以后之史官，六、唐宋以来官修诸史之本末，七、唐宋以来之私修诸史，八、刘知幾与章学诚之史学，九、近代史家述略，十、最近史学之趋势。共约三十一万字。在四年之内，连续有三部中国史学史的专著出版，这在当时史学界产生了很大的影响，一些学术刊物对三书分别发表了介绍和评论。而且，自20世纪30年代末期起，也逐渐有更多的大学历史系开设了中国史学史课程。至此，中国史学史已作为一门独立的学科而建立起来了。

当然，这门学科建立之后，随着社会的进步和史学的发展，其内容要继续充实、完善，研究方法要不断改进、更新，理论水平要逐渐提高，研究成果要日益丰硕，使这门学科更具有科学性，更加兴旺发达。

不过，在新中国成立以前和新中国成立以后的十年里，中国史学史的研究，进展不大，研究它的人不多，有些大学历史系虽开设了此课，但在全国大学历史系的总数中所占的比例仍很小，没有被列为必修课，在史学界不占重要的地位。这门学科没有受到应有的重视。

问：既然中国史学史这门学科已经建立起来，又为什么进展不大？请您谈谈其中的原因，好吗？

杨先生：中国史学史没有受到应有的重视，从大学文科各系开课的情况来看是很明显的，如中国文学史在中文系是必修课，中国哲学史在哲学系是必修课，中国教育史在教育系是必修课，而中国史学史在历史系只能是选修课，可有可无，有人讲就开，没人讲就不开。此外，在一些学术研究机构里，也没有从事史学史研究的专业人员。在中学里，更没有这类的课。可见史学史确实不受重视，所以研究它的人很少。至于为什么，从我所知道的一些情况中或许可以了解其原因。

一、史学史是不是一门专门的学问。很多人认为，历史学的对象是客观的历史事实，如通史、断代史、专史（如政治史、经济史等），都是学问。但史学史讲的是史官、史家及他们编写的史书，不过是历代史书编撰的经过及其评价，没有多大意义，算不了什么学问。抗战胜利以后，我在北平结识了一位文学家也是哲学家，对史学也颇有见解的先生，曾经问过他："史学史算不算学问？"他说："史学史应当是一门学问，要以历史哲学为主要线索，把历代有关史学的著作和言论贯穿起来，说明其对于社会人生的意义与价值。但现在号称史学史的著作，大都是着重于叙述史书编纂的经过和方法，介绍史书的内容与价值，就算不上学问。如果是这样，我也敢开这门课，只要看一遍《四库提要》，就可以上讲台了。有的著作虽然也提到历史哲学，且列为其中的一章或一节，但这样孤立地讲，是把历史哲学作为历史编纂的附庸，本末倒置。而且作者自己对历史哲学没有真正的研究，只是抄袭古人和今人的一些论述，聊以充数而已。"

当时他讲了很多话，我现在已不能完全回忆起来，仅记得大意，归纳为一句话："史学史是学问，但现在学者们的研究不算学问。"

二、史学史已经有专书出版，有没有再进行研究的必要。有人认为有了魏应麒、金毓黻所著的两本《中国史学史》，学历史的人要想得到这方面的知识，看看这两本书就够了。尤以金著内容丰富，资料翔实，别人若再进行研究，也很难超出它的成就，没有什么意义，就不必浪费时间了。直到新中国成立后，在50年代末，我的一位在国家出版机构担任领导职务的老同学，有一次从北京来天津开会，还关心地对我说："听说你还在搞史学史，我看按照旧的路子去搞已没有什么意思，怎样用新的观点和方法来搞不清楚，还是把时间用在断代史或其他专题的研究上吧！"

三、青年人要不要研究史学史。有人说：研究史学史，必须把历代重要史书及对于史学的论述都仔细读过后，才具有能力和资格，但这谈何容易！仅是"二十四史"、《资治通鉴》《续资治通鉴长编》、"十通"等大部头的书，就够读若干年了。研究司马迁、班固、陈寿、范晔的史学，不细读"前四史"行吗？青年人应集中精力读历史书，研究历史，等历史书读得多了，在历史研究上有了一定的成就了，史学修养深了，到五十岁左右再去研究史学史，才能融会贯通，有真正的心得和见解。青年人读书少，历史知识不多，还不大懂史学，要研究史学史，则为时过早。

四、关于史学史学科发展前途的问题。新中国成立前，在大学历史系当教师，尤其是青年教师，必须能教中国通史、断代史等必修课，才能站得住脚，保住饭碗。教不了必修课，学校不会聘你；教了而不能胜任，学校就会把你解聘。因此，你专门研究史学史，只能教这门可有可无的选修课，而不能教必修课，就难以当大学教师；而且在研究机构，如中央研究院、北平研究院，都没有专门研究史学史的人员，你也进不去；在中学里更没有这门课，你连中学教师也当不上。这样，你就有失业的危险。

总而言之，中国史学史在新中国成立前不受重视，以致研究它的人很少。这种现象到新中国成立后的十年内仍继续存在。有些人还不知道有这门学科，或虽然知道有而不了解其内容。从前有位朋友曾问我："中国史学史这五个字中有两个'史'字，令人难以理解，是'中国史'的'学史'呢？还是'中国史学'的'史'呢？"可见不但研究它的人少，而且还有人不知道它是怎么回事呢！

问：在中国史学史不受重视的情况下，您一直从事这门学科的学习、教学和研究，能谈谈这方面的经历和感受吗？

杨先生：我于 1936 年考入北京大学史学系。在一年级的几门必修课中，有赵万里先生讲授的中国史料目录学和姚从吾先生讲授的历史研究法，因在中学没有这类的课，听起来觉得新鲜，也很感兴趣，这大概为我后来爱好中国史学史埋下了种子。

1937 年 7 月，在我读完一年级之后，抗日战争爆发了。不久，北平、天津相继沦陷，北京大学、清华大学、南开大学三校南迁，联合成立了长沙临时大学。9 月间，我在山东家乡接到学校通知去长沙报到。但因在战乱中家庭经济困难，无力供给我到南方上学的费用，未能前往。过了半年，当我决心克服一切困难去复学的时候，学校已迁离长沙，在云南昆明成立了西南联合大学。当时要去复学，须取道广西、进入越南，乘滇越铁路的火车到达昆明。我在一些亲友的帮助下，辗转武汉、长沙、衡阳、桂林、柳州等地，于 1938 年冬天到了南宁。这时我已无法筹措前往昆明的路费，而手中只有几元钱，生活也陷入困境。幸赖好友托人介绍，到南宁附近的崇善县当一名抄写员，暂且找个安身之地，维持生活。

我学习中国史学史，就是 1939 年 1 月在这个县城里开始的。抄写员的工作不多，白天上班时可以有一半时间看书，晚上更可用全部时间看书。我从县立图书馆借书，当我读过梁启超的一些关于史学的著作，特别是《中国历史研究法》及其《补编》之后，便对中国史学史产生了浓厚的兴趣。接着读《史通》和《文史通义》，又选读了"前四史"、《资治通鉴》及《四库全书总目》的史部提要。经过七八个月的昼夜读书，使我收获不小，并陆续写出了近十万字的读书笔记，更加坚定了学习史学史的意志，到了 1939 年 9 月初，我在各方亲友的资助下，经过越南抵达昆明，终于完成了复学的心愿，在西南联大历史系读二年级。

1940 年，姚从吾先生首次在西南联大历史系讲授中国史学史课，我也是首次听这门课。姚先生讲课的内容是以史家为主，每一讲都是以人名作标题，如第一讲："孔子与左丘明"；第二讲："司马迁"；第三讲："班固、陈寿与范晔"；……每讲一个人，最后总有几句简短的断语，发抒他自己的见解，说得很生动，给人以深刻的印象。如："司马迁学识渊博，才华横溢，前无古人，后无来者，到现在已过了两千年，在史学史上的地位还没有人能与他相比。""班固开创断代史，在史学史上立了头功，后来的人都学他，但无论是私修或官修，写出来的人都比他差得多。""司马光因反对王安石变法，在政治上长期不得志，才能写出《资治通鉴》这部传世不朽的名著。如果他政治上得意，早做了宰相，就写不出来了，这是史学史上的大幸。""章学诚是个很笨的人，但他肯下功夫，也能有很大的成就；聪明人若不下笨功夫，也不会有成就。"姚先生曾留学德国十一年（1923—1934 年），是著名的蒙古、元史专家，又精通历史研究法，当时还没有以史学史命名的专著出版，他以渊博的学识，勇于开这门新课，且自出心裁，编写了比较详细的讲授提纲，实在令人钦敬。

我自复学以后，除上课外，大部分时间都在阅读有关中国史学史的书籍。因在梁著《中国历史研究法》第二章《过去之中国史学界》中，有"两晋六朝百学芜秽，而治史者独盛，在晋尤著。……而我国史学界亦以晋为全盛时代"的话，我便试写了《晋代之史学》一文，在首次听了中国史学史课之后，交给姚先生审阅。过了几天，姚先生把文稿还给我，并对我说："现在研究中国史学史的人很少，你既有兴趣，很好，以后要继续学下去，多读书，不断积累材料，增长知识，进行研究。"又问我："你这篇文章中有个《晋代史官表》是根据什么做成的？"我说："这个史官表，是我把《晋书》从头到尾检阅了一遍，凡是当过著作郎、佐著作郎的人，都一一记下姓名及其任职时期，按先后顺序排列出来的。"他说："单凭《晋书》的记载是不够的，在这个基础上，还要从其他书籍中广搜博采，继续补充，力求齐全。这是一项极为细致的统计工作，前人没有做过，你若能做出来是很有意义的。"又说："你这篇文章的内容不够丰富，还要多读书，等积累的材料多了，再重新写一遍，拿给我看。"经过姚先生的教导和指点，使我开始知道了必须掌握充分的材料才能进行研究，感到我这篇习作实在太浅薄，还必须多读书，用较长的时间继续补充和修改。可惜的是，后来在 1946 年北大复原回北平时，我交学校托运的两个木制书箱，途中遗失了一个，而这篇文稿正在其内，特别是《晋代史官表》的损失，使我非常痛心！若要再把《晋书》从头到尾翻阅一遍，抄出史官的姓名，又需花费很长的时间，一直没有做到，算是前功尽弃了。

我在西南联大历史系做学生期间，结识了一些勤奋读书、有志于从事学术研究的同学，我们常聚集在宿舍或茶馆里，说古道今，高谈阔论，各自抒发对历史事件及历史人物的见解。有时意见相反，针锋相对，争得面红耳赤，声嘶力竭。有时也心平气和，互相交流读书心得，取长补短。他们之中虽然没有人打算研究史学史，但都听过中国史学史课，掌握一些基本知识；也有的读过《史通》《文史通义》等史学名著，对史学史上的问题有独特的看法。当我们谈到史学史时，有位同学曾说："刘知幾和章学诚这类人，虽自命不凡，吹嘘他的史学如何高明，但只会空发议论，批评别人，若让他自己写部历史书，恐怕比别人还要糟。刘知幾反对用骈文写历史，可是他的《史通》就是用骈文写的，他若写历史也难免用骈文，那还像什么史书？章学诚对历史事实没有什么研究，只吹他会讲史意，空讲史意有什么用？而且他写的《文史通义》，文字拖泥带水，啰啰唆唆，能写好历史吗？"在西南联大自由的学术环境里，同学们常三五成群在一起纵情交谈，海阔天空，言所欲言，真是乐趣盎然，现在回想起来仍怀念不已。

遗憾的是，从我在西南联大上学到参加工作，从北大复员北平到新中国成立前，竟没有遇到一位对史学史有兴趣的同学或朋友，又不知道在外地的同学或朋友中有谁研究史学史。所以无人与我在一起交流心得，互相切磋。独学无友，则孤陋寡闻，以致时常陷入苦闷之中。

1949 年 1 月，北平解放了。这年暑假后，我开始在北大史学系教中国史学史课，讲授内容从上古一直到新中国成立前，分古代和近现代两大部分。古代分八章，每章之后介绍同时期西方史学的情况，并做比较；近现代分资产阶级史学、马克思主义史学二章，前者从梁启超开始，后者从李大钊开始，都讲到新中国成立前。备课时用十六开白报纸写出详细提纲，其中主要是基本材料。边学边教，边教边学，教学相长，收获不小，一年下来积累了六厚册讲稿。那时初学马克思主义，只知道一点儿简单的基本原理，还谈不上运用。但这是我自己首次写成的中国史学史教材，为以后讲课奠定了基础，敝帚自珍，现在这些稿纸早已发黄变脆，一翻动就落碎屑了。

1950 年，我认识了对中国史学史这门学科做出重要贡献的老前辈金毓黻先生。金先生那时已自外单位调任北京大学文科研究所教授，与史学系的教师在一起学习马列主义，讨论思想改造问题，因开会频繁，时常见面。他虽年逾花甲，但学习积极，每次发言都认真检查自己，态度诚恳，深为大家所敬重。有一次散会后我悄悄问他："先生还研究史学史吗？我过去没有机会做您的学生，今后能向您请教有关史学史的问题吗？"他说："我们现在要紧的是学习马列主义，改造旧思想，业务上的事情将来再说吧，况且我已多年不研究史学史了。"可见新中国成立初还没有研究史学史的适宜条件。

1953 年我调来天津，在南开大学历史系任教，主要是讲秦汉魏晋南北朝史，也讲中国历史文选，到 1955、1956 年才开史学史课。但到了 1958 年进行教育革命运动时，学生张贴大字报，批判我宣扬封建地主阶级及资产阶级的史学，要培养资产阶级接班人；还贴了一张漫画，讽刺我搞史学史是钻冷门。这次运动后，中国史学史课就停开了。

不料，自 1961 年起，风云突变，一向不受重视的史学史，竟在全国掀起了学习和研究的热潮，令人欢欣鼓舞，中国史学史课也恢复了。1963 年，系里又在应届毕业班中成立了中国史学史专门组，有十几个学生参加，由我讲中国史学史专题研究与史学名著选读两门课。然而，好景不长，1966 年的变动从天而降，中国史学史的教学和研究的热潮，随着整个历史学一起一下子就冷落了。

度过了难熬的十年，打倒了"四人帮"，尤其是十一届三中全会之后，中国史学史这门学科才重新抬头，并在 60 年代前期的热潮虽退而余热犹存的基础上，研究风气逐渐高涨起来，经过 80 年代，已形成了繁荣昌盛局面，近几年更兴旺发达。如果说新中国成立以前研究史学史的人是寥若晨星，而今则是星光灿烂了。我从"八九点钟的太阳"就爱好中国史学史，到了"日落西山"，终于见到了这门学科的壮观胜景，真是感慨万千，深为庆幸，内心激动不已！若谈感受，这就是我最大的感受。

问：您近来有哪些写作计划，能谈谈吗？

杨先生：我在 80 年代初，也因受到中国史学史研究日益兴盛的感染，不顾浅薄，要写一本专著。但因奉命参加《中国历史大辞典·史学史卷》的编纂工作，未能如愿。接着又应出版社之约，编撰《中国史学史资料编年》。不意在1987 年出版了第一册（先秦至五代）之后，便连患大病数年，不能执笔。直到前年，才将第二册（两宋时期）的稿子交付排印，近期可以出版。现在整理第三册（元明时期）的稿子，今年可以完成，交付排印。明年整理第四册（清）的稿子，希望能于后年出齐。但第一册有不少缺点，还需要补充、修改，将来再出增订本。

我已年逾古稀，现在步入耄耋，体弱脑衰，老而无成，不胜汗颜！待《中国史学史资料编年》工作完成之后，如果身体条件许可，我仍想写一本中国史学史专著，以了夙愿。我谈的拉杂琐碎，没有什么意思，就到此为止吧。

（原载《史学史研究》1994 年第 4 期）

书信集存

本文集编者按：杨翼骧先生历年与学界诸人通信，当时均未留底稿，幸而蒙诸位学者有所珍存，且慷慨提供，得以集存如下，然仅十不存一而已。亦有些信件，乃从互联网上复制下载。先生所存他人来信，惜乃全部佚失，无法将往复书信同列对读，甚属遗憾！书信编排，以收信人年纪为序，同一收信人多封书信，谨按时间先后。原信未属年份者，查核后添补；文字谨依手书格式，偶有笔误则径行订正。今所集存书信，虽未必关乎学术要务，但也显示学界一隅情景，吉光片羽，全载为宜，至于有否关碍，非所虑也。

致郑天挺先生（五通）

（一）

毅生我师：

前接手示，敬悉生事已得南开行政领导方面同意，并拟先致函政法学院，再请求高教部调派。近日向政法学院询问此事，据云尚未接到南开方面的公函，如接到时必就答复，对此事完全同意。又据钱端升院长表示，亦赞成生去南开。是则政法一方面已无问题矣。但至今未接到公函者，想系南开方面未与政法直接洽商而径向高教部请求，不知是否如此？此乃生所得情况，谨以奉闻。生近日正在编写秦汉—南北朝讲授提纲，曾与余让之先生交换意见，并吸取他的经验，不日可以初步完成。敬颂

安好

生　杨翼骧敬上

9 月 7 日晚

（此信的天津邮戳时间显示为 1953 年 9 月 9 日）

（二）

毅生我师：

别来又十余日，现在新生即将到校，想我师必更忙碌也。

生近来在家读书准备功课，预料高教部在本月初应有正式通知，以便办理转职手续，唯日前到政法询问，仍未接到，不知南开方面又收到高教部的答复否？生意近中高教部人事司的事情可能较多，一般的公事容易积压搁置，如我师有暇，可函请高教部中高级负责同志代为催促办理一下，以免耽误上课。不

知我师以为如何？

谨此敬颂

健康

生　翼骧敬上
（1953 年）10 月 6 日

（三）

毅生我师：

　　高教部今日下午正式通知生去南开工作，明日到高教部人事司取介绍公函，再办理政法学院离职手续，办妥即可去津。我师有何指示，望即示知，以便去津前有所遵循也。余面谈，敬请

近安

生　翼骧敬上
（1953 年）10 月 19 日晚

（四）

毅生我师：

　　石家庄师大定于本月二十号下农村工作，下去以前虽在学习政策，但不停课，只在无课时或晚间学习，所以本周及下周仍在上课。他们安排我一直上课到全系师生下去之前，大概到十八号前后才能离开石家庄回校。这个情况请吾师鉴察，并请转告陈志远同志，如陈志远同志已走，请转告杨生茂同志和刘泽华同志。（因我忘记他们的宿舍号数，寄到系里去又恐怕不能立刻看到，故请吾师转告，请谅之。）

　　我们系里安排留校工作时，亦请把生的工作安排到二十号以后。如能提前回去当然更好，只是须等这里上课结束，如这里提前结束，生即可提前回去。

　　余容面陈，敬问

安好

生　杨翼骧敬上
1960 年 12 月 8 日

（五）

毅生我师尊鉴：

　　生于上月 22 日离京，23 日晨到蚌埠，下午到合肥，25 日开始讲课，至本月 7 日结束。在合肥期间，共讲课 26 节；又为安徽大学历史系青年教师、学生，合肥师范学院历史系学生、合肥市历史工作者及学生分别讲了五次。本月 8 日晨二时由合肥登车，晨六时到蚌埠，下午又从蚌埠登车，于九日上午回到校中。旅途一切顺利，祈释想注。唯以回校公私事务繁多，加以疏懒，故未早日向我师汇报并问候，敬祈原宥为幸。

　　回校后魏宏运同志谈及吾系增设副主任二人，让杨生茂先生及生担任，闻悉之下不胜惶恐，盖生各方面的水平都太低，实难胜任，曾当面向魏先生诚恳陈情；魏先生云党委业已批准，嘱生勉励承担，生也只好以党的信任及所交给的任务为重，鼓起勇气接受下来。唯生接受任务后，一切均须从头学习，尤须仰赖我师之教导与训诫，至祈我师随时予以指示为祷。

　　现在我师及生茂先生均在北京，吴先生又卧病（流行性感冒转肺炎，大概一周后才能痊愈），故生仓促之间即投入工作，深感不知所措；好在有魏先生随时指导，于可同志具体帮助，一面学习，一面工作，或可免于大误耳。

　　在京所借我师之粮票五斤，为免邮寄麻烦，拟俟我师下次来津时面交。但如我师急需，即请示知，当即寄上。

　　其他详情容当面汇报，敬请

道安

生　杨翼骧敬上

1961.12.17.夜

致何兹全先生（一通）

兹全老兄：

11月21日手书已收到，敬悉。

关于仙搓公在济南学潮中讲话的事，现在虽然写出，但因时隔近六十年，当时的具体情况已很难回忆清楚。随便谈谈是容易的，用文字写出来就觉得不成样子了，只能作为一点材料供吾兄编书时参考，故亦未加题目。如不能用就不用，如在内容、文字上有不妥处就请兄径予修改。

冬季天冷，祈兄多保重身体，善自珍摄。

敬颂

著祺

弟 杨翼骧 敬上

1993.11.28.

致傅振论先生（一通）

振伦先生：

违别多年，不胜思念！数月前曾托梁吉生同志恳请先生担任我系研究生毕业论文答辩委员会委员，幸蒙惠允，至为感激！我系中国史学史研究生叶振华今年毕业，论文题目是《刘知幾的直书实录思想述论》，本来计划在八月写出，但因其家人患病及其他事情耽搁，延至九月底始得完稿。现在论文的刻印工作正在进行，不日即可印好，印好后即与聘书一并寄上，敬请审阅。论文答辩会拟定于十月二十七日举行，不知先生同意否？如有不便之处，请示知，当再作安排，至于先生来津事宜，属时再为奉告，有专人照护，请放心。本应早日写信致候，唯以研究生毕业论文完稿日期未定，故迟延至今，不恭之处，至祈海涵为幸。谨此奉告，敬请

著安

杨翼骧敬上
1981 年 10 月 5 日

致仓修良先生（二十四通）

（一）

修良先生：您好！

十二月八日来信收到，敬悉。

关于史学史清代部分的约稿问题，我于接信后到大辞典编纂处询问，因现在天津编纂处的工作人员只剩下两个人了，而这两人过去都不管编辑和约稿工作，他们对过去约稿的事一无所知，也无案可查。据我所知，过去所约清代部分的辞条，都已写出并在《通讯》和《历史教学》上登载了，如尹达的"谈迁""国榷"，黄绍海的"阎若璩""古文尚书疏证"，王钟翰的"清文献通考"，王煦华的"浦起龙""史通通释"，汤志钧的"刘逢禄"等。至于还约了哪些人写稿，我已想不起来了。我看这样办吧：凡是不知道是否已经约稿的辞条，就自己设法编写，不要再等了。因为即使过去约了稿，已时隔很久，而他们现在还没交稿，也不能怪我们了。

《历史教学》编辑部的杜汉鼎同志写"赵翼""廿二史札记"两条，上次接到您的信后我已通知他了，现在还没交稿。我在近日内找他当面聊聊，如果他不愿写了，或者真的没有时间写了，我们自己再设法编写。耑此，敬颂
撰安

杨翼骧　1981.12.16.

（二）

修良先生：您好！

5月9日来信早已奉读。关于历史大辞典的事，既然上了钩，只有自认晦气而已，以后说什么也不再干这种事了。我的发言，领导上虽不高兴，但因还有很多分册没有定稿或只是开始写稿，为了怕影响写稿情绪，他们是不会公开

批评、指责我的。

您去武汉开会，现在应该已经回校了吧。如已回校，望告知。

我在此工作，至早要到六月底才能结束。真没想到，原来预计三个月完成的事，需要五个月。六月份，我所住的招待所要改为留学生宿舍，不能住了，搬到何处现在尚未确定，总在华东师大内，确定后再通知您。来信仍寄历史系袁英光先生转。

前些天接到我系办公室来信，说你系七八级学生夏素青考史学史研究生的成绩合乎教育部所定的标准，已决定录取。不知她已接到通知没有？也许等全校研究生录取工作结束后再统一通知。

天气已开始热起来了，但还不影响工作。我的棉衣已托别人带回天津了。

再谈，顺颂

教安

杨翼骧 1982.5.25.

（三）

修良先生：

来信及大作《试论谱学的发展及其文献价值》单行本均已于月初收到，因前些天事情繁多，又时常脑胀头晕，故今日才给您写信，请原谅！

我今年招收的一位史学史研究生，是云南民族学院历史系青年教师朱端强。他在 82 年毕业时就报考了，因外语不及格未能录取，即留校任教，按规定两年后始能再考，今年总算考上了。他说因撰写《万斯同年谱》曾向您请教，对您非常崇敬，希望将来能当面聆教。另外，我还招收了两名古籍整理研究所的研究生，实际上也是学史学史的。

夏素青现在参加高考阅卷工作（因我系教师有许多人另外有事，不能阅卷，系里动员研究生参加），大概本月 20 号以后才能回家。她的毕业论文已确定为《王世贞的史学》，望您以后多指点她。

昨天收到东北师大历史系寄来的中国历史文献研究会第五届学术年会的请柬，但我因身体不好，时常头晕，不能参加了，想在暑期在家充分休息。您一定去参加吧，长春夏季凉爽，可以避暑。

看中央电视台广播的各地气象预报，杭州近日气温已高达 36 度，望您在炎暑中多休息，保重身体健康。

余容再谈，敬颂

著祺

杨翼骧　1984.7.13.

（四）

修良先生：您好！

大函收到，知您这个学期外出三次，并游了黄山，收获一定不小，但也够劳累了。

我这半年来身体很不好，经常头晕脑胀，有两次几乎晕倒，医嘱不要外出，以免危险。北京座谈会我未能参加，怕连开几天会受不了。还有，吴泽先生约我去上海参加他的博士研究生论文答辩会，我也因身体不好而辞谢。这都会得罪人的，但又没有办法。

我虽然身体不好，但有些工作又不能不做，连续用脑稍久即感脑胀头晕，颇为苦恼。如这学期有两名研究生毕业，为修改两篇论文就花费了不少时间，以致病情加重。还有古籍整理研究所的一些行政工作，因实行岗位责任制，也推脱不掉。我想这学期结束后坚决辞去古籍整理研究所的兼职，以摆脱麻烦的行政工作，因脑力不济，需要有较多的时间休养，以后我不再招收研究生了，等现有的两届研究生毕业后，我也该退休了。

史学编年尚未全部完成。第一册的稿子于数月前交给出版社，据说到年底方能出版。第二册的稿子现正在整理中，因有其他工作牵扰，而我每天用脑的时间有限，故进展缓慢，如能在年底以前完成就不错了。从明年起再进行第三册、第四册的整理工作。

总之，因身体不好而年近古稀，时有悲观之感，尤其在脑胀头晕之际，想到一生快完了而一事无成，深感惭愧！

夏素青在毕业论文答辩完毕之后，即与她的对象在津办理了结婚登记手续。她的对象是由杭州大学数学系派到美国的留学生，还要在美国学习两年多，这次休假回国，来津办完手续后已于数日前，同返浙江遂宁。她说在家住不了多久，就要于七月十日前赶到上海，送她的对象去美国，她也想同去美国。但她的工作已安排在上海复旦大学历史系古文献教研室，她如去美国，短期内不能回来，不知复旦是否允许。关于她的事，如她到杭州拜见您，会当面详说的。

下次再谈吧。敬颂

夏祺

杨翼骧　1985.6.28.

（五）

修良先生：

大著《章学诚和文史通义》（附信）已收到，谢谢！您赠给来新夏先生的一本已交给他。

暑假结束了，下周就开学上课。我这一暑假过得不怎么好，先是患病毒性感冒二十多天，弄得浑身无力，后来又赶着给别人看稿子，弄得脑胀头晕。因年近古稀，又患脑病，难以见好，今后不能正常工作了，只能量力而为。如果脑病加剧，就完全不能工作了。

夏素青已到上海复旦大学历史系工作。她已于暑假开始时结婚，她的丈夫在美国留学，因为可以随去"伴读"，所以她想去美国，已在上海提出申请，但尚不知能否批准。

您一定很忙，望多注意身体健康。

敬颂

著祺

杨翼骧　1985.8.31.

（六）

修良先生：您好！

我因身体太坏，懒于执笔，很久没有给您写信了，但想念之情，与日俱增。

您的眼病（出血）自在广州住院手术治疗后，没有再犯吧？念之！望随时注意养护，不要再犯。

我这几年因患多种慢性病，身体越来越坏，一年不如一年，去年住医院又检查出患有萎缩性胃炎。现在仍是浑身乏力，消瘦异常，用脑稍久即感头晕脑胀，每天很多时间躺在床上，一切都力不从心，不但难以工作，生活上也不能完全自理。据医生说慢性病只能慢慢疗养，不能急于求好，也只有如此而已。

您这些年勤奋著述，成就卓越，贡献巨大，我深为敬佩！望您今后多注意身体健康，不要过于疲劳。

您的职称问题想早已解决，博士生导师问题如何？现在史学史专业的博士生导师太少、太老，亟应增加中年的导师了。

您在89年6月来信说准备搬家，不知新居在何处？

我写字手有些发颤，不多写了。敬颂

著祺

杨翼骧　1991.1.13.

（七）

修良先生：您好！

您在1月15日、3月5日写的两封信都早已收到了。昨天又收到4月16日写的信，知道大著《方志学通论》不邮寄了，将由您系的一位同学带到天津。很想早日读到大著，本拟遵嘱等收到寄书后再回信，但现在情况变了，不知那位同学何时才能将书带到（据刘泽华先生说，研究生可能不复试了），而且您将于下月初到东北去，所以现在就给您回信，等将来拜读大著后再写。

来信说您的身体已大不如前，特别是视力很差，至为惦念。我数年来为疾病缠绕，一切都力不从心，深感老年失去健康之痛苦。您境遇坎坷，备受压抑，自然难免气急，但切要善自宽解，力保健康，只要青山在，英雄终有用武之地也。

您主编的《中国史学名著评介》，叶振华同志已送我一部（三大本），堪称巨著，实为学术界的重大成就，您主编之功，自当居于首位。

中国历史大辞典史学史分卷已由台湾翻印的事，我早已听说，只是至今还未见到该书。一年前谈宗英同志来信说台湾有一个书局愿意将中国历史大辞典全部十四卷出版台湾版，上海辞书出版社已同意，并将史学史分卷修改后尽快先行出版，但其后未再接到他的信，不知情况到底如何。

关于职称评定、博士生导师申报究竟按什么条件，有什么标准，这是很难说的，也可说没有客观的公正的标准。权在领导手中，群众无可奈何。以评定职称来说，各地不同，各校不同，不该评上的反而评上了；还有些原来是教师的，被提拔为行政领导后，提升副教授、教授就容易多了。至于博士生导师的问题，也很难理解。国家教委规定，从去年起，超过六十岁就不能当博士生导师了，但最近听说北京有个大学的一位六十七岁的教授，这次被批准为博士生导师了，有明确的规定也不执行，不知为什么？相反，有些五十多岁的卓有成就的教授却不被批准。我因为身体不好，平时不参加什么开会、活动，接触的人很少，消息不灵，不知其中内幕详情究竟为何？

下次再谈吧。敬祝

身体健康

杨翼骧　1991.4.21.

（八）

修良先生：您好！

4月21日寄去一信，想早已收到。本拟等收到寄书以后再写，但因您4月16日来信说书不寄了，托人带来，不知何时才能收到，而且您于5月初去东北开会，所以提前写了。又因情况变化，您的书还是寄来了，我于5月2日收到。

5月9日上午，您系报考研究生的同学洪长来我家晤谈，我请他回去后向您问候，并特别注意护养眼睛。

收到大著后，立即开始阅读，因有其他事情，现在还未读完。但从前言、目录及读过的部分中，已感到博大精深，见解创新，诚如张舜徽先生在题辞中所说："自来论方志者，皆不及此书之全备而精密。"实为有划时代意义的巨著。我对您在学术上的重大贡献异常敬佩，热烈祝贺！又从前言中知令媛已学有成就，为您的得力助手，不胜欢喜！

我有两名博士今年毕业。近几年我因身体太坏，没有招考博士生，现决定明年招考一两名，您如知道有根底好的硕士研究生愿意报考博士生的，希望能够介绍。

下次再谈。敬颂

著祺

杨翼骧　1991.5.20.

（九）

修良先生：您好！

久未通信，时常想念，前些天收到您4月20日来信，不胜欣慰！看完信后就想给您写信，但因我自去年患白内障，眼力差，用眼稍久即感疲劳，所以和您一样，晚上也不敢看书写字了，白天又有些必做的工作或其他事情，总是抽不出时间，一直到今天才执笔，想您是会原谅的。

知《史记辞典》已出版，很高兴。现在书价高，作者从出版社买书分赠友好，破费很多，承您的特别厚意送我一部，至为感激！您为这部大书倾注了大量的精力和时间，而且这样的辞典还是首次问世，我很感兴趣，将来收到后自当好好拜读。不过出版社不会很快，大概尚需过些时日才能收到。

我因身体不好，视力又差，每天能够工作的时间有限。但偏偏又有些不愿做的事找上门来，实在推辞不掉时，只得勉强应付，总感时间不够用，一天天很快过去了，而自己要做的事却做的很少或没有做，徒呼奈何！

数年来因体力、脑力都很差，不能持久，难以写书或文章，只有继续编纂资料。现在整理《中国史学史资料编年》第二册（宋辽金元部分）的稿子。由于宋代有关史学的材料很多，而且过去目录书列为子部、杂家类、小说家类及类书类的书，其中有很多现在看来也应列入史部，所以内容比第一册（先秦至五代）还要多。（第一册因当时交稿时间紧迫，未来得及仔细查阅资料，故有很多遗漏，需要将来再行补充。）在整理过程中，又时常发现不少年代上难以编排的问题，还要随时查阅资料，故工作进展很慢。只希望今后尽量减少其他事务，能在今年内完成。

很久未见面了，如有机会能对面畅叙，实为最大的快事。我现在格外注意身体健康，如果再坏下去，那就垮了，什么事也做不成了。希望您也随时注意健康，不要过于劳累，特别要保护好眼睛。

下次再谈。敬颂

著祺

杨翼骧　1992.5.5.

（十）

修良先生：

接到您 4 月 20 日来信后，于 5 月 5 日寄上一信，想也收到。

前天收到山东教育出版社寄来的《史记辞典》，未想到这么快。您上次来信说托出版社代寄，书上就不写字了，可是收到后一看，书上还是有您写的字，分外高兴！

我的一名博士生将于 6 月初举行毕业论文答辩，现正忙于筹备答辩工作。

学校规定须请外地两人参加答辩委员会，但发给的经费太少，负担不起远地的路费，只能请北京的人，还要派人去京面谈，很是麻烦。

今年新招博士生考试已于日前进行完毕，关键在于外语，如外语不及格，就不能录取了。

你很忙，不用回信了。敬颂

著祺

杨翼骧 1992.5.20.

（十一）

修良先生：您好！

15 日来信已于 18 日收到。但书于 19 日才收到，想系在邮局搁置太久了。

《文史通义新编》的出版，是对章氏史学研究工作的重大贡献，可喜可贺！

得悉您在这次增补博士生导师中未能通过，不胜怅惘并大为不平！但是，此事并未绝望。因增补博导是两年一次，文件中规定年龄一般不超过 60 岁，但对文科、农科、中医药等学科可放宽二至三岁。在这次我校增补通过的博导中，仅我所知的就有二人都已 62 岁。所以下次增补时，您是 62 岁，仍可申请，只要先做好充分准备，仍有希望。现在不公平的事太多了，您不要因此而影响身体健康。

您今年不能来津开会，盼明年能有机会见面详谈。顺颂

著祺

杨翼骧 1993.10.21.

（十二）

修良先生：您好！

6 月 1 日来信收到，欣悉杭大已获得博士导师授与权。南开是去年批准的，共有五个学科（数学、物理学、化学、经济学、历史学），但去年批准的博导今年不能招生，明年才开始招。

关于年龄问题，国务院学位委员会确实规定可放宽到 62 岁，我系去年就有一位 62 岁的被批准了，听说别的系也有超过 60 岁的。这主要是由系里说明情况，再由学校努力争取，所以您这次不是没有希望的。只要学校报上去，国务

院学位委员会是会批准的（南开去年报上去的全被批准了）。希望您不要气馁，还是要申请，并积极说服系、校两级放宽年龄的限制。

今年报考博士生的人较多，我录取了三名，连同前年和去年的两名，暑期后就有五名了。魏宏运今年也录取了三名。

我现在正整理《史学编年》第三册（元、明）的稿子，大概暑假后可交稿。第三册可望于今年秋天出版（原来每册 30 万字的限制已放宽，按版面计算可达 38 万字）。

郑克晟先生（现已辞去古籍所兼职）接到您的回信后曾向我谈过，他现在眼疾已好多了。

顺颂

著祺

杨翼骧　1994.6.4.

（十三）

修良先生：您好！

您 15 日写的信，我已收到一星期多了，因不慎受寒，浑身不适，故未能早日回信。

那篇访问记，我本来不愿写的，无奈他们屡次催促我的一个学生给录音，不好意思再三拒绝了，只得抽时间应付。您的来信也使我回忆起十多年前在杭州西湖，在上海华东师大招待所里欢聚畅谈的美好时光，"快意之事莫若友，快友之事莫若谈"，希望将来还能有那样的机会。

您当不成博士导师，太遗憾了！因为这十几年来，在史学史研究上成就最大的就是您，我曾说过若增补新的博士导师，您是首选。但只因这点年龄的硬性规定（这规定不是实事求是的，其做法也不公平合理）而受屈，实在太冤枉了。然事实如此，亦徒呼奈何而已。

拙编《资料编年》第二册现正在装订之中，大约下月可以发行，待我拿到手后即寄上。此书虽在出版社的计划中列为重点，但在字数上曾几次讨价还价，最初限定 30 万字，后又稍放宽到 32 万字，而我的原稿约 40 万字，在删去 3 万字后，我实在不忍再删了，便又向出版社陈述实际困难，他们看在我的老面上，总算答应不再删了。可是出版日期却拖延了一年多。在第一校的校样上印的是 1993 年 10 月出版，以后每一校之间都隔很长时间，到最后一校时只好改印为 1994 年 10 月出版，整整差了一年，而且直到现在还没有发行。不过，话又说回来，在这年头能给出这样不合潮流的资料书，已算很不容易了，怎能还不满意呢？

我现在正整理第三册（元、明）的稿子，预计再过三四个月交稿，但恐怕另有临时任务交不上。以后接着整理第四册（清）的稿子，因清代的资料太多，届时还要请出版社高抬贵手，在字数上特别放宽。

因邮递员换了一批新人，送信改以新楼号为主，您以后来信时要把信封上原来的北村"17 楼（新 4 号楼）"改为"4 号楼（老 17 楼）"，房号当然不变。

祝

新年快乐，阖家幸福

杨翼骧　1994.12.26.

（十四）

修良先生：您好！

久未通信，不胜思念，想近况必安好如常。

我的两个学生编写了一本《中国史学史研究述要》，因我患腿疾，不能亲自到邮局去，遂委托他们付邮挂号寄上，请指正。此书于 1988 年完稿后即交出版社，但因出版社内部调整机构，变动人事，新旧编辑不合作，以致搁置八年之久，始得出版，深以为憾！我虽列名"审定"，实则当初只大略翻看了一下，未尽其责，然书中错误及不妥之处，我仍不能辞其咎也。

我于数月前感觉两腿无力，走路很慢，且不能走远，经过住院检查，系因脑供血不足、动脉硬化所致，医生说这是老年常见病，难以完全治好。我现在出门走路，已离不开手杖了，人确实是老了。

《资料编年》第三册（元、明）书稿已交付出版社，因出版社效率不高，且此类资料书不受重视，何时能够出书，尚不可知。现正着手最后一册（清）稿子的整理工作，因年老体弱，进展不会很快。

敬颂

著祺　并祝

新年愉快

杨翼骧　1996.12.25.

（十五）

修良先生：您好！

来信收到，感谢您对我八十岁生日的关注。

我的八十岁（虚岁）生日微不足道，不值一庆，无奈我的一些研究生坚持操办，我屡次劝阻，他们不听，只好如此。但嘱咐他们不要张扬，通知范围尽量缩小，所以纪念文集的作者，除过去的研究生外，只有少数历史系、历史所、古籍所的旧友，另外还有一位在台湾的小同乡杜维运。夏素青于十几年前去美国，近些年未通信，不知其地址，遂将其原来的硕士论文删节后登载，希望她见到或闻知能与我们联系。

乔治忠是我的第一个博士生，因学有所成，已升为教授，并于去年被评选为博士生导师。我已退休，不能招新的博士生，以后他就是我的接班人了。他是您的后辈，应以学生视之，如果他有事向您求教，望不吝指教。

今年夏天天津酷热，为四十多年所未有，幸好我已于去年将一间房子装上空调，始有避暑之处。近些天又突然转冷，气温下降十余度，夜间已盖棉被，诚如您来信中所说的"气候古怪"了。

我现在用钢笔写字，手发颤，改用圆珠笔，请原谅。敬颂
著祺

杨翼骧　1997.9.12.

（十六）

修良先生：您好！

11月9日来信已收到，知您的博士生导师问题即将解决，至为高兴！虽然被前任领导人耽误了几年，但现在能以办成，终是好事。等表格寄到后，我当立即填好，交我校主管部门寄回。（此类事过去都是由主管部门经手办理，不能由私人直接邮寄。）

《汉书辞典》尚未收到，俟收到后当立即告知。

今年天气不正常，夏天酷热难忍，秋末又突然降温。自上月中旬起，时常有冷空气来临，而暖气供应尚未到时，虽然多穿衣服，仍感到浑身不适。这两天开始试供暖气，才稍感舒服些。我自去年秋天两腿无力，走路困难，行动不

便，平时很少出门，只能在室内活动，所以很多事情都要别人代办，好在现在各家普遍安装了电话，我有事就给我的学生们打电话，请他们代劳。

乔治忠因研究成果突出，已于去年被评选为史学史专业的博士生导师，我已退休，以后博士点的事就由他主持了。

我近来用钢笔写字，手发颤，改用圆珠笔写，请原谅。敬颂

著祺

杨翼骧　1997.11.14.

（十七）

修良先生：

您好！

2月13日来信早已收到，因患病卧床，未能早日回信，请原谅。

您在春节前赐寄的有奖贺年明信片，中了一个4等奖，奖品是虎年邮票150分及50分各4张，现将其中的各2张附信寄上，也算分享其乐吧。我今年因身体有病，对收到的有奖贺年明信片一概没有回寄，也请您鉴谅。

关于台中中兴大学历史系主任邀请您去参加史学史研讨会事，我很高兴。但未听说我系有何人被邀前往参加，也不知天津是否有人参加？

大作《越绝书散论》对该书性质、作者、内容、书名等都提出了新看法，闻之不胜欣喜。《史学史研究》今年第一期将于3月20日左右出版，等我收到后自当仔细拜读，并写出我的心得函告。

近年来我的身体越来越坏，先是两腿无力，不久又浑身无力，行动困难，给生活带来很大不便。我现在每天大部分时间都躺在床上，入冬以来，只能在室内走动，从未外出，饭量减少，虚弱已极。曾经住院检查，据医生说是由于脑供血不足、脑动脉硬化所致，尚无特殊药可治。目前只有一面服用一般的药物，一面尽力调养而已。总之，这种老年慢性病是很难治好的，常言说"病可治，老不可治"，只有听天由命而已。

敬颂

著祺

（附邮票4张）

杨翼骧　1998.3.5.

（十八）

修良先生：您好！

2月中旬接到来信，敬悉。3月初寄上一信，述说了我的病情，想早已收到。现在我的病情仍不见好转，行动困难，浑身无力，每天大部分以至绝大部分时间躺在床上，偶尔起来坐一会儿，故迄今始写此信。

大作《越绝书散论》已拜读，对《越绝书》的性质、作者、内容、书名等问题都进行了详细的阐述，考证精密，论断确当，令人信服。今后谈论该书者自当以为准绳，不要再固执其偏见了。

我在《中国史学史资料编年》第一册中，因误信杨慎之说，竟列出"袁康著《越绝书》"的标目，犯了一个大错误，实深惭愧！

因体力不支，不能多写，请原谅！以后我的身体如能有所好转，当再写信多谈。顺颂

著祺

杨翼骧　1998.4.21.

（十九）

修良先生：

您好！

接读4月15日来信，知您已收到寄书，我就放心了。我因行动不便，不能出门，寄书是由别人代办的。

我近一年来身体很坏，除行动不便外，更严重的是浑身无力，每天大部分时间都是躺在床上。最近又视力不好，看书写字感到模糊不清，给编书工作带来极大困难。所以第四册能否完成，很成问题。人老了，没有办法。

您退休了，可以完全按自己的意愿去进行研究，从事著作，做出更大的贡献。文集出版后，望能先睹为快。

顺颂

著祺

杨翼骧　1999.4.19.

（二十）

修良先生：您好！

久未通信，思念良深。

近年来我的身体大不如前，除两腿有疾，行动不便外，而且眼力很坏，看书写字不久即感模糊不清，甚至眼痛，已不能写作了。

拙编《中国史学史资料编年》已出版三册，至元、明为止，本拟续出第四册（清朝），但因眼力不济，难以完成，现已托我的学生乔治忠及古籍所的另一同志代为编写，写成后署他们的名字，就与我无关了。

现在和您商量一件事，即请您为《中国史学史资料编年》（一、二、三册）写一篇书评，批评其错误及不足。目前天气炎热，当然不宜写作，待秋凉后如果您能抽出时间来写，写成后即请寄北京师范大学史学研究所《史学史研究》编辑部，可望刊登，如您实在抽不出时间，就不用写了。

因眼力不好，不能多写。即颂

著祺

杨翼骧　2001 年 7 月 30 日

（二十一）

修良先生：

您好！

8 月 5 日来信收到，知写书评之事已蒙应允，甚以为慰。年底开始写，不是太迟。

不多写了，即颂

暑祺

杨翼骧　2001.8.10.

（二十二）

修良先生：

您好！

3月13日来信已收到，得悉您为拙编所写的书评已寄交《史学史研究》吴怀祺先生收。为写此文，耗费了您很多时间，不胜感激！特此致谢，并颂著祺。

因视力太差，不能多写，请原谅。

敬颂

撰安

杨翼骧 敬上
2002 年 3 月 17 日

（二十三）

修良先生：您好！

4月21日来信收到，知已将删节后的书评寄出，并将于《史学史研究》今年第二期刊出。为了此事，又耗费了您不少的时间，非常感激！

我现在身体不太好，除两腿有疾，行动不便外，常感浑身无力。只有在各方面随时注意，以期慢慢康复。承蒙关怀，我再次表示感激！

因视力不好，不多写了。敬颂

著祺

杨翼骧 上 2002 年 4 月 27 日

（二十四）

修良先生：您好！

日前收到《史学史研究》2002 年第 2 期，看到您为《编年》写的文章登在《书刊春秋》栏目内，避免了书评的名称，可见吴怀祺先生是费了一番心思的。

文章中指出《编年》的缺点，很对，我诚恳接受。

因眼力不好，不多写了，敬颂

著祺

杨翼骧 2002.6.14.

致杜维运先生（一通）

维运先生大鉴：

数日前先后收到尊函及三部大著（《忧患与史学》。《与西方史家论中国史学》、《赵翼传》)，不胜欣喜，至为感谢！

收到之后，急忙拜读了三书的序文浏览了目录及部分重要内容，对先生学贯中西之造诣，高卓独到之见解，极为钦佩！因此想到，如写出一部令人满意的中国史学史，非才、学、识俱备如先生者莫能为也，今第一册已问世，大放异彩。再过数年，全书完成必将光芒万丈，为中国史学史之研究与撰著树一丰碑。我若能亲眼看到，细心阅读，则平生之愿足矣。

我正在整理中国史学史资料编年第三册（元、明）之书稿，惟时有其他事务干扰，能否于预定之时间（今夏）完成，很成问题。盖因精力衰退。每日能以工作的时间有限，徒呼奈何而已。

余容再叙，敬颂

著祺

杨翼骧 1995 年 3 月 28 日

附杜维运先生回信：

翼骧先生道鉴：

顷奉三月二十八日

手教，承蒙奖评，感激之余，惭愧惶悚不已！我鲁数千年来，不出真主，祗出素王，然人类文明系焉。先生孜孜矻矻，手不释卷，著述《中国史学史资料编年》一书，诚嘉惠学林之巨著。殷望全书早日问世，后生之幸也。

维运生值忧患，治学有时激动，祗须戒之。尚望

多赐教言，以匡不逮。

匆此不一，敬颂

教安　　秋升处容后来函

乡后学　杜维运 重拜　1995 年 4 月 29 日

致张金光先生（一通）

金光同志：

　　你好！来信收到，看过后，知道你所听到我招博士研究生的消息误会了。你说的事是不可能的。

　　我早已不搞秦汉史了，早已不教秦汉史的课和进行科研了，连硕士研究生都不招，更不用说博士生了。也就是说，我根本没有指导秦汉史研究生的资格。所以，你系里两位秦汉史博士研究生，如果需要转学的话，请考虑转到有秦汉史博士生导师的校系。南开没有秦汉史博士生导师，没有秦汉史博士学位授予权，就不要考虑了。

　　我猜想，大概你听孙香兰同志说我招博士生，以致弄错了。我从今年开始招中国史学史博士研究生，但也只限于招本校在职研究生一名，不从外面招。由于孙香兰同志没有和你说清楚，所以弄错了。

　　我因年老多病，身体很坏，尤其脑力不行，做不了什么工作，以后不想再招研究生了。

　　知道你因科研成绩卓著，被破格晋级为副教授，不胜高兴，特向你祝贺！

　　专此，顺颂

教祺

　　　　　　　　　　　　　　　　　　　杨翼骧　1986.10.28.

致瞿林东先生（十一通）

（一）

林东同志：您好！

接读您的来信，非常高兴！通辽师院既然同意您调京工作，办理手续当不成问题，解决了西北生活之困难，自可在学术研究上发挥更大的作用。您过去发表的文章都很好，今后一定能读到您的更多更好的著作。

我对史学史虽然发生兴趣比较早，但因过去大部分时光都是教另外的一些课，在史学史上用功并不多，学得很差，尤其是在十年浩劫中完全荒废，可以现在重新学习。然而，年逾六十，体力脑力俱衰，从前习惯于"开夜车"，现已开不动了，而且用脑稍久，即感头晕脑胀，不但工作时间短，效率也低，实在是心有余而力不足了，不胜慨叹！

两年多以前，我开始撰写《中国史学史》，现仅粗具草稿，还需大力补充和修改。原拟到明年完成初稿，可是今年初上海华东师大的吴泽先生非拉我参加《中国历史大辞典》的工作不可，我几次推辞都未蒙允准，现已确定吴泽先生和我任中国史学史分册的主编，并在明年完稿，这样一来，对我的压力太大了，我的写作计划也就不能按时完成了。

接到您的信后，本想立即回复，但因患感冒，发烧头痛，不能执笔，今天好了些，先草此数行。我以后有机会去京时一定看望您，您如有机会到津务请来校畅叙。您的老同学王连升同志和我同在一个教研组，很熟，我们非常欢迎您。

余容再读，以后有空望随时联系。敬颂

冬祺

杨翼骧　1980.12.17.

（二）

林东同志：

来信及寄下的《史学要论》二册均收到，并已转交连升同志一册，我俩非常感谢！只因近几天杂事太多，未能及早回信，请原谅。

我下学期有课，还要在本年内完成《中国历史大辞典》史学史分册的工作，自己写书的事就只好暂停了。我现在深感精力不足，您所说的"有些事情难以推开，但也不得不推开"，是完全对的。我本来打算除教课及带研究生外，集中精力和时间多读点书，写点东西，别的一概不管了，但由于自己碍于情面，不能坚决果断地排除外来干扰，以致被《历史大辞典》的事缠上了，现在是推不开了，真悔恨自己不会处理事情。

我编写中国史学史书稿，自知学识浅陋，是写不好的，但在别人的鼓励与催促下，又出于爱好，只好试试。"只问耕耘，不问收获"。虽写不出合格的东西，对自己的学习总会有益的。原来计划在本年内完成初稿，以后再逐渐修改，现在看来要往后拖了，如能在明年完成初稿就算不错了。

史学史这一学科，诚如白先生所说，尚在幼年时期。可喜的是这些年来研究这一学科的人逐渐增多了，写出了不少的文章，今后必将有更大的发展。自六十年代以来，白先生在这一学科发展的过程中起了主导的作用，近几年他因有更多更重要的工作要做，虽然不能在这方面多写文章，但仍在百忙之中悉心引导，很快恢复了《史学史资料》的刊印，现在又扩大为《史学史研究》，无疑将为这一学科的继续发展起巨大的促进作用，对我们的学习深有裨益。我因忙于历史大辞典和写书的工作，近中很难抽出时间另写文章，俟将来上述工作告一段落后，再为《史学史研究》贡献微薄的力量。

您的谦虚的态度、好学的精神、学术研究的成就都使我非常敬佩！京津相去不远，将来一定会有不少机会相晤畅叙的。这学期即将结束，很多杂事待办，不多写了。

见到白先生时请顺便代我问候。

敬祝

冬安

杨翼骧 1982.1.17.

（三）

林东同志：

《史学概论》精装本已收到，谢谢！

您在83年12月10日写的信早已收到了，敬悉您和白先生对我的疾病的亲切关怀，至感！又悉《史学概论》一书出版后，受到广大读者的热烈欢迎和专家、学者们的充分肯定；三个月的讲习班也取得圆满的效果，使参加学习的同志都有不小的收获。您在这两项工作中都起了骨干作用，付出了辛勤的劳动，做出了可贵的贡献，我非常敬佩和高兴！

我现在基本上是休息，每天按时进行体力锻炼，也吃一定的治疗脑供血不足的药。当然，有些必要的工作还是要做的，但一次用脑控制在30分钟以内，经常出来散步，呼吸新鲜空气，近来头晕脑胀的现象也减轻多了，再过一个多月可能就恢复得差不多了。

三个月的讲习班，您一定很劳累，现在应该好好休息一下，以利健康。余容再叙。顺颂

冬祺

请代向

白先生问候

杨翼骧　1984.1.8.

（四）

林东同志：

很久未给您写信了，近来一切都好吧？上次您来信说您"有时过于劳累，会出现头疼、头胀的感觉"，望切实注意，不要让此病常犯。我多年来常犯此病，深感苦恼。往往因想多看点书，多写点东西而连续用脑过久，但此病一犯，就要被迫休息数日，反而不合算了。

《历史大辞典·史学史卷》已出版，本来估计出版社可送我几本的，孰料他们规定赠书只是一本！连我这个当主编的只送一本，出版社未免太吝啬了。好在后来听说凡是写辞条的（不论一条两条）都赠送一本，我才放了心。但不知您已收到了没有？如果尚未收到，请示知。

　　天津新华书店收到上海来书较晚，前几天才公开出售，因来书不多，很快就卖完了。我的一个研究生替我抢购了 20 本，但不到两天又被分光了。听说最近还要从上海运到第二批书。

　　我原先是想一接到赠书就给您和白先生各寄一本的，但因出版社只赠我一本，只有等天津新华书店来书后再去购买了，可是天津第一批来书数量不多，没有能够多买到，只好等下一批来书了。

　　我想，白先生那里，北京的《历史大辞典》编纂处或上海辞书出版社一定会赠送给一本的，出版社也会赠您一本的，不知白先生和您现在是否都已得到此书？如果没有，我等下一批天津来书后就寄上。如果您还需要多有一本，亦请示知。总之，由于上海辞书出版社只赠我一本，以致没有早日给您和白先生寄去，深感内疚，请原谅我吧！

　　我近来虽然极力注意身体健康，但因事情太多，常感劳累。尤其是兼任了古籍整理研究所长，耗费了许多时间和精力，大大影响了我写书的工作。这个研究所成立伊始，百事待举，大概还需要两三个月才能就绪，到那时我才能轻松一些。

　　昨天接到朱仲玉同志来信，是关于《历史大辞典·史学史卷》的一篇书评的事，请您费神转告他，我过几天再给他回信。就写到这里吧，敬颂
著祺

杨翼骧　1984.4.11.

（五）

林东先生：您好！

　　全国史学史讨论会的开会通知已收到，非常高兴。现在有一个请求，即希望我系的姜胜利同志能去参加这次讨论会。

　　姜胜利是南开大学历史系讲师，也是在职的博士研究生，他除了在《史学史研究》1983 年第 3 期发表《论刘、章"史识论"及其相互关系》，《南开大学学报》1987 年第 2 期发表《明代野史述论》之外，又与乔治忠合写《中国史学史研究述要》一书（二十多万字，即将出版），在教学上也有很好的成绩。他年纪较轻（30 岁），虚心努力，是我们这里研究中国史学史的几个同志中最有前途的人，所以我诚恳地介绍他参加这次讨论会，请您斟酌裁夺。

如蒙同意，请直接通知天津南开大学历史系姜胜利为荷。敬颂

著祺

杨翼骧　敬上
1988.5.9.

（六）

林东先生：

您好！

大函已收到，敬悉已开始筹建全国史学史研究会，非常高兴！

《设想》拟订周详，我一时提不出什么意见。唯有一事相商：《设想》中列我为发起人之一，盛意至感！但我的身体太坏，不能外出参加会议及各种活动，作为发起人是否合适？请考虑。如认为不合适，请即将我的名字去掉。

您担任研究会的筹备工作，当更加忙累，望随时注意身体健康。我的病体不见好转，做不了什么工作，甚为惭愧！

敬颂

著祺

杨翼骧　1988.10.6.

（七）

林东先生：您好！

承嘱撰写唐末以前官修史书要录一文，我在 6 月初已写信说如期（8 月底）交稿，当时认为可以做到。但不料由于临时任务及其他事情，耽误了很多时间，叶振华同志又患病卧床十余日，他写完初稿，已是 7 月中旬。我在修改过程中，发现有不少问题需要进一步研究，必须再仔细查阅资料，重新思考，有些地方还要重写，这样，修改的工作量就较大。由于我的身体太坏，体力脑力都不能持久，又患眼疾（白内障），每天工作时间有限，加以近一个多月的酷暑，时常头昏脑胀，工作效率更差，而且其间尚有他事干扰，故进度缓慢。眼看交稿期限将到，心急如焚，但又不能匆忙潦草，仍须尽可能仔细，以免差错。幸近日暑热已稍减退，每天工作时间也稍多。现修改工作已接近完成，但 8 月底已来不及交稿，失信负约，不胜歉疚！

我们正抓紧时间进行修改工作，争取在 9 月 10 日交稿。如果因那时正值开学上课之初，又有他事干扰，还交不了稿，就在 9 月 15 日前一定交稿（因邮寄较慢，即派人到京送上）。但不知是否为时已晚，赶不上排印，请示知。

总之，由于上述种种原因，未能按时交稿，影响了您们的编辑工作，心中极为不安，非常抱歉，只有希望能格外原谅！敬颂

著祺

杨翼骧　1991 年 8 月 29 日

（八）

林东先生：

本月初来信早已收到，敬悉。我近一个多月来，因天热常患小病，又有些临时的琐事，故未能早日回信，请谅之。

访问记事，我尚未能抽出时间，姜胜利因他父亲患病，每天要去护理，也抽不出时间，故至今尚未录音、撰写。不过，我已把大概的内容想得差不多了，等天气稍凉爽些，我俩都有空时即可进行，争取在 8 月下半月内开始。

明年是白先生 85 岁寿辰，出版一本纪念文集，是很有庆祝意义的。蒙您约稿，不胜荣幸。我暂且想了一个《中国史学史研究的回顾与展望》的题目，力求写得简单些，预计一万多字，在规定的一万五千字以内，将来写成后如觉得内容与题目不太切合（因题目大，短期内不能写得全面），可改变题目，但总是属于这个范围之内。

暂且写到这些吧，以后再谈。顺颂

著祺

附回单

杨翼骧　1993.7.25.

（九）

林东先生：

大约十天前寄上一信，谅已达览。信中说我计划在 8 月下半月着手写访问记式的文章，11 月间再写庆祝白先生 85 岁寿辰的文章。

但事有意外，昨接出版社通知，已把拙编《中国史学史资料编年》第三册

（元、明）安排在明年 7 月间出版，务必在今年底交稿。

我本来打算到明年 5、6 月间交稿，可在今年下半年抽时间写两篇文章，这样一来就不行了。从现在起，我必须用全部时间进行书稿的整理工作，在交书稿之前，不可能再抽时间写文章了。因此，我心里非常不安，可又没有办法，不胜抱歉，只有请您和其他同仁格外原谅。

访问记式的文章，以后还可补写。庆祝白先生寿辰的文章有时间性，来不及了，深以为憾！

谨此告达，并致歉意，事非得已，至祈鉴谅。顺颂

著祺

杨翼骧　1993.8.5.

（十）

林东先生：您好！

久未通信，至为想念。前几天乔治忠赴京，返津后说与您见了面，您一切都好，不胜欣慰！

关于写访问记的事，因我忙于整理《史学编年》第二册、第三册的稿子（出版社限期交稿），故拖延至今尚未完成，太对不起您了，望格外原谅！

我现在决定在本月十五日左右与姜胜利一起撰写，至迟在本月底以前交稿。

现在出版有关古籍的书很不顺利。①出版社的校对人员文化水平太低，对校对有关古籍的书不能胜任，而且厌烦，每校对一次都要经过很长的时间。②现在用电脑排印，很多古籍中的字在字库里没有，操作人员深感困难，也很厌烦，校样出来后错误太多，校对人员置大量错误于不顾，便交给我，我每校一次要花很多时间。因此，第二册原定去年出版，初次排印的校样上也标明"1993年 10 月出版"，但实际上今年 10 月能出版就算不错了。

今年报考博士生的人较多，我经过慎重挑选，录取了三名。不知您录取了几名。想说的话很多，因时间关系不多写了，下次再谈。顺颂

著祺

杨翼骧　1994 年 6 月 8 日

（十一）

林东先生：您好！

大著《中国古代史学批评纵横》已收到，不胜高兴、感谢！乔治忠的一本已转交。

收到后立即展卷阅读，深感这是一本创新的、最符合学习和研究中国史学史者的需要的著作，"简而且周，疏而不漏"，难能可贵，非功力深厚且识见卓越者不能为也，堪称杰作，必使读者受益不浅。

拙编《资料编年》第二册（两宋时期）可望下月出书，届时自当寄上（或由便人送上）请批评指教。此书原定去年10月出版，但因出版社缺少能以校对古籍的人，搁置了很久，才另请一位已退休的老人担任校对工作，每一校都耗费很长时间，以致拖延了一年。我现正整理第三册（元、明）的稿子，出版社期望在寒假期间交稿。但整理工作颇非易事，往往为了查找某书的著作年代或作者卒年而花费（或枉费）很多时间，能否如期交稿尚不敢保证，只有尽力为之而已。顺颂

著祺

杨翼骧　1994.10.22.

致陈其泰先生（九通）

（一）

其泰先生：

您好！大函已收到了。

我们虽然没有见过面，但我读过您许多有精识卓见的文章，对您在史学史研究中的卓越成就早已深为钦佩。现在接到来信，非常高兴！

我年老而学无所成，至为惭愧！您信中所说，实在是过誉了。

由于种种原因，我们写的那篇文章到本月初才送上，而且只交了一半，大大延误了交稿日期，妨碍了审稿工作，极为歉疚！

我们自知文章写得很不好，但承蒙不弃，既已发稿，只有希望您在审阅校样时，在不影响版面的情况下，对其中不妥之处予以修改，以免出现大的错误为感。

文章的续篇，一定如期寄上（或顺便送上）。

这次写稿，太对不起您们了，内心异常不安，但您们还是一直宽恕，并予以鼓励，不胜感激！希望将来能有机会见面畅叙。

敬颂

著祺

杨翼骧　1991.10.29.

（二）

其泰先生：

大著《史学与中国文化传统》已收到，至为高兴，感谢！

收到后即急忙阅读，感到大著思路开阔，论述精辟，见解高明，洵为不可多得的中国史学史研究的创新工作，使我获益非浅，不胜钦佩！

叶振华同志因其爱人在北京患病住院，已去京十余日。您赠给他的一本，俟他回津后再转交。

近来临时任务多，很忙，这次不多写了，以后再谈。顺颂

著祺

杨翼骧　1992.11.26.

（三）

其泰先生：

前几天收到来信后，又收到您所刘会计汇来的 80 元，谢谢！

阅读来信后，始悉您于 1963 年已考取刘节先生的研究生，但时运不济，未能就学，直到十五年后方得实现攻读研究生的志愿，可算是"左"倾路线下的受害者了。自 1963 年至今，已过了 30 年。过去读您的著作，感到功力深厚，见解不凡，现在知道这是您三十年来勤奋不懈、博学精思的结果，非常感动、佩服。

将来如有机会见面畅叙，当是莫大快慰！近来琐事较多，就写到这里吧，以后再谈。顺颂

著祺

杨翼骧　1993.11.18.

（四）

其泰先生：

您好！

您寄来的有奖贺年信已收到，谢谢！本来想寄给您一张有奖贺年信，但这里的邮局已卖完了，买不到，只好写这封信。

我这半年来琐事较多，干扰了我整理资料编年第三册的工作，进展很慢，大约还需要几个月才能搞完。

第二册原定今年出版，但因出版社人员工作不力，前些天刚排印出校样，但错误很多，他们初校、二校后再交我三校，今年是出版不成了，明年上半年能否出版也成问题。

匆匆，祝您在新的一年里

健康、愉快、如意、幸福

杨翼骧　1993.12.28.

（五）

其泰先生：

前几天接到来信，昨天又取到大作，至为高兴！叶振华的一章已交给他了。

收到大作后，首先看到的是目录。当我的目光接触到"上编 19 世纪的中国近代史学""下编 20 世纪的中国近代史学"两行黑体字时，心中立即为之一振（也可说是一震），勾起了我的回忆：我于 1949 年下半年在北大初次讲授中国史学史一课时，是从上古一直讲到新中国成立前的，在拟定近代史学的标题时，分为两部分，一是 19 世纪的史学，二是 20 世纪的史学，那时北平解放才半年多，我只是初步学习了一点儿马列主义，基本上还是旧的观点，但是讲授古代部分的过程中，似乎有了一点儿"阶级意识"，我开始注意阶级立场与观点。当时忽然警觉到，梁启超创立的资产阶级史学和以李大钊创立的马克思主义史学都出现于 20 世纪，若都题以"20 世纪的史学"标题，岂非混淆了资产阶级史学与无产阶级史学的界限？如果被人指责为"没有阶级立场"或"还是站在资产阶级立场"，那还了得！于是我又把近代史学分为三个标题：一、资产阶级史学的先驱（即原来拟定的"19 世纪的史学"），二、资产阶级史学的建立与发展，三、马克思主义史学的建立与发展（即把原来拟定的"20 世纪的史学"分为两章）。1952 年院系调整后，我来到南开，在 60 年代我想写一篇"20 世纪史学界的新气象"的论文，但又一想，把资产阶级史学与马克思主义同视为"新"，一定会受到严厉的攻击，于是就不敢写了。现在看了大作标题，感觉到只有改革开放的今天，才能这样编排，发表自己的看法。当然，您在《总论：中国近代史学发展趋势》中，还是把近代史学分为"三个大的阶段"的。

还有，您在上编的十个标题中，魏源和黄遵宪各占三个半，共七个，我看了也深有感触。因为我在讲课和写讲稿时，曾对此二人做了高度评价，最为推崇，您在上编中将此二人的史学摆在十分之七的位置，使我心中发出了会意的微笑。

我现在赶着做《资料编年》第三册（元、明）的整理稿子的工作，时间很紧迫，但还是饶有兴趣地将大作浏览了一遍，有些地方还仔细阅读了，您的博学卓识，使我异常钦佩，获益良多！

我计划于六月底将《资料编年》第三册的稿子整理完毕，接着整理第四、第五两册（清。因清朝资料太多，分为两册）。但出版社认为一套书出四册就行了，不同意出五册，我也只好顺从，只是将第四册的篇幅扩大。

因出版社要求将资料编年早日出齐，何时能抽出时间写访问记（姜胜利也很忙），当不能确定。不过，我俩一定尽早完成此事。

匆忙中写此信，言不尽意，以后再谈。顺颂

著祺

杨翼骧　1994.4.5.

（六）

其泰先生：

收到您 4 月 12 日写的信已近一个月了，总想早日给您写信，但因这一段时间特别忙，尤其是《编年》第二册的三校样已排出，其中错误仍然很多，我必须仔细校对，以期在四校后能以付印出版，所以每天埋首于校样之中，而又有其他事情干扰，未能抽出时间给您写信，务请原谅。

知道韩国李润和教授著有《中韩近代史学比较研究》一书，并愿与我联系，很高兴！我想近日先把拙编《编年》第一册寄赠与他，俟我忙过这一阵后，再与他进一步联系。

我校哲学系方克立教授前些时新调任中国社科院研究生院院长，和我很熟，我想请他直接与李教授联系一下，看看李教授是否能来天津开个座谈会，由我校领导出面招待。

我系有位教授曾在朝鲜留学三年，现在研究韩国历史。我今年新录取的一位在职博士生，也是想从事中韩史学比较研究的。还有一位韩国人于两年前，在天津学习汉语，现已考取我系中国现代史硕士研究生。如果李教授能来天津开个座谈会，是很有意义的。方克立先生曾任我校研究生院副院长（院长由校长兼，实际已由他主管），在我校很有地位，如由他与学校领导联系招待事宜，当无困难。待我于方先生商量有结果后，再告知您，如能成功，我想请学校领导特邀您参加。我今年招考的博士生现已确定录取的有二人，还有一人业务最好，但英语分就稍差一点，现正请求破格录取。现在我校从事史学史教学和科研工作的有博士生二人，硕士一人，在学的博士生二人，他们都希望能举办座

谈会。匆忙中写此信，下次再谈。顺颂

著祺

杨翼骧　1994.5.11.

（七）

其泰先生：

6月26日来信早已收到，知您晋升职称事已正式通过，非常高兴，特向您祝贺！

关于李润和教授来津事，我本拟请历史系出面招待，报学校批准。现因在暑假期间，学校通令各单位一律不许招待外宾，只能是私人聚会了，深为抱歉！李教授何日来津，请事先告知。我的家庭住址是南开大学北村4号楼（新号，老号是17楼）3单元406号，家里电话是3371636。欢迎您能与李教授同来，借以畅叙。

写访问记事，因当初录音时间较短，由姜胜利同志写出后，太简略，我又加以补充。现已补充完毕，再由姜胜利誊清后即挂号寄出。因挂号邮件投递较慢，大概须在下周方能寄到。因在您去香港和广东期间，我曾写信给林东先生告知情况，请您顺便转告他。

余容面叙，顺颂

暑祺

杨翼骧　1994年7月22日

（八）

其泰先生：

您好！来信收到，知韩国李润和教授已于7月24日提前回国，不能来津见面，好在以后还有机会。而且近来天气炎热，一切活动均不方便。

我6月间给李教授写信时，因已知学校在暑假期间不接待外宾，故未说明到南开座谈会之事，想到7月底以前，再以私人聚会的方式交谈，不料他提前回国了。

访问记已于一周前，由姜胜利同志挂号寄出，近日可能寄到，希收到后示知。如过几天仍未收到，亦请示知，以便到邮局查询。

您旅途劳累，加以天气炎热，屡患牙疼，望好好休息。天津也是长期持续高温，令人难熬，做不了什么事情。

顺颂

暑安

杨翼骧　1994年8月2日

（九）

其泰先生：您好！

9月9日来信早已收到，本拟早日回信，因在本月中旬天气变化较大，我不慎受凉，感冒、发烧，延续十多天方愈，故今日始能执笔。

关于庆祝我的生日一事，是我过去的研究生们于去年开始操办的，我曾屡次谢绝、阻止。因为我虚度岁月，老而无成，深自惭愧，实在不屑一提，更不值一庆，以免给大家添麻烦。但他们不听，只好听之任之，但嘱咐他们要尽量缩小范围，不要声张。在纪念文集中，撰稿者只限于过去的和现在的研究生，少数本系毕业生，惟有一个例外是在台湾的我的小同乡、研究史学史的杜维运先生。

文集中的文章，总的说来质量不高，有些是临时凑数的。若非徐蜀帮忙，这个文集是不可能出版的，更不能及时印出的。

今蒙您专门写信表示庆祝之意，我不胜感激，也更加惭愧。只有在衰老的余年，尽力而为，以完成应尽的任务而已。拙编《中国史学史资料编年》第三册（元、明）已交稿，现正从事于第四册（清）的编纂工作。然因清代资料太多，又限于出版社对于字数的规定，取舍之间，难度当更大也。

我已退休，今后不再招收新的博士生，但还有三名尚未毕业，必须送他们到毕业为止，实际是退而不能休。好在乔治忠同志已被评选为博士生导师，以后招收新生的任务就由他承担了，希望您对他多予指导。

谨致谢意，并颂

著祺

杨翼骧　1997.9.27.

致王天顺（五通）

（一）

天顺：

　　很久未见。你在宁夏给我的信，因我已来沪，未能看到，大概信里也没有什么事，所以家里也没有转来。

　　你的好友刘有铎同志已于上星期日到招待所来见过面，谈得很好，他为人很诚恳、热心，问我有什么事，他去办。我没有什么事，很感谢他的好意。他很忙，家里还有八十岁的老人要照顾。我想等过些时天气暖和了再去看望他。

　　我来此一个多月，天气不好，时常下雨，到现在还相当冷，室内又无取暖设备，所以仍穿棉衣。大概要到3月底或4月初才能脱掉棉衣。

　　你现在正抓紧时间读书，准备论文，很好。等我回津后再仔细谈。

　　家里来信说，你从宁夏给我带来一包特产枸杞子，谢谢你。

　　再谈，祝

健康

翼骧　1982.3.20.

（二）

天顺：

　　3月25日来信收到。我在上海生活毫无问题，雨具、衣服都有，一点不用麻烦刘有铎同志。如果有什么事需要请他帮忙，我一定会找他，请你放心。

　　你对于毕业论文的想法和见解很好，可以就按这个路子去研究。陈光崇先生论欧阳修的全文将于《宋史论文集》刊载，由上海《中华文史论丛》出版，不过听说近一两个月内恐怕印不出来，如果能在我离上海前印出来，我一定设法买一本。

文献集刊第二期也有一篇论欧阳修史学的文章，我还未见到。这个刊物是湖北编印的，印数很少，很难买。等慢慢设法寻找。

如果你见到徐秋，可问他最近收到我的信没有。他若收到就到了，若没有收到，就告诉他要到上海师范学院历史系工作的事，我已经见到上海师院历史系的负责人，说好了，他们缺乏美国史的教学研究人员，他在填表时可写上志愿去上海师院工作。但不知你是否认识他，如不认识，可让小叶告诉他。我已经给他去信，唯恐万一收不到，可以让你们顺便问一下。

我们在这里的审稿、定稿工作，因很多稿件写得不合要求，而且有不少错误，改起来很费时间，所以进度比原来预计的要慢得多，能在五月中旬完成就算满意了。顺问

安好

翼骧　1982.3.30.

（三）

天顺
振华：

寄来的稿子及你们的信均已收到。我因赶着在七月十日以前，把全部工作做完，没有时间在这里看稿子了，只好返津后再看。信上所提到的问题，也只有返津后再考虑。

振华急需南行，就提前走吧。

暑期中没有什么事，一切等暑期后见面再谈吧。

上海气候很好，至今尚未大热，据说到七月中旬后就要大热了，所以我一定要在七月十日左右把工作完成，然后返津。

顺颂

暑祺

杨翼骧　1982.6.26.

（四）

天顺同志：

你托人带来的枸杞已收到，谢谢！时间过得真快，又是数年未见了，甚为

想念。去年曾听说你在宁大工作成绩卓著，除已晋升高级职称外，并担任系的领导职务，至为欣慰。

我近几年因患多种慢性病，身体很坏，浑身乏力，用脑稍久即感头晕脑胀。去年曾住医院。虽经多方治疗，迄今未有明显好转。现在只能勉强做点事情，成效甚微。

振华、治忠、胜利与我交谈时，我们都很怀念你，但因路途遥远，难有见面机会。治忠已于上月通过博士论文答辩，并经历史系学位委员会决议授予博士学位，下一步就待学校的学位委员会批准了。胜利的博士论文可在暑假前完成，但要到暑假后才能进行答辩。

我这几年因身体不好，没有招收博士研究生。因乔、姜二人今年都将毕业，决定明年再招一名或二名，以补空白。

前几年听说你与张大可同志合作进行研究工作，成果必已不少，现在进到何项研究工作？听说你还担任西夏史研究室主任，工作进展如何？

你的工作一定很忙，如能抽空来信谈谈你的情况，至为盼望！

顺祝

身体健康，工作顺利

杨翼骧　1991.5.14.

（五）

天顺贤契：

来信已收到十多天了，因近来较忙，未能早日回信。

你这次偕夫人到天津来，我非常高兴，只是见面谈话的时间太短了，未能畅所欲言，甚为遗憾！而且我也没有好好招待你俩，很觉过意不去！

小叶所说为我祝寿的话，不要放在心上。我是坚决反对为我祝寿的，因为不值得祝，徒然浪费大家的时间，添麻烦，毫无意义。你自管写文章，不要和为我祝寿联系在一起。

关于你与张大可合作的事，我已记不清楚在1991年给你的信中是怎么写的了……

给别人主编的辞典写辞条，虽然能藉此多读些书，但终不如自己进行研究，写出论文发表为好，因现在一般还不把写辞条作为正式研究成果来看待。当然，写辞条是不容易的，所花费的精力与时间很多，但只有自己知道，别人是不理会的。

　　我自应南开大学出版社之约，于 1987 年出版了《中国史学史资料编年》第一册之后，因患病停止这项工作数年。病愈后又继续编写，前年将第二册（两宋时期）交稿，本定于 1993 年出版，但因出版社无人能胜任古籍书稿的校对工作，搁置了很久，后来请到一位已退休的老先生担任校对工作，以致拖延了一年，才开始排印。最近刚出了样书，大概本月内或下月方能正式出书，等我拿到书后即寄给你一本。第三册（元、明）的书稿，预计于 1995 年第一季度交付出版社，1996 年出版。第四册（清）的书稿预计于 1996 年内交付出版社。出版社负责人计划在四册出齐后，再重印成两大册或三大册。（第一册因当时交稿仓促，有些资料遗漏，还需要增订。）

　　我现在忙于第三册（元、明）书稿的整理工作，整理起来很费时费力，而且我这学期既要为新入学的博士生讲课，又要为明年毕业的研究生修改博士论文，能否如期交稿，还不敢肯定。

　　匆忙之中就写这些吧，以后再谈。祝

全家安吉

翼骧 1994.11.8.

致乔治忠（一通）

治忠：你好！

关于北京图书馆藏曾先之《古今历代十八史略》的情况，徐蜀于前些天已来信说明，现抄录如下："我馆共藏有二种刻本：一种为元刻本（未注明具体时间），四册，十八行，三十二或三十三字，黑口四周双边。正文为上下二卷，上卷前有《纲目》一卷，《纲目》前又有《历代国号歌》和《历代甲子纪年》。书最前面为周天骥所作序，序后为总目。此本卷下缺。王重民所提三序均未见到，此书周氏之序王先生则未提及。另一个版本的明刻本，只有正文上下二卷，前后均无序跋。另外，《十八史略》的纲目非常简略，按年代顺序，以标题的方式记载大事。正文卷上记事从太古至王莽，卷下记事从东汉至南宋。中间以朝代为标题，如太古、西汉、五代、辽、金等等，记事也非常简略。"

徐蜀还将周天骥的序抄来，文字与你抄来的基本相同，只是"书林叶氏于是刻梓以传"一句中的前四个字，作"好事者"三字。

研究生院通知古籍所将"硕士研究生课程简介"上报，其中史学史专业开设的三门课程（中国史学史、中国史学理论史专题、史学名著研究），郑天一要我来写，内容包括"课程内容简介""选课要求""教材""主要参考书"几项，我已按研究生院规定的要求写好，交给郑天一。

你招收的硕士研究生今年无人报名。

刘国珺患食道癌，住肿瘤医院，施行放疗，已见好转，能够吃饭了。同时，他也服中药，但愿能转危为安。

古籍所资料室的王晖已另外找到工作离去，资料室的工作暂由吴振清代理，但吴振清患耳病，需要治疗，还须另外找人。

我今年招收博士生，原有三人准备报名，现在报名日期已过，其中一人因外语不好，只有两人报考（孙卫国和一位山东曲阜师范大学史学史硕士）。这两人的外语都不错，都可以录取。

再有一个月你就要回国了，近来一定很忙，如无什么事情，就不要花费时间回信了。

　　顺祝

身体健康

翼骧　1994.3.26.

致姜胜利（二通）

（一）

胜利：

我在这里的工作快要结束了，大概十号以后可动身返津。等买好车票后再往家里打电报，告知具体日期和车次。

我回津一定买 14 次软卧票，在天津西站下车，时间是上午八点十九分。由于你家在西站附近，我想让你到车站接我，比较方便。你可于 11 日起，每天到我家（最好在晚饭时间，晚上六点到七点之间）去问问，知道具体日期和车次后，先在西站询问一下出租车的情况，如果可以租到就好（车费可以报销），如果难以租到就算了，我们就乘公共汽车回校。

到车站接我，不要人多，除你外，可与乔治忠商量一下，就你们二人。治忠去年到车站接我，联系出租汽车可能有点经验。

就这样吧，一切回去再谈。祝

好

翼骧 （1982.）5.6.

（二）

胜利同学：

来信及毕业论文都收到了，我看过之后，觉得不用再修改了，就这样交到系里吧。

评语我已写好（一式二份），随信寄去。

前接系里来信，知你已考取研究生，我很高兴！另外还有一名杭州大学历史系七八级的女生。报考的人中有一名云南民族学院历史系七八级的，曾发表过两篇论文，很好，但考试成绩太差，三门不及格，没有办法。

　　我在此审稿工作非常繁重，有很多事先想不到的问题，所以时间一拖再拖。据现在情况估计，要到七月中旬才能回校。

　　你收到此信后，望给我回信，除让我知道论文、评语已寄到外，还有：①我校何日放暑假？下学期何日开始上课？②告知系办公室（李、沈）、叶振华、王天顺、乔治忠，我的通信地址仍是"上海华东师大第二宿舍招待所"。（原来说是要搬住处的，现在不搬了。）③王天顺决定暑假回家日期后，给我来一信。④你和叶振华、乔治忠暑假中是否学校里住？

　　祝你
暑假愉快

杨翼骧　（1982.）6.22.

致汤勤福（二通）

（一）

勤福贤契：

　　鉴定已写好，原想挂号寄去，但又想挂号较慢，恐怕误事，还是平信寄出，现在邮件不致遗失的。

　　姜胜利已换偏单新房，比旧居大 15 平方米，只是在西南村，稍嫌偏远，但已不能再改变。大约过了春节，到 2 月 10 日前搬家。

　　《资料编年》第二册至今尚未出书，听说正在装订之中，要到寒假后才能发行。

　　祝

春节阖家欢乐

　　收到后最好来电话告知，以免悬念。

翼骧
1994.1.23.

（二）

勤福贤契：

　　6 月下旬收到来信，惊悉令尊已不幸因病逝世。前几天又收到来信，知你已迁入新居。从这两封信中，得知你近几月来的详细情况。

　　你的博士论文已得到孔子研究基金会的资助，令人高兴。我记得从前你曾向中国社科院出版社申请出版的事，未能落实，现在曲阜方面已经答应，那就好了。而且论文经过补充，质量有所提高，就更好了。

　　你女儿入中国纺织大学，录取通知上将专业写错的问题，现在解决了没有？念念。

我编的《中国史学史资料编年》第三册（元、明）已开始排印，现正在校对之中，如果进行顺利，年内可望出书。此书稿早于 1996 年 4 月交给出版社，已历时两年半，至今始得排印，可见出书之不易。

姜胜利已于今年 4 月去日本进修，为期一年。他来信说日本学者出版了大量研究中国历史的著作，而且对中国人的著作搜集齐全，许多是我们在国内难以见到的，所以他不仅提高了日语水平，也开阔了历史研究的眼界。

任冠文、张秋升、孙卫国都已先后完成毕业论文，通过答辩，取得学位。任冠文分配到桂林广西师范大学任教，张秋升返回曲阜师范大学，孙卫国返回香港科技大学继续攻读学位。我现在还有最后的一名博士生岳纯之，明年毕业。

我的身体状况有所好转，现在每天下楼散步，和一些老年人一起聊天，心情愉快，饮食也正常，睡眠还可以。不过，人终是老了，脑力体力明显衰退，一不小心就会出现毛病，所以平时格外谨慎，尤其怕患感冒，天气不好的时候，就不敢出去。由于手脚不灵敏，行动不便，出门走动很慢，避免摔跤。现在写字手有点发颤，眼睛有时不太清楚。总之，既要勤活动，保持行走能力，又不能劳累，避免出差错。

我的老伴身体还可以，只是人老了难免有些小病，必须经常注意健康。她知你已迁入新居，很高兴，并让我写信向你问好。

不多写了，祝你

身体健康，全家安好

以后来信寄"南开大学北村 4 号楼 3 单元 406 室"，"4 号楼"前不必加"新"字，因邮局送信已按新楼号投送。加"3 单元"是避免送错单元。

翼骧 1998.9.24.

致钱茂伟（一通）

茂伟同志：

你好！

你于 12 月 13 日寄到我校古籍所的信，过了好些天才收到。因我所在的单位一直是历史系，虽然曾经兼任过古籍所的所长，但从 1989 年以后就不再兼任了，你的信是由别人转交来的，而转来后正值我患感冒，未能早日回信，请原谅！

我校今年开始实行博士生导师退休制度，凡年在 70 多岁以上的博导均按规定退休，从明年起就不再招生了。但是，要将现在的博士生继续培养到毕业为止，在两三年内虽退而不能休，还要尽培养博士生的责任。

你想报考博士生，以求深造，意愿可嘉，只是我明年不能招了，可以报考其他学校。

《中国史学史资料编年》第三册（元明部分）尚未脱稿，因年老体衰，又有许多其他工作要做，而每天能够工作的时间很有限，总是力不从心，但又不能勉强，每当患小病我感觉劳累时，必须休息，否则小病变成大病，就完全不能工作了。

你校已并入宁波大学，今后当有更大的发展前途，谨表祝贺之意。祝新年快乐

杨翼骧 1995.12.28.

致南开大学职称评定部门（二通）

推荐书（一）

校专业技术职务聘任工作领导小组：

现有专业博士点的维系和发展，关乎学校学术建设的整体利益。考虑到目前史学史专业博士点的状况，根据历史学博士、副研究员、史学史硕士生导师、史学史专业梯队成员乔治忠同志在学术上取得的优异成绩，我们特推荐其为本次职务聘任中的优先晋升人员。

史学史是历史学之下的第二级学科，有其自身的学术特点，非其他专业可以替代和包括。其特点之一即是学术研究较难，是历史学中的冷门。目前，全国只有南开大学、北京师范大学、华东师范大学、中国社会科学院历史研究所四处设有本专业博士点。现今我校史学史专业博士点急需培养和扶植专攻本专业的人才。

现任古籍研究所副研究员的乔治忠同志，是我校培养的第一名史学史专业博士，多年来坚持四项基本原则，刻苦治学，学术成果在数量上已居全国本专业同行人员的前列，而学术研究的深度上尤为显著，多有发前人所未发的学术见解，形成既做出许多精深考证，又能从理论上高度概括的学术特色，这双重功力的兼具是非常难得的。他的学术专著《清朝官方史学研究》，填补了史学史研究的多项空白点，体现了很高的学术水平。例如：

（1）关于清代国史馆的考证是从杂乱繁多的档案文件中梳理出史料，经分析归纳撰成，在学术上第一次明晰考述了清国史馆的组织结构、纂修任务及地位、作用，表现了扎扎实实发掘第一手史料的治学态度。

（2）对清入关前满文档册最早起笔记录时间的考证，提出了新的证据，否定今清史和满学专家广禄（台湾）、李学智（台湾）、关孝廉、刘厚生等人旧说，立一新说，在重要的学术问题做出新的突破。

（3）关于《旧满洲档》和内国史院满文档案关系的考析，首次指明后者是前者的承续和发展，考证和论述了后者替代前者的过程和原因，描述出清入关前满文档册记载方式发展演化的情况，解决了为什么《旧满洲档》记事截止于崇德元年（1636）这一长期悬疑的问题。从理论上分析了满文档册在史学上的意义，提出这是中华民族史学中一个少数民族史学旁支的兴起。这是史学史研究中的首创性见解。

（4）首次发现清乾隆时重录《满洲实录》中汉文部分经过修改，满文部分依入关前原文未改的特殊现象，并考证出造成这种状况的原因，论述了曾经重理开国历史及其政治原因和学术特点，这不仅是史学史上的重要问题，也是清史研究的重要问题。

（5）考证了后金政权一件重要历史文献《后金檄明万历皇帝文》的形成时间、过程和历史背景，指出是以清太祖努尔哈赤名义撰写和刊布的，论述了其中表现出的历史观和历史知识水平。这些学术创见是从思想文化上认识清入关前历史的新成果。

（6）发现《康熙起居注》与清朝后来的起居注在性质上有重大差异，考析了这种变化的原因，从理论上分析了皇权专制与记录起居注制度的矛盾，考证了《康熙起居注》史学上的特殊价值，颇多新发现和首发之论。

（7）通过考证和分析，揭示出康熙帝晚年的史学虚无主义态度，论述了其造成官方史学停滞、废辍的状况，指出雍正初迅速兴复官方史学的措施，从而对《明史》纂修过程问题、王鸿绪在《明史》纂修中作用问题、清国史馆、起居注馆及其他修史活动的兴辍发展，都提出新的见解，并形成清朝官方史学发展中阶段的总体认识。

（8）其他如对清朝修史制度特点的概括分析，对清朝官方史学发展阶段的划分，对清高宗史学思想和史地考据成就的论述，对清太祖、清太宗应用历史知识于军政活动的考述，对《四库提要》中官修史著录错误之处的考订等等，均为此前无人道及的新见解、新发现，很有学术意义。诸如此类，不胜列举。表现了乔治忠在官方史学研究中开一新境并形成系统的成果，达到史学史研究的领先地位。

（9）由乔治忠执笔的关于中国古代史学理论思想体系的论述，体现了高度的理论思维能力，这是史学史专业一个开拓性论题。

（10）在乔治忠提任副研究员之前，即已发表过很出色的考证性、理论分析性论文，如《章学诚史学创见与修志实践的关系》（《南开学报》1988年第4期）通过有力的分析，推翻沿袭几十年关于章氏将史学创见应用于修志的旧说，指出其史学创见乃来自于修方志的实践，理论上契合于"实践出真知"的马克思主义认识论。《〈史通〉编撰问题辩证》（《中国历史文献研究》，1986 年 8 月出版）提出了与当代著名专家白寿彝、程千帆、傅振伦等先生相反或相异的见解，考证精细，分析深入。此文曾获校级社会科学成果奖。

（11）乔治忠有踏实的学风和献身学术的精神，肯做艰苦、枯燥的古籍校点、注释工作。1989 年出版了《众家编年体晋史》（校注），点校和注释十分精细，内有许多史料考订，并且应用了现代科学知识，如注明古籍记载的"客星"是现代天文学上的超新星爆发现象；古书记载的祥瑞之一的"甘露"，实际是植物害虫蚜虫的排泄物；等等。曾被评为全国古文献奖学金博士生级两名获奖者之一。

乔治忠肩着较重的研究生教学任务，进行着艰苦和周期长、不易见成果的《清文海》编辑校点工作。尽管有这些任务，发表的论文和专著在数量上仍颇为可观，而学术研究的深度已达到一流水平和领先地位，应当作为史学史专业博士点着重培养的对象。因此，我们郑重地推荐乔治忠为此次优先晋升正高级职称的人员，希望予以审定批准。

博士生导师　　杨翼骧

1995 年 11 月

推荐书（二）

姜胜利，1959 年 10 月生，现年 39 岁。1992 年获历史学博士学位，1992 年 12 月晋升为副研究员。现任本校学报编辑部副主任，《南开学报》（哲社版）副主编兼历史栏责任编辑。

姜胜利自任现职以来，每年按期完成责任编辑的正常工作量，任副主编后，除完成责编工作量外，又负责每期学报全部文稿的终审、终校及编发组织工作，完成相当于专职主编的工作量，做出了出色的成绩。

姜胜利在科研方面取得了优异的成就。1993 年列为校学术梯队的成员，自1995 年作为史学史博士生指导小组成员之一，协助指导博士生。他的史学史专著《清人明史学探研》，对清代官方和私家的明史研究和明史著述进行了整体的研究，突破了过去只论述一人或一书的状态，在许多问题上提出创新的见解，是具有创造性的研究成果，已于 1997 年 6 月正式出版。他与人合作的《中国史

学史研究述要》一书，于 1996 年 11 月出版后，受到有关学者的好评（见 1997
年第 2 期的评介文章）。他的论文《清史史料学》《清人明史研究中的正统观与
忠义观》等七篇文章都有独到的见解，堪称佳作。还参撰《康熙皇帝全传》（学
苑出版社 1994 年 5 月出版），主撰《灭门灭族百案》（春风文艺出版社 1994 年
1 月出版），都是历史著作。

　　总之，姜胜利的工作成绩与研究成就，都已达到研究员水平，应破格晋升
为研究员。特此推荐。

历史系教授、博士生导师　杨翼骧　　1997 年 11 月

杂撰鸿爪

《清史研究初集》评介

　　吴相湘撰，民国三十二年（1943）二月出版，长沙信义书局印行，平装二册，一六四面，定价十二元。

　　此书包括论文五篇，一、《咸丰辛酉政变纪要》；二、《读王湘绮录祺祥故事后记》；三、《清初西洋音乐传入中国之研究》；四、《清世宗实录三种不同节本之研究》；五、《曾纪泽对于朝鲜问题主张纪闻》。其中以《咸丰辛酉政变纪要》为主，占全书篇幅五分之四，乃作者撰述中国近世史之一部分，其余四篇，则系已于抗战之前发表，转载于此者。

　　《咸丰辛酉政变纪要》，叙述咸丰十一年清文宗崩于热河后，慈禧太后诛戮顾命大臣载垣、端华、肃顺而获握政权事。分三篇：第一篇"政变前纪"，述咸丰时代内政外交与肃顺之用事。肃顺为郑亲王端华之弟，咸丰中怡亲王载垣及郑亲王端华为文宗宠信，时在左右。肃顺得兄之荐，入值内廷，以才干远在二王之上，论天下事又多能迎合帝旨，逐渐被重用，当握大权。是时内忧外患，百政紊坏，肃顺赞襄密勿，备极勤慎，颇能延揽人才，集思广益。如曾国藩、胡林翼、左宗棠诸贤之得克展其才，实赖其居中维护赞助之力。及文宗因避英法联军逃往热河后，行宫诸务，均由彼监理，为咸丰末年朝廷之重要人物，亦政变中不幸之主角也。第二篇"政变正纪"，述咸丰离北京后至肃顺等被杀之情形，分为五章：第一章英法联军逼京师及咸丰帝之北狩。咸丰十年，英法联军进犯京畿，帝出京至热河避难，命恭亲王奕䜣留守，恭亲王洞察中外情势，悉心应付，遂与英法订立《北京条约》以议和。第二章，在热河之咸丰帝及其崩。合约既成，恭亲王遂奏请回銮京师，而文宗在热河耽于声色，安于逸乐，不愿返京；及咸丰十年虽准备返京而以卧病未果，终于是年七月十七日死于热河行宫。第三章，顾命八臣之辅政与太后垂议，文宗遗命太子载淳继位，并以载垣、端华、肃顺、景寿、穆荫、匡源、杜翰、焦佑瀛等八人辅政，载淳生母慈禧太后思干政事，乃有御史董元醇上疏以皇帝年幼，请太后垂帘听政，而载垣等恃顾命权重，坚执不许；慈禧满怀野心，志不得行，虽深恨载垣、肃顺辈而思有以除之，政变之因在此。第四章，回銮京师之前后。慈禧结恭亲王奕䜣为援，回京后，即一专擅欺蒙之罪，将载垣、端华、肃顺三人逮捕系狱。第五章，载垣、肃顺、端华及其同党之被诛罚。慈禧之恨决，必欲置载垣等于死地，而肃顺以平日干事较多，才能较大，受忌亦最深，结果赐令载垣、端华自尽，肃顺竟惨遭弃市。政变之起，全由于慈禧之思揽政权，欲加之罪，何患无辞？载垣等三人之死，实冤狱也。其余景寿、穆荫、匡源、杜翰、焦佑瀛同受顾命之人，均被革职。作者结论，以肃顺赞划辅弼之人多所建树，实非昏聩之辈，虽导帝声色，亦罪不至死。按之律制，慈禧坚欲垂帘，干涉政治，殊违清代祖制，罪过于载垣等多矣；而载垣等之败，乃在漠视恭王。盖恭王之地位才能，中外系望，非彼等所能敌，不与之联络遂遭惨祸。见解颇为得当。第三篇"政变后纪"，第一章太后之垂帘听政与同治改元。慈禧之障碍既除，垂帘之愿自偿，于是议定垂帘章程，公开干政。同治改元者，乃载淳即位后，本颁定"祺祥"为年号，嗣以未妥，又改为同治也。第二章同治时之恭亲王。慈禧于此次政变能以成功，要唯恭亲王协助之力，盖恭王贤明俊达，中枢大政端赖其主持，自经此次政变，权位益重。然日久之后，慈禧野心渐露，思去恭王而独揽大权，故数次细故致隙，但恭王为皇室至亲，国家栋梁，尤其所谓"夷务"，非彼莫办，且朝廷大臣多拥护之，以是慈禧虽数次欲黜免不用而未果，仅减削其政权，降抑其地位而已。

综观全文，作者采取重要史料如《清史稿》、《东华录》、《东华续录》、故宫档案、密札、道咸同光诸朝奏议、咸丰朝《筹办夷务始末》、《越缦堂日记》、《翁文恭公日记》、《庸盦笔记》、《湘绮楼集》、《祺祥故事》等达三十余种，参稽考证，编绎成篇，可见其谨于求真之功，非期速成问世者可比。唯于政变之影响，则以为自慈禧垂帘，干预政治，朝局遂以大坏，国势日见衰微终至清廷于覆亡。所见未免偏颇，盖于同治中兴之盛，阙略未详。慈禧之贻误清室固无论，然恭亲王撑持维系之力有未可忽焉。向使未曾有此政变，清室之是否中兴，犹存悬案，考试者不可轻于论断，明已。

《读王湘绮录祺祥故事后记》一篇，原刊于民国二十六年（1937）五月十六日南京《中央日报·文史周刊》，为《辛酉政变纪要》之史料考异。王湘绮（闿运）虽与肃顺颇有交谊，而录《祺祥故事》系晚年所作，乃事后之追忆，非当时之记录，其中乖误之处有二：一为以上疏请太后垂帘之御史名高延祜而非董元醇，一为以恭亲王之赴热河在垂帘争议后。作者据涵芬楼藏密札、李慈铭《越缦堂日记补编》及王代功《湘绮府君年谱》证其错误，并指出其致误之由，甚能入细。

《清初西洋音乐传入中国之研究》一文，原刊于民国二十六年（1937）二月十九日《大公报·史地周刊》，叙述自明神宗万历年间利玛窦最初以西洋音乐传入我国之情形，结论谓西洋音乐与西洋美术同时传入我国，而西洋美术影响我国比西洋音乐为早，但至今国画尚可与西画同为国人重视，而国乐则日见衰亡矣。

《清世宗实录三种不同节本之研究》，原刊于民国二十四年（1935）七月二十六日《大公报·文史周刊》，三种不同节本乃《清世祖章皇帝实录采要》、蒋良骐《东华录》及王先谦《东华录》，作者比对勘校之结果，三书记录互有不同，"实录采要"较蒋、王两书为翔实，而卷数则多于蒋录而少于王录。

《曾纪泽对于朝鲜问题主张纪闻》，原刊于北平《禹贡》半月刊第七卷五期，作者于民国二十年（1931）与曾惠敏公之婿吴渔川晤谈，得闻曾惠敏公对朝鲜问题主张必须由中国管辖，或更郡县之，不能任其自主独立，但为徐用议所阻，未能实行。遂据《马格里传》（*The Life of Sir Halliday Macartney*）中曾惠敏致马格里之信及张季直先生传记以证吴言之确。唯郡县之议，乃系自光绪初年后何如璋、张謇等所发，非惠敏创说也。复述及曾氏与李鸿章对外政策之意见不同，以见当时外交家主张之一斑。

总论全书，各文内容除前两篇有所联贯外，其余均系散帙，盖作者主意在于《咸丰辛酉政变纪要》一篇。然其余四篇之价值不后于前者，尤以比较实录诸本，示人以璞，可谓治史之佳例，于记事则求真态度谨严，并提供重要问题以供讨论，亦治清史者所不废矣。

（原载中央图书馆主办《图书月刊》1943 年第三卷第一期）

问题解答二则

问：汉张道陵自称会遍游全国名山，在四川鹤鸣山得道了。这鹤鸣山在四川哪里？

（四川徐立人）

答：高小历史课本第一册所说张道陵（即张陵）的事迹，出于《后汉书·刘焉传》："（张鲁）祖父陵，顺帝时客于蜀，学道鹤鸣山中。"唐李贤《后汉书注》云："山在今益州晋原县西。"（《三国志·魏志》卷八《张鲁传》则言张陵"学道鹄鸣山中"。）

按汉朝时益州蜀郡有江原县，见《后汉书·郡国志》及《华阳国志·蜀志》。江原在北周时改称晋原，即今之崇庆县。鹤鸣山即在今四川崇庆县西北。

（马襄）

（摘自《历史教学》1954 年第 11 期）

问：什么是"会要"？我们有哪些"会要"？其价值如何？

答："会要"是记载典章制度及一些与典章制度有关的事迹的历史书，其主要内容有官制、兵制、田制、赋税、行政区域、刑法、教育以及重要的政治经济措施等，与杜佑著的《通典》和马端临著的《文献通考》相类。所不同的，《通典》和《文献通考》是通叙历代，而会要则都是断代的记述。

最早著作"会要"的是唐朝人苏冕，他把从唐高宗到唐德宗时期（618—804）的资料编撰为《会要》四十卷。到唐宣宗时。杨绍复等又把从唐德宗以后到唐宣宗以前（805—846）的资料编撰为《续会要》四十卷。后来，五代、宋初人王溥又继续编撰从唐宣宗到唐末（847—906）的资料，合以前苏冕、杨绍复等所编，成为《新编唐会要》一百卷，就是流传到现在的《唐会要》。这部书的内容共分五百一十四目，对于唐代典章制度的沿革叙述得很详细，是研究唐代历史的重要典籍。

王溥除著《唐会要》外，又把五代时期的典章制度编撰为《五代会要》三十卷，共分二百七十九目，也是一部很有价值的史书。

在宋代，官修的会要很多，有《庆历国朝会要》《元丰增修五朝会要》《政和重修会要》《乾道续修四朝会要》《乾道中兴会要》《淳熙会要》《嘉泰孝宗会要》《庆元光宗会要》《嘉泰宁宗会要》《嘉定国朝会要》等，总计有二千二百多卷，可惜当时没有刊印流行，以后大多逐渐失传了。明朝修《永乐大典》时，这些书还保存有一部分，遂被收录。到清朝嘉庆十四年，徐松又从《永乐大典》中抄录出来，约五百卷。在二十几年前，徐松所辑录的原稿由当时的北平图书馆影印出来，计二百册，名为《宋会要辑稿》。虽非宋朝官修会要的全貌，但内容已非常丰富，不仅典章制度，还记载着许多关于政治和经济方面的重要情况，大多是在《宋史》里所没有的，为我们研究宋史提供了很多珍贵的资料。

南宋人徐天麟著《西汉会要》七十卷和《东汉会要》四十卷，记载两汉的典章制度。《西汉会要》是将分散在班固《汉书》的纪、传、表、志中有关典章制度的记载，分为十五门，共三百六十七事。《东汉会要》则是以范晔的《后汉书》作为基本材料，又采录了其他东汉史书中的记载，也分为十五门，共三百八十四事。这两部书对于我们检查两汉的史料，有很大的便利。

清朝人著作的会要，依其内容的时代顺序来说，有姚彦渠的《春秋会要》四卷，孙楷的《秦会要》二十六卷（今人徐复有《秦会要订补》），杨晨的《三国会要》二十二卷，龙文彬的《明会要》八十卷等。

会要集中了有关典章制度的材料，分门别类地按时间顺序排列出来，明示其沿革情况，使我们在研究各代的政治、经济、文化、军事等情况时，减少了许多翻检、查阅、排比之劳，得到很大的便利，所以这种书籍也是我们研究历史所不可缺少的。

（马襄）

（摘自《历史教学》1957 年第 7 期）

边学边教，边教边学

　　对于这学期的教课，我起初真是茫然不知所措。因为经过全民整风、全面大跃进之后，不仅过去的教学内容必须进行根本的改革，连教学方式也要大加改变，才能真正提高教学质量，适应新的客观要求。但如何改革呢？还没有现成的方案。我每天都为这件事转脑筋。在系党总支的领导下，通过教研组的讨论并和同学们交换意见之后，决定采用四个环节来进行每一单元的教学，即①启发报告与重点讲授，②自学，③讨论，④总结。这是参考了其他高等院校历史系正在试行的许多方式，又根据我系的具体情况来制定的。但对每个环节如何具体掌握，我还是心中无数。党总支的负责同志鼓励我说：要大胆创造，充分依靠群众，在实践中不断改正错误，就会总结出经验，从而得到正确的方案。在这个思想指导之下，我开始有了方向，准备教学工作。

　　最使我感到负担沉重的是第一环节——启发报告与重点讲授。怎样启发？哪儿是重点？怎样讲授？过去我在资产阶级唯心史观的支配之下，不能抓住历史本质问题，不能说明历史发展的规律。现在进行教学，首先要对过去的错误路线进行斗争，才有可能提高教学质量，为无产阶级的政治服务。然而，这不是说说就算了的，也不是说了就能立刻做到的，必须在每一个历史问题上，对资产阶级的立场、观点、方法展开无情的批判。例如我过去教课时以封建王传为中心，结果是朝代兴亡、帝王将相，讲不出历史发展的真实情况；现在必须揭示历史发展的规律，可是朝代兴亡的观念在我脑子里还有严重的影响，这就非经常进行思想斗争不可，又如我过去往往把劳动人民推动历史前进的功绩，错误地归之于封建统治阶级的政策或人物，现在就必须进行严厉的批判。其他关于经济基础和上层建筑的许多问题，都要对过去的错误观点仔细检查批判。这也不是一下子就能做好的，必须重新学习，不断进行两条道路的斗争，才能跳出唯心史观的泥坑，看到历史的本质。

　　对于自学和讨论这两个环节，我们过去是很不重视的，以致造成同学上课记笔记、考试背笔记、学习既不深入也不巩固的弊病。现在我们感觉自学和讨论是保证同学学好的关键，绝对不能忽视。而且在这两个环节中，尤其是讨论，除了同学的主动力量外，教师也必须发挥作用，不能像过去那样漠然不管，或只做形式上的布置。

如何做总结？还是直到现在我们没有十分明确的问题。据我目前的理解，是应当全面地总结这一单元的成绩和缺点，以推动下一单元的进展，促进教学质量的不断提高。不知道对不对？需大家共同讨论。

现在，我们虽然已经进行完了第一单元的教学环节，但只是初步的摸索、试验，还没有通过同学们大鸣大放、全面地检查错误和缺点。据我自己的初步检查，我在第一单元的教学工作是远远不能符合应有的要求的，如在启发报告与重点讲授中对历史的本质问题没有深刻分析或根本没有分析，所讲授的是不是重点也成问题；在讨论前没有和同学（组长）研究讨论的题目和应注意的问题；做总结时也只偏重于对讨论中所提出和争论的问题做了些解答、谈了些个人的意见。其他的严重缺点当然还有许多，等全面检查出来之后，必须立即切实改进。

不过，就在这初步的摸索、试验中，我对新的教学内容和教学方式已由茫然不知所措而感觉有门径可寻了。我相信，只要在党的领导下在群众帮助下，边学边教，边教边学，不断改正错误，就会逐渐提高教学质量，根本扭转过去所走的资本主义教学路线，走向社会主义的教学路线。

（原载《人民南开》1959 年 1 月 8 日）

杨翼骧自传

　　乔治忠按：2002 年末，先生将《中国史学史》手稿全部交我，其中夹带此《自传》稿，乃手写于稿纸之上，共两份，皆为未完成之作。一份修改、勾画之处甚多，应为最初草稿；另一份较为整齐，但仍有修改之处。后请杨柳女士（先生之孙女）将《自传》稿录入电脑，并且经过综合整理，遂附录于《杨翼骧先生中国史学史手稿存真》出版。

　　先生此稿未曾注明撰写时间，但其中有"……张含英先生是山东曹州府人，当时任黄河水利委员会秘书长，他详细讲了黄河的水质、为患的原因、河患的危害、河患的历史、治理水患的方法等，深入浅出，生动感人。因黄河与山东人民的利害关系密切，不仅增长了我们的知识，而且引起了对黄河的极大关心。张先生在新中国成立后任水利部副部长多年，今年已九十七岁高龄，但身体仍很健康。几个月前我曾在电视上见到他的讲话的形态，精神矍铄、蓄留长髯、慷慨激昂、声若洪钟"一段叙述，经查，张含英生于 1900 年 5 月 10 日，此处言张含英先生已 97 岁，时间自当是 1997 年，是年先生正好 80 寿辰，众弟子为先生组织了庆祝活动。

　　但文末先生又言"我已年逾古稀，正向耄耋迈进"，似为更早几年所撰。综合推测，本篇自传似应撰于 1987 年之后，1997 年仅在个别段落有所补充、修改，而仍未撰成定稿。

　　杨翼骧，1918 年 8 月 15 日（旧历七月初九日）出生于山东省济宁市金乡县的一个教师之家。我的祖父杨锡敏，字励甫，是私塾教师。父亲杨纬坤字经元，大伯父杨华坤字止畿，二伯父杨炳坤字汉章，叔父杨化坤字赞元，都是中学教师。

　　我的启蒙老师是我的祖父。在我四岁的时候，祖父开始教我识字、读书。从人、手、刀、尺……等单字学起，其后又陆续读《三字经》《百家姓》《千字文》《唐诗三百首》《诗经》。每教完一段，就叫我反复朗读，直到能完全背诵了，再教下一段。祖父教私塾时，对学生很严厉，学生不能背诵或不守规矩，就要挨打。后来年老不教私塾了，便在家教自己的孙子，仍很严厉，我的两个堂兄（一名杨翼辰，字德如，后改名一辰；一名杨翼心，字希文，后以字行）跟祖父念书时，也经常挨打。但到了教我的时候，祖父已年近古稀，身体衰弱了，脾气也变好了，从来不打我，而且当我背诵得好时，还赏给零食吃，带我出去玩。后来两个堂兄谈及此事，都很羡慕我。

我到了六岁的时候，该上小学了。那时我父亲在山东省立第一师范学校教书，祖父便带我去济南，到第一师范附属小学读书。在我上学的第一天，祖父亲自送我进入校门后，就离开济南回家乡去了。

我自上小学后，便由父亲管教了。父亲对我非常严厉，我每天下午放学后必须回家用毛笔练习五张大楷，每张十六字，如回家晚了或者写不完、写不好，就要挨打。每逢寒暑假期，父亲上午教我读古书和古文，下午练字，先后读了《论语》《孟子》《大学》《中庸》《左传》《古文观止》《幼学琼林》等，每讲一段或一篇，都要背诵，背不完全就挨骂或挨打。别的同学都盼着放寒暑假，可以痛痛快快地玩，而我却害怕放假，经常挨骂挨打，反而不如在学校上课时自由愉快。这时祖父已去世，我回想起跟祖父读书时不但不挨骂挨打，还常常得到好吃的糖果，脑子里便出现了祖父慈祥温和的音容笑貌，不禁流下怀念的眼泪。

1928 年初，当我读完小学五年级上学期的时候，国民党北伐军前锋已进入山东境内，当时盛传日本侵略军将出兵济南，以阻止北伐军北上。为了躲避战争的灾难，有两位同乡介绍我父亲到青岛工作，于是全家移居青岛，我在北京路小学五年级下学期插班读书。果然，日本侵略军在这年五月三日制造了"济南惨案"。直到年底，日军还控制着济南的局面，而且要向青岛扩张势力。所幸当时胶济铁路和津浦铁路依然畅通，我们又再次避难由青岛回到金乡老家。

1929 年上半年，我在金乡县立第二高小插班读六年级下学期，夏天毕业。暑假后考入金乡新成立的里仁初级中学。过了一年，里仁初中因经费困难而停办，遂到济南转入育英初中读书。1933 年育英初中毕业，考入山东省立济南高级中学（简称济南高中）。

我自从初中一年级到高中三年级，都是住在学校，因而接触了很多来自山东各县的同学，结识了一些要好的朋友。当我读到初中二年级的时候，因受同寝室的一位酷爱新文学的同学的影响，开始阅读新文学作品。这位同学读过不少新文学的书籍和文章，常向我介绍著名作家鲁迅、郭沫若、郁达夫、茅盾、巴金、老舍等人作品的特点，讲述当时文坛的情况，使我对新文学发生了很大的兴趣。平时每天都用大部分课余时间看新文学作品，星期日要看一整天。到了初中三年级的时候，另有几位同学组织了个"小小文艺社"，每月出一次《小小文艺》壁报，我写过几篇稿，渐渐和他们熟识了，常在一起交谈，使我对新文学的兴趣更加浓厚。

我考入高中后，虽然功课比较繁重，但对新文学的兴趣有增无减。当时济南有两份省办的报纸，一是《山东民国时报》，一是《山东日报》，两报都有文艺副刊。我看了副刊上的文章后，便萌发了投稿的念头。有一天，我用笔名向《山东民国时报》投了一篇散文稿，过了半个月，还没有刊出，我以为没有希望了，可又过了几天，忽然就登载出来了。第一次看见自己手写的文稿用铅字排印在报上，那高兴劲儿真是前所未有，难以形容。后来我又数次向两报的文艺副刊投稿，登载了几篇散文和几首新诗。有一次，《山东日报》的文艺副刊举办新诗竞赛，我写了一首三十多行的新诗参赛，揭晓后居然列在第三名，而第一、二名都是当时在济南文坛上有名作家。我这时心里有些飘飘然了，忽发奇想：将来要当作家。我把这个想法告诉了一位很要好的同学，不料他却给我泼冷水。他说："当作家必须能写长篇小说，你不会写长篇小说，就当不了作家。况且你没有什么大的文学天才，在'报屁股'（对报纸副刊的称呼）上发表点儿小作品还凑合，要想当全国知名的作家，你一辈子也当不成。"我当时听了他的话黯然神伤，但因一向佩服他的见识，仔细想想，也觉得他说得对。我那时刚刚进入高中三年级，本打算毕业后报考大学中文系，听了他的话后，我原来的打算便动摇了，既当不了作家，又何必考中文系呢？

济南高中在山东是一所有名的学校，革命作家胡也频，进步学者楚图南都曾在此任教。自1932年宋还吾先生担任校长之后，大力聘请良师任教，师资力量更强了。在我入学后的三年（1933—1936）里，任教的老师先后有数学老师缪蕴辉，英文老师张友松、顾绶昌、卞之琳，国文老师李俊民（李守章）、陈翔鹤、王冶秋、李何林、季羡林，化学老师蒋程九，物理老师周铭西，历史老师王祝晨、许衍梁，地理老师祁蕴璞、阎味辛、段耀林（苏庄）、张子桢（维翰），体育老师张茂林等，他们后来大都成为大学教授，有的则是国内外著名的专家、学者。

此外，宋校长还邀请一些全国著名的专家、学者到校做学术讲演，以激励我们求学上进的意志。其中给我印象最深的一次是水利专家张含英先生讲黄河的水患，陶希圣先生讲中国历史的特点等。张含英先生是山东曹州府人，当时任黄河水利委员会秘书长，他详细讲了黄河的水质、为患的原因、河患的危害、河患的历史、治理水患的方法等，深入浅出，生动感人。因黄河与山东人民的利害关系密切，不仅增长了我们的知识，而且引起了对黄河的极大关心。张先生在新中国成立后任水利部副部长多年，今年已九十七岁高龄，但身体仍很健康。几个月前我曾在电视上见到他的讲话的形态，精神矍铄、蓄留长髯、慷慨激昂、声若洪钟。想不到近百岁的老翁，尚有如此雄姿。

1936 年夏天，我在山东省立济南高中毕业后，考入北京大学史学系，成为名牌大学的学生，心里自然异常高兴！完全断绝了当作家的幻想，也不再向"报屁股"投稿了。但是爱好文学的兴趣仍旧存在，只要有新出的名著，我还是一读为快。

1937 年 7 月 7 日，当我读完大学一年级，刚放暑假时，日本帝国主义发动了卢沟桥事变，开始大举侵略中国，我国的抗日战争开始了。此后不久，北平、天津相继沦陷。北京大学、清华大学、南开大学三校南迁，在湖南长沙联合成立了长沙临时大学。我于 9 月间在家乡接到通知去长沙报到入学。但这时山东局势已告危急，我的父亲是中学教师，学校停办，教师已领不到薪金，平时也没有什么积蓄，实在无钱供给我到南方上学，故未能按时去长沙报到。过了几个月，我决心不顾一切困难去长沙复学。在亲友的帮助下，经过许多艰难曲折，才于 1938 年 2 月抵达武汉。到了武汉之后，始知北大、清华、南开三校已离开长沙，迁往云南昆明，成立西南联合大学。这个消息使我大失所望，顿时陷入困境。去长沙已无用了，只好暂留武汉。

当时要想去昆明复学，只有两条道路。一是由湖南经过贵州进入云南，但这条道既无铁路，又无公路，不能乘车，只能步行。长沙临时大学的师生去昆明，是有组织地结队步行的，有专人负责拉运行李，我一个人背着行李走这条道，是绝对不可能的。一是由武汉乘火车经过长沙、衡阳到广西桂林，再乘公路汽车经柳州、南宁、凭祥进入越南国境，由河内乘滇越铁路火车到达云南昆明。我要去复学，只能走这条道了。但是，我毫无办法一次筹措到这条道的路费。我初到南方，人生地疏，在武汉待了十几天之后，口袋里只剩几元钱，眼看生活已成问题。幸亏我的一位表兄也从山东流亡到武汉，他身上的钱虽不多，但还可挤出一点儿来帮助解决我的吃饭和住宿问题。后来武汉局势危急，表兄离去，我在另一好友的帮助下，先到湖南长沙住了几个月，后又经过衡阳到达广西桂林。

在桂林，忽然遇到了一位中学时期的老同学，他与我是同乡，而且有亲戚关系。真是"他乡遇故知"，格外高兴。但这时他也是处于穷困的境地，只能陪我游览山水名胜，得到精神上的快慰，不能给我经济上的帮助。不过，他告诉了一些老同学、亲戚、朋友的消息和地址，扩大了我的联系面，对我很有利。大约过了一个月，我得知表兄在柳州找到一份工作，便决定到柳州去。

那时从桂林到柳州，虽然有公路，但长途汽车每天只开一次，售票仅三十张左右，而每天等候乘车的至少有一千人，买票时又毫无秩序，拥挤不堪。我去了两次，挤不到售票窗口，票就卖完了。我无法买到票，只好沿途步行。前往柳州，步行需要七天，我只背着一条被子、几件衣服和一些必需品上路，其他东西都交给那位老同学了。走了三天到了阳朔，我的脚已经磨了十几个大泡，疼痛难忍，实在走不动了。正在愁苦之际，便在公路旁休息，忽然看见一个熟人，赶紧去打招呼，他从前是我父亲的学生，当时在中央研究院社会经济研究所工作，我向他说明了我的情况，他很热情，留我在阳朔暂住，说过几天他们研究所有卡车运书到柳州，让我随车前往。我大喜过望，便在阳朔住下。过了两天，我脚上的泡消失，能够走路了，便再次到"桂林山水甲天下，阳朔山水甲桂林"的胜地，饱览秀丽的风景，享受了意外的乐趣。

我终于乘车到了柳州，暂时安顿下来。然而不到两个月，我表兄的工作单位奉命转移到重庆，我不能再住在柳州，必须另谋出路，便写信向亲友求援。当时手中只有几元钱，生活濒临绝境，而求援的信又不知何时才有回音，每天只能花一毛钱，在忍饥挨饿中盼望得救，如果这几元钱花完，我就要沦为乞丐了。当时亲友们的生活都已非常拮据，不能再资助我了。幸好，天无绝人之路。一位好友的哥哥在南宁湘桂铁路工程局任职，承他热心帮忙，1938年12月，介绍我到湘桂铁路第三工程总段任抄写员，月薪二十四元，于是，我的生活就暂时安顿下来了。

湘桂铁路第三工程总段设在距南宁一百多公里的崇善县，有一个县立的图书馆，借书很方便。我的工作是抄写公文，因公文不多，白天上班的大部分时间都在阅读史书，晚上便可用全部时间读书，每天可读书八至十小时。就这样度过了八个月的平静生活。

到了1939年8月下旬，应该到昆明西南联合大学去复学了，但路费还差得很多，又为之发愁陷入困难之中。我的月薪是二十四元，可是在崇善的伙食费很高，每月要付十七元，再加上日常生活必需品的支出，我虽极力节省，每月所剩也不过四元左右，这时我手中只有三十多元。因为我要在9月初启程，优惠发给我9月份的薪金，加起来也只有五十多元。从崇善出发，经凭祥进入越南河内乘滇越铁路的火车到达昆明，共需一百元左右，而我手中路费还差五十元，异常焦急。幸亏好心的总段长翟维泮先生知道我的困难后，慷慨捐赠五十元，才使我得以启程，这真是雪中送炭，令我感激不已。

1939 年 9 月 8 日，我终于在失学两年之后抵达昆明，在西南联合大学报到复学了。见到了阔别两年的北大的老师和同学，不胜欢乐！可是，新的生活问题也出现了。那是学校对家在沦陷区的学生发"贷金"，但不直接拨发到学生手里，而是用于在食堂吃饭。吃饭时八个人一桌，四小碗菜，因菜量少，很快就被吃光了，而且米饭里有不少的稗子和砂子，要挑拣出去才能吃，所以每顿饭总是吃不饱，饭后不过两小时就又饿了。有钱的同学可在校外的小饭馆里补充些食物，我没有钱只好忍受饥饿，经常听到自己腹内辘辘之声。此外，我没有钱，买不起鞋袜之类的生活必需品，总是穿着一双"空前绝后、脚踏实地"的鞋。"空前"，是前面露着脚趾；"绝后"，是后面露着脚跟；"脚踏实地"是鞋底破了洞，脚肉直接踩着地面。幸好一位在成都工作的亲戚知道我的情况后，每月给我五元钱以资零用。他是一个普通职员，每月收入有限，这五元钱是他省吃俭用挤出来的，实令我感激不尽。但到了下一年，物价大涨，他已自顾不暇，也无力再接济我了。

二年级总算勉强读完了，到了三年级，因毫无经济来源，只得寻找课外的工作以维持生活，或做家庭教师，或在中学兼课。但当读完三年级时，又出现了严重的危机。那时日本飞机频繁轰炸昆明，为避免灾难，各中学都迁往外县，许多家庭逃居异地，我既不能在中学兼课，也不能做家庭教师了。眼看过了暑假就要读四年级了，而生活费却无着落，怎能完成学业呢？如因此辍学，岂不前功尽弃！暑假一开始，我就焦急万分，每天设法寻找工作。但找工作又谈何容易，我所认识的人都没有这个能力，只有辗转托人。一个月过去了，毫无结果。正当绝望之时，忽然有一位在重庆工作的原山东省立第一中学校长孙维岳先生来昆明办事，知道我的情况后就尽力为我探询，总算幸运，竟然通过一位在某机关任科长的山东同乡张彻千的介绍，给我找到了一个会计员（实际是记账员）的工作。因那时日本飞机进行轰炸，都在早晨到中午，这个机关的办公时间便定在下午三时到六时。暑假后我上午在校上课和准备毕业论文，下午去上班。会计员的薪金虽然不多，但我省吃俭用，每月都可有些剩余。到了 1942 年 3 月，我必须全力撰写毕业论文，而且半年多的积蓄已够我维持到毕业的生活费用，便辞去了会计员的工作。

1942 年 7 月，我终于完成学业了。当我拿到大学毕业证并获得学士学位的证书后，回顾几年来的艰辛坎坷，不禁激动得流出眼泪，长叹一声：好不容易啊！

西南联合大学的师生，大多数都过着清苦穷困的生活。但因是在抗日战争期间，大家同仇敌忾，奋发激励，在艰苦的环境里孜孜不倦地从事教学和研究工作，充满了爱国的朝气和良好的学风，发扬民族自强精神，取得了优异的成绩，树立了中国教育史上的一座丰碑。著名文学家林语堂来校讲演时，一开始就对师生们赞叹说："你们的生活不得了，你们的精神了不得！"

回忆在昆明西南联大读书时的情景，已过了五十多年，但印象还是非常深刻。在当今伟大的新时代，政治安定，社会繁荣，生活条件逐渐优裕，远非那时的艰苦环境可比，但那时艰苦奋斗的精神，还应时时激励着我们不断前进，取得更大的成就。

我自 1938 年南下，辗转中南、西南各地，历经艰难困苦，多次贫病交加，长期忍饥挨饿，当我步行离开桂林时，因不能多背行李，把原有的一床褥子丢弃了，只有一条被子。直到西南联大毕业都是冬天在床上铺稻草，夏天把稻草撤掉，睡硬板床。大学毕业后，才添置了褥子，不再穿"空前绝后"的鞋。但长期挨饿的痛苦经历一直牢记心中，使我降低吃穿的物质要求，只要能过上温饱的生活就知足了。

我自大学毕业后，历任西南联大历史系助教、北京大学史学系助教、讲师，南开大学历史系副教授、教授，兼南开大学古籍整理研究所所长、南开大学学术委员会委员。现任南开大学历史系教授，史学史专业博士生导师。

我于 1936 年考入北京大学史学系之后，在一年级的几门必修课中，有赵万里先生讲授的中国史料目录学，姚从吾先生讲授的历史研究法。因在中学里没有这类的课，听起来觉得很新鲜，也很感兴趣。自 1939 年 1 月，在广西崇善阅读了梁启超先生的一些史学论著，特别是读了《中国历史研究法》及其《补编》之后，便对中国史学史这一学科发生了浓厚的兴趣，专心阅读这方面的书籍。自 1939 年 9 月到昆明西南联大历史系复学之后，除上课外，大部分时间都在阅读有关中国史学史的书籍。因在梁著《中国历史研究法》第二章《过去之中国史学界》中，有"两晋六朝百学芜秽，而治史者独盛，在晋尤著。……而我国史学界亦以晋为全盛时代"的话，我便试写了《晋代之史学》一文。

1940 年，姚从吾教授首次在西南联大历史系讲授中国史学史课，我也是首次听这门课。在听了第一堂课之后，我便将《晋代之史学》一文交给姚先生审阅。过了几天，姚先生把文稿退给我，并对我说："现在研究中国史学史的人很少，你既有兴趣，很好，以后要继续学下去了，多读书，不断积累材料，增长知识，进行研究。"姚先生的教导对我后来坚持学习和研究中国史学史，起了很大的促进作用。

1945 年抗日战争胜利之后，西南联大在昆明继续上课，到 1946 年夏天，三校联合的局面结束，分别复员到北平、天津。我随北大回到了阔别九年的北平，仍以中国史学史为学习和研究的重点。1947—1948 年间，我陆续在《经世日报·读书月刊》发表了《司马迁记事求真的方法与精神》《班固的史才》《三国时代的史学》等文。在北京大学讲授中国史学史课程的姚从吾教授，后来调往河南大学任校长，这门课就安排郑天挺教授主讲，而郑先生推荐我讲课，我未敢应承，因为在北大，这种专业选修课都是教授主讲。再后来，是向达先生的鼎力推荐，我才开始任课，但仍然担心选修人少，结果还不错，于是提高了信心，治学也可以走上自己的专业道路了。

1949 年 1 月北平解放，这年暑假后，我在北大史学系教中国史学史课。随后讲授内容有所调整和扩充，时段从上古一直到新中国成立前，分古代和近现代两大部分。古代分八章，每章之后介绍同时期西方史学的情况，并且做出比较；近现代分资产阶级史学、马克思主义史学二章，前者从梁启超开始，后者从李大钊开始，都是讲到新中国成立前。

在 20 世纪 50 年代，我学习马克思主义理论，并将之运用到历史教学和研究中去，参与了史学界的一些学术讨论。例如关于项羽是不是秦末农民起义领袖的问题，史学界有些同志颇为怀疑，认为项羽出身于旧楚国的贵族，怎能称他为农民起义领袖呢？我根据多年来对史实的分析研究，发表了《为甚么项羽是农民起义领袖》一文（刊载于《历史教学》月刊 1954 年 5 月期），认为项羽虽然出身于旧贵族，但他响应了陈胜、吴广发动并领导的农民起义，积极进行反抗秦朝残暴统治的斗争，领导农民起义军消灭了秦朝的主力军，在推翻秦朝、完成农民起义军的历史任务中有重大功绩，代表了农民阶级的政治利益，应是秦末农民起义领袖之一。此文引起史学界的普遍重视，导致了一场热烈的学术讨论。又如在中国古代史分期问题的讨论中，史学界对汉代的社会性质有两种不同的看法，一说认为是封建制社会，一说认为是奴隶制社会。1956 年 3 月，我发表了《关于汉代的奴隶问题》一文（刊载于《南开大学学报》1956 年第 2 期），从汉代奴隶的名称、俘虏与奴隶的关系、奴隶在社会生产中的地位、奴隶的法律地位、奴隶的数量等五个方面的情况，分析阐明了奴隶在汉代已不是主要的生产劳动者，得出汉代不是奴隶制社会的结论。又如 1959 年在全国开展了对曹操评价问题的讨论，我发表了《曹操打乌桓是反侵略吗》一文（署名木羽，刊载于《天津日报》1959 年 5 月 11 日，后被收入三联书店 1960 年 1 月出版的

《曹操论集》一书），针对史学界普遍认为曹操攻打乌桓是反侵略性质的战争的说法，明确地提出驳议，指出：1. 乌桓在东汉末年已是接受东汉统治的少数民族，不是外族；2. 三郡乌桓曾经反抗过东汉政府的压迫，参与过东汉统治阶级内部战争，但没有进行侵略，不是侵略内地的外患；3. 曹操攻打乌桓是为了消灭他的劲敌袁氏势力，是统治阶级内战的一部分，不具有反侵略性质；4. 曹操攻打乌桓的客观作用并非稳固了边境的安宁，消除了外患，而是扩大和巩固他在北方的统治；5. 曹操攻打乌桓使这个少数民族遭受摧残，有害于乌桓人民经济与文化的发展。我的意见是：总起来看，曹操在历史上是起了进步作用的，但不能把曹操的一举一动都说成正义的行为，具体问题要具体分析，把曹操打乌桓说成是反侵略的正义行动是错误的。

在 20 世纪 50 年代，我除了参加学术讨论、发表了几篇文章外，还出版了《秦汉史纲要》一书（上海新知识出版社 1956 年 3 月出版，上海人民出版社 1957 年 11 月重印）。

抗日战争以前，我只是一个单纯、幼稚的学生，没有社会知识，不懂为人处世之道。抗日战争以后，我涉身世间波浪，几经沉浮，屡尝苦水，始知生存之艰难，做人之不易。所以抗日战争是我一生的转折点，从而感悟到：青年遭受一些困厄，是幸运而非倒霉。时光如流水，半个多世纪倏然而过，我已年逾古稀，正向耄耋迈进。体弱脑衰，文笔笨拙，一生碌碌无成，乏善可陈，谨略述如上，聊以充数而已。

（原载《杨翼骧中国史学史手稿存真·附录》，国家图书馆出版社 2013 年出版）

历史系中国史学史博士点情况介绍

（1989 年 4 月）

一、指导力量

指导教师：杨翼骧教授

指导小组及学术梯队：刘泽华教授、冯尔康教授、王连升副教授、叶振华讲师

二、科研工作

1. 课题内容

本博士点进行中国史学理论发展史的课题研究。这一课题是研究中国史学理论的产生、演变及其与史学实践、社会生活的相互关系问题，其内容包括以下几个方面：①对历史学的地位和功用的理论认识。例如古代关于历史学褒善贬恶、以史为鉴和史学资治的论述，近代关于历史学开启民智和发扬爱国主义的论述等等。②对历史家的素质和撰史态度的理论认识。例如关于史学家必须兼备才、学、识三长，必须正心术、有史德，必须直书、实录等论述。③史学方法论。如史书应记载哪些内容的论述、各种史书编纂体例的比较的论述、通史与断代史的优劣问题的论述、史料与史学的关系的论述等涉及历史研究方法和史书编写方法的理论。④直接对史书编纂起到较大影响的历史观点。如天人感应论、正统论等。⑤对史学活动的组织原则和史学总体结构的设想和评论。例如对官修与私修利弊的分析、对全部史学工作如何相互配合的论述等等。⑥对史学发展状况的反思，即对以往史学发展的理论性概括和总结。这里不是指对以往史学状况的简单叙述和描绘，而是要有评论，并且这种评论不局限于对单一对象的优劣判断，而涉及上述史学功用、史家素质和史学方法的原则问题，

或者对以往史学发展有宏观性的理论概括。⑦上述内容与史学实践和社会生活的相互关系。

本课题总的时间断限，是自上古直至1949年新中国成立前夕。由于中国近代史学理论的状况与古代有很大的差别，本课题拟将中国史学理论的发展分为古代史学理论及近代史学理论两大阶段。

2. 本课题的学术价值和社会意义

中国史学发展有悠久的历史，不仅有浩繁的历史著作，也有丰富的史学理论。但是，很多外国学者都认为中国的史学理论十分贫乏，无足称道。这是一个误解，却也与我国史学理论方面的资料比较分散、长期以来对史学理论发展史缺乏研究有关。迄今为止，还没有一部系统的中国史学理论发展史的著作。在多种中国史学史的专著中，史学理论史的内容仍占较小的比例，资料收集得既不充足，抽象概括也不精深。因此，进行深入、全面的中国史学理论史的研究，对于整理我国史学遗产、正确认识中国史学的发展，有很重要的意义，其研究成果将改变世界各国学术界对中国传统史学及中国固有文化的看法，具有很高的学术价值。

当前，史学界很重视史学理论的探讨，认为这是摆脱所谓"史学危机"，使史学获得新发展的关键。而进行史学理论的探讨，不能离开对史学理论发展史的清理和研究。因为史学理论史的研究，可以使当前的史学理论探讨少走弯路、获得借鉴，从而更具备系统性。所以，对史学理论发展史的研究，对于建设当前新的史学理论、促进史学的发展很有重要的作用。尤其是近代中国的史学理论，丰富多彩，对史学的发展起到很大的推动作用，研究近代中国史学理论发展的历史过程，不仅对全面认识中国文化状况有重大意义，并且可以直接作为当今文化建设工作的参考和借鉴，也具有现实意义。

3. 科研工作的步骤

本课题的科研工作分三个步骤进行。第一，编写《中国近代史学理论要籍介绍》一书，将1911年以后在中国出现的中文史学理论著述（包括译成中文的外语著作），择要予以介绍。通过这项工作，使本课题的参加者对中国近代史学理论的状况有一个大概的了解，并初步准备了一些资料。第二，编纂《中国古代史学理论资料集》。通过这项工作，使本课题的参加者对中国古代史学理论的资料有比较全面的掌握，并形成一些初步的认识。第三，在前两项工作的基础上，撰写《中国史学理论发展史》的专著，在撰写过程中，还要加强对近代时期有关资料的收集和整理。

本课题由国家教委拨款人民币八千元，作为研究经费。

三、为研究生开设的课程

基础课——中国历史文献学、中国史学理论研究。（任选一种）

专题课——中国史官制度研究、《史通》研究、《文史通义》研究、中外史学比较研究。（任选二种）

四、指导教师简介

杨翼骧教授 1918 年生于山东省金乡县。1936 年在山东省立济南高级中学毕业后，考入北京大学史学系。1937 年抗日战争爆发后，北京大学、清华大学与南开大学被迫向西南转移，在云南昆明组成西南联合大学。当时杨翼骧正因事还乡，由于战火纷飞，交通阻隔，未能及时得知学校的情况，以致辍学两年。经过辗转奔波，直至 1939 年 9 月才到达昆明，在西南联合大学历史系复学。1942 年毕业后，历任西南联合大学、北京大学史学系助教、讲师，南开大学历史系副教授、教授。现任南开大学历史系教授兼南开大学古籍整理研究所所长。

杨翼骧教授对中国史学史有精深的研究，是目前我国史学史专业仅有的三名博士研究生导师之一。

杨翼骧教授 1954 年至 1956 年发表《为什么项羽是农民起义领袖》《关于汉代奴隶的几个问题》等论文，他应用马克思主义历史观分析具体的历史问题，提出一些独到的见解，参与史学界的讨论。1956 年 3 月他编著的《秦汉史纲要》一书出版（上海人民出版社），是新中国成立后全国最早出版的秦汉史教材之一，被各高等院校历史系所采用。1958 年编写了《战国秦汉史通俗讲话》一书（署名马襄，北京通俗读物出版社出版），为普及历史知识尽了一份力。1959 年 5 月发表《曹操打乌桓是反侵略吗》一文（署名木羽），参加关于曹操问题的讨论，对当时史学名家的观点提出驳议，受到史学界重视，并被收入 1960 年三联书店出版的《曹操论集》中。"文化大革命"以后，杨翼骧教授为南开大学历史系集体编写的《中国古代史》（人民出版社 1979 年出版）撰写了两晋南北朝部分。

在史学史方面，杨翼骧教授于新中国成立前即已进行研究，曾发表《司马迁记事求真的方法和精神》《班固的史才》《三国时代的史学》等论文。新中国成立后，发表了《三国两晋史学编年》《南北朝史学编年》《中国史学的起源与奴隶社会的史学》《裴松之与三国志注》《刘知幾与史通》等一系列学术论文，在史学界很有影响。他根据考古学的发现和古籍的记载，指出，中国史学起源于殷商时代，经西周至春秋时期即普遍形成时间分明的编年史，并树立了尊史的观念，史学由官府控制逐渐推广于一般知识分子，这是中国古代史学得以进一步发展的良好基础。这个学术见解十分中肯，已为国内学术界所接受。在《裴松之与三国志注》一文中，他科学地评价了南朝宋历史学家裴松之的史学贡献，指出，裴松之开创了为史书作注的新方法，不仅解释音义、名物、地理和典故，还补充事实、列举异同、考辨真伪、发表评论，《三国志注》表现了裴松之维护史实的高度热情和憎恨虚妄的斗争精神。在史学史方面，杨翼骧教授的许多学术见解平允、中肯、实事求是，有较高的学术价值。他的三篇论文被收入《中国史学史论集》（上海人民出版社 1980 年 1 月出版）。关于裴松之的论文 1985 年又被收入《中国史学家评传》一书（中州古籍出版社出版）。

杨翼骧教授在史学史研究中，还注重专业的发展，用大量精力编著工具书、资料书。他主编的《中国历史大辞典·史学史卷》（古代部分）1983 年由上海辞书出版社出版，这是多卷本《中国历史大辞典》最先成书的一种。书一发行，立即引起国内外学术界注目，日本报刊、中国香港及内地报刊陆续载文予以评论，认为该书具有科学性、知识性、系统性、实用性等优点，是我国"史学界开创性的可喜成果"（见《史学史研究》1984 年第 3 期）。1987 年 3 月，他编写的《中国史学史资料编年》（第一册）由南开大学出版社出版，这部资料书将先秦至五代的有关史学史原始资料按年代的顺序编排，并加有精练的按语，成为兼备学术性、资料性与工具性的著述，《光明日报》《史学史研究》等报刊发表书评予以赞扬，认为此书"可作为中国史学史学习和研究的先导工具书，对启发后学深入学习和研讨颇有裨益"，是一部"首创性的具有为后人修桥铺路性质的书"。这两部著述将对史学史研究的发展起到长远的促进作用。

杨翼骧教授治学态度严谨，工作认真负责，尤其在主编《中国历史大辞典·史学史卷》（古代部分）时，逐个词条审阅修改，反复斟酌。正如他在《应当继承司马光认真负责的精神》（见《司马光与资治通鉴》一书，吉林文史出版社 1986 年出版）一文所说的，要学习司马光主编《资治通鉴》时亲自动手的认真负责精神，才能提高史著的质量。

在教学工作中，杨翼骧教授同样一丝不苟，认真负责。他先后在北京大学、南开大学讲授过中国通史、中国史学史、秦汉魏晋南北朝史、秦汉史专题研究、中国历史文选、史学名著选读、中国史学史专题研究等多种课程，他讲课条理清晰，论点明确，解说生动，时常表达自己独到的见解，给听课者以深刻的印象，教学效果很好，深受学生的欢迎，获得一致的佳评。20 世纪 60 年代和 1978 年以来，他培养过多名硕士研究生，分配到高等院校或科研机构从事教学或科研工作。1986 年起，他又担起了培养博士研究生的重任。

目前，杨翼骧教授虽年逾古稀，体弱多病，仍认真地编写《中国史学史资料编年》的后续各册，修改《中国史学史》书稿，努力为历史学的发展做出新的贡献。

（此件乃应照南开大学研究生院要求撰写的上报材料，乔治忠起草，杨翼骧先生修改定稿）

附录：

4月15号上交研究生院

关于编印《南开大学博士学位授权专业介绍》的通知

系所　　　　专业

杨翼骧先生：

为了扩大学术交流，做好合作培养研究生的工作，研究生院拟编印《南开大学博士学位授权专业介绍》（中、英对照本），请各点要求组织有关人员撰文（并附打印的英文译文），于四月十五日前交研究生培养处。要求内容如下：

一、博士点指导力量情况：教授、副教授、讲师，毕业研究生，知识结构和学术梯队等；

二、博士点项有物质条件（包括仪器设备、图书资料、经费情况等），科研方向，在哪些领域开展研究工作，有什么突出的成果，其经济效益，学术价值或社会意义如何。

三、为研究生开设的课程

四、博士研究生指导老师简介（可用《天津社联学刊》上登的学者介绍或作适当修改，字数限在两千字左右），内容包括：

1·生平简介；

2·主要科研成果，论文和著作，并举出有代表性的说明其学术价值或实际意义及目前正在开展的工作；

3、治学态度，治学方法；

4·教书育人的情况。

由以上内容组成的材料，字数限在四千字左右。

研究生院　　一九八九年三月五日

《贾谊集校注》序

《贾谊集校注》是吴云、李春台二位同志对贾谊著作的校勘、标点和注释，包括《新书》中的五十六篇散文，及分见于《史记》《汉书》《古文苑》《楚辞章句》中的五篇赋。

贾谊是西汉初期杰出的青年政论家和文学家，他的政治见解和议论，曾受到历代学者的高度赞誉。如汉刘向称他"通达国体，虽古之伊、管未能远过"；宋苏轼称他为"王者之佐"；明李梦阳称他"善据事实，学识要奥"，"盖管、晏之俦"。他虽然只活了三十三岁，却写出了许多卓越的文章，对当时和后世都产生过重大的影响，是一份宝贵的文化遗产。

对于贾谊的著作，过去虽有一些学者进行了校勘，也有人加了标点，但绝大部分的文章还无人作过注释。吴、李二同志对贾谊著作研究有素，在掌握丰富资料的基础上，经过两年的辛勤劳动，除校勘和标点外又作全面而详细的注释，对于费解之处采取实事求是的态度，而不强作解人，为阅读贾谊著作者提供了极大的便利。

吴、李二同志对于贾谊的作品，还从内容和表达形式上进行了深入的探讨。在本书的《前言》中，对贾谊的散文和赋做了细致的分析，指出其各方面的特点，并参据历史记载，分析了贾谊的思想，有不少精辟独到的见解，足资研究贾谊学术者参考。

近几年来，在党中央、国务院的领导和支持下，学术界与出版界大力开展古籍整理研究工作，取得了很多可喜的成果。本书的出版，无疑是这方面的一项新贡献。

（原载《贾谊集校注》卷首，中州古籍出版社 1989 年出版；杨翼骧《学忍堂文集》载录，中华书局 2002 年出版）

门内硕士学位论文评

一、叶振华硕士论文评语

本文对刘知幾的直书实录思想的特点、影响极其产生的原因，做了比较详细的论述。由于直书实录是我国自古以来的优良史学传统，也是刘知幾的重要史学思想之一，与史学的发展有密切的关系，所以这是一项在史学史方面有意义的研究工作。

在本文第一部分中，作者认为刘知幾的直书实录思想具有全面系统性与深刻鲜明性两个特点，是持之有据，言之成理的。关于第一个特点全面系统性的论述，指出刘知幾的直书实录思想贯穿于史料学、历史编纂学和历史观点三者之中，并且互相联系，颇有见地，可以看出作者在用心阅读了《史通》全书之后，是下了综合分析的功夫的。关于第二个特点深刻鲜明性的论述，作者从几个方面悉心探讨，并且指出与第一个特点是紧密地交织在一起的，共同构成了刘知幾直书实录思想的整个体系，从而说明刘知幾在这方面的论述超过了前人，为史学史上直书实录思想的发展做出了卓越的贡献，可见作者是在全面掌握材料之后，经过反复研究，才得出这一合理的结论的。

在本文第二部分中，从史学理论和修史实践两方面说明刘知幾直书实录思想的影响，能举出实证，大体得当，特别是对于明朝的胡应麟和清朝的章学诚怎样发挥了刘知幾的思想，有比较细致的分析和自己的见解，可以看出作者在这个问题上是经过比较深入的独立思考的。

在本文第三部分中，论述了刘知幾直书实录思想产生的原因，除主观条件外，更从客观条件上加以探索，指出唐朝君主能以纳谏和实行比较开明的文化政策，是刘知幾直书实录思想产生的重要原因，很有道理，过去很少有人注意及此，这也是本文独到之处。

总之，作者在前人研究成果的基础上，对刘知幾的直书实录思想做了进一步的研究，提出了自己的见解，取得了成绩，因而这篇论文是有学术价值的。

但是，本文也有一些不足之处。如在第一部分中，刘知幾直书实录思想的特点的分析，有的地方还不深入细致，论证不够充分、详尽，有时只简单引用《史通》的文句，而未加自己的分析说明。在第二部分论述刘知幾直书实录思想的理论影响时，所举自唐玄宗以后到南宋以前的论证尚不充分，对郑樵在理论上所受到刘知幾的影响，叙述亦嫌简略，均应再加补充。

另外，在行文上也有逻辑尚欠严密，文字不够简练，遣词用字不当以及引文错误的地方，今后也应加以注意。

评阅人签字：杨翼骧

1981 年 10 月 27 日

二、王天顺硕士论文评语

王天顺的《论欧阳修的〈五代史记〉》这篇论文，是在精读了欧阳修的《五代史记》和博览了有关著作的基础上，通过深入的思考与研究，进行了较长时间的写作，并经反复修改而成的。

作者通过对于《五代史记》的研究，指出该书的两大特点，即贯穿《春秋》褒贬宗旨、为现实政治服务和实践《史通》理论、创新编纂方法，因而认为是一部富有特色和创见的历史著作。这个总的看法和评价，是能以抓住要领，说明《五代史记》在中国史学史上的贡献与地位的。

文章指出，欧阳修以研究经学的成果注入史学，把经学与史学结合起来，写出《五代史记》，给北宋史学开了新风气；并说明了这部著作产生的时代背景，和它为什么能以在众多的史书中独树一帜，受到后世的重视，发生重大的影响；又在前人研究的基础上，进一步探讨、分析了欧阳修对于《春秋》褒贬原则的具体运用及其特点。这些都是作者精心研究的重要成果，颇多独到之处。

关于欧阳修把刘知幾《史通》中历史编纂学的理论付诸修史实践的问题，过去的学者虽然曾经提出，但未有专篇详细论述。本文从修史义例、史料采择、撰写方法、思想观点、史事评议、正统理论等六个方面进行细致的分析，做出比较详尽的论述，其中许多见解都是得当的，这是通过深入钻研、独立思考而取得的一项新的可喜的研究成果。

文章最后谈到欧阳修修史的成功经验对于我们现在研究历史和编纂史书的借鉴作用，论述了史学史的研究如何为当今史学服务的问题，也很有见地，是对史学史研究工作者的重要启发。

总观全文，能以根据比较充分的材料进行切实的分析，提出自己的见解，论点明确、流畅，可说是一篇有分量的用心之作。

当然，文章还有不足之处，如对于北宋社会、政治、学术状况的分析，尚不全面，欧阳修如何把经学与史学结合起来，论据尚不够充分；《五代史记》对后世修史的影响，叙述也不够具体。有待作者今后继续研究，以使本文更加完善。

评阅人签字：杨翼骧

1983 年 9 月 14 日

三、乔治忠硕士论文评语

研究生乔治忠的这篇毕业论文，是在阅读了全部《章氏遗书》及许多研究章学诚的书籍和文章的基础上，对章学诚的史学创见与撰修方志的问题，经过细心钻研独立思考，反复探索之后写成的，其主要成就是：

一、辩明了章学诚的史学创见与撰修方志的关系。

多年以来，研究章学诚的学者们都认为，章学诚先有史学创见，然后把他的创见运用到撰修方志的工作中去，因而在方志学上取得了卓越的成就。作者仔细考察了章学诚的著作，认为这是不符合事实的。从时间上看，章学诚撰修方志很早，而他的史学创见成熟则很晚。不是先有了史学创见，以运用于撰修方志，而是在撰修方志的实践中产生和形成了一系列史学创见。这是一个新颖的、正确的见解，是作者细心研究、独立思考的结果，可以纠正史学界流行的错误说法，也符合"理论来源于实践"的原理。

二、论证了章学诚在历次修志活动中产生和形成史学创见的原委。

本文指出，章学诚从二十七岁到五十七岁历经三十年的修志实践中，不断探索解决实际问题的方法，并且从史学理论上加以概括和总结。每次修志活动都带来史学见解的进步，提高了史学理论水平。他的史学创见是随着修志的进展而逐渐成熟起来的。他的最重要的具有史学创见的文章，都是在五十三岁修成《亳州志》以后写成的。这些符合实际情况的论断，既说明了章学诚史学创见形成的原委，也指出了章学诚史学思想发展的脉络，是对章学诚的史学进行深入研究的一项重要收获。

三、进一步阐发了章学诚的史学创见在史学理论发展上的重要意义。

作者对章学诚的主要史学创见进行了比较深入的探讨，做了具体的分析与详细的论述，其中有不少独到之处，尤其是关于史学总体观念的解说，是前人未有的创见。这都在过去的研究基础上，进一步阐发了章学诚的史学创见在史学理论发展上的重要意义，是可喜的研究成果。

总之，本文根据第一手的材料，通过深入的研究与细致的分析，提出了新颖的、独到的见解。在探讨章学诚的史学创见与撰修方志的问题上，有了进一步的提高，可说是一篇有学术价值的佳作。

文章也有不足之处，如在第四部分中，先论述章学诚的各项史学创见，然后再逐项说明其形成的原委，致使史学创见与其形成之间行文有间隔，影响了论述的连贯性；对于章学诚提倡考述源流及六经皆史的论述，尚嫌不够充分等。可考虑进一步修改，使论文更加完善。

评阅人签字：杨翼骧

1984 年 11 月 12 日

四、姜胜利硕士论文评语

明代史学一向不受重视，在系统的中国史学史著作中叙述简单，专篇论文很少，对于明代私修当代史的研究更为罕见。姜胜利的这篇论文，在弥补这方面的缺陷上是有积极意义的。

论文全面考察了明代私修当代史的状况，划分为三个发展阶段，说明其主要表现，探讨其兴盛的原因，阐明其特点，并做出了评价。作者对大量的原始资料进行了细致的分析与高度的概括，许多观点和论断，都是深入思考、悉心研究的成果，颇多独到之处。如在阐明明代私修当代史的特点时，指出"明代不仅是撰修当代史的第三次高潮，而且是私修当代史最兴盛的时期。"这是前人未曾谈到的新见解，值得重视。在评论明代私修当代史的质量问题时，以辩证的观点，肯定其对于研究明史具有长远而不可替代的史料价值，纠正了明末以来一些学者的偏见，申明了这一丰富的史料宝库在今后明史研究中应当充分发挥作用的现实意义。

论文条理清楚，内容充实，说理切要，论断明确，能将明代私修当代史的成就及其在中国史学史上的地位明白揭示出来，在对于明代史学的研究上取得了新的可喜成果，是一篇有学术价值的佳作。

论文的不足之处，是对一些问题的论述尚不够详尽，证据尚不够充分，今后应继续研究补充，以求完善。

评阅人签字：杨翼骧

1985 年 5 月 30 日

五、夏素青硕士论文评语

王世贞是明代的史学大家，但他在史学上的成就常为其文学盛名所掩盖，不大为人注意，在新编的《辞海》和《辞源》中，竟对其史学成就只字不提。夏素青的这篇论文，根据大量的资料，对王氏的史学作了比较详细的评介，并对其中的一些问题进行了认真的探讨，是一项很有意义的研究工作。

论文的主要成绩是：（一）从王世贞的生平事迹、史学著述及其未能完成修史计划的原因等方面，描绘出王氏的为人风貌和研究史学的特点；（二）对王氏在史料的搜集与考订工作上的成就及其影响，进行了分析与综合，用具体例证说明了他在史料学上的贡献；（三）将王氏的史学理论，归纳为史学的社会地位与社会功能两个方面，进行了比较深入的论述；（四）将王氏的史学著述对于清修《明史》的影响及对今日研究明代历史的价值，作了比较详细的论证，阐明了研究王氏史学的重要意义；（五）辩驳了对王氏的史学著述持否定态度的说法，主张公正合理，进一步肯定了王氏的史学成就。

论文层次清楚，论述明确，对材料有分析有综合，在探讨问题时能提出一些新的见解，是一篇有学术价值的用心之作。不足之处是论述尚不够全面（如未述及王氏对历史人物的评论）。有些论证尚欠充分，文字上也有欠简练明畅之处，望以后再加补充、修改。

评阅人签字：杨翼骧

1985 年 6 月

六、李绪柏硕士论文评语

研究生李绪柏的毕业论文，吸取美国科学史家库恩的观点，从史学自身的发展变化中，探讨中国史学史的分期问题，经过努力钻研，独立思考，提出了新的见解，是值得重视的研究成果。

论文对中国数千年的史学发展情况，进行了总体考察和高度概括，划分为记录时事、撰述史书、解释历史三个阶段，指出了每个阶段的特点，分别说明了撰述史学、解释史学的共同规范，有独到之处。有些看法，如认为孔子修春秋是把记注的编年史改造为撰述的编年史，资产阶级史学与马克思主义史学同属于解释史学的范畴，也颇为新颖。

全文论点明确，能持之有故，言之成理，是一篇有价值的学术论文。但在各部分的一些段落中，内容尚欠充实，说理不够周密，有些叙述与标题不甚切合，有的提法也欠妥当。希望以后继续研究、修改。

评阅人签字：杨翼骧
1986 年 6 月 10 日

七、徐蜀硕士论文评语

研究生徐蜀的毕业论文，从社会需要与史学功能着眼，论述纪传体产生后中国古代史书编撰形式的发展，在中国史学史的研究中是一个新的探索，并有一定的现实意义。

作者根据翔实的资料，参考前人的一些说法，分析了几种史书编撰形式的特点，探讨了一些史家改革史书编撰形式所取得的成就，提出了自己的见解，其中颇有独到之处。如认为纪传体史书的专业性很强，不便于一般人阅读，对于一向不受重视的史钞，认为不仅是一种独立的史书形式，为史学的普及和应用做出了贡献，还对编年体的复兴与纪事本末体的开创起到了促进作用；又特别指出司马光为史学的普及和应用付出了辛勤的劳动，做出了卓越的贡献。

全文论点明确，层次清楚，说理扼要，是一篇用心之作。唯在说明几种史书编撰形式与社会需要、史学功能之间的关系上，尚有阐述不够详尽，分析不够深入，论据不够充分之处，希望以后继续研究、修改。

评阅人签字：杨翼骧
1986 年 6 月 2 日

八、朱端强硕士论文评语

研究生朱端强的毕业论文，在历史唯物主义指导下，根据丰富的资料，对万斯同的史学进行了比较全面、深入的考察与讨论，阐述了自己的观点。

文章对万斯同的主要史学著作分别作了具体的分析与严正的批判，列举其特点，指出其成就与缺陷。解说切实，评论中肯，颇有见地，弥补了前人对万斯同史学研究的不足。

　　文章商榷了万斯同史学研究中的一些重要问题，如万氏在明史修纂中的作用，宋季忠义史学的实质，对万氏史学地位的评价等，通过悉心探索，独立思考，提出了与前人不同的论断，确是值得重视的新见解。

　　全文内容充实，论点明确，条理清楚，文字通畅，提出了一些独到的见解，在万斯同史学研究上取得了新的可喜成果，是一篇有学术价值的论文。但其中有些问题的阐述尚不够详尽，批评别人的说法时证据尚欠充分，希望今后更做进一步深入的研究。

评阅人签字：杨翼骧

1987 年 6 月 15 日

对访问学者朱端强的导师评语：

　　访问学者朱端强同志，对万斯同（明末清初著名史学家、官修《明史》的主要纂修者之一）的研究已十多年，除发表过多篇论文外，又曾撰写《万斯同年谱》草稿约五万字，但因资料不足，尚需要补充和修订。这次来南开大学进修的研究课题，即为对其原作《万斯同年谱》草稿的补充和修订。

　　朱端强同志勤奋读书，刻苦钻研，自去年来我校后，充分利用图书馆所藏的资料，广搜博采，钩稽梳理，在近一年的时间内，对原作草稿进行了大幅度的补充和修订，撰成了十万字的《万斯同年谱》修订稿（以下简称《年谱》修订稿），比原作草稿的数量多了一倍，完成了访问学者的研究计划，取得了可喜的成果。

　　《年谱》修订稿详细记述了万斯同的家世、生平、交游、著述，又详细记述了官修《明史》的主要过程、制度、重要史官的活动，并简要说明与上述主题有关的社会文化背景，使读者对万斯同的学行可以有全面的了解。

　　《年谱》修订稿的突出贡献在于作者所加的案语，其中对有些史料记载的错误，根据正确的记载予以纠正；对有些史料记载中不够明确的问题，根据各种旁证申述自己的见解，予以正确的解释；对前人论著中关于万斯同生平事迹记述的错误，根据原始资料予以纠正；对前人著述中关于万斯同学行的评论，提出不同的看法，并申明自己的见解。凡此种种独到之见，都是作者广搜资料，细心钻研，反复思考的结果。

　　《年谱》修订稿全文体例谨严，取材翔实，条理明晰，剖析细致，立论确当，文字简洁，是一部前所未有的完备的《万斯同年谱》，有重要的学术意义与价值，在访问学者的研究工作中获得优异的成绩。

导师签字：杨翼骧

1996 年 6 月 15 日

九、赵政硕士论文评语

研究生赵政的毕业论文，根据有关的资料，在前人研究的基础上，对令狐德棻与《周书》进行了比较全面的论述。

文章扼要说明了令狐德棻在史学上的贡献，并对有不同说法的《晋书》体例出自谁手的问题进行了考证，得出比较符合事实的结论。对《周书》的修撰情况及史料来源，进行了较细致的考察，提出自己的见解，补充了前人所说未尽之处。对《周书》的内容、价值及其版本流传，分别作了归纳、分析和说明，表现了一定的功力。

全文内容大体得当，立论有一定的根据，叙述条理也相当清楚，是一篇用心之作。但对各项问题的研究不够深入，论据不够充分，有些地方说理欠明白，结构欠严整，文字也欠精炼，今后应继续努力学习与研究，争取更好的成绩。

评阅人签字：杨翼骧

1987 年 6 月 22 日

十、李小沧硕士论文评语

研究生李小沧的毕业论文，对有关沈约《宋书》的若干问题进行了初步的探索。

文章对《宋书》的编撰过程及作者的成就做了认真的考察，并辩明了别人关于《宋书》作者的说法不妥之处，论证确实可信。

对《宋书》的断限，本纪和志的史料价值及著述宗旨，列传在编纂上的特点等问题，也都能根据原始资料，参考前人著述，通过独立思考，分别进行了比较详细的分析与说明，提出一些新的看法，补充了前人所说的不足。

全文论述大体明确，对有些问题的探讨比较细致，表达了自己的见解。但有的部分内容不够充实，说理不够清楚，文字也欠简练。

评阅人签字：杨翼骧

1987 年 7 月 2 日

（以上各件文献，为乔治忠所收集与整理。）

门内博士学位论文评

一、乔治忠博士论文评语

博士研究生乔治忠的毕业论文，在马克思主义理论指导下，根据大量的原始资料及重要文献，并参考前人的著作，对清朝官方史学进行了精细的、深入的研究。由于在中国史学史以及清史的研究工作中，对清朝官方史学的研究是一个薄弱环节，许多史实尚未理清，许多问题尚未探讨，这篇论文具有十分重要的意义。论文考证了前人未曾弄清的史实，探索了前人未曾论述的内容，解释了前人未能明确的问题。其中对于清朝修史制度特点的分析，清朝国史馆真实情况的考述，清朝官方修史活动发展阶段的划分，清太祖、清太宗的历史观念的论述，《康熙起居注》的特点及其史料价值的阐明，清高宗的史学思想的分析，都是发前人之所未发，有很多创新的见解及精辟的议论。论文资料翔实，条理清晰，分析细致，考证精审，论断中肯，将过去模糊不清的清朝官方史学的详情，明白展现出来，弥补了中国史学史研究的缺陷，也丰富了清史研究的内容，具有开拓性的、可贵的学术价值。总之，乔治忠的毕业论文取得了丰硕的创造性成果，在中国史学史的研究工作中做出了重要贡献，已达到博士学位的水平。

评阅人、指导教师签字：杨翼骧

1991 年 4 月 7 日

二、姜胜利博士论文评语

博士研究生姜胜利的毕业论文《清人明史学探研》，在马克思主义理论指导下，根据大量资料，对清代官方和私家的明史研究与明史著述进行了整体的研究，突破了过去只注重论述一人或一书的状态，是中国史学史研究领域中一项具有创造性的研究成果。

本文论述了清人明史学发展变化的历程及其社会背景，明史著作的表述形式及史料考察的理论、方法及成果，清人对明代历史中重要问题的认识及其所反映出的一些历史观念，均能在前人研究的基础上，进一步详细探究，深入分析，提出自己的新见解，增进了对清人明史学的认识。如在划分清人明史学的发展阶段时，否定了以康熙十八年官方设馆撰修明史为第一阶段结束的说法，认为应以康熙末期《南山集》案发生和王鸿绪《明史稿》撰成之时为断；在分析第二阶段私家明史学衰落的原因，不仅注意到文字狱的震慑作用，而且特别强调民族意识逐渐淡薄的影响。又如在分析清人明史著作中编年体始终受到重视的原因时，指出自宋朝以来重视编年体的观念给清人以很大影响，明实录为编纂编年体明史提供了有利条件。又如在分析清人采择史料的原则及考察史料的方法时，对前期倚重实录，后期揄扬野史的观点形成与变化的背景，提出了独到的见解。尤其是关于南明正统问题的认识与关于忠义问题的认识，指出正统归属问题在清代的特殊意义，不仅是一个政权更迭问题，还与民族地位的隆替密切联系；指出清人往往将忠于君主、忠于国家、忠于民族混为一谈，应以实际效果做必要的区别，分别予以评价，在分析与评论中颇见精彩之处。总之，论文资料翔实，论据充分，分析深入，评断正确，条理清晰，多有精辟的创新的见解，是一篇优秀的博士论文，已达到博士学位的水平。

评阅人签名：杨翼骧
1992 年 5 月 4 日

三、汤勤福博士论文评语

朱熹史学思想的内容非常丰富，但过去进行认真仔细研究的人很少。汤勤福的这篇论文，从朱熹史学思想形成的历史背景，以及朱熹的历史哲学、治史态度、治史方法论、史著编著思想、史学批评思想等方面，对朱熹史学思想进行了全面而深入的研究，充实了史学史研究的薄弱环节，是有创造性贡献的研究成果。尤其是根据第一手的资料，证实朱熹亲自撰写了《资治通鉴纲目》，澄清了数百年来认为该书是其门人所撰的误解，取得突出的成就。

汤勤福在认真钻研原始资料的基础上，广泛参考了其他有关的论著，通过独立思考，提出了自己的见解。全文资料翔实，有理有据，条理分明，文字通畅，论断明确，颇多创新之处，实为一篇有较高学术水平的博士论文。建议准予进行答辩，并授予博士学位。

评阅人签字：杨翼骧

1995 年 5 月 10 日

四、牛润珍博士论文评语

史官制度是中国史学史研究领域中的重要内容之一，但因资料分散，记载不详，有些情况不易弄清，问题不易解决，进行研究的难度较大，故至今尚未有一部专著问世。博士生牛润珍勤奋读书，广搜资料，潜心钻研，反复思考，并吸取前人的一些研究成果，在马克思主义的理论指导下，写成题为《汉至唐初史官制度的演变》的博士学位论文，取得可喜的成果，弥补了史官制度研究的不足。

文章内容丰富，论述详明，分析细致，探讨深入，提出了前人未曾注意的一些问题，辩解了前人争论未决的不同意见，补充了前人议论未尽的缺漏。对于汉至唐初史官制度的演变情况及其因果关系，叙述明确，条理清晰，论断有理有据，阐发了符合历史实际的规律性认识，颇多创新的见解，是一篇很有学术价值的佳作。建议授予牛润珍博士学位。

评阅人签字：杨翼骧

1996 年 5 月 27 日

五、任冠文博士论文评语

过去研究李贽的思想多偏重在哲学与文学方面，极少论述其史学思想。申请人（任冠文）的论文，对李贽的史学思想进行了深入的研究，是一项可喜的新成果。论文辨析了李贽一些著作的真伪问题，将《续藏书》分为可信、基本可信、可疑三部分，证明了《史纲评要》非李贽所著，考定了《四书评》为李贽著作，这是精心考证取得的新论断。论文对李贽的治史目的与态度，做了切实的分析，认为他断以己意的历史编纂态度，使他对史体有所创新。论文对李贽的史论做了详细的探讨，认为他能冲破理学思想的藩篱，独出己见，重视历史人物对国家、百姓所做出的实际贡献，并以此作为评价历史人物的标准。最后认为李贽史学思想最突出的特点，在于他敢于打破旧思想的束缚，不以僵化、教条的孔孟是非为是非。这些都是申请人深入研究的独到之见。论文内容充实，分析细致，考证精详，论述明确，多有创新的见解，是一篇很有学术价值的优秀的博士学位论文。

指导教师签字：杨翼骧

1997 年 5 月 23 日

六、张秋升博士论文评语

申请人有较高的基础理论水平，有根据理论分析具体历史事实的能力。外语程度较高，英语有听、说、读、写的能力，法语可借助字典阅读专业论著。有独立进行科研的能力。

博士生张秋升的毕业论文《西汉学者的历史观》，是史学史研究中的薄弱环节，既有学术价值，又有现实意义。论文对陆贾、贾谊、刘安、董仲舒、司马迁、刘向、刘歆、扬雄等人的历史观进行了细致的分析与全面的评论，并归纳了西汉学者历史观的总体特征。全文资料翔实，阐述得当，颇多独到之处与创新的见解，是一篇具有较高质量的力作，已达到博士学位论文的水平。

导师签名：杨翼骧

1998 年 5 月 2 日

七、孙卫国博士论文评语

申请人的论文在马克思主义史学理论指导下，认真阅读原始资料，广泛参考前人研究成果，独立思考，对王世贞的生平、史学理论、史学考证、明史著述与研究、史学影响等方面，进行了全面而系统的论述。论文内容充实，考证精细，辨析深入，论断明确，多有创造性的成果，如指出王世贞在政治上处于被打击的地位，虽然仕途不利，但未因个人恩怨而影响其治史心术的公正，这是前人未曾谈到的；又如在探讨王世贞的史学理论时，着重说明其史重于经的观念，反对当时通行的正统论、反对评价历史人物的封建政治道德观，对传统上遭贬斥的人物也加以肯定，这都是独到之见；又如对王世贞史学考证的成就，突破了前人局限于《史乘考误》的范畴，就其全部著作进行了考察；又如对王世贞明史研究的具体成果，提出了一些新的见解，并指出其研究的意图在于经世致用，是用史学来表达其政治观点；又如较为详细深入地研究了王世贞史学对后世的影响，特别阐明了对谈迁、钱谦益以及李氏朝鲜的影响，这是前人未曾涉猎的论题。总之，这是一篇有创造性贡献的论文，已达到博士学位论文的水平。

申请人在基础理论方面有较高的修养，能对具体的历史事实进行具体的分析，并充分提出自己的见解。在外语方面，英文程度很高，有较强的听、说、写、译的能力，基本上运用自如；日语、韩语都可阅读材料，并具备基本的口语能力。在科研方面，有独立进行研究的能力，已发表二十多篇论文。

指导教师签字：杨翼骧

1998 年 5 月

八、岳纯之博士论文评语

申请人（岳纯之）对马克思主义基础理论的学习有较好的成绩，能运用理论对历史问题做具体的分析，从而得出有理有据的结论。申请人在大学历史系本科的四年学习之后，又经过了三年的历史系硕士研究生的学习，有较好的科学研究能力，能以写出有学术价值的论文。申请人有较好的外语水平，在英语的听、说、写方面均比较熟练，能以阅读英语专业书籍。

申请人的论文，在过去和当代学者研究的基础上，用辩证唯物主义的方法，对唐代官方史学进行了比较全面的考察，提出了不少独到的见解，并对《晋书》重修的原因、对唐太宗与《晋书》的关系、《唐实录》与政治的关系、《唐实录》的史学影响以及唐代官方史学中存疑的一些问题，做出了创新的评论，已达到博士学位论文的水平。

指导教师签字：杨翼骧

1999 年 6 月 5 日

（以上各件文献，为乔治忠所收集与整理）

怀念郑天挺师

今天是郑老一百周年诞辰，郑老逝世也已十八周年，作为郑老的学生，不禁回忆往事，写此小文，聊表我的怀念之情。

1936 年，我从山东济南高中考入北京大学史学系。在一年级必修的课程中，魏晋南北朝史是由郑天挺先生讲授的，从此开始认识了郑先生。先生讲课条理清晰，时常发挥他自己的见解，能引人入胜，我当时很感兴趣。后来我在阅读魏晋南北朝时期的史书时，花的时间比较多，与这时听先生的课有关。郑先生那时是北京大学秘书长，从他的办公室到红楼的教室，要走一段路，但他总是按时上课，从未迟到或请假。

1937 年，我在抗日战争爆发后因故失学。经过两年的辗转奔波，1939 年才到昆明西南联合大学历史系复学，入二年级。在二年级的必修课中，有隋唐五代史由郑先生讲授。先生在讲课中介绍了史学界对隋唐史的研究成果，使我们得到了一些课外知识，获益不少。先生那时是西南联大总务长，公务繁忙，考试时很可不必亲自去监考，委托别人代替一下就行了，但他认真负责，总是到教务处领了试卷后就去监考。

我在三年级时选修了由郑先生讲授的清史研究，主要讲清廷入关前后的历史，此课不考试，学生每人写一篇读书报告，记述自己的读书心得，从而使我们多看了一些参考书，训练了研究能力。那时有一位外校的青年教师，有志研究清史，而苦于不得门径，便贸然写信向郑先生求教。像这种事情，本非郑先生分内必尽之责，但先生当仁不让，为嘉许其研究学问的热诚，还是在百忙之中开列了参考书目，并指示其阅读方法，满足了这位青年教师的要求。

1942 年的春天，我开始撰写毕业论文，题目是"论曹操平定中原"，导师是郑先生。在先生的指导下，我终于写出论文，完成学业，拿到了大学毕业证书，获得学士学位，达到了复学时的目的。

1945 年，抗日战争胜利结束，举国欢腾。1946 年，北京大学复员北平，我们又回到了阔别九年的北京沙滩之红楼。不久，原史学系主任姚从吾先生调任河南大学校长，系主任由郑先生继任。先生虽然照旧主管全校行政事务，但对系里的事仍认真负责，时常来往于秘书长办公室和系主任办公室之间，非常忙碌。

新中国成立以后，郑先生继续担任北大秘书长和史学系主任的职务，并积极参加各项革命任务。

1951年冬季，北京市各高等学校分别参加各地的土地改革运动。北大历史系、哲学系、中文系的师生参加中南区土改工作团第十二团，由郑先生任团长，到江西省泰和县进行土改工作。先生在全体大会上做过几次讲话，每次都充满对社会主义的热情，激昂慷慨，使大家深受感动。团员中有几位著名的教授，如贺麟、唐兰、容肇祖、冯废名等，在郑先生的带动和鼓舞下，都提高了参加土改运动的积极性。

1952年，全国开展"三反"运动，因为郑先生曾担任过十八年北大秘书长，主管全校的行政和财务工作，学校请他提前回校参加运动。当时这个运动搞得热火朝天，很多主管财务的人被打成"老虎"。我们和先生熟识的人虽然知道他一向清廉，不会有什么问题，但在轰轰烈烈的运动中，仍然怀有很大的悬念。结果，郑先生以清白之身经受住了革命运动的考验。大家不但放心了，而且更增加了对他的敬重之心。

先生一生为人忠厚，谦虚谨慎，治学勤奋，成就卓越，培养了很多明清史专家和人才，对学术和教育事业做出了重大贡献，实为一代宗师。先生虽然已经作古，但他的言谈举止，音容笑貌，仍深深印在我的心中。

我开始认识郑先生的时候，仅是一个十八岁的小青年，而今，我已是年逾八十的老人了。岁月易逝，时不我与，抚今思昔，不胜感慨之至。

（原载《郑天挺先生百年诞辰纪念文集》，中华书局2000年出版）

悼念杰出的历史学家白寿彝先生

今年三月，乍暖还寒季节，从北京传来白寿彝先生逝世的噩耗，中国失去一位杰出的历史学家，令我万分悲痛！这是史学界的巨大损失，是史学史学科的巨大损失。

早在六十年前，白先生即在云南大学讲授中国史学史课程，开始了对史学史的教学与研究。新中国成立后，白先生受教育部委托，于 1961 年着手编写《中国史学史教本》，在北京师范大学历史系成立了中国史学史编写组，并且招收两名史学史专业的研究生，组织了几次关于史学史的学术讨论会，出版了几期《中国史学史资料》刊物。白先生还亲自撰写《谈史学遗产》《中国史学史研究任务的商榷》等论文，这些论文在学术界、高等教育界引起广泛的关注。

"文化大革命"结束后，白先生致力于史学史学科的建设工作。在白先生的主持下，北京师范大学建立了史学研究所，培养出一大批史学史专业的高级学术人才。在恢复原来《史学史资料》刊物的基础上，创办了《史学史研究》期刊，成为国内唯一的本专业学术刊物。现在，北师大史学研究所已成为史学史的学术重镇，白先生培养的人才多已成为本专业一流专家和学术骨干；《史学史研究》期刊在国内外的影响越来越大，这些都保证了史学史学科在全国的可持续发展。

在史学史学科建设工作中，白先生身体力行，编撰出版了几部关于史学史的专著，发表了几十篇专业论文，将史学史研究的学术水平推到一个新的高度。他还特别注意思考史学史学科发展的理论问题与实践问题，例如关于中国史学史发展的阶段划分、史学史研究的任务和范围、中国多民族史学史的研究、外国史学史的研究、史学史专业著作、大学教本以及通俗读物的撰写问题等等。在这些方面，他都提出精湛的见解和建议，全面而又具体地指明史学史研究的努力方向。十几年前，白先生号召史学史研究"要赶紧走上大道"，白先生自己就是这条大道的最重要开拓者之一。

如果说历史学是对于人类社会历史的系统性反思，那么史学史就是对历代史学遗产与史学活动系统性的总结和反思，而史学活动又是人类社会活动的组成部分，则史学史研究即是历史学不可或缺的组成部分，在中国，这一点尤为突出，因为中国是史学遗产最为丰富的国家。但是由于中国史学史学科产生较晚，专业基本知识普及不广，史学界的一些人对史学史存有模糊认识甚至偏见，将之误以为是史家和史籍的介绍，而不予以重视。作为杰出的社会活动家，白先生在全国各大学、各种场合，宣讲史学史研究的必要性和重要性，主张中国史学史应当成为大学历史系的必修课，并且在他的论著中，反复申明史学史学科的性质和研究范围，其中包括历代史学活动的时代特点与社会影响。这些论述在很大程度上廓清了偏见与模糊的认识。现在，史学史成为国家规定的历史学二级学科，这符合中国自古以来史学遗产丰富、史学活动的社会影响巨大这一特点，同时也与白先生等德高望重一辈学人的积极倡导密切相关。史学史学科之所以有今天的学术地位、研究水平与专业队伍，应当说是白先生起到了最关键、最重要的作用。

白先生的学问博大精深，学术成就是多方面的，除中国史学史之外，在史学理论、中国民族史、中国交通史、中国思想史的研究上，皆取得了丰硕成果。他一生发表论文数百篇，出版专著几十部，对历史学的发展做出巨大的贡献，在国内外学术界享有崇高的声望，受到普遍的钦佩和尊敬。有白先生这样杰出的史学家始终关注史学史的学科建设，而且几十年间亲自从事研究，实为本专业的一大幸运！

二十余年前，白先生更以古稀之年承担了多卷本《中国通史》的总主编，他精心设计、统筹安排，组织全国知名学者分工合作，审稿中认真负责，一丝不苟，高质量地领导和完成了这项历史学上的系统工程。《中国通史》全书十二卷、二十二册，规模宏大、内容丰富，1999 年全部出齐，成为炳耀千古的史学著作，得到国家领导人江泽民主席的书面祝贺，称赞这是"我国史学界的一大喜事"。这部多卷本《中国通史》，站在新时代的思想高度上，汲取了中国传统史学中的优良编撰方法，变通改造，有机融合，创立通史编纂的新的综合体裁。白先生之所以设计出这样体大思精的通史著述，也得益于对中国史学史的透彻研究。

我很早就知道白先生具有高深的史学造诣，对他十分景仰，但缺少见面畅谈的机会。1952 年，我有机会前去拜访，谈论学术界状况和史学问题。白先生平易近人，十分和蔼，他的河南话与我的山东话语音相近，增加了亲切感，使我留下了深刻的印象。1961 年 6 月，北师大历史系中国史学史编写组编印《中国史学史参考资料》之后，我曾数次与白先生通信，请教有关史学史的问题。"拨乱反正"、改革开放后，白先生来南开大学，我们在历史系进行一次较长时间的谈话，主要讨论了中国古代史课程的设置问题，也谈了史学史研究的问题。此后，白先生本人和他领导的史学研究所诸位先生，以及他主编的《史学史研究》期刊，对我、对南开大学史学史专业给予了长期的、巨大的支持与帮助。1995 年 4 月，白先生又约我为多卷本《中国通史》第七卷题写书名。所有这些厚意，皆令我感念不尽。

　　白先生虽然与我们永别了，但他的史学业绩和丰硕的学术成就，给我们留下了珍贵的精神财富。我们应当好好学习白先生的爱国精神与治学精神，为建设祖国的社会主义精神文明做出自己的贡献。

（原载《史学史研究》2000 年第 3 期）

杨翼骧自述

1937年7月抗日战争爆发，北平、天津相继沦陷后，北大、清华、南开三校南迁，组成长沙临时大学。我那时已在北大史学系读完一年级，本应去长沙继续就读，但因受战争影响，家庭经济困难，无力供给我到长沙求学的费用，未能如期前往。1938年2月，我决心克服一切困难，南下复学。到了武汉，始知学校已离开长沙，迁往昆明，成立西南联合大学。昆明路途遥远，交通不便，我无法筹措那么多路费，遂陷入困境。后来在一些亲戚、好友的陆续帮助下，从武汉辗转长沙、衡阳、桂林、柳州、南宁、崇善等地，受过多次贫病交加的痛苦和日本飞机轰炸的惊险，历时一年半，才于1939年9月取道越南，乘滇越铁路的火车到达昆明，在西南联合大学复学，读历史系二年级。

我复学之后，因毫无经济来源，首先面临的是吃饭问题。幸好学校对家在沦陷区的学生发贷金，贷金不直接发给学生手里，而是用在食堂里吃饭。开饭时八人一桌，四小碗菜，由于菜量少，很快就吃光了。米饭里有不少稗子和砂子，没有菜就不想再吃饭了，所以每顿饭总是吃不饱，不久就又饿了。如有钱还可以到外面的小饭馆里补充点食物，我没有钱，只好忍受着。在上课和自习时，常常听到腹内饥肠辘辘之声。

饭虽吃不饱，总算有饭吃，可是没有钱购买日用必需品和文具，也难以生活。幸赖一位在成都工作的亲戚，从他低微的工资中每月挤出五元钱寄给我，解了我的燃眉之急，帮我读完了二年级，但到了三年级的时候，物价大涨，他已自顾不暇，无力再给我寄钱了，我又陷入困境。经友人介绍，才找到了一个家庭教师的工作，报酬虽然很少，却也可勉强支付购买生活必需品和文具的费用。

在我将要读完三年级的时候，日本飞机开始对昆明进行轰炸，很多家庭迁离昆明避难，我的家庭教师工作也失掉了。这时我极为忧虑、紧张，因为眼看就要读四年级了。如没有收入，就不能完成学业，我的志愿也随之付诸东流了。这个至为严重的问题，必须赶快解决。这年暑假一开始，我就到处托人寻找工作，那时找工作非常困难，因原来在昆明的各中学为了避免敌机轰炸，都早已迁离昆明，想在中学里找个兼课教师的工作已不可能；而其他机关或已疏散到外县，或已精简人员，不再增用。经过多方设法，才由一位山东同乡介绍，在铁路部门驻昆明的一个办事机构里，找到一个记账员的工作。记账员的工资虽然较低，但比当家庭教师的收入多，我省吃俭用，每月还可有些剩余，生活问题便得以解决了。

在读四年级的时候，我每天上午在校内上课和准备撰写毕业论文的材料，下午到校外工作。因那时上午常有空袭警报，午后才解除，所以昆明各机关的办公时间都集中在下午，我上课和工作两不误。

我刚到昆明的时候，只有一条旧棉被，没有褥子，夏天睡硬板床，冬天就铺些稻草。直到这时，才有钱买了一个褥子。

到了1942年2月，我因必须集中时间撰写毕业论文，而半年多来积蓄的钱也够维持到毕业的生活费用了，便辞去记账员的工作。这年6月，我写成了毕业论文，完成了学业。当我获得大学毕业证书和学士学位证书的时候，回想几年来度过的重重困难，不胜感慨：这是多么不容易啊！

昆明西南联合大学的师生，大都过着穷困的生活，但因是在抗战期间，大家同仇敌忾，在艰苦的环境里勤奋地从事教学和研究，发扬民族自强精神，取得了优异的成绩，树立了中国教育史上的一座丰碑。著名文学家林语堂来校讲演时，一开始就对师生们发出赞叹："你们的生活不得了，你们的精神了不得！"

回忆在昆明西南联大时的情景，虽已过了五十多年，但印象还是非常深刻。在当今伟大的新时代，政治安定，社会稳定，生活条件逐渐优裕，远非那时的艰苦环境可比，但那时艰苦奋斗的精神，还应激励着我们不断前进！

（原载《南开学人自述》第一卷，南开大学出版社2004年出版）

关于"学忍堂"问题的谈话

承蒙南开历史系以及几位教授的厚意，汇总我的文章编辑文集，此由两名弟子操办而成。我已经决定文集名为"学忍堂文集"，弟子提问说愿闻其详，因此，不妨提提老旧往事。

学忍堂，是我们家祖传的堂号，我们家世代为念书人，故有堂号。"忍"，为忍耐的忍。之所以要以此为书名，要采用这个家传堂号，首先是表达对祖先的怀念之情。据我的了解，"学忍"典故，是出自曾国藩的家书。主张凡事要忍。忍是一种美德，百行之本，忍之为上。清代我们杨家出了十个进士，而明代情况不太清楚，世代传习的家教都是强调一个"忍字"，所以能够几百年安然不败。其次，把文集定名"学忍"，也有着对后学的希冀：为人处世，要学会忍让，不要什么都着急去争。

从前有的学校的对联中有"一生谦受益，万事忍为先"，所以做人要学会"忍"，学会忍才能成大事，若不能忍，遇到事情暴跳如雷，沉不住气，就坏事了。

再说说我在史学史上治学历程：我对于学习研究史学史有兴趣是从 1939 年开始的，受梁启超《中国历史研究法补编》的影响。书中有一节专讲"史学史的做法"，读了这个做法，就对史学史发生了兴趣，从这以后就开始读关于史学史之书，凡是与此有关的都看，这是在西南联大读书时一直坚持的方向。

我 1936 年高中毕业以后，就考取了北大史学系，1937 年卢沟桥事变以后就停课了，筹备迁移。因为卢沟桥事变后，日军进犯北平，北大、清华、南开结合一起南迁，三校到长沙成立了临时大学。过了两年，临时大学又迁到昆明成立西南联大。西南联大非常有名，三个大学的教授集中在一个学校里，师资力量那是太强了。一门课程有好几个教授都能教，吴晗都轮不上担任本专业的历史课程。西南联大同事们团结、谦虚、合作，本来能够教明清史课的教授有好几位，可是大家都互相谦让。郑天挺先生在当时开始研究明清史不久，可是他是北大的名教授，他教的也是外系的明清史课，按现在的概念就只是一般公共课,非专业性。那时候,西南联大的学风很好,我在抗战以后停学,一直到1939年才复学,才回到西南联大上课。在作为学生时就喜欢看史学史的书与文章,是很特殊的,因为那时很少有人关心史学史,当时没有什么同行,当时在同学、教师中没有人研究史学史的。那时学史学史感觉很孤独,没有同行,但我兴趣不减。新中国成立前,就发表了几篇史学史的论文。

从那时候就开始写关于史学史的文章,数量不多。我1936年入学,毕业后留在西南联大,我的老师姚从吾第一次在西南联大开史学史的课。他新开这门课,让我抄录材料,给他开课做辅助工作。我从这儿得到的启发,与后来致力编辑的史学史资料编年有关系。

关于《史学史资料编年》,仓修良书评评价比较公允,他提出一些没有想到的问题。

姚先生调走后,北大系里有教授让我教史学史,但不敢教,因为本系选修课向来由名教授担任。可是这门课又必须开,结果还是郑先生承担教这门课。当时郑先生是历史系主任,我是个助教,全系就一个助教,助教要管很多行政事务,郑先生让干什么我就干什么。在业务上,我接受任务教秦汉史和魏晋南北朝史。到1948年开始教史学史的这门课,为选修课。1949年之前,就教了这些课。

1952年院系调整,郑老来南开大学做历史系负责人,南开缺少教秦汉、魏晋南北朝史的教师,凡欠缺的师资,一般郑老就自己承当起来。随后我也调聘来了,来了以后就教秦汉史、魏晋南北朝史,也教史学史。当时全国也很少有人开这门课,我应该是开设史学史课程最早的了,好多学校根本没这门课。

1956年出版、1957年再版的《秦汉史纲要》,是当时因开课讲授需要所编写的讲义,由郑先生介绍而出版。国内秦汉史的著述和教材当时是两种,《秦汉史纲要》为其中之一(另一种何兹全先生撰写),都是全国来说比较早的。

后来总有政治性运动,我受冲击较大的是在史学史课程上,说是"钻冷门"、想出风头,赞扬地主资产阶级史家。于是历史系也很无奈,停了这门课程了事,然后再恢复。以后"文化大革命"时,当然无课可教,一直到1976年以后,才进入正常化发展。

中国史学史这门课一直不大受重视,总体来说,一直到后来好多大学规定的必修课与选修课,也还是没有史学史这门课,因为能担任教课的人少之又少。

80年代我的工作主要是参加编辑《中国历史大辞典·史学史卷》,我主持古代部分,吴泽先生主持近现代部分,古代部分任务大。编《大辞典》持续时间不长，从开始到出版不过两年。最初的计划《中国历史大辞典》中先出版的是另一种分册，结果则是《史学史卷》超越而先出，最早出版的一本是史学史。

关于史学史体系的问题，参考《史学史研究》发表的访谈录。

《中国史学史资料编年》具体编撰进程，第四册委托乔治忠在补写，清代后半部分属于近代史范围，所要做的事情多多。

对于学生，希望有更多的人学习、研究史学史，实际上不容易做到。史学史与一般历史课有些不一样，一般的学生对于史学史的课兴趣不大，要求有更多的人喜欢学习史学史不容易。现在各校开设过这门课的还是不多的，有的学校想开，但条件不够，事实上不行。

（此为杨翼骧先生于 2002 年 10 月 6 日的谈话，孙卫国笔录，乔治忠校订）

《学忍堂文集》自序

出版学术论文集，本来是我想也没有想过的事情。自两年前，张国刚先生就几次表示要我编辑文集，当时感到一些主要论文业已反复转载，再出文集，似乎不大必要，况且文章数量不多，因而未做安排。然而，刘泽华先生亲至寒舍指点策划，并且代表范曾先生恳切动员，厚意绵绵，感人肺腑，万无再行推却之理！但因身体多病，视力不佳，存稿散佚，编辑维艰，于是委托学生辈乔治忠、孙卫国二君收集编排。乔、孙二君，裱糊发黄变脆的旧报纸，查找刊物，复印排纂，花费不少时间、精力。今装订成册，不日付梓，故口述数语，亦令乔、孙二君整理成文，聊为自序。

本书定名《学忍堂文集》。"学忍堂"者，我家的祖传堂号，盖祖上以来，世代读书，清代出过十名进士，可算得上书香门第。以祖传堂号题作书名，一是表达对祖辈的怀思，二是对后学有所希冀。"忍"字多义，此处乃"忍耐"之"忍"，且"忍"与"韧"通。"学忍"一词，出自曾国藩家书，曾氏注重忍性，凡事要忍，忍为美德。前人对联中有"万事忍为先"一句，而真正做到却着实不易，是则人人须学忍，而后能够忍。血气过刚，毫无忍性，小有不满，暴跳如雷，非读书人气质，十之八九，难成大事，孔子曰"小不忍则乱大谋"者，此之谓也。故曰首先学忍，方能明晰理解"是可忍，孰不可忍"。至于何者当忍，何者不忍，何者不忍即为忍，何者忍即为不忍，诸君子见仁见智，唯于学忍之中细细体味而已矣！"忍"之义，岂不大哉？

几十年往事如烟，多少音容场景，已经依稀仿佛，而足堪追忆者有之，无须追忆已刻骨铭心者亦有之。曩者1939年，精读梁启超的《中国历史研究法》及《补编》，引发我对史学史的兴趣，以后凡关乎史学史的论著，皆觅而阅读，渐有终生研究中国史学史之志。1940年，西南联大在学，撰成《晋代之史学》一文，其中有《晋代史官表》，得姚从吾教授热情勉励。1942年，时为北京大学助教，姚从吾先生开设中国史学史课程，令我为之抄录资料备用。查阅与抄录资料过程中，忽悟应当编辑一套《中国史学史资料编年》，作为研究的基础。

如今此书出版了三册，最早动因，乃在 60 年前。后姚先生赴河南大学出任校长，经向达先生鼎力推荐，我方开设中国史学史选修课。师长辈的勉力指导，使我受益匪浅。而客观环境、工作安排乃至其他社会因素，又往往令我不得不放下史学史，做其他方面的历史教学和研究，因此这本小小的文集，虽以史学史研究为主，但毕竟内容不一，人生轨迹如此，也只好如此展现于读者面前。与叶振华、乔治忠二君曾经合作发表论文各一篇，征得二君同意，收录集中，最后《说中国近代的史学》《谈治学与做人》两篇，是乔治忠君根据讲课记录整理写定，皆经我阅读认可。

忆昔向乔治忠、姜胜利、叶振华、孙卫国等弟子指授门径、批阅论文，亦曾尽心尽力；而今不仅这本文集的编纂，其他诸事，也得学生辈效力实多。思前想后，感慨万千！现今乔治忠、姜胜利等等，已撑起南开史学史专业，是足慰平生之事。清代大学者钱大昕有"书有一卷传，亦抵公卿贵"之语，还应补上一句"尽心育后学，胜著等身书"。为人做"教书匠"者，幸莫大焉！福莫大焉！

杨翼骧

2002 年 10 月

附录1：杨翼骧先生学术年谱

1918 年（戊午） 1 岁（虚岁，后同）

8 月 15 日（旧历七月初九）生于山东省金乡县鸡黍镇杨瓦屋村。家世为书香门第，清代宗族内出过十位进士。至民国时期，祖、父辈多从事教学工作。先生之父杨纬坤，字经元，大伯父杨华坤字止畿，二伯父杨炳坤字汉章，叔父杨化坤字赞元，都是中学教师。

1924 年（甲子） 7 岁

此年已及学龄，遂入校学习。因父亲在济南第一师范学校任教师，先生进入该校附属小学读书。百日在校学习，晚上回家，严父每日都课以传统旧学，诵读《幼学琼林》、"四书"、《左传》《古文观止》等等，并且要讲解、背诵，经常受到责打。但学问功底也得已奠定。

1933 年（癸酉） 16 岁

本年考入山东省立济南高级中学（简称济南高中），住校学习。此为山东名校，自 1932 年宋还吾先生担任校长之后，大力聘请良师任教，如季羡林、李何林、王冶秋、王祝晨、许衍梁等等，皆任教于此，还邀请一些全国著名的专家、学者到校做学术讲演，著名水利专家张含英、历史学家陶希圣等人的学术讲座，给先生留下深刻印象。

自初中时起，课余即已喜读新文学作品，高中阶段尤甚。由此而撰写诗文投稿，曾在《山东民国时报》刊载散文，于《山东日报》发表新诗歌。但学友奉劝不要试图做文学家，细思而认同之。

1936 年（丙子） 19 岁

本年 8 月，考入国立北京大学文学院史学系。选择了历史学，但文学兴趣仍存，常阅读文学作品。

1937 年（丁丑）　20 岁

7 月 7 日，日本帝国主义发动卢沟桥事变，北京大学、清华大学与南开大学结合南迁，后于湖南长沙成立长沙临时大学。日军侵占北平、天津，抗日战争全面爆发。9 月间接到通知赴长沙报到，但因生活困难，缺乏路费，未能立即前往，暂且居家。

1938 年（戊寅）　21 岁

日寇侵入山东，济南、泰安相继陷落。年初，先生启程南下，2 月间抵达武汉，离长沙已不太远。然而却闻知"长沙联合大学"已经迁至昆明，改为"西南联合大学"。战火连天，交通阻隔，孤身一人无法西行进入云南。先生遂决计继续南下，绕道前往昆明。从武汉经长沙、衡阳至桂林，再于柳州安顿。其间需随时寻觅职业，谋求生计，躲避兵燹，故耗时几个月，其间贫病交加，艰苦备尝。

是年 12 月，经友人辗转介绍，在居南宁百余公里的崇善县，谋得在湘桂铁路第三工程总段任抄写员。抄写员工作轻松，薪水尚可，小有节余，可积攒准备赴昆明的路费。此工程总段设在崇善县县城，相对安全稳定，更重要的是县立图书馆藏书颇富，借读方便。工作之余，先生从图书馆借书苦读。

1939 年（己卯）　22 岁

本年至 8 月，仍在崇善，任职湘桂铁路第三工程总段抄写员。工作余暇，从崇善县图书馆借阅史学书籍，精读梁启超《中国历史研究法》以及《补编》后，树立以中国史学史为治学方向的志愿。随即逐次阅读《史通》《文史通义》《史记》《汉书》《三国志》《后汉书》《资治通鉴》《四库全书总目》史部提要等等，大有知识收获，写有约十万字的读书笔记，研习史学史的意志益坚。

8 月下旬，大学新学年开学日期迫近，急欲前往昆明复学，然路费仍然欠缺，得湘桂铁路第三工程总段长翟维泮先生慷慨资助 50 元，遂能成行。

9 月初，乘车自崇善经凭祥到越南河内市，在转乘滇越铁路的火车，于 9 月 8 日抵达昆明，于西南联合大学报到复学，读历史系二年级。

1940 年（庚辰）　23 岁

姚从吾教授于西南联合大学开设中国史学史课程，先生选修。

本年草成《晋代之史学》一文，其中有《晋代史官表》一节，列举史官姓名、职称及任职时间，系编辑《晋书》中的记载而成。姚从吾先生审阅并予以鼓励，惜其文已佚。

1941 年（辛巳） 24 岁

在西南联大历史系读书。

1942 年（壬午） 25 岁

在郑天挺先生指导下，本年完成毕业论文《论曹操统一中原》。夏，毕业于西南联大历史系，获文学学士学位，同时获北京大学文学学士学位。惜毕业论文后来佚失。

毕业后，到中央图书馆所办学术刊物《图书月刊》编辑部工作。

1943 年（癸未） 26 岁

本年上半年，仍在《图书月刊》编辑部工作，对吴相湘著《清史研究初集》一书撰文评介，发表于《图书月刊》1943 年第三卷第一期。书评兼指得失，理据充沛，作者吴相湘先生感触至深。

本年下半年，调回西南联大历史系工作，任助教。

1944 年（甲申） 27 岁

草成《陈寿年谱考略》一文，未刊，今已佚。

1945 年（乙酉） 28 岁

8 月 15 日，抗日战争胜利，日本无条件投降。北京大学、清华大学、南开大学三校开始进行复原的准备工作。

1946 年（丙戌） 29 岁

7 月，西南联大解散，各校复原。9 月，随北京大学回北平，在北京大学史学系工作，任助教。临行，先生交学校托运两个木箱，之后丢失一个，《晋代之史学》一文、毕业论文等重要文稿，皆在遗佚之内，实为很大损失。

1947 年（丁亥） 30 岁

撰成《司马迁记事求真的方法与精神》，刊于本年 10 月 1 日出版的北平《经世日报·读书周刊》第 59 期。内容要点：1）努力于材料的搜集；2）实地考察；3）亲身访问；4）专心锐志完成著作。

撰成《班固的史才》，刊于本年 12 月 17 日出版的北平《经世日报·读书周刊》第 70 期。内容要点：1）班固在史学上的卓越成就；2）郑樵对班固的诋毁；3）章学诚为班固申辩；4）对班固的公正评价。

1948 年（戊子） 31 岁

撰成《三国时代的史学》一文，连刊于本年 1 月 7 日、14 日出版的北平《经世日报·读书周刊》第 73、74 期。内容要点：1）史官的设置；2）官修国史的经过；3）史家与史书述略；4）总论。

撰成《漫谈历史的研究》一文，刊于本年 1 月 16 日出版的济南《山东日报·问学周刊》（季羡林主编）第 13 期。内容要点：1）研究历史的目的及功用；2）阅读与研究；3）史料与著作；4）考证与叙述；5）历史与文学；6）史评与史观；7）研究历史的基本工具。

撰成《读史笔记——西园八校尉》一文，署名"骧"。刊于本年 2 月 11 日出版的北平《经世日报·读书周刊》第 78 期。内容要点：考证东汉灵帝时西园八校尉的姓名与职务。

1949 年（己丑） 32 岁

1 月，北平和平解放后，开始学习马克思列宁主义、毛泽东著作。 9 月，开始在北京大学讲授"中国史学史"课。拟出包括马克思主义史学的讲章，内容从上古一直到新中国成立前，分古代和近现代两大部分。古代分八章，每章之后介绍同时期西方史学的情况，并做比较。中国近现代时期的史学，分为三个标题：一、资产阶级史学的先驱（即原来拟定的"19 世纪的史学"），二、资产阶级史学的建立与发展，三、马克思主义史学的建立与发展（即把原来拟定的"20 世纪的史学"分为两章）。

1950 年（庚寅） 33 岁

在北京大学讲授文、法学院共同必修课《中国通史》，并且试以马克思主义的立场、观点自编讲义。

1951 年（辛卯） 34 岁

与张政烺、余逊、宿白、商鸿逵、金毓黻合作撰成《五千年来的中朝友好关系》一书，于本年 10 月由开明书店出版。杨先生撰写其中《现代的中朝友好关系》一章。

1952 年（壬辰）35 岁

本年，杨翼骧在北京大学提升职称为副教授。

因全国高等学校院系调整，从北京大学调往北京政法学院（今中国政法大学前身）任教。此年，教育部下达文件，指定郑天挺由北京大学调往天津南开大学，任历史系主任兼中国史教研组主任。

1953 年（癸巳） 36 岁

由郑天挺先生相助，谋求调往南开大学历史系工作。本年 9 月初，为调往南开大学及时开课，已经基本拟好中国通史秦汉至南北朝一段讲课提纲。郑先生、南开大学有关机构及负责人鼎力协办相关事宜，直接向高教部申请。10 月间办妥手续，由北京政法学院调到南开大学历史系工作。

1954 年（甲午） 37 岁

2 月，在南开大学讲授"秦汉魏晋南北朝史"课程，有自编讲义。本年撰成《为什么项羽是农民起义领袖》一文，刊于本年 5 月出版的《历史教学》月刊。内容要点：1）项羽响应了农民起义；2）项羽积极参加了农民革命战争；3）项羽击破了秦朝主力军；4）推翻秦朝统治后的项羽；5）结束语。

1955 年（乙未） 38 岁

在南开大学讲授"中国历史文选"和"中国史学史"选修课程。

1956 年（丙申） 39 岁

在授课讲义基础上，撰成《秦汉史纲要》一书，由上海新知识出版社于本年 3 月出版。本书 16 万多字，以经济、政治、文化、外交等几大结构简明扼要地论述了秦汉两朝的历史脉络。出版面世后，立即被许多高等院校广泛采用为教材，次年即于上海人民出版社再版印行。当时，此书与何兹全先生的《秦汉史略》并行于世，30 多年之后，仍被史学界评论为"力图用马克思主义的理论、观点、方法研究秦汉史而产生的第一批全面记叙秦汉史的著作。两书的作者都是功力极深、造诣甚高的知名学者，……其筚路蓝缕之功，则非后来的著作可比"（《中国历史学四十年》载林剑鸣之文，书目文献出版社 1989 年 9 月版第122 页）。

撰成《关于汉代奴隶的几个问题》一文，刊于本年《南开大学学报》（人文科学）第 2 期。内容要点：1）奴隶的名称；2）俘虏与奴隶的关系；3）奴隶在社会生产中的地位；4）奴隶在法律上的地位；5）奴隶的数量。

本年，仍在南开大学历史系开设中国史学史选修课。

1957 年（丁酉） 40 岁

11 月，上海人民出版社重印《秦汉史纲要》一书。

撰成《三国两晋史学编年》一文，刊于本年出版的《南开大学学报》（哲学社会科学版）1957 年第 4 期。

本年，仍在南开大学历史系开设中国史学史选修课。

1958 年（戊戌） 41 岁

本年春，应邀在天津师范学院历史系讲授"中国史学史"课，历时一学期。

撰成《战国秦汉史通俗讲话》一书，署名"马襄"。于本年 5 月由北京通俗读物出版社出版。

本年 3 月 10 日，陈伯达在国务院科学规划会议上做报告，提倡"厚今薄古"，反对"厚古薄今"。学界迅速响应，批判所向，以历史学首当其冲。6 月 9日《人民南开》以整版篇幅发表批判长文，题为《杨翼骧先生"厚古薄今"表现及其实质》，由青年教师以及南开历史系大学生 16 人署名。此文集中汇总了已经贴出的大字报内容，精心结撰，上纲上线，认为先生所讲授中国史学史之中，"对一些封建史学家和资产阶级史学家推崇备至，赞赏不已"；在古代史课程中不大讲农民起义，却把帝王世系讲得清清楚楚，是"在'象牙塔'里为帝王将相编家谱"。还认为杨先生重史料、轻理论，钻冷门，从个人兴趣出发治学，追求成名成家，表明"资产阶级立场在解放几年来基本没有改变"。

本年下半年，中国史学史选修课被暂停，仍讲授秦汉史、三国两晋南北朝史课程。

1959 年（己亥） 42 岁

在南开大学开设"秦汉史专题研究"课程。

本年 1 月 8 日，《人民南开》同时刊发先生两文，即《边学边教，边教边学》与《我们参加农场劳动的体会》，凸显为进步形象。前一文提出历史教学改革，课程四个环节进行：1. 启发报告与重点讲授，2. 学生自学，3. 组织讨论，4. 总结。

参加全国学术界关于曹操问题的讨论，撰成《曹操打乌桓是反侵略吗》一文，署名"木羽"，刊于本年 5 月 11 日出版的《天津日报·学术专刊》。内容要点：1）问题的提出；2）在曹操打乌桓之前的四十年中，乌桓没有进行侵略；3）认为曹操打乌桓是反侵略的理由不能成立；4）曹操打乌桓的目的及其性质；5）曹操打乌桓的后果；6）结论。

1960 年（庚子） 43 岁

《曹操打乌桓是反侵略吗》一文，被收入生活·读书·新知三联书店于本年 1 月出版的《曹操论集》。

在南开大学讲授"中国史学史专题研究"课。

本年 11 月至 12 月间，应邀在石家庄师范学院历史系讲授"中国历史名著选读"，实际为史学史内容。

1961 年（辛丑） 44 岁

因教育部的部署和提倡，中国史学史的研究形成一个热点，教学工作也在全国起步。南开大学历史系恢复了中国史学史的课程设置。

撰成《中国史学的起源与奴隶社会的史学》一文，刊于本年 12 月 6 日出版的《天津日报·学术专刊》。内容要点：1）史学的起源；2）奴隶社会的史书；3）奴隶社会的史学成就。

本年 11 月 23 日至 12 月 8 日，应邀在安徽大学历史系集中讲授"中国史学史"课程，共讲授 26 课时，另对安徽大学师生、合肥师范学院师生、安徽省历史学者做学术讲座 5 次，呈满负荷工作状态。12 月 9 日回到南开大学，数日后，由南开大学历史系总支书记魏宏运通知：增任杨生茂、杨翼骧为历史系副主任。

1962 年（壬寅）　45 岁

任南开大学历史系副主任，到 1965 年。本年，提升职称为正教授。

除讲授中国史学史之外，在南开大学开设"史学名著选读"课。

撰成《裴松之与范晔》一文，刊于本年 7 月 14 日出版的《光明日报》。

指导中国史学史进修生一名，即邓瑞。邓瑞，来南开进修中国史学史之时，为内蒙古大学教师，后为南京大学教授，始终做中国史学史的教学与研究工作，直至退休。

1963 年（癸卯）　46 岁

本年，南开大学历史系于毕业班中设"中国史学史专门组"，由杨先生辅导学习。"中国史学史专门组"成立的目的，是推动一部分毕业生将中国史学史作为专业方向，突出南开大学历史学科的特色，有助于全国史学史专业的发展。当时参加专门组的学生有十几名。

撰成《裴松之与〈三国志注〉》一文，连刊于本年 7 月、8 月出版的《历史教学》月刊。内容要点：1）裴松之的生平及著作；2）《三国志注》的内容；3）《三国志注》的价值；4）裴松之在史学史上的贡献。

撰成《刘知幾与〈史通〉》一文，连刊于本年 7 月、8 月出版的《历史教学》月刊。内容要点：1）刘知幾的生平及著作；2）《史通》的内容；3）《史通》在撰著上的几个特点；4）刘知幾对于史学的贡献。

指导秦汉史研究生一名，即祝马鑫。祝马鑫后为武汉大学教授，从事秦汉史的研究及"史学概论"教学工作。

1964 年（甲申）　47 岁

撰成《南北朝史学编年》一文，刊于本年 4 月出版的《南开大学学报》（哲学社会科学版）第 5 卷第 1 期。

1978 年（戊午）　61 岁

开始招收中国史学史硕士研究生，经考试招收第一位中国史学史硕士生叶振华。此后第二届为王天顺，第三届为乔治忠，第四届为姜胜利、夏素青。第五届为徐蜀、李绪柏，第六届为朱端强、赵政、李小沧。其中，赵政、李小沧入学单位，是南开大学古籍研究所。

1979 年（己未） 62 岁

南开大学历史系中国古代史教研组刘泽华等十人合作，撰成《中国古代史》上下两册，杨先生撰写两晋南北朝部分，本年 7 月，由人民出版社出版。

应中国社会科学院和教育部的聘请，担任《中国历史大辞典·史学史卷》（古代部分）的主编，开始拟订词目，并参加词条的撰写工作。《中国历史大辞典》为史学家郑天挺等主编的大型历史学工具书，各个分册单行出版后又有合编本，全书于 2000 年 3 月由上海辞书出版社出版齐全。

1980 年（庚申） 63 岁

《中国史学的起源与奴隶社会的史学》《裴松之与〈三国志注〉》《刘知幾与〈史通〉》三篇文章，被收入吴泽主编、上海人民出版社于本年 1 月出版的《中国史学史论集》第一、第二两集。

本年，开始与瞿林东先生通信。

1981 年（辛酉） 64 岁

南开大学历史系成立古文献研究室，由先生担任研究室主任，并任南开大学历史系学术委员会委员。

本年夏，应尹达先生邀请，至中国社会科学院历史研究所参加几位硕士研究生的答辩。在此期间，会晤了同来参加答辩的北京师范大学教授白寿彝先生、华东师范大学教授吴泽先生，四位教授对史学史学科的发展问题进行了交谈。答辩前夜晚，尹达先生专来磋商中国史学史学科的建设问题，并且讲出其设想与规划，征求杨先生的意见和协助。

1982 年（壬戌） 65 岁

2 月，赴上海进行《中国历史大辞典·史学史卷》词条审阅定稿的工作。居于上海华东师范大学招待所，与仓修良先生会面并且长期合作审改词条。7 月中旬才返回天津南开大学。

1983 年（癸亥） 66 岁

参加国务院古籍整理领导小组在北京召开的全国古籍整理会议，随后筹备成立南开大学古籍整理研究所。

6 月，被任命为南开大学古籍整理研究所所长。10 月，接受南开大学颁发的"从事教育科学四十年纪念荣誉证书"。

与吴泽先生共同主编的《中国历史大辞典·史学史卷》，本年 12 月由上海辞书出版社出版。这是《中国历史大辞典》最先出版的分册。

本年，南开大学历史系成立历史文献学教研室，杨先生任教研室主任。拟定招考硕士生古代汉语科目考题，重点在于测试考生是否直接阅读经史古籍的状况。

1984 年（甲子）　67 岁

被聘为南开大学学术委员会委员。是年，当选为九三学社天津市第五届委员会委员。

作者署名为"严叙"的《杨翼骧》（学者介绍）一文连同先生的照片，刊载于《天津社联学刊》本年第 4 期。

本年，按学校的安排，向整个天津市招考古籍整理研究所业务人员，杨先生负责拟定历史文献学的考题、阅卷和录取。考题与判分标准立足于是否阅读古籍原书，先生排除请托，严守规范。

杜汉鼎、刘光胜合写的《喜读〈中国历史大辞典·史学史卷〉》，发表于本年《史学史研究》第 3 期。认为本书"确是我国史学工作不可多得的一部很好的工具书"，具有科学性、系统性、知识性、实用性等优点，是"我国史学界开创性的可喜成果"。

1985 年（乙丑）　68 岁

任南开大学历史系学位委员会委员。本年中被国务院学位委员会批准为中国史学史博士生导师。

原《裴松之与〈三国志注〉》一文，被《中国史学家评传》主编者易以《裴松之》为题，收于上册。该书中州古籍出版社本年 3 月出版。

《中国历史大辞典》编委会致函南开大学，感谢主编《中国历史大辞典·史学史卷》取得的成就。

1986 年（丙寅）　69 岁

开始招收史学史专业中国史学史博士研究生，所招第一届博士生乔治忠，第二届姜胜利，第三届汤勤福，此后历届有牛润珍、任冠文、张秋升、孙卫国、岳纯之等，后皆为南开大学或其他大学的教师。

入编甘肃人民出版社的《中国社会科学家辞典》。

《中国历史大辞典·史学史卷》获得上海市优秀著作奖。

撰成《应当继承司马光认真负责的精神》一文，收入吉林文史出版社于本年 12 月出版的《司马光与〈资治通鉴〉》一书。

1987 年（丁卯） 70 岁

编成《中国史学史资料编年》第一册（先秦至五代），于本年 3 月由南开大学出版社出版。

署名蓝天海撰写的书评《评〈中国史学史资料编年〉第一册》，刊于本年 12 月出版的《史学史研究》第 4 期，指出这是"首创性的具有为后人修桥铺路性质的书"。

1988 年（戊辰） 71 岁

署名陆申撰写的书评《推荐一本嘉惠后学的史学专著——评杨翼骧先生〈中国史学史资料编年〉第一册》刊于本年《历史教学》月刊第 1 期。文章认为本书具有"真、朴、精、博"的特点，本书"内容翔实，史料宏富，这是编者将自己多年的精心积累，向学术界做出的无私奉献"。对于影响小、成就低或史德低劣的史家及著述，已佚的史籍，亦收录有关资料，"尽量勾画中国史学史的全貌，这种资料丰博而全面的特点，决定了本书在中国史学史研究中拥有不可替代的独到作用"。

1989 年（己巳） 72 岁

撰成《〈贾谊集校注〉序》，刊于中州古籍出版社本年 5 月出版的《贾谊集校注》（吴云、李春台合作）。

王兴亚撰写的《中国历史大辞典·史学史卷补正》发表于《河南大学学报》本年第 1 期。文章肯定了本书的学术成就，随之考订《中国历史大辞典·史学史卷》在一些具体史实特别是史家籍贯的认定上，存在疏误与可争议之处。

1991 年（辛未） 74 岁

与叶振华合作撰成《唐末以前官修史书要录》（上），刊于本年 12 月出版的《史学史研究》第 4 期。

本年，开始与陈其泰先生通信。

1992 年（壬申）　75 岁

与叶振华合作撰成《唐末以前官修史书要录》（下），刊于本年 3 月出版的《史学史研究》第 1 期。

与孙香兰共同主编《清代史部序跋选》，由天津古籍出版社于本年 4 月出版。

1993 年（癸酉）　76 岁

撰成《蔡珪卒年辨》一文，刊于《南开学报》（哲学社会科学版）本年第 1 期。

对已经留校任职的弟子和在学的史学史专业博士生，做连续性的讲座："谈治学与做人"，对人生的品德修养、处世体验、专业学习、治学态度等诸多问题激浊扬清、谆谆教导，举出的实例涉及了许多学界的往事。

入编天津大学出版社出版的《天津市当代专家名人录》。

1994 年（甲戌）　77 岁

4 月，获得南开大学与君安证券有限公司颁发的"君安—南开科学家奖"。

编成《中国史学史资料编年》第二册（两宋时期），于本年 10 月由南开大学出版社出版。

署名宁泊撰写的《史学史研究的今与昔——访杨翼骧先生》，刊于《史学史研究》本年第 4 期。本文传达了杨先生对于中国史学史学科发展的回顾和展望，以及自己研究中国史学史的学术体会。

1995 年（乙亥）　78 岁

著名史学家白寿彝收到和阅览了杨先生赠予的《中国史学史资料编年》第二册，与本年 4 月 8 日致信杨先生，称："此书搜罗甚富，大有益于宋代史学的研究"。并提出安排一篇书评，准备发表于《史学史研究》。白先生主编 12 卷本大型《中国通史》正值陆续告成，因而此信中请杨先生为其中第七卷（五代辽宋金夏卷）题写"中国通史"书名，签名盖章。《中国通史》共 12 卷 22 册由上海人民出版社 1999 年出版齐全。

署名陆申撰写的书评《读〈中国史学史资料编年〉第二册》，刊于《史学史研究》本年第 2 期。文章认为本书是"以著作家的史识和总揽史学发展全局的眼光而致力于资料纂辑，在学术上做出了无私的奉献。相信各个方向上的同行研究者，都会从本书中获取裨益，得到启迪，从而使中国史学史的研究更加深入、更加广泛地向前发展"。

与乔治忠合作的《论中国古代史学理论的思想体系》，刊于《南开学报》（哲学社会科学版）本年第 5 期。

1996 年（丙子） 79 岁

4 月，《中国史学史资料编年》第三册（元、明卷）完稿，交付南开大学出版社。

本年上半年，先生的硕士毕业生、云南师范大学副教授朱端强，来南开大学历史系访学进修，由先生指导，于 6 月间结业。

杨翼骧审定，乔治忠、姜胜利编著的《中国史学史研究述要》于本年 11 月由天津教育出版社出版。

1997 年（丁丑） 80 岁

本年值先生八十寿辰，著名国画家范曾先生特意作画相赠。8 月初，北京图书馆出版社出版《中国历史与史学——祝贺杨翼骧先生八十寿辰学术论文集》。8 月中，由弟子发起、操办，举行了杨先生八十华诞的庆贺活动，来自全国各地的硕士、博士研究生与先生共聚一堂，曾经在南开进修中国史学史的南京大学教授邓瑞先生也赶来祝寿。其间，师生之间交流了对于史学史研究和学科发展的体会，介绍了各地大学的历史学科状况。

1998 年（戊寅）81 岁

本年南开大学历史系出版建系 75 周年纪念文集，其中刊载先生《中国史学史绪论》一文，是多年讲授中国史学史课程之绪论的内容。

本年年底，郑克晟教授旅美归来，带来海外著名的中国近现代史专家吴相湘先生给杨先生的贺年片，并且转达吴先生对杨先生的问候，感谢 55 年前杨先生在《图书月刊》对吴先生《清史研究初集》的评介。

1999 年（己卯） 82 岁

《中国史学史资料编年》第三册（元朝、明朝部分），由南开大学出版社出版。

署名为宁泊的文章《杨翼骧》，扼要述评先生治学履历，收载于南开大学办公室主编《南开人物志》第二辑，南开大学出版社1999年出版。

2000年（庚辰）83岁

撰成《悼念杰出的历史学家白寿彝先生》，刊登于《史学史研究》本年第3期。

撰成《怀念郑天挺师》，刊载于《郑天挺先生百年诞辰纪念文集》，中华书局2000年出版。

2002年（壬午）85岁

仓修良教授撰写的《读〈中国史学史资料编年〉》一文，发表于《史学史研究》本年第2期。此文综合评论已经出版的三册《中国史学史资料编年》，认为"这样一部著作，帮助我们掌握和了解我国史学发展的梗概，对于研究具体史家或史书也创造了条件，嘉惠后学，其功大矣"，"是研究中国古代史学史一部不可多得的入门之书"。同时，文章也举例指出了本书的不足之处。

本年11月，委托弟子乔治忠、孙卫国整理编辑的《学忍堂文集》，由中华书局出版，为《南开史学家论丛》第一辑的八部文集之一，收入杨翼骧先生的主要论文。《南开史学家论丛》，由国画家范曾先生捐资出版。

2003年（癸未）86岁

是年春节之后，杨先生身体欠安，于天津市总医院住院治疗。2月22日，因突发症状抢救无效，于上午9时20分逝世。

谱后：

2003年（癸未）

本年4月初由范曾先生操办，在人民大会堂陕西厅隆重举行《南开史学家论丛》发布会议。全国著名史学家何兹全、戴逸、齐世荣、李学勤、瞿林东、陈高华、张芝联、李文海参加会议，并且各自对论丛之中一部著作发表评论。南开大学校长侯自新及其他部分领导干部到会，侯自新校长发表讲话。作为论丛的作者之一，魏宏运教授也参加了会议，这些南开历史学家培养的部分博士弟子，参加了会议，《人民日报》《光明日报》等媒体的记者，有多人参加。范曾先生在讲话中说到杨翼骧先生的特点，是学术思考深邃、独到，为人正派、规范，"君子之交淡如水"，不搞私人拉拢。瞿林东先生于会上发表了赞评先生《学忍堂文集》的讲话。

《光明日报》2003 年 4 月 10 日发表 8 位史学家分别对《南开史学家论丛》中一部书的评论，瞿林东对杨翼骧先生文集的评论题目为《资料 会通 见识——读杨翼骧先生〈学忍堂文集〉》。

张笑川发表文章：《杨翼骧先生及其中国史学史研究》，刊于《苏州科技学院学报》2003 年第 4 期。

乔治忠、姜胜利合撰文章：《杨翼骧教授的史学成就及其学术特点》，刊载于《史学史研究》2003 年第 2 期。

2006 年（丙戌）

姜胜利据课堂笔记整理为《杨翼骧中国史学史讲义》一书，由天津古籍出版社 2006 年出版。此为该出版社编辑《名师讲义》丛书之一。

张越主编《史学史读本》一书，收录先生《裴松之与〈三国志注〉》全文，北京大学出版社 2006 年出版。

程文标、彭忠德合撰文章：《博识弘通，自成体系——读〈中国史学史讲义〉》，刊载于《历史教学》2006 年第 12 期。

2007 年（丁亥）

岳纯之撰文：《为中国史学史学科传续薪火——〈杨翼骧中国史学史讲义〉简论》，刊于《史学理论与史学史学刊》2007 年卷，社会科学文献出版社 2009 年 9 月出版。

2009 年（己丑）

《20 世纪二十四史研究》丛书第五卷（张越主编），收录先生《裴松之与〈三国志注〉》全文。本书选择与编辑 20 世纪研究《后汉书》《三国志》的重要论文，中国大百科全书出版社 2009 年出版。

2012 年（壬辰）

安徽大学硕士研究生韩杰，撰成学位论文《杨翼骧的中国史学史研究》，并且通过答辩。指导教师：徐国利。

2013 年（癸巳）

乔治忠撰写文章：《史学史专家杨翼骧先生的治学历程和学术贡献》，刊载于《首都师范大学学报》2013 年第 2 期。

《南开学报》（哲学社会科学版）2013 年第 2 期封二，刊发《著名中国历史学家——杨翼骧》，配以彩色照片。策划与本文撰写人：姜胜利。

瞿林东文章《杨翼骧先生与中国史学史研究》，《南开学报》2013 年第 5 期。

杨翼骧编著，乔治忠、朱洪斌订补：《增订中国史学史资料编年》4 册，由商务印书馆于本年 10 月出版。

乔治忠、杨柳整理：《杨翼骧中国史学史手稿存真》，国家图书馆出版社 2013 年 10 月出版。

2014 年（甲午）

张越发表文章：《杨翼骧先生的中国史学史研究述论》，刊载于《史学月刊》2014 年第 8 期。

乔治忠主编《中国史学史经典精读》一书，收录先生《论中国古代史学理论的思想体系》《刘知幾与〈史通〉》两篇论文。高等教育出版社 2014 年出版。

南开大学硕士研究生李家雷，撰成学位论文《杨翼骧史学研究》，并且通过答辩。指导教师：姜胜利。

孙卫国发表文章：《杨翼骧与郑天挺之学术交谊》，《史学史研究》2014 年第 4 期。

2015 年（乙未）

2015 年 12 月，杨翼骧编著、乔治忠、朱洪斌订补《增订中国史学史资料编年》，获教育部第七届高等学校科学研究优秀成果（人文社会科学）二等奖。

2018 年（戊戌）

《廊坊师范学院学报》执行编辑金九红教授，策划于该刊本年第 1 期设"杨翼骧先生诞辰 100 周年纪念专题"栏目，主动征稿并撰写按语。

瞿林东先生发表文章：《温故知新——重读杨翼骧先生编著〈中国史学史资料编年〉第一册》，刊于《廊坊师范学院学报》2018 年第 1 期。

陈其泰先生发表文章：《文辞犹金石、志识其炉锤——杨翼骧先生治学风格管见》，刊于《廊坊师范学院学报》2018 年第 1 期。

乔治忠发表文章：《杨翼骧教授与南开大学史学史学科建设》，刊于《廊坊师范学院学报》2018 年第 1 期。

本年 5 月，孙卫国、顾少华采访郑克晟先生，谈杨翼骧先生往事。郑先生提到杨先生曾在 1943 于重庆中央图书馆《图书月刊》发表评介吴相湘《清史研究初集》文章，顾少华从网络文献资源搜的该文扫描版。郑先生还提到：杨翼骧先生三国两晋南北朝史讲义书稿，曾提交天津人民出版社，但却未能刊出，未知何故。

本年 7 月 7 日，南开大学历史学院主办、南开大学史学理论及史学史研究中心承办的学术会议"'中国史学史研究的反思与展望'暨纪念杨翼骧先生百年诞辰国际学术研讨会"开幕，南开大学历史学科的部分老教师、老干部，特意参加了开幕式。来自美国新泽西州罗文大学、美国伊利诺伊大学、加拿大拉瓦尔大学、中国社会科学院、北京师范大学、浙江大学、华东师范大学、兰州大学、中国人民大学、台湾辅仁大学、台湾东吴大学、东北师范大学、天津师范大学、上海师范大学、《历史研究》《史学理论研究》《学术研究》《史学史研究》《史学月刊》《天津社会科学》《中华读书报》《史学集刊》《河北学刊》《廊坊师范学院学报》编辑部等多所海内外高等院校、科研院所、报刊编辑部的百余名专家学者参加了这场学术盛会。

孙卫国发表文章：《回忆先师杨翼骧先生》，载于《中华读书报》2018 年 7 月 25 日。

8 月 22 日，乔治忠发现网上"孔夫子旧书店"拍卖有杨翼骧历史课程"秦汉三国两晋南北朝史"讲义，搭配一起出售者还有郑天挺明清史讲义、王玉哲中国上古史讲义，急忙买下。25 日，讲义寄达，三位先生之讲义各为一本，墨色油印本，字迹皆可辨认，其中杨翼骧"三国两晋南北朝史"讲义久已沦失，今日复现，弥足珍贵。讲义上有"纬堂"二字，盖存有者之名也。此人即姜纬堂（1936—2000）先生，为南开大学历史系 1955 级大学生，毕业后在北京市社会科学院历史研究所工作，研究员职称。撰有北京地方史著述几种，发表学术论文多篇。南开历史系此三份讲义，均应为姜先生自大学生时期所专存。据讲义上附加内容显示，此杨翼骧讲义当是刻印于 1956 年上半年。

本年 9 月初，乔治忠编辑编订《杨翼骧文集》完成，此为历史学院迎接南开大学百年校庆规划中的前辈学者系列文集之一。

（乔治忠 增订）

附录 2：杨翼骧先生与中国史学史研究

瞿林东[①]

杨翼骧先生是研究中国历史和中国史学史的名家，他在中国史学史研究领域所做出的贡献，一是对于中国史学史学科基础建设具有不可替代的价值；二是他对于中国史学的一些重要问题的思考和阐述，反映了他在学术上的会通和卓识；三是他在培养专业人才方面呕心沥血，在奖掖后进方面热情真挚，使后学获益甚多，使学科队伍得以壮大。本文仅就上述几个方面，略述杨翼骧先生在当代中国史学史研究的发展上所占有的重要地位。

一、对学科基础建设的重要贡献

学科基础建设既是学科得以建立和发展的前提条件之一，也是有志于该学科研究者的入门路径之一，其重要意义不言而喻。杨翼骧先生在这方面做了三件事。

（一）关于《中国史学史资料编年》

中国史学家在做有关"资料编年"方面有悠久的历史，宋人司马光主持编撰《资治通鉴》一书，首先就是作资料长编。从性质上看，这是有关资料序列的排列，同时也可以视为某一撰述的初稿，如李焘的《续资治通鉴长编》或许更能说明它兼具二者的特点。

杨翼骧先生作"中国史学史资料编年"当始于 20 世纪 50 年代，发表于《南

---

① 作者简介：瞿林东，男，安徽肥东人，北京师范大学历史学院史学研究所教授，博士生导师，北京师范大学史学理论与史学史研究中心兼职研究员，主要研究史学理论与中国史学史。

开大学学报》1957 年第 4 期的《三国两晋史学编年》，是杨先生第一篇公开发表的"资料编年"。此后，又于 1964 年发表《南北朝史学编年》一文，载于《南开大学学报》1964 年第 1 期。

从 20 世纪 80 年代起，杨先生开始将"资料编年"结集分册出版，并于 1987 年出版了《中国史学史资料编年》第一册（先秦至五代），1994 年出版了第二册（两宋），1999 年出版了第三册（元明）。以上三册，均由南开大学出版社出版。这里，有两点值得我们注意：第一，从作者于 1957 年发表《三国两晋史学编年》一文，到 1999 年《中国史学史资料编年》第三册出版，经历了 42 个年头。这就是说，作者在四十多年的时间里，始终在默默地致力于中国史学史学科的基础性工作。这种把学科的基础建设看得如此重要，以至于投入了自己的大部分学术生命，是一种多么严谨的学风、高尚的精神。正是这种精神的感召力，赢得了所有从事中国史学史研究学人尤其是包括笔者在内的众多后学的钦佩和尊敬。第二，杨先生在把"编年"结集出版时，加上了"资料"二字，这是出于怎样的考虑呢？作者对此没有做出说明，据愚意揣测，一是表明此书并非中国史学之研究的编年，而是中国史学之资料的编年，反映了作者的谦谦之意；二是着眼于"资料"，从而突出了此书的资料性，故读者阅读此书当有所参考。细细品味，"资料"二字加得甚好。作者在《学忍堂文集·自序》中这样写道：

> 1942 年，时为北京大学助教，姚从吾先生开设中国史学史课程，令我为之抄录资料备用。查阅与抄录资料过程中，忽悟应当编辑一套《中国史学史资料编年》，作为研究的基础。如今此书出版了三册，最早动因，乃在 60 年前。[①]

看来，这正是加上"资料"二字的历史渊源。需要指出的是，杨先生在几十年前是为老师"查阅""抄录"资料，而其后所做的"查阅""抄录"资料，则是着眼于后学，使其"作为研究的基础"。可见，学术研究本身，启发了学人在学术传承创新方面的自觉意识。

中国史家自古以来讲求史书撰述的体例，司马迁《史记》的《太史公·自序》及其包含的各篇小序即可视为全书的体例，班固《汉书》的《叙传》亦然。西晋杜预以研究经学名于世，也是一位精通史例的学者。唐代史家刘知幾著《史通》而设有《序例》专篇，强调史例的重要，认为："史之有例，犹国之有法。

[①] 杨翼骧：《学忍堂文集》，中华书局 2002 年版，第 2 页。

国无法，则上下靡定；史无例，则是非莫准。"①杨先生作"资料编年"，严格遵循这一优良传统，通览《学忍堂文集》所收四篇"史学编年"，均各有"例言"置于篇首。这四篇"例言"因专就不同断代而设，故多有异同，而又相承相因，反映了作者对体例的重视和不同时期史学发展的格局。值得注意的是，其中《三国两晋史学编年》的"例言"，大致已确立了后来出版的《中国史学史资料编年·例言》的章法。如果进而将《中国史学史资料编年》第一、二、三册的"例言"加以比较的话，也还是可以发现有少数文字改动和条文顺序调整之处，这足以反映杨先生对于史书体例要求的严格和语言表述的严谨。如关于"所标年代"问题，对于以"编年"名书的著作自是关键所在，故作者将原置于第一册"例言"中的第三条，改置于第二册"例言"中的第二条，并对文字表达做了修改。第一册第三条的文字表述是：

> 所标年代首列公元纪年，次列各朝帝王的年号及年数。但在分裂割据时期，同时并存的政权大都在两个以上，如全部胪列则嫌繁赘。今为简明扼要起见，在公元纪年之后，仅列其与某年史学事迹有关的王朝年号及年数，无关者从略。（引者按：第三册同此）

从上述的对比中，"所标年代"的位置变动了，关于"年代"书写的要求更明确了。仅此一条即可说明，研究者对于史书编撰中的体例问题，是一个不断认识的过程，这个过程真实地反映了作者严谨治学的精神。

《中国史学史资料编年》（以第二、三册为例），有"例言"八则：一是关于编纂内容和目的，二是关于年代书写方法，三是资料取舍原则，四是关于地理书的处置，五是所录史家活动范围的界限，六是关于编者按语（多系考证之语）对有关年代的说明，七是关于史家著作无法考定年代的处理方法，八是关于史家生卒年的处置通例。八则"例言"，有五则与年代有关，这正是"编年"为书的基本特点，也是编撰者遇到最多、最繁难的问题。《中国史学史资料编年》一书，在这方面不仅为后学提供了方便，也为后学树立了严谨治学的榜样。

《中国史学史资料编年》一书之所以被称为学科基础建设的著作，因为它具有以下几个方面的作用：

第一，此书把中国古代史家活动、历史著作、史学现象等重要人物与史事，以年代和基本史料贯穿起来，名为"编年"，实已具备了"史学史"的雏形，为

---

① 刘知幾：《史通》上册，浦起龙通释，上海古籍出版社1978年版，第88页。

研究者尤其是初学者梳理了一个大致的脉络。

第二，"资料编年"重在明确何年有何事，突出了时间的重要性，并对有些年代不明者进行考定，为某些具体个案研究提供了方便。

第三，研究史学史，当以基本史料为基础，此书作为"资料编年"，其所举史家、著作、史学活动，均以第一手资料为依据，且一一说明资料的出处，研究者以此为线索拓展开去，必有收获。

第四，编年之书的一个特点，是以年代贯穿全书，便于阅读者做纵向观察和思考。这种纵向观察和思考，相对来说，比较容易使阅读者发现事物在时间推移中存在这样那样的联系（一致的、矛盾的、互补的种种联系），进而从中概括出值得进一步研究的问题，或者是他人从未关注过的新问题。如北宋官修《唐书》（即《新唐书》）的修撰过程，就是一个值得关注的问题，《中国史学史资料编年》第二册就此事概括了如下事目：

1044　宋仁宗庆历四年
　　　　贾昌朝建议修《唐书》

1045　宋仁宗庆历五年
　　　　王尧臣、曾公亮等编修《唐书》

1049　宋仁宗皇祐元年
　　　　宋祁为《唐书》刊修官

1051　宋仁宗皇祐三年
　　　　宋祁在亳州修《唐书》

1052　宋仁宗皇祐四年
　　　　宋祁请以宰相监修《唐书》

1054　宋仁宗至和元年
　　　　诏宋祁、范镇等速上所修《唐书》
　　　　诏欧阳修修《唐书》

1055　宋仁宗至和二年
　　　　欧阳修论修《唐书》采集史料事

1058　宋仁宗嘉祐三年
　　　　梅尧臣为编修《唐书》官

1060　宋仁宗嘉祐五年
　　　　欧阳修、宋祁等著成《唐书》（即《新唐书》）

1061　宋仁宗嘉祐六年

　　《新唐书》作者之一宋祁卒[1]

以上每一事目之下，均列举丰富资料及出处以为佐证。据此，我们或许可以提出这样的问题：宋祁在修撰《唐书》(《新唐书》)过程中起了怎样的作用？唐朝史官修史，不论是前朝史还是"国史"，均系宰相监修，宋朝在这方面是什么制度？宋仁宗急于读到史官所修《唐书》，是出于什么考虑？等等。这些问题，都是阅读者很自然地就会想到的，是否值得进一步去研究它们，那就需要根据材料而定。但仅仅是想到这些问题，或许就加深了阅读者对《新唐书》产生过程的认识。

此外，《中国史学史资料编年》提到前人所著的许多书，今已不传，这也从一方面丰富了阅读者对史学史的认识。

作"资料编年"，必须广泛阅读，否则不能成编。我没有统计《中国史学史资料编年》征引了多少种文献，但可以断定，这是一个不小的数目，有兴趣的朋友，不妨做一统计。

（二）关于《中国史学史研究述要》

此书由杨翼骧先生审定，乔治忠、姜胜利二教授编著，天津古籍出版社 1996年出版。全书包含八章，第一章绪论，论述中国史学史研究对象、学科特点、研究的意义及研究方法等方面的问题。第二至第四章是研究状况概述（上中下）。第五至第八章分别介绍研究中国史学史的基本史料、参考书、工具书及重要论著索引。总起来看，这是一本指导中国史学史研究的入门之书。

这里要着重讨论的是本书的二、三、四章即研究状况概述上、中、下三篇。其上篇概述了关于中国史学史的基本理论、关于中国史学史总论、关于中国史学史的起源及先秦史学、关于秦汉史学、关于魏晋南北朝史学；中篇概述了关于隋唐五代史学、关于宋辽金元史学、关于明清（1840 年以前）史学；下篇概述了关于近代的非马克思主义史学、关于近代的马克思主义史学。这三篇概述，把前人对于上至史学的起源、下至近代马克思主义史学的研究，作了历史性的述评，使这一研究领域的发展脉络、主要问题、各家观点、代表性成果等具体状况都展现出来。这种关于研究性资料的历史述评，对后起的研究者具有重要的参考价值。诚如本书《后记》所说：

---

[1] 以上参见杨翼骧《中国史学史资料编年》第二册，南开大学出版社 1994 年版，第 101-129 页。

近年以来，中国史学史研究的学术队伍日益壮大，呈现出兴旺的发展前景。而凡是学术事业，知故方能创新，只有了解已有的研究状况，才可作进一步的探索。所以，我们不揣浅陋，特编著此书，力图向学术界集中地提供中国史学史研究已达到的水平，但愿可为海内同人提供一些信息、线索。本书努力将学术性、资料性、工具性融合于一体，以适应初学者和研究者不同层次的需要。全书内容以介绍新中国成立后国内的研究状况为主，时间下限止于 1987 年，此后发表之鸿篇巨论，留待将来续补。①

由此可见，提供信息，本是编著者的初衷。但是，从本书的内容来看，只有对相关领域有相当的研究，才能提供高水平的、真正有参考价值的信息。以唐代史学中关于刘知幾史学的研究为例，编著者就任继愈、侯外庐、白寿彝、杨翼骧、王玉哲、程千帆、傅振伦等老一辈学者对刘知幾及其《史通》的研究和评论，一一作了概述②，从而使后继者得知关于刘知幾及《史通》研究进一步探索的路径、重点、方法等，得到许多启示，显示出对研究性资料作历史述评的价值所在。

又如中编部分内容之一"对于司马光《资治通鉴》及其相关问题的研究"标目之一，首先介绍了《资治通鉴》一书的编撰及司马光的其他论著，同时追述北宋以至于清朝间后人对《资治通鉴》的研究，涉及注释、续作、改编等。其中着重强调了元初胡三省《资治通鉴音注》，明末清初严衍、谈允厚《资治通鉴补》。突出了近代梁启超、章太炎对《资治通鉴》的评价，指出崔万秋的《通鉴研究》和张须的《通鉴学》是对《资治通鉴》研究的总结性专著。新中国成立后，由于《资治通鉴》研究受到更为广泛的关注，本书编著者则按专题研究予以概述，这些专题是：关于《通鉴》的编修分工及其过程；关于司马光的政治态度；对司马光历史观点的评论；对《资治通鉴》史学地位和史学方法的评介；对司马光其他著述的评介；对《资治通鉴》参修人员的研究等。其征引的研究范围，有翦伯赞、陈千钧、柴德赓等老一辈学者的论著，也有许多后起的中青年研究者的文章，展现出《资治通鉴》研究的历史和现状。③这是把历史述评和专题介绍结合起来了。

杨翼骧先生为什么领着他的弟子们来编著《中国史学史研究述要》一书？

---

① 杨翼骧审定：《中国史学史研究述要》，天津古籍出版社 1996 年版，第 457 页。
② 杨翼骧审定：《中国史学史研究述要》，天津古籍出版社 1996 年版，第 121-125 页。
③ 杨翼骧审定：《中国史学史研究述要》，天津古籍出版社 1996 年版，第 134-142 页。

显然，这同样反映出杨先生对中国史学史学科基础建设的高度重视，这在上引此书后记中所写的那些真诚的话语，已表述得十分清楚。几个月前，我写了一篇题为《论中国史学学术史的撰述方式》，发表在《河北学刊》2013 年第 3 期，近日《新华文摘》还转载了此文。现在我想补充说几句，从性质上看，《述要》也可视为 20 世纪中国史学学术史的一种形式。有志于此道的专业工作者，若在此基础上，略仿本书的体例，编著自 1987 年以来二十余年的《中国史学史研究述要续编》一书，一定是很有意义的。

（三）关于《中国历史大辞典·史学史卷》

本书是吴泽先生和杨翼骧先生共同主编，由上海辞书出版社于 1983 年出版，至今已整整 30 年了。书首说明这样写道："本卷是《中国历史大辞典》的专史分卷之一，包括史学一般、史官、史家、史籍诸方面，共收词目 3360 条。"这是交代了本书的性质、内容和范围。

我之所以把这书也看作中国史学史学科的基础建设，大致说来有三个原因：第一，中国史学遗产丰富，《四库全书目录》史部所收之书都有提要，可供参考；私家撰述，自古迄今，也有一些史部要籍介绍一类的专书，但大多文字烦冗，不便于阅读。第二，凡书目解题之书，很少涉及"史学一般"即有关专业理论和专业术语方面的内容，《史学史分卷》在这方面是一个新的尝试。第三，中国是史学大国，对于史学自身历史的展示应从多个视角呈现出来，而辞目即是一种重要形式，《史学史分卷》迈出了第一步。《史学史卷》在书首"说明"中作了这样的解释：

> 史学一般，主要指历史科学的一般词语。史官侧重选收古代部分。史家主要选收以史学著述而知名者，其著述失传但在古史著录中着重举名者，和虽无史著但其有关史观和史法的论著与史学有密切关系者。选收年代下限，大致迄于清末。但处于辛亥革命前后的著名史学家，为避免割裂起见，不受此限。史籍包括史论、史著、典制、表谱、辑佚、史评及史籍校勘等。历史教科书、外国人写的中国史书和中国人写的外国史书、通俗史学著作等，视其史学价值酌收。文集、日记、笔记、游记、诏谕、奏议、专志、谱牒、年谱、书札等，视其与史学关系和史料价值从严选收。地方志及地方文献，稿本、抄本除众所周知者外，一般均不收。著名的丛书和专辑，以丛书和专辑名入目。史籍收录的年代下限，一般以著述或刊行在辛亥革

命以前者为断，但跨年限的著名史著和著名史家的著述亦酌收。

从上述的"说明"中，可以看出这是一部丰富的关于中国史学史的辞书，便于研究者检索、参考之用。自综合各分卷辞目的《中国历史大辞典》上下册出版后，各分卷似不曾再版。为了进一步推动中国史学史研究的深入发展，也为了进一步扩大中国史学史学科的影响，我个人以为，史学史分卷仍有出版的必要，从而把吴泽先生和杨翼骧先生开创的这一学术成果继承、发展下去。倘能组织有关同行对其作一次修订、补充，也是可行的、有益的。

应当特别提到的是，杨先生为了参与主编《中国历史大辞典·史学史卷》的主编工作，不得不放下他已经撰成"草稿"的《中国史学史》专书。杨先生在 1980 年 12 月给笔者的信中说到此事，他说：

> 两年多以前，我开始撰写《中国史学史》，现仅粗具草稿，还需大力补充和修改。原拟到明年完成初稿，可是今年初上海师大（按：当指上海华东师大）的吴泽先生非拉我参加《中国历史大辞典》的工作不可，我几次推辞都未蒙允准，现在已确定吴泽先生和我任中国史学史分册的主编，并在明年完稿，这样一来，对我的压力太大了，我的写作计划也就不能按时完成了。

由此可见，在二者不能兼顾的情况下，杨先生还是"服从"了有关学科基础建设的工作。他撰写的《中国史学史》一书，虽然在他生前未能出版，但在我看来，在杨先生胸中，又岂只有一部《中国史学史》呢。

二、对重要史学问题的会通与卓识

杨翼骧先生在《学忍堂文集·自序》中，简要地讲到他同中国史学史的教学与研究结缘的经历：最先是受到梁启超先生《中国历史研究法》及《补编》的引发兴趣，继而是因担姚从吾先生讲授中国史学史助教工作的启示，再者是因向达先生的推荐而讲授中国史学史课程。这就是说，直到杨先生辞世，六十多年中，他从未间断对中国史学史的关注。在多年的教学与研究生涯中，杨先生先后开设过中国史学史、中国通史、中国历史文选、秦汉史专题研究、中国历史名著选读等课程，参与了刘泽华先生主编的《中国古代史》教材的撰写[①]，

---

① 参见杨翼骧：《学忍堂文集》，附录《杨翼骧先生学术系年》，中华书局 2002 年版，第 462-470 页。

以及本文在前一个部分中所提到的有关中国史学史学科基础建设的多种著作等等，这就使杨先生在历史与史学的关系上达到会通的境界，进而对史学上的一些重要问题提出独到的卓然之见。

《学忍堂文集》收录了杨先生关于中国史学史研究的十几篇专论，反映了作者探索中国史学史发展路径的旨趣。这些专论包括：《我国史学的起源与奴隶社会的史学》《司马迁记事求真的方法与精神》《班固的史才》《三国时代的史学》《裴松之和范晔》《裴松之与〈三国志注〉》《刘知幾与〈史通〉》《唐末以前官修史书要录》《应当继承司马光认真负责的精神》《说中国近代史学》等。从这些专论不难看出，杨先生对中国史学史研究不仅在资料爬梳、辨析上有突出的贡献，而且在"会通"考察上也极具匠心。作者论中国史学的起源，从文字产生、甲骨文记事和早期史官讲起；论司马迁，从"材料的收集""实地的考察""亲身访问"，讲到"专心锐志完成著作"；论近代史学，从"思想的前驱"，讲到新史学的建立、发展和"倒退倾向的出现"，以及马克思主义史学的建立和发展，涉及自梁启超至翦伯赞等一大批史学家，并对他们作了评价。凡此，读来都使人颇受启发，同时亦可窥见作者自 20 世纪 40 年代以来，探索中国史学史丰富底蕴所取得的成就。

不论是"史学编年"，还是会通研究，都反映出杨先生关于中国史学史研究的独到见识。《学忍堂文集》中所收的《中国史学史绪论》一文，是一篇理论文章。它极为精练地阐明了"学习和研究中国史学史的意义""中国史学史的内容""过去对于中国史学史的研究"。它强调客观的历史同撰写的历史的区别，强调历史知识同史学修养的区别，强调研究中国史学史的学术意义和社会意义，这些论述对史学工作者都有深刻的启迪。

这里，我们仅就上述论文中所阐述的第一个问题"学习和研究中国史学史的意义"，来学习和领会作者在历史与史学各自的及相互间的种种复杂问题的论述。第一，关于客观存在的历史与用文字记载和编写的历史的关系。作者明确地写道：

> 我们所说的人类社会的历史，有两种不同的含义：一是客观存在的历史，即历史本身。这种历史在时过境迁之后，即已消失，后人不能看到它的原貌，只能在地下发现的实物和地上保存的古迹中，了解到一些个别的情况。一种是人们用文字记载和编写的历史，这种历史不一定符合历史本身的实际情况或者不完全符合，甚至完全不符合。然而，学习和研究历史

的人，主要是依据这种历史去了解历史本身的情况。①

作者用平实的语言说明两种"历史"，进而说明人们是依据后一种"历史"即"用文字记载和编写的历史"，去了解、认识前一种"历史"即"客观存在的历史，即历史本身"。作者认为，不应当由于用文字记载和编写的历史"不一定符合历史本身的实际情况"而放弃研究历史，甚至否定"历史本身"的存在，因为这不是历史学家区别两种"历史"的出发点，恰恰相反，正是因为存在这两种"历史"的差别，更加激发着世世代代的历史学家努力发掘新的资料，不断完善对"历史本身"的认识和解释。

第二，"已经编写的历史要不断改写"，是史学发展的规律，是历史研究不断进步的表现。杨先生指出："用文字记载和编写的历史，主要包括两方面内容，一是历史事迹的记载，一是对于历史的解释和评论。"②指出这"两方面的内容"是非常必要的，因为"用文字记载和编写的历史"，绝非只为弄清"历史的真相"，它还包含人们"对于历史的解释和评论"，而这种"解释和评论"则同人们的历史观、方法论密切联系；为了使这种解释和评论尽可能合理，强调解释者、评论者应具有正确的历史观和方法论，就成了题中应有之意了。从这个意义上来看，杨先生指出的"用文字记载和编写的历史"这"两方面的内容"本是密不可分的，也是任何一个历史研究者都回避不了的。

当然，也只有在这个前提之下，历史研究才可能不断走向进步，不断获得新的发展，正如杨先生所说："我们学习历史知识既然以文字记载和编写为主要依据，那么我们所了解的历史情况就难免不符合历史本身的实际，所以要继续不断地发掘史料、进行研究，已经编写的历史要不断改写。"③显然，这种"不断改写"是为了更加"符合历史本身的实际"，更加接近历史发展的"大道"，而不是任何形式的对历史的曲解和肢解，以至于抹杀。

关于这个问题，我们可以引用李大钊的论述，从理论上做进一步的说明。1924年，李大钊在《史学要论》第一章《什么是历史》中写道：

> 一时代有一时代比较进步的历史观，一时代有一时代比较进步的知识；史观与知识不断地进步，人们对于历史事实的解喻自然要不断地变动。去年的真理，到了今年，便不是真理了；昨日的真理，到了近日，又不成

① 杨翼骧：《学忍堂文集》，中华书局2002年版，第408页。
② 杨翼骧：《学忍堂文集》，中华书局2002年版，第408页。
③ 杨翼骧：《学忍堂文集》，中华书局2002年版，第409页。

为真理了。同一历史事实，昔人的解释与今人的解释不同；同一人也，对于同一的史实，昔年的解释与今年的解释亦异。此果何故？即以吾人对于史实的知识与解喻，日在发展中，日在进步中故。进化论的历史观，修正了退落说的历史观；社会的历史观，修正了英雄的历史观；经济的历史观，修正了政治的历史观；科学的历史观，修正了神学的历史观。①

这种对历史"解喻"的"不断的变动"，是建立在"史观与知识的不断地进步"基础上，而不以否定历史知识、历史事实的存在和价值为代价，更不是以否定历史观的作用为代价。当今史学界所面对的一些新的理论上的"挑战"，有些问题是可以从史学发展史上得到某些启示而予以说明的。正因为如此，杨先生作了这样的结论："一般人只懂得历史知识就行了，而学习历史专业与从事历史研究工作的人，除了历史知识外，还要懂得史学。"②按照同样的道理，从事史学研究和史学史研究工作的人，也应当多懂得一些历史知识和历史发展大势及一些规律性现象，这必将有利于自身的认识和研究。

第三，关于研究中国史学的意义。尽管史学同历史有非常密切的关系，但长期以来，重历史而轻史学的现象在历史学界以至于学术界都是存在的，这一方面是由于近代以来人们大多关注历史本身的研究，对于作为一个学科的史学关注较少，而尤其对史学发展史的关注更少的缘故；另一方面，这应当是更重要的一个方面，由于对史学的发展研究不够，也就不可能认识到史学史研究的重要，以及它对于研究历史之重要性的认识，甚至还存在着不能划清历史与史学的研究内涵之不同的奇怪现象。因此，对从事史学研究的人来说，就更应当明确研究史学的意义。对此，杨先生从三个方面作了概括：

> 研究中国史学有什么意义呢？简单说来，一是了解史学发展的情况，总结其优点，批判地继承史学的优良传统，从丰富的史学遗产中吸取宝贵的经验，以发扬光大今后史学的研究和发展；二是了解过去史学研究中存在的问题，弥补其缺陷与不足，以充实今后史学研究的内容，推进史学的发展；三是了解过去史学研究中各种不同的思想、观点和方法，开阔眼界，增长见识，培养和锻炼对史学的鉴别、分析、批判的能力，以提高今后史

---

① 李守常：《史学要论》，商务印书馆 1999 年版，第 80-81 页。
② 杨翼骧：《学忍堂文集》，中华书局 2002 年版，第 409 页。

学研究的水平。①

以上三个方面，可以进一步概括为继承遗产，总结经验，开阔视野，总的目的都是为提高研究水平，推动史学发展。其中每一个方面，都同中国史学史研究有十分密切的关系，由此可以看出中国史学史研究的重要意义。杨先生在此文的第二部分论述了"中国史学史的内容"，包含历史观、历史编纂学、史学思想、史学理论、史官制度、史家的生平及其成就等六个方面②，这里就不展开论述了。

《学忍堂文集》收录了杨先生同乔治忠教授合作撰写的一篇论文，题目是《论中国古代史学理论的思想体系》。这是一篇很重要的理论文章，此文引言写道：

> 在中国古代，成部帙的史学理论专著虽然较少，但各种典籍文献中则包含着丰富的史学理论方面的论述，在总体上的发展是十分全面的。古代史家和学者对于史学宗旨、史学地位、史学方法、史家标准、治史态度、修史制度、史籍优劣、史学流变等问题，都有明确的论断、深刻的剖析和多方面的探讨，构成了一套完整的思想体系。③

这篇引言提出的问题至为重要，一是中国古代史学理论"在总体上的发展是十分全面的"，二是这种发展实已"构成了一套完整的思想体系"。我认为，这两点认识，不仅是重要的，而且也是明确的。多年以来，一说到"理论"，我们总是要想到西方学者撰写的一本本著作；是的，这些著作无疑是理论，但我们不应把这视为理论表述的唯一形式。不同的文化传统，在思维活动和语言表述上，在谈论理论问题的习惯上各有不同的风格，从而形成自身的特点。如果我们以这样一种平和的心态来看待东西方的文化传统及其谈论理论问题的特点，我们就会发现在中国古代史学中，不仅包含着丰富的历史理论，而且包含着丰富的史学理论。我希望杨先生和乔治忠教授所提出的上述认识，能引起同行们的广泛关注，以推进我们在这方面的研究，从而产生更多的学术成果。此文就"中国古代史学理论的思想体系"提出了八个方面的问题，即史学宗旨论、史学地位论、史学方法论、史家标准论、治史态度论、修史制度论、史籍优劣论、史学流变论等。这些问题的提出，是以引起史学研究者的思考：中国古代

---

① 杨翼骧：《学忍堂文集》，中华书局 2002 年版，第 410 页。
② 杨翼骧：《学忍堂文集》，中华书局 2002 年版，第 410-414 页。
③ 杨翼骧：《学忍堂文集》，中华书局 2002 年版，第 388 页。

史学理论究竟包含哪些内容，应当怎样看待它是一个思想体系。仅此而论，这篇文章的价值和作用就是不可忽略的。

由于多种原因，杨翼骧先生撰写的《中国史学史》在他生前未能手订、出版，这自是一件憾事，但从他所做的许多基础建设的工作表明，杨先生胸中早有一部"中国史学史"存在着。不仅如此，我们还可以从姜胜利教授在 1981 年和 1983 年两次聆听杨先生讲授中国史学史课程所记笔记的基础上，整理、出版的《杨翼骧中国史学史讲义》一书中，一睹杨先生对中国史学史全貌的把握和个案的分析。从《讲义》一书来看，杨先生从"古代史学的萌芽"一直讲到"马克思主义史学的普遍发展"，流畅贯通，要言不烦。这在当时那个年代，能做如此讲授中国史学史的学者，能有几人？据我所知，杨先生若非唯一者，也是为数较少中的一位。写到这里，笔者更增加了对杨先生的敬意。

三、培养人才　提携后学

杨翼骧先生在多年的中国史学史教学与研究工作中，尤其是在培养本专业的硕士研究生和博士研究生的工作中，培养了一大批人才。在杨先生的弟子中，大多学有所成，有的已成卓然名家，为中国史学史学科的发展增添了新生力量和执掌门户的学者。

从上文的论述中，我们可以看到杨先生和他的弟子乔治忠、姜胜利合作编著的《中国史学史研究述要》一书，同弟子乔治忠合作撰写的《中国古代史学理论的思想体系》这一重要文章；此外，我们在《学忍堂文集》中还可以看到他同弟子叶振华合撰的《唐末以前官修史书要录》一文等。这种合作过程，就是传道、授业、解惑的过程，就是杨先生培养人才的过程。而当我们读到由姜胜利教授整理的《杨翼骧中国史学史讲义》一书时，我们自然会想到人才培养与学术传承的价值和意义。

近闻杨先生编著的《中国史学史资料编年》一书的一、二、三册，已由他的弟子和再传弟子们做了校对，其第四册清代部分则由乔治忠教授及其弟子朱洪斌博士续补完成，使全书一至四册乃成完帙，不久将由商务印书馆出版。作为杨先生的一个后学，我不仅为这一重要文献的面世而高兴，我更为杨先生的学术得以传承、发展而感动。时值杨先生辞世十周年纪念，先生地下有知，自会颔首赞许的。

我未能有机会直接聆听杨先生讲授中国史学史，但从杨先生给我的十数通书简中，确也受到许多教益。我同杨先生的书信往来，缘于《中国历史大辞典》的编纂。1980 年，《中国历史大辞典》北京编纂处的杨廷福先生写信给我，约我为大辞典撰写两个词条：贞观政要，吴兢。当时，我在内蒙古通辽师院工作，接到这样一封约稿信，既兴奋又紧张。兴奋的是，我在 1979 年发表于《开封师院学报》（今《河南大学学报》）上的《吴兢与贞观政要》一文，竟然引起了学术界的注意；紧张的是，从未写过词条，担心写不好。于是，我用了大约一个月的时间，写了这两个词条，总共只有七八百字，按时寄给编者。大约过了两三个月，我收到了天津《历史教学》寄来的杂志（1980 年第九期），上面刊登了《中国历史大辞典》词条选登，在 39 条史学史词条中，就有"贞观政要"这个词条。这对我来说，实在是一个极大的鼓舞，增强了自己研究中国史学史的信心。我心里在想：只要肯努力，即使身处科尔沁草原，在学术上也不会感到寂寞的。于是，我给杨先生写信，表达我的谢意。杨先生在复信中写道："您过去发表的文章都很好，今后一定能读到您的更多更好的著作。"又说："您的老同学王连升同志同我在一个教研组，很熟，我们非常欢迎您。"他在信中写的许多话，就像是在同一个"老朋友"聊天一样，使人感到亲切、温暖。这是我接到杨先生的第一封信。

1981 年我回到北京师范大学在史学研究所工作，同杨先生的书信往还逐渐多了起来，有时我在信中也会顺便说说自己的近况。1984 年 4 月 11 日，杨先生在给我的信中起首便写道："很久未能给您写信了，近来一切都好吧？上次您来信说您'有时过于劳累，会出现头疼、头胀的感觉'，望切实注意，不要让此病常犯。我多年来常犯此病，深感苦恼。往往因想多看点书，多写点东西，而连续用脑过久，但此病一犯，就要被迫休息数日，反而不合算了。"1986 年，我到天津师院参加史学理论研讨会期间，曾到杨先生家中拜访，杨先生当面又这样告诫我。杨先生以自身的经历，关心、告诫后学，读着他信中的这些话，亲切之感，每每涌上心头。

1994 年，我的一本小书《中国古代史学批评纵横》在中华书局出版，我给杨先生寄去，请杨先生指正。杨先生在 1994 年 10 月 22 日给我的信中对我鼓励有加，他写道："大著《中国古代史学批评纵横》已收到，不胜高兴、感谢！乔治忠的一本已转交。""收到后立即展卷阅读，深感这是一本创新的、最符合学习和研究中国史学史者所需要的著作，'简而且周，疏而不漏'，难能可贵，非功力深厚且识见卓越者不能为也，堪称杰作，必使读者受益不浅。"我自知这是学术前辈对后学的勉励，许多肯定、赞许之词，我是受之有愧的。但以杨先生的为人，在与人交往中那种仁爱、诚挚、淳厚的修养，总是在不经意中表现出来。正因为如此，我越发感到这些话的分量有不能承受之重。我唯一能做的事情，就是把这些话看作是对自己的鞭策，继续努力，争取不断有所长进，以不辜负学术前辈的勉励和期待。

自 1986 年起杨先生招收博士生以后，承蒙杨先生厚爱和信任，我和陈其泰教授以及吴怀祺教授曾几次到南开大学参加他指导的博士生学位论文的答辩会。这使我们有了当面向杨先生请教的机会，也亲身感受到杨先生的谦谦君子的长者风范。有一段时间，因为出租车不让进校门，杨先生就由学生陪着到南开大学的校门口来迎接我们。这对我们内心深处是极大的震撼：杨先生能做到的，我们自己很难做到。杨先生年长我 19 岁，是我尊敬的学术前辈，我们再三请求杨先生对待晚辈、后学不要这样重于礼节，这会使我们内心深感不安。在杨先生给我的信中，有一封信是同博士生学位论文答辩有关的。杨先生在 1996 年 1 月 6 日给我的信中写道：今年的博士毕业论文答辩会，"将于 5 月中旬或下旬举行，我们已决定聘请您担任答辩委员会主席，陈其泰先生为答辩委员会委员，敬请俯允，不胜感幸！具体日期将于 3 月间再行奉告。您的工作很忙，请事先安排一下自己的时间为盼。"这些年来，我们北师大的教师几乎每年都应邀到南开大学历史学院参加中国史学史专业的博士生学位论文答辩会，增加了许多学习、沟通的机会，而这个学术交流与协作的机制，正是杨先生奠定的基础。从上面这封信中，可以看出杨先生对这件事情的重视：5 月份举行答辩会，1 月份就开始做准备，这对我、对博士生来说都深受教育。

杨先生虚怀若谷，待人谦和，确是我们这些后学学习的榜样，他对自己的研究和撰述，总是以一个"学习"者的口吻提及。他在 1983 年 1 月 17 日写给我的信中讲到他的撰述工作时写道："我编写中国史学史书稿，自知学识浅陋，是写不好的，但在别人的鼓励与催促下，又出于爱好，只好试试。'只问耕耘，不问收获。'虽写不出合格的东西，对自己的学习总会有益的。"以杨先生在中国史学史研究方面的积累和造诣，他撰写的中国史学史著作，定会为这一学科提供包含许多真知灼见的杰作。只因他事所缠，杨先生撰写的中国史学史专书未能面世，实为史学界一大憾事，但杨先生低调看待自己、真诚对待后学的做人、做学问的精神，任何时候，都是奖掖后学、鞭策后学的动力。

杨翼骧先生离开我们已经多年了，他的音容笑貌犹在，他的学术遗产在中国史学学术史上占有重要地位。今天，当我在写这篇文章的时候，捧读《学忍堂文集》的最末一篇文章《谈治学与做人》①，不禁陷入沉思之中。这是杨先生在 1993 年的一次演讲，诵读其文，缅怀其人，杨先生是真正实践了他在讲演中所强调的治学精神和做人原则。

（原载《南开学报》2013 年第 5 期。作者瞿林东，著名历史学家、史学理论及史学史学术专家，北京师范大学历史学院资深教授，中国史学会理事，教育部高等学校人文社会科学咨询委员会委员。）

---

① 杨翼骧：《学忍堂文集》，中华书局 2002 年版，第 452-461 页。